FESTSCHRIFT FÜR JOHANNES MESSNER

Erfahrungsbezogene Ethik

Festschrift für Johannes Messner zum 90. Geburtstag

herausgegeben von

Valentin Zsifkovits
Rudolf Weiler

DUNCKER & HUMBLOT / BERLIN

Alle Rechte, auch die des auszugsweisen Nachdrucks, der photomechanischen
Wiedergabe und der Übersetzung, für sämtliche Beiträge vorbehalten
© 1981 Duncker & Humblot, Berlin 41
Gedruckt 1981 bei Berliner Buchdruckerei Union GmbH., Berlin 61
Printed in Germany
ISBN 3 428 04837 7

INHALT

Vorwort 7

Ansprache von Johannes Messner, gehalten am 3. März 1980 in der Aula der Universität Wien anläßlich der Verleihung des Augustin Bea-Preises der Internationalen Stiftung Humanum 9

Johannes Messner: Im Andenken an meine Eltern 11

ERSTER TEIL

Arthur F. Utz
 Die epistemologische Grundlage der Ethik und Sozialethik von Johannes Messner 17

Erich Heintel
 Ontologische und transzendentale Begründung der Ethik 37

Leo Montada
 Gedanken zur Psychologie moralischer Verantwortung 67

Friedrich Kaulbach
 Moralisches Sein und Sollen: Praktische Vernunft und Geschichte. Ein Dialog und seine Auswertung 89

Oswald von Nell-Breuning S. J.
 Die norma honestatis in der Kontroverse Cathrein/Mausbach in bezug auf heutige Kontroversen und insbesondere im Hinblick auf die Wirtschaftsethik 105

Gustav Ermecke
 Zur Begründung sittlicher Normen 121

Rudolf Weiler
 Die „existentiellen Zwecke" im Verständnis von Johannes Messner .. 129

Arno Anzenbacher
 Zur Bedeutung synthetisch-apriorischer Sätze in der theoretischen und in der praktischen Philosophie 139

Peter Inhoffen
 Neigungen unter dem Gesetz der Vernunft bei Thomas und Kant. Versuch eines Vergleiches 165

Peter Paul Müller-Schmid
 Apriori und Erfahrung. Der erkenntnistheoretische und normative Kontext von Johannes Messners Gesellschaftslehre 187

Gerhard Merk
    Ursatz, Leitsätze und Erfahrung in der Ethik 193

Gerhard Höver
    Zur Begründung der Menschenrechte in der Naturrechtsethik von Johannes Messner 209

Johannes Messner
    Zur Naturrechtsethik 231

ZWEITER TEIL

Wolfgang Schild
    Die Vielheit der Handlungslehren und die Einheit des Handlungsbegriffs 241

Anton Burghardt
    Gerechtigkeit — Das Definitionsdilemma 293

Akira Mizunami
    Das Apriori im Recht und in der Ethik 301

Edgar Nawroth
    Familie und Leistungsgesellschaft 309

Werner Weidenfeld
    Wertwandel und Kulturkrise 333

Johannes Schasching S. J.
    Gesellschaftspolitik heute 345

Kazutoshi Sugano
    Gedanken über die Möglichkeit der erzieherischen Schaffung neuer Menschen aus japanischer Sicht 355

Franz H. Mueller
    Economic History and History of Economics. Some Suggestions Regarding the Instructional Treatment of Their Interrelationship 371

Alfred Klose
    Funktionsfähigkeit des Systems und Gewissensentscheidung 385

Valentin Zsifkovits
    Waffendienst und Zivildienst in der Sicht christlicher Ethik 387

Bibliographie 409

Verzeichnis der Herausgeber und Mitarbeiter 427

Verzeichnis der Teilnehmer am Symposium 429

VORWORT

Die Internationale Stiftung Humanum hat im vorigen Jahr das Lebenswerk Johannes Messners durch die Verleihung des Augustin-Bea-Preises gewürdigt. Im Zusammenhang mit der Verleihung fand auf Einladung von Präsident Prof. Dr. Alfred Maleta und unter dem Ehrenschutz von Kardinal DDr. Franz König, veranstaltet vom Institut für Ethik und Sozialwissenschaften in Wien, im Haus Vogelsang vom 29. 2. bis 3. 3. 1980 ein Symposium mit dem Thema „Erfahrung und Apriori in der Ethik" statt. Ausgehend von dem Erfahrungsansatz der Ethik bei Johannes Messner wurde der Wahrheit sittlicher Sätze in der heutigen Aktualität nachgegangen.

Die Referate und Beiträge bei diesem Forschungsgespräch sowie weitere Artikel einiger Freunde sollen nun in einer Festgabe zum 90. Geburtstag Johannes Messners am 16. Februar 1981 unter dem Titel „Erfahrungsbezogene Ethik" veröffentlicht werden. Die Herausgeber danken diese Möglichkeit insbesondere Herrn Senator h. c. Prof. Dr. Johannes Broermann und seinem Verlag; für die Zusammenfassung der Diskussionsbeiträge des Symposiums sei Herrn Mag. Leopold Neuhold vom Institut für Ethik und Sozialwissenschaft der Karl-Franzens-Universität Graz Dank gesagt.

Wie J. Messner in seiner Dankesansprache anläßlich des Festaktes in der Aula der Universität Wien betonte, darf keine Wissenschaft, auch nicht die Naturrechtslehre, „auf der Stelle treten, wenn sie sich nicht selbst aufgeben will. Sie muß trachten, mehr und einsichtigere Wahrheit zu erarbeiten". Diese kleine Festgabe versucht, diesem Anliegen gerecht zu werden. Die Beiträge des oben genannten Symposiums und die Artikel einiger Freunde spiegeln dieses Bemühen Messners, die Vielfalt seiner wissenschaftlichen Tätigkeit und die Breite seines Ansatzes wider.

Die Herausgeber und die Mitarbeiter der Festschrift hoffen, durch die Darlegung und Auseinandersetzung auf dem zentralen und überaus erkenntnisreichen Beitrag Messners zur Fundamentalethik für die heutige Zeit auch die Person des Jubilars zu würdigen.

                Valentin Zsifkovits   Rudolf Weiler

Sehr geehrter Herr Bundespräsident!*

Sehr geehrter Herr Kardinal!

Sehr geehrter Herr Präsident der Internationalen Stiftung HUMANUM, Univ.-Prof. Dr. Arthur Utz!

Exzellenzen! Magnifizenz! Sehr geehrte Damen und Herren!

Meine lieben Freunde!

Wenn ich kurz sagen darf, was mir der eben verliehene Augustin-Bea-Preis der Internationalen Stiftung HUMANUM bedeutet, so ist es nicht weniger als die Bestätigung der Wahrheit dessen, wofür ich mein Leben lang gearbeitet habe. Das ist die Wahrheit in der sittlichen und rechtlichen Welt des Menschen, und zwar die Wahrheit, wie sie dem modernen Menschen verständlich und annehmbar werden kann. Daß diese Lebensarbeit von einem so hohen Forum wie der Internationalen Stiftung HUMANUM preiswürdig erachtet wurde, ist für mich am Ende meines Lebens eine einzigartige Freude. Dafür darf ich dem Herrn Präsidenten der Stiftung, Univ.-Prof. Dr. Arthur Fridolin Utz, meinen aufrichtigen Dank sagen.

Dies um so mehr, als im Zuge der Preisgabe katholischer Positionen seit den 60er Jahren auch bald das Naturrecht im Aufwind der neuverstandenen intellektuellen Freiheit weithin preisgegeben wurde. Das Naturrecht ist das der Vernunft des Menschen eigene Wissen von Recht und Gerechtigkeit. Der 1973 erschienene Band „Naturrecht in der Kritik" wollte nach der Intention der Herausgeber den Kern des Naturrechts nicht in Frage stellen. Er brachte tatsächlich auch keine grundstürzenden Argumente. Das war das Ergebnis der Besprechung des Bandes durch Prof. Dr. Oswald von Nell-Breuning in der „Zeitschrift für Theologie und Philosophie" wie auch meiner Besprechung in der „Österreichischen Zeitschrift für öffentliches Recht". Von Nell-Breuning schrieb mir damals, daß unsere beiden Besprechungen erfreulich parallel gingen und sich ergänzten. Ich erwähne ihn heute besonders gern, weil ich ihm wohl von dieser Stelle aus zu seinem 90. Geburtstag, den er am kommenden Samstag in Köln über Einladung des deutschen Episkopats feiern wird, unser aller herzliche Glückwünsche sagen darf.

---

* Ansprache von J. Messner, gehalten am 3. März 1980 in der Aula der Universität Wien anläßlich der Verleihung des Augustin Bea-Preises der Internationalen Stiftung HUMANUM.

Bitte, lassen Sie mich zu meiner Lebensarbeit noch ein Wort sagen. Keine Wissenschaft, auch nicht die Naturrechtslehre, darf auf der Stelle treten, wenn sie sich nicht selbst aufgeben will. Sie muß trachten, mehr und einsichtigere Wahrheit zu erarbeiten. Darauf zielte ich in meiner wissenschaftlichen Arbeit ab. In der Ethik und Naturrechtslehre bildet Thomas von Aquin einen Höhepunkt. Immer wieder war ich bei der Arbeit mit seinen Werken erstaunt, wieviel von der Fülle und Farbigkeit seiner Lehre in den letzten Jahrhunderten verlorengegangen war. Thomas ist ein Höhepunkt. Er ist aber kein Ende. Daher trachtete ich mit dem heutigen Wissenschaftsgeist über Thomas hinauszukommen und seine Lehre weiterzuentwickeln, ein Bemühen, das im Gesamturteil der Internationalen Stiftung HUMANUM seine Anerkennung findet.

Es drängt sich noch ein Wort des Dankes allen zu sagen, die zu dieser Feierstunde gesprochen haben. Ich danke dem Herrn Bundespräsidenten der Republik Österreich, Dr. Rudolf Kirchschläger, für seine auf die Herzmitte meines ganzen Denkens zielenden Worte; ich danke seiner Eminenz, dem Herrn Kardinal Dr. Franz König, dem Erzbischof von Wien, für den offenbar Zustimmung bekundenden Vortrag der Laudatio; ich danke meinem Tiroler Landesbischof, Herrn Dr. Paul Rusch, für seine freundlichen Worte zu meinem Lebensweg; ich danke Herrn Professor Dr. Rudolf Weiler, meinem Nachfolger auf dem Lehrstuhl für Ethik und Sozialwissenschaften, für seine Worte über Art und Wurzelgrund meines Bemühens um die wissenschaftliche Wahrheit. Dank sage ich allen, die an dem zum vollen Erfolg gewordenen Symposium teilgenommen haben (und deren Beiträge hier nun in Buchform vorliegen). Danken möchte ich nicht zuletzt allen, die sich durch ihr Erscheinen zur Überreichung des Augustin-Bea-Preises in meinen Dank geteilt haben.

IM ANDENKEN AN MEINE ELTERN*

Mancher, der diese Widmung liest, mag überrascht sein, daß es heißt „im" Andenken an meine Eltern und nicht „dem" Andenken. Meine Eltern waren außer einem engen Nachbarschafts- und Freundeskreise nicht bekannt. Der Vater war Bergarbeiter in den staatlichen Silbergruben, die Mutter Fabrikarbeiterin in der staatlichen Rauchwarenerzeugung. Wir wohnten zuerst in der Nähe der Arbeitsstätte des Vaters am Rande einer Landstadt, nahe bei Innsbruck. Als wir drei Buben eben vor der Jahrhundertwende in die Schule zu gehen begannen, kauften die Eltern ein altes Haus näher dem Stadtinnern mit einem kleinen Grundstück. Eine Wohnungs- und Kleinsiedlungsbewegung bestand damals nicht, man sprach nicht vom familiengerechten Heim; der natürliche Sinn hatte die Eltern den rechten Weg gewiesen. Der Kaufpreis zuzüglich der Instandsetzungs- und Umbaukosten bedeutete für sie eine enorme Summe. Bau- und Siedlungsgenossenschaften, von denen ein Darlehen erhältlich gewesen häre, gab es nicht. Also mußte anderwärts ein Darlehen aufgenommen und vom Arbeitseinkommen erspart werden, abgesehen von einer kleinen Hilfe aus einer Erbschaft. Der Mietzins von einer Mietpartei im ersten Stock reichte eben gerade für Verzinsung, Steuern und Abgaben. Wie sehr gespart wurde, mag daraus ersehen werden, daß der Vater, als er längere Zeit in einer sechs Gehstunden entfernten Grube zu arbeiten hatte, sich nicht den Zug leistete, sondern den Weg zu Fuß zurücklegte. Er kam nur über das Wochenende heim und mußte am Montag seinen Weg um zwei Uhr früh antreten, um rechtzeitig zur Einfahrt in die Grube einzutreffen. Als er wieder im nahe gelegenen Bergwerk beschäftigt war, bildete der Garten eine wichtige Quelle des Nebenerwerbs, da er nicht nur für den eigenen Tisch Kartoffeln, Gemüse und Obst lieferte, sondern auch mancherlei verkauft werden konnte. Der Vater hatte von sechs Uhr früh bis zwei Uhr nachmittags zu arbeiten; so konnte er im Sommer viel Zeit auf den Garten verwenden. Im Winter gab es im Haus zu tun, alle handwerklichen Arbeiten tat er selbst. (Erst nach seinem Tode sahen wir Buben, daß er unter die Tischplatte des selbst verfertigten Tisches geschrieben hatte „Gott segne uns alles".) Auch die Mutter hatte ihren Nebenerwerb, nämlich ein oder zwei Untermieter, die bei uns auch in Kost waren. Dabei hatte sie lange Jahre einen zehnstündigen Arbeitstag, geteilt durch eine zweistündige Mittagspause,

---

* Aus: J. Messner, Die soziale Frage im Blickfeld der Irrwege von gestern, der Sozialkämpfe von heute, der Weltentscheidungen von morgen, Innsbruck ⁶1956, 13 - 17.

die eben zum Kochen und Abwaschen reichte. Mancherlei wurde am Abend vorher vorbereitet. Zweimal am Tage brachte die Mutter uns drei Buben auf dem Weg zur Arbeit in die in der Nähe der Fabrik gelegene „Kinderbewahranstalt", die von den Schwestern von St. Paul geführt wurde: ein vorausschauendes und vorbildliches Sozialwerk angesichts der Beschäftigung des größeren Teiles der „nichtbürgerlichen" Mütter in der Fabrik. Da die Mutter alle Hausarbeit allein zu tun hatte, gab es natürlich lange Abende. Sie sind unvergeßlich mit ihrer beglückenden Welt des Beisammenseins in der Wohnküche, jeder mit seiner Beschäftigung, oder auch wir Buben mit einem Spiel, in das sich der Vater oft mit uns teilte. Einen Abend außer Haus zu verbringen war einem jeden ein Opfer, das höchst selten und nur um dringlichster Verpflichtungen willen gebracht wurde. Daß wir als Gymnasial- und Hochschulstudenten nicht in der Ferialverbindung mittaten, wurde uns verübelt, aber die Eltern hatten uns mit schweren Opfern ein Klavier gekauft, mit dem wir die Ferien verbrachten, unterbrochen durch Tagestouren auf die heimatlichen Berge. In ihrem Urlaub gingen die Eltern mit uns. Beide Eltern mußten um sechs Uhr früh die Arbeit beginnen. Sie gingen, außer in Fällen von Unpäßlichkeit, zur ersten Frühmesse, dann heim zum Frühstück und gleich zur Arbeit. Jede Frömmelei war ihnen jedoch so fremd, wie ihnen sentimentale Filmmusik unerträglich gewesen wäre. Als ich vor Jahren auf einer katholischen Familientagung im Gegensatz zu manchen idealisierenden Ausführungen (ohne meine Eltern zu nennen) einiges von diesem Familienleben erzählte, erhoben sich viele Rufe: das wäre Heroismus, das könne man von niemandem erwarten. Ich konnte nur antworten, daß sich Vater und Mutter jener Familie durch so hohe Worte beschämt gefühlt hätten, denn sie wußten sich mit einem zwar harten, aber unbeschreiblich glücklichen Leben gesegnet. Das Wort „soziale Frage" ist in unserer Familie nie gefallen, geschweige denn das Wort „Proletariat". Dabei war für den Vater vieles härter als für die Mutter. Denn er hätte in seiner Jugend gern studiert, seine Eltern hatten aber nicht die Mittel dazu. So schwer wurde ihm der Verzicht, daß er sogar noch in den ersten Ehejahren öfter den Gedanken erwog, eine technische Hochschule zu besuchen. Noch auf dem Sterbebette sagte er: „Mutter, laß die Buben studieren, so lange sie wollen; ich weiß, wie hart es ist, wenn man verzichten muß." Aber nie fiel dieses Verzichtes wegen ein Schatten auf unser Familienglück, ja vielleicht wurde es gerade dadurch noch reicher an jenen Werten, die sich dem Zählen und Wägen entziehen. Er selbst war aber um so glücklicher, daß seinen Söhnen, natürlich nicht ohne mancherlei Studienhilfen, ermöglicht werden konnte, was ihm versagt geblieben war. Wir hatten das Gymnasialstudium noch nicht beendet, als der Vater starb. Was eine Mutter zu tun vermag, wußten wir erst ganz, als unsere Mutter allein das Heim zu erhalten und unser weiteres Studium zu ermöglichen vermochte. Auch als sie nach zweiunddreißigjähriger Arbeit in den Ruhestand getreten war und mein Bruder und ich, nach einigen Jahren seelsorglicher Berufstätigkeit, das Studium als Werkstudenten in München wieder aufnahmen, wußte sie uns in vielen Weisen zu helfen, wie es eben nur eine Mutter kann, immer aus den unerschöpflichen Quellen des wenn auch keineswegs begüterten Familienheimes. So konnten wir weitere sechs Jahre dem Studium obliegen, mein Bruder dem der Musik, ich dem der Sozialwissenschaften. Öfters wurde ich gefragt, wie ich gerade zum Studium der Sozialwissenschaften gekommen sei. Als erstes Problem der „sozialen Frage" beschäftigte mich in den Gymnasialjahren der Unterschied zwischen dem nicht unbeträchtlich höheren Lohn der Mutter im Vergleich zu dem des Vaters. Indessen wurde mir ein nach heutigen Begriffen viel zu zurückhaltendes Buch über die „soziale Frage" auf dem Gymnasium als gefährlich abgenommen. Während des Theologiestudiums hatte ich das Glück, den nachmaligen Erzbischof Sigmund Waitz als Professor der Sozialethik zu haben. Er öffnete den Blick dafür, wieviel sich in der Zukunft für oder gegen das Christentum im Bereich der Sozialordnung entscheiden werde. Was mich in Verbindung mit diesem Gedanken zuinnerst zur Arbeit auf dem Gebiete der Sozialwissenschaften drängte, war der andere Gedanke: warum es, im Gegensatz zu dem rasch anwachsenden sozialen Unfrieden, der unser Volk nur zerreißen und im ganzen niemanden nützen konnte, nicht möglich sein sollte, in Eintracht und Verständigung, im Bemühen um den wirtschaftlichen und sozialen Fortschritt und damit einhergehend um den steigenden Wohlstand der Arbeiterschaft, die Voraussetzungen zu schaffen, die der Großzahl der Familien jenen Segen eines ungemessen glücklichen Lebens ermöglichen, wie er unser Teil war. Bestimmend war weiter ein Unbehagen angesichts mancher damals einflußreicher Strömungen, die, wie mir schien, allzusehr auf ein anklagendes Sozialpathos und einen fordernden Sozialidealismus vertrauten. Fand ich doch bei Thomas von Aquin, daß er schon in Anbetracht der viel einfacheren Verhältnisse seiner Zeit sagt, die Diagnose und die Therapie des Gesellschaftskörpers sei ganz ungleich schwieriger als die des menschlichen Körpers. So kam es zu der lebenslangen Arbeit auf dem oft recht steinigen Boden der Sozialwissenschaften. Sie bedurfte des ständigen Ausblicks auf die hohen, ja höchsten Werte des menschlichen Erdenlebens: die der Familie. Von der Familie ging mein wissenschaftliches Bemühen aus, zu ihr kehrte es immer wieder zurück. So war dieses Buch schon in der ersten Auflage und ist es wieder „im Andenken an meine Eltern" geschrieben. Und so ist es, mag auch im Streben nach der rechten Sozialdiagnose und Sozialtherapie noch so sehr der Verstand das Wort führen müssen, im Grunde mit dem Herzen geschrieben.

ERSTER TEIL

DIE EPISTEMOLOGISCHE GRUNDLAGE DER ETHIK UND SOZIALETHIK VON JOHANNES MESSNER

Von Arthur F. Utz

I. Der metaphysische Charakter der Ethik, der Sozialethik und des Naturrechts von Johannes Messner

Das Metaphysische der Erkenntnis erweist sich durch ihren allgemeinen Inhalt, der durch Abstraktion gewonnen wird. Messner gebraucht diesen Terminus „Abstraktion" allerdings sehr selten. Ich habe ihn eigentlich nur bezüglich zweier Stellen in Erinnnerung (Kulturethik = KE 165 und 584). Das hat seinen besonderen Grund. Der Terminus Abstraktion erweckt zu leicht den Eindruck, man sehe über die Erfahrung hinweg. Gerade die Erfahrung wird aber von Messner mit aller Entschiedenheit unterstrichen. Messner gebraucht vorzüglich den Terminus der unmittelbaren Einsicht oder des Anschauungsurteils, wie auch der Wesenserkenntnis. Er sieht in der geistigen Erkenntnis eine Tätigkeit, die das unter allen transitorischen und empirisch feststellbaren Sachverhalten liegende Sein erfaßt, eben das Wesen. Daß der Mensch zur Abstraktion fähig ist, erklärt Messner empirisch, weil sonst Kultur, die den Menschen vom Tier unterscheidet, nicht möglich wäre. Gegenüber *Huxley* und *Gehlen,* deren biologische Feststellungen er durchaus anerkennt, wendet er ein, daß die biologische Erklärung der beiden Autoren den typischen Unterscheidungsmerkmalen des Menschen vom Tier nicht beikomme. Die Unterscheidungsmerkmale (Messner nennt deren vier, KE 584) „erklären sich nur aus der Fähigkeit des menschlichen Geistes zur Begriffsbildung auf Grund von Abstraktion und Generalisierung: darauf beruht die Möglichkeit menschlicher Kultur" (KE 584). Gegenüber der Symboltheorie, gemäß der erst die Sprache, also die Symbolisierung den Menschen kennzeichnet, sagt Messner, daß vor dem Symbol eine Erkenntnis steht, d. h. eine Einsicht in den Sachverhalt, von dem der Mensch annimmt, daß er Allgemeingültigkeit hat, weswegen man ihm einen bestimmten Namen geben kann. Gewiß lerne das Kind, vom zeitlichen Gesichtspunkt aus, zunächst die Namen, „in Wirklichkeit besteht jedoch die entscheidende Phase in der nicht lange darauf folgenden Einsicht des Kindes, daß ‚jetzt jedes Ding einen Namen haben muß' (Helen Keller, The Story of My Life, N. Y. 1903, 315 f.; engl. Ausg. London 1947, 253 f.), nämlich weil die erwachte Vernunft des Kindes sofort von der Fähigkeit des Menschen zur Erkenntnis von Sachverhalten allgemeiner Gültigkeit wußte und auch sofort wußte, daß Worte die Einsicht in solche Sachverhalte ausdrücken, aber auch wußte, daß sie Sachverhalte zu erfassen vermochte, bevor sie noch die zugehörigen Worte wußte, um die sie nun so eifrig zu fragen begann. So beweist gerade auch diese Erfahrung, was die biologische Theorie des Menschen nicht wahrhaben will: daß der Geist und die ihm mögliche bewußte Erkenntnis von Sachverhalten die Voraussetzung der Sprache und Symbole bilden, nicht Symbole und Worte als Lautgesten den Ursprung der menschlichen Erkenntnis und des menschlichen Geistes" (KE 584 f.).

Mit diesen Ausführungen Messners scheint allerdings noch nicht ganz klar zu sein, in welchem Fall es sich bei der allgemeingültigen Erkenntnis um eine echte Wesenserkenntnis handelt, die einen absoluten Sachverhalt zum Ausdruck bringt. Die phänomenologische Wesenheit ist noch nicht notwendigerweise die metaphysische. Unzweifelhaft will aber Messner in der geistigen Erfassung einen Sprung in eine höhere Realerkenntnis sehen, die über die äußeren Erscheinungen hinausreicht. Und es steht ebenso unzweifelhaft fest, daß er den Wesensoptimismus mancher Scholastiker nicht teilt, die bei jedweder Gelegenheit von Wesen sprachen. Messner ist zutiefst der induktiven Methode verschrieben, so daß er einen solchen Erkenntnisoptimismus nicht mitmachen kann. In vielen Bereichen anerkennt er einzig die induktive, d. h. empirische Erkenntnis, so in der Biologie, Psychologie, Soziologie u. a. Im Hinblick auf die Erkenntnis der eigenen Natur ist der Mensch allerdings gemäß Messner voll ausgerüstet, so daß hier die innere Erfahrung ausreicht, um zu wissen, was der Mensch im Unterschied zum Tier wesentlich ist.

Man mag vielleicht da und dort (vgl. z. B. das unten über die Autorität des Vaters in der Familie Gesagte) nicht ganz exakt herausfinden, in welchem Sinn der Terminus „wesentlich" gebraucht wird, eines steht fest: Messner spricht unzweideutig von Wesen im eminent metaphysischen Sinn, wo er die Erkenntnis des Seins des Menschen im Auge hat. Aus der Seinswirklichkeit der menschlichen Natur wird, wie Messner (KE 164) erklärt, der Bestimmungsgrund der Sittlichkeit gewonnen. Einen treffenderen Ausdruck für die metaphysische Erkenntnisweise könnte man wohl nicht finden als „Seinswirklichkeit der menschlichen Natur". Darin ist alles beschlossen, was zur metaphysischen Erkenntnis gehört: die Universalität und die Realität. Messner spricht vom wesenhaften Menschsein (KE 241), von der Wesensnatur des Menschen (KE 165). Er unterscheidet diese Natur von der Durchschnittsnatur, wie sie die empirischen Wissenschaften erkennen. Die Durchschnittsnatur ist das Ergebnis einer statistischen Erhebung. Die Wesensnatur dagegen ist das Ergebnis einer Abstraktion oder Generalisation (KE 165).

Es sei hier nur am Rande bemerkt, daß der Terminus Generalisation für die Abstraktion zu einem Mißverständnis führen könnte, weil gerade die empirischen Wissenschaften gemäß ihrer Theorievorstellung von Generalisierung sprechen, aber darunter etwas grundsätzlich anderes verstehen als das, was unter der philosophisch verstandenen Abstraktion gemeint ist. Resultat der Generalisierung ist der Durchschnitt als Basis einer für die Zukunft voraussehbaren Entwicklung. Es handelt sich also immer noch um die tatsächliche (= konkrete) Natur, gegen die aber Messner die wesenhafte Natur streng unterschieden wissen will (vgl. KE 165, Anm. 18).

II. Die Methode oder der Weg zur metaphysischen Erkenntnis der menschlichen Natur

Messner wählt mit Bedacht die induktive Methode, die er mit der phänomenologischen verbindet, nicht den von der Scholastik hauptsächlich (wenngleich nicht ausschließlich) beschrittenen Weg der begrifflichen Deduktion. Die Scholastiker sind in der Ethik und auch Anthropologie vom Schöpfungsgedanken ausgegangen und haben daraus ihre Schlußfolgerungen für die menschliche Zweckordnung gezogen.

Induktiv heißt die Methode, weil sie die äußere und innere Erfahrung in Dienst nimmt. Die innere Erfahrung ist besonders der phänomenologischen Methode zugänglich, die die Bewußtseinsinhalte analysiert. Messner spricht darum von empirisch-phänomenologischer Methode (Naturrecht = NR 331).

Ein Beispiel dieses Vorgehens ist die Behandlung des Kausalitätsprinzips. Sowohl gegenüber *Hume* als auch gegenüber *Kant* erklärt Messner, das Kausalitätsprinzip sei „eine die Logik der Tatsachen selbst spiegelnde Vernunfteinsicht" (KE 250). Ohne Kausalitätsprinzip würden die Grundfragen des menschlichen Lebens unbeantwortet bleiben. Der Mensch könnte sich selbst nicht als Ursache begreifen. Damit verstände sich der Mensch nicht mehr als dauerhaftes Selbst, weil er nicht wüßte, wie er für eine bereits vergangene Handlung samt ihren Folgen verantwortlich sein sollte. Die Erkenntnis des Menschseins als einer substantiellen Einheit ist naturgemäß metaphysisch. Die Leugnung des Kausalitätsprinzips als eines Seinsprinzips würde den Menschen gegenüber sich selbst entfremden. Wie man leicht feststellen kann, vollzieht sich der Prozeß von der Tatsachenerklärung weg in die phänomenologische Deutung und schließlich in die Metaphysik hinein: Das Kausalitätsprinzip ermöglicht es der Vernunft, „zur Gewißheit des Daseins einer letzten Ursache unseres eigenen Daseins aufzusteigen" (KE 251). Messner stellt also aufgrund der Bewußtseinsanalyse fest, daß der Mensch für sein eigenes Sein ein letzte Ursache sucht.

Die Analyse ist faszinierend. Ob sie für jeden logisch schließt, ist vielleicht eine andere Sache. Messner kann für seine phänomenologische Analyse ins Feld führen, daß der Mensch sich als kontingentes Wesen begreifen muß, wenn er vernünftig und vorurteilslos urteilt, und daß er sich, wenn er sich nicht als Molekül im Weltall verstehen will, irgendwo in einer letzten Ursache verankern muß.

Der von Messner nicht eingeschlagene, deduktive Weg zum Kausalitätsprinzip sieht anders aus. Er beginnt bei der begrifflichen Analyse des contingens (wobei natürlich vorausgesetzt wird, daß man in der Wirklichkeit, d. h. in der Erfahrung, ein contingens feststellt). Aus seinem Begriff heraus verlangt das contingens eine Ursache: ens contingens est ab eo quod est per essentiam. Das Kausalitätsprinzip wird darum von dieser Sicht aus als ein analytisches Urteil a priori angesehen, während Messner es als synthetisches Urteil a priori bezeichnet, weil es in seinem ganzen Prozeß aus der Erfahrung gewonnen wurde (Tatsachenfeststellung, Phänomenologie des Bewußtseins).

An vielen Stellen spricht Messner vom sozialen Wesen des Menschen. Auch diesem Begriff geht er auf empirisch-induktivem Wege nach. Er weist auf die Unfähigkeit des Menschen hin, seine noch unvollkommene Natur ohne Kooperation mit den Mitmenschen zu vervollkommnen. Das medium demonstrationis des Angewiesenseins des einzelnen Menschen auf die andern ist bei Messner die Grunderfahrung der Liebe. Empirisch-induktiv weist Messner nach, daß der Mensch seit seiner Geburt im Kreis der Familie diese Liebeserfahrung macht und damit feststellt, „daß die Menschen aufeinander angewiesen sind, damit ihr Leben wahrhaft menschlich und lebenswert sei" (KE 115). Mit dieser Erklärung der Sozialnatur des Menschen hat Messner zugleich den Schlüssel in der Hand, um sowohl dem individualistischen wie auch dem kollektivistischen Extrem zu entgehen (KE 166 ff.).

Es erhebt sich hier die Frage, ob mit diesem empirisch-induktiven Argument der Nachweis zwingend ist, daß der Mensch „wesentlich" sozial ist, so daß er niemals nicht-sozial werden könnte, d. h. ob es sich um eine echte Wesenserkenntnis im metaphysischen Sinn handelt. Messner ist ohne Zweifel dieser Ansicht, denn er erklärt im Anschluß an die Darlegungen über die Liebeserfahrung als sittliche Grundtatsache, der Mensch wisse um sich selbst, d. h. um seine Natur, aus unmittelbarer Einsicht. Damit verbindet Messner mit der induktiven Methode wiederum die phänomenologische, die Analyse des Bewußtseins, um zu einer metaphysischen Definition zu gelangen. Aus dieser Erkenntnis schöpft der Mensch auch, wie Messner eigens hervorhebt, die unmittelbare Gewißheit, daß alle Menschen die gleiche wesenhafte Natur besitzen. Die Erkenntnis der Liebe als sittlicher Grundtatsache ist, wie man im Sinn

Messners annehmen muß, ebenfalls Objekt allgemeiner unmittelbarer Gewißheit, denn die Erkenntnis der sozialen Wesenheit des Menschen gehört nach Messner zur Erkenntnis der menschlichen Natur als solcher, sonst könnte die goldene Regel nicht ein (synthetisches) Urteil a priori sein.

Heute streitet an sich niemand über die soziale Natur des Menschen. Und man beschreitet durchweg den induktiven Weg, den Weg der Erfahrung. Dennoch ist es fraglich, ob diese Induktion ausreicht, die wesentliche Sozialität des Menschen zu beweisen, wesentlich im metaphysischen Sinn. Auch mit Hinzunahme der auf phänomenologischem Weg ermittelten Liebeserfahrung als sittlicher Grundtatsache wird es schwer, von einer metaphysischen Wesenheit zu sprechen.

Damit ist nicht behauptet, daß die phänomenologisch ermittelte Erfahrung der Vernunft grundsätzlich nicht eine metaphysische Gewißheit fundieren könnte. Es ist Messner unbedingt zuzustimmen, daß die obersten Prinzipien, das Kontradiktionsprinzip wie auch das erste Prinzip der praktischen Vernunft echt metaphysischen Charakter haben, und zwar eindeutig aus dem Grund, den Messner auch nennt, weil wir weiter nicht mehr zurückgehen können. Die Sozialnatur des Menschen steht aber nicht auf der gleichen Ebene. Metaphysisch gesehen müßte der Nachweis, daß die Natur des Menschen wesentlich sozial ist, dem durch die Erfahrung zu ermittelnden Prinzip der Liebe vorausgehen.

Interessant für die empirisch-phänomenologische Methode Messners ist besonders sein Traktat über Ehe und Familie. Zunächst wird die Geschlechtlichkeit als Erfahrungstatsache festgestellt. Dabei supponiert Messner, daß diese Feststellung zugleich die metaphysische Erkenntnis einschließt, daß der Mensch entweder Mann oder Frau ist, d. h. daß die geschlechtliche Bestimmtheit zur personalen Wesenheit gehört. Nimmt man nun die phänomenologisch-metaphysische Erkenntnis hinzu, daß die Person ohne Entwürdigung niemals in den Dienst einer niederen Triebkraft genommen werden darf — eine Erkenntnis, die bei Messner impliziert wird —, dann kommt man zum Schluß, daß die sexuelle Verbindung nur in der dauerhaften personalen Einheit zweier geschlechtlich unterschiedener Menschen, d. h. in der unauflöslichen Einehe ihre Sinnfülle erhalten kann (NR 547).

Bemerkenswert ist noch, daß Messner von der Natur des Vaters spricht, indem er erklärt, daß die oberste Autorität, die in der familialen Gemeinschaft notwendig ist, von Natur dem Vater zufalle (NR 552). Messner gibt des näheren nicht an, auf welchem Weg er diese Erkenntnis gewonnen hat. Es ist aber anzunehmen, daß auch hier die empirisch-phänomenologische Methode Verwendung gefunden hat.

III. Was erbringt die von Messner angewandte Methode?

Die wenigen hier angeführten Beispiele sollten nur ein Hinweis darauf sein, in welcher Weise Messner eine erkenntnistheoretische Grundlage suchte, um zu echter, allgemeingültiger Wahrheitserkenntnis zu gelangen. Welches ist nun der Vorzug dieser Methode im Hinblick auf ethische, sozialethische und rechtsphilosophische Erkenntnisse?

Mit der Wahl der induktiven, empirisch-phänomenologischen Methode will Messner keineswegs die Deduktion ausschließen. Er anerkennt die deduktive Methode ausdrücklich (KE 232 f.), denn aus einem einmal als gesicherte Wahrheit erkannten Sachverhalt lassen sich im Hinblick auf irgendwelche andere Erfahrungstatsachen Schlüsse ziehen. In den angeführten Beispielen dürfte die Deduktion sichtbar geworden sein (vgl. die Ausführungen über die Unauflöslichkeit der Ehe). Jedoch werden die Definitionen, die als Prämissen von Deduktionen dienen sollen, auf induktivem, empirisch-phänomenologischem Weg gewonnen. An sich hat man es in der aristotelisch-thomistischen Philosophie nie anders gekannt, wie Messner selbst betont (z. B. KE 232, Anm. 4). Man kann den Menschen als materiell-geistiges Wesen nicht definieren, ohne ihn aus der Erfahrung zu kennen. Seine Geistigkeit kann man nur feststellen, indem man die verschiedenen Operationsweisen des Menschen studiert. Von jeher hat die Scholastik die geistige Operation des Menschen typisch in der abstraktiven Erkenntnis vorgefunden.

Was ist es aber nun, was Messners Methode von der allgemeinen scholastischen unterscheidet?

Zunächst ist ganz offenbar, daß Messner den gesamten Bereich der Erfahrung komprehensiv durchforscht, indem er mit einer geradezu erstaunlichen Belesenheit die Empiriker ausschöpft, um anhand ihres Materials in Anwendung der phänomenologischen Methode zur Wesenserkenntnis vorzudringen. Aber das ist methodologisch gesehen noch nicht das Entscheidende, so bedeutsam es auch ist. Messner möchte die Welt zunächst innerweltlich erklären, um mit den Modernen, die der Metaphysik fern stehen, ins Gespräch zu kommen. Aus diesem Grund will er nicht den begrifflich-deduktiven Weg gehen, weil diese Methode eigentlich nur in den obersten Definitionen die Erfahrung konsultiert und dann in begrifflicher Analyse fortschreitet.

Wenn er (KE 232) die deduktive Methode als „metaphysisch-religiös" bestimmt erklärt, dann meint er wohl unter „religiös" nicht den Offenbarungsglauben. Die Neuthomisten sind in ihren philosophischen Überlegungen in der deduktiven Methode nicht von Glaubenssätzen ausgegangen, wohl aber, wenn es entsprechend dem Objekt zur Vertiefung nötig war, von der Existenz Gottes, des Schöpfers von Welt und

Mensch. Von hier aus war es ihnen verhältnismäßig leicht, gewisse Wesenheiten sicherer zu umschreiben. Man denke an den Personbegriff. Wer die menschliche Person von der Transzendenz her sieht, braucht keine langen empirisch-phänomenologischen Analysen mehr, um zu erkennen, daß die Indienstnahme der Person zu Zwecken, die mit der Selbstentfaltung der Person nicht mehr harmonieren, eine Entwürdigung bedeutet. Messner ist mit diesem Gedankengang einverstanden. Er will aber mehr. Er will zugleich mit dem Personbegriff zeigen, daß eine Entwürdigung der Person empirisch feststellbare Übel produziert, die ein vernünftiger Mensch nicht wollen kann. Mit anderen Worten: er baut jenen Teil der Lehre der natürlichen Sittlichkeit aus, den man in der Scholastik als immanente Sanktion des Sittengesetzes bezeichnete. Er baut einen Sektor der Ethik aus, den *Thomas von Aquin* unvollendet zurücklassen mußte (KE 164). Absolut neu ist die Beschränkung auf die empirisch-phänomenologische Methode im Hinblick auf die ontologisch-metaphysische Erkenntnis. Die Ausschließlichkeit dieser Methode ist gewählt nicht aus Geringschätzung der deduktiv-metaphysischen Methode — dies sei nochmals unterstrichen —, sondern aus dem Verantwortungsbewußtsein eines Wissenschaftlers, seiner empirisch eingestellten Mitwelt den Weg zur metaphysischen Erkenntnis zu erschließen, und zwar einer metaphysischen Erkenntnis, die nicht etwa wie bei manchen — auch katholischen — Autoren metaphysisch im Sinn *Kants*, sondern ganz und gar im Sinn der alten Philosophia perennis als abstraktive ontologische Erkenntnis verstanden ist (KE 233).

Es stellt sich nur die Frage, ob alle Probleme der Welterklärung und der Moral ihre sichere und komprehensive Lösung finden unter Verzicht auf den deduktiv-metaphysischen Weg. Gemeint sind u. a. hier die Frage nach der Letztbegründung der sittlichen Pflicht und der Definition des Gemeinwohls.

IV. Worin besteht das Sittliche?

Messner beginnt bei der Suche nach der Definition des Sittlichen nicht mit einer kategorialen Spekulation. Ihm geht es darum, das sittliche Phänomen in der Wirklichkeit aufzuweisen und von hier aus eine Erklärung wiederum des Sittlichen als Wirklichen zu finden. Damit wird seine Ethik lebensfähig. Mit der Kantschen Kategorie kommt das Gewissen nicht sehr weit. Sobald es in die Wirklichkeit eintritt, muß es seine eigene Kategorie verlassen und sich mit reiner Rationalität abgeben. In der Ermittlung der Tatsache des Sittlichen verfolgt Messner auf weite Strecken die Methode der analytischen Philosophie. Diese besondere Art der Phänomenologie ist übrigens so alt wie die europäische Philosophie. Sie kommt im großen und ganzen mit dem überein, was bei *Aristoteles* die Ermittlung der Nominaldefinition ist, d. h. der Tatsache, die mit dem Namen bezeichnet wird.

In der Interpretation des Tatsachenmaterials geht Messner eindeutig phänomenologisch vor. Die verschiedenen sittlichen Tatsachen müssen doch irgendwo in der praktischen Vernunft ihre einheitliche Wurzel und Erklärung finden. Das sittliche Bewußtsein muß darum Gegenstand der Überlegung werden, und zwar in der Weise, daß das herauskristallisiert wird, was das Ursprüngliche und vom Menschen nicht Manipulierbare ausmacht, d. h. das Metaphysische des sittlichen Bewußtseins.

Im Tatsachenbereich stellt Messner fest, daß der Mensch, wenn er sittlich handelt, seine Rechtfertigung sucht für das, wozu er sich entscheidet. Das heißt, der Mensch handelt immer dort sittlich gut, wo er aufgrund einer unmittelbar einsichtigen Grundwahrheit handelt. Diese erste und oberste sittliche Einsicht ist als Wahrheitserkenntnis wirklichkeitsorientiert (ontologisch begründet), und sie wird zugleich als Verpflichtung zur konkreten Realisierung wahrgenommen.

Wie erklärt nun Messner diese beiden Elemente: 1. die unmittelbare Einsicht in die sittliche Wahrheit, 2. den Pflichtcharakter, das Soll des mit unmittelbarer Einsicht erfaßten Sachverhaltes?

V. Die Wahrheit in der praktischen Vernunft

Erinnern wir uns der grundsätzlichen metaphysischen Einstellung Messners, an seine Unterscheidung von metaphysischer und faktischer Natur. Mit der metaphysischen Wesenheit ist unmittelbar die Entelechie angesprochen. Von hier aus wird das Gute definiert als das Seinsvollkommene. Als solches ist es erstrebenswert. Was seinsvollkommen ist, wird somit nach der Natur definiert. Messner nimmt hier den Ausspruch *A. Rohners* auf, der übrigens für spitzige und manchmal sogar überspitzte Formulierungen bekannt war: „Die Natur ist das Prinzip der Prinzipien und der letzte Grund aller Grundsätze" (KE 147).

Das bonum, das der Mensch in seiner sittlichen Entscheidung zum Objekt nimmt, ist also das ens, insofern dieses die Vollkommenheit der Natur besagt. Aus diesem Grund kann das bonum ebenso in Aussagen eingefangen werden wie jede andere Wirklichkeit. Ein Unterschied in der Aussage läßt sich nicht feststellen. Das Gute des Menschen ist die Seinsvollkommenheit des Menschen. Wenn wir nun diese Seinsvollkommenheit in einen Soll-Satz formen, dann hat dies in der praktischen Vernunft seine Begründung, wovon noch die Rede sein soll.

Wer sich an dieser ontologischen Orientierung der Ethik stößt, muß erklären, ob es sittlich einerlei sei, ob der Mensch nach Vollkommenheit strebt oder nach Unvollkommenheit. Und wenn man einwendet, der Begriff „Vollkommenheit" könne unter Umständen auch Vernichtung des eigenen Seins bedeuten, dann muß man das Rätsel lösen, warum wir einen Destrukteur der Gesellschaft bestrafen, denn er könnte im Grunde Recht haben, daß unsere Vollkommenheit nur die Vernichtung unseres Seins sei. Der komplizierte Fall, daß einer im Freitod seine Vernichtung wünscht und darin seine Vollendung sieht, kann doch nur seine Erklärung in psychologischen Verwicklungen finden. Es wäre verhängnisvoll, diesen Akt zu einem spezifischen Akt sittlicher Entscheidung zu machen. Wenn es darum geht, das Sehvermögen zu definieren, erachten wir den Blinden nicht als einen signifikanten Fall des Problems (vgl. KE 245).

Man hat manchmal den Eindruck, daß die Scheu vor der ontologischen Ethik allein dadurch motiviert ist, weil man das irrige Gewissen auf die gleiche Ebene stellen möchte wie das Gewissen, das sich an den ontologischen Strukturen orientiert. Dabei wissen wir allmählich aus reichlicher Erfahrung zur Genüge, daß das Absinken der Gesellschaftsmoral von dem, was man als Seinsvollkommenheit bezeichnet, den Untergang der Gesellschaft auf breiter Ebene anbahnt.

Messner erklärt nun, daß die Vernunft bestimmte Seinsprinzipien unmittelbar als evident erkennt. In der theoretischen Vernunft ist es das analytische Prinzip der Kontradiktion, in der praktischen Vernunft ist es das Prinzip, das Gute ist zu tun, das Böse zu meiden. Messner gibt diesem Prinzip, um seine ontologische Signifikanz klar zum Ausdruck zu bringen, die präzisere Formulierung: „Sei dein wahres Selbst als Mensch" (KE 241). Es ist klar, daß keines der Prinzipien, auch nicht das Kontradiktionsprinzip, ohne jegliche vorausgehende Erfahrung aussprechbar ist. Bevor man das Kontradiktionsprinzip formulieren kann, muß man Seinserkenntnis haben. Daraus entsteht das „Anschauungsurteil", daß Sein niemals Nicht-Sein sein kann. Und ebenso ist die Erkenntnis der eigenen Natur Voraussetzung dafür, daß man das Anschauungsurteil fällen kann, diese Natur müsse vervollkommnet werden. Es ist anzunehmen, daß auch dieses Urteil für Messner ein analytisches a priori ist, denn „unsere" Natur, um die es sich handelt, ist in unmittelbarem Anschauungsurteil als absolut erkannt. Es braucht also kein weiteres Erfahrungsmedium, um das Prinzip auszusprechen: „Sei dein wahres Selbst als Mensch."

Dagegen nimmt Messner an, daß die goldene Regel nur erkennbar ist vermittels einer zusätzlichen Erfahrung, daß nämlich alle Menschen gleich sind und somit für alle eine konkurrierende Interessenlage entsteht im Hinblick auf die Verwirklichung des existentiellen Zweckes eines jeden. Messner ist aber der Überzeugung, daß diese Einsicht jedem Menschen unmittelbar eingeht, so daß die goldene Regel als synthetisches Urteil a priori bezeichnet werden kann (KE 245).

Die Reichweite der synthetischen Urteile a priori hängt nun davon ab, wie weit der Mensch zur geistigen Vollentwicklung gelangt ist (KE 246). Jedenfalls sieht Messner in den sittlichen Elementarprinzipien, die in der Grundanlage der praktischen Vernunft verwurzelt sind, die Einheit des sittlichen Bewußtseins der Menschheit begründet, so kurvenreich vielleicht die sittlichen Anschauungen der Völker auch verlaufen mögen.

Man findet in dieser Sicht der natürlichen Sittlichkeit den Gedanken wieder, den *Johannes XXIII.* in der Enzyklika „Pacem in terris" ausgesprochen hat (Nr. 5): „Der Schöpfer der Welt hat die Ordnung ins Innere des Menschen eingeprägt." (vgl. NR 135). Obwohl Messner, treu seiner Methode, von unten, d. h. bei der Empirie zu beginnen und diese phänomenologisch zu deuten, den Rückgriff auf die transzendente Begründung der Sittlichkeit vermeidet, erklärt er doch andererseits in der Auseinandersetzung mit *Hans Reiner,* das sittlich Gute, das bonum honestum, sei für die Vernunftnatur das ihr in der Natur vorgezeichnete (daher objektive) und daher von Gott als Schöpfer gewollte (daher absolute) Gute im Sinne der Vollwirklichkeit dieser Natur (KE 147).

Wo immer also der Mensch aufgrund der Erfahrung feststellt, daß ein bestimmter konkreter Sachverhalt den Sinn der Vollwirklichkeit der menschlichen Natur erfüllt, reagiert er mit absolutem Urteil im Sinn der Elementarprinzipien, d. h. er erkennt etwas als wesentlich in Richtung auf die Vollverwirklichung. Nur in dieser Interpretation des Messnerschen Gedankens kann es mir einleuchten, warum Messner z. B. von der Familie annimmt, in ihr entwickle sich ein Verhaltensmuster, das vom sittlichen Bewußtsein bestätigt wird.

Um Messner richtig zu verstehen, muß man stets im Auge behalten, daß er die gesamte menschliche Natur, sowohl Vernunft wie Triebkräfte finalisiert versteht im Hinblick auf die Vollwirklichkeit der Natur. Aus diesem Grund will er die Naturordnung nicht als Sachordnung verstanden wissen. Er hat (NR 330) den Ausdruck „Natursachlage", den ich im Kommentar zu *Thomas von Aquin* (Bd. 18 der Deutschen Thomasausgabe) gebraucht habe, kritisiert. Ich wüßte aber nicht, wie ich mich damit von Messner unterscheide[1]. „Natursachlage" soll heißen, daß es sich um eine objektive Ordnung handelt, die nicht vom Willen des Menschen bestimmt ist, daß man beispielsweise nicht sagen kann, etwas sei natürlich geboten, weil es der vom Menschen geschaffenen Situation entspricht. Wenn *Thomas von Aquin* in der Moral von naturaliter, secundum naturam oder in ähnlichen Ausdrücken spricht, dann handelt es sich immer um die natura humana[2], zu der hin etwas beurteilt wird. Das heißt, es

---

[1] Nach Lesung meines Manuskripts hat Prof. Messner sich mit meiner Darlegung einverstanden erklärt.

[2] Messner bemerkt (NR 330, Anm. 27), der Ausdruck natura humana sei bei Thomas kein geläufiger Ausdruck. Das stimmt zwar. Doch sind seine Aus-

wird ein Handlungsobjekt danach beurteilt, inwieweit es den Anlagen der menschlichen Natur entspricht, wobei jede willentliche Vorausbestimmung ausgeklammert ist. Dies als „Natursachlage" zu bezeichnen, scheint mir angemessen. Die Entelechie ist darin mitenthalten. Ob man nun sagt, die sittliche Ordnung bestehe in den der Natur des Menschen entsprechenden Zwecken, oder ob man verkürzt sagt, die Natur des Menschen (metaphysisch verstanden) sei die Norm der sittlichen Handlung, spielt keine große Rolle. Messner selbst sagt (NR 69), die Naturrechtsethik verweise die praktische Vernunft an die Erkenntnis der menschlichen Natur. Ich würde sogar vorziehen, von der natura humana als Norm zu sprechen[3], weil Ziele und Zwecke zu ihrer Beurteilung einer Norm bedürfen und eigentlich nicht eo ipso Norm sind. Was nicht in der Entelechie der menschlichen Natur liegt, darf nicht Ziel der Handlung sein.

Messner möchte seine Auffassung vom natürlichen Sittengesetz insofern von der des hl. *Thomas von Aquin* abheben, als Thomas beim Naturgesetz auf die allerersten Prinzipien abstellt. Messners Konzeption des Naturgesetzes reicht weiter, darum seine Theorie von den synthetischen Urteilen a priori. Die Erkenntnis des elementaren Naturrechts, weil an das Streben des Menschen nach vollmenschlicher Existenz gebunden, ist seinsbedingt, mit dieser Erkenntnis der sittlichen Vernunft als der für das eigentlich menschliche Verhalten maßgebenden Instanz werden die konkreten Gewissensimperative erschlossen (NR 332). „Dieses Ineinander von Seinsordnung und Vernunftordnung ergab die Folgerung, daß die allgemeinen Naturrechtsprinzipien synthetische Urteile a priori sind" (NR 332).

Das alles sei unbestritten. Es sei aber auf eine Nuance der thomasischen Konzeption hingewiesen, um die Auffassung Messners distinkter herauszuarbeiten. Warum hat sich *Thomas* mit dem „naturaliter" so eng an die allgemeinsten Prinzipien gehalten, wenn er vom Naturgesetz spricht? Für ihn stand im Vordergrund der Gedanke, daß etwas naturaliter geschieht, wenn es spontan, ohne große Mühe geschieht, so daß jeder Mensch es ohne weitere Reflexion und naturnotwendig tut. Sobald der Mensch einen logischen Diskurs anwenden muß, schwächt sich das naturaliter ab. Dies hindert andererseits nicht, daß etwas, was nicht naturaliter ermittelt wird, dennoch eine natura rei sei. Dies wird deutlich in der Darstellung des Rechts auf Privateigentum. Das Privateigentum ist gemäß *Thomas* nicht vom Naturgesetz vorgeschrieben, weil die Güterwelt als solche nicht auf Privatbesitz, sondern auf die allgemeine

---

drücke „naturaliter", „secundum naturam" usw. nur im Sinn der natura humana als Norm zu verstehen. „Naturaliter" besagt an verschiedenen Stellen allerdings auch: spontan, ohne willentliche Anstrengung und ähnliches.

[3] Von Prof. Messner am Rand meines Manuskriptes vermerkt: „richtig!".

Nutzung hingeordnet ist. Die Privateigentumsordnung muß erschlossen werden, und zwar im Zusammenhang mit der Empirie. Dennoch kann *Thomas* die Privateigentumsordnung, obwohl eine menschliche Institution, Naturrecht nennen, weil sie im Zusammenhang mit der Empirie den Zweck der Güternutzung erfüllt. Gemäß der Messnerschen Formulierung würde man sagen, die Privateigentumsordnung sei natur*gesetzlich* im Sinn eines synthetischen Urteils a priori. Dagegen ist nichts einzuwenden. Sachlich sehe ich keinen Unterschied. Wenn *Thomas* den Ausdruck „synthetische Urteile a priori" gekannt hätte, hätte er ihn hier verwenden können. Sachlich sagt er bei anderer Gelegenheit dasselbe (I - II 94,4): Obwohl die Germanen die Räuberei nicht als sittenwidrig ansahen, so ist sie doch gegen das Naturgesetz. Was heißt dies anderes, als daß die Vernunft an sich erkennen könnte und müßte, daß Räuberei sittenwidrig ist, daß also — mit Messnerscher Formulierung — der Mensch aufgrund eines synthetischen Urteils a priori fähig ist, Räuberei als sittlich schlecht zu erkennen?

Die Messnersche Formulierung hat den Vorzug, daß sie von der natürlichen Kapazität der praktischen Vernunft im Hinblick auf die Definierung der existentiellen Zwecke ausgeht. Alle anderen Elemente wie kultureller Entwicklungsstand, psychologische Hemmungen des Erkenntnisvermögens usw. sind akzidenteller Art. Sie können also in der Betrachtung dessen, was Naturgesetz oder natürliche Sittlichkeit besagt, nicht ins Gewicht fallen, so wichtig sie vielleicht für die Pädagogik des einzelnen und der Gesellschaft sein mögen. Bei *Thomas* wird ein Element eingeführt, das psychologischer Natur ist (spontan, faciliter), also eigentlich aus der metaphysischen Betrachtung der praktischen Vernunft herausfällt. In diesem Sinn ist Messner Recht zu geben: „es scheint uns, für die Naturrechtslehre ... alles darauf anzukommen, zu zeigen, wie sie zu ihren Begriffen Natur, Natur des Menschen, natura humana, Naturgesetz, Natur der Sache, Seinsordnung und damit zu dem Bestimmungsgrund von ‚wahr' und ‚richtig' im logischen Prozeß des sachgebundenen Folgerungsverfahrens kommt. Das ist nur möglich durch die eingehende empirisch-phänomenologische und ontologisch-metaphysische Durcharbeitung der erwähnten Begriffe, namentlich des Begriffes der menschlichen Natur und des Begriffes des Naturgesetzes, weshalb wir uns damit so eingehend befassen zu müssen glaubten" (NR 330 f.).

VI. Der Pflichtcharakter der sittlichen Erkenntnis

Der Pflichtcharakter der sittlichen Erkenntnis kann nach Messner nur aus der inneren Beziehung der natürlichen Triebkräfte, d. h. des natürlichen Glücks- und Vollkommenheitsstrebens des Menschen zur praktischen Vernunft erklärt werden. Der Gesetzescharakter ist in die Seinsbeschaffenheit der Strebekräfte und der praktischen Vernunft einverwoben. Wie das Tier seinen Trieben folgt, so folgt der Mensch, wenn er seine Freiheit vernunftgemäß einsetzt, den in seiner Natur beschlossenen ontischen Zwecken. „Das sittliche Naturgesetz ist Gesetz in beiden Bedeutungen, es ist naturbedingte Wirkweise sowie auferlegte Norm" (NR 94). In der Tat ist diese Konzeption die einzige Möglichkeit, von einem Naturgesetz zu sprechen. *Kurt Weinke* (Rationalität und Moral, Graz 1977) hat in seiner Habilitationsschrift an dieser engen Bindung, ja Einheit von Naturgesetz im naturwissenschaftlichen und im moralischen Sinn kritisiert, es sei unmöglich, eine Description und eine Präscription zu vermischen (114). Er wendet sich hierbei speziell gegen Messner. Er hat allerdings Messner sehr schlecht gelesen und auch sonst von den einschlägigen Werken über das Naturrecht keine Notiz genommen. Als Schüler von *E. Topitsch* sieht er Ideologie überall dort, wo die empirische Wirklichkeit überschritten und Aussagen gemacht werden, die von anderen als wahr angenommen werden sollen. Die „Vermischung" von Naturgesetz und Sittengesetz, wie sie Messner sieht, sollte eigentlich gerade den Ideologiekritikern sympathisch sein, denn damit wird das Sittengesetz aus dem vermeintlichen Normenhimmel in die erfahrbare Wirklichkeit hereingeholt. Die Ideologiekritiker werden sicherlich ebenfalls der Auffassung sein, daß der Selbstmord der Selbstliebe widerspricht, die doch das Natürlichste vom Natürlichen ist. Wenigstens war ihr Meister *Kant* dieser Meinung (vgl. KE 54). Das ist aber im Grunde nichts anderes als die Identifizierung des moralischen Gesetzes mit dem Naturgesetz. Warum soll man, wenn man einmal auf diesem Standpunkt steht, die Analyse der menschlichen Strebekräfte nicht induktiv-phänomenologisch weiterverfolgen bis hinein in die metaphysische Schicht? Messner hat dies getan, und das ist seine Stärke.

Grundlegend ist, daß die Vernunft diese Gesetze, die der Mensch in seiner Natur in sich trägt, als gegeben erkennt, sie also nicht autonom konstruiert. Damit ist zugleich implicite eine übermenschliche Autorität anerkannt, wie immer man diese nennen mag. Messner spricht bei dieser Gelegenheit von der Theonomie der sittlichen Ordnung (NR 95). Er findet diese Theonomie in phänomenologischer Analyse der menschlichen Strebekräfte und der Naturanlage der praktischen Vernunft vor. Sein Ausgangspunkt ist also nicht die Existenz Gottes entsprechend seiner Grundtendenz, induktiv-metaphysisch vorzugehen.

VII. Ist Messners Naturrechtslehre eine Rechtsgüterlehre?

Da der Begriff der „Rechtsgüterlehre" in der modernen Auseinandersetzung über das Naturrecht eine Rolle spielt, sei kurz auf die Frage eingegangen, ob Messners Naturrechtslehre eine Rechtsgüterlehre sei.

Zur Beantwortung dieser Frage muß man den eigenen Standpunkt definieren, vor dem aus man den Begriff formuliert hat. Wer auf dem Standpunkt der Autonomie der Vernunft steht, muß Messners Naturrechtskonzeption als eine Rechtsgüterlehre bezeichnen, wobei allerdings nur ein Teil seiner Lehre vom Naturgesetz erfaßt ist, nämlich das Objekt der praktischen Vernunft, nicht aber die praktische Vernunft selbst, auf die Messner ebenso großen Wert legt wie auf die „Güter", nämlich die existentiellen Zwecke der menschlichen Natur.

Nimmt man den Standpunkt des Metaphysikers ein, dann könnte man vielleicht (!) jene Naturrechtslehre als eine „Rechtsgüterlehre" bezeichnen, die deduktiv-metaphysisch vorgeht. Man könnte etwa an das zweibändige (übrigens wertvolle und in vielem unüberholte) Werk von *Theodor Meyer* „Institutiones iuris naturalis" und an die sich ganz an Meyer anlehnende Moralphilosophie von *V. Cathrein* denken. Von dem Unterschied zwischen der induktiv-metaphysischen und deduktiv-metaphysischen Methode war bereits die Rede. Es ist unleugbar, daß die deduktiv-metaphysische Methode leichter zu sogenannten natürlichen Institutionen gelangt als die induktiv-metaphysische Methode. Am Beispiel des Privateigentumsrechts sei dies verdeutlicht. Man kann das Privateigentum aus dem (selbstverständlich aus der Erfahrung gewonnenen) Begriff der Person ableiten, wie es *Locke* und übrigens (in etwas abgewandelter Weise) auch die Enzyklika Rerum novarum getan haben. Damit erscheint das Privateigentum unmittelbar als eine naturrechtliche Institution, die ohne Zweifel ein Rechtsgut ist. Im anderen Fall, d. h. gemäß der induktiven Erklärung, nimmt man, eine metaphysische Prämisse (die natürliche Zweckordnung der Güter) voraussetzend, den Weg über die Empirie (Verhaltensweise der Menschen im Umgang mit den Gütern). In diesem Fall hat man keine naturrechtliche Institution wie im ersten. Man kann also hier weniger von einer Rechtsgüterlehre sprechen.

Ich halte aber den Begriff der Rechtsgüterlehre nur für begründet, wenn man von der Voraussetzung der Autonomie der Vernunft ausgeht. Von da aus erscheint mir allerdings jede ontologische Naturrechtslehre als eine Rechtsgüterlehre. Ich meine, die Geister sollten sich nicht um den Begriff der Rechtsgüterlehre streiten, sondern um den Standpunkt den sie einnehmen, ob sie transzendental oder ontologisch denken. Dann weiß man wenigstens, wo jeder steht.

Autonomie gibt es nur in der intelligiblen Welt. In der Wirklichkeit ist sie nicht auffindbar. Dies hat *Kelsen* in strenger Durchführung der Trennung von Sein und Sollen in seinem posthum erschienenen Werk „Allgemeine Theorie der Normen" (Wien 1979, 258) deutlich gemacht: „Die ‚Vernunft des praktischen Vermögens' — die, wie *Kant* immer wieder betont, ‚Wille‘ ist — soll Einfluß auf den ‚Willen‘ — den empirischen Willen der Menschen — haben (Grundlegung zur Metaphysik der Sitten, Kants Werke, Akademieausg., Bd. IV, S. 396). Es besteht ein unverkennbarer Dualismus zwischen dem vollkommenen gesetzgebenden Willen der praktischen Vernunft und dem unvollkommenen empirischen Wollen des Menschen. Soll das Prinzip der Autonomie aufrecht erhalten werden, muß die praktische Vernunft als gesetzgebender Wille ihren Sitz im empirischen Menschen haben. Gerade das aber ist nicht möglich, denn diese praktische Vernunft muß frei, das heißt zwar kausal den menschlichen empirischen Willen bestimmend, aber selbst nicht kausal bestimmt sein. Eine solche Freiheit kann es aber in der empirischen Welt nicht geben. Sie kann — wenn überhaupt — nur in einer intelligiblen Welt gedacht werden, kann nur dem Menschen als intelligiblem Wesen, dem Menschen an sich, nicht dem empirischen Menschen, nur einem intelligiblen, nicht einem empirischen Willen zukommen."

VIII. Die Lücke, die die induktiv-metaphysische Methode im Gesamt der Naturrechtslehre hinterläßt

Daß die Methode, die Messner in seiner Naturrechtslehre anwendet, berechtigt ist und zu einsichtigen Ergebnissen führt, bleibt unbestritten. Es steht nur zur Frage, ob diese Methode alle gesellschaftlichen Probleme, die uns gestellt sind, beantworten kann. Ist sie z. B. in der Lage, auf die *Hegel-Marx*sche Problemstellung eine Antwort zu geben? Das heißt, kann sie Gesellschaft begründen, ohne diese als Gründung der Individuen zu begreifen? Anders formuliert: ist sie in der Lage, das Gemeinwohl, vor allem das Gemeinwohl der Menschheit als das höchste Wohl zu begreifen? Messner wird diese Frage mit einem unbedingten Ja beantworten. Gerade was das Gesamtwohl der Menschheit angeht, kann er auf zahlreiche Ausführungen hinweisen.

Messner kommt zum Gemeinwohl aufgrund der goldenen Regel (KE 114 f.). Er findet in *Augustin* einen Gewährsmann hierfür. Anderseits hat derselbe *Augustin* erklärt, daß sich die Vollkommenheit eines Menschen danach ermesse, ob er das Gemeinwohl dem Eigenwohl vorziehe. So in der Regula Augustini: „Quanto amplius rem communem quam propria vestra curaveritis, tanto amplius vos proficere noveritis[4]." Messner wird antworten, daß dies die typische Einstellung der Liebe sei, worauf übrigens *Augustin* an der zitierten Stelle auch hinweise. Sowohl aus seiner Schrift „Das Gemeinwohl", als auch aus seinen Werken „Naturrecht" und „Kulturethik" gewinnt man den Eindruck, daß das Ge-

---

[4] Die Regula Sti. Augustini ist eine Zusammenstellung von Texten aus Briefen des hl. Augustinus.

meinwohl das Wohl ist, das alle Gesellschaftsglieder im Bewußtsein ihrer gegenseitigen Verantwortung konstituieren müssen. Zugegeben, wie wird aber die gegenseitige Verantwortung definiert? Ist es die goldene Regel, also ein Verhaltensprinzip, das das Objekt bestimmt, etwa im Sinn des Fairness-Prinzips von *J. Rawls*? Verhaltensprinzipien wie Liebe, Toleranz, Fairness können metaphysisch nur begründet werden, wenn man sie an einem metaphysischen Wert orientiert. Der gesellschaftliche Wert, d. h. das Gemeinwohl muß also den Verhaltensdiktaten vorgeordnet sein. Erst von da aus kann man die Interessen definieren, die eine so entscheidende Rolle in Messners Sozialethik spielen. Gewiß können in keiner Sozialethik die individuellen Interessen vernachlässigt werden. Es kommt aber darauf an, ob sie auf der Ebene der ersten Prämisse stehen oder ob sie nicht vielmehr in den Untersatz gehören, der a priori einem höheren Prinzip, nämlich dem des Gemeinwohls untergeordnet ist.

Messner will dem Gemeinwohl in keiner Weise die ethische Bewandtnis abstreiten. Versteht er doch Gemeinwohl als allseitig verwirklichte Gerechtigkeit. Die Frage ist nur, ob sich der Begriff der Gerechtigkeit mehr der kommutativen Gerechtigkeit annähert oder ob er ein Ganzheitsbegriff ist, von dem aus die kommutative Gerechtigkeit und damit die subjektiven Rechte erst erklärbar werden. Im formalen Sinn hat *Kelsen* diesen Gedanken unterstrichen, indem er erklärte, daß das Rechtsdenken nicht bei den subjektiven Rechten beginnen könne, weil sich diese erst aus der Rechtsordnung als Ganzem ergeben. Gewiß sieht auch Messner im Gemeinwohl grundsätzlich die Ordnung: die Ordnung, die allen Gesellschaftsgliedern das gehörige Maß der Selbstverwirklichung ermöglicht. Es kommt aber darauf an, auf welchem Weg dieser Begriff der Ordnung gewonnen wird. Wenn ich richtig sehe, dann steht bei Messner am Anfang der einzelne Mensch mit seinen Strebungen und Interessen. Diese müssen, da jeder Mensch seine eigenen Strebungen und Interessen hat, in ein Ordnungssystem gebracht werden. Der Begriff der Ordnung ergibt sich also erst, nachdem man über die subjektiven Rechte nachgedacht und darüber reflektiert hat, wie sie in einem Ordnungsganzen bestehen können. Anders sieht die Logik aus, wenn man vom Begriff der Ganzheit ausgeht und sich zunächst die gesamte Menschheit vorstellt, in der der einzelne ein Teil ist, der eine bestimmte Funktion zu erfüllen hat, die zugleich seine Vollkommenheit sein soll.

Kein Zweifel, daß ich mich mit dieser Kritik an der Gemeinwohlauffassung Messners sehr nahe an die holistische Konzeption *Hegels* und *Marx'* heranwage. Doch ist die Gesellschaft und vor allem die Menschheit als Ganzheit, der ein eigener Wert zuzuerkennen ist, auch ohne den Naturbegriff *Hegels* und *Marx'* faßbar, indem man auf deduktiv-metaphysischem Weg die apriorische Integration der Person in ein göttlich institutionalisiertes Gemeinwohl erkennt.

Messner beweist eine große Sympathie zur Sozialethik von *Luigi Taparelli*. Nicht, daß er etwa von diesem großen Sozialdenker abhängig wäre, dafür ist Messner ein viel zu selbständiger Denker. Diese Sympathie beweist aber ebenfalls, wie sehr Messners Sozialethik in ihrem Ansatz einen — mit Vorsicht sei dies gesagt — „individualistischen" Eindruck macht. Es ist bekannt, daß *Taparelli* stärkstens der liberalen Umwelt seiner Zeit verpflichtet war. Er hatte im Drang der Aufgaben, die ihm gestellt waren und zu deren Lösung er keinen gleichwertigen Gesprächspartner hatte, keine Zeit, die Tradition, vor allem *Thomas von Aquin* zu studieren. Seine Philosophie trägt deutlich die Spuren des Individualisten *Christian Wolff*, wie *Marcel Thomann* nachweisen konnte. Bei *Taparelli* erscheint das Gemeinwohl wie ein deus ex machina. Sein großangelegtes Lehrbuch, das von den Päpsten bis zu *Pius XII.* als das vorbildliche Lehrbuch für die Theologen gepriesen wurde, beeinflußte maßgebend die Gesellschaftskonzeption *Leos XIII.* Auf der Grundlage seiner sozialethischen Denkweise entstand die Lehre vom Eigentum als einem Urrecht der Person (Rer. nov.). Die alte, mehr kosmische Doktrin der Priorität der Ganzheit, wie sie noch bei *Thomas von Aquin* deutlich sichtbar ist, trat nur im Gewand der „sozialen Belastung" in Erscheinung. Die Formulierung ist ohne Zweifel äußerst praktisch. Nur ist sie, wenn man sie als Formulierung der obersten Prämisse betrachtet, nicht systematisch. Die Enzyklika brauchte diese Systematik nicht herauszustellen. Es scheint aber, daß man sie in einer Gesamtdarstellung sozialethischen Denkens nicht übergehen kann.

Weil Messner das Gemeinwohl — konsequent zu der induktiv-phänomenologischen Methode — im Bewußtsein des Einzelmenschen verankert, gelingt es auch nicht, den normativen Charakter der Autorität logisch zu fassen. Wenn die Autorität normative Kraft haben soll, muß sie wiederum aus einer Rechtsnorm stammen, bis sie schließlich in einer absoluten Autorität ihre Legitimierung findet. Weil *Kelsen* (mit *Kant*) die oberste, ungeschaffene Autorität nicht annehmen konnte, war er gezwungen, die erste, absolute Norm hypothetisch zu setzen. Das seinsbestimmte Gemeinwohl, in dem Messner die Autorität verwurzelt sein läßt (NR 288), begrenzt oder umschreibt wohl die Kompetenz, es kann aber die Kompetenz nicht vermitteln. Hier kann man nicht umhin, auf die deduktiv-metaphysische Methode zurückzugreifen, die ja übrigens von Messner voll und ganz anerkannt wird.

Messner hat mit Absicht sich auf die empirisch-phänomenologische Methode beschränkt. Er hat damit der naturrechtlich orientierten Ethik, Sozialethik und Rechtsphilosophie einen Akzent verliehen, den sie dringend brauchten, um in der modernen Diskussion bestehen zu können. Was ich als Lücke empfinde und zum Ausdruck brachte, muß hingenommen werden. Denn eine Vermischung der beiden Methoden hätte seiner Gesamtdarstellung mehr geschadet als genützt.

Diskussion

Ermecke stellt zum Problem der Begründung ethischer Normen fest, daß er nicht von der Erfahrung ausgeht, sondern daß für ihn alle Ethik als normative Anthropologie in der Metaphysik gründet. Das Kriterium für gut und böse liegt in der Entsprechung bzw. im Widerspruch der freien Entscheidung zur seins- und ordnungsvernehmenden Vernunft. Diese Vernunft nun ist am Sein des Menschen vor Christus orientiert. Die absolute Gültigkeit von Normen kann nur dann behauptet werden, wenn ein absoluter Herr absolut verpflichtet. Gott verpflichtet auch durch die in der Erfahrung auftretenden Erkenntnisse.

Utz weist darauf hin, daß die Autorität Gottes eigentlich die sittliche Norm ausmacht, dieser Aspekt aber bei Messner weniger zur Geltung kommt, obwohl er ausdrücklich von Theonomie spricht. Messner möchte aber nicht explizit von Theonomie sprechen, sondern sie als implizites Element der praktischen Vernunft verstehen. Er visiert also dieses im Menschen selbst existierende Göttliche an.

Im weiteren Verlauf des Gesprächs machen *Anzenbacher* und *Kaulbach* Anmerkungen zum Theonomie-Autonomie-Problem. *Anzenbacher* verweist auf *Thomas v. Aquin,* der ausdrücklich sagt: Gott kann uns überhaupt nicht anders sittlich verpflichten, wenn nicht mittels unseres Wissens. *Kaulbach* wählt in dieser Frage einen anderen Ausgangspunkt: den Anspruch auf Freiheit. Von diesem Anspruch auf Freiheit aus ist die Frage zu stellen: Auf welchem Weg ist es möglich und ist es erforderlich, den Anspruch auf menschliche Freiheit zu verwirklichen? Die eigentliche Frage im Hinblick auf das Gemeinwohl ist so nicht die nach den Inhalten des Gemeinwohls, sondern die nach der Realisierung der Freiheit..

Zsifkovits sieht das Anliegen *Ermeckes* darin, daß er durch die theonome Begründung der Normen diese der Beliebigkeit menschlicher Setzung entziehen wolle. *Zsifkovits* meint aber, daß man dadurch vom Regen in die Traufe kommt, denn eine ähnliche Gefahr, die bei fehlender Theonomie besteht, ergibt sich auch bei Vorhandensein von Theonomie: Verschiedene interpretieren Verschiedenes als den Willen Gottes. Für *Zsifkovits* liegt das Problem nicht so sehr in der Begründung der Normen, sondern vielmehr in ihrer konkreten Verpflichtung. So sieht er den Grund für den Ansatz Messners darin, daß er eine Basis sucht, die allen verbindlich ist und von allen akzeptiert werden kann, nämlich im Menschen. Eben dieser Ansatzpunkt ist auch beim Gemeinwohlbegriff Messners, der das Gemeinwohl von den einzelnen Personen her aufrollt, gegeben.

Utz betont, daß *Ermecke* Gott nur in bezug auf Normativität — dem logischen Prozeß, der zur Norm führt und der die Verbindlichkeit nachweist — beansprucht, nicht aber in bezug auf konkrete Normen. Diese Normativität ist leichter und schlüssiger an der Existenz Gottes aufzuzeigen. Das erhellt auch seine Ansicht in bezug auf das Gemeinwohl. Dieses ist kein vorgegebener Inhalt, sondern ein vorgegebenes Postulat, das nicht aus den Gewissensentscheidungen einzelner abzuleiten ist. Die Normativität dieses Postulats ist vorgegeben, nicht aber der Inhalt.

Merk betont, daß auch Messner einen Ursatz annimmt, der theonom begründet ist, daß er aber nicht jede Norm auf diesen Ursatz zurückführt, weil er darin Gefahren sieht.

Zsifkovits erklärt, daß man in einer Zeit der Pluralität der Weltanschauungen das Gemeinwohl nicht anders begründen soll als in der Person als Sozialperson. Gerade die Katholische Sozialehre betont, daß der Mensch Träger, Mittelpunkt und Ziel aller gesellschaftlichen Einrichtungen sein muß. Dieser Ausgangspunkt von der Person leugnet ja nicht Gott. Es ist nur die Frage, wann man auf Gott schließt.

Müller-Schmidt bringt gegen diese Auffassung vor, daß gerade die Person im Sinne *Mouniers* nicht in die Gesellschaft integrierbar ist, weil die Person über die Gesellschaft hinausreicht.

Ermecke betont, daß das Gemeinwohl nicht im Sinne einer Sandhaufentheorie aus vielen einzelnen abgeleitet werden kann, sondern aus dem Wesensganzen heraus. Der Begriff des Mitseins bietet sich hier als Ausgangspunkt an.

Utz versucht anhand des Steuerrechtes seine Begründung des Gemeinwohls zu exemplifizieren. Er meint, daß eine Norm, die auf dem Wege der vielen Einzelinteressen gewonnen wird, für den einzelnen in der Abfassung der Steuererklärung nicht verbindlich sein muß, weil er sagen kann: „Ich bin nicht integriert worden." Hier hilft die Transzendenz als Begründung weiter. Nur aufgrund dieser kann Verbindlichkeit gewonnen werden, weil eine höhere Autorität vorliegt. Als zweites verweist *Utz* auf die Revolutionstheorie, die moralisch nur haltbar ist, wenn das Gemeinwohl in Transzendenz fundiert ist.

Zsifkovits gibt als Grund für sein Pochen auf die Fundierung des Gemeinwohls in der Person die Person an. Denn das Einzelwohl ist ohne Gemeinwohl nicht zu verwirklichen.

Weiler gibt zu bedenken, daß Messner in seiner Konzeption des Gemeinwohls vom Menschen als familienhaftem Wesen den Ausgang nimmt. Hier erlebt sich der Mensch als Wesen mit Menschenwürde. Wenn jemand weiß, was ein Mensch ist, und wie er eben in der Gemeinschaft Mensch ist, dann wird er auch wissen, was das Gemeinwohl ist. Der Mensch erlebt also das Soziale als eine fundamentale Wirkweise seines Lebens und damit schon inhaltlich bestimmt.

Klose verweist auf das Problem der familienhaften Begründung sittlicher Normen, weil die Familie im Sinne Messners nicht mehr der heutigen Famile entspricht.

Utz stellt fest, daß die Absolutheit des Bewußtseins auch bei Messner theonom erklärt wird und daß die Möglichkeit eines synthetischen Urteiles a priori nur theonom begründet wird. Die eigentliche Entdeckung dieses Gesichtspunktes, die Messner durch seine induktive Methode erreicht, kann er leichter machen, wenn er deduktiv-metaphysisch vorgeht. Mit dieser Methode kommt er leichter an das Absolute im Bewußtsein heran.

ONTOLOGISCHE UND TRANSZENDENTALE
BEGRÜNDUNG DER ETHIK*

Von Erich Heintel

Gut kann man zunächst die Eignung eines Dinges für einen besonderen Zweck bezeichnen, so wenn wir von einem guten Pferde sprechen in Anbetracht seiner Eignung als Zugpferd oder seiner Gefügigkeit im Gegensatz zur Störrigkeit. Vor allem aber und schlechthin ist ein Pferd gut, wenn sein Organismus allseitig (unter Einschluß der normalen Intelligenz eines Pferdes) richtig funktioniert. Das ist offensichtlich der Fall, wenn seine Natur die ihren wesenhaften Funktionen innewohnenden Zwecke erfüllt, z. B. die des Verdauungsapparates, des Sehens, des Hörens, des Nervensystems; widrigenfalls ist es in der einen oder anderen Hinsicht ein mit Mängeln behaftetes oder schlechtes Pferd. Wir nennen somit Dinge gut oder schlecht, je nachdem sie die Eignung zur Erfüllung der ihre Natur bestimmenden Funktionen besitzen. Das Gute schlechthin ist demnach die einem Dinge gemäße Vollkommenheit. Daher muß das spezifisch menschliche Gute, wie Aristoteles sagt, innerhalb des Bereiches der dem Menschen gemäßen „Vortrefflichkeit" gesucht werden, oder wie Thomas im Anschluß an Aristoteles sich ausdrückt, im Bereiche der dem Menschen wesenhaften „Vollkommenheit". Weil der Ausdruck „Vollkommenheit" heute sehr oft im moralischen Sinn gebraucht wird, während er hier im ontologischen Sinn zu verstehen ist, verwenden wir lieber Ausdrücke wie die Vollwirklichkeit menschlichen Seins oder das vollmenschliche Sein. Demnach ist das Gute eine Seinsweise und daher eine Qualität von besonderer Art ... Unsere Analyse der menschlichen Natur führte uns zum Ergebnis, daß ihr vollwirkliches Sein nicht beruht auf einer Triebautomatik wie im tierischen Organismus, sondern auf der Wirksamkeit der Vernunft, die in Tätigkeit treten muß, sooft spezifisch menschliches Verhalten und das spezifisch menschlich Gute in Frage stehen.   (Johannes Messner)

Die im Titel genannten fundamentalphilosophischen Positionen der Ethik werden von mir nicht in einem sich ausschließenden Sinn ver-

---

* Die Thematik überschneidet sich teilweise mit dem Aufsatz „Die naturrechtliche Fundierung des Ordogedankens in der Tradition", in: Johannes Schwartländer, Hrsg., Menschenrechte, Aspekte ihrer Begründung und Verwirklichung, Tübinger Universitätsschriften, Bd. I, 1978 — für die Diskussion der Gegenwart bedeutsame Literatur: Platon, Staat besonders 1. und 2. Buch. — Aristoteles, Nikomachische Ethik. — Thomas, summa prima secundae, besonders Qu 90 - 108. — Luther, Freiheit eines Christenmenschen. — Kant, Kritik der praktischen Vernunft. — Hegel, Rechtsphilosophie. — Nietzsche, Generalogie der Moral. — Marx, Frühe Schriften (Lieber-Furth), I, Deutsche Ideologie. — Scheler, Der Formalismus in der Ethik und die materielle Wertethik. — Hengstenberg, Grundlegung der Ethik, 1969. — Gehlen, Moral und Hypermoral, 1969. — Kaulbach, Ethik und Metaethik, 1974.

standen. Bin ich doch der Meinung, daß beide Grundlegungen wesentliche Aspekte der Sache zur Sprache gebracht haben und darüber hinaus — von dem mit ihnen erreichten Problembewußtsein her — einander geradezu fordern. Beide Begründungen gehen im Rückbezug auf den Begriff des Menschen über die Einzelwissenschaften hinaus, sind insofern auf die „Natur" des Menschen verwiesen und damit „naturrechtlich" (apriorisch) fundiert. Auch ist für mich ein Begriff der philosophia perennis (im Anschluß an Leibniz) maßgebend, der die Motive der aristotelisch-scholastischen Ontologie ebenso wie diejenige der neuzeitlichen Freiheitsphilosophie ernst zu nehmen und zu versöhnen versucht.

Worum es dabei in der Moralphilosophie geht, soll im Hauptteil der folgenden Ausführungen zur Sprache kommen. Im Begriff des Menschen aber zeigt sich darüber hinaus und ganz allgemein die erwähnte Angewiesenheit von Ontologie und Freiheitsphilosophie sehr deutlich. Das sei noch kurz an einer Teilfrage unserer philosophia perennis aufgewiesen. Seit Platon und Aristoteles kennen wir im Rahmen der philosophischen „Psychologie" die Unterscheidung von Vitalseele und Geistseele. Ohne an dieser Stelle die Terminologie im Griechischen und im Lateinischen im einzelnen zu verfolgen, kann man sagen, daß die Seele als Einheit von forma corporis und forma formarum sich notwendig mit dem Begriff des Menschen verbindet, der durch seinen „Geist" (Seele als forma formarum) von allem anderen natürlichen Seienden und speziell von den Tieren unterschieden ist. Die Sonderstellung des Menschen ergibt sich dabei aus der Besonderheit dieser seiner Geistseele. Um aber den natürlichen Menschen in dieser Besonderheit in den Gesamtraum der Ontologie einordnen zu können, muß die menschliche Seele trotz dieser Besonderheit und d. h. einschließlich der Geistseele als forma corporis gedacht werden können. Hier sehe ich bedeutende fundamentalphilosophische Schwierigkeiten, auf die ich an anderem Ort genauer eingegangen bin („Die beiden Labyrinthe der Philosophie", systemtheoretische Betrachtungen zur Fundamentalphilosophie des abendländischen Denkens, Bd. 1, 1968, §§ 5, 10, 11). Die neuzeitliche Transzendentalphilosophie ist von ihrem Begriff des menschlichen Ich und seiner Freiheitlichkeit her der Problematik grundsätzlicher gerecht geworden als die traditionelle Ontologie. Sie hat aber ihrerseits wiederum besondere Schwierigkeiten, die daseiende Transzendentalität des Menschen als eines natürlichen Individuums fundamentalphilosophisch zu bewältigen. Auch darüber habe ich an anderem Orte Genaueres und Mehreres gesagt (a.a.O. §§ 32 u. 33).

Ich bin überzeugt, daß gerade in der Auseinandersetzung und Begegnung dieser hier nur sehr pauschal eingeführten Positionen der philosophia perennis auch das Lebenswerk von Johannes Messner in seiner zukunftsweisenden Bedeutung gewürdigt werden kann.

Das nachstehende Referat muß sich auf die im Titel genannte Thematik beschränken, obwohl diese zuletzt das Ganze philosophischer Systematik impliziert. Doch sollen den in dieser Weise begrenzten Ausführungen wenigstens in der Form von Thesen eine Reihe von Voraussetzungen vorangestellt und einige Konsequenzen anhangsweise angeschlossen werden. Dementsprechend gliedert sich das Referat in drei Teile:

    I. Allgemeine Voraussetzungen (in Thesenform)

   II. Ausführungen zur eigentlichen Thematik

  III. Einige Konsequenzen (anhangsweise).

I. Allgemeine Voraussetzungen

1. Zur philosophischen Ethik (Wissenschaft von gut und böse im Sinne der Moralität) rechne ich die Gebiete der Sitte, der Moral im engeren Wortsinn und der (substantiellen) Sittlichkeit. Rechtsordnung, Philosophie der Gesellschaft, Politik und Erziehung stehen mit ihr im Zusammenhang, gehen sie aber nicht unmittelbar an. Ich unterscheide Moralität (Einzahl) von den Moralen (Mehrzahl) als bestimmten Normensystemen, womit nicht geleugnet wird, daß es in Geschichte und Gesellschaft diese Normensysteme gibt, innerhalb derer ich selbst wieder moralisch oder unmoralisch handeln kann.

2. Im Rahmen der Philosophie empfiehlt es sich, vier verschiedene Freiheitsbegriffe zunächst auseinanderzuhalten und dann aufeinander zu beziehen. Im Gesamtraum freiheitlicher Selbstbestimmung des menschlichen Individuums lassen sich nämlich unterscheiden:

— Freiheit als Wesensmerkmal des Menschen im Unterschied zum Tier; in dieser Hinsicht handelt zum Beispiel auch der Sklave frei, ebenso wie der Böse.

— Freiheitliche Selbstverwirklichung als qualifizierte Freiheit des moralisch handelnden Menschen, in der im besonderen seine Bestimmung als Mensch (Humanität als Aufgabe) zum Ausdruck kommt.

— Verwirklichung der Freiheit des Menschen in der Gesellschaft und ihren Institutionen. Dieser Freiheitsbegriff steht heute so sehr im Vordergrund der Diskussion, daß man über ihn häufig die anderen Aspekte der Frage aus dem Auge verliert.

— Freiheit im Raum des Glaubens (Freiheit und Gnade).

Auf diesen vierten Freiheitsbegriff kann nur anhangsweise eingegangen werden.

Beziehen wir die ersten drei Arten der Freiheit aufeinander, dann ist zu sagen: Nur weil dem Menschen im Unterschied zu allen anderen Geschöpfen Freiheit als Wesensmerkmal zukommt, besteht für jedes Individuum in der Verwirklichung seiner Humanität die Verpflichtung zu moralischer Selbstbestimmung (Kants Kategorischer Imperativ); besteht weiterhin die Verpflichtung, die gesellschaftliche und politische Freiheit des menschlichen Individuums ernst zu nehmen und institutionell zu verwirklichen. Dabei ergibt sich die Einsicht, daß keine Gesellschaft so schlecht sein kann, daß in ihr nicht qualifizierte freiheitliche Selbstbestimmung (Moralität) zugemutet werden darf, daß keine freilich auch so gut ist, daß es nicht moralisch geboten wäre, sie zu verbessern.

3. Moralität stellt für die freiheitliche Selbstbestimmung des Menschen (im Rahmen der Frage nach dem Sinn seines Daseins) einen eigenständigen (nicht auf andere Weisen freiheitlichen Handelns reduzierbaren) Anspruch. Platon: gutes bzw. böses Handeln empfangen in sich selbst Lohn bzw. Strafe. Kant: Guter Wille folgt (autonom) kategorischen (unbedingten) nicht (heteronom) hypothetischen, bzw. technischen (bedingten) Imperativen. Luther: Gott richtet uns in unserem eigenen Gewissen.

Daraus folgt

a) Moralisches Handeln kann niemals als Mittel zu anderen Zwecken (Interessen) „eingesetzt" werden, z. B.

    aa) Im Dienste von Herrschaftsansprüchen (Erhaltung und Steigerung politischer Macht wie bei Thrasymachos und Nietzsche, bzw. in einer Standes- oder Klassenmoral).

    bb) Im Dienste der Erhaltung und Steigerung des Lebens oder bestimmter Rassen, bzw. in der Richtung auf „Übermenschen" hin (Extremfall Nietzsches „Blonde Bestie").

    cc) Zur Vermeidung von „Höllenstrafen" usw.

b) Als moralische Persönlichkeit hat das menschliche Individuum „Würde", die zu respektieren und zu achten ist.

Es ist insofern „Selbstzweck" und „absoluter Wert" und darf niemals bloß als „Mittel" zu fremden Zwecken betrachtet und behandelt werden (Kant). Moralische Selbstbestimmung steht daher jenseits von Erfolg und Mißerfolg (es gibt nicht den Unterschied von Gesinnungs- und Erfolgsethik, zumal sich der „gute Wille" ohnehin notwendigerweise nicht nur nach bestem Gewissen, sondern jeweils auch nach bestem Wissen bestimmt), sie steht weiterhin über allem, was ich im Dasein gewinnen kann oder erdulden muß, einschließlich des Todes, den man schon nach Aristoteles (Nikomachische Ethik, 3. Buch) einem schimpflichen Zwang vorziehen muß. Schiller: „Das Leben ist der Güter Höchstes nicht, der Übel Größtes ist die Schuld."

II. Ausführungen zur eigentlichen Thematik

In unserer Tradition wird Ethik zuletzt immer vom Begriff des Menschen her begründet. Das Selbstverständnis des Menschen als Menschen ist aber selber wiederum ein fundamentalphilosophisches Problem. Dieses Problem steht im Mittelpunkt der folgenden Ausführungen. Vorweg sei hier nur angemerkt, daß mit diesen Thesen keineswegs ausgeschlossen wird, daß sich im Glauben (schon von der vierten Stufe freiheitlicher Selbstbestimmung her, speziell aber im Hinblick auf die Menschwerdung Gottes) für die menschliche Existenz ein „Totalexperiment" seines Daseins eröffnet, das über seine moralische Selbstbestimmung hinausführt, in einen Bereich, in dem freiheitliche Selbstbestimmung überhaupt an ihre Grenze gelangt.

1. Ens et bonum convertuntur

Für die ontologische Begründung der Ethik ist die spezifische Seinsweise jedes Geschöpfes maßgebend dafür, was für dieses Seiende das Gute ist. Alles Seiende ist in dieser seiner spezifischen „Seiendheit" (Hengstenberg) zu respektieren und zu fördern. Das gilt natürlich besonders für den Menschen in seinen mitmenschlichen Beziehungen, wodurch sich etwa folgender Imperativ ergibt: Handle nach dem, was Dir als menschlich wesentlich zusteht und respektiere den Mitmenschen in seiner Menschlichkeit und über ihn hinaus alles Seiende seinem spezifischen Wesen nach. Gerade die Erstreckung dieses Imperativs auf den Gesamtraum der Geschöpflichkeit läßt eine „Vernünftigkeit des Wirklichen" in Erscheinung treten, die allem Seienden an seinem Ort und auf seine Weise zukommt. Die Wendung von der Vernünftigkeit des Wirklichen stammt bekanntlich von Hegel, doch ist zu sagen, daß diese Vernünftigkeit niemals in eindrucksvollerer Weise in die Geschichte gestellt wurde als durch den mittelalterlichen Ordnungsgedanken, der in einer eigentümlichen Weise den christlichen Vorsehungsgedanken mit dem Erbe der antiken Ontologie zu verbinden wußte.

Man kann auf das, worum es hier geht, zunächst durch eine Reflexion auf den „Zufall" zu sprechen kommen. Es gibt in der abendländischen Überlieferung zwei bedeutende Theorien des Zufalls, die aristotelische und die kantische. Alle übrigen Zufallstheorien lassen sich als Modifikationen der genannten Positionen begreifen, was hier freilich nicht näher ausgeführt und begründet werden kann. Aristoteles bestimmt den Zufall im Zusammenhang mit der Bedeutung, die dieses Wort auch in der Alltagssprache besitzt: Zufall ist für ihn ganz allgemein das Durchkreuzen sinnvollen Geschehens. Diese allgemeine Auffassung erfährt ihre nähere Bestimmung aus der aristotelischen Metaphysik. Aristoteles spricht nämlich vom Zufall sowohl in bezug auf menschliches Handeln wie in bezug auf die Natur. Im Beispiel für den ersten Fall nennt er es einen Zufall, wenn ich auf den Markt gehe, um Gemüse zu kaufen, und dort jemanden treffe, der mir geschuldetes Geld zurückzahlt. Es wäre natürlich auch ein Zufall, wenn ich unter den gegebenen Umständen jemandem begegne, dem ich Geld schulde. Zweitens aber kennt Aristoteles — und hier steht er durchaus in der Gefolgschaft Platons — ein Durchkreuzen des Sinnes im natürlichen Geschehen. Normalerweise entwickelt sich, „wenn nichts dazwischen kommt", ein natürliches Seiendes entsprechend seine Anlage (Dynamis) zu dem, was seine Wirklichkeit (Energeia) ausmacht. Es hat als in-sich-reflektiertes Allgemeines (Hegel) immer „entelechial" das zur Voraussetzung, zu dem es wird. Als Beispiel für diese Art Entwicklung dient von Aristoteles bis Hegel der Hinweis auf den Keim, der sich zur fertigen Pflanze auswächst, die neue Keime hervorbringt. Wenn in diesem Geschehen nun doch etwas dazwischenkommt, dann spricht Aristoteles ebenfalls, wie bei dem menschlichen Handeln, von Zufall. Dieser durchkreuzt dann in unserem Falle die Verwirklichung des im Keime Angelegten, z. B. wenn dieser etwa in einer langen Trockenheit zugrunde geht.

Wir sehen: Bei Zufall (τύχη) handelt es sich nach Aristoteles in der Tat um die Durchkreuzung von Sinngeschehen, einmal verstanden als menschliches Handeln, einmal als entelechiale Verwirklichung (αὐτομάτως) eines natürlichen Seienden.

Wir gehen hier auf die aristotelischen Termini nicht näher ein: ihre genaue Klärung ist nur im Gesamtraum der aristotelischen Systematik (etwa im Anschluß an Met. 1070 a, 6 f.) möglich. Hier sei nur kurz darauf hingewiesen, daß in der Wendung (αὐτομάτως) (von ungefähr, von selbst, „automatisch") die Dialektik der Problemlage sehr gut zum Ausdruck kommt. Sie vereinigt nämlich die Bedeutung von „zufällig" zunächst im Unterschied zum bewußt motivierten Handeln des Menschen (entelechiale Selbstverwirklichung erfolgt insofern zufällig-automatisch), und derjenigen, daß diese so verstandene entelechiale Selbstverwirklichung im Hinblick auf ihr (jeweiliges) Ziel selbst wieder durchkreuzt werden kann, wenn nämlich „zufällig" (d. h. nicht im Sinne der jeweiligen entelechialen Selbstverwirklichung) „etwas dazwischen kommt".

Ganz anders liegt die Sache bei Kant. Für ihn ist im Sinne seiner „Kritiken" (aber auch schon in der vorkritischen Zeit) alles Zufall, was nicht neuzeitliches Naturgesetz ist bzw. von ihm erfaßt wird. Er sagt gelegentlich ausdrücklich, daß alles, was nicht im Sinne der Mechanik Newtons erklärbar ist, als zufällig zu betrachten sei. In einer über den bestimmten historischen Bezug hinausgehenden Fassung läßt sich sagen, daß für Kant alles Zufall ist, was nicht dem Gesetzestypus neuzeitlicher Naturwissenschaften entspricht. Damit aber fällt bei Kant alles Sinngeschehen, von dem Aristoteles den Zufall abhebt, selbst unter das Zufällige, so der Organismus („Naturzweck"), aber auch das sich motivierende menschliche Handeln. Es ist eine erstaunliche Tatsache, daß der wohl bedeutendste Ethiker der Neuzeit auch das menschliche Handeln (in seinem Gegensatz zu der „Restvernünftigkeit" des Wirklichen) als Zufall ansieht, im Gegensatz zu jener Restvernünftigkeit nämlich, die uns die neuzeitliche Naturwissenschaft übriggelassen hat, nachdem unter dem Messer Okkams die platonische Idee und die auf ihr fundierte Tradition der „substanzialen Form" verendet war. In der Tat ist es das platonische Erbe, das es Aristoteles gestattet, menschliches Handeln und entelechiale Verwirklichung in der Natur unter einen Begriff zu bringen, dem dann derjenige des Zufalls entgegengesetzt werden kann. Jener Begriff ist nämlich von der platonischen „Idee" (Eidos) her fundiert, insofern als das Eidos bei Platon und Aristoteles als jenes Allgemeine zu verstehen ist, ohne das ein Seiendes von sich her nicht sein und von uns her nicht erkannt werden kann. In diesem Sinne ist die Idee ebenso Voraussetzung entelechialer Entwicklung in der Natur wie des motivierten Handelns des Menschen. Hinter dieser Gleich- oder Analogiesetzung verbirgt sich freilich eine Problematik, die in der Neuzeit in besonderer Weise als Unterschied ontologischer und transzendentaler Positionen zum Bewußtsein gekommen ist. Es erhebt sich dann die Frage, ob die „Idee des Guten" ebenso für das menschliche Handeln wie für die entelechiale Entwicklung relevant sein kann (ens et bonum convertuntur). Doch liegt diese Annahme zuletzt dem großen Ordnungsgedanken unserer Tradition im Sinne des Aristotelismus zugrunde. Auch läßt sich sagen, daß dieser Ordnungsgedanke des Aristotelismus von Aristoteles an bis in die Neuzeit (noch bei Leibniz) herrschend blieb, zuletzt aber doch der Lehre der „vollständigen nominalistischen Disjunktion" (das Einzelne nur ist real, alles Allgemeine ist abstrakt und ideell im Gegensatz zu real) weichen mußte.

Uns geht es hier um das, was ich den grundsätzlich naturrechtlichen Ansatz des Ordogedankens nennen möchte. Man will ihm zufolge das menschliche Handeln (auch im Sinne seiner moralischen Selbstverwirklichung) in Analogie zur entelechialen Selbstverwirklichung eines Eidos in der Natur erfassen. Sowie nämlich jedem natürlichen Seienden eine von seinem Eidos her fundierte und ihm wesenhaft zukommende Selbstverwirklichung zugeschrieben wird, so sei es auch in bezug auf das animal rationale, den Menschen, bestellt. Er handelt nur dann wesentlich, vernünftig und moralisch, wenn er von seiner Idee her seinem Wesen so entspricht wie etwa ein organisches Individuum seiner Artgesetzlichkeit. Damit soll nicht gesagt werden, daß der Unterschied von Tier und Mensch im Aristotelismus nicht entsprechend ernst genommen wurde. Trotzdem bleibt in seinem Ordnungsgedanken als ein die Unterschiede umgreifender Bereich zunächst die Physis (Natur), später der christliche Vorsehungsgedanke maßgebend.

Was den Zufall im Rahmen dieses Ordnungsbegriffes betrifft, läßt sich sagen, daß es in ihm — wie es Thomas von Aquin ausdrücklich sagt — zuletzt den Zufall, nämlich von Gott her, gar nicht geben kann. Gott ist die erste Ursache allen Geschehens in der Welt, wenn auch die Eigenständigkeit der jeweilig ihr „Wesen" repräsentierenden natürlichen Individuen im Gesamtraum des Kosmos durch die ihnen zukommende „Zweitursächlichkeit" gewährleistet erscheint. Auf diese Weise läßt sich das Zufällige im endlichen Dasein der Geschöpfe mit der Abweisung des Zufalls in bezug auf die göttliche Vorsehung vereinigen. Thomas führt in dieser Hinsicht als ein Beispiel an, daß ein Herr zwei Knechte an den gleichen Ort zur Arbeit schickt, ohne daß diese um die Gemeinsamkeit dieser Verfügung wissen. Sie treffen dann an dem bezeichneten Orte für sie — nicht aber für ihren Herrn — zufällig zusammen. Die im Zeichen des Ordogedankens gebotene Zufallslehre steht also ohne Zweifel im Zeichen der aristotelischen Zufallstheorie eines durchkreuzten Sinngeschehens in der Welt, wobei sich freilich der Zufall an der göttlichen Vorsehung als nichts Letztes erweist. Die neuzeitliche Zufallstheorie im Sinne Kants aber bietet den Vorteil, daß in ihr die freiheitliche Selbstbestimmung des Menschen aus der Vernünftigkeit des Wirklichen „herausgenommen" ist, da sie in jener Restrationalität des neuzeitlichen Naturgesetzes nicht erfaßt werden kann. Damit ist die neuzeitliche Theorie zuletzt zwar wesentlich undifferenzierter als diejenige des Ordogedankens, betont aber vom Ansatz her schärfer den Unterschied von Naturgeschehen und menschlichem Handeln, ein Unterschied, der von der naturrechtlichen Basis des Ordogedankens her gewisse Schwierigkeiten bereitet, auch abgesehen von der Destruktion der substanzialen Form durch den neuzeitlichen Nominalismus.

Die ontologische Grundlage dieses Ordogedankens, die auch zu einem ontologischen Begriff des Guten, also zu einem ontologisch verstandenen bonum führt, hat ihre Wurzel zuletzt und nicht zufällig in der aristotelischen Naturphilosophie. Schon bei Platon kommt allem natürlich Seienden in seiner spezifischen Eigenart (seinem Eidos nach) auch eine spezifische, ihm allein angemessene Selbstverwirklichung zu, nämlich in seiner jeweiligen „Tugend" (Arete), die mit seinem Eidos (seinem

„Wesensbegriff") zusammenfällt. Für Aristoteles nun verwirklicht sich — wie schon gesagt — alles Seiende in der Natur auf sein Ziel im Sinne dieser seiner Arete und seines Eidos hin, „wenn nichts dazwischen kommt". Jedenfalls aber muß diese ihr Ziel erreichende (entelechiale) Selbstverwirklichung eine jener Einheit von Arete und Eidos entsprechende „Vollkommenheit" erreichen, damit ein solches individuelles Seiendes in der Natur überhaupt da sein kann. Wird nämlich dieses Maß unterschritten, dann geht ein derartig natürlich Seiendes (z. B. bei Mißgeburten) zugrunde. Insofern aber läßt sich ontologisch von der so verstandenen Vernünftigkeit des Wirklichen her der Satz ens et bonum convertuntur rechtfertigen. Wir sind bei einem mit dieser Vernünftigkeit (verum) zusammenfallenden Guten angelangt. An diese Vernünftigkeit aber hat sich als ihr Schöpfer und Garant gewissermaßen auch Gott gebunden. Wir sind wieder bei dem Vorsehungsgedanken des heiligen Thomas angelangt. Dieser gibt zu „bedenken, daß bei jedwedem Ding die Natur vorzüglich in dem Bestimmungsgrund (forma) besteht, nach dem das Ding seine Art (speciem) gewinnt. Der Mensch aber wird durch die geistige Seele in seiner Art begründet. Was sich deswegen gegen die Vernunftordnung stellt, geht eigentlich gegen die Natur des Menschen, insofern er Mensch ist. Was aber vernunftgemäß ist, das ist auch naturgemäß für den Menschen, insoweit er Mensch ist. Nun besteht aber für den Menschen das Gute in dem vernunftgemäßen Verhalten, und das Böse in einem Verhalten, das außerhalb der Vernunftregel liegt... Und darum ist die Tugend des Menschen, die ihn selbst und sein Werk gut macht, insofern der Menschennatur entsprechend, als sie der Vernunft entspricht. Das Laster aber ist insofern gegen die Natur des Menschen, als es zur Ordnung der Natur im Gegensatz steht..." (Summa theol. II/1 qu. LXXI art. 2 resp. — Übersetzung nach „Lehre des Heils", Aus den Werken des Thomas von Aquin, übertr. u. hg. v. E. Stakemeier, 1939, S. 171). Wir sehen hier sehr deutlich, wie dieser Ordnungsgedanke aus der aristotelischen Ontologie auf einer ausgeprägten „Formmetaphysik" beruht.

Heißt es doch auch bei Thomas, daß „jede Neigung (inclinatio) eines Dinges, sei es eine naturhafte (von der „species" der naturischen Monade her) oder eine willentliche (von der „Freiheit" des „existierenden Begriffs Mensch" her), nichts anderes ist als eine Einprägung (quaedam impressio) Gottes als des ersten Bewegers... Darum gelangen alle Dinge, sei es, daß sie naturhaft (als species), sei es, daß sie willentlich (aus Freiheit) wirken, gleichsam aus eigenem Antrieb (quasi propria sponte) zu dem, worauf sie von Gott her geordnet sind." (Summa theol. I qu. 103, art. 8 resp., Übersetzung nach der „Deutschen Thomas-Ausgabe", hg. von der Albertus-Magnus-Akademie Walberberg bei Köln, VIII/26.) In diesem Sinne lenke Gott alles „in Milde" (suaviter). Es ergibt sich so der allgemeine Satz, daß die Vorsehung ihre Ziele in der Natur durch die Art (species), in der Geschichte durch die menschliche Freiheit erreiche. Er setzt geradezu voraus, daß die spezifische Selbstverwirklichung des Menschen in ihrer Art „Vollkommenheit" nicht aus der übrigen Schöpfung herausfalle und auf diese Weise zu ihrem Sinn und zu ihrem (heilsgeschichtlichen) Ziel beitrage. Eine die Freiheit einschließende, zuletzt alle Wirklichkeit umfassende „Vernünftigkeit" (ens et bonum convertuntur), kennzeichnet diesen großartigen — von dem Menschen und seiner „Physis" ausgehenden, in der Einheit des Heilshandelns Gottes fundierten und gipfelnden — Gedanken. Seine inhaltliche Differenziertheit erlangt er durch die Entwicklung der mannigfaltigen Bestimmungen der spezifisch menschlichen „Natur" und ihrer in den Heilsplan Gottes gestellten Freiheit, in der alle diese Bestimmungen zwar nicht unmittelbar (wie das natürliche Eidos), sondern als Motive des Handelns wirksam sind, wobei aber diese eben nur in Freiheit wirksamen Motive über die sittliche Verbindlichkeit (über die spezifisch menschliche „Vollkommenheit") eingebunden sind in die universale Vernünftigkeit des Wirklichen. Die „Idee des Guten" ist die Sonne aller Erdentage. In dieser ontologischen Affirmation (Helmut Kuhn) trifft sich der Ordogedanke in gewisser Weise mit Hegels Vernünftigkeit des Wirklichen. So wie nicht alles Erscheinende eigentlich Seiendes ist, sondern nur das im Sinne des ontologisch relevanten Allgemeinen insichvermittelte Seiende (die οὐσία), so ist auch nicht alles vernünftig, was überhaupt geschieht, sondern nur dasjenige, was auch im menschlichen Handeln „wesentlich", d. h. gut im Sinne seiner spezifischen Vollkommenheit ist. Andernfalls fällt es — trotz seiner oft penetranten Realität — außer jeden möglichen Sinn der Schöpfung, da es weder vom natürlichen Eidos noch vom Sinn des existierenden Begriffs her gerechtfertigt erscheint. Es ist trotz jener penetranten Realität gewissermaßen das Nichts des Sinns, das sich in einem zwar durchaus möglichen, niemals aber „wesentlichen" Handeln äußert. Der Substanz des Guten entbehrend, ist es so wenig eigentlich vernünftig (einzusehender Sinn) wie das nicht in der (οὐσία) fundierte Seiende eigentlich Seiendes ist. Zuletzt bestimmt eben als Vernünftigkeit des Wirklichen und Wirklichkeit des Vernünftigen die Idee des Guten (die „Vollkommenheit") alles Seiende, das der Natur durch die Substanz (οὐσία), das der Freiheit in der Verbindlichkeit spezifisch-menschlich-wesentlichen = sittlichen Handelns.

Die Analogie zwischen entelechialer und freiheitlicher Selbstverwirklichung mußte mit der Einsicht gesprengt werden, daß die freiheitliche Selbstbestimmung des Menschen in ihrer jeweiligen Vollkommenheit (als qualifizierte moralische Freiheit) nicht von einem vorgegebenen Wesensbegriff des Menschen her zu fassen ist. Die Humanität ist nicht nur vor-, sondern auch aufgegeben. Die hier in Frage stehende „Vollkommenheit" (Qualität moralischen Handelns) ist daher nicht durch den Rückgriff auf das jeweils eine Eidos substanzialen Daseins (Eidos als Usia) einzusehen. Worin ist aber dann jene Analogie von Eidos und Freiheit überhaupt begründet, wenn doch keineswegs ausgemacht erscheint, daß der Inbegriff der vielen im Handeln wirklichen „Repräsentationen" in der Weise auf seine „Wesentlichkeit" hin aufzeigbar ist, daß diese pluralistisch erscheinende Wesentlichkeit des Handelns auf den „Wesensbegriff" im Sinne des Eidos hin (analog) verstanden werden kann? Steckt doch in jener Analogie die nicht genügend reflektierte Annahme, daß bei allem Pluralismus des Handelns dessen Inhalt als Inhalt wesentlichen Handelns so feststehe (und nur zu entdecken sei) wie der vom Eidos her fundierte Wesensbegriff im Sinne des Aristotelismus. In dieser Annahme aber verbergen sich eine Reihe unausgetragener Antinomien, die es zu entwickeln und deren Sinn es im Rahmen der Ethik zu klären gilt, soll jener großartige Ordnungsgedanke der Überlieferung mehr sein als eine wehmütige Reminiszenz an einen Zustand der Menschheit, in dem kein Sperling vom Dach fallen und kein Judas so handeln konnte, daß der Sinn der Schöpfung (die Vernünftigkeit des Wirklichen) hätte beeinträchtigt werden können. Goethe hat es erfahren: „Vollkommenheit ist die Norm des Himmels; Vollkommenes (aber zu) wollen die Norm des Menschen." (Maximen und Reflexionen, Werke IV/155, L. Geiger.) Aber auch Kant ist in diesem Sinne im Zusammenhang mit seiner Deutung des Sündenfalls anzuführen, wenn er schreibt: „Die Geschichte der Natur fängt also vom Guten an, denn sie ist das Werk Gottes; die Geschichte der Freiheit vom Bösen, denn sie ist Menschenwerk." (Kant, Ausgabe Hartenstein, IV/321 f.)

2. *Gesetz und Gewissen*

Gesetzt nun, es gäbe tatsächlich einen dem ontologisch relevanten Wesensbegriff des Seienden analogen sittlich relevanten Inbegriff des Guten, können wir dann durch diesen die Ethik so fundiert ansehen wie durch jenen die Ontologie? Schon die Gegenüberstellung von Begriff und Inbegriff im Rahmen der Analogie bringt das Problem der Einheit dieses Inbegriffs im Sinne des Guten in Sicht, ein Problem, das von Platons Untersuchungen über Einheit und Vielheit der Tugend bis zu Kants Einsicht, daß das Gute nur eine „formale" (d. h. nicht inhaltlich vorgegebene) Allgemeinheit sei, eine Rolle spielt.

Die Entfaltung dieser Gesamtproblematik ist an dieser Stelle nicht vorgesehen. Doch seien auch hier die Schwierigkeiten genannt, die den grundsätzlich naturrechtlichen Ordogedanken sprengen mußten. Von der nominalistischen Destruktion des Wesensbegriffes war schon die Rede.

Von unseren Betrachtungen her ergibt sich freilich die Frage, ob in der aristotelischen Ontologie ein über die Wissenschaftstheorie der Naturwissenschaft hinausgehender Sinn in der Richtung auf eine auch heute mögliche Naturphilosophie liegt. Wenn Sartre meint, daß dem Menschen keine essentia (kein allgemeiner Schöpfungsgedanke im Geiste Gottes) vorausgehe, dann ist hier ganz richtig gesehen, daß Humanität nicht nur vor-, sondern auch aufgegeben ist. Da aber Sartre darin den spezifischen Unterschied des Menschen zu allen übrigen Geschöpfen sieht, ist also diesem anderen Geschaffenen doch eine essentia vorausgesetzt, so daß für sie bei einiger Konsequenz des Gedankenganges der göttliche Schöpfungsgedanke doch noch maßgebend wäre. Von dieser theologischen Problematik abgesehen bleibt aber diejenige einer Ontologie der Natur bestehen, eine Tatsache, die sich durchaus auch von Kant — etwa von seiner Lehre vom „Naturzweck" — her zeigen ließe. Es ist ein Aberglaube zu meinen, daß das Universalienproblem ein für alle Mal im Sinne des neuzeitlichen Nominalismus entschieden sei.

Die eigentliche Destruktion des Ordogedankens erfolgt aber aus dem Gegensatz von Gesetz (Nomos) und Gewissen. Es wäre sehr schön, die Entwicklung dieser Problematik aus dem Gegensatz des alttestamentlichen Gesetzes und der neutestamentlichen Botschaft über die Aporien des Gewissensbegriffes in der Hochscholastik zur Reformation und zum Gewissensbegriff bei Kant zu verfolgen. An dieser Stelle muß es zunächst genügen, diese Aporetik im Zusammenhang mit dem Ordogedanken herauszustellen. Der im Zeichen des ontologischen bonum von Gott her als universales Ordnungsgesetz der Schöpfung verstandene Vorsehungsgedanke mußte auf dem Gebiet der Moral in gewisse Schwierigkeiten führen, sobald man nämlich vom Gewissen her ein subjektiv Gutes dem objektiv Guten des Ordnungsgedankens gegenüberstellte. Die Basis der Aporie ist dabei die in der christlichen Morallehre immer anerkannte Tatsache, daß es jedenfalls böse ist, gegen das Gewissen zu handeln. Haben aber dann nicht die Juden moralisch richtig gehandelt, wenn sie ihrem Gewissen folgend Jesus an den Galgen geliefert haben? Und wie steht es in dieser Hinsicht mit den sich auf ihr Gewissen berufenden Ketzern? Bleibt man nämlich bei jener Unterscheidung von subjektiv und objektiv gut, dann ergibt sich eine unauflösbare Problematik sofort, wenn man nicht als Regel ansetzt, daß individuelle Gewissensbestimmung in ihrer Subjektivität und das objektiv Gute des Nomos notwendig übereinstimmen müssen. Da diese Übereinstimmung offensichtlicherweise keineswegs immer gegeben ist, bleibt die Frage offen und unlösbar, wer nun eigentlich gut sei: derjenige, der dem objektiv Guten folgt, aber ein Gesinnungslump ist, oder derjenige, der seinem Gewissen folgt, aber gegen die objektive Norm verstößt. Gewisse Positionen der katholischen Moraltheologie sind hier ebenso in die Aporie geraten, wie manche ideologischen Standpunkte mit ihrer Nivellierung der Unterscheidung von individuellem („privatem") Gewissen und der ideologisch verbindlichen („öffentlichen") Norm. Am deutlichsten erscheint übrigens die Problematik in Hegels Kritik an der Moralität Kants und der Überordnung seiner „substantiellen Sittlichkeit" über diese Moralität. Von einem moralisch Guten über das individuelle Gewissen hinaus, eben als substantielle Sittlichkeit, ließe sich freilich nur in der Rückkehr zu einem ontologischen bonum im Sinne des Ordogedankens sprechen. Hegels „Vernünftigkeit des Wirklichen" trägt Züge einer solchen Rückwendung freilich nicht im Rahmen einer universalen Ontologie, sondern zunächst und vor allem bezüglich der Vernünftigkeit der Geschichte als „Fortschritt im Bewußtsein der Freiheit".

3. Das Gewissen bei Kant und Hegel

Es ist nicht möglich, auf die inneren Unausgeglichenheiten der Ethik Kants hier einzugehen. Es ist ein schwieriges Problem, wie sich bei ihm der „reine" Wille im Sinne der Allgemeinheit der apriorischen Vernunft zu dem „guten" Willen seiner Gesinnungsethik verhält. In einer Hinsicht aber kann man — auch auf Grund der schon geschilderten Entwicklung — hinter Kant nicht zurückgehen, nämlich insofern, als es unmöglich ist, ohne Rekurs auf den individuellen „guten Willen" (auf die „Gesinnung") von moralisch gut und böse zu sprechen. Von dieser ohnehin allgemein anerkannten Erkenntnis und — sofern man von Moralität überhaupt als einem eigenständigen Sinnanspruch reden kann — unwiderlegbaren These her muß man bei der Interpretation Kants und speziell auch seines sogenannten „Kategorischen Imperativs" ausgehen. Dieser verliert dann viel von jener Befremdlichkeit, die häufig von ontologischen Positionen oder solchen einer materialen Wertethik erhoben wird. Dazu nur kurz folgendes: der sittliche Imperativ bei Kant ist erstens „kategorisch" im Unterschied zu „hypothetisch" bzw. „technisch", weil im Handeln nach dem Gewissen eine unbedingte Forderung vorliegt, die nicht unter den Bedingungen eines „wenn — dann" im Sinne irgendwelcher der Moralität äußerlicher Absichten, Zwecke, Interessen usw. steht. Damit ergibt sich zweitens auch schon die Autonomie des kategorischen Imperativs, die ja gar nichts anderes besagt, als daß moralische Selbstbestimmung niemals gegen die Verantwortung des eigenen (individuellen, jemeinigen) Gewissens erfolgen kann. Damit ist keinesfalls gesagt, daß ich mir vorgegebene Normen nicht als solche in meine Entscheidung aufnehmen und vertreten kann. Der Unterschied von Autonomie und Heteronomie fällt nicht mit dem Unterschied von „eigenen" und „fremden" Wertsetzungen zusammen. Daher kann eine moralische Handlung durchaus auch mit Neigung, nicht aber aus Neigung, erfolgen. Insofern aber muß der kategorische Imperativ bei der Selbstprüfung des

Gewissens drittens „rigoros" sein. Mit dieser Rigorosität ist auch ausgesagt, daß eine moralische Handlung nur entweder moralisch oder nicht moralisch sein kann; es gibt keine bloß teilweise gute Handlung im moralischen Sinne, von welchen Motiven sie auch immer begleitet sein mag. Schließlich und viertens ist der Kategorische Imperativ „formal" in dem Sinne, daß es im moralischen Handeln nie ausreicht, eine Handlung von ihrem Inhalt her allein zu beurteilen. Es geht immer um die Gesinnung, mit der der Handelnde entscheidet. Die Formalität des Kategorischen Imperativs wiederholt also nur die Einsicht, daß ohne den Rückbezug auf den guten Willen (Gewissen) überhaupt nicht von moralisch gut und böse die Rede sein kann, wie immer die Handlung auch sonst positiven Bewertungen (z. B. der Nützlichkeit) unterzogen werden mag. Keineswegs bedeutet diese Formalität eine Abstraktion von dem Inhalt der moralischen Handlung, die ja als solche immer eine bestimmte und konkrete sein muß — noch weniger eine Gleichgültigkeit gegen diesen Inhalt, sondern lediglich, daß im moralischen Handeln nur vom Ganzen von Form und Inhalt her Prädikate wie gut und böse ausgesagt werden können.

Die ontologische, von einem allem Seienden jeweils auf seine Art zukommenden bonum ausgehende und die transzendentale, jeweils von freiheitlicher Selbstbestimmung des Ich kommende Fundierung der Ethik können daher überhaupt nicht in der Weise einander entgegengesetzt werden, daß man die erste als inhaltlich-material und objektiv der zweiten als formal und subjektiv gegenüberstellt. Zuletzt gehen übrigens beide — wie gesagt — von dem Begriff des Menschen als eines vernünftigen, sich freiheitlich bestimmenden Geschöpfes aus, doch ist es mit der neuzeitlichen Transzendentalphilosophie zur Einsicht gekommen, daß die Freiheitlichkeit des Menschen das moralische Gute und die Wesensgesetzlichkeit (Vollkommenheit) alles anderen Seienden nicht unter das Allgemeine eines ontologischen Bonum zu subsumieren sind.

Die Problematik spielt auch in dem Gipfelgespräch bezüglich der Fundierung der Ethik zwischen Kant und Hegel eine wesentliche Rolle, wobei sich gleich noch herausstellen wird, daß Hegel in gewisser Weise Rückbezüge auf den Ordobegriff vollzieht, die freilich auf einem Mißverständnis Kants aufgebaut sind. Es wäre für die Diskussion vorteilhaft, die Gewissensentscheidung bei Kant (und zuletzt auch bei Hegel) als „absolut" und nicht als „allgemeingültig" zu verstehen, wobei zur Begründung dieser These allerdings näher einzugehen wäre auf die Unterschiede und Bezüge folgender Begriffspaare nämlich 1. Theorie und Praxis, 2. subjektiv und objektiv, 3. individuell und allgemein und 4. privat und öffentlich. (Dazu aufschlußreich: *T. Koch*, Kommunikative Ethik?, Neue Zeitschrift für systematische Theologie und Religionsphilosophie, XVIII/2, 1976; Selbstregulation des Politischen?, Stimmen der Zeit, Bd. 194, Heft 2, 1976.) — Bezüglich der angeführten Unterscheidungen sei nur noch zu Theorie und Praxis bemerkt, daß ein Wirkliches, das nur durch menschliches (wertbestimmtes) Entscheiden und Handeln überhaupt da ist, nicht so ohne weiteres auf den Objektivitätsbegriff empirischer Wissenschaft gebracht werden kann; auch die phänomenologische Methode steht hier vor nicht unbeträchtlichen Schwierigkeiten, weil „Freiheit" im Sinne der Einsicht Kants nicht nur kein Gegebenes im Sinne empirischer Faktizität ist, sondern sich auch nicht einer doch immer in intentio recta bleibenden „Wesensschau" erschließt. Außerdem zeigt sich auch in der Differenz von Theorie und Praxis, daß der Mensch sein „Wesen" (Freiheitlichkeit) nicht in analoger Weise zur Naturgesetzlichkeit der Tiere zu erfüllen vermag, sondern erst in qualifizierter moralischer Selbstverwirklichung. Deshalb ist ja gerade das ontologische bonum und das gute Handeln des Menschen nicht unter einen Allgemeinbegriff des Guten zu subsumieren. — Außerdem sei hier nur noch darauf hingewiesen, daß viele Scheinprobleme und Verwicklungen sich daraus ergeben, daß in der Diskussion der Gegenwart vielfach individuell, subjektiv, privat und häufig auch noch relativ (im Gegensatz zu absolut) gleichgesetzt werden.

Mit dem Begriff des Gewissens hat sich mein Sohn Guido näher beschäftigt. Ich folge im weiteren weitgehend, z. T. auch wörtlich seinem Aufsatz („Moralisches Gewissen und substantielle Sittlichkeit in Hegels Geschichtsphilosophie", in „Geschichte und System", Festschrift für Erich Heintel zum 60. Geburtstag, 1972):

„Kant unterscheidet auf interessante Weise die Reflexion des moralisch Handelnden auf die jeweilige Situation, in der Irrtum möglich ist, von der Reflexion auf die Motivation, in der das Gewissen unmittelbar sich ausspricht. Er sagt: ‚Daß das, was Jemand sich selbst oder einem Anderen sagt, wahr sei: dafür kann er nicht jederzeit stehen (denn er kann irren); dafür aber kann und muß er stehen, daß sein Bekenntnis oder Geständnis wahrhaft sei: denn dessen ist er sich unmittelbar bewußt. Er vergleicht nämlich im ersteren Falle seine Aussage mit dem Objekt im logischen Urteile (durch den Verstand); im zweiten Fall aber, da er sein Fürwahrhalten bekennt, mit dem Subjekt (vor dem Gewissen). Tut er das Bekenntnis in Ansehung des erstern, ohne sich des letztern bewußt zu sein: so lügt er, weil er etwas anderes vorgibt, als wessen er sich bewußt ist.' (Kant, Akademie-Ausgabe, Bd. 8, S. 267.) Man kann sich also nach Kant in bezug auf das Gewissen nichts gegen sein Bewußtsein vormachen, auch wenn man immer wieder und noch so sehr dazu neigt, seine Stimme durch Selbstbetrug und Betrug zum Schweigen zu bringen oder zu verfälschen. Zur Unmittelbarkeit der Gewissensäußerung steht also der moralisch Handelnde gar nicht in der Distanz einer theoretischen Aussage und in ihrer möglichen Irrtümlichkeit. Daß Kant die Dinge so versteht, kommt auch an einer anderen Stelle zum Ausdruck, in der er ausführt, daß man von einer Pflicht, ein Gewissen zu haben, nicht eigentlich sprechen darf. Man kann nämlich bei ihm ‚in dem objektiven Urteile, ob etwas Pflicht sei oder nicht, ... wohl bisweilen irren; aber im subjektiven, ob ich es mit meiner praktischen (hier richtenden) Vernunft zum Behuf jenes Urteils verglichen habe, kann ich nicht irren, weil ich alsdann praktisch gar nicht geurteilt haben würde; in welchem Fall weder Irrtum noch Wahrheit statt hat. Gewissenlosigkeit ist nicht mangelndes Gewissen, sondern Hang sich an dessen Urteil nicht zu kehren. Wenn aber jemand sich bewußt ist nach Gewissen gehandelt zu haben, so kann von ihm, was Schuld oder Unschuld betrifft, nicht mehr verlangt werden. Es liegt ihm nur ob, seinen Verstand über das, was Pflicht ist oder nicht, aufzuklären: wenn es aber zur Tat kommt oder gekommen ist, so spricht das Gewissen unwillkürlich und unvermeidlich. Nach Gewissen zu handeln kann also selbst nicht Pflicht sein, weil es sonst noch ein zweites Gewissen geben müßte, um sich des Acts des ersteren bewußt zu werden. Die Pflicht ist hier nur sein Gewissen zu cultiviren, die Aufmerksamkeit auf die Stimme des inneren Richters zu schärfen und alle Mittel anzuwenden (mithin nur indirecte Pflicht), um ihm Gehör zu verschaffen.' (Kant, a.a.O., Bd. 6, S. 401.) Das Gewissen wird also hier als letzte Instanz gesetzt, da es kein Gewissen des Gewissens geben kann. Noch deutlicher und gewissermaßen zusammenfassend, spricht sich Kant über das nicht irrende Gewissen im Zusammenhang der erstzitierten Stelle folgendermaßen aus: ‚... ein irrendes Gewissen ist ein Unding; und gäbe es ein solches, so könnte man niemals sicher sein recht gehandelt zu haben, weil selbst der Richter in der letzten Instanz noch irren könnte. Ich kann zwar in dem Urteile irren, in welchem ich glaube Recht zu haben: denn das gehört dem Verstande an, der allein (wahr oder falsch) objektiv urteilt; aber in dem Bewußtsein: ob ich in der Tat glaube recht zu haben (oder es bloß vorgebe), kann ich schlechterdings nicht irren, weil dieses Urteil oder vielmehr dieser Satz bloß sagt: daß ich den Gegenstand so beurteile.' (Kant, a.a.O., Bd. 8, S. 268.) Das Gewissen ist also nach Kant für den moralisch Handelnden letzte und absolute Instanz: es gibt kein Gewissen des Gewissens. Es gibt aber auch kein Wissen des Gewissens in der Distanz einer theoretischen Aussage über das Gewissen: es kann nicht irren.

Ganz anders argumentiert Hegel in dem vorliegenden Problemzusammenhang. Er läßt den Unterschied zwischen der Reflexion auf die gegebene Situation und derjenigen auf das moralisch motivierende Gewissen fallen und wird damit zuletzt dem Anliegen Kants kaum gerecht. Er bringt damit die Absolutheit des Gewissens und die Endlichkeit seiner Einsicht in einen unversöhnbaren Gegensatz. Zwar geht er insofern mit Kant, als er sagt: ‚Ob die Versicherung aus Überzeugung von der Pflicht zu handeln, wahr ist, ob es wirklich die Pflicht ist, was getan wird, — diese Fragen oder Zweifel haben keinen Sinn gegen das Gewissen. — Bei jener Frage, ob die Versicherung wahr ist, würde vorausgesetzt, daß die innere Absicht von der vorgegebenen verschieden sei, das heißt, daß das Wollen des einzelnen Selbst, sich von der Pflicht, von dem Willen des allgemeinen und reinen Bewußtseins trennen könne; der letztere wäre in die Rede gelegt, das erstere aber eigentlich die wahre Triebfeder der Handlung. Allein dieser Unterschied des allgemeinen Bewußtseins und des einzelnen selbst ist es eben, der sich aufgehoben, und dessen Aufheben das Gewissen ist.' (Hegel, II, Glockner S. 500.) Auch bei Kant soll sich ein vernünftiges Wesen so bestimmen, daß seine individuelle Maxime zugleich allgemeines Gesetz im Reiche der Moral sein kann. Hier setzt aber Hegel seine Kritik an, indem er den Begriff des möglichen Irrtums in das Gewissen selbst hineinträgt. Er führt aus: ‚Das Gewissen in Beziehung auf die einzelnen Bestimmungen des Gegensatzes, der am Handeln erscheint, und sein Bewußtsein über die Natur derselben betrachtet, verhält sich zuerst als Wissendes zur Wirklichkeit des Falles, worin zu handeln ist. Insofern das Moment der Allgemeinheit an diesem Wissen ist, gehört zum Wissen des gewissenhaften Handelns, die vorliegende Wirklichkeit auf uneingeschränkte Weise zu umfassen und also die Umstände des Falles genau zu wissen und in Erwägung zu ziehen. Dies Wissen aber, da es die Allgemeinheit als ein Moment kennt, ist daher ein solches Wissen von diesen Umständen, das sich bewußt ist, sie nicht zu umfassen oder darin nicht gewissenhaft zu sein.' (a.a.O., II, S. 491 f.) Hegel spricht von einer ‚absoluten Vielheit der Umstände, die sich rückwärts in ihren Bedingungen, seitwärts in ihrem Nebeneinander, vorwärts in ihren Folgen unendlich teilt und ausbreitet. — Das gewissenhafte Bewußtsein ist sich dieser Natur der Sache und seines Verhältnisses zu ihr bewußt, und weiß, daß es den Fall, in dem es handelt, nicht nach dieser geforderten Allgemeinheit kennt, und daß sein Vorgeben dieser gewissenhaften Erwägung aller Umstände nichtig ist.' (Ebenda.) Folgt man nun konsequent diesen Ausführungen Hegels, dann ergibt sich aus der Nichtigkeit des Wissens des Gewissens die Nichtigkeit des individuellen moralischen Gewissens überhaupt. Alles endliche Wissen ist nichtig gegenüber demjenigen des unendlichen Geistes. Damit verliert der Gewissensanspruch des endlichen Geistes seine Absolutheit im Sinne Kants. Insofern müßte der endliche Geist an seinem Gewissen verzweifeln: „... weil es sein Wissen ist, gilt [es] ihm [und kann es doch nicht] als hinreichend vollkommenes Wissen. ... In der Tat aber ist dem Gewissen nur zuzumuten, daß es sich nach seinem besten Wissen bestimme. Wie sollte es sich überhaupt anders bestimmen können? Es muß in seiner Endlichkeit als Gewissen absolut (entscheidend) sein, soll sittliche Selbstbestimmung überhaupt als möglich gedacht werden können. So fällt in ihm ‚die Moralität... der notwendigen Zufälligkeit der Einsicht anheim' und doch ‚ist es gerade das Wesen des Gewissens, dies Berechnen und Erwägen abzuschneiden und ohne solche Gründe [nicht ohne solche Gründe, sondern mit ihnen, trotz der Zufälligkeit der Einsicht] aus sich zu entscheiden... in der Kraft der Gewißheit seiner selbst hat es die Majestät der absoluten Autarkie, zu binden und zu lösen.' (Heintel, E., Labyrinthe, S. 190 f., eingeschlossene Hegelstellen II, S. 196 f.) Das alles führt bei Hegel zu einer Zweideutigkeit seiner Lehre vom Gewissen, ‚das als das Fürsichsein der Moral absolutes Fundament der (individuellen) sittlichen Handlung (‚die Majestät der absoluten Autarkie zu binden und zu lösen') sein muß und doch als nur ‚endliche' Einsicht nicht die Vernünftigkeit der Wirklichkeit auf dem Boden der Freiheit (in der Geschichte) garantieren kann. Das im ‚Gewissen' zu seinem Fürsichsein, das heißt zu der ihm möglichen Selbstverwirklichung gelangte moralische Individuum, für das es in der Überzeugung der Pflicht sinnlos ist, seine ‚Gewißheit' in Frage zu stellen und an ihr zu zweifeln, wird zu einem Fürsichsein, das ein Ansichsein außer sich hat und damit gar nicht im eigentlichen Sinn ein Fürsichsein sein kann.' (Heintel, E., a.a.O., S. 191.)"

Diese Auffassung vom Gewissen wirkt sich sehr deutlich auf Hegels Geschichtsphilosophie aus. Für Hegel ist die Weltgeschichte durch einen Spannungszustand gekennzeichnet, in dem das Prinzip der Freiheit einen langen Weg hat, auf dem sich die „Vernünftigkeit des Wirklichen" und das individuelle Bewußtsein des moralisch handelnden Menschen gegenüberstehen. Seine Gedankengänge bewegen sich zwischen dem „unendlichen Recht des Subjekts" und der „List der Vernunft".

III. Einige Konsequenzen (anhangweise)

1. Bezüglich der Vernünftigkeit des Wirklichen bezieht sich Hegel in seiner Geschichtsphilosophie auf den christlichen Begriff der Vorsehung. Diese Reminiszenz des Ordobegriffs steht freilich zugleich in einem direkten Verhältnis zur Problematik dieser Geschichtsphilosophie. Trotzdem scheint mir die Wendung vom „Fortschritt im Bewußtsein der Freiheit" von ausschlaggebender Bedeutung für die Frage nach dem Sinn von Geschichte zu sein. In gewisser Weise — so läßt sich sagen — kommt es in der neuzeitlichen Transzendentalphilosophie zum Bewußtsein, daß (im Unterschied zu einem für die ganze Schöpfung angesetzten ontologischen bonum und analog zur Unterscheidung von Wesensgesetzlichkeit und Freiheitlichkeit) Kreatürlichkeit überhaupt (Natur) und Geschicht-

lichkeit (des Menschen) wohl zu unterscheiden und nicht unter einen allgemeinen Ordnungsbegriff subsumierbar sind.

Für eine Klärung der Problemlage in dem vorliegenden Rahmen müssen zunächst einige Differenzierungen des Raums der Freiheit und d. h. der menschlichen Praxis vorgenommen werden. „Praxis" ist hier im Sinne des Aristoteles verstanden, d. h. sowohl von „Theoria" als auch von „Poiesis" unterschieden. Die Geschichte der Philosophie hat die wichtigsten Differenzierungen der Praxis längst herausgestellt.

Ich unterscheide grundsätzlich drei Ebenen des Handelns aus Freiheit, und zwar:

1. Freiheitliche Selbstbestimmung aus Natur,
2. Freiheitliche Selbstbestimmung aus Freiheit,
3. Freiheitliche Selbstbestimmung aus Gnade.

Im Rahmen der freiheitlichen Selbstbestimmung aus Natur hat man in der Tradition so gut wie immer das Angenehme, das Zuträgliche und das Nützliche unterschieden. Es ist nicht notwendig hier noch näher darauf einzugehen. Die freiheitliche Selbstbestimmung erfolgt auf diesen drei Sinnstufen von den Trieben und Interessen des natürlichen Daseins, seiner Art- und Selbsterhaltung in Natur und Gesellschaft her.

In der freiheitlichen Selbstbestimmung aus Freiheit unterscheidet man Rechtsordnung und Moralität. Darauf komme ich gleich noch zu sprechen. Die freiheitliche Selbstbestimmung aus Gnade entwickelt den eigenständigen Sinn gläubiger Existenz, in dem freilich die freiheitliche Verfügbarkeit auf ihre Grenze stößt (Gnade).

Wir betrachten hier nur die freiheitliche Selbstbestimmung aus Freiheit näher. Legalität und Moralität müssen seit Kant genau unterschieden werden und doch auch aufeinander bezogen bleiben. Im Grunde hat das zu seinem Bewußtsein kommende Gewissen zunächst im Glauben der Reformatoren, dann aber auch durch die Spannung zwischen Kirche und Staat in den neuzeitlichen Nationalstaaten diese Erkenntnis vorweggenommen. Es ist im Rahmen der Rechtsordnung nicht möglich, sich auf sein Gewissen zu berufen, wenn man gegen sie verstoßen hat. Bei einiger Intelligenz wäre jeder Rechtsbrecher in der Lage, moralische Motive vorzugeben und dann Straffreiheit zu verlangen; das aber wäre das Ende der Rechtsordnung. Diese muß in inhaltlicher Allgemeinheit einen Raum der Ordnung abstecken, in dem das Handeln des einen mit dem Handeln des anderen nach einem allgemeinen Gesetz der Freiheit vereinigt werden kann (Kant). Unter diese Allgemeinheiten muß in der Rechtssprechung Handeln subsumiert und belangt werden können. Es mag nun ohne weiteres dazu kommen, daß jemand aus moralischen Motiven gegen die Rechtsordnung verstößt, auch wenn es an sich durchaus auch moralich geboten ist, die Rechtsordnung zu bejahen.

Wichtiger aber noch ist die Kehrseite der Medaille. Es ist nämlich schlechthin unzumutbar, daß das Gewissen (als moralische Gesinnung) seitens der öffentlichen Macht bzw. durch Androhungen im Sinne der Rechtsordnung manipuliert werde. Das im Raum der Freiheit primär auf die Rechtsordnung orientierte politische Handeln darf keinen Gewissenszwang ausüben, soll der eigenständige Sinn von Moral (und auch des Glaubens) bewahrt und über die Rechtsordnung hinaus anerkannt werden. Selbst Hegel stellt das Gewissen in diesem Sinne als unantastbar über seine „substantielle Sittlichkeit", auch wenn er es auf die einfache Gewissensmotivation eines Hirten oder Bauern einschränkt. Diese Einschränkung ist ohnehin nicht haltbar. Jedenfalls ist auch für ihn die Weltgeschichte zwar das Weltgericht, aber nicht das letzte Gericht.

Wir sind mit diesen Hinweisen schon zu der Frage nach dem Sinn der Geschichte gelangt. Zu dieser Frage gibt es im großen und ganzen drei Stellungnahmen:

1. Die Geschichte hat keinen Sinn.

2. Die Geschichte gewinnt Sinn nur durch die Sinngebung seitens des Individuums oder kollektiver Instanzen; in temporaler Version kann diese Stellungnahme sich auch so formulieren, daß die bisherige Geschichte keinen Sinn hat, aber nun — vom Handeln der Berufenen her — zukünftig gewinnen soll.

3. Die Geschichte hat als solche Sinn (ist „vernünftig").

Ich will näher nur auf die dritte Position eingehen und daher für die beiden anderen nur jeweils ein Beispiel angeben. Die erste Version gewinnt in der Gegenwart z. B. als „biologischer Nihilismus" Bedeutung. Schreiben doch jetzt die Verhaltensforscher von der „Sünde", so wenn der Mensch aus Freiheit sich einer Zivilisation überläßt, die der Basis seines natürlichen Seins abträglich ist. Wenn man diese Dinge freilich moralisch interpretiert, dann schränkt man zuletzt moralische Selbstbestimmung auf die Selbsterhaltung des Naturgeschöpfes Mensch ein. Damit reduziert man die freiheitliche Selbstbestimmung aus Freiheit auf diejenige aus der Natur. Die erstere erscheint so schon deshalb gewissermaßen als ein Risiko, das die Natur nicht hätte eingehen sollen. Es wäre dann wohl besser gewesen, wenn die Evolution der Organismen niemals zu dem geführt hätte, was Menschheitsgeschichte heißt. (Mensch als „Irrläufer der Evolution".)

Für die zweite Version sei wiederum nur ein aktuelles Beispiel genannt, und zwar die neomarxistische Geschichtskritik bei Habermas.

Nach ihm ist ja in der Fortsetzung der Argumentation seiner Religionskritik der Mensch mit seiner Erlösung verlassen und allein geblieben, weil er sie von Göttern, Gott und ähnlichen Pseudopersönlichkeiten erwartet hat, statt sie selber als seine eigene Zukunft in die Hand zu nehmen. Hegel freilich hat gemeint, daß es sich in diesen Fällen um den Wahnsinn des Verstandes handle, der zur Rechtfertigung seines kurzschlüssigen Eifers sich anmaße, daß als puren Unsinn zu bewerten, woraufhin Menschen durch Jahrhunderte gelebt haben und gestorben sind. Nun ist es richtig, daß wir als geschichtlich Handelnde immer auch die Vergangenheit richten, in einem Risiko freilich, in dem wir uns gerade am Maße der Tradition — auch unser eigenes Urteil sprechen können. Darüber entscheidet erst die Zukunft, nämlich bei einem einigermaßen groß angelegten Risiko und nicht dann, wenn in missionarischer Kurzschlüssigkeit womöglich in einer Jugendgeneration alles ins rechte Lot gebracht werden soll.

Hegel nun schreibt der Geschichte als solcher einen Sinn („Vernünftigkeit") zu. Es muß sich dabei um eine bestimmte Weise des „Fortschrittes" in ihr handeln. Fortschritte gibt es in mannigfacher Weise, vor allem z. B. in der Entwicklung methodisch fundierter Wissenschaft etwa im Sinne neuzeitlicher Naturwissenschaft. Kann man aber in gleicher Weise etwa von einem Fortschritt in der Moralität sprechen, wenn doch von gut und böse im moralischen Sinne nicht ohne Rückgriff auf die moralische Gesinnung (Kants „guten Willen") die Rede sein kann. Wenn man das behauptet, verwechselt man immer die moralische Selbstbestimmung des Individuums mit sich ablösenden und aufeinander folgenden Normensystemen, wobei das eigene bzw. das letzte, den anderen bzw. vergangenen, überlegen erscheint. Bei einer solchen Einstellung ist es kein Wunder, wenn den Fortschrittlern und Optimisten Dunkelmänner und Pessimisten entgegentreten, für die in der Geschichte nichts Besseres nachkommen kann. Grundsätzlich wichtiger ist es, daß individuelle moralische Selbstbestimmung ebenso wie ihr Versagen in jedem geschichtlichen Normensystem möglich (gewesen) ist, auch wenn es für die moralische Selbstverwirklichung jeweils förderliche oder auch schädliche Gesellschaftssysteme und Herrschaftsformen gibt und gegeben hat. Man braucht in der zweiten Hinsicht nur etwa an die Sklaverei oder die Leibeigenschaft zu denken. Trotzdem gibt es bei genauer Sprache keine „Gesellschaftsmoral", sondern nur ein moralisches Verhalten in der Gesellschaft, in der Freiheitskollisionen ohnehin schon durch die Rechtsordnung belangbar sind.

Derartige Erwägungen sind wichtig, wenn man Hegels Formel vom „Fortschritt im Bewußtsein der Freiheit" als Antwort auf die Sinnfrage der Geschichte an ihren richtigen Ort stellen will. Bei Hegel selbst und mehr noch in manchen Gesellschaftsphilosphien der Gegenwart gehen nämlich jene Begriffe von Freiheit durcheinander, von denen schon eingangs die Rede war.

Für unsere Zusammenhänge müssen wir jedenfalls nochmals unterscheiden:

— Freiheitliche Selbstbestimmung als Wesensmerkmal des Menschen zum Unterschied vom Tier („auch der Sklave ist frei").
— Freiheitliche Selbstbestimmung im qualifizierten Sinn der Moralität („Du kannst, denn Du sollst").
— Freiheitliche Selbstbestimmung im Rahmen der Politik als Regelung von Herrschaftsverhältnissen; hier sollte man nie vergessen, daß der Mensch in seiner „Würde" als moralische Persönlichkeit niemals bloß als Mittel zu nehmen, sondern immer auch als Selbstzweck zu achten sei.

Wie aber kann man von hier aus Hegels „Fortschritt im Bewußtsein der Freiheit" als Sinn der Weltgeschichte interpretieren? Ich halte nämlich diese Formel grundsätzlich für richtig, meine aber, daß dieser Fortschritt primär auf das politische Handeln und damit auf die Rechtsordnung zu beziehen sei. Dagegen meine ich, daß es zuletzt in die schon dargestellten Aporien des Ordogedankens führt, wenn man das individuelle Gewissen, durch die „List der Vernunft" und ihre „Geschäftsführer", bzw. durch „Heroen" auf eine „substantielle Sittlichkeit" hin überspielt, in der eben doch wiederum individuelle Moral und allgemeine Vernünftigkeit in der Geschichte zusammenfallen müssen, soll überhaupt und eigentlich vom „Guten" die Rede sein.

Doch ist mit Hegel festzuhalten, daß „Freiheit" nicht ein Faktor in der Geschichte neben der Vielfalt anderer Faktoren sein kann: vielmehr ist nur von ihr her mit der Geschichte überhaupt ein Sinn zu verbinden, zumindest für den Menschen, der sein „Wesen" nur in freiheitlicher Selbstbestimmung und speziell in der qualifizierten freiheitlichen Selbstbestimmung der Moralität verwirklichen und gewinnen kann. Nach Hegel muß er das, was er an sich bzw. auch nur für sich als Freiheit ist, „einbilden" (hineinbilden) in die Gesellschaft und die Geschichte, um zu dem „Anundfürsich" der Freiheit zu gelangen. Trotzdem aber gewinnt in qualifizierter freiheitlicher Selbstbestimmung sein Dasein über die jeweiligen bestimmten gesellschaftlichen Verbindlichkeiten und herrschaftlichen Verhältnisse hinaus einen Sinn, weil eben Moralität (und auch der Glaube) Sinnmöglichkeiten des Menschen sind, die auch noch über alle Rechtsordnung und „substantielle Sittlichkeit" hinaus bestehen. Doch kann es ihm freilich gerade von seinem Gewissen her nicht gleichgültig sein, wie es um die Gesellschaft und die herrschaftlichen Verhältnisse steht. In der „Institutionalisierung" der Freiheit läßt sich nun doch ohne Zweifel von einem „Fortschritt im Bewußtsein der Freiheit" sprechen, die eine Art von „Vernünftigkeit des Wirklichen" eben auch auf dem „Boden der Freiheit" garantiert. Ansatzmäßig kommt auch Kant hier zu dem gleichen Resultat wie der so interpretierte Hegel. Kant will die Geschichte daraufhin „abspähen", ob sie nicht doch als vernünftig zu begründen sei, und zwar in der Richtung auf den „Rechtsstaat" und über ihn hinaus auf ein „Weltbürgerrecht" hin.

Es ergibt sich aus diesen Hinweisen, daß die Politik nach wie vor die wesentliche Seite der Geschichte ausmacht. Trotzdem oder gerade deshalb erschöpft sich die Frage nach dem Sinn des menschlichen Daseins nicht in Geschichte und Politik. Auch hat alle Politik indirekt die Aufgabe, die freiheitliche Verwirklichung des Menschen im Gesamtraum seiner Möglichkeiten zu fördern. Die aus Sitte sich formulierende und selbst wiederum Sitte schaffende und entwickelnde Rechtsordnung hat so immer auch ihre Bedeutung in der Richtung auf die soziale und kulturelle Verwirklichung der Humanität. Von hier aus gewinnt man in verschiedener Hinsicht Maßstäbe zur Beurteilung des „Rechtsstaates" und der formulierten „Menschenrechte", auch wenn wir dabei nicht mehr im Sinne des Ordogedankens einen letzten und absoluten Rückhalt besitzen. Im übrigen muß man auch schon im Begriff des Menschen jeweils bestimmte und konkrete Selbstverwirklichung in Gesellschaft und Geschichte von jenen „Allgemeinheiten" unterscheiden, die dem Menschen wesentlich als Menschen zukommen. Alle bestimmten Motivationshorizonte des handelnden Menschen und sein jeweiliges Geschichtsbewußtsein sind in seiner „Geschichtlichkeit" begründet, die ihn gewissermaßen überzeitlich als Menschen kennzeichnet, auch wenn sie sich jeweils nur in bestimmter geschichtlicher Situation verwirklicht und konkretisiert. Stellt man derartige Voraussetzungsprobleme selbst als Fragen innerzeitlicher bzw. innergeschichtlicher Genese, gerät man in unauflösbare Aporien. Diese Einsicht gilt nicht nur für die Geschichtlichkeit, sondern für alle Wesensbestimmungen des Menschen wie Vernünftigkeit, Sprachlichkeit und Freiheitlichkeit, um neben der Geschichtlichkeit die wichtigsten einschlägigen Allgemeinheiten zu nennen.

In der Interpretation des geschichtlichen Standes der (europäischen) Menschheit in bezug auf den Fortschritt im Bewußtsein der Freiheit kann man durchaus Kant und Hegel insofern folgen, als der „Rechtsstaat" und über ihn hinaus die gegenwärtigen völkerrechtlichen Bemühungen zur Überwindung der Nationalstaatlichkeit auf ein die ganze Menschheit angehendes „Weltbürgerrecht" (auf eine Friedensordnung der ganzen Erde) hin als maßgebende Wegmarken angesetzt werden können. Auf der verkehrstechnisch und in absehbarer Zeit vermutlich auch zivilisatorisch zur Einheit gewordenen Erde muß die Institutionalisierung der Freiheit über die Nationalstaatlichkeit hinaus den „Fortschritt im Bewußtsein der Freiheit" bestimmen, schon deshalb, weil es auf dieser so zur Einheit gewordenen Erde unmöglich geworden ist, daß auf der einen Seite Luxus und Verschwendung und auf der anderen Elend und Hunger herrschen. Freilich bedarf es hier neben den entsprechenden Einsichten der unendlichen Geduld der Verantwortlichen. Denn der „Maulwurf des Weltgeistes" wühlt sich nur Schritt für Schritt durch die Massivität der Widerstände, und Gottes Mühlen mahlen bekanntlich langsam. In dieser Hinsicht kann man sogar die Vetorechte der heutigen Großmächte akzeptieren, da sich ohne sie die Weltgeschichte nur illusionär „verbessern" läßt. Deshalb nimmt ihnen aber auch niemand ihre Verantwortung dafür ab, daß diese Erde als der Ort des Menschen einer vernünftigen „Zukunft" im Sinne des „Fortschritts im Bewußtsein der Freiheit" entgegengeführt wird.

2. Im Rahmen der hier behandelten Thematik, nämlich derjenigen der Begründung der Ethik sei hierzu nur noch angemerkt, daß auch die Moral keine letzte Antwort auf die Sinnfrage des Menschen sein kann: Die Weltgeschichte ist das Weltgericht, aber nicht das letzte Gericht. Gerade bei einer Beschränkung des Sinnes von Geschichte auf den genau verstandenen „Fortschritt im Bewußtsein der Freiheit" ergibt sich, daß keine (vollendet) gedachte Utopie einen innergeschichtlichen Zustand der Menschheit vorwegzunehmen vermöchte, in dem die Humanität an ihr endgültiges Ziel gelangt wäre. Bei aller Berechtigung utopischer Entwürfe bleibt hier als eine kritische Instanz das bestehen, was im Christentum das „Eschaton" des Glaubens ausmacht. Von ihm her läßt sich nämlich durchaus der „Fortschritt im Bewußtsein der Freiheit" bejahen und fördern, wie und wo immer es nur geht, aber zugleich die Illusion durchschauen, als sei das, was „Sündenfall" heißt, so im geschichtlichen Handeln rückgängig zu machen und aufzuheben, daß für die Sinnfrage des Menschen alle Problematik überwunden sei. Mit diesem Hinweis bewegen wir uns an der Grenze freiheitlicher Selbstbestimmung aus Freiheit auf den Raum von „Freiheit und Gnade" hin, worauf hier freilich nicht näher eingegangen werden kann. Es geht hier um den eigenständigen Sinn dessen, was „Glaube" heißt in der ihm eigenen Dialektik von „Herr aller Dinge und Knecht aller Dinge", kurz um die „Freiheit des Christenmenschen".

3. Glaube ist nun aber immer auch Bewährung, sein Sinnanspruch bewegt sich damit auch auf dem Boden der „Praxis". In dieser Hinsicht kennen wir eine Rangordnung der Sinnansprüche, die sich — alles in allem — bei Aristoteles ebenso wie bei Kant finden läßt. Von ihnen war schon die Rede. Das menschliche Handeln steht nach diesem Denken im Zeichen des Angenehmen (Lust), des Zuträglichen (in Erhaltung und Steigerung des Lebens) und des Nützlichen (in verschiedenen Hinsichten, in unseren Tagen etwa im Sinne des Sozialeudämonismus). Diese Sinn-

stufen werden von den Bereichen der Rechtsordnung und des Moralischen unterschieden, wobei in bezug auf alle diese Sinnstufen auch von ihren institutionalen Bezügen (z. B. in Erziehung und Politik) die Rede ist.

Auf den drei erstgenannten Sinnebenen kommt der Mensch noch gar nicht in seiner spezifischen Humanität zum Zuge, auch wenn es ihm mit seiner Intelligenz durchaus gelungen ist, sich von allen Tieren auf der Erde am besten einzurichten. Die Rechtsordnung dagegen stellt die Aufgabe, Freiheit des einen mit der Freiheit anderer in eine Ordnung zu bringen. Es ist außerdem sicher eine der unverlierbaren Einsichten Kants, daß derjenige, der legal handelt, noch nicht moralisch handeln muß. Insofern ist er im übrigen durchaus mit Platon einig, daß nämlich das Handeln im Zeichen des Guten seinen „Lohn" in sich selber trägt und daher niemals um des Lohnes willen auf der Ebene eines anderen Sinnanspruchs geschehen kann. Moralität hebt sich daher von selbst auf, wenn sie etwa — wie schon bei Trasymachos in Platons Staat — als das Instrument der Mächtigen in der Herrschaft über die Untertanen oder — wie bei Nietzsche — im Sinne von verschiedenen Moralen in verschiedener Weise als nützlich für die Steigerung des menschlichen Daseins (Übermensch) aufgefaßt wird.

Alle diese Einsichten bestätigen uns indirekt ohnehin nur, daß, richtig verstanden, von moralisch Gutem und Bösem nicht ohne Rückbezug auf den guten Willen (Gesinnung, Gewissen) die Rede sein kann, was immer für weitere Probleme sich auch im Ausbau eines solchen Grundansatzes der Ethik ergeben mögen. Auch von hier aus folgt wiederum, daß die Autonomie (individuelle Verantwortlichkeit) des Gewissens nicht in einen Gegensatz zur Theonomie Gottes (Gehorsam) gebracht werden kann, weil eben, wo wirklich Gewissen ist (in moralischer Selbstbestimmung ebenso wie auf dem Gebiete des Glaubens), überhaupt nicht von einem bloß äußerlich zu übernehmenden „Gesetz" die Rede sein kann. Diese Einsicht sagt zuletzt ja gar nichts anderes als das Evangelium, insbesondere auch in der Verkündigung des Paulus.

Im Rahmen der Sinnstufen der Praxis ist die Moralität die höchste Ebene freiheitlicher Selbstverwirklichung des Menschen. In ihr transzendieren wir ihrem Anspruch nach alles, was uns in „dieser Welt" glücken oder passieren kann. Aristoteles verlangt daher im 3. Buch seiner „Nikomachischen Ethik", daß man im Zeichen der Tugend im Ernstfall auch das Leben zum Opfer bringe, dann nämlich, wenn etwa ein Tyrann unser Leben in seiner Gewalt hat und uns unter Androhung des Todes eine schimpfliche Handlung zumutet. In diesem Sinn ist schon für die Antike zuletzt das Gewissen „ein Heiligtum, das anzutasten Frevel wäre" (Hegel).

Trotzdem kann Moral keine letzte Antwort auf die Sinnfrage des Menschen sein: stellt sie nämlich den Anspruch einer solchen Antwort, dann ergeben sich deutlich ihre Grenzen angesichts dessen, was Sünde (a), was Tod (b) und was Schuld (c) heißt.

a) Das Tier steht jenseits von gut und böse im moralischen Sinn: nur der Mensch weiß, was gut und böse ist, und ist doch nicht gut. Insofern erfährt er sich in seiner Sündigkeit und kann die „Unschuld des Werdens" (Nietzsche) der übrigen Schöpfung auch in der Moral nicht wiederherstellen. Es geht hier um den Unterschied bzw. den Zusammenhang von moralisch gut und böse zu dem, was — aus dem Glauben — Liebe und Sünde heißt. Man kann dabei (in einer freilich pauschalen Feststellung) den Gesamtraum menschlicher Sinnverwirklichungen bis einschließlich der Moral als den Raum bezeichnen, den Luther als denjenigen der „Werke" und der von ihnen aus sich ergebenden Verbindlichkeiten faßt. Luther bemüht sich von hier aus um die „Freiheit eines Christenmenschen". Der erste Teil dieser Schrift handelt davon, daß der Christenmensch Herr aller Dinge aus der Botschaft Jesu ist. Die von Anhängern und Gegnern vielzitierte Wendung „allein aus dem Glauben" hat dabei zunächst nur die Bedeutung, klar auszusprechen, daß die konkrete Selbstverwirklichung der Freiheit eines Christenmenschen gegenüber allen vorgängig bestimmten Verbindlichkeiten klargestellt wird.

Die Selbstverwirklichung der Freiheit im gesamten Spielraum, einschließlich demjenigen der Moral, ist für den Christen nichts Letztes. Dagegen ist die Verwirklichung gläubiger Existenz nicht nur unabhängig von anderen Sinnbezügen, sondern sogar noch über die moralische Selbstbestimmung hinaus ein Bereich eigenständiger Bedeutung. Ihren positiven Inhalt erfährt diese Art Freiheit aus der Gesinnung des Glaubens in der Wirklichkeit der Liebe (Agape). In ihr aber ist es wiederum schlechthin unmöglich, in bloß negativer (formaler) Freiheit allen übrigen Sinnbereichen gegenüber zu verharren, so daß die Selbstverwirklichung der Freiheit aus Liebe durchaus im Postulat des „Engagements an die Welt" in allen ihren Sinnbezügen steht. Trotz seiner Distanzierung aller „Werke" als nichts Letztem verlangt Luther daher in seiner Freiheitsschrift durchaus diese engagierte Haltung der Welt gegenüber. Insofern ist der Christ nicht Herr, sondern Knecht aller Dinge.

Die Grenze des Sinns von Moral ergibt sich also aus der Einsicht, daß der Mensch weiß, was gut und böse ist, zugleich aber, daß er nicht gut ist. Moral als Besitz des Guten ist Scheinheiligkeit. Zwar kann ich im immer strebenden Bemühen getrost sein, das getan zu haben, was möglich ist, und eine solche moralisch-heroische Haltung ist ohne Zweifel eine Haltung hoher Humanität. Trotzdem bleibt uns auch auf dieser

Stufe die Frage nach dem Sinn unseres Daseins zuletzt bodenlos. Auch ist hier noch festzustellen, daß ein letztes Ja oder Nein zum Mitmenschen nicht von dem jeweils höheren oder niedrigeren moralischen Rang her erfolgen kann. Wer könnte dem Du gegenüber einen solchen Richterspruch riskieren. Auch könnte man dann doch ohne weiteres den Glauben auf Moralität reduziert sein lassen.

b) Das Tier verendet, nur der Mensch stirbt, und er stirbt seinen (individuellen) Tod: „Wenn mir am allerbängsten wird um das Herze sein..." Von allen Geschöpfen nimmt nur der Mensch den Tod vorweg, dieses brutale Ende unseres Daseins, an dem alle irdische Sinnbestimmung ihre Grenze erfährt. Für uns ist dadurch schon im Leben jenes „ich sterbe täglich" des Paulus unabweisbare Einsicht. Insofern aber fragen wir auch notwendig über dieses irdische Dasein hinaus und hoffen auf einen „neuen" Leib auf einer „neuen" Erde und in einem „neuen" Himmel.

Auch scheint die Sonne über Gerechte und Ungerechte. In der schon erwähnten Schrift spricht Luther davon, daß wir dem Tod nicht entrinnen können und vielen Dingen unterliegen. Es ist ihm daher auch klar, daß eine Gesellschaft nie so gut sein kann, daß in ihr nicht die Freiheit und insbesondere diejenige eines Christenmenschen vor oft unlösbare Probleme gestellt wird — daß jene freilich auch nicht so schlecht sein kann, daß die Forderung nach der Freiheit aus dem Glauben nicht zugemutet werden kann. Ausgeschlossen ist damit nur ein immanenter Kurzschluß des Eschatons auf eine künftige „ideale" Gesellschaft, also auf einen Zustand hin, den heute selbst Theologen in der Flucht nach vorne als letztes Ziel des Glaubens — eines sehr unkritischen Glaubens — ansetzen.

c) Selbst wenn wir uns moralisch nichts vorzuwerfen hätten, sind wir in Schuld verstrickt, wie immer wir uns wenden. Wir leben von anderen Geschöpfen (Tieren) und werden unseren Mitmenschen zum Schicksal, einfach dadurch, daß wir da sind. Hier wäre von der antiken Tragödie zu reden, doch steht auch der gerechtfertigte und erlöste Glaubende im Zeichen des „simul iustus et peccator". Ein beredtes Zeugnis dafür ist die Weltgeschichte, die selbst von Hegel bei allem „Fortschritt im Bewußtsein der Freiheit" als „Schlachtbank" der Menschheit bezeichnet wird. Angesichts der Einsichten, daß der Mensch weiß, was gut und böse ist, und doch nicht gut ist, daß er den Tod vorwegnimmt und kein Mittel gegen ihn hat, und daß er schließlich in Natur und Geschichte in Schuld gerät, erhebt sich für ihn eine nicht abweisbare Sinnfrage, auf die der Glaube eine Antwort gibt. Die einem solchen Glaubensverständnis zugeordnete Theologie kann freilich nur eine solche der denkenden Aneignung des vorausgesetzten bestimmten Glaubens sein, wie er ebenso in Gemeinde und Kirche wie im „Totalexperiment" gläubiger Existenz sich wirklich weiß und um sein Selbstbewußtsein bemüht.

Diskussion

Müller-Schmid bemerkt, daß auch für ihn eine ontologische Begründung der Ethik nicht ausreiche. Er lehnt den Satz „bonum et ens convertuntur" als einzige Begründung der Ethik ab, weil die Ethik zunächst von der Formalität des Gewissens ausgeht. Dann fragt *Müller-Schmid*, ob er richtig verstanden habe, daß Hegel mit Recht Moralität in sittlicher Substantialität aufheben habe wollen. Ist es nicht so, daß die Aufhebung der Moralität bei Hegel letztlich die Aufhebung des personalen Gewissens bewirkt? *Heintel* erklärt, daß er es genauso versteht wie *Müller-Schmid*. Er ist der Meinung, daß der Versuch Hegels, mit der substantialen Sittlichkeit die individuelle personale Moral zu überhöhen, davon bestimmt ist, griechisches Polisdenken, Gewissensbegriff des Christentums und Kant zusammenzudenken. Das hält er für nicht möglich. Hegel aber stellt ein Problem, das über Kant hinausgeht, aber schon im Ansatz bei Kant enthalten ist, nämlich die Geschichte danach abzuspähen, ob der Begriff des Menschen im Sinne der Freiheit in ihr einen Fortschritt habe, und er sieht ihn primär im demokratischen Rechtsstaat. Auch Heintel ist der Meinung, daß ontologische Begründung der Ethik nicht ausreicht, weil sie notwendigerweise verlangt, daß spezifische Tugend als Eidos und moralische Selbstbestimmung im qualifizierten Sinn der Freiheit unter einen Begriff gebracht werden, und das ist nicht möglich.

Ermecke bezeichnet das Gewissen als die Fähigkeit des Menschen, sein eigenes sittliches Handeln hier und jetzt zu beurteilen. Er stellt die Frage, ob es richtig ist, das logische Gewissen vom psychologischen und ontologischen Gewissen zu unterscheiden. *Heintel* anerkennt alle Unterscheidungen, gibt aber zu bedenken, daß es keinen einzelwissenschaftlichen Begriff des Gewissens gibt. Wenn nämlich die Psychoanalyse vom Gewissen redet, wird es reduziert, usw. *Heintel* erklärt, daß der Begriff des Menschen im letzten definiert ist durch die Menschwerdung Christi. Weil er philosophische Fragen über den gesamten Sinnraum menschlichen Daseins vermitteln will, kommt er zu einem eigenständigen Sinn von Glauben, aus dem eine Antwort erfolgt. Es gibt keine Selbsterlösung des Menschen. Die einzige Antwort, die den Menschen auf das bringt, was er ist, erfolgt in der Menschwerdung Christi. Aus der denkenden Aneignung dessen, was man glaubt, ergibt sich die Einheit von Philosophie und Theologie. *Heintel* definiert Gewissen kantisch als das, was die praktische Vernunft mit einem letzten Kriterium versieht. Nur dort, wo Gewissen im Sinne von Moralität gefaßt wird, wird es nicht reduziert. Es wird aber freilich noch erhöht durch das, was im Glauben Gewissen heißt. Kant sagt: Wer sich seinem Gewissen nach bestimmt und nicht selbst betrügt, ist unwiderlegbar.

Utz stellt fest, daß die Forderung, daß Ontologie mit dem Sollen zusammenkommen muß, nur dann schließt, wenn das Scheitern aufgelöst wird durch die von Gott her kommende Erlösung; das ist unzweifelhaft die Formulierung von Thomas.

Heintel erklärt, daß in der Menschwerdung Gottes sich der Begriff des Menschen endgültig geschlossen hat. Die Identifikation von Gesinnung und Ontologie aber ist ein Eschaton. Das, was das ontologische Bonum in der übrigen Welt ausmacht, kann der Mensch nach dem Sündenfall nicht wieder herstellen. Moralisch gesehen ist die übrige Schöpfung jenseits von Gut und Böse; gerade das kann der Mensch auf dem Gebiet der Moralität nicht erreichen.

Ermecke spricht sich dafür aus, anstelle von Autonomie oder Heteronomie von Theonomie zu sprechen. Die 10 Gebote sind nur zu halten, weil wir theomorph geschaffen sind. Für *Heintel* gibt es keine inhaltliche Bestimmung, die garantieren würde, daß man gut handelt. Auch in den 10 Geboten bleibt das Gesinnungsmoment und damit die Formalität des Gewissens bestehen. Er sieht das Wesen des Menschen bestimmt durch die Existentialien Vernünftigkeit, Sprachlichkeit, Geschichtlichkeit, Freiheitlichkeit. Freiheitlichkeit aber hat keinen bestimmten geschichtlichen Inhalt.

Die Frage, ob man richtig—falsch und gut—böse unterscheiden müsse, bejaht *Heintel*. Allerdings gilt es, das Problem von Theorie und Praxis zu differenzieren. Im technischen Bereich gibt es Anwendungen, das übrige Dasein aber steht im Zeichen eines Risikos, es steht im Zeichen des Experimentes, das *Heintel*, wenn es um den Gesamtraum menschlichen Daseins geht, Totalexperiment nennt.

Auf die Frage, was er unter gutem Willen verstehe, antwortet *Heintel*, daß er den guten Willen nicht im Sinne eines ontologischen Bonum faßt. Das ontologische Bonum kennt einen Begriff der Vollkommenheit dann, wenn der Satz „ens et bonum convertuntur" paradigmatisch in der Physis in Erscheinung tritt. Das hält er beim Menschen für nicht möglich.

Schwartländer stellt fest, daß Sein und Sollen nicht getrennt werden können; denn das Sollen, um das es bei Kant geht, ist die Seinsweise des Menschen. Freiheit ist sein Sein. Autonomie meint gerade, sein eigenes empirisches Wollen unter dem Gesichtspunkt der transzendentalen Subjektivität oder der Personalität beurteilen. Was durch Kant wirklich eingeholt worden ist, besteht darin, daß man in der Philosophie nicht mehr, wenn es auf das Sein des Menschen hinsichtlich seiner Freiheit ankommt, auf das Absolute allein reflektieren darf. Im Gewissen kommt das Absolute nicht mehr in der ontologischen Struktur der Vollendung zu Wort, sondern in der Unbedingtheit. Dieses Unbedingte ist das Eingründungsprinzip, das es erlaubt, auch heute in der Moral, in der Ethik die ethischen Normen im Unbedingten zu gründen und damit der Relativität entheben zu müssen, ohne aber zu absoluten Normen kommen zu dürfen.

GEDANKEN ZUR PSYCHOLOGIE MORALISCHER VERANTWORTUNG

Von Leo Montada

Mir ist in diesem Symposium die Aufgabe zugedacht, zur Frage der Genese, der Herkunft und Begründung sittlicher Normen aus sozialwissenschaftlicher Perspektive Stellung zu nehmen. Ich bin Psychologe, werde mich also nur als solcher äußern können, wiewohl ich meine, daß manche der von mir vertretenen Positionen allen empirischen Sozialwissenschaften gemeinsam sind. Erfahrungswissenschaften haben andere Perspektiven, andere Fragestellungen und andere Methoden als historische oder normative Disziplinen wie die philosophische Ethik oder die Moraltheologie. So bin ich mir bewußt, daß meine Rolle leicht zur Rolle des Außenseiters geraten kann. Ich bin mir durchaus nicht sicher, was die Teilnehmer an diesem Symposium vom Sozialwissenschaftler erwarten. Zunächst zwei Vorbemerkungen.

Erste Vorbemerkung: Eine letzte Begründung ethischer Prinzipien können empirische Disziplinen nicht nur nicht leisten, sie können nicht einmal die Frage nach einer Letztbegründung stellen, ohne den Rahmen ihrer Disziplin zu sprengen. Das muß voraus gesagt sein, sonst erwartet man von empirischen Wissenschaften Antworten, die sie nicht geben können. Im Sinne *Kants* liefern die empirischen Human-Wissenschaften nur „Regeln der Geschicklichkeit" und „Regeln der Klugheit", nicht aber „Regeln der Sittlichkeit". Wie *Kant* sagt, „regieren allerdings die imperativi der Geschicklichkeit und der Klugheit nur hypothetisch", denn die Notwendigkeit des Gebrauchs der Mittel ist allemal bedingt, sie steht unter der Bedingung des Zwecks (*Menzer* 1924, 5). Die Regeln der Sittlichkeit gelten aber nicht nur unter der Voraussetzung irgendwelcher möglichen (problematischen) oder tatsächlichen (assertorischen) Absichten, sondern sie „imperieren kategorisch und schlechthin". „Der moralische Imperativus imperiert also absolut, ohne auf die Zwecke zu sehen", er ist nicht bedingt, sondern unbedingt „unmittelbarer innerer absoluter Wert".

Kants Zweiteilung aller praktischen Prinzipien in hypothetische und kategorische Imperative kann zur Unterscheidung von Wissenschaften dienen. Die Erfahrungswissenschaften begründen nur hypothetische, keine kategorischen Imperative. Gleichwohl können sie sich mit dem Phänomen des Erlebens kategorischer Imperative befassen. Sie fragen dann nicht nach deren Begründung, sondern sie beschreiben ihre Existenz, und sie fragen nach ihrer Genese und ihrer sozialen, historischen Herkunft. Die Psychologie z. B. fragt

— ob alle Menschen die gleichen sittlichen Verpflichtungen erleben; falls nein, wer welche erlebt: vielleicht läßt sich dieses „Wer" spezifizieren nach Kultur- oder Subkulturzugehörigkeit, nach dem Lebensalter, nach Personmerkmalen, Voraussetzungen, usw.; sie fragt nach aktuellen Bedingungen und Anlässen des Erlebens moralischer Verpflichtungen;

— sie fragt weiter, wie sich welche Menschen in Konflikten zwischen zwei oder mehreren sittlichen Normen verhalten;

— sie fragt, wie sich welche Menschen in Konflikten zwischen einer sittlichen Verpflichtung und Bedürfnissen und Trieben verhalten;

— sie fragt nach dem Schicksal einer erlebten sittlichen Verpflichtung: verändert sich der erlebte Wahrheitsgehalt durch neue Erfahrungen und Einsichten, oder ändert er sich auch durch Diskrepanz zwischen erlebter Verpflichtung und Tun.

Zweite Vorbemerkung: Selbstverständlich können Erfahrungswissenschaften Fragen nach dem Wesen des Menschen nicht ausklammern. Zumindest in impliziter Weise gehen anthropologische Grundannahmen in jede Theorie, jede Fragestellung der Erfahrungswissenschaften ein. Aber nicht das *allgemeine* Wesen des Menschen, nicht anthropologische Konstanten sind ihr Gegenstand, die Forschung ist vielmehr auf die Erfassung und Erklärung von Unterschieden zwischen den Menschen gerichtet. Variation zwischen den Menschen oder Veränderung sind eine notwendige Voraussetzung für empirische Forschung: Was allen Menschen gemeinsam wäre, entzöge sich dem methodischen Zugriff der empirischen Wissenschaften vom Menschen; *Variation* wird beschrieben, klassifiziert, erklärt, *Unterschiede* zwischen den Menschen, *Veränderungen* des Erlebens und des Verhaltens von Menschen über die Zeit, über Situationen und Umstände.

Vielleicht haben alle Menschen eines bestimmten geistigen Entwicklungsstandes hin und wieder das Erlebnis eines moralischen Imperativs, das Erlebnis des Sollens aus sittlicher Verpflichtung: „Synderesis" als anthropologische Konstante. Dies festzustellen ist aber nicht der wesentliche Gegenstand der Erfahrungswissenschaften vom Menschen.

Ich kann Johannes *Messners* Argumentation folgen und finde sie vom Standpunkt des Sozialethikers sehr überzeugend: allgemeine sittliche Prinzipien als synthetische Urteile a priori. Die Erläuterung am Beispiel der goldenen Regel ist ungewöhnlich klar und einleuchtend (*Messner* 1954). Aber ich frage als Empiriker: Sind alle Menschen zu dieser Einsicht fähig? Stimmt jeder und in jeder Situation der Voraussetzung zu, daß alle Menschen Vernunftwesen sind und daher der andere zu respektieren ist wie man selbst? Unter welchen Umständen ist die Einsicht, dem anderen Unrecht zu tun, erschwert? Der Erfahrungswissenschaftler — wird mir entgegengehalten — sieht vor lauter Unterschieden das Wesen(tliche) nicht. Ja! Aber ich möchte hinzufügen, daß das nützlich sein kann!

Die Erfahrungswissenschaften liefern durch die Beantwortung ihrer Fragen technisches Wissen für den Aufbau von Werthaltungen, für ihre Einhaltung auch unter schwierigen Umständen, für ihre Modifikation, auch dann, wenn ein überstrenges „Gewissen" pathogen zu wirken droht.

Ich muß konkret werden, um die Position der empirischen Psychologie darzulegen. Ich will es am Beispiel des Erlebens und der Zuschreibung moralischer Verantwortung, am Erleben und der Zuschreibung von Schuld versuchen. Zuvor aber sind einige allgemeine Bemerkungen zur Frage angezeigt, welche Beiträge empirische Sozialwissenschaften zur Etablierung und Begründung von Wertnormen leisten.

I. Beiträge empirischer Sozialwissenschaften zur Etablierung und Begründung von Wertnormen

Es ist oft gesagt worden: Selbstverständlich können aus Seinssätzen keine Sollsätze abgeleitet werden. Und Erfahrungswissenschaften liefern nur Seinssätze. Es hieße aber die Realität verkennen, wollte man leugnen, daß erfahrungswissenschaftliche Forschungsergebnisse von vielen Menschen und in vielfältiger Weise zur Etablierung und Begründung von Wertnormen herangezogen werden. Die normative Kraft des Faktischen ist alltäglich zu beobachten. *Nur zwei Beispiele:*

a) Erziehungsziele werden häufig aus Ergebnissen deskriptiver entwicklungspsychologischer Forschung abgeleitet: Das entwicklungsmäßig Spätere, z. B. die sogenannten Reifestadien, werden häufig ohne weitere Begründung als erstrebenswerte Ziele akzeptiert. Lediglich vor dem Hintergrund verbreiteter naturphilosophischer Grundüberzeugungen verwundert dies insofern nicht, als die Entwicklungspsychologie lange Zeit vorgab, den „natürlichen" Entwicklungslauf mit den „natürlichen" Entwicklungszielen zu beschreiben.

b) Viele Menschen fühlten sich in den fünfziger Jahren entlastet, als der *Kinsey*-Report über sexuelles Verhalten veröffentlicht wurde, wohl aus der Begründung, daß das, was viele tun, nicht unmoralisch sein könne. Selbstverständlich ist das deontologisch nicht zwingend begründet.

In anderer Weise liefern erfahrungswissenschaftliche Bedingungsanalysen Beiträge zur Begründung von Sollsetzungen. Nur zwei Prinzipien sollen erwähnt werden.

a) *Sollen setzt Können voraus.* Wenn ein erfolgversprechender Weg zur Behebung des Hungers in der dritten Welt oder zur Validierung von Kindesmißhandlung in unserer Gesellschaft erfahrungswissenschaftlich aufgezeigt würde, wären Sollsetzungen in diesen Bereichen als Verpflichtung *möglich* und müßten nicht „frommer Wunsch" bleiben. Dies ist eines der von Hans *Albert* (1968, 76 ff.) vorgetragenen Brückenprinzipien zwischen Seins- und Sollsätzen.

b) Darüber hinaus sind im Rahmen erfahrungswissenschaftlich gestützter Theorien zweckrationale und zweckorientierte, also *bedingte* Zielsetzungen begründbar, allerdings immer nur unter Abstützung auf ein „letztlich" angestrebtes Ziel oder einen letzten Wert. Jede zweckrationale Begründungsargumentation enthält notwendigerweise *die Setzung* einer normativen Wertprämisse, die Theorie liefert dann unter Umständen Zwischenziele. Das Erreichen dieses gesetzten Wertes kann aber wiederum auf Folgen untersucht werden und unter Betrachtung dieser nach demselben Muster zweckrational bewertet werden. Letztziele existieren für Erfahrungswissenschaften nicht als solche, sie sind jeweils in einer Begründungsargumentation als solche zu setzen. Jede Setzung ist ein zumindest vorläufiger Verzicht auf die Betrachtung weiterer Folgen. Von einem definitiv letzten Ziel zu sprechen, würde heißen, daß das Erreichen dieses Zieles keine weiteren Folgen haben würde. Selbstverständlich kennen Erfahrungswissenschaften keine letzten Ziele in diesem Sinne.

Begegnet der empirische Humanwissenschaftler einer Letztzielsetzung bei einem einzelnen Menschen oder einer Gruppe von Menschen, stellt das seinem gewohnten Denkansatz gemäß ein Phänomen dar, das es zu erforschen gilt. Er wird fragen, warum gerade dieses und nicht andere Ziele gesetzt werden. Er wird versuchen, Aufklärung in der Biographie dieser Menschen zu finden, er wird nachforschen, mit welchen Ideen und Personen diese Menschen in Kontakt standen und so fort. Dann wird er fragen, ob denn diese Zielsetzung rational begründet sei, ob ihre Realisierbarkeit überprüft sei, ob die Folgen bekannt und bedacht seien und so fort.

Aus dieser Haltung entsteht ein Dilemma: Das Erlebnis des unbedingten, kategorischen Sollens wird als bedingt (durch Erfahrungen, durch den Einfluß wichtiger Partner, durch die Zugehörigkeit zu Kirchen usw.)

dargestellt, und es wird durch die Frage nach den weiteren Folgen problematisiert.

II. Exemplarische Analyse sozialwissenschaftlicher Beiträge zur Ethik: Zuschreibung und Erleben von Verantwortung und Schuld

1. Schuldspruch, Verantwortlichkeit, Zurechenbarkeit

Ich beginne mit der *Zuschreibung von Verantwortlichkeit*, weil einige der Probleme an diesem Fall deutlicher zu fassen sind als am Falle des Erlebens von Verantwortung. Der Richter hat die Verletzung einer Norm zu beurteilen. Er fragt, ob der Beklagte die Normverletzung begangen oder begünstigt hat durch Tat oder Unterlassung. Er fragt weiter, ob der Beklagte sein Handeln zu verantworten hat, ob ihm sein Handeln und dessen Folgen zuzurechnen seien. Verantwortlichkeit und damit Zurechenbarkeit werden in der Rechtstradition u. a. als eingeschränkt oder aufgehoben betrachtet, wenn der Handelnde die Folgen seiner Tat nicht voraussehen konnte, wenn ihm durch aktuelle oder dauerhafte geistige oder psychische Verfassung die Kontrolle über sich und sein Handeln fehlte, was beispielsweise bei schweren Graden geistiger Behinderung oder in manchen Fällen psychopathologischer Prozesse als gegeben angesehen wird. Volle Verantwortlichkeit wird zugeschrieben, wenn eine Handlung *nach freier willentlicher Entscheidung ausgeführt und ihre Ergebnisse und deren Folgen absichtlich herbeigeführt wurden*. Eine Einschränkung der Verantwortlichkeit liegt nach allgemeinem Rechtsempfinden vor, wenn der Beklagte unter äußerem Zwang, auf Befehl oder unter Drohung handelte. Fehlen diese oder andere Gründe für eine Minderung der Zurechenbarkeit, hat der Beklagte die Verletzung der Norm zu verantworten. Er ist schuldig zu sprechen.

Ein Schuldspruch setzt voraus, daß die Verantwortlichkeit für den Rechtsbruch zweifelsfrei geklärt ist. Das Ringen zwischen Ankläger und Verteidiger im Strafprozeß kreist um die Frage, ob der Beklagte verantwortlich ist, bzw. welcher Grad an Verantwortlichkeit ihm zukommt. Es ist die Aufgabe des Verteidigers, seinen Mandanten zu entlasten. Er wird — wenn möglich — bestreiten, daß die Folgen der Handlung klar vorauszusehen waren; er wird andere Personen oder Umstände als Verursacher oder Mitverursacher ins Spiel zu bringen versuchen; er wird die vom Ankläger eventuell unterstellte Absichtlichkeit der Handlungsentscheidung in Zweifel ziehen; er wird die Handlung vielleicht als provoziert hinstellen usw.

Nicht selten erlebt man, daß ein Verteidiger die Tat nicht leugnet und die aktuellen Tatumstände nicht beschönigt, trotzdem aber die persönliche Verantwortlichkeit seines Mandanten mit Argumenten bestreitet, die das Verursachungsgefüge in ein völlig anderes Licht stellen. Er wird vielleicht bei einem Warenhausdiebstahl die Gesellschaft mit ihrer Konsumorientierung, die verführerische Wirkung von Werbung, das erzieherische Versagen von Familie, Schule und Massenmedien oder globalisierend die jeweilige Gesellschaftsordnung verantwortlich machen. Nicht selten berufen sich dabei Verteidiger in ihrem Plädoyer auf Forschungsergebnisse der Psychologie oder der Soziologie. Das ist verständlich.

Die Psychologie beispielsweise hat Merkmale des Gesellschaftssystems, spezifische Erfahrungen und individuelle Dispositionen (Motive, Kompetenzen, Einstellungen, Abhängigkeiten, usw.) als Determinanten des Verhaltens ausgemacht. Sie ermittelt dabei in der Regel ein Bedingungsgefüge, das als solches nicht, sicher nicht gänzlich vom Beklagten kontrollierbar ist und daher nicht von ihm zu verantworten ist.

Der von uns skizzierte Verteidiger argumentiert auf der Basis eines Bildes vom Menschen, in dem dessen Handeln und Erleben in gesetzmäßiger Weise aus Vorbedingungen resultierend betrachtet wird. In letzter Konsequenz wirft er dabei die Frage auf, ob ein Schuldbegriff — akzeptiert man das Menschenbild — nicht gegenstandslos wird, ob nicht jeder Rechtsbrecher straffrei auszugehen hat, wenn doch seine Taten nicht alleine von ihm als autonom entscheidendem Vernunftwesen zu verantworten sind.

Verantwortlichkeit setzt Freiheit der Handlungsentscheidung voraus. Das anthropologische Kernproblem lautet: Ist dem Menschen eine freie willentliche Entscheidung möglich, ist er ein „Spielball der Götter" — erlauben Sie mir diese altgriechische Version der Frage — oder gehorcht er äußeren und inneren Determinanten?

Nun kennt man in der Psychologie konkurrierende Menschenbilder. Der Behaviorismus geht von einer streng deterministischen Konzeption aus. Es gab aber immer, in den letzten Jahrzehnten immer häufiger, Konzepte wie „Selbstaktualisierung", „Autonomie", „internale Kontrollorientierung", „Selbstverwirklichung", „Selbstoptimierung", „Selbstkontrolle", „Self-efficacy", usw.

Alle diese Konzepte verweisen auf Möglichkeiten des Menschen, sich selbst, seine Umwelt und seine Bezüge zur Umwelt zu gestalten. Der Mensch wird nicht mehr nur als der geschobene Bauer, der von anderen Personen, von seinen Trieben und äußeren Umständen determiniert wird, betrachtet, sondern als Meister seines Schicksals, d. h. seiner Handlungsentscheidungen.

Es wäre nun aber verfehlt anzunehmen, daß mit solchen Konzepten notwendigerweise die Aufgabe einer deterministischen Grundposition verbunden wäre. Auch die aktive Selbstgestaltung ist auf ihre psychologischen Voraussetzungen, und diese sind wiederum auf ihre Bedingungen hin zu untersuchen. In welcher Kultur, in welcher Familie, in welchem Lebenslauf entwickeln sich die zur Selbstgestaltung oder Selbstkontrolle oder irgendeiner Form von Autonomie notwendigen Kompetenzen? Welche eventuell auch durch die Erbanlagen geprägten, individuell unterschiedlichen Voraussetzungen für den Erwerb dieser Kompetenzen sind nötig? In welcher Sozialsituation, in welcher Gesellschaftsordnung kommen sie zur Geltung? *Easterbrook* (1978) wählt mit gutem Grund als Titel einer Monographie über die Psychologie selbstverantwortlichen Handelns „The determinants of free will".

Wenn sich die Psychologie entscheidet, nach Bedingungen des Erkennens, des Verhaltens und des Erlebens und deren Veränderungen zu forschen, dann gibt sie diese Sicht nicht auf, wenn sie Entscheidungsprozesse untersucht. Auch das subjektive Erleben der freien Wahl oder der freien willentlichen Entscheidung, wie auch die Entscheidung selbst, können auf Bedingungen hin untersucht werden. Die Psychologie versucht, aus der Kenntnis der Person (ihrer Kompetenzen, ihrer Überzeugungen, ihrer Motive und ihres aktuellen Informationsstandes) deren Handlungsentscheidungen zu erklären und vorauszusagen.

Ist diese Suche nach theoretischer Erkenntnis eine Position des Determinismus? Insofern als der Wille des Menschen durch Verhältnisse dieser Welt, einschließlich seiner Natur bedingt ist, sind seine Entscheidungen im Sinne *Kants* heteronom, also nicht frei. Seine Entscheidungen sind prinzipiell voraussagbar. Diese Überzeugung liegt der gesamten psychologischen Forschung zugrunde. Man kann nicht leugnen, daß ihre Prognosen vielfach nicht treffsicher sind. Die Psychologie leugnet nicht, daß ihre Gesetze nur probabilistische, nicht deterministische Verknüpfungen von Bedingungen und Konsequenzen repräsentieren, aber sie versucht, die Treffsicherheit ihrer Prognosen zu verbessern.

Taucht die Frage auf, ob sich ein bestimmter Mensch einer sittlichen Norm entsprechend verhalten werde, stellt der Psychologe folgende Fragen:

— Erlebt dieser Mensch die sittliche Norm als Imperativ oder nicht?

— Erlebt er einen Konflikt zwischen der Tendenz, die Norm zu beachten, und anderen Tendenzen?

— Verfügt er über die Kompetenzen, die Voraussetzungen, diese konfligierenden Tendenzen zu beherrschen?

Freiheit des Willens als erfahrungswissenschaftliches Konzept muß auf beobachtbare Tatbestände beziehbar sein. Man könnte z. B. sagen, die Willensfreiheit eines Menschen ist eingeschränkt, wenn er wegen äußerer oder innerer Faktoren Handlungsentscheidungen trifft, von denen er weiß, daß er sie bedauern wird, daß er Schuld oder Scham erleben wird. Die Gründe mögen in äußerem Zwang, in Verführung oder Provokation bestehen, in der Erwartung von Gefahren und Kosten, in der Angst vor Blamage oder Versagen, in unbeherrschbar starken Motiven, die zu anderen Zielen drängen (wie etwa bei Sucht, bei Zwangsideen, bei triebhaften Bedürfnissen und in manchen Fällen der Angst oder Abhängigkeit von Personen).

Ein Ziel der Erziehung ist die Vermittlung von Kompetenzen, möglichst viele der spezifizierten inneren oder äußeren Freiheitsbeschränkungen zu überwinden. Freiheit in diesem Sinne ist kein Gegensatz zu Determiniertheit, sie findet nicht in einem kausalen Vakuum statt: Sie hat Voraussetzungen, so wie Unfreiheit Voraussetzungen hat. Wenn wir diese kennen, können wir sie eventuell kontrollieren.

Auch die planvoll herbeigeführte, absichtlich ausgeführte Tat ist auf ihre Bedingungen oder Voraussetzungen hin zu untersuchen. Betrachten wir den Terroristen, der aus Haß auf eine Gesellschaft und ihre Repräsentanten ein Attentat plant und ausführt. Welche Umstände, welche Dispositionen, welche Kontakte zu welchen Personen oder Ideen haben diesen Haß und diesen Plan entstehen lassen? Hätte eine andere Weichenstellung in der Biographie dieses Menschen die Tat verhindert?

Oder betrachten wir ein psychologisches Experiment, das zeigt, daß das Verursachungsgefüge einer Handlung komplex ist, daß die Zuschreibung der gesamten Verantwortung auf eine Person unangemessen erscheint. Die Untersuchungen Stanley *Milgrams* (1974, 30 ff.) sind weithin bekannt geworden. *Milgram* warb für ein Honorar von 10 Dollars mündige Bürger zur Mitarbeit bei einem Experiment. Unter dem Vorwand, die Wirkungen von Strafen auf Lernfortschritte erforschen zu wollen, forderte *Milgram* seine Probanden auf, anderen angeblichen Probanden bei Fehlern Elektroschocks steigender Intensität zu verabreichen. Er mußte betroffen feststellen, und mit ihm war eine breite Öffentlichkeit in den USA betroffen, daß eine große Mehrheit der Probanden alleine durch die insistierenden Aufforderungen einer wissenschaftlichen Autorität dazu gebracht werden konnte, einer unbekannten zweiten Person trotz deren Schmerzensrufen und trotz deren Flehens um Beendigung des Versuchs scheinbar lebensbedrohliche Schocks zu verabreichen. Das erfüllt objektiv einen Straftatbestand. Daß die Schocks nicht wirklich ankamen, daß ihre Wirkungen nur vorgespielt waren, wurde erst im Nachhinein aufgeklärt. Die Dinge waren so gut inszeniert, daß nur einigen Probanden der Verdacht kam, es handele sich um eine gestellte Situation.

Wir sehen an diesen Beispielen, daß immer mehrere Perspektiven möglich sind. Wir können dem Terroristen die Verantwortung für sein Tun zuschreiben, sofern wir keinen äußeren Zwang zur Planung oder

Ausführung der Tat erkennen, wir können auch die familiären und die gesellschaftlichen Umstände als Bedingungsfaktoren ausmachen. Wir können das Fehlen präventiver Maßnahmen beklagen. Auch beim Verhalten der Probanden *Milgrams* haben wir die Möglichkeit, ihnen die Verantwortung für ihr Handeln zuzuschreiben, wir können aber auch dem Versuchsleiter die Verantwortung ganz oder teilweise aufbürden, wir können die gesellschaftlichen Bedingungen beklagen, in denen Autoritätshörigkeit oder Vertragstreue mit solchen Konsequenzen entwickelt werden. Es wird dabei deutlich, daß die Verursachungsdiagnose nicht eindeutig ist und daß die Verantwortlichkeits- und Schuldzuschreibung *eine Entscheidung* ist, die je nach Perspektive variiert. Wie jede Entscheidung kann man aber auch diese auf ihre Ziele oder Zwecke hin analysieren und *von den Zwecken her begründen*.

Was sind Zwecke der Verantwortungs- und Schuldzuschreibung? Was wollen wir mit der Verantwortungs- oder Schuldzuschreibung? Wir rechtfertigen durch sie z. B. eine Bestrafung oder ein Haftbarmachen für den entstandenen Schaden; wir wollen vielleicht demonstrieren, daß jeder für sein Verhalten verantwortlich ist und die Konsequenzen dieses Verhaltens zu tragen hat, wodurch die Schuldzuschreibung im Sinne eines präventiven Schrittes künftig die Einhaltung der verletzten Normen bewirken mag. Es ist dann eine Frage empirischer Forschung, ob mit der Verantwortlichkeits- oder Schuldzuschreibung die angestrebten Zwecke realisiert werden. Man wird sich bei der Abwägung auch zu überlegen haben, welche Folgen die Entlastung von einer Verantwortlichkeit nach sich ziehen wird. Und dann ist zu entscheiden, ob man die Folgen akzeptieren will.

Was hier als Ringen im Strafprozeß dargestellt ist, hat eine analoge Entsprechung im innerpsychischen Geschehen. Was vor Gericht das Gesetz, ist innerpsychisch der moralische Imperativ. Wird er nicht befolgt, gibt es einen Ankläger — das Gewissen — aber es gibt hier wie dort auch eine Verteidigung. Wenden wir uns nun dem innerpsychischen Geschehen an einem konkreten Beispiel zu. Wir werden Gelegenheit haben, einige Erkenntnisse der psychologischen Forschung zu diskutieren.

2. *Psychologische Analyse der Entstehung und Verarbeitung von Schuldgefühlen*

Es gibt mancherlei Bedeutungen des Begriffes Schuld, ich werde ihn in folgendem Sinne verwenden, wie ich meine, in einem christlichen Sinn: Schuld als Bedauern, einem anderen durch falsches Handeln Leid zugefügt zu haben oder durch Unterlassung Leid nicht abgewendet zu haben. In diesem Sinne setzt Schuld Mitgefühl oder Liebe voraus. Wenn wir den anderen nicht lieben, fühlen wir nicht mit ihm, seine Sorgen, sein Leid lassen uns gleichgültig. Wenn wir den anderen hassen, weiden wir uns an seinem Leiden. Ihm gegenüber empfinden wir keine Schuld.

Schuld in diesem Sinne ist deutlich gegenüber Angst vor Strafe abzugrenzen und zwar hinsichtlich der Voraussetzungen der Erlebnisinhalte und der Folgen. Schuld ist auch abzugrenzen gegenüber Scham im Sinne eines erlebten Ehrverlustes: Scham ist immer auf das Selbst gerichtet, auf das Ich bezogen und nicht auf den anderen. Schuldig fühlen wir uns gegenüber anderen, ob dieses ein einzelner Mensch, eine Gruppe von Menschen oder ein personal erlebtes höheres Wesen ist.

Schuld in diesem Sinne hat viele Voraussetzungen. Einige dieser Voraussetzungen hat die Psychologie untersucht. Nicht jeder Mensch erlebt Schuld und nicht alle in gleicher Weise. *Nicht jeder Mensch hat die notwendigen Voraussetzungen.*

Schuld und Einfühlung: Damit ein Mensch Schuld erleben kann, muß er sich für das Leid eines anderen verantwortlich sehen, er muß durch das Leiden des anderen zunächst aber einmal betroffen sein. Dies mag unter Umständen differenzierte Fähigkeiten der Einfühlung in andere Menschen erfordern. Die Psychologie hat *der Entwicklung dieser Fähigkeiten und Bereitschaften der Einfühlung in andere* viel Aufmerksamkeit gewidmet (*Reif* 1979). Die Menschen unterscheiden sich hinsichtlich ihrer Fähigkeiten und ihrer Bereitschaften, sich nachfühlend in die emotionale Situation (also auch das Leid) eines anderen hineinzuversetzen.

Einer der Kommandanten von Auschwitz, Frank, ließ sich ein Fenster zur Gaskammer bauen, damit er das Sterben dort beobachten konnte. Gewiß nicht um mitzuleiden. Wir selbst beobachten tagtäglich das Leiden und Sterben von Menschen im Fernsehen oder in der Zeitung und wenden uns danach recht bald und gelassen unseren Geschäften zu. *Was sind die Konstellationen,* in denen wir die Bereitschaft zum Mitfühlen, d. h. die Bereitschaft zu lieben verlieren? *Wer sind die Menschen,* denen die Fähigkeit zum Mitfühlen dauerhaft oder in spezifischen Situationen abgeht?

Gefühlsarme Psychopathen ist eine häufige Antwort. Wie wird man zum Psychopathen? Es gibt eine Schule der Persönlichkeitspsychologie (*Eysenck,* 1976, 110 - 114), die an ein anlagemäßiges Defizit glaubt, das man im Experiment und im Test diagnostizieren kann. Andere Schulen weisen auf Zusammenhänge mit Erfahrungen in der frühen Kindheit hin: Zurückweisung, Mißhandlung und Vernachlässigung, eine Kindheit ohne Liebe führt dazu, daß fortan die Welt als feindselig und brutal erlebt wird, und so begegnet man ihr denn auch (*McCord & McCord* 1956, 61 - 67).

Menschen, die aus Haß handeln, ist eine andere Antwort. Das Leiden des Opfers befriedigt den Haß, der häufig aus der Erfahrung von Unrecht, aus erlebter Benachteiligung und Kränkung erwächst, aus der Erfahrung einer Bedrohung der Sicherheit und des Selbstwertes der eigenen Person oder anderer Personen, die einem nahe stehen, mit denen man sich identifiziert (*Fürntratt* 1974, 359 ff., 364 ff.). Der Haß gegen den Tyrannen, den Ausbeuter, den Mörder, den erfolgreicheren Konkurrenten, der Haß gegen eine als ungerecht erlebte Gesellschaftsordnung und ihre Repräsentanten läßt keinen Raum für Liebe und Schuld.

Aber vielfach ist nicht der Haß der Gegenspieler der Liebe, sondern die Gleichgültigkeit. Die Tragödien auf dem Fernsehschirm berühren uns kaum. Die Distanz ist zu groß. Welche wichtige Rolle die Distanz für das Mitfühlen spielt, zeigt die Beobachtung *Milgrams,* daß in seinen Experimenten deutlich weniger Probanden der wissenschaftlichen Autorität gehorchten und Schocks austeilten, wenn sie die Hand des „vorgeblichen" Opfers halten mußten, als wenn dieses sich in größerer Distanz, etwa im Nebenraum, befand. Distanz erleichtert das Ausblenden von Mitgefühl. Wir wissen dies aus der Alltagserfahrung moderner Kriegsführung.

Eine Distanzierung ist aber nicht nur im Raum und in der Zeit möglich, sondern auch auf personalen und sozialen Dimensionen. Äußere, beispielsweise rassische Unterschiede, Unterschiede im Status, in religiösen, politischen, ja selbst in ästhetischen Präferenzen können Identifikation behindern, wie wir aus einer Vielzahl von Beobachtungen und Experimenten wissen. *Bandura* (1973, 221, 238) hat eine Anzahl von Phänomenen dieser Art in einer Monographie über zwischenmenschliche Aggression ausführlich beschrieben.

Das Erleben von Verantwortung: Mitfühlen ist eine der Voraussetzungen zum Erleben von Schuld, eine zweite ist die Erkenntnis einer Verantwortung für die Erzeugung, die Vermehrung oder die Linderung des Leidens anderer. Die Verursachungs- und Verantwortungszuschreibung ist der zentrale Prozeß, der über die Annahme oder die Abwehr von Schuld entscheidet. Das ist in der Rechtsprechung nicht anders als in der Selbstbeurteilung. Wer sind die Menschen, die Verantwortlichkeit erleben? Gibt es diesbezüglich konsistente Unterschiede zwischen den Menschen, oder hängt es eher von der Situation ab und von der Beziehung zu den Betroffenen, ob wir uns verantwortlich fühlen oder Verantwortung leugnen?

Wir können uns hier auf die recht große Zahl von Untersuchungen zur Hilfsbereitschaft und zum prosozialen Verhalten stützen, das die gleichen psychologischen Prozesse, die ja auch die Entstehung des Schuldgefühls steuern, spiegelbildlich beinhalten: nur eben nicht nach, sondern vor einer Entscheidung. Schuldgefühle erleben wir dann, wenn wir uns sagen, wir hätten in dieser oder jener Weise handeln sollen und auch handeln können und haben es doch nicht getan. Eben diese Entscheidung, wie wir handeln sollen und auch handeln können, ist zu treffen, wenn wir andere in Not sehen. In beiden Fällen ist eine Norm des Handelns zu konstruieren, die als moralische Verpflichtung erlebt wird, eventuell denn auch wieder geleugnet werden mag (*Schwartz* 1977, 233 ff., 250 ff.).

Die Ermordung der Kitty Genovese hat hier Psychologiegeschichte gemacht. Das junge Mädchen wurde spät abends angefallen. Der Mord zog sich über mehr als eine halbe Stunde hin, die Hilferufe des Opfers wurden nachweislich von wenigstens 35 Personen gehört. Niemand fühlte sich auch nur insofern verantwortlich, als er sich bemerkbar machte oder die Polizei alarmierte. Dies löste nicht nur eine Welle der Empörung, sondern auch eine Flut empirischer Untersuchungen zum Problem des Hilfehandelns aus (*Wispé* 1972).

Ein Großteil der Forschung begnügte sich mit der Ermittlung situationaler Determinanten erlebter Verantwortlichkeit bzw. der Bereitschaft, Verantwortlichkeit zu übernehmen. Man variierte die Größe und Zusammensetzung von Gruppen, die Zeugen einer Notsituation wurden und erreichte eine Fokussierung bzw. eine Diffusion von Verantwortlichkeit.

Man machte Probanden glauben, sie hätten eine Notlage verschuldet, oder sie seien aufgrund seltener physiologischer Merkmale (etwa bei einem Aufruf zur Spende von Knochenmark) in besonderer Weise zur Hilfeleistung geeignet und damit verpflichtet.

Man vermittelte Erfolgserlebnisse und andere positive Gefühlszustände und fand, daß danach die Bereitschaft zu helfen in erstaunlicher Weise zunimmt. Das Gegenteil tritt ein, wenn Sorgen, Ärger und die Studienpflichten die Gedanken okkupieren: Auch Theologiestudenten sind kurz vor einem Referat wenig sensibel für eine (experimentell arrangierte) Notlage eines anderen, selbst wenn sie 10 Minuten später über das Gleichnis vom barmherzigen Samariter sprechen sollen. Und so fort: Die Zahl und der Einfallsreichtum der Untersuchungen sind imponierend (zum Überblick *Rosenhahn, Moore & Underwood* 1976, 241 - 252). Sie zeigen uns vor allem auch, mit welchen Argumenten Verantwortung geleugnet und abgewehrt wird.

Verantwortungsabwehr: Die Verantwortung für eine normwidrige Handlung kann geleugnet werden, Schuldgefühle abgebaut werden, indem einer Autorität die Entscheidungsbefugnis zugeschrieben wird. Mit solchen Überlegungen wohl vereinbar ist dann auch die Beobachtung *Milgrams,* daß viele seiner Probanden dann eher Widerstand gegen die

Forderungen einer Autorität leisten, wenn Selbstverantwortlichkeit durch andere, ungehorsame Probanden demonstriert wird, wodurch offenbar die Strategie der Abschiebung von Verantwortung auf andere blockiert wird.

Wir sind häufig geneigt und gewöhnt, alle Verantwortung für die Linderung von Leid, Not auf staatliche oder kirchliche Autoritäten und Institutionen abzuschieben. In einer arbeitsteiligen Welt hat jeder seine spezifischen Aufgaben, was die Verantwortlichkeit gleichzeitig einschränkt. Die Institutionen, „die Dienste" sind dann zuständig.

Eine weitere Chance der Verantwortlichkeitsabwehr liegt darin, die Notlage als selbstverschuldet zu kennzeichnen. Auch die Abwertung des Opfers ist eine verbreitete Möglichkeit, die eigene u. U. kostenreiche Verpflichtung herunterzuspielen: So entbindet subjektiv die Akzeptierung negativer Bewertungen verfolgter oder benachteiligter Minoritätsgruppen von unter Umständen risikoreicher Hilfeverpflichtung.

III. Moralität — eine Eigenschaft?

Die Bemühungen, neben Merkmalen der Situation auch Charakterzüge, Eigenschaften, Merkmale der Person auszumachen, die eine Akzeptierung oder Leugnung moralischer Verantwortung vorauszusagen erlauben, blieben lange Zeit wenig erfolgreich. Die Idee eines moralischen Charakters, der in allen Situationen seinen Überzeugungen gemäß handelt, ist in der Psychologie des Alltags fest verwurzelt. Wie wir jedoch seit nunmehr über 50 Jahren empirischer Forschung (*Hartshorne & May* 1928, 411) immer wieder registrieren müssen, ist Inkonsistenz, d. h. die Abhängigkeit moralbezogener Entscheidungen von der gegebenen Situation die Regel.

Wie ist es möglich, daß die gleiche Person tiefes Mitgefühl gegenüber dem Leid des einen empfindet, sich aufopfert, dieses zu mildern, gegenüber dem Leid eines anderen aber indifferent bleibt, das Leiden dritter gar mit tiefer Befriedigung registriert, ohne sich im mindesten schuldig zu fühlen?

Analysiert man moralisches Verhalten als aktuelle Entscheidung in einer gegebenen Situation, ist die fehlende Konsistenz wenig überraschend. Neben dem Erleben einer moralischen Verpflichtung aufgrund der Einschätzung eigener Verantwortlichkeit ist die Erwartung von Handlungsausgängen, die Kalkulation der Kosten des Risikos, Einstellungen zu den Betroffenen, Selbstbild und Selbstsicherheit und vieles andere mehr von Bedeutung. Moralische Kompetenz umfaßt auch nicht nur Wertüberzeugungen, sondern Selbstkontrolle und Willenskraft, diese auch zu realisieren. Wenn die Entscheidung der Überzeugung nicht entspricht, können Schuldgefühle entstehen, müssen aber nicht: Die erlebte Verantwortlichkeit kann auch im Nachhinein wieder reduziert werden. Auch ein kategorisch erlebter Imperativ kann durch mancherlei Argumente wieder korrigiert, problematisiert oder aufgegeben werden.

Ganz erfolglos sind die Bemühungen um die Ermittlung personspezifischer Dispositionen der Verantwortlichkeitsübernahme aber nicht geblieben. Insbesondere auch die individuelle Neigung zur Verantwortlichkeitsleugnung scheint von Person zu Person in charakteristischer Weise unterschiedlich ausgeprägt zu sein (*Schwartz* 1977, 255 - 262).

IV. Erkenntnisvoraussetzungen: Entwicklung des moralischen Urteilens

Die Menschen unterscheiden sich in ihren Wertüberzeugungen und in dem, was sie in den Geltungsbereich einer Norm einschließen. Das christliche Gebot der Nächstenliebe wird unterschiedlich ausgelegt: Für den einen gilt es in der Familie, für den anderen ist die ganze Menschheit einbezogen, für den Dritten nur dann, wenn er keine Selbstverschuldung einer Notlage erkennen oder konstruieren kann. Wertüberzeugungen und die Auslegung normativer Prinzipien unterliegen gesellschaftlichen Einflüssen aus Familie und Schule, aus Kirchen und Medien, sie unterliegen auch einer Veränderung in der Entwicklung des Menschen.

Solche entwicklungsmäßige Veränderungen sind in den letzten Jahren besonders intensiv untersucht worden. Diese Veränderungen betreffen u. a. den Geltungsbereich von Wertüberzeugungen. Sie machen vor allem deutlich, daß es nicht nur Werthaltungen im Sinne von Voreingenommenheiten gibt, sondern Erkenntnisgrenzen, die die Möglichkeiten der Bildung von Werturteilen und Entscheidungen beschneiden. Das Gute zu wollen ist eines, das Richtige zu erkennen ein anderes.

Lawrence *Kohlberg* hat sich um die Erforschung der Entwicklung von Werturteilen verdient gemacht. *Kohlberg* untersucht sozusagen die naive Moralphilosophie des Alltags und tut dies, indem er die Argumentationen und die Urteilsfindung angesichts moralischer Entscheidungsdilemmas analysiert. Er konstatiert eine Entwicklung des moralischen Urteils von einem vormoralischen Niveau mit einer Orientierung an greifbaren Handlungskonsequenzen (z. B. Strafen: was bestraft wird, ist falsch), über ein konventionell-konformistisches Niveau (mit Orientierung an tradierten Werten, am bestehenden System oder an wichtigen Sozialpartnern) hin zu einem Niveau, auf dem nach allgemein gültigen Prinzipien gesucht wird, das allerdings nur noch von wenigen erreicht wird (*Kohlberg* 1971, 195 - 213).

Auf den ersten Entwicklungsstufen begegnet man schlichtem Hedonismus oder Autoritätshörigkeit. Diese sind gefolgt von einer Orientierung an Primärgruppen und an Menschen, zu denen man eine persönliche Zuneigung empfindet. Auf einer vierten Entwicklungsstufe ist eine strikte systemerhaltende „law-and-order"-Haltung zu beobachten. Auf den beiden höchsten Stufen ist eine autonome, an allgemeinen Prinzipien orientierte Urteilsbildung und Konstruktion einer moralischen Verpflichtung zu erwarten. Erst auf diesem Niveau ist gehäuft damit zu rechnen, daß Forderungen von Tradition und Autoritäten einer kritischen Prüfung unterzogen werden.

Wir erreichen erst auf diesen letzten der *Kohlberg*schen Stufen Prinzipien, die als allgemeine Regeln für die Lösung moralischer Entscheidungskonflikte und damit auch für eine konsistente Begründung persönlicher Verantwortung taugen.

Folgende Elemente sind immer wieder zu beobachten:

Nach Möglichkeit sind die Optionen, Ansprüche, Rechte und Pflichten aller Betroffenen zu begreifen und bei der Entscheidung mit gleichem Recht und gleichem Gewicht zu berücksichtigen. Hier klingen also in der Moralphilosophie des Alltags Prinzipien an, wie sie die großen Autoritäten von *Kant* bis *Rawls* formuliert haben.

Mit welchen Konsequenzen? Nachdenken auf diesem Niveau führt zu Entdeckung von Ungerechtigkeit in unserer Gesellschaft und darüber hinaus. Auf diesem Niveau haben wir Kritik und Kontrolle der Institutionen und der Praxis unserer Gesellschaft zu erwarten, wenn diese idealen Prinzipien der Gerechtigkeit und Fairness widerspricht.

Leider haben wir in Deutschland bislang nur journalistische Impressionen. Blicken wir daher auf die besser beschriebene politisch aktive Jugend Amerikas der 60er Jahre: Vietnam war das Thema und die Toten durch amerikanische Bomben, die Bürgerrechtsgesetze bzw. ihre Durchsetzung.

Keniston (1970, 577 - 592) und Norma *Haan (Haan, Smith & Block* 1968, 183 - 201) haben Gruppen der politisch Aktiven untersucht. Und sie finden, daß in diesen Gruppen diejenigen, die auf der höchsten Stufe der Moralentwicklung stehen, sehr deutlich überrepräsentiert sind. Dies gilt wohl für die Initiatoren, für diejenigen, die die Idee haben, danach gibt es Mitläufer wegen der verschiedensten Motive und Affiliationen.

Wir haben in dieser Gruppe jene, die sensibel auf Ungerechtigkeiten reagieren, wo immer sie ihnen begegnen. Wir brauchen nur über die Grenzen der eigenen halbwegs gesicherten bürgerlichen Welt hinwegzuschauen, um den Herausforderungen einer idealen Gerechtigkeitsidee zu begegnen, einer Welt des Hungers, des Unwissens, der Machtlosigkeit, einer Welt der Opfer.

Es sind jene, die die Stufe dieser prinzipienorientierten Moral erreicht haben, die angesichts dieser Ungerechtigkeiten mit Schuldgefühlen reagieren, auch wenn sie das bestehende Leid der Opfer nicht selbst verschuldet haben. Martin *Hoffman* (1979, 260 f.) spricht von „existentieller Schuld", die etwa Mittelschichtangehörige erleben, wenn sie ihre privilegierte, im Falle jugendlicher Menschen nicht einmal selbst erarbeitete Lebenslage mit dem Elend anderer vergleichen. Sie sind verwundbar durch das unverdiente Los der Opfer und reagieren mit Schuld auf das eigene, ihnen auch unverdient erscheinende bessere Los.

Keniston (1968, 131 f.) beschreibt in seiner Analyse einer Gruppe führender jugendlicher Aktivisten der 60er Jahre diese existentielle Schuld: Meist Angehörige einer wohlhabenden Mittelschicht, können sie ihre Privilegien nicht mehr genießen und versuchen, ihre Schuldgefühle durch einen Kreuzzug für eine gerechtere Gesellschaft und eine gerechtere Welt zu kompensieren. Dies ist eine Möglichkeit der Verarbeitung von Schuldgefühlen.

Unsere Sympathie für diese Haltung gilt, solange nicht eine Regression auf das Niveau von Terroristen zu beklagen ist: Terroristen erhöhen die Zahl der Opfer, statt sie zu vermindern. Sie verletzen ein Prinzip jener Stufe der Moralentwicklung: die Interessen aller Betroffenen mit gleichem Gewicht zu beachten, auch die der Opfer. Sie benutzen ihre Opfer nur als Mittel zum Zweck.

Nun ist die Idee einer gerechten Welt nicht den höchsten Stufen der moralischen Entwicklung vorbehalten, wir treffen sie auch auf vorangehenden Stufen an. Nur wird hier ein Gerechtigkeitsprinzip nicht konsequent eingehalten. Nicht alle Betroffenen werden mit gleichem Recht und gleichem Gewicht berücksichtigt, insbesondere dann nicht, wenn die eigenen Interessen zu verteidigen sind.

V. Das Erleben von Verantwortung und Schuld als Ergebnis geistiger Konstruktionsprozesse

Diese wenigen (mehr angedeuteten als ausgeführten) Ergebnisse psychologischer Forschung mögen zeigen, daß moralische Verantwortung und Schuld Ergebnis geistiger Konstruktionen sind, in die vieles einbezogen werden mag, daß viele Abwehrstrategien zur Verfügung stehen und in Gebrauch sind. Es zeigt sich, daß erst die geistige Verarbeitung über das Erlebnis Verantwortung oder Schuld entscheidet.

Die Häufigkeit der Schuldabwehr mag von Kultur zu Kultur verschieden sein, so wie sie nicht bei allen Menschen unserer Kultur gleich ist. Wir können uns durchaus vorstellen, daß es Kulturen gibt und historisch gegeben hat, in denen eine als schicksalhaft erkannte Schuld fraglos akzeptiert und als Schuld erlebt wurde, auch wenn die schuldhaften Verstrickungen nicht im voraus erkennbar und daher vermeidbar waren. Die Oedipus-Tragödien der griechischen Klassik beschreiben das. Uns ist dies fremd, wie auch die Idee der Erbsünde den heutigen Menschen meist fremd ist. Sie beruht auf einer nach heutigem Rechtsempfinden unzulässigen Verantwortungszuschreibung.

In unseren heutigen westlichen Industriekulturen scheint eine Mehrheit der Menschen nicht nach dem Muster der klassischen Tragödie zu denken. Wie man das äußere Schicksal durch eigene Tüchtigkeit zu meistern versucht, so versucht man das innere Leben durch geistige Anstrengungen so zu steuern, daß man mit einem vorteilhaften Bild von sich selbst angenehm leben kann. Verantwortungsabwehr und die Konzepte Unglück und Zufall haben das Schulderlebnis verdrängt. Schuld wird so nicht fruchtbar, der Mensch wächst nicht an der Erkenntnis seiner Schuld. Er leugnet sie lieber.

Was aber wenn diese Verantwortungsabwehr mißlingt? Wenn ein Mensch in Schuldgefühlen verharrt? Wenn eine geistige Kontrolle der emotionalen Reaktionen versagt? Das Versagen einer solchen Kontrolle kann zu schwerwiegenden Störungen führen.

VI. Versagen der Schuldabwehr

Wie die Selbstgeißelungen dem Abtragen von Schuld oder der Prävention schuldhafter Verstrickung dienen mochten, ist selbstzerstörerisches Verhalten bis hin zum Suizid gelegentlich auf unverarbeitbare Schuldgefühle zurückzuführen. Es gibt andere Ursachen solcher Verhaltensweisen und eine Mehrzahl der Fälle kann gewiß überzeugend auf andere Weise erklärt werden (*Carr* 1977, 801 ff.).

Das Mißlingen einer geistigen Bewältigung der Schuld kann aber zum pathogenen Faktor werden mit Auswirkungen, die der Selbstbestrafung oder der als gerecht akzeptierten Sühnestrafe auf der Theaterszene strukturell verwandt sind: Auch der Melancholiker hält sich meist nicht für krank, sondern für schlecht. Das was er erlebt, kann er nicht als Unglück, sondern ausschließlich als persönliches Verschulden erleben (*Schulte & Tölle* 1975, 215 f., 219 f.).

Weniger gravierend, aber doch sehr belastend, sind die fehlschlagenden Versuche der Verarbeitung von Schuld, wie sie die Psychoanalyse seit *Freud* beschrieben hat. Die Psychoanalytiker beschreiben neurotische Entwicklungen, in denen Schuld als pathogener Faktor aufscheint. Schuld ist aber in der Psychoanalyse nicht Bedauern, einem anderen Leid zugefügt zu haben. Schuld ist egozentrischer: Angst vor Liebesverlust, Angst vor Strafe, Verlust des Ehrgefühls.

Die Unfähigkeit, entweder Triebansprüche oder Ansprüche des Über-Ichs aufzugeben, führt zu kompromißartigen Phänomenen, in denen die triebhaften Neigungen befriedigt werden (wenn auch in versteckter, maskierter Form), die Ansprüche des Gewissens ebenfalls, und zwar in der Form von neurotischen Leiden, das als selbstverhängte Sühnestrafe interpretiert wird. Die Befriedigung der Gewissensansprüche äußert sich in Selbstbestrafungen, die von quälenden Zwangsideen bis zu unbewußt motivierten Unfällen reichen mögen. Die Neurose stellt einen dieser Kompromisse dar: das Leid, das sie dem Patienten bringt, ist die Strafe des Gewissens für die verdeckte Befriedigung der Triebe. Aber die Schuld bleibt.

Die tiefenpsychologischen Schulen weisen uns alle darauf hin, daß in Fällen pathologischen Schulderlebens oberflächliche Retuschen oder Zuspruch keine Besserung bringen können. Die Therapie soll einen zweifachen Entwicklungsprozeß nachholen:

— hin zu weniger egozentrischen Motiven und

— zu einer weniger egozentrischen Ethik.

Sie soll von einer Ethik auf der Basis von Strafangst und Liebesverlust zu einer Ethik auf der Basis von Liebe und Verantwortung führen (vgl. *Gilligan* 1976, 152 - 155).

Nach dieser Entwicklung ist Schuld ein Bruch des Bandes der Liebe, eine Verletzung des Vertrauens. Schuld kann nicht getilgt werden allein durch eigenes Handeln, sie bedarf der Vergebung durch den Anderen, den man verletzt hat. Vergebung heißt Wiederherstellung des Bandes der Liebe. Verantwortung und Schuld sind nicht mehr nur personale Prozesse, sondern interpersonale.

Literatur

Albert, H.: Traktat über kritische Vernunft, Tübingen 1968. — *Bandura*, A.: Aggression: Eine sozial-lerntheoretische Analyse, Stuttgart 1979. — *Cannon*, W. B.: „Voodoo" death. American Anthropologist 44, 1942, 169 - 186. — *Carr*, E. G.: The motivation of self-injurious behavior: A review of some hypotheses. Psychological Bulletin 84, 1977, 800 - 816.. — *Easterbrook*, J. A.: The determinants of free will: A psychological analysis of responsible, adjustive behavior, New York 1978. — *Eysenck*, H. J.: The biology of morality. In: Lickona, T. (Ed.), Moral Development and Behavior, New York 1976, 108 - 123. — *Fürntratt*, E.: Angst und instrumentelle Aggression, Weinheim 1974. — *Gilligan*, J.: Beyond morality: Psychoanalytic reflections on shame, guilt, and love. In: Lickona, T. (Ed.), Moral Development and Behavior, New York 1976, 144 - 158. — *Haan*, N. / *Smith*, M. B. / *Block*, J.: Moral reasoning of young adults: Political-social behavior, family background, and personality correlates. Journal of Personality and Social Psychology 10, 1968, 183 - 201. —*Hartshorne*, H. / *May*, M. A.: Studies in the nature of character. Vol. I: Studies in deceit.

New York 1928. — *Hoffman*, M. L.: Eine Theorie der Moralentwicklung im Jugendalter. In: Montada, L. (Ed.), Brennpunkte der Entwicklungspsychologie, Stuttgart 1979, 252 - 266. — *Keniston*, K.: Young radicals: Notes on committed youth, New York 1968. — *Keniston*, K.: Student activism, moral development, and morality. American Journal of Orthopsychiatry 40, 1970, 577 - 592. — *Kohlberg*, L.: From is to ought: How to commit the naturalistic fallacy and get away with it in the study of moral development. In: Mischel, T. (Ed.), Cognitive development and epistemology, New York 1971, 151 - 235. — *Lerner*, M. J.: The justice motive: Some hypotheses as to its origins and forms. Journal of Personality 45, 1977, 1 - 52. — *Menzer*, P.: Eine Vorlesung Kants über Ethik. 1924. Zit. nach N. *Hinske*, Kant als Herausforderung an die Gegenwart, Freiburg (im Druck). — *Messner*, J.: Kulturethik, Innsbruck 1954. — *Milgram*, S.: Das Milgram-Experiment: Zur Gehorsamkeitsbereitschaft gegenüber Autorität, Reinbek 1974. — *McCord*, W. / *McCord*, J.: Psychopathy and delinquency, New York 1956. — *Reif*, Maria: Zur Entwicklung von Empathie im Rahmen der familialen Interaktion, Stuttgart 1979. — *Rosenhan*, D. L. / *Moore*, B. S. / *Underwood*, B.: The social psychology of moral behavior, in: Lickona, T. (Ed.), Moral Development and Behavior, New York 1976, 241 - 252. — *Schulte*, W. / *Tölle*, R.: Psychiatrie. Berlin 1975. — *Schwartz*, S. H.: Normative influences on altruism, in: Berkowitz, L. (Ed.), Advances in Experimental Social Psychology, Vol. 10. New York 1977, 221 - 279. — *Wispé*, L. (Ed.): Positive forms of social behavior. Journal of Social Issues 28, 1972 (Whole Nr. 3).

Diskussion

Weiler stellt fest, daß es sich bei der in der Entwicklungspsychologie vertretenen Entwicklung von Niederem zu Höherem um eine Option abendländischen Denkens handelt, eine Option, die schon eine philosophische ist.

Montada betont, daß die aufgezeigte Entwicklungslinie nicht notwendigerweise bedeutet, daß die Wahrscheinlichkeit sittlichen Handelns mit dem Alter ansteigt. Die genannten Entwicklungsstufen stellen Lösungsstrukturen angesichts moralischer Entscheidungsdilemmas dar. Diese Lösungen sind zunächst orientiert an der wahrgenommenen Meinung von Autoritätsfiguren, danach orientiert am Ausgleich in Primärgruppen. Es folgt eine Stufe, in der die Sicherung des bestehenden Systems das Hauptanliegen ist. Danach werden schließlich Normfestlegungen als Sozialvertrag verstanden und nur wenige gelangen dazu, allgemeine Prinzipien der Gerechtigkeit und Fairness als Basis der Entscheidungsverfahren zu formulieren. Diese Entwicklungslinie läßt nur begrenzt Schlüsse auf konkrete Wertüberzeugungen und konkretes Handeln zu.

Ermecke stellt die Frage, welche Hilfe die empirische Psychologie für die Normwissenschaften bieten kann.

Montada erinnert daran, daß die Beiträge der Psychologie zur Normenbegründung bescheiden, aber nicht zu übersehen sind. Man kann sich z. B. die Frage nach den Folgen einer Norm oder eines Zieles stellen und die Folgen durchaus auch empirisch erfassen. Im übrigen betont *Montada*, daß empirische Wissenschaften technisches Wissen in bezug auf Normenempfang und Normenverarbeitung vermitteln. So kann die Psychologie in der Frage helfen, wie etwa ethische Prinzipien in Verhalten umgesetzt werden, und er weist auf ein Ergebnis der Forschung hin: Es nützt relativ wenig, die Menschen nur zu informieren, man muß sie auch zu normgerechtem Tun motivieren. „Learning by doing" ist hier das richtige Prinzip. Für den Vermittler von Werten z. B. gilt es, die verbal geäußerten Werte auch aktiv zu vertreten. Auf die Frage, warum die Lehren von Humanae vitae bei einem großen Teil der Katholiken nicht angenommen wurden, gibt *Montada* zu bedenken, daß die kirchliche Lehre für den Menschen nicht die einzige Erkenntnisquelle ist, sondern daß sich viele nach dem Faktischen richten gemäß dem Motto: Was 80% der Menschen machen, kann doch nicht schlecht sein. Auf eine weitere Frage *Ermeckes* über das Verhältnis metaphysischer Spekulationen über das Wesen des Menschen und der empirischen Psychologie antwortet *Montada*, daß metaphysische Spekulationen eher einen Zieltyp der Entwicklung zeichnen, während die empirische Psychologie tatsächliche Seinsbeschreibung liefert. Viele Menschen sind weit von dem entfernt, was sich etwa in der Formulierung des mündigen Bürgers bei Kant findet.

Anzenbacher weist darauf hin, daß der Psychologe bei der Auseinandersetzung mit empirischem Material in einen hermeneutischen Zirkel kommt. Sein Deuten und sein Verstehen dieses Empirischen ist nicht wertfrei, so daß man, Fichte abwandelnd, sagen kann: Was für eine Psychologie einer hat, zeigt, was für ein Mensch er ist.

Montada bekräftigt, daß empirische Wissenschaften mit Variation und Veränderung operieren. Das Analogon für die Konstanten ist in der empirischen Wissenschaft die Dimension oder Variable. Die Frage nun, für welche Dimensionen man sich entscheidet, ist eine interessierte Entscheidung des Forschers, in die seine Überzeugungen eingehen. Aber er wird die Unterschiede zwischen den Menschen und die Veränderungen einer Person auf diesen Dimensionen *objektiv* beschreiben und auf ihre Voraussetzungen und Folgen analysieren.

Hofmeister hält es für fraglich, daß man Freiheit ausmachen kann, wenn man wie Montada von der Disjunktion ausgeht: Freiheit dort, wo agiert wird, Unfreiheit dort, wo reagiert wird. So kann sich doch gerade im agierenden Reagieren Freiheit verwirklichen.

Montada gibt das Problem des Gespräches zwischen Disziplinen zu bedenken, die sich im Grundansatz unterscheiden, weil zwar die Worte oft die gleichen sind, nicht aber der Inhalt, den man damit verbindet. Wenn empirische Wissenschaften forschen, müssen sie ihre Begriffe so definieren, daß sie nachvollziehbar beobachtbar werden. Auch der Begriff Freiheit muß in diesem Sinne „operational" definiert werden. Am Beispiel eines Gerichtsfalles werden die verschiedenen Positionen zu klären versucht.

Hofmeister meint, daß auch bei Gericht die Freiheit Voraussetzung ist und daß gerade die Erwartung der Schuld des Angeklagten die Freiheit beweist. *Montada* sieht die Möglichkeit der empirischen Wissenschaften, sich die Frage zu stellen, ob nicht ein Lebensweg des Angeklagten denkbar wäre, der nicht zu dieser Anklage geführt hätte, und wo die Weichen gestellt worden sind.

Reikersdorfer empfiehlt den Ausgangspunkt von der Frage: Angenommen, es gibt ein Gewissen, wie muß man sich eine Theorie des Gewissens vorstellen, daß die Wirklichkeit des Gewissens Wirklichkeit sein kann? Sonst werden schon Vorentscheidungen getroffen, die die Möglichkeit des Gewissens ausschließen können, so daß das Gewissen gar nicht mehr eingeholt werden kann. Dies führt dann dazu, nach Motiven im Milieu, in der Vergangenheit des Täters zu suchen, die ihn entschuldigen und die ihm die Möglichkeit nehmen, sich mit der Schuld zu identifizieren. Die Gewissenshandlung ist nie einfach Konsequenz aus einem bestimmten theoretischen Motivationshorizont, den die Psychologie oder die Sozialwissenschaften erhellen könnten. Weiters verweist er darauf, daß in einer Wirklichkeit, für die das Sollen konstitutiv ist, nicht deskriptiv, sondern appellativ geredet werden sollte. Wenn eine Wissenschaft nämlich verobjektivierend ein Sollen überhaupt nicht mehr akzeptieren kann, muß sie sich fragen, ob sie nicht mehr verdeckt, als sie aufklärt, ob sie sich nicht gerade dadurch schuldig macht, daß sie entschuldigt. *Montada* erklärt, daß das Sollen nicht geleugnet wird, daß aber das Erleben des Sollens keine Begründung für das Sollen ist. Er sieht das Dilemma. Eine Wissenschaft, welche Begründungen, die auch als Entschuldigungen verwendbar sind, anbietet, problematisiert den kategorischen Imperativ. Die Psychologie aber kann und muß fragen, ob der Täter eine Sollensverpflichtung erlebt hat, und warum er sie, falls er sie erlebt hat, gebrochen hat.

Anzenbacher schlägt folgende Formulierung vor: Die Psychologie als empirische Wissenschaft ist gezwungen, ein naturkausales Modell eines Lebenslaufes zu entwerfen, in dem die Kausalität aus Freiheit gar nicht zum Zuge kommt. Bei der Konstruktion des Modells aber muß man bedenken, daß das Modell nicht das Leben ist, sondern daß das Modell mitbestimmt ist von einer Zweckmäßigkeit.

Montada wirft ein, ob es denn überhaupt etwas anderes geben kann als Modelle. Wir nähern uns dem Sein über Modelle, die nicht die Wirklichkeit an sich sind. Die Wissenschaften unterscheiden sich in dem, was darzustellen sie versuchen.

Utz weist darauf hin, daß auch die Philosophen mit einem Grunderlebnis vom Menschen antreten. Es nützt aber dem interdisziplinären Gespräch wenig, sich hinter diesem Grunderlebnis zu verschanzen. Weiters weist Utz darauf hin, daß in der Justiz immer mehr der Gewissensschuld und der Gewissensvorwurf ausgeschaltet wird und nur mehr juridische Schuld gesehen wird, so daß der Jurist in die Lage versetzt wird, von sich aus im Auftrag der Gesellschaft einen Vorwurf zu erheben. Das kommt einer Aushöhlung des Sittlichen gleich.

Montada meint, daß es problematisch ist, Schuld auszuschließen, daß er aber als Vertreter eines empirischen Faches die Dinge zweckorientiert betrachten muß. Viele Menschen, die in der Anklagebank stehen, haben das Grunderlebnis der Schuld nicht. Die Tatsache, daß der Mensch dazu prinzipiell fähig ist, bedeutet noch nicht, daß es im Einzelfall auch realisiert wird.

Inhoffen gibt zu bedenken, daß der Psychologe nur beansprucht, für die Entfaltung des Gewissens zuständig zu sein. Daß es eine Anlage gibt, wird der Psychologe dem Philosophen zubilligen, daß es aber in der Entwicklung dieser Anlage mannigfaltige Störungen gibt, wird keiner abstreiten.

Montada betont, daß Gewissen nicht gleich Gewissen ist, daß es unterschiedliche Möglichkeiten gibt, zum Erlebnis des Sollens zu kommen. *Weiler* erinnert an das Werk Messners, der nicht so zuversichtlich ist in der Aktualität des Gewissens wie die transzendentalphilosophische Überzeugung. Er spricht vom Ausfallen des sittlichen Bewußtseins bei vielen Menschen, von Fehlhaltungen. Wenn man nun sagt, Gewissensurteile sind synthetische Urteile apriori, so muß dieses apriorische Element nicht schon ein Erlebnis der Freiheit oder der Norm bedeuten, sondern es ist schon vorhanden, wenn sich der Mensch unterschieden vom Tier erlebt, wenn er sich als ein Selbst erfährt, das, um ein Mensch zu sein, gewisse Ansprüche hat. Messner betont, daß die empirische Erfahrung nicht die ganze Erfahrung ist, daß es aber auch verfehlt ist, Erfahrung auf das reflexe Bewußtsein des Menschen über sittliche Normen zuzuspitzen. Vom Faktischen über Einsehen von Normen, dann doch schon über das Normative als eine Einsicht bis hin zur inneren Einsicht, daß ich unter Pflicht stehe und Verantwortung trage: das ist die Erfahrung, in die auch Apriorisches hineinleuchtet, ausgeweitet auf das ganze menschliche Erlebnis, das auch das Normative in sich trägt.

MORALISCHES SEIN UND SOLLEN:
PRAKTISCHE VERNUNFT UND GESCHICHTE

Ein Dialog und seine Auswertung

Von Friedrich Kaulbach

Im folgenden Dialog geht es zunächst um die Frage, wie in einer Theorie des Handelns das „Verhältnis" zwischen der Willensverfassung, dem „Sein" des Handelnden und dem von ihm gewählten „Sollen" zu denken sei. Ist die Handlung als eine notwendige Folge zu verstehen, die sich aus dem Sein — Aristoteles sprach von der Hexis (Habitus) des Handelnden — ergibt, oder als Ergebnis eines im praktischen Bewußtsein zu leistenden Beratens und Reflektierens über die Pflicht zu begreifen? Zwei Dialoggegner: Thomas und Immanuel werden einander gegenübertreten[1]; der eine wird das „Sein", der andere das „Sollen" als Maßstab und Fundament des Handelns verteidigen. Dabei wird die Spannung zwischen dem Sein des Handelnden und seinem reflektierenden Bewußtsein in den Blick treten, dessen Aufgabe es ist, über das Sollen zu reflektieren, über Alternativen zu beraten und schließlich die Lage so zurechtzulegen, daß am Ende eine Entscheidung nicht nur über den zu wählenden Zweck, sondern auch über die Mittel der Verwirklichung möglich wird.

Der Leser wird nicht nur aufgefordert werden, dem Gedankengang des Dialogs zu folgen und dabei jeweils von der Perspektive des einen Dialogpartners in die des anderen hinüberzuwechseln; vielmehr wird er am Ende dazu eingeladen werden, eine Betrachtung über das Dialoggeschehen und über die Art der dabei sich vollziehenden Verwandlungen des „Seins" der am Dialog Beteiligten anzustellen. Es wird sich zeigen, daß sich im Dialog eine Geschichte mit dem Sein und dem Bewußtsein der Dialogpartner vollziehen wird, von der im Dialog selbst auch thematisch die Rede ist.

T.: Ich gehe davon aus, daß wir in dem Punkte übereinstimmen: Menschliches Handeln, das in Freiheit und auf Grund ihrer geschieht, beruht auf Unabhängigkeit vom Determiniertsein durch Natur und durch „natürliches" Sein. Unser Handeln steht unter dem Anspruch eines Sol-

---

[1] Sie werden im Dialog als T. und I. bezeichnet.

lens. Es kann für uns als ausgemacht gelten, daß man aus dem „bloß" natürlichen Sein des Menschen, welches man im biologischen Sinne verstehen könnte, „Sollen" nicht ableiten kann und darf, was zu einem „naturalistic fallacy" führen würde. Ich gehe von unserer Einigkeit in dem Punkte aus, daß der naturalistische Fehlschluß zu vermeiden ist. Aber im folgenden werde ich die Aufmerksamkeit auf ein nichtnaturalistisches, sondern wertgeladenes Sein des Menschen, auf eine Art moralischer Natur im Menschen lenken. Ausgehen möchte ich von dem Goetheschen Satz, daß der Handelnde immer gewissenlos sei. Diesen Satz interpretiere ich so: Der Handelnde agiert auf Grund einer Entscheidung, die der Situation des Handelns in einer Art intuitiver Reaktion gerecht wird, bei der die Totalität der in diese Situation eingehenden Bezüge berückschtigt ist. Nicht ein reflektierendes und beratendes Bewußtsein, sondern eine Verfassung des Willens, eine Art „Sein" des Handelnden ist vorauszusetzen, wenn eine unmittelbare Entscheidung verlangt wird. Diese Entscheidung schließt alles bisherige Beraten und Reflektieren über ein „Sollen" ab und überläßt den aktuellen Entscheidungsakt dem Sein des Handelnden. Dieses sehe ich als das Fundament an, auf dem sich Beraten, Reflektieren und Entscheidung vollziehen. Dieses Sein stellt die Eigentümlichkeit und Individualität des Handelnden dar.

I.: Dann wäre freilich gerade die Eigentümlichkeit und Selbständigkeit des Seins, auf die du so großen Wert legst, in Frage gestellt. „Sein" wäre dann entweder Inbegriff natürlicher Anlagen oder Ergebnis der Erziehung: in jedem Falle Produkt von Entwicklungen und Einwirkungen, die nicht ich selbst bin. Freiheit und damit auch Eigentümlichkeit des Handelns und des „Charakters" beruhen auf der Kompetenz des praktischen Subjekts, auf mich Anspruch erhebende Pflichten und Normen zu prüfen, zu rechtfertigen und nach dem ihm eigentümlichen Sollen zu fragen.

T.: Für das Programm dieser Prüfung und eventuellen Verwerfung oder Rechtfertigung der gültigen und in einer Gesellschaft gelebten Normen nimmst du einen Maßstab in Anspruch, den du in dir selbst suchen willst und den du vielleicht dem zu verdanken behauptest, was man seit Kant die praktische Vernunft nennt.

I.: Bei allen Veränderungen und Wandlungen der Wertmaßstäbe und Normen ist in der Tat zu erkennen, daß sich die Subjekte aus den Bindungen der bisher als selbstverständlich befolgten Sitte herausziehen und ihr Inneres, ihr Gewissen bzw. ihre praktische Vernunft fragen, welches die eigentlichen Maßstäbe sind und welche Normen gerechtfertigt werden können.

T.: Sicher hat Sokrates gegenüber dem Wertemilieu, in dem er lebte und handelte, sein Daimonion zur Geltung gebracht, das ihn zu einer

Revolutionierung der damaligen athenienischen Normen herausgefordert hat. Aber ich möchte gegen eine zu radikale Berufung auf das Innere, das man als Quelle der revolutionierenden Kräfte und als Ursprungsort des Neuen auffaßt, das Bedenken erheben, daß dadurch der Eindruck erweckt wird, als ob jetzt ein erster, absoluter Neuanfang gemacht würde, dessen Motive sich aus einem geschichtsjenseitigen, über aller Tradition stehenden Denken ergeben.

I.: Das Gebundensein des von dir favorisierten Seins des Handelnden an das aus der Tradition gewachsene Milieu geltender Normen ist sicher zuzugeben. Aber wenn Du nicht einen davon unabhängigen Maßstab zugibst, dessen Ursprung ich in der Autonomie des praktischen Denkens des Subjekts suche, so sehe ich nicht ein, wie du die Möglichkeit z. B. des Aufstandes des Gewissens gegen geltende Normen erklären willst. Auch die Freiheit und Selbständigkeit des handelnden Subjektes erfordert es, daß es sein Sein nicht nur als Ergebnis des Hineingewachsenseins in ein geltendes Normensystem versteht, sondern dessen Bildung als Produkt einer immer wieder vollzogenen Beratung über seine Pflichten begreift.

T.: Die von dir propagierte Freiheit kann ich nicht anerkennen, weil sie in einer Unterwerfung des natürlichen Seins des Menschen, seiner Triebe, Leidenschaften, Interessen unter das Diktat des praktischen Vernunftbewußtseins bestehen soll. Freies Handeln kann ich nur in dem Sinne zugeben, als es in der Bedeutung unbehinderter Entfaltung und Ausführung jeweils meines Seins und dessen Notwendigkeit besteht. Ein „Sollen", welches nicht ohnedies vom Sein gewollt wird, sondern ihm von der reinen praktischen Vernunft diktiert wird, ist der Freiheit jeweils „meines" Seins abträglich, denn es ist diesem Sein fremd.

I.: Um der Freiheit willen, der ich durch mein Plädoyer für die Notwendigkeit Rechnung tragen will, daß der Handelnde eine immerwährende Reflexion über das Sollen unternimmt und keine Norm anerkennt, die er nicht durch die Maßstäbe praktischer Vernunft geprüft und gerechtfertigt hat, gebe ich zu, daß die Originalität und Eigentümlichkeit des Handelnden es erfordert, daß seine Handlungen mit einer gewissen Notwendigkeit aus seinem Sein fließen: er darf nicht allein als Sachwalter eines rein objektiven Vernunftgesetzes aufgefaßt werden. Aber die Frage ist, wie sich dieses „mein" Sein im Handeln zeigt, wenn es z. B. als Produkt natürlicher oder gesellschaftlicher Entwicklungen aufzufassen wäre. Gerät derjenige, der auf dem „Sein" des Handelnden in diesem Sinne insistiert, nicht unter das alle Freiheit und Verantwortlichkeit vernichtende Prinzip der Entschuldigung, das unsere gegenwärtigen Urteile auch im Gerichtssaal unter dem Einfluß soziologischer und psychologischer Gutachten bestimmt?

T.: Es muß ein Weg gefunden werden, auf dem die Prinzipien Sein und Freiheit miteinander zu versöhnen sind. Ich sehe folgende Möglichkeit: dieses Sein sollte nicht als von der unmittelbaren Natur gegeben, als mir „angeboren" oder auch bloß als Ergebnis gesellschaftlicher Einwirkungen aufgefaßt werden, die ich passiv erlitten habe. Ich möchte es vielmehr als Produkt und zugleich als Grundlage meiner Geschichte des Denkens und Handelns auffassen, also meines von mir selbst „geführten" Lebens, welches immer mit dem Leben der anderen untrennbar verknüpft ist. So wäre zwar ein „Einfluß" von seiten der Gesellschaft zuzugeben, aber nur in dem Sinne, daß ich diesem von mir selbst aus die Kraft gebe, auf mich zu wirken. Besteht er in dem Anspruch von gesellschaftlich geltenden Normen, so darf er nur als in dem Sinne eine Wirkung auf mich ausübend aufgefaßt werden, daß ich mir diese Normen als in der Gemeinschaft meiner Mitmenschen Agierender und Reagierender aneigne und sie zum Aufbau meiner eigenen Seinsgestalt selbst gebrauche. Man spricht in der soziologischen Sprache von „Internalisierung": dieses Wort verführt zu der falschen, der Freiheit des internalisierenden Seins abträglichen Auffassung, als ob dieses lediglich durch eine Hereinnahme „draußen" geltender Verhaltensregeln gebildet würde. Die Wahrheit ist aber, daß der Internalisierende zugleich immer auch von sich aus auf das „Äußere" ausgreift, die „äußeren" Normen mit seinem individuellen Willen durchdringt und sich in sie „externalisiert".

I.: Unter dieser Bedingung kann ich dem „Sein" zustimmen. Dann würde in die Bildung dieses Seins freilich auch das von mir hochgehaltene „Sollen" und damit die Autonomie, die selbständige Kontrolle der auf mich einwirkenden und an mich den Anspruch der Verbindlichkeit erhebenden Verhaltensstandards dahingehen. Dann bin ich auch verantwortlich für die Bildung meines Seins: denn Freiheit ist nicht teilbar. Moralisch, nicht juristisch gesehen, gilt: Entweder ich bin ganz verantwortlich oder der Verantwortung nicht fähig. Ich kann mich in diesem Punkte auf Aristoteles berufen, der betont, daß sich z. B. der besonnene Verhaltenstypus (Hexis) durch immer wieder besonnenes Handeln bildet.

T.: Wenn wir uns darauf geeinigt haben, daß unseren Handlungen ein Sein von der beschriebenen Art zugrunde liegt, dann müssen diese als notwendige Folgen meines Seins angesehen werden. Dann kann ich auch von einem Sein des Allgemeinen und Gemeinsamen, nämlich der normativen Verfassung des gesellschaftlichen Milieus, in dem ich lebe, denke und handle, sprechen. Da sich meine Pflichten aus den Handlungsbezügen dieses Milieus ergeben, so wird man sagen können, daß die Erkenntnis je meiner Pflichten auf Erkenntnis des Seins der Normenverfassung der Gesellschaft zurückzuführen ist. Ich möchte dem, was man im theoretischen Bereiche als „Erkenntnis" bezeichnet, eine entsprechende Leistung im Bereich des praktischen Denkens, Beratens und Seins an die Seite setzen: es gibt eine praktische Erkenntnis z. B. die meiner Pflichten und wie es im theoretischen Bereiche eine „Erkenntnistheorie" gibt, so plädiere ich dafür, auch im Bereich der Praxis eine Theorie über die Möglichkeiten des Erkennens je meiner Pflichten zu berücksichtigen.

I.: Dann hätte die von dir ins Auge gefaßte praktische Erkenntnistheorie die Aufgabe, die Bedingungen der Erkenntnis jeweils des Sollens, der Pflicht zu untersuchen?

T.: Nein, denn auch praktische Erkenntnis hat ein „Seiendes" bzw. das Sein der praktischen Verfassung einer Gesellschaft oder eines Individuums zum Gegenstand. Gemeint ist: Ich erkenne, wie man in gewissen Situationen zu handeln pflegt und folge dem allgemeinen Vorbild. Erkenntnis jeweils meiner Pflicht ist zurückzuführen auf Erkenntnis des Seins: im Unterschied zum theoretischen „Sein" handelt es sich hier freilich um ein wertgeladenes Sein. Dieses wird vom Handelnden erkannt und damit werden ihm auch seine Pflichten bewußt.

I.: Aber ich sehe einen großen Unterschied zwischen theoretischer und praktischer Erkenntnis auch dann, wenn beide Male ein „Sein" der Gegenstand sein sollte, darin, daß es im Falle der praktischen Erkenntnis nicht um Einsicht in „Wahrheit" geht, sondern um *Entscheidung* für das Gute. Hat der Handelnde seine Pflicht erkannt, so wird er diese seine Erkenntnis nicht in der Art formulieren: Ich habe jetzt eingesehen, daß für mich nicht jene, sondern diese Pflicht die „wahre" ist. Vielmehr wird er sagen müssen: Ich habe diese Pflicht als für mich verbindlich erkannt und *entscheide* mich für sie. Er befindet sich in einem analogen Falle des Erkennens und Sprechens wie der Richter, der eine Urteilsentscheidung ausspricht, in der nicht nur die „Wahrheit" über einen Rechtsverhalt gesagt werden will, sondern in welcher er eine Entscheidung trifft, der dann auch Handlungen folgen.

T.: Aber gerade Entscheidung basiert auf dem Sein des Handelnden, welches immer ein schon Entschiedensein ist, nicht auf beratendem Reflektieren.

I.: Aber der Entscheidungscharakter des Seins resultiert aus der Beratung und Reflexion über das Sollen: denn „Entscheidung" ist immer als Auswahl einer von vielen unterschiedlichen Möglichkeiten zu verstehen. Damit wird die Bedeutung der Reflexion und des Sollens hervorgehoben. Praktische Erkenntnis ist nicht Erkenntnis eines Seins, sondern Entscheidung für ein Sollen. Andernfalls droht doch die Gefahr des naturalistic fallacy, der wir entgehen wollten.

T.: Ich kehre zu dem Punkt zurück, bis zu dem wir uns einigen konnten: der Begriff des Seins ist mit dem der Freiheit und Verantwortlichkeit zu vereinigen. Es gibt z. B. angeborene Begabung: man kann dies in einer psychologischen Aussage feststellen. Aber diese wird erst jeweils zu „meinem" Sein und in dessen Aufbau insofern eingeholt, sie wird zu je *meiner* Begabung und Veranlagung dadurch, daß ich sie für Produzieren und Handeln gebrauche, mich in ihr einübe und sie zu je meiner Fertigkeit ausbilde, sie kultiviere und ihr eine Bildung verleihe, auf Grund deren ich Gekonntes hervorzubringen vermag. Während das unmittelbare, mir von der Natur verliehene „Sein" im „Anfangszustande" noch nicht das „meinige" ist, so darf ich dasjenige, das ich durch mein selbst-bildendes Handeln hergestellt habe, als das mir eigentümliche ansprechen: es ist zugleich das Sein je meiner Freiheit. Spreche ich dieses Sein als „Natur" an, sofern meine Handlungen aus ihm mit „Notwendigkeit" folgen, wie sie sonst jeder „Natur" eigentümlich ist, dann ist hier die „zweite Natur" im Blick. Mit einem Wort: um das „Sein" deinem Anspruch auf Freiheit anzupassen, bin ich vom Begriff der ersten Natur zu dem der zweiten übergegangen und hoffe, daß du unter dieser Voraussetzung dem Satze zustimmen wirst, daß die Handlungen des Menschen mit Notwendigkeit aus seiner „Natur" fließen.

I.: Ja, der Gedanke der zweiten Natur kommt auch meinen Absichten entgegen. Sie stellt einerseits im handelnden Individuum einen originalen und freien Charakter des Beurteilens und Handelns dar, der Ergebnis einer Geschichte bisherigen Miteinanderhandelns und Sprechens und Denkens ist. Andererseits ist die zweite Natur zugleich auch Basis und Ausgangspunkt für Neuanfang, in welchem der Handelnde nach dem Sollen fragt, an dessen Maßstab er seine Grundsätze für künftiges Handeln prüfen will.

T.: Aber wo siehst du die Quelle und den Ursprung dieses Sollens und der Maßstäbe für die Prüfung und Rechtfertigung des Tradierten?

I.: Dieser Maßstab, an welchem die hergebrachte Sitte und das schon immer Gültige gemessen werden soll, kann nicht in dieser selbst und ebenso wenig in der zweiten Natur des Menschen, in seinem Sein gefunden werden, welches sich ja gerade in dieser kritischen Situation, in der wir es im Augenblick beobachten, seine normativen Verfassung zu prüfen hat: ich spreche mit Kant hier von der reinen praktischen Vernunft, in der ich das Kriterium für Prüfung und Rechtfertigung gewordenen Seins erblicke.

T.: Mit dieser scheinst du eine Instanz in Anspruch zu nehmen, die aus der geschichtlichen Veränderung herausgenommen ist und solcher Setzungen von Maßstäben fähig sein soll, die man apriorisch nennt. Aber abgesehen davon, daß Kant selbst in seiner theoretischen Philosophie von einer Geschichte der Vernunft spricht, für die auch im Bereiche der praktischen Vernunft ein Gegenstück anzunehmen ist, ist zu sagen: Wenn man annimmt, daß sich die Inhalte des Sollens und die Pflichten aus dieser apriorischen Quelle ergeben, so ist man wieder an dem Punkte angelangt, über den wir vorhin schon hinausgegangen sind: es ist nämlich zu erkennen, daß ein apriorischer Anfang im Sinne der Übergeschichtlichkeit und der Unabhängigkeit von der Tradition des immer schon vollzogenen Urteilens, Normsetzens und Handelns eine Fiktion ist. — Als Ursprung und Quelle der Pflichtinhalte kann man nicht reine, von einem geschichtslosen Anfang aus konstruierende Vernunft einsetzen: vielmehr sind uns diese aus der Geschichte der Handlungswelt, in der wir selbst uns finden, gegeben. Eine andere Frage wäre die, ob vielleicht rein vernünftige Maßstäbe im Sinne übergeschichtlicher Maßstäbe in Anspruch zu nehmen sind, wenn es darum geht, diese Inhalte zu prüfen und zu rechtfertigen.

I.: Wir sind bei der Frage angelangt, ob eine Instanz wie die reine praktische Vernunft, die man als apriorisch bezeichnen muß, auf Grund dieses ihres Charakters geschichtsfremd ist. Hier sehe ich folgende Aporie: einerseits ist in der Forderung des Neuanfangs und des Aufbruchs zugleich auch die Aufgabe mitgegeben, sich rein vernünftiger, von der Tradition der Sitte unabhängiger Maßstäbe zu bedienen. Andererseits aber ist der Inhalt der Pflichten nicht durch reine Vernunft zu konstruieren. Er ergibt sich auf Grund des Bezuges zur Welt des Miteinanderhandelns, der dem Sein eigentümlich ist: seine Quelle ist jeweils die Welt einer geschichtlichen Gegenwart mit den eigentümlichen Normcharakteren.

T.: Ich gebe zu, daß man für die Maßstäbe des Prüfens und Rechtfertigens eine andere Quelle annehmen muß, als für die geprüften Inhalte selbst. Nehme ich aber verschiedene Ursprünge für Maßstäbe an, dann entsteht die Frage, wie diese selbst wieder in einen Zusammenhang zu bringen sind.

I.: Es scheint mir nötig zu sein, die Herkunft der Pflichtinhalte in der Seins-verfassung der Gesellschaft, in den es bestimmenden Normen zu sehen, während man im Unterschied dazu die Aufgabe der Prüfung und Rechtfertigung dieser Inhalte der reinen praktischen Vernunft und ihren Maßstäben übertragen sollte. Sie setzt mich in den Stand der Selbstständigkeit und Freiheit gegenüber der Befangenheit in den Ansprüchen, die die Gesellschaft an mich stellt.

T.: Du berufst Dich auf Kant, der in der Formel seines kategorischen Imperativs einen Weg bezeichnet hat, auf welchem der Handelnde auf dem Boden reiner praktischer Vernunft durch Prüfung und Rechtfertigung die ihn verpflichtende Maxime zu finden vermag. Die Erkenntnis jeweils meiner Pflicht besteht in einer methodisch geleiteten *Auswahl* von konkurrierenden Maximen-möglichkeiten, die selbst nicht auf dem Boden der praktischen Vernunft entspringen. Während der Inhalt der auf Anspruch auf Gültigkeit der miteinander wetteifernden Maximen „empirischen" Ursprungs sein kann und sich aus der Quelle der historisch gewachsenen Sitte, der leiblichen Bedürfnisse und natürlichen Triebe ergeben kann, gehört der Maßstab der Prüfung und der Auswahl je einer dieser Maximen der reinen Vernunft an: dafür ist er freilich nur formaler Natur, sofern durch ihn Inhalte im Hinblick auf ihre gesetzliche Form geprüft und gemessen werden. Aber auch dann, wenn man die reine praktische Vernunft nur für Zwecke der Prüfung und Rechtfertigung, nicht als Quelle der Normeninhalte gebraucht, kann ich sie als verpflichtende und schließlich als gesetzgebende Instanz nicht gelten lassen, da sie zwar nicht als Quelle der Normeninhalte, aber als die Instanz auftritt, welche diesen Inhalten Verpflichtungscharakter verleiht. In diesem Falle würde man den geschichtlich gewachsenen Normen die Fähigkeit absprechen, von sich aus einen Verbindlichkeitsanspruch erheben zu können: man würde sie nur als Inhalte gelten lassen können, deren Sollencharakter von der praktischen Vernunft verliehen wird. Das würde wieder auf den Standpunkt zurückführen, über den wir schon hinausgegangen sind, sofern wir uns dahingehend geeinigt haben, im Anfang des Prüfens und Rechtfertigens der Normen zugleich auch ein Ergebnis geschichtlicher Entwicklung zu sehen und damit die Freiheit und Autonomie als die Möglichkeit jeweils meines „Seins" zu begreifen, welches sich sein ihm in seinem geschichtlichen Augenblick angemessenes Sollen sucht.

I.: Ich stelle mir die Gewaltenteilung zwischen inhaltlicher Gesetzgebung und der Instanz des Prüfens bzw. Rechtfertigens so vor, wie es sich aus deiner Interpretation der kantischen Lehre vom kategorischen Imperativ ergeben kann. Man wird einerseits dem geschichtlichen Ursprung der Inhalte gerecht werden können, die sich als Normenmöglichkeiten anbieten: andererseits genügt man auch dem Anspruch der reinen praktischen Vernunft, welche die Aufgabe übernimmt, die Inhalte am Maßstab formaler Prüfungskriterien auf ihre moralische Qualität hin zu beurteilen und auszuwählen. Ein Inhalt, der auf diesem Wege die Prüfung bestanden hat, gewinnt so den Charakter der Verbindlichkeit bzw. des Sollens.

T.: Demgegenüber möchte ich einwenden, daß auch das kritisch prüfende Bewußtsein nicht den Anspruch erheben kann, an einem absolut voraussetzungslosen Anfangspunkte zu stehen. Daher können die Maßstäbe, von denen es Gebrauch macht, nicht Ergebnis voraussetzungsloser apriorischer Setzung sein. Das bedeutet, daß sie sich aus der Logik des in einer geschichtlichen Gegenwart gültigen Normenzusammenhanges herausentwickeln lassen müssen, so daß im Bewußtsein des prüfenden praktischen Subjekts eine Konfrontierung der objektiven und realen Normenvernunft mit sich selbst stattfindet. Die Gestalt, die sie in der Gegenwart gewonnen hat, wird im Bewußtsein des prüfenden individuellen Subjekts mit demjenigen normativen Bilde konfrontiert, welchem die gegenwärtige Vernunftwirklichkeit zwar nicht entspricht, auf welches hin sie aber über sich hinaus tendiert. Von hier aus gesehen erweist sich die auf das Sollen hin blickende prüfende und rechtfertigende Leistung der Vernunft zugleich als Motiv der Veränderung und Weiterentwicklung *innerhalb* der jeweils geltenden Normen.

I.: Das klingt nach Hegels Theorie des objektiven Geistes, derzufolge dem individuellen Bewußtsein die Rolle des Sachwalters, Wortführers und Organs zufällt. Demgegenüber kommt es mir darauf an, der Individualität genug Selbständigkeit und Freiheit zu verschaffen, um auf dem Boden der eigenen praktischen Vernunft die Maßstäbe zu finden, an denen ein jeweilig gegenwärtiger Normenbestand zu prüfen ist. Sie sollen erkennen lassen, wie weit die Wirklichkeit der gültigen Normen, also die normative Verfassung jeweils einer Gegenwart und damit das *Sein* der von dieser bestimmten Gesellschaft hinter dem „wahren" Bilde vom Sollen zurückbleibt. Auf der Ebene des Rechts z. B. muß den Individuen und ihrer praktischen Rechtsvernunft die Möglichkeit zugestanden werden, das derzeit gültige positive Recht an dem von der reinen Rechtsvernunft entworfenen Bilde von einem „richtigen" Recht (Stammler) zu messen.

T.: Ich plädiere nicht für den Hegelschen Begriff des „objektiven Geistes" und dessen angeblicher Substantialität. Vielmehr stelle ich mich auf die Seite deines Plädoyers für den Anspruch des individuellen Subjekts auf wahre Anfänglichkeit, Freiheit und Apriorität. Gleichwohl trete ich dafür ein, daß diese Prinzipien nicht abstrakt in der Bedeutung der Voraussetzungslosigkeit und absoluten Vorurteilslosigkeit verstanden werden. Auch derjenige, der von seiner praktischen Vernunft gegenüber dem tradierten Normenbestand prüfend Gebrauch macht, also einen „Anfang" setzt und sich von der Befangenheit gegenüber der Tradition freimacht, weiß sich als nicht außerhalb, sondern innerhalb der geschichtlichen Entwicklung stehend. Dann begreift er seine Situation in der Weise, daß er z. B. den Inhalt eines in der Gegenwart gültigen positiven Rechts als in Widerspruch zu dem Grundgedanken stehend erkennt, der dieses Recht vom Anfang seiner geschichtlichen Entwicklung her als solches gleichsam in der „Idee" bestimmt. Er entnimmt den Maßstab, an dem er die gegenwärtige Rechtsgestalt prüft, aus dem Rechtswillen und dem normativen Prinzip, welches die Geschichte der Rechtsentwicklung im Ganzen bestimmt, zu der auch die gegenwärtige verfehlte Rechtsgestalt gehört. Er strebt deren Veränderung in einer Richtung an, in der sich diese zugunsten des Rechtsprinzips aufhebt, das sie in verzerrter Weise selbst repräsentiert; denn sie gehört der geschichtlichen Entwicklung dieses Prinzips an.

I.: Dem kann ich zustimmen, sofern das von dir in Anspruch genommene Rechts*prinzip,* welches man auch als „Rechtsidee" bezeichnet hat, eine Norm für rechtliches Verhalten ausspricht und zur Geltung bringt, die sich aus dem Anspruch des Menschen auf rechtliche Freiheit ergibt. Die in einer jeweiligen Gegenwart der Geschichte der Rechtsverwirklichung wirksame Rechtsidee kann von dem vernünftigen Subjekt, welches auf dem Boden dieser Gegenwart in Freiheit und individueller Selbstverantwortlichkeit Stand nimmt, immer wieder aufs neue eingeholt werden: es ist die Aufgabe der praktischen Vernunft in dem auf dem Boden der geschichtlichen Gegenwart selbst verantwortlich stellungnehmenden Subjekt, diese Idee als ein Sollen bewußt zu machen, dessen Verwirklichung über den gegenwärtigen Stand hinausführt und ihn überwindet. Die genannte Rechtsidee kann z. B. im Milieu der geschichtlichen Epoche der Neuzeit in der Weise formuliert werden, wie es bei Kant geschieht: jede Handlung ist Recht, bei der ich von meinem Freiheitsspielraum in dem Rahmen Gebrauch mache, der mir von einem allgemeinen Rechtsgesetz zuteilender Gerechtigkeit zugewiesen wird. Beachte ich diesen Rahmen, so kollidiere ich bei meinem Handeln nicht mit dem den andern vom allgemeinen Gesetz zugeteilten Freiheitsraum. Durch diese Rechtsidee konstruiert rechtlich praktische Vernunft und die von ihr getragene neuzeitliche Interpretation der rechtlichen Freiheit die Gesellschaft. In dieser Formulierung bringt sich das Prinzip (Anfang) der reinen praktischen Vernunft in rechtlicher Weise zum Ausdruck: es handelt sich dabei um ein Apriori, sofern damit ein den weiteren Aufbau einzelner Rechtsnormen moderner Gesellschaft bestimmender anfänglicher, d. i. prinzipieller Grundsatz ausgesprochen ist. Mit diesen Überlegungen ist ein geschichtliches Apriori in den Blick getreten, das auch auf den Bereich der moralisch-praktischen Vernunft auszudehnen ist.

T.: Haben wir uns auf diese Weise auf einen Begriff von Freiheit, Anfang und Apriori geeinigt, so haben wir einen Standpunkt gewonnen, von dem aus dem individuellen Gewissen, der Normgewißheit der subjektiven praktischen Vernunft insofern Rechnung getragen wird, als sie nicht dem Allgemeinen eines objektiven Geistes und der von ihm in Kraft gesetzten Wirklichkeit der Normen geopfert wird: andererseits aber wird die geschichtliche Wirklichkeit allgemeiner, gemeinsam anerkannter Normen begreifbar, in deren Milieu sich das Sein des Handelnden bildet. Die geschichtliche Wirklichkeit dieses Allgemeinen wird von uns beiden nicht in der Weise einer selbständigen Substanz anerkannt werden können. Vielmehr wird es als die Geschichte von Normsetzungen und Normveränderungen aufgefaßt werden müssen. In einer jeweiligen Gegenwart dieser Geschichte hat eine bestimmte Normengestalt die Herrschaft über andere übernommen: sie ist jetzt gültig und damit mächtig geworden. Das kann in der Einsetzung (Institutionalisierung) eines Rechtssystems geschehen oder, um den moralischen Bereich zu bedenken, in der Weise, daß moralische Denkarten, Urteils- und Handlungsformen zur Überzeugung gekommen sind und befolgt werden. Das Allgemeine eines jeweils herrschenden Wertesystems wird demnach vom Sein und vom Bewußtsein der es behauptenden Subjekte getragen, die auch die Geschichte seiner Veränderungen in Gang halten.

I.: Demnach ist das „Allgemeine" der Normen nicht im Sinne Hegels als ein „An-sich"-Allgemeines, Substantielles aufzufassen, dem das subjektive Bewußtsein zugleich innewohnt, das die Funktion des Selbstbewußtseins dieses Allgemeinen übernimmt, auf Grund dessen es zugleich auch zu einem Für-sich-Sein wird: vielmehr ist dieses Allgemeine als eine gemeinsame *Bewegung* des Denkens der praktischen Vernunft in den Individuen zu verstehen. Diese gemeinsame Bewegung zeigt den Charakter ständig des Über-sich-Hinausgehens jeweils der individuellen Subjekte über den relativ engen Horizont seines subjektiven Gewordenseins. Jedes der individuellen Subjekte überschreitet in dieser Bewegung die durch Natur und Geschichte hergestellte Gegebenheit seines gegenwärtigen Seins, welches seinerseits Fundament und Ausgangspunkt dieser Bewegung des Überschreitens ist. Was ich als Erkenntnis jeweils des Sollens in den Blick rücken wollte, kann auch als die gemeinsame, das Allgemeine der Normen zustandebringende gemeinsame Bewegung des Überschreitens ausgelegt werden, durch welche die Subjekte jeweils sich als frei, als anfänglich handelnd und nach ursprünglichen, d. h. „apriorischen" Prinzipien bestimmt erweisen.

T.: Ich erkläre mich einverstanden, wenn damit zugleich gesagt sein will, daß mein Prinzip des Seins immer als Ergebnis dieser Bewegung und zugleich als Fundament für einen neuen Aufbruch verstanden werden muß. Sofern diese Bewegung als gemeinsames Hinausgehen über die relative Enge des gegenwärtigen Seins aufzufassen ist, kann man den Inbegriff ihrer Vollzüge als „die Vernunft" bezeichnen. Von hier aus gesehen ist das, was wir als „Sein" des Handelnden bezeichnet haben, als Standnehmen des Individuums auf dem Boden einer gegenwärtig erreichten Gestalt der Vernunft zu verstehen. Dadurch, daß sich das individuelle Sein als Stand-nehmen begreift, vereinigt es das Apriorische mit dem Geschichtlichen. Es versteht sich als ein auf dem Boden einer jeweiligen Gegenwart der Vernunftgeschichte stehend, wodurch es sich als Produkt einer Geschichte von immer schon vollzogenen Handlungen und Normsetzungen begreift. Gleichzeitig geht es über die Zufälligkeit und relative Enge dieser gewordenen Gegenwart hinaus, indem es von dem in ihr erreichten Stande des Denkens und Wollens aus die normative Idee der ganzen Geschichte, etwa des Rechts oder der Moral, erkennt und in dieser Erkenntnis die Motivation für einen Neuanfang, für ein freies und in „apriorischem" Denken erfaßtes neues Ziel zu sehen vermag.

I.: Dem kann ich zustimmen. Wenn wir jetzt den ganzen Weg unseres Gesprächs überblicken, so zeigt sich: Wir sind von einer Kontroverse in der Frage ausgegangen, ob maßgebend für Handeln das Sein der handelnden Person oder deren Bewußtsein ist, das es von ihrem Sollen hat. Der Begriff des Seins hat sich im Verlauf des Dialogs auch auf die Bedeutung der in der geschichtlichen Gegenwart einer Gesellschaft bestehenden Herrschaft eines Normensystems ausgeweitet, in dessen Rahmen sich das individuelle Sein bildet. Von mir wurden das individuelle Bewußtsein des Sollens und der Boden der praktischen Vernunft, auf dem jenes Stand nimmt, als Charaktere der Freiheit, des Anfänglich-prinzipiellen und des Apriori betont: im Laufe unseres Gesprächs haben wir uns dahingehend geeinigt, das Sein als ein durch freie Handlungen des Individuums Gewordensein zu begreifen. Im Zusammenhang damit sahen wir es als gemeinsame Aufgabe an, den apriorischen Charakter der praktischen Vernunft mit dem der Geschichtlichkeit zu vereinigen. Bei der Erfüllung dieser Aufgabe hat sich ergeben, daß „die Vernunft" als wirkliche Geschichte von Denkbewegungen aufzufassen ist, welche die individuellen Subjekte über sich hinaus vollziehen. Da die Individuen diese Bewegung als von einem geschichtlichen Stande aus vollziehen und auch als solche begreifen, vermögen sie ihre Zugehörigkeit zur Geschichte ebenso wie ihre Freiheit, die Apriorität ihrer Vernunft und die Anfänglichkeit ihres Denkens und Handelns zu begreifen. Die geschichtliche Wirklichkeit des Allgemeinen wird dadurch hergestellt, daß die Individuen gemeinschaftlich jeweils einen Normenstandard zur Herrschaft und zur Macht bringen, der ihr Denken, Leben und Handeln bestimmt: sie nehmen gemeinschaftlich Stand auf dem Boden dieses Allgemeinen dadurch, daß sie die Bewegung eines Übergangs von einem normativen Sein der Gesellschaft und des individuellen Bewußtseins zu jeweils einer neuen Verfassung des wertenden und entscheidenden Denkens und Wollens vollziehen.

In diesem Dialog wird besonders an seinem Ende die Aufmerksamkeit auf eine Bewegung im Denken der Dialogführenden gelenkt, die sich während des dialogischen Geschehens an ihnen und ihrem „Sein" und Bewußtsein selbst in der Tat vollzieht. Mit den Dialogpartnern geschieht eine Bewegung, von der bei ihnen die Rede ist. Sie gewinnen in der Geschichte des Dialogs nicht nur neue Informationen hinzu: sie werden nicht nur dazu herausgefordert, sich Widersprüche im Zusammenhang ihrer Vorstellungen klarzumachen, sondern sie verändern jeweils den Stand ihres Denkens und dessen Perspektive. Kant spricht auch von der „Denkart", die er als die Verfassung eines Denkenden versteht, welcher gemäß er die „Welt" beurteilt und zu ihr Stellung nimmt. Dieser Stand und seine Denkart machen von einer allgemeinen Perspektive Gebrauch, in welche die einzelnen Dinge der Welt gerückt und in der sie verstanden werden. In dem Dialog zwischen Thomas und Immanuel treten zunächst einander entgegengesetzte Positionen gegenüber, von denen jede die Situation des handelnden Subjekts von ihrer Perspektive aus beurteilt. Während Thomas die Position des Seins vertritt, setzt sich Immanuel für diejenige des Sollens bzw. der Freiheit ein. Im Verlauf des dialogischen Geschehens wird jeder der Partner von seinem Gegenüber dazu herausgefordert, über die relativ engen Grenzen seines anfänglichen Standes und dessen Horizontes hinauszugehen und in einer Erweiterung seines Bewußtseins auch diejenigen Ansprüche aufzunehmen, die das Gegenüber im Interesse der gemeinsam betrachteten Sache zur Geltung bringt. Auf diese Weise wirken im Dialoggeschehen auf die Beteiligten gedankliche Kräfte, die jeden der Dialogpartner zu einer Über-schreitung und Überwindung des anfangs eingenommenen Standes und dessen Perspektive herausfordern und es ermöglichen, daß die Dialogpartner neue Übereinstimmungen finden, in denen sie zugleich auch der Wahrheit über die Sache näher kommen. Die Wahrheit zeigt sich in einem Höchstmaß von Weite des Horizontes, in den möglichst viele Aspekte der Sache einholbar sind.

Von hier aus gesehen muß ein Dialogbegriff als mindestens einseitig, wenn nicht als verfehlt bezeichnet werden, der sich am Modell des Siegens und Unterliegens, des Gewinnens und Verlierens orientiert, bei dem die Rede von einer „Strategie" zu vernehmen ist. Gedacht ist an Unterredungen, in denen am Ende eine gemeinsame Meinungsaussage erreicht werden soll, die einen Machtfaktor bedeutet, weil von ihr unmittelbar Handlungsentscheidungen abhängen. Aber in einem philosophischen Dialog versuchen nur Sophisten den Sieg über den Gegner davonzutragen und unbedingt Recht zu behalten, also den „Gegner" zu zwingen, seine Behauptung aufzugeben. Es ist ein Unterschied, ob einer der Dialogpartner in die Lage versetzt werden soll, seine erste Behauptung zu widerrufen, oder ob die Dialogpartner gegenseitig sich dazu herauszufordern suchen, ihre anfänglichen, engen Horizonte zu überschreiten, um ein optimales Maß von Gemeinsamkeit zu erreichen. Die in ihnen in diesem Falle lebendige *Gesinnung* des Dialogführens ist darauf bedacht, in einer gemeinsamen Bewegung der sich im Dialog entfaltenden und entwickelnden Logik der Sache Recht zu geben. Der rein pragmatische Dialogbegriff ist auch deshalb als einseitig zu bezeichnen, weil er nur die Änderung der „Meinung" und der Behauptung im Blick hat, statt den Wechsel im Standpunkt zu bedenken, von dem aus eine jeweilige Perspektive des Sehens und Beurteilens der Welt zur Geltung kommt.

Nicht, weil die Partner des Dialogs auf Grund der Spielregeln, in die sie eingewilligt haben, gezwungen worden wären, sich am Ende in einem bestimmten Sinne zu äußern, sondern weil jeder von ihnen durch die Rede des anderen zu der Erfahrung gebracht wird, daß seine Art, die Sache darzustellen, zu einem Selbstwiderspruch führt, entschließt er sich dazu, über seine eigene Position hinauszugehen. Zum Beispiel muß der Vertreter des Seins seinen Stand, von dem aus er sein Hauptprinzip denkt und darstellt, in dem vorgeführten Dialog verändern: er wird von seinem Gegenüber zur Einsicht gebracht, daß dieses Prinzip verfehlt wird, wenn es als unmittelbares Natur-sein gedeutet wird. So wird er zum Zugeständnis zu einem anderen, mit Freiheit durchdrungenen Seinsbegriff herausgefordert. Er folgt dem gedanklichen Impuls des Überganges zu einem Stand, von dem aus er diesen neuen Begriff des Seins zu fassen vermag. Nicht nur ein anderer *Inhalt* wird vorgestellt und behauptet, sondern ein neuer Stand und dessen Perspektive werden eingenommen und gebraucht. Beide Dialogpartner fordern sich zu einer Veränderung ihres Standes und demgemäß ihres „Seins" heraus.

Diese Bewegung des Übergangs wird nicht durch eine Methode erzwungen, zu der sich anfänglich die Dialogpartner geeinigt hätten. Sie erfolgt vielmehr in einer freien Bewegung, in der sich eine Überzeugung vom „wahren" Bild der Sache ergibt. Der Übergang zu je neuen Standpunkten bedeutet zugleich den Gewinn über-legener und souveräner Maßstäbe, von denen aus man auch die Bedingungen und Voraussetzungen der eigenen früheren Auffassungen und derjenigen des Dialogpartners zu über-schauen, zu erklären und in ihrer Notwendigkeit zu begreifen vermag.

Im Dialog kommt eine Geschichte der Seinsbildung der an ihm Teilnehmenden und der Einigung auf gemeinsame Formen des Denkens in Gang. Aus dem Streit wird Einheit, an der mindest ein zweifaches Interesse besteht: dasjenige der Möglichkeit des Miteinanderhandelns und dasjenige an der „Wahrheit" der Sache.

Dieser Blick auf die Struktur der dialogischen Bewegung kann auch vom Standpunkt eines das Treiben der Dialogpartner beobachtenden Dritten aus Einsichten in das Verhältnis von reiner Vernunft und Geschichte erbringen. Denn im Dialog und der in ihm sich vollziehenden Einigungsbewegung kommt eine Meinung, eine Art und Weise des Urteilens und Bewertens zur Geltung und zur „Herrschaft": zugleich besteht in jedem Augenblick die Aufgabe eines jeden der Partner, den gewordenen „Besitzstand" wieder auf seine Rechtmäßigkeit hin zu prüfen und neue Anfänge zu setzen, in die aber die ganze bisherige Geschichte des Dialogs eingeholt wird.

DIE NORMA HONESTATIS IN DER KONTROVERSE CATHREIN/MAUSBACH IN BEZUG AUF HEUTIGE KONTROVERSEN UND INSBESONDERE IM HINBLICK AUF DIE WIRTSCHAFTSETHIK

Von Oswald von Nell-Breuning SJ

Die in meiner Studienzeit lebhaft geführte Kontroverse Cathrein/ Mausbach über die ‚norma honestatis' ist in dieser Form heute kaum mehr bekannt, lebt aber, wenn ich recht sehe, in anderer Gestalt auch heute noch fort und bewegt die Geister, namentlich im Streit um die Situationsethik und speziell um die Alternative deontologische oder teleologische Begründung sittlicher Urteile.

Cathrein sieht die ‚norma honestatis' in der natura humana rationalis qua talis cum omnibus circumstantiis; Norm, Richtmaß oder Maßstab ist der Mensch in der jeweiligen Situation, vor die Gott ihn stellt und die er in Verantwortung vor Gott zu meistern hat, indem er so handelt, wie es ihm in seiner Eigenschaft als mit Vernunft und Selbstbestimmung begabtem Geist-Leib-Wesen ansteht. Für Cathrein versteht es sich von selbst, daß die Begabung mit Vernunft und Selbstbestimmung dem Menschen von *Gott* geschenkt und die jeweilige Situation, in die der Mensch in jedem Augenblick seines Lebens sich hineingestellt sieht, ihm von *Gott* geschickt, eine ihm von *Gott* gestellte Aufgabe ist. Darum ist die C.sche Norm entgegen dem ersten Eindruck, den sie erweckt, durchaus nicht anthropozentrisch oder anthroponomisch, sondern nicht weniger theozentrisch und theonomisch als die M.sche; nur der Fragestand ist ein anderer.

Nach Mausbach ist es die ordinatio ad Deum, *Hinordnung* auf Gott oder die Abwendung oder Abweichung von dieser Hinordnung, die den sittlichen Wert oder Unwert unseres Tuns und Lassens ausmacht. Genau dasselbe ist es aber auch nach Cathrein, was das menschliche Tun und Lassen zur Würde des sittlichen Handelns *erhebt und* seinen sittlichen Wert oder Unwert *aus*macht und erst recht seine sittliche Verpflichtung *begründet*. Daraus erhellt, daß zwischen C und M keine sachliche Meinungsverschiedenheit und erst recht kein Gegensatz besteht; ihre auf den ersten Blick gegensätzlich erscheinenden Aussagen betreffen vielmehr verschiedene Gegenstände und sind darum miteinander ohne weiteres vereinbar, bestehen zu vollem Recht *nebeneinander*.

Cathrein fragt nach dem *Kriterium:* woran erkenne ich, ob diese oder jene Handlungsweise sittlich gut (honesta) oder sittlich verwerflich (turpis) ist. Er findet das zwischen honestas und turpitudo unterscheidende Merkmal darin, ob ein solches Handeln unter dieser Verumständung der Würde des von seinem Schöpfer mit Vernunft und Selbstbestimmung begabten Geist-Leib-Wesens „Mensch" entspricht *oder* mit dieser seiner Würde *un*vereinbar wäre; das wäre ein Absturz von der Höhe, auf die Gott ihn gestellt hat; er bliebe damit hinter dem zurück, was er nach Gottes Absicht *sein* oder richtiger, was er *werden,* was er durch sein einsichtiges und verantwortungsbewußtes Handeln *aus sich machen* soll. Was jeweils dazu gehört oder erforderlich ist, kann offenbar je nach Lage der Dinge sehr verschieden sein; in verschiedenen Lagen kann genau gegensätzliches Verhalten geboten sein. Was Gott von mir erwartet, was er von mir fordert, das sagt er mir in jedem Augenblick meines Lebens durch die Situation, in die er mich hineinstellt; die Situation ist der konkrete Anruf Gottes an mich als an den, den er als dieses vernunftbegabte und selbstbestimmte Geist-Leib-Wesen „Mensch" erschaffen hat.

Über das, was in concreto in der jeweiligen Situation der von Gott mir geschenkten Menschennatur entspricht, ist damit noch nichts gesagt; insofern entbehrt C.s norma honestatis des materialen Gehalts, ist ein an die Dinge anzulegender *Maßstab* und als solcher rein formal, weist aber mit Nachdruck darauf hin, daß nicht die Menschennatur in abstracto, sondern der Mensch mit seiner Menschennatur in der gesamten Verumständung zu sehen ist, wozu nicht zuletzt auch seine eigene individuell konkrete Veranlagung zählt; erst daraus ergibt sich, was Gott hier und jetzt von ihm fordert oder erwartet.

Mausbach, der den sittlichen Wert oder Unwert einer Handlung danach bestimmt, daß oder ob sie auf Gott hingeordnet ist, geht die Frage von der entgegengesetzten Seite her an und kommt dabei nicht nur im Endergebnis auf dasselbe hinaus, sondern greift dabei im Grunde genommen nur in anderer Sprechweise auf das gleiche Unterscheidungsmerkmal zurück. Diese seine andere Formulierung hat den Vorzug, deutlich zum Ausdruck zu bringen, daß es *mehr* ist als ein bloßes Erkenntnismittel; indem er Gott als *Bezugspunkt* des Handelns herausstellt, macht er deutlich, daß es *mehr* ist als ein bloß äußerlich angebrachtes Kennzeichen, daß diese Norm nicht konsekutiv, vielmehr für den sittlichen Gehalt der Handlung konstitutiv ist.

Cathrein nennt unmittelbar das, was der Mensch bei seiner sittlichen Entscheidung in Erwägung zu ziehen, worauf er sein Augenmerk zu richten hat; das ist ganz offenbar die Situation, vor die er sich gestellt sieht; was erfordert sie von mir, was erwartet mein Herr und Gott, der mich in diese Situation hineingeführt hat, unter diesen Umständen von mir?

Was Gott hier und jetzt von mir erwartet oder gar mir gebietet, das *ist* eben *als solches* auf Gott ausgerichtet oder hingeordnet, *ist* für mich der Weg zu Gott. Gleichviel ob man die M.sche Hinordnung auf Gott nur sozusagen passiv oder statisch als Hingeordnet*sein* auf Gott oder aktiv und dynamisch als zu Gott hinführend (conducibilitas ad Deum) versteht, als etwas, das mich Gott näher bringt, mich zu Gott als meinem letzten Ziel und Ende gelangen läßt, es ist das, worauf es letztendlich allein ankommt. Insofern ist die M.sche Formel gehaltvoller als die C.sche und spricht das ethische Empfinden an, wogegen C.s Formel sich ausschließlich und unmittelbar an das Erkenntnisvermögen wendet und in dieser ihrer Nüchternheit keine Anziehungskraft entfaltet. — C.s norma honestatis gibt mir ein formales Kriterium, um gut und böse zu unterscheiden; M.s Formel sagt mir, *worin* ihr Unterschied besteht. Das ist ihre Überlegenheit an *materialem Gehalt*; nichtsdestoweniger erübrigt sie die materiale Prüfung des Einzelfalles ebenso wenig wie C.s norma honestatis; in diesem Sinne ist sie ganz im gleichen Grade formal.

Oberflächlicher Betrachtung könnte es scheinen, während M. die sittliche Ordnung in *Gott* und seiner absoluten Heiligkeit gründen lasse, wolle C. sie in der Selbstachtung des *Menschen* verankern. In Wirklichkeit will er nicht mehr als eine praktische Handhabe bieten, die dem Menschen dazu dienen soll, sich in der jeweiligen Situation sein Gewissensurteil zu bilden, sich klar zu werden, was hier und jetzt ihm zu wählen freisteht, was ihm zu tun geboten und was, als sittlich böse, ihm zu tun verboten ist. — M. dagegen hebt ab auf das Auszeichnende, das dem Sittlichen seine einzigartige Würde und seine unbedingte Verbindlichkeit verleiht und worin zugleich auch der Unterschied zwischen dem, was sittlich gut und sittlich böse ist, seinen letzten und tiefsten Grund hat. — Man kann es auch so sagen: C. fragt nach einem Merkmal, an dem sich die Grenze *ablesen* läßt zwischen gut und böse; M. fragt nach dem, was den Bereich des Ethischen *abhebt* von allem An-Ethischen, zugleich aber auch den Unterschied *begründet* zwischen gut und böse. Jeder beantwortet die von ihm gestellte Frage; jeder von beiden hat Recht in bezug auf das, was *er* im Sinne hat und worum es *ihm* geht.

In bezug auf die heutige Kontroverse um Deontologie und Teleologie könnte man geneigt sein, bei M. die deontologische, bei C. dagegen die teleologische These vorweggenommen zu finden.

Die „Hinordnung auf Gott" muß man doch wohl verstehen als grundgelegt in oder beruhend auf einer vorgegebenen „ewigen" Ordnung der Werte, die im ‚summum bonum', im höchsten Gut oder Wert, in der absoluten Vollkommenheit oder Heiligkeit Gottes gipfelt.

Mögen diese Werte und ihre Stufung, ihr ordnungsmäßiger Zusammenhang oder wie immer man es nennen will mit zwingender Notwendigkeit aus Gottes unwandelbarem Sein oder aus seinem freien *Willens*entschluß entspringen, in beiden Fällen sind sie gleichermaßen im strengsten Sinne unwandelbar, gelten ausnahmslos und unverbrüchlich; keine noch so gewichtige Verumständung kann von ihnen freistellen.

Das ist die deontologische Position, die, wenn sie auch wohl nicht schlüssig aus der M.schen These ableitbar ist, so doch völlig einwandfrei und zwanglos mit ihr vereinbar ist, mit ihr in Einklang steht.

Von der C.schen These läßt sich das nicht so ohne weiteres sagen; zum mindesten liegt es nicht ebenso offen zu Tage. Ganz zu Unrecht würde man sie allerdings als „situationsethisch" verdächtigen. Wenn Situationsethik besagt, die „Situation" könne unter Umständen die Sollensnorm außer Kraft setzen oder doch von deren Befolgung freistellen, dann erweist die C.sche These sich als das gerade *Gegenteil* von Situationsethik. Nach C. durchbricht die Situation die Norm nicht und wandelt sie auch nicht ab, macht vielmehr erkennbar, welche Norm oder welcher Komplex von Normen hier und jetzt aktuell ist und Beachtung erheischt.

Je nach der Situation werden durch ein und dieselbe Handlung ganz verschiedene Werte oder auch die gleichen Werte in ganz verschiedener Weise von den Auswirkungen meines Handelns oder Unterlassens betroffen oder in Mitleidenschaft gezogen. Das ist in anderer Terminologie die Frage nach dem obiectum actionis, nach dem „Gegenstand" meines Tuns oder, soweit es sich um rein innere Akte handelt, meines Wollens; der Mann auf der Straße fragt einfach so: *was richte ich an* durch das, was ich hier tue oder tun will? — Es geht um die bezweckten oder auch nicht bezweckten, vielleicht von mir nur widerwillig als unvermeidlich hingenommenen Folgen meines Tuns oder, worauf die nachkonziliare Fassung des Confiteor dankenswerterweise hinweist, meines Unterlassens; über das, was ich da anrichte, was ich bewirke, darüber habe ich mir *Rechenschaft* zu geben, um auf dieser Grundlage mir mein Gewissensurteil zu bilden. Genau dazu leitet C. mich an. Unverkennbar entspricht das genau der teleologischen Begründung sittlicher Urteile; damit ist aber noch keineswegs gesagt, daß sie auf ihr als ihrer Grundlage beruhe. Im Gegenteil, das ist *nicht* der Fall; sie bedarf vielmehr einer anderen Grundlage, die sie unterstellt und auf die sie sich stützt, nämlich auf die als *unverbrüchlich* angesehene *Norm,* daß der Mensch für das, was er anrichtet, für die *Folgen* seines Tuns und Lassens *verantwortlich* ist. Das aber ist eine ausgesprochenermaßen *deontologische* Norm, und darum kommt alles darauf an, *diese* Norm überzeugend einsichtig zu machen, sie zutreffend auszulegen und auf die Vielfalt der Einzelfälle anzuwenden. *Wofür* ist der Mensch verantwortlich? *Was* hat er um dieser Verantwortung willen zu tun oder zu unterlassen? Erst an zweiter Stelle kann sich daran die in der Moraltheologie und in der Jurisprudenz einen so breiten Raum einnehmende Frage anschließen, ob und zutreffendenfalls welche Verpflichtungen ihm aus den von ihm zu verantwortenden Folgen seines Tuns und Lassens *erwachsen,* z. B. ein von ihm gezeugtes Kind *auf*zuziehen und zu erziehen, oder einen angerichteten Schaden wieder gutzumachen oder dgl. mehr, und näherhin, ob oder inwieweit Verpflichtungen dieser Art sich unmittelbar aus der sittlichen Ordnung ergeben oder positiv begründet und/oder geregelt werden müssen. — Von all dem ist hier nicht zu handeln. Auch auf die *subjektiven* Voraussetzungen und Grenzen der Verantwortung (Zurechenbarkeit), überhaupt auf die gesamten anthropologischen Probleme einzugehen ist hier nicht der Ort; hier geht es *ausschließlich* um die sittliche Bewertung des Ergebnisses oder der Folgen meines Tuns und Lassens, ob sie sittlich unbedenklich sind und es mir darum freisteht, sie herbeizuführen, oder ob sie mir geboten und darum auch die Handlungen, deren es bedarf, um sie herbeizuführen, geboten sind, oder ob sie unzulässig und darum zu vermeiden und darum auch Handlungen, die sie herbeiführen würden, zu unterlassen sind. — Ob die Folgen vom Täter *bezweckt* sind und in diesem Sinne ihr Eintreten für ihn einen *Erfolg* bedeutet, oder ob sie *ohne* seine Absicht oder gar *gegen* seinen Willen als unerwünschte, aber unvermeidbare *Neben*folgen eintreten, ist unter dieser Rücksicht bedeutungslos.

Ist aber nicht — so könnte man fragen — bei diesen ganzen Überlegungen die *Kern*frage übersehen und ausgefallen, nämlich die Frage, ob es *actiones intrinsecus malae* gibt, also äußere oder auch innere Handlungen, die ganz unabhängig von dem, was sie anrichten, was sich aus ihnen an Folgen ergibt, *in sich selb*st gut oder böse sind. Diese Frage ist keineswegs ausgefallen; sie erscheint nur unter einem anderen Namen; es ist die altbekannte Frage nach dem obiectum actionis. Was hat die Handlung zum *Gegenstand,* zum sachlichen, der Jurist würde sagen, zum tatbestandlichen *Gehalt?* Genau das und nichts anderes ist an allererster Stelle gemeint mit dem, was der *äußere* Akt „anrichtet" oder ‚was anzurichten er angetan ist oder zum Ziele hat' oder worauf der *innere* Willensakt hinzielt; m. a. W., es ist nichts anderes als das, was die Schulsprache meint, wenn sie sagt: ‚actus specificatur ab obiecto'. — Der Schwerthieb, der Dolchstoß oder der Schuß mit der Feuerwaffe ist eben dadurch tatbestandliche Tötung, daß jemand dadurch getötet wird. Hieb,

Stich oder Schuß als Vorgänge in der physikalisch-kosmischen Welt sind jedes ethischen Gehaltes bar; erst ob der durch sie herbeigeführte Totschlag zulässig oder unzulässig, sittlich gut oder sittlich böse (verwerflich) ist, entscheidet darüber, ob diese meine Tat sittlich gut oder böse ist, ob ich sie als sittlich gut oder doch unbedenklich setzen darf oder als sittlich böse zu unterlassen habe. Die honestas *subiectiva* seu *formalis* des menschlichen Tuns und Lassens, und zwar sowohl der inneren psychischen Akte als auch deren äußeren Vollzugs bestimmt sich nach der honestas *obiectiva* seu *materialis* ihres „Gegenstandes"; zu diesem ihrem „Gegenstand" gehört alles, was sich meiner Erkenntnis als absehbares Ergebnis meiner Tat darbietet und demzufolge auch von meinem Willensentschluß zur Tat *mitumfaßt* wird.

Wie immer aber es im einzelnen um die Normen steht, die den *objektiven* sittlichen Wert oder Unwert der Gegenstände und damit den *subjektiven* Wert oder Unwert unseres zurechenbaren Handelns bestimmen, eines steht unumstößlich fest: *daß* wir verantwortlich sind für das, was wir in unserer Eigenschaft als vernunftbegabte und selbstbestimmte Wesen tun und lassen und dadurch an Ergebnissen, Wirkungen, Folgen oder wie immer wir es nennen wollen, auslösen, — diese „Norm" läßt sich teleologisch *nicht* begründen. Vielmehr bedient die teleologische Argumentation sich ständig normativ *vorgegebener* Maßstäbe und legt insbesondere die Norm, daß wir für die Folgen unseres Tuns und Lassens verantwortlich sind, stillschweigend oder vielleicht richtiger unbewußt und unreflektiert als *selbstverständlich* allen ihren Überlegungen zugrunde; mit ihr steht und fällt sie. So operieren beide, nicht nur Mausbach, sondern ganz ebenso Cathrein, auf *d*eontologischer Basis.

Die Frage nach *d*eontologisch vorgegebenen Werten bzw. Unwerten und wie wir zu ihnen kommen, wie wir sie verstehen und wie wir sie handhaben, läßt sich auf keine Weise umgehen; wir müssen uns ihr stellen. — Nach scholastischer Tradition pflegen wir dabei so zu verfahren, wie die Rechtswissenschaft bei der Auslegung von Gesetzen verfährt. Alle diese Werte und Unwerte sind in Gottes ‚lex aeterna' normiert. Diese ‚lex aeterna' übersetzen wir in die ‚lex naturalis', das „natürliche Sittengesetz", bzw., soweit der Normgehalt juridischer Natur ist, in das ‚*ius naturae*', das „Naturrecht". Auf den ersten Blick erscheint diese Verfahrensweise sehr einleuchtend und überzeugend; bei genauerem Zusehen erweist sich allerdings, daß dieses wunderbar anschauliche *Bild* das zu erklärende mehr verdeckt als enthüllt. Der Gesetzgeber wird vorgestellt als absoluter Monarch; das Gesetz hat seinen Ursprung in psychischen Akten dieser einen physisch-konkreten Person; der begriffliche Gehalt des Gesetzes entspringt den Erkenntnisakten, seine verpflichtende Kraft dem Willensakt des Gesetzgebers, durch den er das Gesetz seinen Untertanen auferlegt. Zwar trifft es zu, die ‚lex aeterna' nicht im Wege demokratisch-parlamentarischer „Willensbildung" als Kompromiß zustande kommt, und schon gar nicht als bloßer Formelkompromiß, bei dem jeder sich etwas anderes denkt; sie hat ihren Grund und steht ein für allemal in Gottes Erkenntnis und in Gottes hl. Willen. *Aber:* zwischen *Gottes* Gedanken und *unseren* besteht der grundlegende Unterschied, daß sein Denken komprehensiv, unseres dagegen diskursiv und abstrakt ist. Darum ist die Übersetzung der ‚lex aeterna', wie sie in Gottes Erkenntnis und in seinem hl. Willen steht, in die ‚lex naturalis' bzw. das ‚ius naturale' etwas wesentlich anderes als die Übersetzung eines in Worten einer menschlichen Sprache verkündeten Gesetzes in eine andere Sprache. Der Gedanke Gottes umfaßt den Wert oder die Norm in *adäquater* Weise (hier steht das so gern nichtssagend mißbrauchte Wort „adäquat" in seiner vollen und echten Bedeutung!). Was wir in menschliche Begriffe fassen und mit Worten menschlicher Sprache ausdrücken, ist immer nur eine Seite (ein „Aspekt") dessen, was gemeint ist oder worum es geht. Kein konkreter Fall läßt sich mittels bloßer Subsumtionstechnik *adäquat* an der in abstrakten Begriffen gefaßten Norm messen. Infolgedessen vermag unser menschliches Begreifen und erst recht unsere Begriffs*sprache* weder die Normen noch die durch sie umschriebenen oder festgelegten sittlichen und rechtlichen Werte bzw. Unwerte restlos eindeutig, d. i. präzis und damit operational zu definieren; immer bleibt ein Rückstand. Jede Norm, die wir aufstellen, jeder Begriff, dessen wir uns bedienen, um sie auszusagen, erfordert Zusätze, Ergänzungen, Einschränkungen, Vorbehalte, Verdeutlichungen ohne Ende, und zwar mit jedem neuen konkreten Fall wieder von neuem; niemals werden wir damit fertig. Das gilt auch dann, wenn Gott selbst in menschlicher Sprache zu uns redet. *Charles de Gaulle* hat die majestätische Einfachheit und Klarheit der Zehn Gebote von Sinai gerühmt und sie spöttisch darauf zurückgeführt, daß keine Beratungsgremien oder Beschlußkörperschaften an ihrer Formulierung beteiligt waren; offenbar ist es ihm entgangen, daß wir nach dreitausend Jahren theologischer Forschungsarbeit immer noch nicht damit fertig geworden sind, die Gebote des Dekalogs erschöpfend zu interpretieren. Was *A. Rüstow* über das Naturrecht gesagt hat (das Gescheiteste, was mir je über das Naturrecht vor Augen gekommen ist), das trifft für das gesamte natürliche Sittengesetz zu: sobald wir es in menschliche Begriffe fassen und in Worten menschlicher Sprache zum Ausdruck bringen, *ist* es schon kein „Naturrecht", kein „natürliches Sittengesetz" mehr, sondern haben wir es *positiviert.* Und damit ist es Menschenwerk und hat teil an allen dessen Mängeln und Schwächen und bedarf der Auslegung ganz im gleichen Maß wie jedes positive Gesetz, jede bei menschlichen Gemeinschaften eingeführte und als verbindlich angenommene Verhaltensweise.

Demnach ist unsere Fähigkeit, Normen und sittliche Güter oder Werte bzw. Unwerte begrifflich scharf zu erfassen, sehr viel geringer, als wir sie uns bislang zuzuschreiben gewohnt waren und auch heute noch geneigt sind, sie uns zuzuschreiben. Diese für uns schmerzliche Erkenntnis legt uns auch Vorsicht nahe, in dem Streit um teleologische oder deontologische Begründung sittlicher Urteile für die eine oder die andere Seite Partei zu ergreifen. — Sehe ich recht, dann kann keine der beiden Verfahrensweisen oder Begründungen der anderen entraten; sie widersprechen einander nicht diametral, ergänzen vielmehr einander; keine kommt ganz ohne Rückgriff auf die andere aus.

I. Güterabwägung

Für die Praxis dürfte vor allem gewichtig sein, was aus der Cathreinschen ‚norma honestatis' bzw. aus Mausbachs Lehre hinsichtlich der Güterabwägung folgt oder sich ableiten läßt. Ist sie, wie es nach Cathrein zum mindesten scheinen könnte, eine allgemeingültige und ausnahmslos anwendbare Verfahrensweise oder kommt ihr, wie man nach Mausbach wohl eher annehmen möchte, nur beschränkte Gültigkeit und Anwendbarkeit zu, insbesondere nur auf diejenigen Güter, über die Gott uns Verfügungsmacht eingeräumt hat?

Die Frage nach der Güterabwägung berührt die Wertphilosophie oder ist vielmehr ein Stück Wertphilosophie. Damit betrete ich einen für mich gefährlichen Boden; für Wertphilosophie bin ich völlig inkompetent, beherrsche ich doch nicht einmal deren Fachsprache; so gebrauche ich auch hier die Bezeichnungen „Gut" und „Wert" synonym im Sinne des scholastischen ‚bonum'. Gott ist für mich das „höchste und liebenswürdigste Gut" (so habe ich es im Katechismus gelernt); völlig gleichbedeutend damit ist er für mich auch der „höchste und unableitbare Wert". Ebenso steht für mich unerschütterlich fest, daß sittliche Güter oder Werte niemals miteinander in Konflikt geraten können, sie gehören vielmehr alle einer einzigen, in sich konsistenten und hierarchischen Gesamtordnung an — einem ORDO mit vier Großbuchstaben. Ebenso unbestreitbar aber lehrt die tägliche Erfahrung, daß die Verwirklichung eines sittlichen Wertes die Verwirklichung anderer gleichfalls sittlicher Werte verhindern, erschweren, beeinträchtigen, ja völlig verunmöglichen kann, so daß der Entscheid für die eine unvermeidlich zugleich Entscheid gegen die andere Wertverwirklichung bedeutet, worin manche einen Verstoß gegen diese anderen Werte *selbst*, ja deren förmliche Verletzung sehen wollen und von unvermeidbarem Sündigwerden reden, wobei sie aber vielleicht unter „Sünde" nicht ganz dasselbe verstehen, was wir in unserer Sprache „Sünde" nennen.

Man behauptet, die ganze Rede von kulturellen, insbesondere auch sittlichen „Werten" leite sich von der Wirtschaftswissenschaft her, in der der Wertbegriff zuhause sei, und von daher erkläre sich auch die Rede von der „Güterabwägung" im Sinne der verschiedenen Gewichtung (Option, Präferenz) und des Rationalprinzips im Sinne der Maximierung der „Erträge" und Minimierung der „Kosten" — „Erträge" hier verstanden als Verwirklichung, „Kosten" als Verletzung sittlicher Werte oder, was dasselbe ist, Verwirklichung sittlicher *Unwerte*. Diese Redeweise klingt in der Tat ein wenig „ökonomistisch". Das Sachproblem aber ist keineswegs dem Kultursachbereich Wirtschaft eigentümlich, sondern besteht ganz umfassend und allgemein. In dieser Welt „kostet" nun einmal *alles* seinen „Preis", und das bedeutet den *unausweichlichen Zwang*, „Aufwand" und „Ertrag" gegeneinander abzuwägen. Ein von uns als werthaft angesehenes Ziel zu verwirklichen erfordert von uns als *Einsatz*, andere Werte oder Ziele dafür aufzuopfern, auf sie zu verzichten, in diesem Sinne uns *gegen* sie zu entscheiden (die Wirtschaftswissenschaft nennt das ‚opportunity costs').

Ganz zu Unrecht werden Zielkollisionen dieser Art als Widersprüchlichkeit oder Unvereinbarkeit der (sittlichen) Werte selbst, d. i. untereinander, bezeichnet. Recht verstanden ist es immer nur das, was wir tun oder unterlassen, um ein Ziel oder einen Wert zu verwirklichen, das die Verwirklichung anderer Ziele oder Werte erschwert oder verunmöglicht. Die damit gegebene vermeintliche Pflichtenkollision räumen wir aus, indem wir die unvereinbaren Ziele gegeneinander abwägen, entscheiden uns für das höher bewertete oder wofür wir uns in besonderer Weise in Pflicht genommen wissen, und verzichten auf das niedriger bewertete oder auf das zunächst anderen obliegende und geben es preis. — An *dieser* Stelle sehen wir uns vor die Frage gestellt, ob dieses Verfahren der Güterabwägung auf *alle* Güter oder Werte anwendbar ist; die *de*ontologische These bestreitet das und wendet dagegen ein, für Güterabwägung sei nur insofern Raum, als wir über die Werte oder Güter *verfügungsberechtigt* sind; das treffe nicht bei allen Gütern zu; über einige habe Gott sich selbst das Verfügungsrecht vorbehalten und uns nur als Verwalter bestellt. Hier scheint mir eine Äquivokation im Spiele zu sein; unter „Gütern" oder „Werten" sind hier offenbar physisch konkrete Güter verstanden, *Dinge*, die wir wertschätzen; so ganz besonders deutlich bei dem immer als Schulbeispiel vorgebrachten menschlichen Leben. Überdies müßte diese Lehre, um operational zu sein, uns die Gewißheit geben, welche Güter denn diesem Vorbehalt Gottes unterliegen, oder wenigstens uns einen Weg zeigen, wie wir uns diese Gewißheit verschaffen können. Wenn Gott darüber etwas geoffenbart hat, ist die Sache klar, aber das scheint nicht der Fall zu sein; dann aber ist unser menschliches Erkenntnisvermögen mit dieser Unterscheidung überfordert.

Was die Güterabwägung an Möglichkeiten bietet, wäre für die einzelnen Kultursachbereiche im einzelnen zu untersuchen. *Zuvor* aber sollte man ernstlich prüfen, ob hier nur Anklänge an die *Sprache* der Ökonomen vorliegen oder nicht unter dem Deckmantel dieser Terminologie ein sehr bedenklicher „Ökonomismus" sich eingeschlichen hat. Ich behaupte das nicht, wage aber auch nicht rundweg zu bestreiten, daß eine solche Gefahr besteht und gelegentlich Fehltritte vorkommen. — Zwei Fragen werden hier zum mindesten gestreift; einmal die Frage nach der ‚obligatio ad perfectius', zum anderen mal die Frage nach der Unterscheidung von ‚actio directa' und ‚actio indirecta', die sich in vielen Fällen als äußerst hilfreich erweist und wohl nicht zu entbehren ist, aber offenbar nicht alle Schwierigkeiten löst und gegen deren Ergebnisse in einigen sehr belastenden Fällen nicht nur der gesunde Menschenverstand des Mannes auf der Straße, sondern noch mehr der Sachverstand des Fachmanns sich sperrt und das natürliche Empfinden des unverbildeten Menschen sich *aufbäumt*. Da ist noch eine Menge zu klären und zu vertiefen; dazu fehlt mir die Kompetenz; nichtsdestoweniger glaubte ich, den Hinweis darauf nicht unterlassen zu dürfen.

II. ‚In oeconomicis oeconomice'

Mein Vorhaben beschränkt sich notgedrungen auf den *ökonomischen* Bereich, auf den Kultursachbereich „Wirtschaft", in dem oder auf dem ich mich zuhause weiß.

Offenbar kann die spezielle Ethik eines Kultursachbereichs sich nur aus *dessen* Eigenart ergeben; darum ist es unumgänglich, sich *vorweg* darüber zu vergewissern oder anders ausgedrückt, eben diesen Kultursachbereich zutreffend zu *definieren;* daran anschließend ist dann ex natura rei oder, was dasselbe meint, ex visceribus causae das für diesen Kultursachbereich geltende *Sachgesetz* nebst Ausführungsbestimmungen abzuleiten. Damit ist ausgesagt: jeder Kultursachbereich hat ‚lege artis', d. i. nach seiner Sachgesetzlichkeit zu verfahren. So hat *Werner Schöllgen* es für die Ärzte formuliert; als Arzt verfahre nach den Regeln deiner ärztlichen Kunst. Im gleichen Sinn formuliert *Götz Briefs* den „kategorischen Imperativ" für den Kultursachbereich der Wirtschaft: ‚in oeconomicis oeconomice'; als Wirtschafter verfahre wirtschaftsgemäß, d. i. so, wie es dem Sinn der Wirtschaft entspricht und zu ihrer Sinnerfüllung beiträgt.

Damit ist klar zum Ausdruck gebracht, daß die im Wirtschaftsleben zu befolgenden sittlichen Normen eben diesem Kultursachbereich selbst zu entnehmen sind. Wie an jeden anderen, so auch an diesen Kultursachbereich sind die maßgebenden sittlichen Normen nicht von außen heranzutragen; sie sind ihm nicht sach*fremd* und noch viel weniger sind sie für ihn sach*widrige* Schranken oder Hindernisse oder stehen gar im Widerspruch zu dem, was seine innere Sachgesetzlichkeit gebietet; sie sind vielmehr Ausfluß und Ausdruck eben dieser seiner inneren Sachgesetzlichkeit selbst. Da dem so ist, hat der Wirtschaftsethiker diese innere Sachgesetzlichkeit zur Kenntnis zu nehmen und daraus die ethischen Normen abzuleiten, in System zu bringen und zu verkünden.

Eine (de-)ontologische Ethik wird die Verbindlichkeit ihrer Normen unmittelbar aus dem „Wesen" der Dinge, hier also der Wirtschaft, ableiten; der Wirtschafter habe diesem ihrem „Wesen" die Treue zu halten wie der Arzt dem „Wesen" der Heilkunde. Das „Wesen" aller Kultursachbereiche sei nun aber nichts anderes als die *Entfaltung* des „Wesens" des Menschen je in diesem besonderen Bereich, und so führe wie jeder andere so auch dieser Bereich der speziellen Ethik sich zurück auf das recht verstandene „Wesen" des Menschen, und die Verbindlichkeit ihrer Normen habe ihren Grund darin, daß der Mensch durch Treue zu seinem „Wesen" seiner Menschenwürde gerecht zu werden habe.

Damit sind offenbar Fragen nach dem „Was?" und die Frage nach dem „Daß" der Verbindlichkeit unzulässig verquickt. *Daß* etwas gesollt ist, bedarf einer anderen Begründung als die Antwort auf die Frage, *was* gesollt ist. Die Frage nach dem „Was?" läßt sich wohl vom „Wesen" her beantworten, wenn anders das Sein selbst *werthaft* ist. Ist das unsere feste Überzeugung, dann hat ein dem Sein entsprechendes Verhalten zum mindesten die Vermutung *für* sich, auch im ethischen Sinn werthaft (‚honestum') zu sein, und umgekehrt ein dem Sein *unangemessenes* oder gar ihm zuwiderlaufendes Verhalten die Vermutung *gegen* sich, auch ethisch *unwertig* oder wert*widrig* zu sein.

Kann man denn nun aber den verschiedenen Kultursachbereichen, hier also der Wirtschaft, ein solches „Wesen" von metaphysischer Dignität zuschreiben? — Hinsichtlich der menschlichen Gesellschaft selbst kann darüber wohl kein Zweifel sein. Sie hat in den Menschen, aus denen sie besteht, ein physisch-reales Sein; darum schreiben wir, wie dem Einzelmenschen, so auch ihr eine solche essentia metaphysica, ein *wesenhaft bestimmtes* Sein zu. Anders dagegen verhält es sich bei den Kultursachbereichen, hier also bei der Wirtschaft. Die Kultursachbereiche sind bloße *Handlungszusammenhänge* ohne eigenes substanzielles Sein. *Was ist* unter diesen Umständen „*die* Wirtschaft"? Welches Geschehen ist für den Kultursachbereich „Wirtschaft" *konstitutiv*?

Fragen wir die Wirtschaftswissenschaft, dann erteilt sich uns zwar genaue Auskunft darüber, was sie *an* der Wirtschaft interessiert, d. i. über ihren *Erkenntnis*gegenstand, und ausgerechnet dieser interessiert uns mindestens zunächst einmal nicht; fragen wir sie dagegen, was denn das sei, *woran* sie den für sie so interessanten Erkenntnisgegenstand entdeckt habe, d. i. nach ihrem *Erfahrungs*gegenstand, dann bleibt sie uns die Antwort schuldig. Und das hat seinen guten Grund; es erklärt sich aus einer diesem Kultursachbereich eigentümlichen Schwierigkeit, die andere Kultursachbereiche nicht kennen. — Im Sprachgebrauch des Alltags verstehen wir unter „Wirtschaft" das ganze Geschehen der Gütererzeugung und Güterverteilung einschließlich der dazu dienenden Sachmittel, Einrichtungen oder Anlagen und vielfach (nicht immer!) zugleich auch die darin (*in* diesem Geschehen) oder daran (*an* diesen Anlagen und Einrichtungen) beschäftigten Menschen; die Unternehmer lieben es, *sich* als „*die* Wirtschaft" zu bezeichnen, die Wirtschaft in sich zu personifizieren. Als Kultursachbereich verstanden ist Wirtschaft eindeutig nichts anderes als ein ganz bestimmtes *Geschehen*. Aber *worin besteht es?*

Sehen wir genauer zu, dann löst dieses ganze Geschehen sich auf in eine Vielzahl *technologischer Vorgänge* und Abläufe, die je ihrer eigenen Sachgesetzlichkeit gehorchen. Ganz offenbar aber, und namentlich dann, wenn wir das Zeitwort „wirtschaften" gebrauchen, meinen wir *nicht* den Vollzug dieser Technologien von der Kochkunst im Familienhaushalt über das *Stahl*kochen im Hüttenwerk bis zu Börsentransaktionen und zur elektronischen Datenverarbeitung, sondern etwas, was in ihnen allen enthalten ist, zugleich aber auch sie alle *ein*schließt oder vielleicht richtiger gesagt *umschließt,* sich aber nicht minder deutlich von ihnen allen *unterscheidet.*

Von *Werner Sombart* stammt die bekannte Begriffsbestimmung der Wirtschaft als „Kulturfunktion der Unterhaltsfürsorge". Das *ist* die Wirtschaft, aber sie ist *wesentlich mehr.* Der Kultursachbereich „Wirtschaft" als die tragende Grundlage aller anderen oder, wie wir zu sagen pflegen, „höheren" Kultursachbereiche besteht in den *Wahlhandlungen* oder *Wahlentscheidungen,* die der vernunftbegabte und selbstbestimmte Mensch als Geist-Leib-Wesen hinsichtlich seines Umgangs mit der vernunft*losen* Schöpfung trifft, wie er sich ihrer als Mittel zu einer *Selbstverwirklichung* bedient. (In diesem Sinne läßt der objektive Handlungszusammenhang, den wir „die Wirtschaft" nennen, auf die Kurzformel bringen: „Mittelsystem zur Selbstverwirklichung des Menschen".)

Damit sind wir nunmehr bei der Frage: was bedeuten *Cathreins* ‚norma honestatis' und *Mausbachs* Verständnis des Sittlichen, wenn wir sie auf die so verstandene Wirtschaft anwenden; inwieweit haben wir in der Wirtschaftsethik teleologisch oder *de*ontologisch zu verfahren?

Aus der alltäglichen Erfahrung wissen wir, daß wir bei unseren Entscheidungen darüber, wie wir auf der Klaviatur dieses „Mittelsystems" spielen, immer die gesamte Verumständung im Auge behalten müssen und ständig uns Rechenschaft zu geben haben: was richtest du an? Welche Folgen löst du durch dein Handeln oder Unterlassen aus? Wer wird im Guten oder im Bösen davon betroffen? *Ethisch* relevant ist dabei nicht die ökonomische Wertschöpfung oder Wertvernichtung, nicht die Mehrung oder Minderung von Gebrauchs- oder Tauschwerten als solche(r); ethisch relevant ist, welche *meta*ökonomischen Werte, welche berechtigten Interessen bestimmter oder auch unbestimmter oder unbestimmt vieler Menschen, wenn nicht gar der Menschheit in Mitleidenschaft gezogen werden. — Mehrung oder Minderung ökonomischer, d. i. Gebrauchs- oder Tauschwerte ist nur insoweit ethisch relevant, als sie meiner eigenen Persönlichkeitsentfaltung und/oder der Selbstverwirklichung *anderer* förderlich oder abträglich ist oder sein kann. — Das Streben nach Schöpfung und erst recht nach Aneignung ökonomischer Werte kann in Konflikt geraten mit metaökonomischen Werten; es kann, und manchmal geht es tatsächlich „über Leichen". — Im großen und ganzen werden bei unseren Wahlentscheidungen nur Werte in Kollision stehen, die zweifelsfrei der Güterabwägung unterliegen, die wir bedenkenfrei aufopfern, „preisgeben" können, *gegen* die wir uns entscheiden dürfen. Aber auch höchste Menschheitsgüter können gefährdet sein und effektiv verletzt werden. — Dem *Briefs*schen „kategorischen Imperativ" lassen sich Entscheide dieser Art mindestens unmittelbar nicht entnehmen; er liefert keine fertigen Lösungen wirtschaftlicher Probleme; sein Verdienst besteht darin, uns die Probleme erst einmal vor die Augen zu stellen und in den Blick zu bringen. Mit *Cathreins* ‚norma honestatis' kommen wir da schon ein gutes Stück weiter voran.

Mausbachs „Hinordnung auf Gott" dagegen bereitet uns hier zunächst einmal eine Verlegenheit. Namentlich wenn wir „Wirtschaft", wie es bei den Moraltheologen wohl gebräuchlich war, als *Erwerbstätigkeit* oder *Erwerbsstreben* verstehen („Chrematistik"), dann besteht unbestreitbar die Gefahr, daß der Mensch den Mammon zu seinem Gott macht und vom wahren Gott sich abkehrt. Andererseits erfüllen nun aber sehr viele Menschen gerade durch ihre Erwerbstätigkeit, d. i. durch die rechtschaffene Arbeit, durch die sie den Lebensunterhalt für sich selbst und die Ihrigen beibringen, ihre *Pflicht* nicht nur gegenüber sich selbst und den ihrer Sorge anvertrauten Menschen, sondern eben damit auch vor Gott. Dagegen weisen die einzelnen wirtschaftlichen Maßnahmen (bspw. Anlage oder Auflösung von Vorräten) keinen spezifischen Bezug auf Gott auf, weder in dem Sinn, daß sie als solche (inhaltlich, tatbestandlich) auf Gott hingeordnet wären, noch in dem Sinn, daß sie uns auf dem Weg zu Gott voranbrächten oder förderlich wären. — Haben wir aber erst einmal die Wirtschaft als den Kultursachbereich erkannt, für den die Selbstverwirklichung des Menschen durch seinen Umgang oder seine Auseinandersetzung mit dem Instrumentarium der vernunftlosen Schöpfung *konstitutiv* ist, dann eröffnet sich eine neue Sicht. — Dem wirtschaftenden Subjekt *objektiv* vorgegeben ist der äußere Handlungszusammenhang, den wir „die Wirtschaft" nennen. Diesem Handlungszusammenhang wohnt eine *immanente* Ordnung inne und verleiht ihm einen „Sinn". Träger dieser Ordnung sind die sogenannten Wirtschaftsgesetze, die wir in Wenn-dann-Sätzen aussprechen; die Enzyklika QA nennt sie kurz „Zweck-Mittel-Zusammenhänge". Von unserem Verhalten als Wirtschaftssubjekte hängt es ab, ob das Spiel dieser Zweck-Mittel-Zusammenhänge nicht allein uns selbst, sondern *allen* Wirtschaftssubjekten zur Entfaltung unserer Persönlichkeit und Selbstverwirklichung verhilft, ihnen mehr oder weniger Gelegenheit dazu bietet oder umgekehrt sie ihnen mehr oder weniger erschwert oder mindert, wenn nicht gar verunmöglicht. Diese Persönlichkeitsentfaltung oder Selbstverwirklichung ist aber christlich verstanden nichts anderes als der Weg des Menschen zu Gott und seine Vollendung in Gott. Indem Gott uns als Geist-Leib-Wesen schuf, hat er uns auf diesen Weg zu ihm gestellt, und darum ist Wirtschaft kein Weg, der uns von Gott wegführt, und kann keine noch so hohe Spiritualität uns der Mühsal dieses Weges oder der *Verantwortung* für die Wahlentscheidungen entheben, die wir über den Gebrauch der irdischen Güter treffen. Nicht ohne Grund stellt der hl. Ignatius den rectus usus creaturarum an den Anfang seines Exerzitienbuchs, und dieser *bleibt* das „Fundament" seiner ganzen Spiritualität einschließlich des maius Dei servitium und der maior Dei gloria.

Ergebnis: mindestens für den hier betrachteten Bereich der Wirtschaft sind *Cathrein* und *Mausbach* beide im Recht. In anderer Sprache ausgedrückt: Teleologie und *D*eontologie schließen einander nicht aus; beide fordern einander und bilden zusammen *ein Ganzes.*

Jede Wahlhandlung, die der Mensch hinsichtlich der Nutzung des in der vernunftlosen Schöpfung und deren Gesetzen ihm zu Gebote stehenden Instrumentariums trifft, fügt sich in die objektiv vorgegebene Ordnung oder Sinnerfüllung der Wirtschaft entweder störungsfrei ein oder fördert oder stört sie. Gleichviel, ob der Gegenstand, auf den seine Wahl gefallen ist, schon selbst einen positiven oder negativen Bezug auf Gott aufweist oder nicht, in jedem Fall stellt die *immanente* Zielrichtung der Wirtschaft einen solchen Bezug her und ordnet recht verstanden und zu Ende gedacht die in den Sinnzusammenhang der Wirtschaft sich *einfügende,* zu ihrer Sinnerfüllung *beitragende* Wahlentscheidung *auf Gott hin. Hier* erweist denn auch die Briefssche Devise ‚in oeconomicis oeconomice' sich als operational. Die *Frage,* welches wirtschaftliche Verhalten „wirtschaftsgemäß" ist, hat einen unverwechselbar eindeutigen

Sinn gewonnen und ist damit kasuistisch beantwortbar geworden; ich *weiß*, wonach ich frage, und kann als Sachkundiger eine begründete *Antwort* auf diese Frage geben.

In diesem Sinne stellt Pius XI. in QA 42/43 fest, aus der Sachgüterwelt und den sie beherrschenden Wirtschaftsgesetzen einerseits, der Individual- und Sozialnatur des Menschen andererseits entnehme die menschliche Vernunft mit voller Sicherheit das von Gott dem Schöpfer der Wirtschaft im Ganzen gesteckte Ziel. Das *Sittengesetz* verlangt von uns, in jedem einzelnen Kultursachbereich, hier also der Wirtschaft, die Ausrichtung auf das *ihm* vom Schöpfer vorgesteckte Ziel zu wahren. Das ist, was hier die *Einordnung* unserer Einzel- oder Sonderziele in die *Gesamtordnung* des Handlungszusammenhanges „Wirtschaft" genannt wurde. Durch diese Einordnung — so führt der Papst seinen Gedanken weiter aus — werden diese unsere Ziele selbst zu „Stufen, auf denen wir hinaufschreiten bis zum letzten Ziel und Ende, zu Gott". Trifft das für alle Kultursachbereiche mindestens ‚ab extra' zu, so ist es dem durch Persönlichkeitsentfaltung und Selbstverwirklichung des Menschen konstituierten Kultursachbereich „Wirtschaft" *immanent*.

ZUR BEGRÜNDUNG SITTLICHER NORMEN

Von Gustav Ermecke

I. Thesen

1. In den letzten Jahren ist das Problem der Norm-Findung und -Geltung, vor allem wie sie begegnen in der kirchenamtlichen Lehre, in der darauf aufbauenden katholischen Moraltheologie und in der auf diese sich hinordnende christlich-philosophische Ethik, immer mehr in Frage gestellt, oft völlig abgelehnt und durch die Versuche einer anderen Weise der Norm-Findung und -Geltungsbegründung abgelöst worden. Im katholischen Bereich wurde diese Tendenz besonders nach der Eheenzyklika Pauls VI.: Humanae vitae 1968 sichtbar.

2. Für die *katholische* Moraltheologie als kirchlicher Glaubenswissenschaft (doctrina Ecclesiae regula fidei proxima) ist erster und entscheidender Normgrund das Lehramt der Kirche, das im Licht von Schrift und Tradition aus dem bleibenden Kern des Menschen in der Schöpfungs- und Erlösungsordnung jeweils die für die sittliche Verantwortung des Einzelnen und der Gruppen verbindlichen Folgerungen zieht. Im persönlichen Gewissen findet dieses sittliche Sollen bis in den konkreten Einzelfall unter Leitung der Tugend der Klugheit seine zur Verbindlichkeit notwendige Promulgation.

3. Für die *christlich*-philosophische Ethik (= a) das Gesamt der sittlichen Erkenntnisse, die Christen philosophisch, d. h. mittels der seins- und ordnungsvernehmenden Vernunft im Laufe der Geschichte erkannt haben; b) die in der absoluten Wahrheitsgeltung des Glaubens eine negative Norm anerkennt, sich aber nicht von dieser verdrängen läßt und c) sich von den Glaubenseinsichten zu rational-vernünftiger Einsicht bei der sittlichen Wahrheitssuche anregen läßt; d) die sich aber wegen der Begrenztheit, Unsicherheit und über sich hinausreichenden Offenheit auf eine höhere sittliche Einsicht im Glauben hingeordnet weiß) ist die seins- und ordnungsvernehmende Vernunft der erste Normgrund, weil die Ratio dem Menschen für seine freien Entscheidungen aus vor-gegebenen Tatsachen die ihn bindend auf-gegebenen Zusammenhänge vorlegt, deren Formulierung für sein praktisches Verhalten (Machen, Gestalten, facere) technische Normen, für sein personales sittliches Verhalten (Handeln, agere) sittliche Normen sind.

4. Alle sittlichen Normen gelten im Unterschied von allen bloß hypothetischen, z. B. sittenlichen Normen absolut: Die Grundnormen direkt, die daraus abgeleiteten Normen im Hinblick auf jene indirekt. Absolut bedeutet, die Normen gelten in sich ohne Rücksicht auf außersittliche Gesichtspunkte, z. B. Folgen. Nur wenn diese in die sittlich vor- und aufgegebenen Zusammenhänge eingefügt sind, nehmen auch sie teil an der Gültigkeit dieser sittlichen Normen.

5. Weil alle sittlichen Normen für das freie Handeln des Menschen gelten, müssen sie auch inhaltlich von dem dem Menschen zur freien Gestaltung aufgegebenen Menschsein her bestimmt werden. Sittlichkeitsnormen sind normative Anthropologie: „Sei, der du bist, werde, der du sein kannst", ist das Grundaxiom.

6. Daher müssen alle sittlichen Normen vom Sein des Menschen im Hinblick auf sein seinsentfaltendes Ziel-Handeln bestimmt werden.

Agere sequitur esse, ordo essendi est ordo agendi, sind die unmittelbar einsichtigen Axiome. Handeln ist stets Seinsäußerung in Seinsentfaltung des Handelnden. Ohne diesen gibt es jenes nicht. Daher bleibt alle bloß funktionalistische Aktbetrachtung, auch wenn diese die Aktfolgen noch in Betracht zieht, ohne Grund: Es fehlt für Aktvollzug und Akterfolg der zureichende Möglichkeits- und Bewertungsgrund, der nur im Sein des Handelnden in Freiheit liegen kann.

7. Zwischen den Objekten des Handelns und dem Handelnden besteht eine transzendentale Beziehung, in welcher das vorgegebene Objekt und seine Verwirklichung vom Sein und Ziel des Menschen her als aufgegeben beurteilt werden muß.

8. Erstes Grundobjekt aller freien sittlichen Entscheidungen ist der Mensch als Handlungssubjekt selbst in seinem konkreten Menschsein, damit aber auch wenigstens implicite alle mit diesem Menschsein unabtrennbar vor- und aufgegebenen Wesens- und Daseinsbezüge. Grundobjekte also sind die Bezüge der radikalen und totalen geschöpflichen Seins-Abhängigkeit von Gott und der daraus zu folgernden Pflicht zur totalen und radikalen Anhänglichkeit an Gott; dazu gehören auch die aus dem Mit-Menschsein des Menschen vor Gott notwendig folgenden Bezüge zum Mitmenschen.

9. In den in 8. genannten Grundbezügen zu sich selbst, zu Gott und zum Mitmenschen gründen alle einzelnen absolut verbindlichen sittlichen Pflichten, weil der Mensch in seinem Sein und in der Freiheit im Sein nicht ohne diese Bezüge seinsmöglich und denkbar ist. Er besitzt ein durch und durch vom Absoluten her bestimmtes relatives Sein, das er auf jenes hin in Freiheit als vor- und aufgegeben verantworten muß,

10. Aus der Relation zu seinem absoluten Seinsgrunde, und das ist nur Gott, ergibt sich auch die absolute Verpflichtung (das Sollen), alle Gottesnormen zu beachten. Wer den absoluten Grund seines Seins und seiner Freiheit nicht von Gott her annimmt, muß irgendeinen endlichen, also relativen Wert als Geltungsgrund annehmen. Absolute sittliche Normen können aber letztlich nicht auf Relativitäten gegründet werden.

11. Aus der Beziehung des Menschen zu sich selbst, die in allem seinem, vor allem freien Verhalten aktualisiert und so realisiert wird, ergibt sich ebenfalls die absolute Normgeltung: Der Handelnde bejaht sich, indem er sich als Handelnden in der Tatentscheidung einsetzt. Jedes Handeln, das diesem Grundsein des Menschen widerspricht, ist a) ein formal-logischer, b) ein ontologischer und darum auch sittlicher Widerspruch. Ein logischer: Wenn jemand seinswidrig handelt, tut er es in menschlich personaler Entscheidung, die zugleich Selbstbejahung ist, und im selben Akt verneint er sich im Handeln gegen sein Selbstsein. Auch dort, wo jemand ein Objekt zum Gegenstand seiner freien Entscheidung macht, das seinem Wesen und Dasein widerspricht, bedeutet das einen logischen Widerspruch: Bejahung und Verneinung des eigenen Selbst in derselben Aktentscheidung. Auch einen ontologischen Widerspruch bedeutet es in solchen Fällen, weil der Mensch im menschenwidrigen Handeln sich als Seiendes einsetzt und zugleich diesem widerspricht.

12. In der Beziehung zum Mitmenschen, wobei es verschiedene Grade wesentlicher (essentieller) und daseinsmäßiger (existentieller) Beziehungen zu unterscheiden gilt, wird ebenfalls logisch und ontologisch dem Selbstsein des Menschen insoweit widersprochen, wie dieses durch Verletzung oder Verneinung des wesentlichen und daseinsmäßigen Mit-Seins betroffen ist.

13. Analytisch ist das Urteil, das in der apriorischen Erkenntnis liegt, daß der Mensch, der sich einerseits als Handelnder in der Tatsetzung notwendig bejaht, sich aber andererseits in der Verneinung seiner Wesens- und Daseinsbezüge zu sich selbst, zu Gott und zum Mitmenschen im selben Akt notwendig, sich selbst aufhebend, widerspricht.

14. Synthetisch-apriorisch sind jene Urteile, in denen Inhalte der Wesensrelation zu Gott, zu sich selbst und zum Mit-Menschen als für den freien Willen verbindlich erkannt werden.

15. Aposteriorisch sind alle sittlichen Urteile, die auf einer Beurteilung von vor- und aufgegebenen Erfahrungstatsachen in ihrer transzendentalen Beziehung zum Handelnden beruhen.

16. Tatsachenerkenntnisse als solche liefern noch keine Wert- und sittliche Normeinsicht. Das gilt auch von den Erkenntnissen der sog. Human-

wissenschaften: z. B. Biologie, Medizin, Psychologie, Soziologie, Politologie u. ä. Nur wenn deren Erkenntnisse in ihrer transzendentalen Bedeutung für den Menschen im allgemeinen und in seiner konkreten Gestalt, also für das Menschsein und dessen Entfaltung in Freiheit bestimmt werden, können aus Tatsachen und Tatsachenerkenntnissen und -wissenschaften sittliche Normen erkannt werden. Diese bestimmen also nicht, *was* jemand sittlich zu verantworten hat, sondern *wie* er schon zur Verantwortung Aufgegebenes bestmöglich erfüllen kann. Beispiel: Daß wir uns ernähren müssen, folgt aus unseren Wesensnotwendigkeiten. Der Arzt kann uns nur sagen, wie das bestmöglich geschehen sollte.

So kann auch die Sexualforschung nicht sagen, was sittlich sein soll, sondern nur zeigen, wie des Menschen zu verantwortende Geschlechtlichkeit in ihrer inneren ganzmenschlichen Normiertheit praktisch verwirklicht werden kann.

17. Die christlich-philosophische Ethik gewinnt mit Hilfe der seins- und ordnungsvernehmenden Vernunft aus dem esse humanum die sittlichen Normen: Ethik ist normative Anthropologie.

Absolute Verbindlichkeit kommt letztlich allen sittlichen Normen nur zu, weil es einen absoluten Herrn des Menschen gibt, der ihn personal sittlich absolut in Pflicht nehmen kann. Diese Theonomie gründet aber ontologisch in der Theomorphie: Wenn der Mensch nicht im Sein total und radikal gottebenbildlich wäre, könnte er auch nicht von Gott ebenso in Pflicht genommen werden.

18. Die katholische Moraltheologie als Christonomie gründet in der Christomorphie. Nur so ist das neue Gebot der Nachfolge Christi verständlich und verbindlich.

Dabei verfährt die katholische Moraltheologie nach dem Grundsatz agere christianum sequitur esse christianum. Dieses esse in Christo, im Gottmenschen, ist für alles christliche Sein und Leben Grundprinzip, auch für die christliche Sittlichkeit der Nachfolge Christi: Sie nimmt die den Menschen normativ definierende rationale Anthropologie oder Ethik hinein in die normative christliche Anthropologie oder Moraltheologie. Es gibt also für den Christen keine Stockwerkmoral: „Unten" die natürliche und „oben" die christliche Sittlichkeit, sondern beide durchdringen sich tunsmäßig, weil auch seinsmäßig: Natur und Gnade heben sich nicht gegenseitig auf, sondern durchdringen sich total und radikal nach dem Prinzip des Gottmenschlichen.

19. Es gibt einen Normwandel, d. h. Wandlung vorhandener und die Ablösung überkommener durch neue Normen. Der Normwandel ist begründet in der Tatsache, daß der unwandelbare Kern, die absolute Beziehung zu Gott, zu sich selbst und zum Mit-Menschen, in seinem kon-

kreten Ausdruck im Längs- und Querschnitt der Geschichte Wandlungen erfährt, ohne deren Beachtung die Darstellung des Kerns nicht möglich und seinsgemäß wäre. Wie das esse humanum und das esse christianum bei bleibendem Kerninhalt kein starres Wirklichkeitsklötzchen sind, so auch nicht die darin zur Darstellung aufgegebenen sittlichen Normen.

Der Normwandel kann also liegen in der sittlich zu beachtenden wandelbaren Konkretion der Darstellung des Menschen in der Geschichte sowie in neuen Normerkenntnissen, deren Sachrichtigkeit und sittliche Gültigkeit 1. vom Kern des Menschen *und* 2. von seiner Konkretheit aus zu beurteilen sind. Die heute so oft genannten und für die Sittlichkeit für entscheidend maßgeblich gehaltenen Folgen des Handelns liegen nicht in der äußeren Physis des Menschen und allem, was konkretgeschichtlich dazu gehört, sondern in der Metaphysis: Fördert ein Verhalten das Sein des Menschen vor Gott, vor sich selbst und dem Mit-Menschen? Das ist die Frage nach den wahren Folgen des sittlichen Handelns; der bloß äußere Nutzen entscheidet weder allein noch primär.

20. Grundlage aller Ethik ist die Metaphysik, weil für alles Wirken das im Prinzip vom zureichenden Grunde wurzelnde Axiom gilt: agere sequitur esse oder ordo essendi est ordo agendi. Grundlage aller Moraltheologie ist die von der Kirche verkündete Lehre vom neuen Sein und Leben des Christen in Christus.

II. Folgerungen

für die christlich-philosophische Ethik im allgemeinen (s. oben These 3) im Horizont der katholischen Moraltheologie (s. oben Thesen 3 und 18) und im Hinblick auf die Ethik von Johannes Messner (vor allem in: Kulturethik mit Grundlegung durch Prinzipienethik und Persönlichkeitsethik, Innsbruck - Wien - München 1954, und: Das Naturrecht, Handbuch der Gesellschaftsethik, Staatsethik und Wirtschaftsethik, 6. Aufl., Innsbruck - Wien - München 1966):

21. Mit Johannes Messner ist festzuhalten an der Grunderkenntnis: Jede Ethik gründet in *einer* (wie immer gearteten) Metaphysik. Der Grund: Es gibt kein freischwebendes Handeln, sondern nur ein Handelndes, Seiendes, das sich handelnd entfaltet in seinem Sein gemäß seinem Wesen auf sein Ziel hin. Von dieser Grundlage ist auch *jeder* Handlungsakt und jedes Handlungsgefüge aus zu beurteilen als seinsgemäß oder seinswidrig. Das Wirken folgt dem Sein (s. oben These 6).

22. Alle Ethiker stimmen darin überein, daß Ethik oder die Sittlichkeitslehre eine Norm-Wissenschaft ist. Sie handelt nicht vom faktischen psycho-physischen Verhalten des Menschen als solchem, sondern mißt

dieses an seinem Bezug zu seinem Wesenssein und Ziel. Alle Physis aus Metaphysis, alle Metaphysis in Physis, heißt die Grundformel.

23. Mittelpunkt aller ethischen Fragen ist die Normfrage, die aber die Wertfrage (Norm = verbindlich aufgegebene Werterhaltung zur -entfaltung) auf Grund der metaphysischen Seinsfrage (immer noch gilt: ens et bonum convertuntur; omne ens est bonum inquantum est ens) enthält. Alles sittliche Handeln ist personales freies Handeln gemessen an der dafür verbindlichen sittlichen Norm.

24. Bei der Normfrage ist zu unterscheiden: Inhalt der Norm, Verpflichtungsgrund der Norm, Erkenntnisgrund der Norm sowie ihr Ziel- oder Wertgehalt.

25. Die Krisis aller Ethik gründet in einer falschen Metaphysik oder in der falschen Anwendung der wahren Metaphysik, vor allem des Menschen, der in der Norm definiert wird (s. oben These 5).

26. Somit ist die Krisis jeder Ethik gelegen in einer falschen Anthropologie oder in den falschen Folgerungen aus der wahren.

27. Die Geschichte der Ethik in der Theorie und in der Praxis ist die Geschichte der Anthropologien, die jeweils dominierten. Das gilt auch für die heutigen „Grundformen ethischen Argumentierens", wie sie z. B. jüngstens im „Handbuch der christlichen Ethik" (Freiburg, Bd. I 1978, 67 - 83) u. a. von F. Böckle, Wege analytischer Argumentation, behandelt wurden: für den sprachanalytischen Ansatz (Meta-Ethik), den normanalytischen Ansatz (Ethik) im Utilitarismus und kommunikationstheoretischen Ansatz.

Alle diese und ähnliche Versuche der Normfindung und -begründung muß man beurteilen nach der jeweils zugrundeliegenden metaphysischen Anthropologie; denn eine solche liegt *notwendigerweise allen* zugrunde, weil es keine Theorie des sittlichen agere geben kann (nach dem Prinzip vom zureichenden Grunde) ohne das esse des sich agendo in freier sittlicher Entscheidung Entfaltenden. Nur von dieser metaphysischen „Hinterfragung" der neueren Normbegründungsversuche aus kann eine real-kritische Diskussion darüber Erfolg haben und zu einer Verständigung über Wahres und Falsches führen.

28. Quelle oder besser geistiges Schöpfgefäß bei der Erkenntnis der ethischen Normen aus dem dem Menschen vor- *und* aufgegebenen Sein ist die seins- und ordnungsvernehmende Vernunft, die aus den inneren und äußeren Tatsachen des personalen Selbstseins, des Mit-Mensch-Seins und des geschöpflichen Vor-Gott-Seins das sittliche Sollen erkennt. Jede rationalistische, nicht seins- und ordnungsvernehmende, sondern

-konstruierende Vorentscheidung verunsachlicht und pervertiert diesen Norm-Erkenntnis-Prozeß.

29. Auch die Ethik geht aus von der Erfahrung, aber nicht nur von der rein faktischen, sondern von der sittlichen, d. h. von der Aufgegebenheit jener für das Menschsein und dessen freie voll-menschliche Entfaltung. Nicht vom einzelnen Akt oder einzelnen Aktgefügen, sondern wie alle Philosophie geht auch die Ethik bei der Interpretation der (hier ethischen oder sittlichen) Wirklichkeit aus vom Menschen her auf den Menschen hin.

30. Im Unterschied zu Johannes Messner halten wir daran fest, daß das Kriterium für sittlich gut bzw. böse in der Entsprechung bzw. im Widerspruch der sittlichen freien Entscheidung zur seins- und ordnungsvernehmenden Vernunft zu finden ist. Darin liegt auch die Antwort auf die Frage von Johannes Messner (Kulturethik, 163): „Die ‚Vernunftwidrigkeit' kann offenbar deshalb kein Kriterium in diesem Sinne sein, weil ja sofort die Frage entsteht: Was ist die ‚richtige Vernunft'."

31. Auch die Meinung von Johannes Messner halten wir nicht für richtig: „... daß uns für die induktiv-metaphysische Grundlegung der Ethik die eingehende und umfassende (systematische) Untersuchung der Triebkonstitution der menschlichen Natur und die Triebstrukturen der einzelnen Triebe als Hauptaufgabe der traditionellen Ethik in der nächsten Zukunft erscheint" (aaO 164). Erst aus dem Sein des Menschen vor Gott, zu sich selbst und zum Nächsten können die Triebe (geistige und seelische; besser wäre vielleicht, von der Einheit des Lebensdranges aus sinnlichem Trieb und geistigem Streben in ihren verschiedenen Mischungsverhältnissen je Individualität auszugehen) richtig verstanden und — vor allem (auch philosophisch!) bei dem von der realistischen Erfahrungsinterpretation bestätigten erbsündigen Menschen (vgl. These 3) — durch das Streben nach ihrer tugendlichen Ordnung (Tugend = Fertigkeit im sittlich guten Freiheitsgebrauch) und ihrer sachlichen Beherrschung (Technik im weitesten Sinne = Fertigkeit im richtigen Machen) geordnet werden. Die Triebausrichtung ist nicht der Grund, sondern deren Ausrichtung auf den Dienst am *ganzen* Menschen ist mit *ein* Haupt-Gegenstand sittlichen Handelns und Zielstrebens. Seine Vollendung oder der finis des Menschen ist die beatitudo in esse und dann in frui bei Erlangung der perfectio essendi[1].

32. Wenn von der „recta ratio" als Erkenntnisgrund in der sittlichen Normenlehre gesprochen werden muß, dann muß ratio als seins- und ordnungsvernehmende Vernunft aber auch als Aktualisierung des To-

---
[1] Vgl. zu diesem wichtigen Punkt: G. Ermecke, Zur Sexualethik und Sexualerziehung heute. Was gilt von den Tugenden der Schamhaftigkeit und der Keuschheit heute noch, in: Münchener Theolog. Zschr. 1980, 49 - 61.

tums des Geistes gesehen werden und an dessen Grund-Gemüt(mens)-der Existenz-, Identitäts- und Vollendungsdrang des Geistes *und* des „Herzens", dem die eigentliche ganz-menschliche, also auch sittliche Dynamik vor- und aufgegeben ist. Dabei ist die mens die altissima potentia der Geist-Seele und die Erlebnisbasis aller seelischen, vor allem auch der sittlichen Akte (vgl. über das Gewissen als Reaktion des seelischen Seins auf seine durch die sittliche Tat geschehene wesensgemäße oder wesenswidrige Aktualisierung: vgl. Mausbach - Ermecke, Katholische Moraltheologie, Bd. I, Münster 1959, und G. Ermecke, Die Seinsgrundlagen der christlichen Ethik, Münster 1941).

33. Den heutigen Versuchen einer Neubegründung der Ethik von der Normenlehre aus fehlt weithin:

a) Eine solide Metaphysik und Anthropologie oder sie gründen in einer falschen, oft verdeckt durch ein unverständliches Wort-Chinesisch.

b) Die Sicht auf die Fundierung des sittlichen Aktes im sittlichen Sein und ontologischen Wert wegen der isolierten Betrachtung der einzelnen Akte und Aktgefüge und deren sprachanalytischen oder existenzialistischen oder transzendentalistischen oder utilitaristischen-pragmatischen Interpretation. Aus der Trennung von Handlungsakt und Sein des Handelnden und die noch davor liegende Trennung von Sein und Wert ergibt sich eine fundamentale Fehldeutung der Sittlichkeit.

c) An einer soliden Begründung infolge der heute vor allem modisch erscheinenden Ablehnung der christlich-philosophischen Tradition. Man fängt auf „grüner Wiese ganz von vorn an" und macht sich zu wenig Mühe, seine neuen Wege überzeugend offen- und grundzulegen und sie als gültig trotz Abweichung von der Traditio (s. These 3) auszuweisen.

d) An der inneren Verknüpfung der verschiedenen Aspekte der Sittlichkeit und ihrer Normen, z. B. des historischen, des existentiellen, der utilitären, des teleologischen, des deontologischen, rationalen u. a. mit dem metaphysischen Aspekt.

34. Christlich-philosophische Ethik läßt sich bei aller Eigenständigkeit (s. These 3) nicht ganz von der Sicht der katholischen Moraltheologie trennen, weil erst diese die voll-gültige Anthropologie als Grundlage aller Ethik offenlegt.

DIE „EXISTENTIELLEN ZWECKE"
IM VERSTÄNDNIS VON JOHANNES MESSNER

Von Rudolf Weiler

> „Die ‚existentiellen Zwecke' werden den Grundbegriff unserer Ethik bilden."
> (J. Messner, Das Naturrecht, 42)

Die Terminologie war nicht die Hauptsorge Johannes Messners bei der Darstellung seiner ethischen Prinzipienlehre oder Fundamentalethik. Er wollte von da „möglichst rasch zu den Kernproblemen der heutigen Rechts-, Gesellschafts-, Staats- und Wirtschaftsordnung"[1] vordringen. So erklärt sich auch, daß er in seiner „Kulturethik" (1954) unter Verweis auf die Triebe des Menschen und den ihnen innewohnenden Zwecken noch den Ausdruck „wesenhafte Lebenszwecke"[2] verwendete, während er wenige Jahre später schon, in der 3. Auflage des „Naturrechts" (1958), diesen Begriff durch den der „existentiellen Zwecke" ablöste. In letzterer Zeit aber spricht er meist von „Wirkweisen" der menschlichen Natur[2a].

Welches Anliegen steht hinter dieser Terminologie? Neben der Absicherung in der Tradition — der perennen Philosophie — damals innerkatholisch notwendig auch im (Neo)thomismus — ging es Messner „nicht zuletzt" um „Anlehnung" an den Wortgebrauch des Ausdrucks „Trieb" in der „modernen Psychologie und Soziologie". Dabei sieht er selbstverständlich, daß in diesen empirischen Humanwissenschaften der Ausdruck auf das „Triebhafte" verengt erscheint[3]. Messners Wahl für den Triebbegriff sollte die Erfahrung und die Erfahrungswissenschaften in die Ethik unentbehrlich hereinholen. Insbesondere geht es ihm als Sozialethiker dabei um die Sozialwissenschaften.

Damit richtete er sich gegen einen Essentialismus, den er in der Tradition nicht gegeben sah. Es schien ihm klar, „daß mit dem neuen Begriff die Naturrechtstradition nicht nur nicht verlassen war, sondern ihre

---

[1] Das Naturrecht, Innsbruck ⁵1966, 44.
[2] Innsbruck, 1954, 156.
[2a] Naturrecht in Evolution, Intern. Festschr. für Stephan Verosta, Berlin 1980, 467 - 477, 476.
[3] Das Naturrecht, 40.

Fruchtbarkeit für das erfahrenswissenschaftliche Denken sichtbar werden mußte. Hat doch die philosophia perennis, der die traditionelle Naturrechtslehre angehört, immer mit größtem Nachdruck ihr Ausgehen von der Erfahrung betont"[4]. Gegen eine Naturrechtslehre in ihrer „neuzeitlichen Entwicklung", die zu stark die Auffassung vom Menschen „als eines abstrakten Vernunftwesens, animal rationale", vertrat und das Naturrecht „auf das sittlich-rechtliche Apriori" einengte, wollte er den Menschen „*nicht nur als abstraktes Vernunftwesen*" betrachten, sondern betonen, daß er sich immer nur „*als konkretes Geschichtswesen* zu verwirklichen" habe[5].

Die für den Menschen — im Unterschied zum Tier — bestehende spezifische „Triebwirklichkeit" ist ein mittels seiner Vernunft erkennbarer ebenso spezifischer Verhaltensbereich, aus dem das für den Menschen Gute, das sittlich Gute folgt. Die Erfassung dieses dem menschlichen Verhalten vorgegebenen Realitätsbereiches — Triebe genannt — durch Erfahrung auf induktivem Wege führt aber nur dann zum Allgemeinen sittlicher Wahrheit, wenn die Induktion nicht methodisch-praktisch nur auf den Raum der Erfahrungswissenschaften beschränkt bleibt, sondern zu einem allgemeinen oder generellen Urteil führt. Bruno *Schüller*[6] betont richtig die Wichtigkeit in der Ethik, von „realem Erfassen" im Sinne der „Erfahrungswissenschaften" zu reden, von der Bedeutung des „realen Erfassens des Faktischen ... für die inhaltliche Bestimmung des sittlich richtigen Verhaltens". Er geht jedoch aus Sorge vor real nicht begründbaren Werturteilen nicht den Schritt über das Faktische hinaus und läßt sich den Erfahrungsbegriff empirisch einschließen, bzw. teilt er die Kantdeutung, daß (sittliche) Vernunft im letzten formal bleiben müßte, um „wahr" zu sein.

Anders sucht Wolfgang *Kluxen* in einem sehr beachtenswerten Entwurf die Erfahrung in die Ethik hereinzuholen und ihre „Rechtfertigung im Ethos" zu suchen, als dem „Ort der sittlichen Erfahrung"[7]. Natur, dynamisch verstanden, wird bei ihm zum „naturalen Bestand", der der Vernunft zum freien Handeln ein Handlungsfeld abgrenzt. *Kluxens* Auffassung scheint dem Verfasser dem Ansatz *Messners*, die Erfahrung in die Ethik mit der dem Menschen *eigenen* Triebnatur hereinzuholen, verwandt. Nur vermag *Kluxens* „naturaler Sinn", nach dem sich Sitte entwirft, sowohl auf sittliche Allgemeingültigkeit hin nicht zu überzeugen wie er doch auch in der Erfahrung zu blaß bleibt.

---

[4] Das Naturrecht, 45.

[5] Das Naturrecht, 46.

[6] Die Bedeutung der Erfahrung für die Rechtfertigung sittlicher Verhaltensregeln, in: Klaus Demmer, Bruno Schüller, Christlich glauben und handeln, Düsseldorf 1977, 261 ff.

[7] Ethik des Ethos, Freiburg, München 1974, 47.

Die heutige empirische Engführung der menschlichen Erfahrung entspricht nicht dem Erfahrungsbegriff der Tradition. So weist schon *Aristoteles* in der Metaphysik[8] darauf hin: „viele Erinnerungen an ein und dieselbe Sache ergeben die Fähigkeit einer (!) Erinnerung". Ebenso zeigt die Alltagssprache ein solches vorwissenschaftliches Verständnis der Erfahrung des Menschen, daß sie von allen gemacht werden kann, also allgemeine Gültigkeit hat. Das Ungenügen einer rein induktiven und experimentellen Vorgangsweise in den modernen Erfahrungswissenschaften, sobald sie hypothetische Aussagen verallgemeinern, ist heute ebenfalls offenkundig.

Was wirklich ist, entzieht sich der naturwissenschaftlichen Methode, die Ursache-Wirkung-Beziehungen nur quantitativ beschreiben und folglich interpretieren kann. Ebensowenig kann ein Modell definitive Wirklichkeitserkenntnis ausdrücken, also ein „Abbild" der Wirklichkeit sein, das aus Experimenten mittels Apparaten gewonnen worden ist, und jenen Begriff ersetzen, den menschliche Vernunft zu denken vermag. Die Leistung einer Datenverarbeitungsmaschine, eines Computers, kann bei aller Komplikation und Verfeinerung auch der Prognosen die schöpferische Kraft der menschlichen Vernunft nicht einholen.

Schließlich zeigt auch die Sprachphilosophie nach N.*Chomsky* unter Verweis auf A. J. *Kenny*, daß die künstliche Intelligenz des Computers sich fundamental vom Denken des Menschen unterscheidet, daß letzteres die Fähigkeiten in sich hat, mit Symbolen so umzugehen, „daß es unser eigenes Tun ist, was sie zu Symbolen macht und ihnen Bedeutung verleiht"[9]. Zu erwähnen wären hier auch Überlegungen im Anschluß an den Unvollständigkeitssatz von *Gödel*, daß der Mensch und seine Erfassung der Wirklichkeit auf kein geschlossenes System reduzierbar und damit berechenbar ist[10].

Messner hat sich bei aller Zuwendung zur Wirklichkeitslehre des Menschen und aller Hochachtung der empirischen Humanwissenschaften das Vertrauen in die Fähigkeit der menschlichen Vernunft erhalten, die die schöpferische Kraft der Freiheit miteinschließt[11]. Und hier kommt ihm sein Triebverständnis wieder zugute. Verstand und Wille finden eine natura humana vor, die durch ihr Wirken, ihre Wirksamkeit, auf „Wirkweisen" (im Compendium der Ethik[12] schrieb er noch von Wirkungsweisen!) hinweisen und Antriebe darstellen auf Zwecke hin, die ihnen inne-

---

[8] 980 b.

[9] N. Chomsky, Reflexionen über die Sprache, Frankfurt 1977, 33.

[10] Vgl. C. Christian, Das Lebenswerk Kurt Gödels, in: Zeitschrift für Wissenschaftsforschung 1978/Bd. 1, 71 - 92.

[11] Thomas von Aquin: Seine Bedeutung für die Gegenwart, in: Johannes Messner, Ethik und Gesellschaft, Köln 1975, 365 - 371.

[12] Innsbruck 1955, 43.

wohnen und dem menschlichen (freien) Verhalten teleologisch vorgegeben sind. Also liegt keine Triebautomatik vor, sondern setzt diese Triebbefriedigung ein Wirksamwerden der Vernunft voraus, soll sittliches Handeln entstehen[13]. Darum muß der Mensch auch wieder um seine „existentiellen Zwecke" aus der Erfahrung seiner Triebnatur wissen.

Unter dem Einfluß des positivistischen Wissenschaftsbegriffs schien freilich die Verwendung des Ausdrucks „Trieb" durch Johannes *Messner* Mißverständnissen ausgesetzt[14]. Bezeichnend ist etwa ein Ausspruch von Sigmund *Freud*[15]: „Die Menschheit hat gewußt, daß sie Geist hat; ich mußte ihr zeigen, daß es auch Trieb gibt." Die Anerkennung für die Freudsche Analyse der menschlichen Natur durch *Messner*[16] gibt ihm aber auch gute Gelegenheit zu zeigen, wie wenig *Freud* die Tradition gekannt hat, was die Verbindung von Vernunft und Trieb anlangt.

Schon *Thomas* v. Aquin hat körperliche Triebe des Menschen — mit allen Lebewesen gemeinsam! — von den geistigen, dem Menschen allein eigenen Trieben unterschieden[17]. Die Rolle der Vernunft bestehe im Anschluß an *Thomas* nach *Messner* nicht darin, den Trieben zu folgen, sondern die in den körperlichen und geistigen Trieben vorgezeichneten *Zwecke* zu erkennen und somit sittlich zu sein, indem der Mensch sein Verhalten zweckrichtig gestaltet, in Übereinstimmung also mit diesen Zwecken ausrichtet. Dabei kann sich *Messner* auch auf *Aristoteles* und seine Analyse des Glückstriebs für eine systematische Ethik[18], die nicht bloß ein rationalistisches Kriterium der Sittlichkeit (Natur des Menschen vernunftrichtig erkannt) aufstellt, sondern die Richtigkeit der Vernunft an den Triebzwecken, die sie zu erkennen vermag, entwickelt (Natur des Menschen als Triebrichtigkeit!). Für diese konsequente Deutung seines Kriteriums der Sittlichkeit aus den Trieben und ihren „existentiellen Zwecken" verweist als Beweis Johannes *Messner* auf das Zeugnis zweier großer Ethiker in der neueren Tradition, den Deutschen Michael *Wittmann* und Michael *Cronin* aus dem angelsächsischen Sprachkreis[19].

In *Messners* Ethik geht es um ein ontologisches Prinzip der Sittlichkeit, das seine Richtigkeit des Handelns, seiner Praxis, sowohl an Zwecken konkret und überprüfbar erweisen sollte, das aber auch die Qualität

---

[13] Vgl. Das Naturrecht, 39.
[14] So hat selbst F. M. *Schmölz* gegen *Messner* lange den Vorwurf vertreten, er verstehe die Triebe „durchaus im physischen, biologischen" Sinn. Vgl. Belegstelle und Auseinandersetzung damit bei Johannes Messner. Das Naturrecht, 15, Anm. 12.
[15] Gespräche mit L. *Binswanger*, 1927.
[16] Das Naturrecht, 30.
[17] S. th. I, II, qu. 94, a. 2.
[18] Nikomachische Ethik VI, 2, zit. in: Das Naturrecht, 41, Anm. 10.
[19] Kulturethik, 161.

der Allgemeingültigkeit haben sollte. Dazu brauchte er einen „denkenden" Willen, einen Willen, der in seinem Streben, durch sein Sein also, allgemein gültige Zwecke zu erkennen vermag. Er folgt daher der Kantkritik Max *Schelers*[20] und stellt den „Zweckgedanken" *in den Mittelpunkt* seiner Naturrechtsethik[21]. Aus dieser voluntaristischen Einstellung entgeht *Messner* einer rein intellektuell-rationalistischen Sicht des Gewissens, erkennt er es als „Antriebsmacht" und kann seinen Verantwortungsgehalt herausarbeiten, muß allerdings dem menschlichen Streben als Erkenntnisobjekt eine allgemeingültige Funktion zuerkennen: So entsteht aus einer Praxis ein allgemeiner sittlicher Imperativ, der außer Zweifel steht. Darum sucht *Messner* auch seine „existentiellen Zwecke" in allen menschlichen Kulturen als erkennbar zu erweisen[22].

Im Handbuch der philosophischen Grundbegriffe behandelt Ottfried *Höffe*[23] den Begriff „Trieb" in einem Artikel über das Streben. Er hat dabei — für einen kurzen eher lexikalischen Artikel nicht als Vorwurf zu sehen! — die Begriffsverwendung bei Johannes *Messner* nicht erwähnt. An seiner Problemdarstellung würde sich aber die Auffassung *Messners* sehr schön einsetzen lassen. *Höffe* kennt die Tradition mit *Aristoteles* in ihrer Verbindung von Streben und Trieb zur menschlichen Praxis, also Finalität eingeschlossen. „ ‚Streben' thematisiert die Sonderstellung des Menschen im Universum und zugleich seine komplementäre Seite: den Zusammenhang mit der Natur und ihrer allgemeinen Struktur von Bewegung[24]." Er kennt ebenso die Deutung der Prozeßabläufe menschlichen Handelns (Aktivität und Spontaneität) aus der funktionalistischen Sicht der empirischen Wissenschaften. Die Finalität menschlichen Handelns ist *Höffe* aber eine Frage, die vom reflexen menschlichen Bewußtsein nur „interpretiert" werden kann, indem „humaner Praxis immer schon ein Ziel zugesprochen" würde[25]. Er kommt dann sogleich zur Darlegung des Triebbegriffes nach *Freud*. Dessen Triebbegriff, den er als rein biologisch in seinem Modelldenken aufweist, stellt er den neuzeitlichen Willensbegriff (Kant und deutscher Idealismus) gegenüber, der „menschliches Handeln als eine strikt nichtnotwendige Bewegung begründet"[26], um in die Verantwortlichkeit menschlichen Handelns zu fallen.

Höffe sieht ein Auseinanderfallen zweier kritischer Ansätze von Sittlichkeit, die Radikalität des Willens, Ziele zu setzen, um autonom zu

---

[20] Der Formalismus in der Ethik und die materiale Wertethik.
[21] Das Naturrecht, 47.
[22] Vgl. Kulturethik, 157.
[23] Hrsg. von Hermann Krings u. a., Bd. 5, 1419 - 1430.
[24] a.a.O., 1426.
[25] a.a.O., 1428.
[26] a.a.O., 1429.

sein, und das Verfolgen von Zielen im Strebensbegriff. Er folgert die Unvermittelbarkeit: „In einem vollständigen Modell humaner Praxis bezeichnen Willen und Streben zwei komplementäre Aspekte[27]."

Messner aber sieht die Synthese beider Traditionsstränge unter Einschluß der modernen-empirischen Erkenntnisse — als einem die Ethik ungemein befruchtenden Ereignis — im Ausweis der sittlichen Sätze als synthetisch *und* apriorisch, indem dem Bewußtsein des Menschen sein Trieberlebnis als Erfahrung zugänglich ist, aus dem wieder ein Bestand evidenter Einsichten und sittlicher Sätze folgt. So wie die menschliche Natur wirkt, ist sie einmal „erfahren", zeigt sie aus ihren Triebzwecken dem menschlichen Streben Ziele, die nicht mehr weiter bewiesen werden müssen, um als letzte Ziele zu gelten, also „wahr" zu sein. Das sittliche Naturgesetz ist beim Menschen als Vernunftnatur sowohl wirksam durch seine Vernunfterkenntnis wie auch durch seinen Vernunftwillen.

In einem Artikel unter dem Titel „Naturrecht ist Existenzordnung"[28] hat *Messner* dies folgend ausgedrückt: „Der *Vernunfterkenntnis* fällt dabei eine doppelte Funktion zu: Einerseits die der Vernunfteinsicht in die sich selbst gewissen Prinzipien des sittlich Guten als des vollmenschlichen Seins, andererseits die Vernunfteinsicht in die zur vollmenschlichen Seinsweise drängenden und geistigen Triebe seiner Natur mit den in ihnen vorgezeichneten Zwecken. Dem *Vernunftwillen* des Menschen fallen gleichfalls zwei Funktionen zu: Einerseits die so als Gewissensgebot erkannten Pflichten zu erfüllen, andererseits sich bestimmen zu lassen von den seiner Natur innewohnenden Antrieben zum Streben nach dem vollmenschlichen Sein."

Wie sieht aber *Messner* für diese Vermittlung des Zweckgedankens mit dem autonomen Willen des Menschen zu einer „materialen" Ethik den Weg des Beweises? Bei aller Wertschätzung *Messners* für die Position der Phänomenologie in der Ethik, besonders für Max *Scheler*, nimmt er nicht einfach eine rein apriorische Werteinsicht an, sondern geht von der Erfahrung jedes Menschen aus, die ins Bewußtsein gelangt, um dann an Hand des mit dem Erleben von Strebenszielen und Daseinszwecken erfahrenen eigenen Selbst und seiner Analyse auf Vollkommenheit hin ein sittliches Apriori von letzten gültigen Sätzen aufzuzeigen, bzw. allgemein gültige ethische Sätze auszusagen. Den Beweis für diese Art teleologischer Ethik, also für die im Grundansatz dem Zweckgedanken verpflichtete Ethik, sucht *Messner* in der Familie[28a]. Er sucht das menschliche Urerlebnis für die Ausbildung von Bewußtsein, das mit den Trieb-

---

[27] a.a.O., 1429.

[28] In: Archiv für Rechts- und Sozialphilosophie (1957), XLIII/2 (187 - 210), 193.

[28a] Zuletzt im Artikel Naturrecht in Evolution, s. Anm. 2a.

regungen in aller Regel einhergeht, und findet es in der Familie, im Menschen als familienhaftem Wesen.

Dabei scheint es *Messner* nicht darauf anzukommen, wie weit die Familie eine bestimmte Institution bildet. Familienhaft will aber jedenfalls sagen, daß die Reflexion menschlichen Bewußtseins aus der Abhebung von Subjektivität im Zusammen mit kultureller Entwicklung, in einem nicht bloß materiellen Prozeß, vor sich geht, im Normalfall eben in der Familie. Das so verstandene Soziale ist das notwendige Probefeld, daß sich sittliche Überzeugungen entwickeln, die einen Einsichtswert von apriorischer Gültigkeit zu erreichen vermögen. Ebenso würden Erkenntnisse der theoretischen Vernunft genetisch sich entwickeln, ohne darum von ihrer erreichten Allgemeingültigkeit zu verlieren.

Im Sinne von ethischem System und ethischer Theorie hat auch dieses Kriterium seine Grenze, weil die Existenzerfahrung des Menschen nicht voll rationalisierbar ist. Sie kann nur reflektiert, aber nicht rein abstrahiert werden auf eine allgemeine logische Begrifflichkeit. Ich möchte von einer universalen und integralen sittlichen Logik sprechen, die dem Ganzen erfahrbarer Sittlichkeit entspricht, die um das Absolute weiß, sich ihm aber nur „ausdrücklich" nähert.

Leo *Gabriel*[29] spricht von einem Integrationsverhältnis von Theorie und Praxis, nicht von Identifikation, sei es ausgehend vom Willen (Praxis), sei es ausgehend von der Theorie. Daseinsgestaltung ist in der Lösung der Spannung von Theorie und Praxis nach ihm immer Entscheidung.

Der späte *Messner* spricht immer mehr von *Wirkweisen* der menschlichen Natur und von *„menschenwürdigem Leben"* anstelle von Lebenszwecken, dessen Inhalte ganz aus der Erfahrung des Menschen stammen, die dann erst allgemein als Güter und Werte erfaßt würden. Die evidente Einsicht in sittliche Prinzipien kann nicht durch deren Formulierung eingeholt werden. Also liegt hier ein „Erfahren" und „Wissen" des Menschen vor, das in seinen materialen Sätzen — weder gesatzt noch gesetzt — nicht spannungslos, also nur auf ein Ganzes der Wahrheit hin gesagt werden kann und insoferne Wagnis und Entscheidung des je Einzelnen ist, dennoch aber vernunftgemäß ist und Anteil an Gesinnung und Einsicht (als Wille zur Einsicht) hat, also in der Dimension des Denkens als offene und nicht instrumentelle Vernunft steht[30]. Die sittliche Erfahrung als Teil der Gesamterfahrung des Menschen, als Wirklichkeit „Mensch" mit all seinem Denken und all seinen Kräften, ist ganz *Existenzerfahrung* und muß darum erst in philosophisch-wissenschaftlicher

---

[29] Integrale Logik, Wien 1965.
[30] E. Feil spricht von „konfessorischen" Implikationen der Wissenschaft, in: Herder Korrespondenz, Februar 1979, 97 - 102.

Abstraktion eingrenzbar sein und eingegrenzt werden. Damit wird sie aber auch schon systembildend und trägt Grenzstrukturen, die nur durch die Universalität der Wahrheit und die Relation der Aussagen zur Wahrheit offengehalten werden, die eine Spannung — hier ein Defizit — von Theorie und Praxis wiedergeben[31].

Messners Verständnis von existentieller Lebenserfahrung als rein *erfahrenem* Ansatz von Ethik ist daher metaphysisch *in dieser Grundeinsicht* von Erfahrung, die im Übergang zur Kriteriumsbildung die *Grenze* in sich hat, die ihre weitere Folgerichtigkeit nur mehr in ihrem *Erweis als brauchbar für eine menschenwürdig bezeichnete Existenz hat.* Die *existentiellen Zwecke* sind bereits von Aussagegehalten durchmischt, die sie zur *Lehre* machen und nicht mehr als „reine" sittliche Wahrheit erscheinen lassen. Das wird auch deutlich, wenn *Messner* versucht, die existentiellen Zwecke im einzelnen aufzuzählen und darzulegen, soweit sie im Einklang stünden „mit der allgemeinsten und sichersten menschlichen Erfahrung"[32].

Er hält die folgende Aufzählung für allgemein außer Streit stehend: „Die Selbsterhaltung einschließlich der körperlichen Unversehrtheit und der gesellschaftlichen Achtung (persönliche Ehre); die Selbstvervollkommnung des Menschen in physischer und geistiger Hinsicht (Persön-

---

[31] A. F. Utz drückt den Gedankengang wie folgt aus (Erkenntnistheoretische Anmerkungen zur Frage der Trennung von empirischer und philosophischer Gesellschaftswissenschaft, in: Gesellschaftspolitik mit oder ohne Weltanschauung?, Bonn 1980, 227 - 243, 241 f.): „Die analoge Erkenntnis hat nun einmal die Eigenheit, nicht ausformulierbar zu sein. Sie ist aber doch echte Erkenntnis und nicht etwa nur ein Bündel von Erfahrungen, die durch weitere Erfahrungen falsifiziert werden können. Wer hätte je das Sein zu definieren vermocht? Gewiß, wir erkennen immer nur ein bestimmtes Seiendes. Es wäre uns aber nicht möglich, verschiedene Seiende miteinander zu vergleichen, wenn wir nicht eine Gemeinsamkeit, eben die des Seins, zugrundelegen würden, und das nicht nur begrifflich, denn damit wäre unser Vergleich real nicht gültig. Diesem harten und zugleich undefinierbaren Kern, der sich in der Realerkenntnis verbirgt und den wir Sein nennen, entspricht in der Normenwelt die unabweisliche Beziehung jeder freien Entscheidung zu den unaustilgbaren Zwecken der menschlichen Natur. Die Beziehung ist objektiv wie das Ziel objektiv, d. h. vorgegeben ist. Nur darum kann das Ergebnis einer sorgfältigen Analyse der Wirklichkeit im Lichte der existentiellen Zwecke der Natur als allgemeingültig bezeichnet werden, ohne daß man die Willküren der vielen Einzelnen zu befragen hätte."
Anders findet sich der Gedanke bei Gabriel Marcel wieder (Tragische Weisheit, Wien 1974, 29 f.): „Im Gegensatz dazu ist die Reflexion das Mittel der Philosophie, und ich muß sagen, daß ich immer mit einem gewissen Mißtrauen jene philosophischen Doktrinen betrachtet habe, die vorgeben, sich auf die Intuition zu stützen. Ich habe zu zeigen versucht, daß sich die Reflexion in zwei verschiedenen und komplementären Formen zeigen kann, wobei die eine einzig und allein analytisch und reduzierend ist: das ist die primäre Reflexion. Die andere ist im Gegenteil wiedererobernd, oder wenn man so will, synthetisch, weil sie sich auf das Sein stützt, nicht auf eine Intuition, sondern auf eine Gewißheit, die sich mit unserer Seele vereinigt."

[32] Das Naturrecht, 42.

lichkeitsentfaltung) einschließlich der Ausbildung seiner Fähigkeiten zur Verbesserung seiner Lebensbedingungen sowie der Vorsorge für seine wirtschaftliche Wohlfahrt durch Sicherung des notwendigen Eigentums oder Einkommens; die Ausweitung der Erfahrung, des Wissens und der Aufnahmefähigkeit für die Werte des Schönen; die Fortpflanzung durch Paarung und die Erziehung der daraus entspringenden Kinder; die wohlwollende Anteilnahme an der geistigen und materiellen Wohlfahrt der Mitmenschen als gleichwertiger menschlicher Wesen; gesellschaftliche Verbindung zur Förderung des allgemeinen Nutzens, der in der Sicherung von Frieden und Ordnung sowie in der Ermöglichung des vollmenschlichen Seins für alle Glieder der Gesellschaft in verhältnismäßiger Anteilnahme an der ihr verfügbaren Güterfülle besteht; die Kenntnis und Verehrung Gottes und die endgültige Erfüllung der Bestimmung des Menschen durch die Vereinigung mit ihm[33]."

In den Jahren, da *Messner* seine Naturrechtsethik konzipiert hat, noch bevor er den Ausdruck die „existentiellen Zwecke" gebrauchte, hat er in einem praktischen ethischen Buch, der Jugend gewidmet, an Hand der von ihm entwickelten Triebbetrachtung des Menschen eine Analyse menschlicher Wirklichkeit auf eine Existenzordnung hin vorgenommen, in der er — ohne Anspruch auf Vollkommenheit — die folgenden Triebe ethisch untersucht hat: „Erkenntnistrieb, Freiheitstrieb, Sozialtrieb, Glückstrieb und Geschlechtstrieb[34]." Weil aber der Zugang zu diesen Zwecken für *Messner* über die Erfahrung im Konkreten geht, aus der heraus erst Einsichten werden, also induktiv, kann es für ihn keinen Umschlag in „inhaltsleere Formeln" geben[35], aber auch keine Irrtumsfreiheit in deren Anwendung, bzw. für die wissenschaftliche Ethik auch keinen Verzicht auf Stellungnahme. Andererseits ist ihm das Leben selbst, das des Einzelmenschen wie der Gesellschaft, das „unerbittliche Laboratorium, das über die Wahrheit sittlicher Prinzipien und den Folgerungen daraus entscheidet"[36].

So lehrt die sittliche Erfahrung auch die Grenzsituation der sittlichen Normen auf Grund des Wissens des Menschen um menschenwürdiges Dasein, anders gesagt um Daseinsweisen und -bedingungen, und um ihr Aufgegebensein im Sinne von Selbstverwirklichung auf ein *uneinholbar Wirkliches* hin.

So ist auch *Messners* primäres Kriterium der Sittlichkeit, die existentiellen Zwecke, schon ein Schritt aus der primären sittlichen Erfahrung

---

[33] a.a.O.
[34] Widersprüche in der menschlichen Existenz, Innsbruck 1952, 6.
[35] Sind die Naturrrechtsprinzipien inhaltsleere Formeln?, in: Österr. Zeitschrift für öffentliches Recht, Bd. XV (1965), H. 3, 163 - 178.
[36] Widersprüche in der menschlichen Existenz, 367.

heraus und kann es im Kontext zu „sekundären Kriterien" gesehen werden. Der Übergang zum Apriori liegt in der „Erfahrung" selbst. Der Zirkel von Subjekt und Objekt ist gesprengt im Vorgang der Erfahrung selbst durch ihre Teilhabe am wirklichen Ganzen.

Die Brauchbarkeit des Messnerschen Kriteriums der Sittlichkeit als primär liegt in seiner Offenheit zu jeder Detail-Erfahrung und in ihrer Betonung des Zuganges zum allgemeinen Charakter existientieller Grunderfahrung des Menschen, nämlich zu wissen, was ein Mensch braucht und was er ist, um sich zu verwirklichen, sobald er sich als wirklich erfährt. Induktion als Weg zur Normeneinsicht muß nicht die Deduktion verneinen, aber sie (rechtverstanden!) relativieren!

Messner sucht mit seinem Kriterium der Ethik in den existentiellen Zwecken Wahrheitsgehalte zu vereinigen. Sein teleologischer Ansatz will den Zweckgedanken nicht „materialistisch" sehen und nützen zum Schaden freier Persönlichkeitsentfaltung oder des sittlich so bedeutsamen Pflichtgedankens. Das Streben nach Glück soll nicht pragmatistisch verstanden werden, aber, als auf rechtverstandene Interessen bezogen, legitimiert werden von der objektiven sittlichen Ordnung. So suchte er auf induktivem Wege die sittliche Wirklichkeit zu erkennen und doch allgemeine Gültigkeit auszusagen. Seine These vom „Universalismus der traditionellen Ethik"[37] durch Hereinnahme der Wahrheitsgehalte der verschiedenen ethischen Systeme hält er am von ihm entwickelten Kriterium der Sittlichkeit ebenso aufrecht. Diese Aufgabe stellt sich immer wieder neu von der Erfahrung her als Prozeß, in dem die vielen Menschen stehen, wie als Verarbeitung immer neuer Details der Erfahrung sittlicher Tatsachen. Die „existentiellen Zwecke" des Menschen nach *Messner* haben als fundamentales Kriterium sittlicher Wahrheit nichts von ihrer Bedeutung für die ethische Diskussion heute eingebüßt, ihnen gebührt besondere Beachtung.

---

[37] Kulturethik, 223 f.

ZUR BEDEUTUNG SYNTHETISCH-APRIORISCHER
SÄTZE IN DER THEORETISCHEN UND IN
DER PRAKTISCHEN PHILOSOPHIE

Von Arno Anzenbacher

Die Rede von synthetisch-apriorischen Sätzen steht meist im Rückbezug auf *Kant*. In der Tat legte *Kant* mit der Unterscheidung von analytischen, synthetisch-apriorischen und empirischen (synthetisch-aposteriorischen) Sätzen (Urteilen) die Terminologie bis heute fest. Es wird jedoch oft übersehen, daß er in dieser Unterscheidung an eine Tradition anknüpft, die auf *Aristoteles* verweist. Erst im Rückgriff auf diese Tradition erhält die Unterscheidung ihre volle philosophische Tragweite. Die folgenden Überlegungen wollen diese Tragweite umreißen und damit zugleich eine Beziehung herstellen zur Thematik von Erfahrung und Apriori in der Ethik bei *J. Messner*.

I. Der Ursprung der Unterscheidung bei Aristoteles

Die Prädikabilienlehre der Topik kennt drei Möglichkeiten, im Satz von einem Subjekt zu prädizieren:

Im ersten Fall wird vom Subjekt dessen Gattung oder dessen spezifische Differenz ausgesagt[1]. Der Satz ist also insofern analytisch, als das Prädikat konstitutiv ist für das, was in der Bedeutung des Subjekts begriffen wird.

Im zweiten Fall wird vom Subjekt eine Eigentümlichkeit (*idion*) ausgesagt. „Eigentümlich ist, was zwar nicht das Wesen eines Dinges bezeichnet, aber nur ihm zukommt und in der Aussage mit ihm vertauschbar ist. So ist es eine Eigentümlichkeit des Menschen, daß er der Grammatik fähig ist; denn wenn er ein Mensch ist, ist er der Grammatik fähig, und wenn er der Grammatik fähig ist, ist er ein Mensch[2]." Die Eigentümlichkeit folgt also nicht analytisch aus dem Subjekt wie die Gattung und die Differenz, sie ist aber immer und notwendig mit dem Subjekt gegeben. Sie hat also den Charakter eines nicht-analytischen aber notwendigen Prädikats. Eben darin liegt aber nach *Kant* die Bestimmung synthetisch-apriorischer Sätze.

---

[1] Top. I. 4, 101 b.
[2] 102 a.

Im dritten Fall wird vom Subjekt ein (äußeres) Akzidens ausgesagt, also etwas, „was keines von diesen ist, nicht Definition, nicht eigentümlich, nicht Gattung, aber dem Dinge zukommt, und was einem und demselben zukommen und nicht zukommen kann, wie z. B. einem und demselben zukommen und nicht zukommen kann, daß es sitzt"[3]. In diesem Fall geht es also um empirische Sätze.

In der Hochscholastik war diese Unterscheidung allgemein üblich. Man nannte die analytische Aussageweise *primus modus dicendi*, die synthetische *secundus modus dicendi*. Die Unterscheidung zwischen synthetisch-apriorisch und empirisch ist die zwischen dem *secundus modus dicendi per se* und *per accidens*. In der scholastischen Logik fungierte also der synthetisch-apriorische Satz als *dictio in secundo modo dicendi per se*. Er war definiert als die Prädikation der Proprietät (*proprium* für *idion*). An die Stelle der Unterscheidung von Proprietät und Akzidens trat oft jene von innerem und äußerem Akzidens (*accidens intrinsecum et extrinsecum*).

Philosophisch-systematisch steht die Unterscheidung bei *Aristoteles* in einem anderen Zusammenhang als bei *Kant*. Sie ist ontologisch gemeint, nicht transzendental. Faßt man jedoch die transzendentale Reflexion komplementär zur ontologischen, so geht es letztlich um das gleiche Problem. Es ist also zu fragen, welchen Stellenwert diese Unterscheidung systematisch im Aristotelismus besitzt. Wir wählen als Beispiel die Bedeutung der Unterscheidung in der Erkenntnistheorie des *Thomas v. Aquin*.

II. Die Wesenserkenntnis bei Thomas v. Aquin

Es geht hier um ein thomasisches Lehrstück, das trotz reichen Textmaterials in der neueren Thomas-Literatur eher wenig Beachtung gefunden hat. Von der systemgeschichtlichen Rekonstruktion dieses Lehrstücks sehen wir hier ab.

Thomas ist der Überzeugung, daß wir die Wesenheiten (*essentiae, formae substantiales, differentiae essentiales*) der Dinge nicht direkt erkennen können. Die Washeiten (*quidditates*) der Dinge, welche der tätige Intellekt (*intellectus agens*) erarbeitet, sind nicht im strikten und eigentlichen Sinne die Wesenheiten als solche. Was der Intellekt in der Illustration oder Illumination der sinnlichen Erscheinungen erzeugt, sind vielmehr die Begriffe der Akzidentien, allerdings der Akzidentien in der Differenz von inneren und äußeren Akzidentien, also von Proprietäten und „bloßen" Akzidentien. Wir erörtern dazu einige typische Texte.

---

[3] 102 b.

„Die substantialen Formen als solche sind unbekannt. Aber sie bekunden sich uns durch die eigentümlichen (*propria*) Akzidentien. Denn meist nimmt man die substantialen Differenzen von den Akzidentien statt der substantialen Formen, da letztere sich durch solche Akzidentien bekunden, wie etwa das Zweibeinige und das Gehenkönnen und ähnliches. Und in dieser Weise faßt man auch das Sinnliche und das Vernünftige als substantiale Differenzen[4]." „Unser Intellekt erkennt im eigentlichen Sinne die Washeit (*quidditas*) eines Dinges als sein eigentümliches Objekt. Er empfängt dabei von der Sinnlichkeit, deren eigentümliche Objekte die äußeren (*exteriora*) Akzidentien sind. Darum ist es so, daß wir aus dem, was von einem Ding äußerlich erscheint, zur Erkenntnis des Wesens des Dinges gelangen. Und weil wir etwas so benennen, wie wir es erkennen..., nehmen wir zumeist von den äußeren Eigentümlichkeiten her die Namen, mit denen wir das Wesen eines Dinges bezeichnen[5]." „In den sinnlichen Dingen sind uns nämlich die wesentlichen Differenzen unbekannt. Darum werden sie durch jene akzidentellen Differenzen bezeichnet, die aus den wesentlichen entspringen, wie die Ursache durch den Effekt bezeichnet wird. So etwa setzt man die Zweibeinigkeit als Differenz des Menschen[6]." „Weil uns die substantialen Differenzen nicht bekannt sind und auch nicht benannt werden können, ist es oft notwendig, die akzidentellen Differenzen statt der substantiellen zu verwenden. So etwa sagt man, das Feuer sei ein einfacher, warmer und trockener Körper. Die eigentümlichen Akzidentien sind nämlich Effekte der substantialen Formen und manifestieren diese[7]." Zwei wichtige Beispiele sind die folgenden: „Denn etwas wird insofern in der Kategorie der Substanz Körper genannt, als es eine solche Natur hat, daß daran drei Dimensionen bestimmt werden können[8]." „Den Namen des Lebens nimmt man von etwas her, was an der Sache äußerlich zur Erscheinung kommt, nämlich daß sie sich selbst bewegt. Dennoch wird dieser Name nicht dazu verwendet, dieses [nämlich die an sich akzedentelle Bewandtnis des Sich-selbst-Bewegens d. V.] zu bezeichnen, sondern um die Substanz zu bezeichnen, der es ihrer Natur nach zukommt, sich selbst zu bewegen... Insofern ist Leben kein akzidentelles, sondern ein substantielles Prädikat[9]."

Die Möglichkeit, die unbekannte substantiale Wesenheit indirekt über die Proprietäten zu erkennen und zu benennen, hat einen ontologischen Hintergrund, von dem her die Differenz von innerem und äußerem Ak-

---

[4] De spir. creat. 11 ad 3.
[5] STh. I. 18, 2.
[6] De ente 6.
[7] STh. I. 29, 1 ad 3.
[8] De ente 3.
[9] STh. I. 18, 2.

zidens erst seine volle Bedeutung gewinnt. „Die Aktualität der akzidentellen Form wird von der Aktualität des Subjekts verursacht. Das geschieht so, daß das Subjekt, sofern es in Potenz ist, die akzidentelle Form aufnimmt, sofern es aber in Akt ist, diese hervorbringt. Letzteres gilt von der Proprietät, also vom wesentlichen Akzidens (*per se accidens*). Denn hinsichtlich des äußeren Akzidens ist es [das Subjekt d. V.] nur aufnehmend. Hervorgebracht wird ein solches [äußeres] Akzidens durch ein äußeres Agens[10]." Das Subjekt ist also insofern einerseits Final- und Wirkursache der Proprietät, andererseits Materialursache der äußeren Akzidentien[11]. „Die Emanation der eigentümlichen Akzidentien aus dem Subjekt erfolgt nicht durch eine Transmutation, sondern durch ein gewisses natürliches Resultieren, wie eben aus etwas natürlicherweise etwas anderes resultiert, etwa aus dem Licht der Farbe[12]."

Das Textmaterial läßt folgende interpretierende Darstellung des Lehrstücks zu:

Die Argumentation steht im Raum der Ontologie des *Aristoteles*. Die (erste) Substanz resultiert im Sinne des Hylemorphismus aus der Potenz-Akt-Dialektik der Momente (erste) Materie und (substantiale) Form. Ihre voll entfaltete Wirklichkeit erlangt die Substanz jedoch erst als das Konkrete (*sýnholon*) und die sinnlich erscheinende Wesenheit (*ousia aistheté*), also in ihrer durchgängigen Bestimmtheit, in ihrer Akzidentalität. *Thomas* faßt nun diese durchgängige Bestimmtheit als das Resultat zweier Bewegungen, die zu zwei Klassen von ontologisch genau unterscheidbaren Bestimmungen führen:

1. Die erste Bewegung ist das Emanieren der substantialen Form. Die substantiale Form ist zunächst als erste Entelechie Akt der Materie. Sie ist aber zugleich in aktiver Potenz auf die zweite Entelechie hin, denn sie ist die Final- und Wirkursache jenes Tätigseins der Substanz, in welchem die Substanz die ihr mögliche Vollkommenheit erreicht. Die substantiale Form läßt also alle jene Bestimmungen der Substanz emanieren bzw. resultieren, ohne welche die Substanz ihre zweite Entelechie nicht vollziehen kann. Da das Ziel des ersten Aktes der zweite, das Ziel des *esse* das *agere* und das Ziel der Eichel die Eiche ist, legt sich die substantiale Form in alle jene Bestimmungen aus, die Bedingungen für die Erreichung des Zieles sind. So emaniert die Dimensionalität aus der substantialen Form des Körpers, die Selbst-Bewegung aus der des Lebewesens, das Wahrnehmensvermögen aus der des Animalischen. Und dieses Emanieren ist ein „natürliches" Resultieren wie im Fall von Licht und

---

[10] 77, 6.
[11] ad 2.
[12] ad 3.

Farbe. Diese Emanationsbestimmungen der substantialen Form sind die *Proprietäten, die inneren Akzidentien.*

2. *Die zweite Bewegung gründet in der Rezeptivität der Materie.* Die Materie ist ontologisch zuerst passiv-potentiell gegenüber der substantialen Form als erster Entelechie. Wie aber die Substanz durch die substantiale Form final- und wirkursächlich aktive Potenz auf die zweite Entelechie hin ist, so ist sie durch die Materie materialursächlich passive Potenz auf anderes, auf äußere Agentien hin. Sie rezipiert dabei freilich in der bestimmten Weise des Rezipierenden (*modo recipientis*), das immer schon im Sinne der Proprietäten bestimmt ist. Das Unbelebte rezipiert anders als das Lebendige, die Pflanze anders als das Tier. Sofern aber das Rezipierte nicht aus der substantialen Form des Rezipierenden resultiert, sondern von einem äußeren Agens, hat es immer auch den Aspekt des bloß Zufälligen, des Beliebigen an sich, das nicht immer und notwendig so an der Substanz sein muß. Es geht also hier um jene Bestimmungen, die den Charakter *äußerer Akzidentien* haben.

Beide Bewegungen sind aufeinander bezogen und ineinander verschränkt. Jede Proprietät ist nur wirklich in ihrer jeweilig-zufälligen Bestimmtheit. Die Proprietät des vegetativen Stoffwechsels etwa ist immer nur in einer bestimmten Rezeptivitätssituation wirklich und darum als *dieser* Vollzug zufällig. Trotz dieser Verschränkung ist die Differenz dem Anspruch nach ontologisch scharf.

Wenden wir uns nach diesem Exkurs in die Ontologie dem erkenntnistheoretischen Problem zu. Die Erkenntnistheorie des Aquinaten steht immer in der Spannung zwischen der einen Einsicht, das Seiende sei das Ersterkannte des Intellekts, und der anderen, alle Erkenntnis gehe von der sinnlichen Erscheinung aus[13]. Es ist in diesem Zusammenhang nicht nötig, hinsichtlich der ersten Einsicht auf die Seinsmetaphysik zu rekurrieren. Es genügt, die schwächere Bedeutung dieses Satzes ins Auge zu fassen, die sich bei *Thomas* von *Avicenna* her findet[14]. In diesem schwächeren Sinne meint der Satz, daß alles, was erkannt wird, als ein Etwas (*aliud quid*[15]) erkannt wird, also als ein Substantielles. Weil Akzidentelles prinzipiell unselbständig ist, ist das Erkennen des Akzidentellen im Erkennen des Substantiellen fundiert[16]. Allerdings ist die Priorität des Substantiellen in der Erkenntnis zunächst die Priorität des bloß Formalen, des in-sich-seienden Etwas im Sinne der Substanzkategorie. Im einfachen „Da ist etwas" sind die beiden genannten Einsichten vereinigt.

---

[13] Vgl. A. Anzenbacher, Analogie und Systemgeschichte, Wien 1978, 121 ff.
[14] F. Inciarte, Forma formarum, München 1970, 100 - 158.
[15] De verit. 1, 1.
[16] De ente 1.

Folgt diesem „Da ist etwas" ein „Was ist das?", so ergibt sich die Aufgabe, die formale und leere Kategorialität dieses substantialen Etwas erkennend weiterzubestimmen und zu konkretisieren. Dieses Weiterbestimmen hat der Intellekt am sinnlichen Material zu leisten, also an der Erscheinung dieses Etwas. Da nun aber *Thomas* der Überzeugung ist, daß die substantiale Form, das Wesen bzw. die Wesensdifferenzen als solche gerade unerkennbar sind, stellt sich für ihn die Aufgabe der Weiterbestimmung folgendermaßen dar: Das noch unbestimmte, aber erscheinende substantiale Etwas zeigt sich in seiner Akzidentalität. Diese Akzidentalität steht aber in der prinzipiellen Differenz von Proprietät und äußerer Akzidentalität. Beide sind in der Erscheinung ineinander verschränkt. Damit aber zeigt sich die entscheidende Aufgabe des *intellectus agens:* Sein *intus legere*[17] ist gewissermaßen das Herauslesen der Proprietäten aus der Verschränkung der beiden Bestimmungstypen. Sein Abstrahieren ist nicht nur das Hervorbringen des Allgemeinen aus dem sinnlich Singulären (Universalien gibt es ja auch von äußeren Akzidentien), sondern vor allem das Abtrennen der Proprietäten von den äußeren Akzidentien.

Dieses Herauslesen der Proprietäten aus ihrer Verschränkung in den Phänomenen setzt freilich Erfahrung im Sinne der ursprünglichen aristotelischen *empeiria* voraus, der „Vielheit der Erinnerungen an denselben Gegenstand"[18]. „Aus der Wahrnehmung bildet sich, wie gesagt, die Erinnerung, aus Erinnerung, wenn sich derselbe Vorgang öfter wiederholt, die Erfahrung. Die zahlenmäßig häufigen Erinnerungen führen nämlich zu einer einheitlichen Erfahrung[19]." Erst der längere, beobachtende und lernende Umgang mit diesem Etwas, das da erscheint, erst die allmählich angeeignete Fülle der Erfahrung, befähigt den Intellekt, die Proprietäten vom Zufälligen zu unterscheiden und in den Proprietäten die Emanation des zugrundeliegenden, unbekannten und unerkennbaren Wesens bzw. der substantialen Form zu erfassen. Erst dann kann ich die Substanz von ihrer Proprietät her bezeichnen bzw. die Proprietät als Differenz der Substanz einführen. Ich sage dann: Das ist etwas, was sich selbst bewegen kann. Ich nenne das, was sich selbst bewegen kann, Lebewesen.

Dabei geht es nicht nur um *eine* Proprietät, sondern um eine Vielfalt von Proprietäten, deren Zusammenhang es notwendig macht, sie systematisch aufeinander zu beziehen. *Thomas* interpretiert den Baum des *Porphyrius* so, daß darin durchwegs Proprietäten die Rolle von Differenzen spielen und den formal-kategorialen Substanzbegriff bis auf die Art hin regionalisieren. Während die substantiale Form *modo unius* die

---

[17] z. B. In VI Eth. 5, 1179.
[18] Metaph. I. 1, 980 b.
[19] Anal. post. II. 19, 100 a.

ganze Wesensbestimmung der konkreten Substanz ausmacht, resultiert unser Wesensbegriff aus der Ausdifferenzierung des Baums, des Systems, der Architektonik der Proprietäten, die als Auslegungen der substantialen Form diese in der Erscheinung manifestieren[20]. Es geht also gerade nicht darum, daß der Intellekt in den Phänomenen *uno intuitu*, etwa im Sinne einer einfachen Wesensschau, das Wesen bzw. die substantiale Form erfaßt. Vielmehr ist dazu eine gründliche Erfahrung, ein langwieriger Lernprozeß, eine *diligens et subtilis inquisitio*[21] erforderlich, in der die Proprietät vom Zufälligen, die eine Proprietät von der andern zu unterschieden und schließlich die Vielfalt der Proprietäten systematisch zu ordnen ist. Das damit erreichte System der Proprietäten ist die dem menschlichen Erkennen mögliche (indirekte) Erfassung des Wesens des Seienden.

Das heißt aber zugleich: Wir können letztlich nur dadurch Seiende erfahrend verstehen, daß wir zwischen unseren empirischen und synthetisch-apriorischen Urteilen über Seiendes unterscheiden können. Die uns mögliche Erfassung des Wesens eines Seienden ist insofern ein System von synthetischen Sätzen a priori, in denen wir vom (unbekannten) Subjekt X Prädikate aussagen, die X nicht bloß empirisch, sondern als Proprietät zukommen, also immer und notwendig, weil X Element einer bestimmten Art ist. Erfahrend erkenne ich, daß in „X kann lachen" und in „X ist blond" die Prädikate in unterschiedlicher Tragweite synthetisch von X ausgesagt werden. Ich begreife, daß Lachenkönnen offenbar immer und notwendig jedem Element der Art zukommt, der X zugehört, während das bei Blondsein nicht der Fall ist.

Die dargelegte philosophische Problemlage ändert sich auch dann nicht, wenn man beachtet, daß die Rede von analytischen, synthetisch-apriorischen und empirischen Sätzen auf Sprachgemeinschaften bzw. Erfahrungshorizonte hin relativ ist. Auch *Thomas* wußte, daß der gleiche Satz für verschiedene Menschen apriorisch (*propositio per se nota*) oder nichtapriorisch sein kann[22]. Angenommen P, Q und R seien Sprachgemeinschaften und $X_1, X_2, \ldots, X_n$ seien Schwalben. Wenn P noch keinerlei Erfahrung mit Schwalben gemacht hätte, so wäre „$X_1, X_2, \ldots, X_n$ sammeln sich anfangs September und fliegen gemeinsam nach Süden" ein ebenso empirischer Satz in P wie „X_1 fliegt gerade über Nachbars Haus". Angenommen Q hätte etwas mehr Erfahrung mit Schwalben; Q könnte also zur Auffassung kommen, es sei eine Eigentümlichkeit von $X_1, X_2, \ldots, X_n$, sich anfangs September zu sammeln und gemeinsam nach Süden zu fliegen; diese Eigentümlichkeit ergebe sich aus der Art dieser Vögel. In diesem Fall könnte der Satz in Q synthetisch-apriorisch sein. Hätte

---

[20] z. B. 13, 96 a - b.
[21] STh. I. 87, 1.
[22] z. B. I. II. 94, 2.

nun R mit Schwalben eine sehr lange Erfahrung und wären X_1, X_2, ..., X_n in R als Individuen einer Vogelart bestimmt, die u. a. dadurch definiert ist, daß sich deren Individuen anfangs September sammeln und gemeinsam nach Süden fliegen, so wäre der Satz in R sogar analytisch.

Diese Relativität ergibt sich, wenn wir einerseits den aristotelischen Erfahrungsbegriff und andererseits die Überzeugung des Aquinaten ernst nehmen, es sei unmöglich, unmittelbar die substantiale Form als solche zu erkennen. Zwar liegt aller Erfahrung die Voraussetzung ontologisch zugrunde, daß sich die substantiale Form im Seienden von sich her ungeschichtlich-naturhaft in ihre Proprietäten auslegt. Vermeint, begriffen, interpretiert wird jedoch diese Emanation immer nur in Zugangs- und Gegebenheitsweisen[23], die sich hermeneutisch, geschichtlich, sprachlich abschatten und insofern von der Erfahrungsweise und dem Erfahrungsstand abhängen. Das dargelegte Lehrstück führt demnach notwendig in die Dialektik von Sein und Schein. Daraus folgt eben, daß Bestimmungen, die zunächst als bloß empirisch-zufällig interpretiert werden, in einem anderen Erfahrungszusammenhang als Proprietäten gefaßt werden und wieder in einem anderen sogar als spezifische Differenzen in die Definition einrücken. Aber auch umgekehrte Entwicklungen sind möglich, wenn man etwa an die berühmten schwarzen Schwäne denkt[24].

Die Berücksichtigung dieser Relativität ändert jedoch nichts am phisophischen Kerngehalt des Lehrstücks. Will ich nämlich überhaupt erkennen, was etwas ist, so setze ich damit ontologisch immer schon voraus, daß vom Seienden selbst her eine Differenz zwischen empirisch-zufälligen, äußerlich-akzidentellen Bestimmungen und notwendig-eigentümlichen, innerlich-akzidentellen Bestimmungen besteht, wobei die Interpretation dieser Differenz in einem Erfahrungsprozeß zu leisten ist. Anders gewendet: Gehe ich überhaupt daran, ein natürliches Seiendes zu erkennen, so setze ich notwendig voraus, daß es in diesem Erkennen darum gehen wird, synthetisch-apriorische von empirischen Sätzen zu unterscheiden.

III. Die transzendentale Reflexion

Die ontologische Reflexion akzentuierte sich in unserer Fragestellung auf folgende These hin: Alle Erfahrung setzt als Bedingung ihrer Möglichkeit voraus, daß im natürlich Seienden selbst die Differenz von sub-

---

[23] Vgl. L. B. Puntel, Wahrheit, in: Handb. philos. Grundbegr. Bd. III, München 1974, 1649 - 1668.

[24] Vgl. dazu etwa: W. V. Quine, Two dogmas of empiricism, in: Ders., From a Logical Point of View, Cambridge/Mass. ²1964; F. v. Kutschera, Sprachphilosophie, München 1975, 104 - 118.

stantialer Form, Proprietät und äußerer Akzidentalität ontologisch relevant ist. In dieser Relevanz liegt die ontologische Begründung der Unterscheidung der drei Satztypen. Der transzendentalen Reflexion geht es um die komplementäre Frage: Wie muß die Erkenntnisweise des Subjekts bestimmt sein, um Bedingung der Möglichkeit von Erfahrung sein zu können? Auf Grund welcher apriorischer Bestimmungen vermag die Erkenntnis aus dem aufgegebenen anschaulichen Material eine Erfahrungswelt zu konstituieren?

In der ersten Kritik geht es *Kant* darum, die transzendentalen Bedingungen der Möglichkeit der am Mechanismus orientierten neuzeitlichen Erfahrungswissenschaft aufzuzeigen. Dabei werden die synthetisch-apriorischen Grundsätze als „Regeln des objektiven Gebrauchs" der Kategorien[25] bestimmt. Kategorien werden a priori durch die „Schemate der Sinnlichkeit" realisiert und zugleich restringiert[26]. In jedem synthetisch-apriorischen Grundsatz geht es also darum, eine Kategorie auf einen sinnlichen Begriff, auf ein Schema zu beziehen, das *Kant* als transzendentale Zeitbestimmung faßt[27]. Erfahrung ist also nur möglich, weil die apriorischen Verstandesbegriffe a priori in bestimmte sinnliche Schemata ausgelegt sind. Ohne diese transzendentale Bedingung gäbe es keine Erkenntnis, sondern lediglich eine „Rhapsodie von Wahrnehmungen", „die sich in keinem Kontext nach Regeln eines durchgängig verknüpften (möglichen) Bewußtseins, mithin auch nicht zur transzendentalen und notwendigen Einheit der Apperzeption zusammen schicken würden"[28].

Weil es *Kant* in der ersten Kritik lediglich um die Rekonstruktion der neuzeitlichen Erfahrungswissenschaft geht, ist die Erfahrungswelt, die durch sein System der synthetisch-apriorischen Grundsätze konstituierbar wird, eine Welt ohne Teleologie, ohne Entelechie und ohne Freiheit. Sie ist die Welt des mechanistischen Modells und es ging *Kant* darum zu zeigen, daß der Empirismus nicht in der Lage ist, eine solche Welt empirisch, also ohne synthetisch-apriorische Grundsätze zu konstituieren. Alles bloß Empirische kann nur insofern erkannt werden, als es in einem nicht-empirischen, synthetisch-apriorischen Gefüge steht, mit dem es verschränkt ist. Die Analogie zwischen dem transzendentalphilosophischen Verhältnis Kategorie-Schema-Empirisches und dem ontologischen Verhältnis Substanz-Proprietät-Akzidens liegt auf der Hand.

Die Komplementarität zwischen dem transzendentalen System der Grundsätze apriori und der ontologischen Proprietätenlehre ließe sich

---

[25] B 200.
[26] 185 f.
[27] 178.
[28] 195 f.

im einzelnen aufweisen. Zwei Beispiele mögen sie illustrieren: Das Prinzip der Anschauungsaxiome, das bei *Kant* am Anfang der Tafel der Grundsätze steht, besagt, alle Anschauungen seien extensive Größen[29]. In der Ontologie des Aristotelismus fungiert die extensive Quantität als erste, alle anderen fundierende Proprietät der natürlichen Substanz[30]. — Das Prinzip der Wahrnehmungsantizipationen besagt, der Gegenstand der Empfindungen habe in allen Erscheinungen intensive Größe[31]. Bei *Thomas* ist von seiner *quantitas virtutis* die Rede, einer Qualität, die der Vollkommenheit bzw. der Natur jeder substantialen Form im Hinblick auf ihr Tätigsein folgt[32].

Beschränkt man sich im Aufweis dieser Komplementarität auf die erste Kritik, so ist freilich im Auge zu behalten, daß *Kant* hier aus systematischen Gründen eine gewisse mechanistische Verkürzung des Erfahrungsbegriffs vornimmt. Erst der transzendentale Aufweis der autonomen Selbstbestimmung aus Freiheit, in der sich der Mensch als Zweck an sich selbst erweist, bietet systematisch die Möglichkeit, diese Verkürzung zu überwinden und Entelechie sowie Teleologie transzendentalphilosophisch zur Sprache zu bringen. Erst der in der zweiten Kritik an der freien Praxis gewonnene Zweckbegriff vermag die transzendentale Urteilskraft der ersten zur teleologischen Urteilskraft der dritten Kritik weiterzubestimmen. Der im Primat des Praktischen stehende Zweckbegriff kann dann gewissermaßen als Schema fungieren, den Naturzweck im Lebendigen wie im Kosmos transzendental zu rekonstruieren.

Im Prinzip, wenn auch in sehr unterschiedlicher Genauigkeit der Ausführung, holt damit das System *Kants* transzendentalphilosophisch-kritisch jenes System der Proprietäten ein, welches die Naturphilosophie des Aristotelismus von der Physik über die Philosophie des Lebendigen bis zur Kosmologie entwickelt hat. Bezüglich der Anthropologie läßt sich freilich zeigen, daß das System nicht abgeschlossen ist. *Kant* vermittelt zwar die beiden Seiten des Problems des Menschen, Transzendentalität als Freiheit auf der einen und lebendiger Organismus auf der anderen Seite, nicht aber deren personale Einheit im Menschen. Die Frage, wie Transzendentalität einen Leib haben könne, bzw. was die Rede von *meinem Leib* bedeute, bleibt letztlich offen.

Im Zusammenhang der ontologischen Proprietätenlehre wurde darauf hingewiesen, daß die Differenz von Substanz, Proprietät und Akzidens zwar immer schon als ontologische Bedingung der Möglichkeit von Erfahrung vorausgesetzt werden muß, daß aber die Interpretation dieser

---

[29] 202.
[30] Aristoteles, Kateg. 6, 4 b - 6 a.
[31] B 207.
[32] STh. I. 42, 1 ad 1.

Differenz in einer notwendigen Relativität auf Sprachgemeinschaften und Erfahrungshorizonte hin stehe. Von dieser Relativität ist auch die faktische Unterscheidbarkeit analytischer, synthetisch-apriorischer und empirischer Sätze betroffen. Die Überlegung führte zum Aufweis eines dialektischen Sachverhalts in dem Sinne, daß Ontologie immer nur als Synthese des vorausgesetzten, sich von sich selbst her auslegenden Seienden und der sich jeweils geschichtlich-hermeneutisch-sprachlich abschattenden Zugangsweise vollziehen kann.

Ein analoger dialektischer Sachverhalt ergibt sich auch für die Transzendentalphilosophie. Wohl ist Transzendentalität im Inbegriff ihrer apriorischen Bestimmungen immer schon als absolut vorausgesetzt, weil alles Objektive nur als in ihr vermittelt objektiv ist und die transzendentale Differenz zwischen ursprünglicher Synthesis und Gegenstand durch nichts relativiert werden kann. In diesem Sinne ist die Absolutheit des transzendentalen Ich bei *Kant* ebenso unabweisbar wie die Absolutheit der Substanz bei *Aristoteles*. Dennoch bleibt die Problematik unvollständig, solange nicht das eingebracht ist, was zur Zeit *Kants* etwa *Hamann, Herder* und *W. v. Humboldt* zur Sprache gebracht haben[33]. In neuerer Zeit wurde diese Problematik vor allem von *Heidegger, Gadamer* und *Apel*, aber in radikalisierter Weise auch vom späten *Wittgenstein* betont.

Es geht darum, daß Transzendentalität, unbeschadet ihrer transzendentalen Absolutheit, immer nur in der geschichtlichen Bestimmtheit einer Sprache, einer sprachlichen Welthabe, eines Erfahrungshorizonts wirklich sein kann. „In der Sprachlichkeit des Menschen sind also immer schon ein transzendentales Sprachapriori und eine bestimmte geschichtliche Sprache vereinigt[34]." Der transzendentale Sprachsinn, der jede empirisch-objektive Vorgegebenheit transzendiert, kann sich immer nur in einer Sprache realisieren, die selbst wieder als objektiv-vorgegebene betrachtet werden kann, freilich wieder nur unter Voraussetzung des transzendentalen Sprachsinns. Implizit ist diese Einsicht durchaus in *Kants* Unterscheidung zwischen transzendentalem und empirischem Ich enthalten. Diese Dialektik zwischen transzendentalem Sprachsinn und bestimmter Sprache bringt jene Relativität mit sich, die der ontologischen in Analogie gegenübersteht.

Schon jene verkürzende Bindung der Erfahrung an den neuzeitlich-naturwissenschaftlichen Erfahrungsbegriff in *Kants* erster Kritik ist ein typisches Beispiel für das dargelegte Problem. Das System der in transzendentaler Reflexion aufzuweisenden synthetisch-apriorischen Grund-

---

[33] E. Heintel, Einführung in die Sprachphilosophie, Darmstadt ²1975, 127 - 146.
[34] 127.

sätze hängt letztlich ebenso vom geschichtlich-sprachlich-erfahrenden In-der-Welt-Sein ab wie das in ontologischer Reflexion aufzuweisende System der Proprietäten. In beiden Fällen ist das dialektische Verhältnis von Erfahrung und Apriori unabweisbar. Was das Sprachdenken der Gegenwartsphilosophie in dieser Hinsicht thematisiert hat, betrifft notwendig sowohl die klassische Ontologie als auch die klassische Transzendentalphilosophie. Dabei ist klar, daß die Konsequenz dieser Überlegung keineswegs skeptisch ist. Wir sitzen in keiner bestimmten Erfahrung (Sprache) wie die Schnecke im Schneckenhaus, sondern können im Sinne des transzendentalen Sprachsinns immer über bestimmte Sprache sprechen. Ebenso sind wir gegenüber der sich von sich selbst her zur Erscheinung bringenden Substanz nicht auf eine bestimmte Zugangs- und Gegebenheitsweise festgelegt, sondern wir können jede revidieren. Nur geht eben — aristotelisch gesprochen — der Erfahrungsprozeß weiter. Die sich ändernde „Vielheit der Erinnerungen" verändert den Erfahrungshorizont und damit das sprachlich-erfahrende In-der-Welt-Sein. Es gibt keine sprachlose oder schlechthin idealsprachliche Transzendentalität jenseits aller Geschichte. Es gibt ebensowenig das sprachlich nackte Sein an sich. Das Noumenon als solches ist Grenzbegriff im negativen Verstand.

IV. Das Wesen des Menschen

Im Sinne der beiden zentralen Ansätze europäischen Philosophierens führt die Frage nach dem Menschen einerseits in die Problematik eines Systems von *Proprietäten* und andererseits in jene eines Systems von *Existentialien*. In beiden Systemen geht es um synthetisch-apriorische Sätze.

Im ersten Fall geht die ontologische Reflexion aus vom Menschen als einem erscheinenden Seienden, um nach dessen wesentlichem Sein zu fragen, nach seiner Substantialität. Der Erfahrungsprozeß zielt darauf ab, das Eigentümliche *(proprium)* vom bloß Empirisch-Zufälligen zu unterscheiden und zu thematisieren. Die klassische Vorgangsweise zum Aufbau einer solchen Ontologie des Menschen führt zu einer komplexen Architektonik von Proprietäten. In Explikation des Baums des *Porphyrius* wird zunächst gezeigt, was dem Menschen als Körper eigentümlich zukommt. Von den Proprietäten der Körperhaftigkeit wird übergegangen zu jenen des vegetativen Lebens und von diesen wieder zu den Proprietäten der Animalität. In diesem Aufbau wird folgendes deutlich: Proprietäten einer je niederen, fundierenden Stufe erhalten auf einer je höheren Stufe eine neue, weiterführende Bedeutung. So etwa erhält die räumliche Extensivität und Koextensivität im sensomotorischen Umweltbezug der Animalien eine ganz andere Bedeutung als etwa im Bereich unbelebter Körper. Die eigentümliche Modifikation der Proprietäten der Animalität beim Menschen läßt insofern, eben weil der Mensch schon biologisch kein Tier ist, schon von der äußeren Erfahrung her Rückschlüsse auf spezifisch menschliche Proprietäten zu.

Diese im Grunde sehr alte Vorgangsweise wurde in der neueren philosophischen Anthropologie (*H. Plessner, M. Scheler, A. Gehlen, A. Portmann, F. J. J. Buytendijk, H. Lipps* u. a.) in vieler Hinsicht neu aufgenommen, präzisiert und erweitert. Das gewaltige erarbeitete Material fügt sich im Grunde nahtlos in jene Tradition einer Ontologie des Menschen, die, sehen wir von *Platon* ab, mit der Psychologie des *Aristoteles* beginnt. Der springende Punkt dieser Vorgangsweise liegt darin, daß vom Erscheinen, Verhalten, Sich-Zeigen des Menschen her Eigentümliches aufgewiesen wird, das dann — ganz im Sinne der von *Thomas* umrissenen Methode — die (unbekannte) spezifische Differenz vertritt. Dem Wert dieser Vorgangsweise widerspricht es nicht, daß sie sich notwendig in einer bestimmten Zirkelbewandtnis vollzieht. Im Etwas-als-menschliche-Proprietät-verstehen erkennt der verstehende Mensch sich wieder. Er reflektiert im Grunde sein eigenes sich wissendes Menschsein, wenn er am erscheinenden Menschen etwas als Proprietät entdeckt und versteht. Die in menschlicher Animalität transparent werdende Transzendentalität (Geist) ist in ihrem eigentümlichen Außer-sich-sein bei sich.

Wenn wir im zweiten Fall vom System der Existentialien sprechen, nehmen wir die Tatsache ernst, daß die transzendentale Reflexion in ihrer anthropologischen Tragweite eine Weiterentwicklung erfahren hat, in welcher die Existentialienanalyse *Heideggers* zweifellos einen wichtigen Platz einnimmt. Methodisch geht es darum, ausgehend vom erfahrenden In-der-Welt-Sein des Menschen nach dem Subjekt zu fragen, das dieses In-der-Welt-Sein bedingt. Es gilt zu zeigen, wie dieses Subjekt immer schon ausgelegt sein muß, damit es alltäglich-erfahrend, erkennend, handelnd und machend, in der Welt sein kann. Dabei gilt es freilich, die Rede von den Existentialien so weit zu fassen, daß auch die ganze transzendentale Problematik *Kants* darin mitumgriffen ist. So etwa ist gerade im Hinblick auf die existenzphilosophische Existentialienlehre darauf hinzuweisen, daß der (kategoriale) Weltbezug und die existentiale Selbstauslegung des Subjekts nicht voneinander getrennt werden können. „Der existierende Begriff ist immer kategoriale Weltkonstitution und existenziale Selbstauslegung in einem[35]."

Es war vorhin davon die Rede, daß die ontologische Vorgangsweise der Anthropologie in einen Zirkel führe, sofern die sich wissende Transzendentalität in der aufgewiesenen menschlichen Proprietät sich selbst

---

[35] Ders., Die beiden Labyrinthe der Philosophie, Bd. I, Wien 1968, 183.

reflektiert. Ein analoger Zirkel ergibt sich in der Existentialienlehre. Die Selbstauslegung erreicht in einem ganz bestimmten Sinne immer nur die ihr vorausgesetzte Proprietät. An diesem zweiten Zirkel zeigt sich zugleich die Grenze der Rede, das Wesen des Menschen sei seine Existenz. Das System der Existentialien bleibt systematisch ebenso auf das System der Proprietäten zurückbezogen, wie das System der Proprietäten auf das der Existentialien.

Die Frage nach dem Wesen des Menschen läßt sich insofern immer nur als die Frage nach der systematischen Einheit des Systems der Proprietäten und des Systems der Existentialien stellen. Die Geist-Seele-Leib-Problematik kreist letztlich immer um diese Frage. Auch die Beiträge der einzelwissenschaftlichen Anthropologien zum Problem des Menschen lassen sich in ihrem Stellenwert im Ganzen nur dann bestimmen, wenn die beiden Seiten der Fragestellung systematisch aufeinander bezogen sind. Wie sich die beiden Reihen synthetisch-apriorischer Sätze letztlich zueinander verhalten, wie Transzendentalität (Existenz) als leibhaftig daseiend zu denken ist, wie eine substantiale Form (Entelechie) zugleich als kategorial-weltkonstituierendes und sich existential-auslegendes Subjekt gefaßt werden kann, eben das ist die Frage.

Das Problembewußtsein der *philosophia perennis* konvergiert zwar in der Fragestellung bis zu einem bestimmten Grade, jedoch nicht in der Antwort. Die platonistische Tradition tendiert zu einer Abgetrenntheit beider Seiten voneinander, die es schwer macht, die personale Einheit des Menschen zu denken. Das aristotelische *thýrathen* des *noûs* läßt die Frage einerseits offen, steht aber andererseits im Zeichen einer von *Averroes* bis *Hegel* reichenden Interpretation auf einen überindividuellen Geist hin. Die Vorstellungen eines Parallelismus bzw. einer prästabilierten Harmonie bringen große Schwierigkeiten mit sich. Die Auffassung des *Thomas*, der Geist (als *anima intellectiva subsistens*) sei zugleich Vitalseele *(forma corporis)* des Menschen, wurde außerhalb seiner Schule im Grunde von keiner systemgeschichtlichen bedeutenden Position geteilt. *Kant* läßt das Problem letztlich offen. Bei *Hegel* führt es in die Zweideutigkeit der Rede vom existierenden Begriff.

So wenig die philosophische Tradition in der eigentlichen metaphysischen Bewältigung des Problems konvergiert, so sehr gibt es Übereinstimmung darin, daß die beiden Seiten zu unterscheiden und aufeinander zu beziehen sind. Trotz der Offenheit der abschließenden Antwort gab es insofern immer ein differenziertes Wissen um den Menschen, einen Begriff des Menschen, von dem her anthropologisch argumentiert werden kann. Vergleicht man das klassisch-antike, das hochscholastische und das deutsch-idealistische Philosophieren miteinander, so ist unschwer ein Konvergieren in dieser begrifflichen Argumentationsbasis festzustellen, deren differenziertes Problembewußtsein zweifellos auch heute als verbindlich zu betrachten ist.

Die Frage nach dem Wesen des Menschen ist insofern einerseits eine immer schon irgendwie beantwortete Frage. Sie ist aber andererseits auch immer eine stets neu zu stellende offene Frage. Dieses „Prinzip der offenen Frage" *(Plessner)* bezieht sich nicht nur auf die Offenheit der Antwort bezüglich der Einheit beider Seiten, sondern auch auf die Auslegung der Systematik jeder der beiden Seiten, also des Systems der Proprietäten und des Systems der Existentialien. Die Dialektik des sprachlich-hermeneutisch-geschichtlichen Erfahrungshorizonts mit dem Sein auf der einen und der Transzendentalität auf der anderen Seite kommt auch hier zum Zug. So sehr der Mensch seinem Wesen nach so vorausgesetzt werden muß, daß sein substantiales Sein immer schon in seine Proprietäten und seine Transzendentalität immer schon in ihre Existentialien ausgelegt ist, so sehr kann dieses an sich Ungeschichtliche nur in bestimmter Sprache und Geschichte vermeint und interpretiert werden.

Das Argumentieren vom Wesen des Menschen her erfolgt also immer auf dem Boden der Dialektik von Absolutheit und Relativität. Unsere synthetisch-apriorischen Sätze stehen nicht jenseits unseres geschichtlichen Erfahrungshorizonts. Dennoch können wir vom Wesen des Menschen her argumentieren. Die Spannung zwischen Beantwortetheit und Offenheit des Problems des Menschen gibt jeweils den Raum frei für heute mögliche, verbindliche Rede vom Menschen. Beides ist zusammenzudenken: „Der Intellekt dringt bis zum Wesen der Dinge vor." Und: „Unser Erkennen ist so hinfällig, daß kein Philosoph je das Wesen einer einzigen Mücke völlig zu erfassen vermochte[36]."

V. Zur Grundlegung der Ethik

Die beiden systemgeschichtlich wichtigsten Ansätze der abendländischen Ethik, der klassisch-naturrechtliche (vor allem im Anschluß an *Aristoteles* und *Thomas*) auf der einen und der transzendentale (im Anschluß an *Kant*) auf der anderen Seite, stehen heute in einer gewissen tendentiellen Konvergenz[37]. Sittlich-autonome und naturgesetzlich-ge-

---

[36] STh. I. II. 31, 5; — Symb. Apost.

[37] Vgl. dazu vor allem K. W. Merks, Theologische Grundlegung der sittlichen Autonomie, Düsseldorf 1978; W. Kluxen, Philosophische Ethik bei Thomas von Aquin, Hamburg ²1980; A. Auer, Die Autonomie des Sittlichen nach Thomas von Aquin, in: FS f. J. Fuchs, Düsseldorf 1977, 31 - 54; J. Schwartländer, Nicht nur Autonomie der Moral — sondern Moral der Autonomie, in: FS f. A. Auer, Düsseldorf 1980, 75 - 94; F. Böckle, Natürliches Gesetz als göttliches Gesetz in der Moraltheologie, in: F. Böckle / E.-W. Böckenförde (Hrsg.), Naturrecht in der Kritik, Mainz 1973, 165 - 188; A. Anzenbacher, Kant und die Naturrechtsethik. in: FS f. J. Messner, Berlin 1976, 127 - 146.

bundene Freiheit erscheinen insofern als zwei einander keineswegs widersprechende, vielmehr komplementär aufeinander bezogene Seiten des moralisch relevanten Freiheitsproblems. Im folgenden sollen einige Grundzüge dieser Konvergenz erörtert werden. Wir gehen dabei zunächst von *Kant* aus.

Die Frage, ob die in der empiristischen Reduktion beseitigte Freiheit des Willens Tatsache sei, führt *Kant* auf die Frage zurück, *ob reine Vernunft wirklich praktisch sei*. Kann nämlich Vernunft aus sich selbst zureichender Bestimmungsgrund des Willens sein, so ist der Wille mehr als ein bloß sinnliches Begehrungsvermögen im Zeichen der Lust-Unlust-Motivation. Ist das Praktischwerden der Vernunft Tatsache, so ist eine von aller Naturkausalität unterschiedene Kausalität aus Freiheit ein transzendentales Faktum. Nun aber ist sich der Handelnde dieses Faktums immer schon bewußt, da er sein Handeln a priori synthetisiert weiß mit der Allgemeinheit eines Vernunftgesetzes. Eben in dieser Vereinigung des Willens mit dem allgemeinen Vernunftgesetz liegt der synthetisch-apriorische Sinn des kategorischen Imperativs. Genau dieses synthetisch-apriorische „Faktum der Vernunft" ist zugleich das Faktum transzendentaler, moralisch relevanter Freiheit[38].

Nun unterscheidet sich freilich der synthetisch-apriorische Charakter des kategorischen Imperativs wesentlich von den synthetisch-apriorischen Grundsätzen der ersten Kritik. „Denn diese bezogen sich auf Gegenstände möglicher Erfahrung, nämlich auf Erscheinungen, und man konnte beweisen, daß nur dadurch, daß diese Erscheinungen nach Maßgabe jener Gesetze unter die Kategorien gebracht werden, diese Erscheinungen als Gegenstände der Erfahrung *erkannt* werden können, folglich alle mögliche Erfahrung diesen Gesetzen angemessen sein müsse. Einen solchen Gang kann ich aber mit der Deduktion des moralischen Gesetzes nicht nehmen[39]." Denn alle menschliche Einsicht ist zu Ende, „sobald wir zu Grundkräften oder Grundvermögen gelangt sind"[40]. Eben darum ist der kategorische Imperativ nicht empirisch aufweisbar oder widerlegbar. Vielmehr „ist das moralische Gesetz gleichsam als ein Faktum der reinen Vernunft, dessen wir uns a priori bewußt sind, und welches apodiktisch gewiß ist, gegeben..."[41].

Die Ausdrücke „kategorisch" (im Gegensatz zu „hypothetisch"), „formal" (im Gegensatz zu „material") und „autonom" (im Gegensatz zu „heteronom"), die *Kant* häufig verwendet, sind letztlich synonym. In allen dreien geht es darum, die nicht-empirische, allgemeine Gesetz-

---

[38] Krit. d. prakt. Vern. A 51 - 53.
[39] 80 f.
[40] 81.
[41] Ibid.

gebung der Vernunft abzuheben gegen die empirische, besondere Motivation aus Neigung (Lust-Unlust). Das Sittengesetz ist *kategorisch,* weil es in seiner vernunfthaften Allgemeinheit keine Rücksicht nimmt auf den empirisch-individuellen Vorteil des Handelnden. Es ist *formal,* weil die gesetzgebende Vernunftform als solche zureichender Bestimmungsgrund des Willens ist, der insofern als moralisch-guter Wille unabhängig von jeder empirischen Materie, also unabhängig von allen sinnlichen Neigungsmotiven ist. Es ist *autonom,* weil die Gesetzgebung aus der Vernunft und nicht aus der Sinnlichkeit, nicht aus der naturkausal-empirischen „Gesetzmäßigkeit" triebhaften Verhaltens im Zeichen von Lust und Unlust folgt. Der Imperativ „Du sollst nicht lügen!" wäre dann kategorisch, formal und autonom, wenn er ausschließlich aus der Vernunfteinsicht in seine Notwendigkeit als allgemeines Gesetz heraus Bestimmungsgrund des Willens ist. Derselbe Imperativ wäre hypothetisch, material und heteronom, wenn ich mich nur darum von ihm bestimmen ließe, weil es eine Blamage wäre, wenn man mir auf meine Lüge kommt, oder weil ich fürchte, in die Hölle zu kommen, wenn ich lüge.

Hier gilt es zweifellos, Mißverständnisse aufzuklären, die sich hinsichtlich der Autonomie- und Formalismuslehre *Kants* aus den verschiedensten Gründen ergeben haben. Zunächst wendet sich die Autonomielehre *Kants* nicht gegen Theonomie. Im Anschluß an das Postulat des Daseins Gottes heißt es: „Auf diese Weise führt das moralische Gesetz durch den Begriff des höchsten Gutes, als das Objekt und den Endzweck der reinen praktischen Vernunft, zur Religion, d. i. zur Erkenntnis aller Pflichten als göttlicher Gebote, nicht als Sanktionen, d. i. willkürlicher, für sich selbst zufälliger Verordnungen eines fremden Willens, sondern als wesentlicher Gesetze eines jeden freien Willens für sich selbst, die aber dennoch als Gebote des höchsten Wesens angesehen werden müssen, weil wir nur von einem moralisch vollkommenen (heiligen und gütigen), zugleich auch allgewaltigen Willen das höchste Gut, welches zum Gegenstande unserer Bestrebung zu setzen uns das moralische Gesetz zur Pflicht macht, und also durch Übereinstimmung mit diesem Willen dazu zu gelangen hoffen können[42]." Theonomie wäre also nur dann Heteronomie, wenn der Bestimmungsgrund des göttlichen Gebots lediglich empirisch wäre, also bloß in der Lohn- und Strafsanktion bestünde. Autonomie und Theonomie fallen jedoch zusammen, wenn das göttliche Gebot im Gewissen als Pflicht erkannt ist.

Ebenso wendet sich der Formalismus *Kants* nicht gegen den sittlichen Inhalt. Er betont lediglich, daß ein Inhalt nur dann sittlich-verbindlich sein kann, wenn er zugleich aus der Gesetzgebung der Vernunft bzw. des je eigenen Gewissens resultiert. Ist das nicht der Fall, ist der Inhalt

---

[42] 233.

empirisch, d. h. ein bloßes Neigungsmotiv. Der Inhalt, nicht zu stehlen, erlangt nur insofern moralische Pflichtbewandtnis, als ich ihn aus Vernunft als kategorisch-verpflichtend erkenne. Motiviert er mich, ohne daß ich ihn als kategorisch-verpflichtend erkenne, so kann er mich nur in der Lust-Unlust-Motivation motivieren, also etwa aus der Erwägung, daß Diebe kurze Beine haben.

Wir wenden uns kurz *Thomas* zu und rekonstruieren von ihm her den dargelegten Gedankengang *Kants*.

Die Unterscheidung zwischen niederem *(appetitus sensitivus)* und höherem Begehrungsvermögen *(appetitus intellectivus)* war für *Thomas* ebenso selbstverständlich wie die Freiheit des höheren, des Willens. Zum Aufweis der Willensfreiheit seien zwei Argumente hervorgehoben[43], die den motivlichen Zusammenhang mit der Argumentation *Kants* beleuchten: Das erste weist die Freiheit aus der Tatsache auf, daß im Tätigsein vernünftiger Wesen der Intellekt des Tätigen die Form des Tätigseins hervorbringe, während das Tätigsein vernunftloser Wesen artspezifisch-naturhaft bestimmt sei; das vernünftige Wesen ist also Ursache seiner selbst im Tätigsein *(causa sui in operatione)* und besitzt Herrschaft über sein Handeln. Freiheit wird also vom Praktischwerdenkönnen des Intellekts her im Unterschied zur bloß naturkausalen Motiviertheit bestimmt. Das zweite Argument geht davon aus, daß der Intellekt des vernünftigen Wesens jedes endlich-vorgegebene Motiv transzendiert, so daß der Wille von keinem notwendig bestimmt werden kann. Das empirische Motiv ist zwar zureichend für die Motivation des vernünftigen Wesens, jedoch nicht notwendig, da mit dem Transzendieren des Intellekts die Möglichkeit eröffnet ist, daß auch der Intellekt zureichender Bestimmungsgrund des Willens sein kann.

Daß der Intellekt immer schon zureichender Bestimmungsgrund des Willens ist, zeigt die Tatsache der *Synteresis* als natürlichen Habitus der praktischen Vernunft[44]. Ihr schlechthin apriorisches *(propositio per se nota)* Prinzip lautet: Das Gute ist zu tun und das Böse ist zu unterlassen[45]. Das Prinzip bezieht sich auf den Willen und bindet apriorisch den Willen an das Gute. Die Gegenüberstellung des Prinzips der Synteresis bei *Thomas* und des kategorischen Imperativs bei *Kant* zeigt folgendes: In beiden Fällen geht es darum, eine apriorische Bindung des Willens an die Vernunft aufzuzeigen. In beiden Fällen geht es um ein nicht weiter zurückführbares Faktum der Vernunft, einen apriorischen, letztfundierenden Imperativ der praktischen Vernunft, von dem letztlich die moralische Wertigkeit des Willens vollständig abhängt. Dasjenige

---

[43] Contra gent. II. 48.
[44] z. B. De verit. 16, 1.
[45] STh. I. II. 94, 2.

nun, woran bei *Kant* der kategorische Imperativ synthetisch-apriorisch den Willen bindet, ist *die allgemeine Gesetzgebung der Vernunft aus sich selbst*. Dasjenige, woran bei *Thomas* das Prinzip der Synteresis den Willen bindet, ist *das Gute*. Soll das Prinzip der Synteresis nicht bloß analytisch, sondern synthetisch-apriorisch sein, ist der Sinn dieser Rede vom Guten zu explizieren. Es geht also um die Frage: Wie verhält sich die allgemeine Gesetzgebung der Vernunft aus sich selbst bei *Kant* zu dem, was bei *Thomas* das Gute genannt wird?

Schon aus der Tatsache, daß das Prinzip der Synteresis Prinzip der praktischen Vernunft ist, folgt, daß das Gute im Prinzip der Synteresis nur ein Gutes in der Auslegung, in der Darstellung, in der Erarbeitung durch die praktische Vernunft sein kann. Es ist also wesentlich und immer *bonum in apprehensione rationis*[46]. *Thomas* betont diesen Sachverhalt in aller Entschiedenheit: „Darum wird ein Wille böse, weil er etwas Böses will. Freilich nicht das, was an sich (per se) böse ist, sondern das, was akzidentell böse ist auf Grund der Vorstellung durch die Vernunft[46]." Das Gute und Böse des Prinzips der Synteresis ist also auf jeden Fall nichts, was der Vernunft in welcher Art immer vorgegeben wäre. Es gibt kein der Vernunft so vorausgesetztes „Gutes an sich", daß an seiner Vorgegebenheit die moralische Wertigkeit eines Willens bemessen werden könnte[47]. „Darum muß man sagen, daß schlechthin jeder Wille, der von der Vernunft *(ratio)* abweicht, ... immer böse ist[48]." *Thomas* illustriert das mit einem Beispiel: „Sich von der Unzucht enthalten ist etwas Gutes. Dennoch richtet sich der Wille nur dann darauf als auf etwas Gutes, wenn es von der Vernunft als solches vorgestellt wird. Würde es also von der ... Vernunft als etwas Böses vorgestellt, so richtete er sich darauf in der Wertigkeit eines Bösen[49]."

Im Grunde löst *Thomas* auch die Theonomieproblematik nicht anders als *Kant*: „Darum ist niemand durch ein Gebot *(praeceptum)* verpflichtet *(ligatur)*, es sei denn vermittels eines Wissens um dieses Gebot. Darum ist der, der nicht fähig ist, es zu erfassen, auch nicht durch das Gebot verpflichtet. Auch einer, der ein Gebot nicht kennt, ist nicht verpflichtet, es zu erfüllen, es sei denn, er müßte es kennen. Müßte er es aber nicht kennen und kennt er es nicht, so ist er keineswegs durch dieses Gebot verpflichtet. Wie also im körperlichen Bereich ein körperliches Agens nur durch Berührung tätig ist, so verpflichtet im geistigen Bereich ein Gebot nur durch ein Wissen[50]."

---

[46] 19, 5.

[47] Vgl. dazu die Problemstellung bei H. Ryffel, Zur Begründung der Menschenrechte, in: J. Schwartländer (Hrsg.), Menschenrechte, Tübingen 1978, 55 - 75.

[48] STh. I. II. 19, 5.

[49] Ibid.

[50] De verit. 17, 3.

Damit ergibt sich als erste Bestimmung des Guten im Prinzip der Synteresis, daß es sich dabei immer und notwendig um eine Gesetzgebung der Vernunft handelt. Insofern erweist sich das Gewissen bei *Thomas* als ebenso autonom wie bei *Kant*. Vom Prinzip der Synteresis her ist die moralische Gesetzgebung auch ebenso formal, da ja der gute Wille ausschließlich von seiner Vernunftform her gut ist, also niemals von irgendeinem *bonum per se* her, das der Vernunft äußerlich vorgegeben wäre, sondern immer vom *bonum in apprehensione rationis* her. In diesen entscheidenden Ansatzproblemen der Ethik scheinen *Thomas* und *Kant* also weitestgehend zu konvergieren[51].

Die andere Seite des Problems betrifft die eigentliche Naturrechtsthematik. Wir folgen zunächst *Thomas*.

Es steht fest, daß das Gute im Prinzip der Synteresis wesentlich Resultat der Vernunftgesetzgebung ist. Nun stellt sich für *Thomas* die Frage, *in welchem Theoriebezug die Vernunft gesetzgebend sei*. Woran hat sich die Vernunft in ihrer Gesetzgebung erkennend, auslegend, interpretierend zu orientieren? Unmittelbar an die Formulierung des Prinzips der Synteresis heißt es: „Darin gründen alle anderen Gebote des Naturgesetzes. Denn alle jene Pflichten *(facienda)* und Verbote *(vitanda)* gehören zu den Vorschriften des Naturgesetzes, von denen die praktische Vernunft wesentlich erfaßt, daß es sich dabei um menschliche Güter handelt. Weil das Gute die Bedeutung des Zieles, das Böse aber die des Zielwidrigen hat, erfaßt die Vernunft alles das wesentlich als Gutes, woraufhin der Mensch eine wesentliche Hinordnung besitzt . . .[52]." Damit ergibt sich also für die Gesetzgebung der Vernunft ein Theoriebezug auf das dem Menschen Wesensgemäße. Anders formuliert: Im Rückgriff auf ihren Begriff des Menschen fragt die Vernunft nach dem Menschenwürdigen und bestimmt den Sinn des Guten letztlich daran. Vom Wesen des Menschen her legt sie den Sinn von Humanität aus und differenziert damit die Rede vom Guten. „Gutes", „Menschenwürdiges" und „Humanes" sind demnach synonyme Ausdrücke. Naturrechtliche Normenbegründung im Sinne des Aquinaten ist demnach Explikation des Sinns von Humanität im Rückgriff auf das Wesen des Menschen. Daß dieses Wesen des Menschen kein einfachhin Vorgegebenes, sondern ein Aufgegebenes, Auszulegendes ist und die Vernunft die Frage nach dem Menschen und dem Sinn von Humanität ständig neu zu stellen hat, wurde bereits eingehend erörtert. Wie offen *Thomas* selbst für die damit eröffnete geschichtlich-hermeneutische Problematik ist, zeigt sich in zahlreichen Texten[53].

---

[51] Vgl. dazu Anzenbacher, Anm. 37.
[52] I. II. 94, 2.
[53] z. B. I. II. 19, 10; 93, 2; 94, 4 u. 5.

Der Rede *Kants* von der allgemeinen Vernunftgesetzgebung ließe sich also bei *Thomas* gegenüberstellen die Rede von einer Vernunftgesetzgebung im Sinne der Humanität. Da es sich dabei um die vom allgemeinen Begriff des Menschen her aufzuweisende Humanität handelt, ist die im Prinzip der Synteresis angesprochene Vernunftgesetzgebung ebenfalls eine allgemeine.

Nun war es nicht das Anliegen *Kants,* in der zweiten Kritik eine Sittenlehre zu entwerfen. Aus diesem Grunde expliziert die zweite Kritik auch nicht, in welchem Theoriebezug die allgemeine Vernunftgesetzgebung im Sinne des kategorischen Imperativs zu stehen habe. Dieser Problematik stellte sich *Kant* in der *Tugendlehre* der *Metaphysik der Sitten,* wo er im Ansatz den Begriff eines „Zweckes, der zugleich Pflicht ist"[54], entfaltet. „Es muß nun einen solchen Zweck und einen ihm korrespondierenden kategorischen Imperativ geben[55]." Da nun der Mensch wesentlich als „Zweck an sich selbst"[56] existiert, kann der Zweck, der zugleich Pflicht ist, letztlich nur die Vollendung, die Entfaltung, die Verwirklichung der Humanität in der eigenen Person und in der Person jedes anderen Menschen betreffen. Die im kategorischen Imperativ genannte allgemeine Vernunftgesetzgebung steht also in einem Theoriebezug, in dem es um jene Zwecke geht, auf die der Mensch eine wesentliche Hinordnung hat.

Mag sich *Kant* in der inhaltlichen Explikation dieser Zwecke qua Tugendpflichten von *Thomas* unterscheiden, im methodischen Ansatz der Vermittlung sittlicher Inhalte bzw. der Konkretisierung des Sittengesetzes besteht Übereinstimmung. Hier wie dort bindet ein synthetisch-apriorisches moralisches Gesetz den Willen an eine allgemeine Vernunftgesetzgebung. Hier wie dort ist diese Vernunftgesetzgebung a priori in einen Theoriebezug gestellt, in dem es darum geht, den Sinn aufgegebener Humanität im Rückgriff auf einen Begriff des Menschen zu explizieren, um ihn zu verwirklichen.

In der Explikation des sittlichen Inhalts im Sinne einer derartigen naturrechtlichen Begründung der Ethik (wobei wir uns auf *Kant* ebenso wie auf *Thomas* beziehen können) kommt mit der Rede vom Guten als dem Menschenwürdigen, Humanen, Konvenienten, dem Woraufhin der wesentlichen Hinordnung *(inclinatio naturalis)* oder dem Zweck, der an sich Pflicht ist, ein neues Problem synthetisch-apriorischer Sätze zum Zuge. Wir formulieren als Beispiel folgenden praktischen Syllogismus: Es ist Pflicht, die aufgegebene Humanität zu verwirklichen. Die Kultur des eigenen Vermögens[57] gehört zur Verwirklichung der aufgegebenen

---

[54] Metaph. d. Sitten, Tugendl. A 7 - 13.
[55] 12.
[56] Grundl. z. Metaph. d. S. A 61 - 67.
[57] Metaph. d. S., Tugendl. A 15.

Humanität. Es ist also Pflicht, das eigene Vermögen zu kultivieren. — Das neue Problem synthetisch-apriorischer Sätze zeigt sich in der Minor dieses praktischen Syllogismus. Es geht darum, etwas als Eigentümlichkeit, als Implikat, als Auslegung aufgegebener Humanität zu bestimmen. Wie es in der Anthropologie darum ging, die Proprietäten und Existentialien des Menschseins aufzuweisen, um jede der beiden Seiten zu systematisieren und schließlich beide systematisch aufeinander zu beziehen, so geht es jetzt darum, (durchaus von dieser anthropologischen Basis her) Sinnansprüche, Hinordnungen, Zwecke, die an sich Pflichten sind, aufzuweisen. Es geht also um den Aufweis der apriorischen, notwendigen Synthese von aufgegebener Humanität und bestimmtem Sinnanspruch, bestimmter Hinordnung, bestimmtem Zweck.

In diesem Sinn sind die Sätze der Sittenlehre als synthetische Sätze a priori zu verstehen, wobei nochmals an die damit immer mitgesetzte Relativität und die geschichtlich-hermeneutische Abschattung zu erinnern ist. Wenn *Kant* von der Korrespondenz eines Zwecks und eines kategorischen Imperativs spricht, so geht es letztlich ebenso um diese apriorische Synthesis, wie wenn *Thomas* das *bonum* im Prinzip der Synteresis als ein *conveniens* bezüglich des Wesens des Menschen bestimmt.

VI. Erfahrung und Apriori in Messners „Kulturethik"

Es kann im folgenden nur darum gehen, von der umrissenen Fragestellung her eine Einordnung zu versuchen. Wir gehen dabei aus von *Messners* Begriff des „ursprünglichen (elementaren) sittlichen Bewußtseins"[58]. Gemeint ist damit jene ursprüngliche sittliche Verfaßtheit des Menschen, die sich etwa zeigt in der Tatsache des Gewissens, im Wissen um Gut und Böse, in der Unbedingtheit der Pflicht, im Schuldigwerdenkönnen etc. Dabei handelt es sich „nicht um eine klare begriffliche Erkenntnis und noch weniger um ein von einzelnen sittlichen Entscheidungen losgelöstes Bewußtsein einer Gesamtheit von sittlichen Verpflichtungen etwa in Form eines Moralsystems"[59].

Messner betont, daß selbst „allgemeinste sittliche Wahrheiten" „nicht angeboren, sondern erworben" sind; „angeboren ist nur die Anlage zu dieser Einsicht". Wir könnten also sagen: Angeboren ist der natürliche Habitus der Synteresis bzw. (zumindest implizit) der kategorische Imperativ. Insofern ist das ursprüngliche sittliche Bewußtsein zunächst

---

[58] J. Messer, Kulturethik, Innsbruck ²1954, 11; vgl. zum folgenden vor allem: G. Höver, Erfahrung und Vernunft. Untersuchungen zum Problem sittlich-relevanter Einsichten unter der besonderen Berücksichtigung der Naturrechtsethik von J. Messner, Diss. Bonn 1979, voraussichtlich Düsseldorf 1980.

[59] Messner, 11.

tabula rasa auf seine Weiterbestimmung hin, die ihr im Zuge eines Erfahrungsprozesses zukommt. Welcher Art ist dieser Erfahrungsprozeß? „Wenn aber einmal erkannt, werden die allgemeinsten sittlichen Wahrheiten von der voll entwickelten Vernunft als in sich gewiß und notwendig gültig, unabhängig von der Art ihrer Erwerbung auf Grund äußerer Erfahrung, eingesehen[60]." „Der Mensch weiß, sie gelten für alle Menschen. Denn er weiß, daß seine Vernunft ihm ihre innere Notwendigkeit bezeugt und daher für jede menschliche Vernunft die sittlichen Wahrheiten ... durch sich gewiß sind[61]."

In diesem Sinne nennt *Messner* die sittlichen Wahrheiten synthetische Urteile a priori. Im Anschluß an die Illustration der Fragestellung am Beispiel der goldenen Regel heißt es: „Weil in schauendem Erkennen auf Grund von Erfahrung und Überlegung die innere Notwendigkeit des fraglichen Sachverhalts eingesehen wird, bildet die goldene Regel ein synthetisches Urteil a priori. Auf ähnliche Weise sind alle elementaren sittlichen Wahrheiten, wie wir sie im Laufe der Erörterung der sittlichen Tatsachen und der sittlichen Wahrheit erörtert haben, *synthetische Urteile a priori*: Unmittelbar einsichtige Wahrheiten auf Grund von Erfahrung und einfacher Vernunftüberlegung[62]." Als Beispiele werden neben der goldenen Regel angeführt die „Verpflichtung zu Gehorsam, Treue, Redlichkeit, Wahrhaftigkeit"[63].

Der synthetisch-apriorische Charakter derartiger elementarer sittlicher Wahrheiten bei *Messner* scheint demnach durchaus mit dem übereinzustimmen, was sich am Ende des letzten Abschnitts von *Thomas* und *Kant* her ergab. Es geht darum, die notwendige Zusammengehörigkeit von aufgegebener Humanität und bestimmtem Sinnanspruch, bestimmtem „wesenhaften Lebenszweck"[64] in der Allgemeinheit des Sinns von Humanität zu erfassen. Es geht also, wie *Kant* es formuliert, um die Korrespondenz zwischen einem Zweck und einem kategorischen Imperativ.

Dabei unterscheidet *Messner* allgemeinste Prinzipien der sittlichen Vernunft von elementaren sittlichen Prinzipien[65]. Beispiele für die ersteren sind etwa „Sei dein wahres Selbst als Mensch". „Das Gute ist zu tun, das Böse zu meiden; dem Gewissen mit seiner Stimme über Gut und Böse einer Handlung mußt du folgen; wahre in allem Verhalten die Menschenwürde ..."[66]. Es ist unschwer zu sehen, daß es in der For-

---

[60] 17.
[61] 18.
[62] 244.
[63] 245.
[64] 156.
[65] 243.
[66] 241.

mulierung solcher allgemeinster Prinzipien letztlich um das gleiche Problem geht wie in den diversen Formulierungen des kategorischen Imperativs bei *Kant*. In ihnen wird letztlich immer Humanität im allgemeinen als aufgegeben begriffen. In den elementaren sittlichen Prinzipien jedoch wird dieser allgemeine Sinn aufgegebener Humanität als notwendig verbunden mit einem bestimmten Sinnanspruch oder Zweck gedacht. Die synthetisch-apriorische Bewandtnis besteht im ersten Fall in der Bindung des Willens an die allgemeine Vernunftgesetzgebung im Hinblick auf aufgegebene Humanität überhaupt, im zweiten Fall in der Bindung aufgegebener Humanität an den bestimmten Sinnanspruch. Von den elementaren sittlichen Prinzipien und deren Ableitungen in absoluter Ordnung ist schließlich eine dritte Ebene abzuheben, die des praktischen Urteils im Hinblick auf die Situation. Hier geht es darum, die Forderungen der sittlichen Ordnung „in den Einzelheiten des Alltagslebens zu erkennen"[67]. In welchem Sinne sich elementare sittliche Prinzipien auf der dritten Ebene im Zeichen der Klugheit als analog erweisen können und wie sich diese Frage in der Spannung von *Aristoteles* und *Thomas* auf der einen und *Kant* auf der anderen Seite im Hinblick auf *Messner* stellt, kann hier nicht erörtert werden.

Das Eigentümliche des ethischen Ansatzes bei *Messner* ist zweifellos die außerordentliche Betonung der Erfahrung im Gesamtraum ethischen Erkennens. Die ethischen synthetischen Urteile a priori sind in der Erfahrung fundierte Vernunfteinsichten, Apriositäten also, die in geschichtlich-gesellschaftlichen Erfahrungskontexten aufgefunden werden. Wir haben ausgehend vom aristotelischen Erfahrungsbegriff über die Wesenserkenntnis bei *Thomas,* die transzendentale Reflexion und die anthropologische Fragestellung zu zeigen versucht, wie in allen Ebenen, in denen von synthetisch-apriorischen Sätzen die Rede ist, Erfahrung als geschichtlich-sprachlich-hermeneutisches Problem zu berücksichtigen ist. *Messner* betont in verdienstvoller Weise eben diese Bedeutung der Erfahrung in der ethischen Erkenntnis. Er tat dies zu einer Zeit, in welcher das Problem der Geschichtlichkeit, der Hermeneutik, der Sprachlichkeit noch nicht voll in das Bewußtsein der Philosophie getreten war, in einer Zeit, in der das analytische wie das phänomenologische Denken noch weithin meinten, eben dieses Problem überspringen zu können, sei es auf eine geschichtslose Idealsprache im Sinne des logischen Empirismus hin, sei es auf eine ebenso geschichtslose Eidetik der Wesenheiten und Werte hin. Zugleich war es noch die Zeit neuscholastischer ethischer und moraltheologischer Systeme, die oft ebenso erfahrungs- und geschichtsblind waren. *Messner* spricht nicht von einem dialektischen Sachverhalt zwischen synthetischem Apriori und geschichtlich-sprach-

---

[67] 203.

lich-hermeneutischem Erfahrungsproblem. Zur Zeit des Erscheinens seiner großen Werke war er aber einer der wenigen, die sich dieser Fragestellung bewußt waren.

NEIGUNGEN UNTER DEM GESETZ DER VERNUNFT BEI THOMAS UND KANT

Versuch eines Vergleiches

Von Peter Inhoffen

I. Zum Thema

Der Begriff der existentiellen Zwecke ist nach Messner von zentraler Bedeutung für die Ethik. Er geht auf die die Lehre von den inclinationes naturales des Thomas von Aquin zurück. Was ist von der Vorstellung existentieller Zwecke zu halten? Handelt es sich um eine Neuauflage des Eudämonismus, den man durch den Kantschen Kritizismus überwunden dachte? Leistet der Gedanke an existentielle Zwecke einer unbesehenen Übertragung von Ergebnissen der empirischen Humanwissenschaften wie der Verhaltensforschung in die Ethik Vorschub?

Zuerst soll der Begriff der existentiellen Zwecke bei Messner skizziert werden. Daran anschließend wird eine einschlägige Passage aus der Summa theologica frei wiedergegeben, paraphrasiert und durch Zusätze erläutert. Das Ergebnis soll mit einigen Positionen Kants aus der Kritik der reinen Vernunft, aus der Grundlegung zur Metaphysik der Sitten, aus der Kritik der praktischen Vernunft und aus der Religion innerhalb der Grenzen der bloßen Vernunft konfrontiert werden. Nach einem Aufweis von Gemeinsamkeiten und Unterschieden ist ein Fazit zu ziehen.

II. Existentielle Zwecke bei Messner

Messner sagt in seiner Monographie über das Naturrecht:

Die „existentiellen Zwecke" werden den *Grundbegriff unserer Ethik* bilden[1].

Er führt mehrere Gründe dafür ins Feld. Besonders wichtig erscheint uns einmal die Triebkonstitution des Menschen zu sein[2]. Mensch und Tier gemeinsam ist die Leibhaftigkeit. Das Tier erstrebt instinktiv die Ziele, die ihm aufgrund seiner triebhaften Anlage vorgegeben sind. Der

---

[1] Das Naturrecht, Innsbruck ⁵1966, 42.
[2] a.a.O., 33 f., 39 ff.

Mensch vermag sich seiner Antriebe und Neigungen kraft seines Verstandes bewußt zu werden und so in Distanz zu ihnen zu treten. Mit Hilfe der Vernunft ist er imstande, Art und Ausmaß der Befriedigung seiner Bedürfnisse zu steuern. Er kann sogar lebenswichtige Bedürfnisse zurückstellen, er kann sie ebenso über eine elementare Sättigung hinaus verfeinern und steigern.

Zum andern ist der Ausgang von der Erfahrung bedeutungsvoll[3]. Die Zunahme der Einsichten in die Zusammenhänge der Natur durch die Erfahrungswissenschaften und ihre technisch-industrielle Verwertbarkeit liegen auf der Hand. Je unkontrollierbarer die Folgen werden, desto dringlicher stellt sich die ethische Frage. Zu ihrer sachgerechten Beantwortung genügen abstrakte Prinzipien allein nicht. Sie können nur dazu dienen, Vorschriften für das Verhalten im einzelnen schlüssig abzuleiten.

In dritter Hinsicht ist die Finalität ein durchgehender Wesenszug für den Menschen und im gesamten Kosmos[4]. Die Organisation der Materie und der zahllosen Lebewesen offenbart eine kunstvolle Zweckmäßigkeit. Sie nötigt jedem Betrachter immer wieder Bewunderung ab. Der Mensch ist selber Teil der materiellen Schöpfung durch seine Leibhaftigkeit; aufgrund der Vernunft ist er fähig, sich selber Ziele zu setzen und sein Handeln in Zweck-Mittel-Relationen einzuordnen. Die Notwendigkeiten der Daseinsvorsorge lassen die planvolle Lebensführung dem Menschen zur Aufgabe werden.

Vorstehende Darlegungen wollen keine verkürzte Wiederholung der Gedanken Messners sein, sondern seine Ausführungen unterstreichen.

III. Beziehung der existentiellen Zwecke zu den natürlichen Neigungen

Die Berührungen der existentiellen Zwecke mit den natürlichen Neigungen sind mehrfach. Im Rahmen eines Festschrift-Beitrages ist es nicht tunlich, sämtlichen Bezügen nachzugehen. Es liegt uns daran, einen Artikel der Summa theologica näher zu untersuchen, in dem Thomas Naturgesetz und Neigungen eng miteinander verknüpft. Messner selbst stützt sich besonders auf diese Aussage bei Thomas[5].

Er zieht es vor, statt von Neigungen ausdrücklich von Trieben zu sprechen[6]. Andere verwenden Geneigtheiten[7] oder Hinneigung[8]. Die drei

---

[3] a.a.O., 44 f.

[4] a.a.O., 46 f.

[5] a.a.O., 40 Anm. 8.

[6] Ähnlich M. Wittmann, Die Ethik des hl. Thomas von Aquin, München 1933, 335 f.; H. Meyer, Thomas von Aquin, Paderborn ²1961, 601 f.

[7] O. H. Pesch, Das Gesetz, Graz 1977 (Bd. 13 der Deutschen Thomas-Ausgabe), 74, einmal; daneben Neigung, öfters.

Arten von natürlichen Neigungen betreffen Selbsterhaltung, Arterhaltung und Gemeinschaftsleben sowie die Wahrheitserkenntnis. Sie entsprechen in ihrer Rangfolge drei Seinsschichten im Menschen[9]. Durch seine Materialität gehört der Mensch in die unbelebte Natur. Die Leibhaftigkeit ist ihm mit den Tieren als (höheren) Lebewesen gemeinsam. Die Vernunftnatur hebt ihn aus allen übrigen Geschöpfen heraus; die Verbindung von Leib und Geist im Menschen bringt die spezifisch menschliche Soziabilität hervor und ebenso sein spezifisches Verhältnis zur Wahrheit im Ganzen als Suchender, als homo viator.

IV. Die natürlichen Neigungen als materialer Gehalt des Naturgesetzes nach S. th. I. II. 94, 2

Der Gesichtspunkt, unter dem Thomas auf die natürlichen Neigungen zu sprechen kommt, ist das Verhältnis des einzig-einen sittlichen Naturgesetzes zu den vielen Geboten: „Enthält das Naturgesetz mehrere Gebote oder nur ein einziges?[10]" Die zu widerlegende Annahme ist, daß das sittliche Naturgesetz allein ein Gebot umfaßt. Kurz vorweggenommen lautet die Antwort, daß sich die vielen Gebote aus dem Naturgesetz durch eine Vermittlung mit den natürlichen Neigungen ableiten. Der formal-logische Zusammenhang bleibt dabei nach dem Modell von Ableitungen aus den ersten Prinzipien der Metaphysik gewahrt.

Die einleitende Unterstellung begründet Thomas damit, daß das Gesetz zur Gattung der Gebote gehöre. Aus einer Mehrzahl von Geboten des sittlichen Naturgesetzes wäre eine Mehrzahl von sittlichen Naturgesetzen selbst zu folgern. Das ist offenkundig ein Widerspruch.

Weiter ergibt sich das sittliche Naturgesetz folgerichtig aus der menschlichen Natur. Die menschliche Natur ist jedoch eine einzige rücksichtlich des Ganzen, vielgestaltig hingegen bezüglich ihrer Teile. Je nachdem könnte es dann bloß ein Gebot des sittlichen Naturgesetzes wegen der Einheit des Ganzen geben, oder aber es gibt mehrere gemäß der Vielfalt der menschlichen Natur. Es ist bemerkenswert, daß Thomas damit das Argument zusammenschließt, auch was die Begierde betreffe, gehöre zum sittlichen Naturgesetz. Die Begierde ist sicherlich Teil der menschlichen Natur.

Endlich gehört das Gesetz zur Vernunft. Da der Mensch aber nur eine Vernunft besitzt, kann es nur ein Gebot des sittlichen Naturgesetzes geben.

---

[8] W. Kluxen, Philosophische Ethik bei Thomas von Aquin, Mainz 1964, 234 in Verbindung mit Anm. 16, 235 in Verb. m. Anm. 18; Meyer, a.a.O., 602.

[9] Meyer, a.a.O., 601.

[10] Übersetzung hier wie in der Deutschen Thomas-Ausgabe.

Der grundlegende Gegeneinwand ergibt sich aus einer Analogie. Mit den Vorschriften des sittlichen Naturgesetzes im Menschen hinsichtlich seiner Handlungen verhält es sich wie mit den ersten Prinzipien jeglicher Beweisführung. Da der ersten unbeweisbaren Prinzipien mehrere sind, gilt das ebenfalls für die Gebote des sittlichen Naturgesetzes.

Das führt Thomas derart aus, daß sich die Gebote des Naturgesetzes zur praktischen Vernunft wie die ersten Prinzipien aller Beweisführung zur spekulativen Vernunft verhalten: beide Arten oberster Sätze sind evident.

Man muß nun zwischen objektiver und subjektiver Evidenz unterscheiden. Objektiv evident ist ein Urteil, wenn sich das Prädikat aus dem Subjekt ergibt, wenn wir es demnach mit einem analytischen Apriori zu tun haben. Wittmann konstatiert, daß Thomas hier über Aristoteles hinausgeschritten sei

mit der Annahme, daß die Erklärung tatsächlich davon herzuleiten sei, daß nur analytische Urteile in Betracht kommen; eine Annahme, über die in der Folge erst Kant hinausgedrungen ist, mit der Lehre, daß es auch synthetische Urteile a priori gibt[11].

Durch irgendwelche Umstände mag es sein, daß jemand die Definition des Subjekt-Begriffs nicht kennt. Dann ist für ihn jenes Urteil subjektiv nicht unmittelbar einleuchtend.

Wer beispielsweise vom Menschen spricht, spricht davon, daß er vernünftig ist, weil das zu seiner Wesensnatur gehört, so daß dies ohne weiteres einleuchtet außer für den Fall, daß jemand nicht wüßte, was der Mensch ist.

Daraus ergeben sich zwei Klassen von Urteilen nach ihrer subjektiven Evidenz. Die einen springen jedermann sofort in die Augen, wie etwa: das Ganze ist größer als sein Teil, oder wenn Dinge einundderselben dritten Sache gleich sind, sind sie auch untereinander gleich.

Eine Anzahl von Aussagen ist dagegen nur den geschulten Köpfen einleuchtend, weil sie wissen, was die Begriffe bedeuten, die Gegenstand der Aussagen sind. So bedarf es einer gewissen Übung im Denken, damit man sofort erfaßt, daß der körperlose reine Geist nicht gemäß räumlicher Ausdehnung präsent ist.

Nunmehr kehrt Thomas zu dem zurück, was alle erkennen können. Hier herrscht eine Rangfolge. Was ich zunächst erfasse, ist das Sein. Seine Erkenntnis ist eingeschlossen in allem und vorausgesetzt bei allem, was jemand mit dem Verstand begreift[12]. Daraus leitet sich das erste durch

---

[11] Die Ethik des hl. Thomas von Aquin, 341.
[12] Die Übersetzung mit Seiendes, Deutsche Thomas-Ausgabe 73 ff., ist u. E. nicht korrekt; vgl. G. M. Manser, Das Wesen des Thomismus, Freiburg/Schw. ³1949, 263 ff., 274 ff.

Schlußfolgern unbeweisbare Prinzip ab, daß Bejahung und Verneinung nicht dasselbe sind. Das folgt aus dem Sinngehalt von Sein und Nichtsein. Alle übrigen Grundsätze ergeben sich daraus.

Die Erkenntnis von Sein im allgemeinen mit Hilfe des Verstandes hat ihre Entsprechung in der Erkenntnis des Guten im allgemeinen[13] mit Hilfe der praktischen Vernunft. Sie ist auf das Tun ausgerichtet und erfaßt als erstes den Aspekt des Guten. Der Grund dafür liegt in der Finalität. Alles Wirken ist zielgerichtet, geschieht eines Zieles wegen, und das Ziel als das Erstrebenswerte hat den Charakter des Guten.

Thomas gelangt dabei beachtenswerterweise von der Strebekraft her zur Feststellung, der erste Grundsatz für die praktische Vernunft folge aus dem Sinngehalt des Guten, weil gut ist, was allgemein angestrebt wird. Er konstatiert ein „Naturgesetz", wenn er sagt, „gut ist, was alle anstreben".

Die Strebekraft ist gut durch sich selbst, durch ihr Formalobjekt. Nicht ist etwa gut dadurch, daß es angestrebt wird, sondern es wird unter der Hinsicht des Gutseins erstrebt. „Das Gute ist es, was alle Wesen erstreben." Damit ist noch offen, ob ein tatsächliches Strebensziel, ein Gegenstand des Strebens, ontologisch gut ist im Ausmaß und in der Rücksicht, wie es erstrebt wird. Die ontologisch bedingte Gravitation, der „Magnetismus" des ontologisch Guten ist nicht geleugnet; jene Gravitation auf das Gute hin liegt im Vorverständnis des Axioms, daß Sein und Gutsein vertauschbar sind. Die Strebensrichtung auf das Gute im allgemeinen haftet der Strebekraft an; über die tatsächliche „Güte" eines erstrebten einzelnen konkreten Seienden in der Weise, wie es erstrebt wird, ist damit noch nichts ausgemacht. Eine „Heiligsprechung" von faktischen Strebenszielen darf aus jenem „Naturgesetz" nicht herausgelesen werden.

Damit rühren wir an den Kern unseres Problems. Wittmann führt dazu aus:

Das Naturgesetz scheint nur auf eine Vernunft, und nicht auch auf einen Willen hinzuweisen. Dennoch kennt der Scholastiker das Naturgesetz auch noch in einer anderen Gestalt. Als Anteil am ewigen Gesetz bestimmt er das Naturgesetz auch jetzt; nur teilt sich das ewige Gesetz den endlichen Wesen nicht bloß in der Form einer natürlichen Erkenntnis mit, sondern auch ... in der Form einer natürlichen Neigung oder Willensrichtung. Auch in den natürlichen Trieben gelangt die Ordnung zum Ausdruck, die der Schöpfer den Dingen vorgeschrieben hat; das Naturgesetz äußert sich auch in natürlichen, auf feste Ziele hingeordneten Streben[14].

Dieser Gedanke läßt sich bis dahin ausziehen, daß eine Erfassung des Naturgesetzes außer durch die Vernunft auch aus den naturgegebenen

---

[13] Wittmann, Die Ethik des hl. Thomas von Aquin, 36 f.
[14] a.a.O., 335 f.

Strebungen möglich ist. Der Grund dafür ist, daß die gesamte Schöpfung von der lex aeterna übergriffen ist.

Es ist immerhin beachtlich, daß Thomas von Aquin das Naturrecht nicht direkt auf der menschlichen Vernunft aufbaut, sondern daß er es im vorsittlichen und vorvernünftigen Bereich des Menschen verankert, nämlich in den Tendenzen, Neigungen und Instinkten der menschlichen Natur. Man steht vor der irritierenden Tatsache, daß menschliche Bedürfnisse und Tendenzen Norm und Gesetz des Handelns sind. Noch mehr: nicht weil der Mensch etwas als gut erkennt, ist es gut, sondern umgekehrt. Und ontologisch erstrebt er das Gute nicht, weil er es als Gut erkannt hat, sondern umgekehrt: weil er es in der vorgängigen Gewilltheit des Ur-Instinktes erstrebt, deshalb erkennt er es auch als gut[15].

Seckler beruft sich für seine Behauptung auf einen Satz aus unserem Artikel der Summa theologica, „alles, wozu der Mensch von Natur aus geneigt ist, erfaßt die Vernunft daher auf natürlichem Wege als gut und folglich als in die Tat umzusetzen" (Deutsche Thomas-Ausgabe). In der Folge bestimmt Seckler jenen „Ur-Instinkt" des Menschen als eine „apriorisch bestimmte Gewilltheit des Subjektes"[16].

Aus dem Ersterfaßten der praktischen Vernunft ergibt sich gleichfalls nach dem Schema der Kontradiktion als Urprinzip der praktischen Vernunft das Grundgebot des sittlichen Naturgesetzes, das Gute ist zu tun, das Böse ist zu lassen. Alle anderen Gebote des sittlichen Naturgesetzes gründen sich darauf. Was immer zu tun und zu lassen ist gemäß dem, was die praktische Vernunft natürlicherweise als menschliche „Werte" erfaßt, gehört zu den Vorschriften des sittlichen Naturgesetzes.

Damit tritt die Argumentation in ein neues Stadium. Jetzt dreht es sich um die „bona humana", um Zielgüter, wiedergegeben als menschliche Werte. Die Deutsche Thomas-Ausgabe verwendet dafür menschliches Gut in der Einzahl. Der Wertgedanke im modernen Verständnis lag der mittelalterlichen Scholastik allerdings fern[17]. Zugleich steht damit die Güterethik, der Eudämonismus zur Debatte. Weil das Gute Zielcharakter hat, das Böse aber den Charakter des Gegenteils, erfaßt die (praktische) Vernunft natürlicherweise all das als „Güter" und folgerichtig als tätig zu erstreben, zu dem der Mensch eine natürliche Neigung hat, und das Entgegengesetzte als (sittliche) Übel und zu vermeiden.

Ist das in gewisser Weise tautologisch, weil das Gute als Subjekt durch den Charakter des Erstrebenswerten prädiziert wird? Oder bewirkt eine der Erkenntnis vorausliegende Neigung, daß die praktische

---

[15] M. Seckler, Instinkt und Glaubenswille nach Thomas von Aquin, Mainz 1961, 134 f.

[16] a.a.O., 137.

[17] Vgl. H. Hammer, Gott, Urgrund aller Werte, Hildesheim 1972, 8 ff.

Vernunft ein Strebensziel umgekehrt quasi aposteriori als gut ansieht? Wird also etwas nachträglich als gut etikettiert, weil ein blinder Naturdrang sich darauf richtet?

Dafür scheint zu sprechen, daß Thomas die Rangordnung der Vorschriften des sittlichen Naturgesetzes von der Rangordnung der natürlichen Neigungen abhängen läßt. Die umfassendste Gravitation auf das Gute gemäß der Natur findet sich im Menschen in dem Bereich, in dem er mit allen Substanzen übereinkommt, nämlich darin, daß jede Substanz gemäß ihrer Natur nach Selbsterhaltung strebt. In Entsprechung zu dieser Neigung gehört zum Naturgesetz alles, wodurch das Leben des Menschen erhalten wird, und das Gegenteil wird verhindert.

Weiter besitzt der Mensch eine Strebensrichtung auf einige speziellere Dinge aufgrund der Natur, die er mit den übrigen Tieren gemeinsam hat. In dieser Hinsicht gehört zum Naturgesetz, „was die Natur alle Tiere gelehrt hat", wie die Verbindung von Mann und Frau, die Erziehung der Kinder und ähnliches.

In einer dritten Rücksicht haftet dem Menschen eine Tendenz zum Guten gemäß dem Wesen der Vernunft an, die ihm eigentümlich ist, insofern der Mensch eine natürliche Neigung besitzt, die Wahrheit über Gott zu erkennen und in Gemeinschaft zu leben. So gehört unter dieser Rücksicht etwa zum Naturgesetz, daß er Unwissenheit vermeidet, daß er andere nicht verletzt, mit denen er verkehren muß, und ähnliches.

Der erste Einwand wird somit hinfällig, weil all jene Vorschriften des Naturgesetzes ein einziges Naturgesetz darin ausmachen, daß sie in dem einen Urgrundsatz zusammenlaufen (das Gute ist zu tun, das Böse ist zu lassen).

Der andere Einwand erledigt sich dadurch, daß sämtliche Neigungen welcher Teile der menschlichen Natur auch immer, wie Begierlichkeit (Libido) oder Zornmut (Aggressivität) zum Naturgesetz zählen, insofern sie von der Vernunft gesteuert[18] und (dabei) auf den einen Urgrundsatz zurückgeführt werden. Es gibt also, für sich genommen, viele Vorschriften des sittlichen Naturgesetzes, die dennoch aus der einen Wurzel entspringen.

Endlich ist die Vernunft zwar nur eine, dennoch ordnet sie alles, was die Menschen angeht. Demgemäß fällt alles unter das Gesetz der Vernunft, was durch die Vernunft gelenkt werden kann. — Die Maximen des Handelns — die vielen Vorschriften und Gebote, die nicht mit den Zehn Geboten gleichzusetzen sind, sondern sich aus der Situation ergeben, ohne jedoch den Zehn Geboten in ihrem Wertgehalt zu wider-

---

[18] S. th. I. II. 94, 4 ad 3.

sprechen — machen also zugleich das sittliche Naturgesetz aus, aber im Blick auf jeweilig konkretes Verhalten.

V. Kants erkenntnistheoretisches Problem und die dreifache Anlage im Menschen

Der gedankliche Weg verläuft bei Thomas aus erkenntnistheoretischen Gründen anders als bei Kant. Bei Thomas herrscht ein erkenntnistheoretischer Optimismus; er hält das sittliche Naturgesetz für evident — mit den oben erwähnten subjektiv bedingten Einschränkungen. Daraus leiten sich die praktischen Maximen für das jeweilige Handeln ab.

Kant kämpft gegen den zeitgenössischen Skeptizismus. Er nennt ihn mit Materialismus, Fatalismus, Atheismus, Unglauben, Schwärmerei und Aberglauben sowie Idealismus in einem Atemzuge[19]. Er möchte vermeiden, daß ein unkritischer Gebrauch der Vernunft wegen der Unhaltbarkeit der Behauptungen Anlaß zum Skeptizismus wird[20]. Er geht induktiv von der geplanten Handlung aus und erhebt aus ihr die Maxime, die sie leitet, und testet sie daraufhin, ob sie verallgemeinert werden kann, ob sie Grundlage einer allgemeinen Gesetzgebung werden kann[21]. Das sittliche Naturgesetz ist nicht mehr ohne weiteres als evident angenommen, wenn man es als einen material-inhaltlich umschriebenen Pflichtenkatalog versteht, wiewohl Kant unterstellt:

> Welche Form in der Maxime sich zur allgemeinen Gesetzgebung schicke, welche nicht, das kann der gemeinste Verstand ohne Unterweisung unterscheiden[22].

An die Stelle eines sittlichen Naturgesetzes tritt ein Moral- oder Sittengesetz, welch letzterer Begriff „Thomas fremd ist"[23]. Dies ist für Kant ein unmittelbar evidentes, nicht mehr weiter rückführbares „Faktum der Vernunft".

Doch ihm geht es darum, angesichts einer schon weit fortgeschrittenen Auflösung metaphysischer Gewißheiten[24] ein Bollwerk, einen uner-

---

[19] Kritik der reinen Vernunft, 2. Aufl. 1787, Akademie-Ausgabe Bd. 3, 21.10 - 15.

[20] a.a.O., 41.29 - 32.

[21] Kritik der praktischen Vernunft, 1788, Akad.-Ausg. Bd. 5, 27.03 - 28.03, 29.14 - 22.

[22] a.a.O., 27.21 - 22. „Gleichwohl gebietet das sittliche Gesetz jedermann, und zwar die pünktlichste, Befolgung. Es muß also zu der Beurteilung dessen, was nach ihm zu tun sei, nicht so schwer sein, daß nicht der gemeinste und ungeübteste Verstand selbst ohne Weltklugheit damit umzugehen wüßte": 36.35 - 39.

[23] Kluxen, a.a.O., 225.

[24] J. Bohatec, Die Religionsphilosophie Kants in der „Religion innerhalb der Grenzen der bloßen Vernunft", Hamburg 1938 (Nachdr. 1966), 11: „Während

schütterlichen Damm gegen die sich heranwälzende Flut des Empirismus zu errichten. Sie hat ja inzwischen die geistige Landschaft zur Genüge überschwemmt.

Die zu einer allgemeinen Gesetzgebung geeigneten Maximen bei Kant bilden die Entsprechung zu den vielen Vorschriften des sittlichen Naturgesetzes bei Thomas, da es ja unübersehbar viele mögliche Handlungsweisen gibt, die sich entweder aus dem sittlichen Urgrundsatz deduzieren lassen oder deren Maximen sich induktiv als verallgemeinerungsfähig eruieren lassen. —

Es kommt nun entscheidend auf die Apriorität im einen wie im andern Falle — Thomas oder Kant — an, also darauf, wie der Bezug zur Empirie hergestellt wird und welchen Einfluß die Empirie auf das Handeln hat.

Mas Mittelglied zwischen Empirie und Vernunft ist das Menschenbild. Mit den spärlichen Hinweisen auf die natürlichen Neigungen in unserem Artikel setzt Thomas ein Menschenbild im Umriß voraus. Letztlich ist es eine theologisch abgezweckte Aussage über den Menschen[25]. Sie bezieht Grundsätze einer philosophischen Anthropologie in den natürlichen Neigungen ein. Aufgrund der theologischen Struktur der Ethik des hl. Thomas erscheint der Mensch einerseits total in den Zusammenhang der Schöpfung eingebettet, mit seiner gesamten leibgeistigen Natur. Wie alle Wesen wird auch der Mensch vom ewigen Gesetz in Gott geleitet. Angesichts des unendlichen Abstands vom Schöpfer zum Geschöpf rückt der Mensch dabei notwendigerweise auf eine Seite mit den untervernünftigen Geschöpfen. In ihnen allen ist das ewige Gesetz gegenwärtig und wirksam durch natürliche Neigungen in abgestufter Rangfolge. Der Mensch ragt dabei durch das Vermögen der Vernunft heraus, das ihn befähigt, die sich in den natürlichen Neigungen meldenden existentiellen Zwecke sich zum Gegenstand zu machen und sie zu taxieren. —

Wir neigen von einem unterschwellig „idealistischen" Vorverständnis dazu, einen tiefen Abgrund zwischen Mensch und nichtmenschlicher Natur aufzureißen, vielleicht in mißverstandener Auslegung des Schöpfungsauftrages[26] oder des Psalmwortes: „Doch hast du wenig geringer

---

in der zweiten Hälfte des vorigen Jahrhunderts der *Neukantianismus* Kant als den Zerstörer der Metaphysik angesehen hatte, drängt sich in der letzten Zeit die Anschauung hervor, daß der Kritizismus Kants nur die Begründung einer neuen Metaphysik ... sein wollte."

[25] Kluxen, a.a.O., 243 f. betont den theologischen Charakter der Ethik des hl. Thomas.

[26] E. Benz, Der Mensch in christlicher Sicht; in: Neue Anthropologie, hrsg. H.-G. Gadamer / P. Vogler, Bd. 6, Stuttgart 1974, 376: „In der neueren abendländischen Theologie ist der Gedanke der Solidarität der Kreaturen unter-

als Gott ihn gemacht" (8,6 Nötscher). Ohne in den gegenteiligen Fehler des Materialismus verfallen zu wollen, wäre ein wenig mehr Demut im Bewußtsein heilsam, mit allen Lebewesen und der Materie die eine Schöpfung Gottes zu sein, auch im Blick darauf, „daß die gesamte Schöpfung bis jetzt einmütig seufzt und in Wehen liegt" (Röm. 8,22 Schlier). Ein Verfügen über die Natur nach „technischen" und „pragmatischen" Imperativen allein[27] liegt dicht bei der Hybris und zieht den Menschen mit ins Verderben hinein, wie unsere Epoche sichtbar werden läßt. —

Kant kennt gleichfalls eine geschichtete Anlage des Menschen zum Guten. Sie stuft sich in

1. Die Anlage für die *Tierheit* des Menschen, als eines *lebenden;*
2. Für die *Menschheit* desselben, als eines lebenden und zugleich *vernünftigen;*
3. Für seine *Persönlichkeit,* als eines vernünftigen, und zugleich *der Zurechnung fähigen* Wesens[28].

Die „Anlage für die *Tierheit* im Menschen" entspricht weitgehend den drei Stufen von inclinationes bei Thomas — Selbsterhaltung, Arterhaltung, Gesellung unter Ausnahme des Wahrheitsdranges[29]. Die „Anlagen für die *Menschheit*" sind für Kant letztlich „Triebfeder zur Kultur"[30]. Somit würde Kant den Drang zur Gesellung etwas anders als Thomas einordnen, nämlich als höchste Stufe der dreifachen „Anlage für die Tierheit", aber in Verbindung mit den „Anlagen für die Menschheit" als des Kulturtriebes zu sehen.

Allein die „Anlage für die Persönlichkeit" ist in etwa Pendant zum Wahrheitsdrang bei Thomas (inclinatio „ad hoc quod veritatem cognoscat de Deo"). Kant geht es mit ihr nicht bloß um die Vernunftnatur des Menschen überhaupt, sondern um die moralische Vernunftnatur,

---

einander hinsichtlich ihres gemeinsamen Geschaffenseins durch Gott, dem sie Wesen, Leben und Gestalt verdanken, fast ganz hinter dem Gedanken der Sonderstellung des Menschen und seines besonderen *Herrschaftsauftrags* zurückgetreten ..." 382: „Die kirchliche Verkündigung hat weithin vergessen, mit allem Nachdruck darauf hinzuweisen, daß dieser Auftrag Gottes ‚Macht euch die Erde untertan!' an den Menschen vor dem Fall, das heißt vor dem Mißbrauch seiner Freiheit zur Empörung gegen Gott, an ihn gerichtet wurde..."

[27] Vgl. Kant, Grundlegung zur Metaphysik der Sitten, 1785, Akad.-Ausg. Bd. 4, 416.28 - 417.02; dazu 415.14 - 27, wo Kant auf die Ambivalenz der Imperative der Geschicklichkeit hinweist und auf den Mangel der Erziehung zu einem „Urteil über den Wert der Dinge".

[28] Die Religion innerhalb der Grenzen der bloßen Vernunft, 1793, Akad.-Ausg. Bd. 6, 26.06 - 11.

[29] a.a.O., 16.12 - 18.

[30] a.a.O., 27.20 - 21.

die subjektive Sittlichkeit. Da nun finden wir die erstaunliche Feststellung:

Alle diese Anlagen im Menschen sind nicht allein (negativ) g u t (sie widerstreiten nicht dem moralischen Gesetze), sondern sind auch Anlagen *zum Guten* (sie befördern die Befolgung desselben). Sie sind *ursprünglich;* denn sie gehören zur Möglichkeit der menschlichen Natur. Der Mensch kann die zwei ersteren zwar zweckwidrig brauchen, aber keine derselben vertilgen[31].

Abschließend weist Kant ausdrücklich darauf hin, daß sich diese Anlagen allein „auf das Begehrungsvermögen und den Gebrauch der Willkür beziehen"[32]. Demnach würden sie tatsächlich den Naturstrebungen bei Thomas entsprechen.

VI. Das sittliche Gesetz und das Gute bei Kant und Thomas

Wie steht es mit ihrer sittlichen Wertigkeit? Für Kant ist ein synthetisches Apriori im Bereich der theoretischen, spekulativen Vernunft nur gegeben, wenn mit Hilfe der apriorischen Anschauungsformen von Raum und Zeit Erfahrungstatbestände mit logischer Notwendigkeit begrifflich verknüpft werden[33]. Solange man in der Ebene der reinen theoretischen Vernunft ohne Erfahrungsbezug verbleibt, ist die Apriorität analytisch.

Nun belehrt uns Kant, daß uns dieser Weg von der Anschauung aufsteigend zur Begrifflichkeit für die Zwecke der praktischen Vernunft versperrt sei[34]. Der Gedankengang ist etwa folgender. Es gibt zwar ein durchaus objektives Verstandesurteil aufgrund der Verknüpfung mit der Erfahrung durch die apriorischen Formen der Anschauung, aber dadurch keine Erkenntnis des Dinges an sich. Für die Zwecke der praktischen Vernunft jedoch setzt das Denken sofort beim Begriff der Freiheit im sittlichen Sinne ein, weil ich mich evidentermaßen unter einem Gesetze sittlicher Notwendigkeit vorfinde, das nicht weiter ableitbar oder auf etwas anderes rückführbar ist. Wittmann konstatiert deshalb:

Unverkennbar ist unter diesem Gesichtspunkte Kants Ethik seiner Erkenntnislehre nachgebildet; seine Ethik kennzeichnet sich als praktisch gewendete Erkenntnislehre[35].

---

[31] a.a.O., 28.12 - 17.
[32] a.a.O., 28.22 - 24.
[33] Kritik der reinen Vernunft, a.a.O., 42.06 - 15; 51.04 - 14; 63.09 - 20. Kritik der prakt. Vernunft, a.a.O., 42.25 - 32; 45.05 - 14. Vgl. auch L. W. Beck, Kants „Kritik der praktischen Vernunft", München 1974, 109.
[34] Kritik der praktischen Vernunft, a.a.O., 16.22 - 26; 42.20 - 43.03; 54.07 - 31; 55.01 - 10; 56.28 - 35.
[35] Ethik, 1923, 164

Und in ähnlichem Sinne meint Steinbüchel:

> Allgemeingültigkeit stammt nach Kants rationalistischer Voraussetzung nur aus Vernunft, nicht aus Erfahrung, die allein Zwecke inhaltlicher Art geben kann. Darum sind Formalismus und Allgemeingültigkeit ebenso gegenseitig bedingt wie Formalismus und Autonomie. Die Ethik muß apriorisch sein. Apriori bedeutet aber Allgemeingültigkeit, und diese gründet in der Funktion der Vernunft selbst[36].

Kant rekurriert für die Zwecke der praktischen Vernunft auf das Bewußtsein meiner allgemeinen Verpflichtung durch das Moralgesetz als sittliches Urdatum.

> Freiheit ist aber auch die einzige unter allen Ideen der spekulativen Vernunft, wovon wir die Möglichkeit a priori *wissen,* ohne sie doch einzusehen, weil sie die Bedingung des moralischen Gesetzes ist, welches wir wissen[37].

Freiheit verhält sich zum moralischen Gesetz wie das Bedingende zum Bedingten. Aus der Einsicht in das moralische Gesetz erschließt sich uns die Tatsache der Freiheit. Zuerst erfassen wir nämlich das moralische Gesetz:

> Ich frage hier nun ..., wovon unsere *Erkenntnis* des Unbedingt-Praktischen *anhebe,* ob von der Freiheit, oder dem praktischen Gesetze. Von der Freiheit kann es nicht anheben ... Also ist es das *moralische Gesetz,* dessen wir uns unmittelbar bewußt werden ...[38].

Das sittliche Gesetz in Gestalt des kategorischen Imperativs ist apriorisch als „Faktum der Vernunft", also als unmittelbar evident; es ist synthetisch, weil zu dem gebietenden Sollen die Tatsache der Freiheit hinzutritt, zwar notwendig-apriorisch, aber doch erst in einem weiteren Akt der Reflexion, indem ich eben auf jene Bedingung des Sollens durch die Freiheit zurückgehe:

> Man kann das Bewußtsein dieses Grundgesetzes (d. kategorischen Imperativs — d. Verf.) ein Faktum der Vernunft nennen, weil man es nicht aus vorhergehenden Datis der Vernunft, z. B. dem Bewußtsein der Freiheit ..., herausvernünfteln kann, sondern weil es sich für sich selbst uns aufdringt als synthetischer Satz a priori ...[39].

Das moralische Gesetz ist somit die primäre Tatsache des Bewußtseins der praktischen Vernunft, so daß man fast an die Theorie einer Illumination oder Irradiation von Augustinus her über Thomas erinnert wird:

---

[36] Th. Steinbüchel, Die philosophische Grundlegung der katholischen Sittenlehre, 2. Halbbd., Düsseldorf ⁴1951, 64.
[37] Kritik der praktischen Vernunft, a.a.O., 4.07 - 10.
[38] a.a.O., 29.25 - 34.
[39] a.a.O., 31.24 - 27.

Auch ist das moralische Gesetz gleichsam als ein Faktum der reinen Vernunft, dessen wir uns a priori bewußt sind und welches uns apodiktisch gewiß ist, gegeben ...[40].

Wie verhält sich nun diese Vorstellung des Moral- oder Sittengesetzes zu der des (sittlichen) Naturgesetzes bei Thomas? Kant läßt das moralische Gesetz seinshaft aus der Freiheit entspringen[41]. Ohne Freiheit gäbe es kein moralisches Gesetz, durch das der Wille genötigt würde, da er nicht „heilig" ist in dem Sinne, daß er mit dem Gesetz völlig übereinstimmt, da er vom Begehren her „pathologisch" affiziert ist[42].

Gott (und Unsterblichkeit) sind zwar „nicht Bedingungen des moralischen Gesetzes", weil sie der reinen Vernunft verborgen bleiben. Sie sind aber „Bedingungen des notwendigen Objekts eines durch dieses Gesetz bestimmten Willens"[43]. Notwendiges Objekt des Willens ist aber das Gutsein, und zwar „allein durch das Wollen, d. i. an sich gut" zu sein[44]. Sein „ihm a priori gegebenes Objekt" ist nichts anderes als „das höchste Gut"[45].

Was liegt näher, als zu schließen, Kant habe vorgeschwebt, das Gute als das Formalobjekt des Willens zu bestimmen?! Er schließt ja fortwährend ein materiales Gut als Bestimmungsgrund des Willens aus. Wenn nun das Gutsein dem Willen uneingeschränkt anhaftet, kann es nur formal verstanden werden. Auch der Wille, dem durch die Vernunft nicht Gott als materiales Gut vorgegeben wird — wie es ja auch nach scholastischer Tradition in statu viatoris der Fall ist —, will immer nur unter der Rücksicht des Guten.

Es sieht aber so aus, als ob das moralische Gesetz des Gutseins im Willen selber liegt. Gott als oberster Gesetzgeber nach Thomas ist für Kant nicht erkennbar. Der vernünftige Wille ist jedoch so beschaffen, daß er das moralische Gesetz gemäß seiner Veranlagung zum Guten aus sich selbst hervorgehen läßt. In seinem Allgemeinwerden durch die Selbstgesetzgebung gemäß dem kategorischen Imperativ verwirklicht der Wille das, was in ihm angelegt ist, die Form des Guten, das Gute im allgemeinen, das bonum in communi. Daß der Wille sich so aktuiert, ist nur kraft der Vernunft möglich.

Bei Thomas geschieht faktisch der Rückschluß vom Gegründetsein in der lex naturalis auf deren Gründung in der lex aeterna und durch sie

---

[40] a.a.O., 47.11 - 13.
[41] a.a.O., 4.28 - 37 (= Fußnote).
[42] H. J. Paton, Der kategorische Imperativ. Eine Untersuchung über Kants Moralphilosophie, Berlin 1962, 47.
[43] Kritik der praktischen Vernunft, a.a.O., 4.10 - 12.
[44] Grundlegung zur Metaphysik der Sitten, a.a.O., 394.15.
[45] Kritik der praktischen Vernunft, a.a.O., 4.17 - 18; vgl. 108.07 - 12.

in Gott[46]. Kant vollzieht den Rückgang auf das höchste Gut, auf Gott nur mehr als Postulat der praktischen Vernunft, aber doch analog vom Gegründetsein des Willens im Gutsein an sich durch das moralische Gesetz aus Freiheit.

Der Wille bestimmt sich selbst durch das Gesetz der Vernunft zum Guten; das geht daraus hervor, daß Kant den Begriff von Gut und Böse nicht vor, sondern nach dem moralischen Gesetz bestimmt sein läßt[47]. Wegen der Unerkennbarkeit des Seins[48] kann kein material-inhaltliches Gut oder Objekt die Regel für den Willen abgeben, sondern nur die formale Hinsicht als allgemeines Gesetz, das wiederum nicht am Sein als den Dingen an sich „ablesbar" oder daraus ableitbar ist, sondern aus dem Willen selbst hervorgehen muß. Hier haben wir so etwas wie eine Leibnizsche Monade, die ihr Gesetz in sich selbst erkennt, aber als übereinstimmend mit dem Universum[49].

In der Ableitung der Sittlichkeit aus einem obersten Grundsatz nimmt das allgemeine Gesetz bei Kant die Stelle des „Guten im allgemeinen" bei Thomas ein. Gut ist der Mensch, der das moralische Gesetz zu seiner „Triebfeder" dadurch macht, daß er es in seine Maxime aufnimmt[50]. Das moralische Gesetz ist aber „nur ein einziges und

---

[46] Kluxen, a.a.O., 233 f.

[47] Kritik der praktischen Vernunft, a.a.O., 62.36 - 63.04.

[48] Was steckt hinter der Feststellung der Pastoral-Konstitution Art. 15, Abs. 1 des Zweiten Vatikanischen Konzils: „Intelligentia enim non ad sola phaenomena coarctatur, sed realitatem intelligibilem cum vera certitudine adipisci valet, etiamsi, ex sequela peccati, ex parte obscuratur et debilitatur: Die Vernunft ist nämlich nicht auf die bloßen Phänomene eingeengt, sondern vermag geistig-tiefere Strukturen der Wirklichkeit mit wahrer Sicherheit zu erreichen, wenn sie auch infolge der Sünde zum Teil verdunkelt und geschwächt ist" (Übersetzung nach Lexikon für Theologie und Kirche. Das Zweite Vatikanische Konzil Bd. 3, 1968)? Nach Kant bewirkt die reine praktische Vernunft — zum Unterschied von der reinen theoretischen, deren Feld der Bereich der Erscheinungen ist — „die herrliche Eröffnung ... einer intelligibelen Welt durch Realisierung des sonst transzendenten Begriffs der Freiheit": Kritik der praktischen Vernunft, a.a.O., 94.14 - 17. Aus dem Duktus der Konzilsgedanken scheint hervorzugehen, daß die „veritas profundior = tiefere Wahrheit" jenseits der Bedingungen der materiellen Welt die Weisheit ist als „Vollendung der Vernunftnatur der menschlichen Person", deren Funktion darin besteht, daß sie „den Geist des Menschen sanft zur Suche und Liebe des Wahren und Guten hinzieht". Die hierin steckende praktische Komponente müßte einmal mit der Kantischen Bestimmung der Philosophie als Weisheitslehre verglichen werden (Kritik der praktischen Vernunft, a.a.O., 108.13 - 109.09).

[49] Wenn Kant das moralische Gesetz „(völlig a priori) schon mit dem Begriffe des Willens eines vernünftigen Wesens überhaupt verbunden sein" läßt (Grundlegung zur Metaphysik der Sitten, a.a.O., 426.25 - 27), wäre eine Gegenüberstellung mit dem Konzept der angelischen Erkenntnis bei Thomas sicher lehrreich (S. th. I. qu. 54 - 59).

[50] Die Religion innerhalb der Grenzen der bloßen Vernunft, a.a.O., 23.01 - 03 u. 24.01 - 07.

allgemein"[51] und darin besteht eine Berührung zu unserer Frage, „enthält das Naturgesetz mehrere Gebote oder nur ein einziges?" mit der Antwort, daß sich alles auf einen obersten Grundsatz der praktischen Vernunft zurückführen lasse, das Gute zu tun und das Böse zu meiden, während alle Einzelvorschriften Ableitungen daraus sind, die eine „Synthese" mit der „Anthropologie" erforderlich machen, was Kant für die Kritik der praktischen Vernunft ausschließt, wie mehrfach in der Grundlegung zur Metaphysik der Sitten ausgesprochen. Schließlich verdient die Anmerkung für diesen Zusammenhang unsere Aufmerksamkeit, in der Kant das Gute und das Böse aus dem Gesetz der Kontradiktion herleitet[52].

Oben erwähnte Voraussetzungen hinsichtlich eines Menschenbildes werden von Kant aus methodischen Gründen „eingeklammert". In seiner kritischen Phase will er nur mehr aus dem Begriff und der Idee einer reinen Vernunft argumentieren. Deswegen scheidet jegliche Andeutung von Anthropologie aus den diesbezüglichen Überlegungen aus[53].

Das ist, aufs Ganze seiner leitenden Intention in den Postulaten von Unsterblichkeit, Freiheit und Dasein Gottes[54] gesehen, ein methodischer Vorbehalt, der freilich aus der Sicht Kants sachlich notwendig ist. Anders gesagt, wenn die objektive Evidenz eines (sittlichen) Naturgesetzes nach unserem Thomas-Artikel subjektiv unter den Menschen geschwunden ist, muß man — mit Kant — anders argumentieren, will man nicht einem totalen Skeptizismus verfallen[55].

---

[51] a.a.O., 24.20.
[52] a.a.O., 22.29 - 35 u. 23.04 - 12 (= Fußnote zur „Anmerkung").
[53] Grundlegung zur Metaphysik der Sitten, a.a.O., 388.09 - 389.11; 410.03 -25; 411.08 - 23 u. 412.01 - 08.
[54] Kritik der praktischen Vernunft, a.a.O., 132.06 - 134.02. — Kritik der reinen Vernunft, a.a.O., 18.21 - 37; 30.29 - 31.07: „Und gerade in diesen letzteren Erkenntnissen, welche über die Sinnenwelt hinausgehen, wo Erfahrung gar keinen Leitfaden noch Berichtigung geben kann, liegen die Nachforschungen unserer Vernunft, die wir der Wichtigkeit nach für weit vorzüglicher, und ihre Endabsicht für viel erhabener halten als alles, was der Verstand im Felde der Erscheinungen lernen kann, wobei wir sogar auf die Gefahr zu irren eher alles wagen, als daß wir so angelegene Untersuchungen aus irgend einem Grunde der Bedenklichkeit, oder aus Geringschätzung und Gleichgültigkeit aufgeben sollten. Diese unvermeidlichen Aufgaben der reinen Vernunft selbst, sind *Gott, Freiheit und Unsterblichkeit.*
[55] Kritik der reinen Vernunft, a.a.O., 19.05 - 25: „Ich mußte also das *Wissen* aufheben, um zum *Glauben* Platz zu bekommen, und der Dogmatismus der Metaphysik, d. i. das Vorurteil, in ihr ohne Kritik der reinen Vernunft fortzukommen, ist die wahre Quelle alles der Moralität widerstreitenden Unglaubens, der jederzeit gar sehr dogmatisch ist. — Wenn es also mit einer nach Maßgabe der Kritik der reinen Vernunft abgefaßten systematischen Metaphysik eben nicht schwer sein kann, der Nachkommenschaft ein Vermächtnis zu hinterlassen, so ist dies kein für gering zu achtendes Geschenk; ... am meisten aber, wenn man den unschätzbaren Vorteil in Anschlag bringt, allen

In dieser Hinsicht ist zu fragen, ob man bei Kant von einer Verkürzung des Menschenbildes auf die reine Vernunft sprechen soll oder darf, wie es etwa Wittmann tut:

> War es verfehlt, wenn der Eudämonismus den Standpunkt nur in einem isolierten, vom Glückseligkeitsdrang beherrschten Willen nahm, so war es nicht minder einseitig, sich demgegenüber auf eine isolierte Vernunft zurückzuziehen; gegenüber den Versuchen, die Sittlichkeit nur auf das Begehren zu stützen, genügt es nicht, nur die Vernunft als Grundlage zu wählen. Weder das bloße Glückseligkeitsstreben noch die leere Vernunft, sondern nur das Ganze der Menschennatur gibt eine ausreichende Grundlage ab[56].

Etwas differenzierter setzt sich Steinbüchel mit dem Vorwurf auseinander, daß der kategorische Imperativ wegen seiner inhaltlichen Leere kein ausreichendes Kriterium der Sittlichkeit sei.

> Doch Kant setzt selbst ein bestimmtes Menschsein voraus, den freien Menschen. Er bindet sich selbst an ein Vernunftwesen in ihm, das alle Menschen verbindet und es in allen achten läßt. Daher die Forderung Kants, die „Menschheit" in jedem Menschen zu ehren und niemand bloß als Mittel zu gebrauchen. Das aber war ein apriorisches Ideal allgemeiner Art und enthielt auch die materiale Wertschätzung der Humanität, so abstrakt sie gedacht sein mochte[57].

Anschließend hebt Steinbüchel hervor, daß das Menschenbild der materialen Wertethik wesentlich reicher sei. Die Einbeziehung des Menschen als eines vernünftigen Wesens als Zweck an sich selbst in den kategorischen Imperativ wird deswegen auch von Wittmann in den vorhergehenden Ausführungen Kant als Inkonsequenz angekreidet[58]. Für Kant gehören jedoch alle Überlegungen zu einem Menschenbild, die in irgendeiner Form Erfahrung einbeziehen, in eine „Anthropologie in pragmatischer Hinsicht"[59]. Andererseits besteht gerade deswegen für

---

Einwürfen wider Sittlichkeit und Religion auf *sokratische* Art, nämlich durch den klärsten Beweis der Unwissenheit der Gegner, auf alle künftige Zeit ein Ende zu machen." 21.24 - 30: „Die Kritik ist nicht dem *dogmatischen Verfahren* der Vernunft in ihrem reinen Erkenntnis, als Wissenschaft, entgegengesetzt, (denn diese muß jederzeit, dogmatisch, d. i. aus sicheren Prinzipien a priori strenge beweisend, sein) sondern dem *Dogmatism,* d. i. der Anmaßung, mit einer reinen Erkenntnis aus Begriffen (der philosophischen) nach Prinzipien, so wie sie die Vernunft längst im Gebrauche hat, ohne Erkundigung der Art und des Rechts, womit sie dazu gelanget ist, allein fortzukommen." 41.29 - 32: „Die Kritik der Vernunft führt also zuletzt notwendig zur Wissenschaft; der dogmatische Gebrauch derselben ohne Kritik dagegen auf grundlose Behauptungen, denen man eben so scheinbare entgegensetzen kann, mithin zum *Skeptizismus.*" — Kritik der praktischen Vernunft, a.a.O., 3.14 - 23, wo Kant davon spricht, daß sich aus der Tatsache der praktischen Vernunft die transzendentale Freiheit im Sinne der dritten Antinomie der reinen Vernunft ergibt, welche ohne diese Annahme „in einen Abgrund des Skeptizismus gestürzt" werde. 51.21 - 53.15 (Auseinandersetzung mit Hume).

[56] Ethik, a.a.O., 173.
[57] Die philosophische Grundlegung etc., 2. Halbbd., 64 f.
[58] Ethik, a.a.O., 168 f.
[59] Akad.-Ausg. Bd. 7, 117 ff. — Vgl. Grundlegung zur Metaphysik der Sitten, a.a.O., 411.08 - 23 u. 412.01 - 08.

Kant eine Notwendigkeit, zu synthetischen Urteilen a priori durch die praktische Vernunft zu gelangen, da sich ja das Handeln des Menschen nicht im Bereich einer reinen (praktischen) Vernunft abspielt, sondern in der „Welt der Erscheinungen". Für Thomas war die Ableitung des sittlichen Urgrundsatzes selbst ein analytisches Apriori, während er den logischen Status weiterer Ableitungen von Vorschriften des sittlichen Naturgesetzes nicht reflektiert hat.

VII. Eudämonismus und Freiheit

Hat nun Thomas einen ethischen Eudämonismus vertreten, der zur Kantschen Auffassung von der praktischen Vernunft im Widerspruch steht? Thomas sagt ja nicht, daß der Mensch schlechtweg seinen Neigungen folgen oder nachgeben soll. Im Gegenteil, ganz wie später nach ihm Kant, unterstellt er die sinnlichen Neigungen, Libido, Aggression, der Steuerung durch die Vernunft, also durch das sittliche Naturgesetz[60].

Welches Gewicht haben dann die natürlichen Neigungen? Sie sind das Material der praktischen Vernunft, so wie die Anschauungen das Material der theoretischen Vernunft sind. Nur wird das Material der praktischen Vernunft in anderer Weise geordnet als das der theoretischen Vernunft. Für Kant liegt da ein schweres Problem.

Für Thomas war die strenge Kausalität in der Natur, von der der Mensch ein Teil ist, nicht derart beschaffen, daß sie in einer Ungereimtheit die sittliche Freiheit aufgehoben hätte. Für ihn ist der Mensch echte Ursache, auch im Bereich der Naturkausalität. Und das ist ja der Bereich der natürlichen Neigungen. Kant vermag das nicht mehr zu denken. Für ihn ist die Kausalität im Bereich der natürlichen Ursachen in der Weise unumstößlich, daß sich auch der Mensch der Determination durch sie nicht zu entziehen vermag:

> Daß *Kant* die naturwissenschaftliche Kausalität nicht zugunsten der Freiheit abzuschwächen versuchte, spricht nur für den Ernst seiner Weltanschauung, die einerseits an Newtons mathematisch-mechanischer Gesetzlichkeit der

---

[60] Vgl. S. th. I. II. 90, 1 „Ist das Gesetz Sache der Vernunft?" 91, 2 ad 2 heißt es u. a.: „So muß auch die erste Ausrichtung unserer Handlungen auf das Ziel durch das natürliche Gesetz erfolgen." In dieser Widerlegung wird davon ausgegangen, daß die Betätigung von Verstand und Willen aus der Natur des Menschen entspringt, aus evidenten Grundsätzen und einem Naturdrang auf das letzte Ziel. Darin liegt aber eine wohl nicht weiter auflösbare Dialektik, daß für den Menschen eben natura ut ratio ist! Die Natur vermittelt sich für den Menschen über die Vernunft, zum Unterschied von den übrigen Wesen. 91, 6 ad 3: (Unterordnung der Sinnlichkeit unter die Vernunft). 94, 4 ad 3: „Wie im Menschen die Vernunft herrscht und den anderen Tätigkeitsvermögen befiehlt, so müssen alle naturhaften Neigungen der anderen Vermögen gemäß der Vernunft geordnet werden."

Natur orientiert war, andererseits aber allem Fatalismus wehrte, den man aus dieser Naturauffassung für das menschliche Handeln folgern wollte[61].

Im Bereich der Erscheinungen waltet eine ununterbrochene und durch nichts zu durchbrechende eherne Kette von Ursache und Wirkung gemäß dem Weltbild des Deismus[62]. Um einerseits sie zu beweisen gegenüber einem radikalen Skeptizismus, ist er ja gerade angetreten[63].

Nun stellt sich andererseits für Kant die Aufgabe, das Urdatum des Bewußtseins der sittlichen Freiheit und der korrespondierenden Verpflichtung gegenüber der naturnotwendigen Kausalität zu vindizieren. Insofern trifft es zu, daß Kant zwischen Empirismus und Rationalismus in der Erkenntnislehre durch den Kritizismus vermitteln wollte[64]. An eine Ermächtigung des Menschen zur Zweitursächlichkeit aus geschöpflicher Freiheit wie Thomas vermag er nicht mehr zu denken. Hierin erblickt er eine Täuschung. Zweitursächlichkeit im Bereich der Erscheinungen kann es für Kant allein im Sinne totaler Durchdeterminierung geben. Das läßt keinen Spielraum für sittliche Freiheit[65].

Sittliche Freiheit gibt es für ihn allein darin, daß die praktische Vernunft völlig unabhängig von jeglichem Einfluß der Neigungen sich nach dem Gesetz der Pflicht richtet. Darin liegt dann Eigenursächlichkeit. So wird verständlich, warum auch kein Gut, selbst kein höchstes Gut, wie es die Alten wollten, für das Tätigwerden der praktischen Vernunft irgendwie maßgeblich sein kann und darf. Denn ein Gut, und sei es gar das höchste Gut, würde ja in dieser Sicht die Selbstursächlichkeit der praktischen Vernunft beeinträchtigen[66].

---

[61] Steinbüchel, Die philosophische Grundlegung etc, 1. Halbbd., 370 f.
[62] a.a.O., 28.
[63] Kritik der praktischen Vernunft, a.a.O., 52.34 - 54.02.
[64] Steinbüchel, Die philosophische Grundlegung etc., 2. Halbbd., 68.
[65] Kritik der praktischen Vernunft, a.a.O., 6.32 - 37 (= Fußnote); 48.17 - 49.17; 99.12 - 19 (auf der einen Seite Determinierung des menschlichen Verhaltens wie bei einer „Mond- oder Sonnenfinsternis", andererseits Behauptung seiner Freiheit); 100.29 - 101.16 (der Mensch als „Marionette" in der Hand Gottes, was der Thomismus mit der Lehre von der praemotio physica zu erklären versucht als Bewegtwerden des Menschen durch Gott als erste und höchste Ursache „von innen her", also gemäß der vom Schöpfer verliehenen Freiheit, oder als Freigesetztwerden zum Handeln durch Gott); 114.14 - 25.
[66] a.a.O., 64.22 - 65.04; 109.17 - 33; 109.34 - 110.02: „Es versteht sich aber von selbst, daß, wenn im Begriffe des höchsten Guts das moralische Gesetz, als oberste Bedingung, schon mit eingeschlossen ist, alsdann das höchste Gut nicht bloß *Objekt*, sondern auch sein Begriff und die Vorstellung der durch unsere praktische Vernunft möglichen Existenz desselben zugleich der *Bestimmungsgrund* des reinen Willens sei" — so und nicht anders hat ja wohl Thomas das Zueinander von Freiheit, Gesetz und höchstem Gut gesehen?! — Paton, a.a.O., 52.

VIII. Gesetz der Vernunft

Wie verhält es sich aber mit dem Vernünftig-Guten? Thomas spricht von einem Wahrheitsdrang des Menschen. Die Vernunft des Menschen, von Vernehmen her, ist auf das Sein im Ganzen angelegt, auf Wahrheit und letzte Wirklichkeit. Wenn es einen Wahrheitsdrang des menschlichen Geistes gibt, kann er unmöglich sinnenhaft inspiriert sein. Er muß apriorisch sein, sich aus sich selbst entfalten, oder es handelt sich um irgendeine vordergründige Wißbegierde, einen elementaren Wissensdrang für praktisch-nützliche Zwecke.

Was der Vernunft gemäß ist, das ist sittlich gut, sowohl für Thomas wie für Kant, und umgekehrt, was ihr entgegen ist, das ist böse[67]. Das Gute als das Vernunftgemäße zu bejahen, ist Sache der praktischen Vernunft, bei Thomas wie bei Kant. Nur muß man für Thomas beachten, daß die Gravitation der Strebekräfte auf das Gute als Naturanlage analog zu sehen ist: die Gravitation auf das Gute bei untervernünftigen Strebungen liegt nicht auf einer Ebene mit der spontanen Bejahung des Vernünftig-Guten durch die praktische Vernunft. Thomas denkt intellektualistisch[68].

Kant denkt aber gleichfalls nicht voluntaristisch. Die Auslegung des sittlichen Urdatums als des Bewußtseins der Freiheit unter der Verpflichtung durch das Sittengesetz ist im Ansatz intellektualistisch, wenn anders „das moralische Gesetz aber die ratio cognoscendi der Freiheit sei"[69]. Wenn andere daraus ein „setzungshaftes Wissen"[70] gemacht haben, so waren das eben „sogenannte Freunde, vor denen und ihren ausgelegten Schlingen man nicht genug auf der Hut sein kann", wie

---

[67] a.a.O., 60.13 - 16: „Das *Gute* oder *Böse* bedeutet aber jederzeit eine Beziehung auf den *Willen*, so fern dieser durchs *Vernunftgesetz* bestimmt wird, sich etwas zu seinem Objekte zu machen." 65.05 - 15 (Gutes und Böses als Folge der Kausalität der reinen Vernunft; die Vernunft gibt sich selbst das „Gesetz der Freiheit").

[68] Wittmann zeigt allerdings auf, daß die Sachlage wesentlich komplexer ist. Mit Bezug auf Aristoteles sagt er: „Gestaltet sich mit seiner Klugheitslehre das Verhältnis so, daß eine natürliche Willensrichtung, ein angeborenes Streben nach dem Guten, zur Begründung der Tugend den Anfang macht, die Vernunft aber erst an zweiter Stelle in Tätigkeit tritt, um jenem natürlichen Streben im besonderen und im einzelnen den rechten Weg zu weisen, so will eine andere Auffassung darauf hinauskommen, daß der Wille von Natur aus eine völlig indifferente Seelenkraft ist, keinerlei Inhalt oder Tätigkeitsrichtung besitzt, sondern die Orientierung in jeder Beziehung erst durch die Vernunft erhält": Die Ethik des hl. Thomas etc., 259. Auf S. 353 zeichnet er eine intellektualistische Gesetzesauffassung bei Thomas nach. — Vgl. Kluxen, a.a.O., 188 ff., 206 f. — I. II. 94, 3 c.

[69] Kritik der praktischen Vernunft, a.a.O., 4.28 - 37, hier 32 - 33.

[70] Vgl. die Phil. Diss. von A. Gehlen: Zur Theorie der Setzung und des setzungshaften Wissens bei Driesch, Leipzig 1927.

Kant 1799 in einer „Erklärung in Beziehung auf Fichtes Wissenschaftslehre" geschrieben hat[71].

Kant wird fälschlich für Autonomismus und Pragmatismus, für eine Selbstlegitimierung menschlichen Handelns in Anspruch genommen.

> Ist bei Kant der *gute* Wille das Höchste, so bei Cohen der Wille als solcher... Soweit auch Kant und Nietzsche voneinander abstehen, in Cohens Ethik des reinen Willens gehen sie doch eine Verbindung miteinander ein. Eine durch und durch rationalistische Ethik wird durch eine völlig voluntaristische verdrängt; an die Stelle des Vernunftgebotes ist die Willensmacht getreten[72].

Hier wäre das dem Wahrheitsdrang bei Thomas Vergleichbare die „Anlage für die Persönlichkeit", definiert als „Achtung für das moralische Gesetz", gleichbedeutend mit dem „moralischen Gefühl", verstanden als eine „für sich hinreichende Triebfeder der Willkür", die jedoch nicht quasi mechanisch wirkt, sondern zur Maxime des Handelns gemacht werden muß[73].

Bei Thomas steht unbefangener im Mittelpunkt die Reflexion darauf, wie der Mensch aus der Notwendigkeit, sein Leben zu führen, zur Gewinnung ethischer Maximen gelangt. Bei Kant ist das zurückgetreten gegenüber dem Bemühen, die Erhabenheit des Pflichtmäßigen in seiner unverfälschten Reinheit herauszustellen. Auch Kant weiß um die Notwendigkeit für den Menschen, sein Leben zu fristen[74]. Auch er bezieht die natürliche Neigung in sein ethisches Konzept ein ebenso wie die Leichtigkeit im Tun des Guten aufgrund der Übung in der Tugend[75].

---

[71] K. R. Popper, Die offene Gesellschaft und ihre Feinde, Bd. 1, München ⁵1977, 10 f.

[72] Wittmann, Ethik, a.a.O., 182 f.

[73] Die Religion innerhalb der Grenzen der bloßen Vernunft, a.a.O., 27.27 - 33.

[74] Kritik der praktischen Vernunft, a.a.O., 61.18 - 29 (unser Wohl; der Mensch als bedürftiges Wesen); 88.31 - 35: „... es kann auch ratsam sein, diese Aussicht auf einen fröhlichen Genuß des Lebens mit jener obersten und schon für sich allein hinlänglich bestimmenden Bewegursache zu verbinden; aber nur, um den Anlockungen, die das Laster auf der Gegenseite vorzuspiegeln nicht ermangelt, das Gegengewicht zu halten"; Paton, a.a.O., 53. Kritik, a.a.O., 93.11 - 19: Aber diese *Unterscheidung* des Glückseligkeitsprinzips von dem der Sittlichkeit ist darum nicht sofort *Entgegensetzung* beider, und die reine praktische Vernunft will nicht, man solle die Ansprüche auf Glückseligkeit *aufgeben,* sondern nur, so bald von Pflicht die Rede ist, darauf gar *nicht* R ü c k s i c h t nehmen. Es kann sogar in gewissem Betracht Pflicht sein, für seine Glückseligkeit zu sorgen ..."

[75] a.a.O., 38.33 - 36: „Daß übrigens, so wie vermöge der Freiheit der menschliche Wille durchs moralische Gesetz unmittelbar bestimmbar ist, auch die öftere Ausübung diesem Bestimmungsgrunde gemäß subjektiv zuletzt ein Gefühl der Zufriedenheit mit sich selbst wirken könne, bin ich gar nicht in Abrede." 84.16 - 19: „Denn an dem, was wir hochschätzen, aber ... scheuen, verwandelt sich, durch die mehrere Leichtigkeit ihm Genüge zu tun, die ehrfurchtsvolle Scheu in Zuneigung, und Achtung in Liebe." — Paton, a.a.O., 54.

IX. Fazit

Die Gegenüberstellung von Thomas und Kant erbringt manche Gemeinsamkeiten. Aufgrund der anderen Ausgangspositionen dürfen sie allerdings nicht als Gleichsinnigkeiten ausgedeutet werden. Beide Denker räumen der Vernunft und dem Vernunftgesetz den Primat ein. Für beide ist die sittliche Gewißheit nicht weiter rückführbar. Thomas erklärt die Anteilgabe des ewigen Gesetzes im Menschen als eine „Einstrahlung göttlichen Lichtes in uns" (Deutsche Thomas-Ausgabe zu I. II. 91, 2 c: „impressio divini luminis in nobis"). Kant spricht von einem „Faktum der Vernunft"[76], nicht einer Gegebenheit der Erfahrung im Bereich der Erscheinungen[77].

Bei Thomas will der Wille notwendig unter der Hinsicht des Guten, und das expliziert sich nach dem Gesetz der Vernunft; für Kant ist der Wille gut, der nach der Analogie der Allgemeinheit eines Naturgesetzes will. Für beide gibt es ein höchstes Gut, das in sich das Gesetz enthält, das der praktischen Vernunft zur Richtschnur dient. Selbst wenn man mit Kluxen konzediert, daß der Gesetzesbegriff bei Thomas aus geschichtlich-politischer Erfahrung und der Gemeinschaftsbezogenheit des Menschen abgeleitet ist, so trifft das doch auch quoquo modo für das Kantische Sittengesetz zu — gegen Kluxen[78], und zwar in der „Formel des Reiches der Zwecke":

> Denken wir an eine Welt vernünftig handelnder Wesen, die den sittlichen Gesetzen vollkommen gemäß ist, was sie vom moralischen Standpunkt aus sein kann und sein sollte, dann denken wir an eine moralische Welt, die von der natürlichen und menschlichen Welt, wie wir sie aus der Erfahrung kennen, sehr verschieden ist. Kant bezeichnet sie daher als *intelligible Welt* ...[79].

Die Neigungen und Strebungen des Menschen sind gut, sofern sie vom Gesetz der Vernunft gesteuert werden. Während Thomas deduktiv, insofern apriorisch und vom Allgemeinen ausgeht, will Kant auf induktivem Wege zur Allgemeinheit gelangen — das Problem der transzendentalen Deduktion, das hier ungenau mit dem Begriff „induktiv" angezielt ist, müssen wir auf sich beruhen lassen. Aus dem „nil nocere" im Umgang mit anderen bei Thomas muß mit Hilfe von Syllogismen

---

[76] J. Schwartländer, Nicht nur Autonomie der Moral — sondern Moral der Autonomie; in: H. Weber - D. Mieth (Hrsg.), Anspruch der Wirklichkeit und christlicher Glaube, Düsseldorf 1980, 85 und Anm. 7.

[77] Gegen C. Willems, Kants Sittenlehre, Trier, 1919, 46: „Kant hat sein Moralgesetz tatsächlich nicht als ein Gesetz *a priori* nachgewiesen, sondern aus der innern Erfahrung in sich und der äußern Erfahrung anderer Menschen entnommen. Die Gewißheit desselben ist also eine empirische ..."

[78] a.a.O., 232: „Wie man sieht, ist dieser Begriff von Gesetz wesentlich bestimmter und eingeschränkter als der oben gebrauchte — zugleich als nichtthomistisch gekennzeichnete — Begriff eines ‚Sittengesetzes'."

[79] Paton, a.a.O., 231.

erst ermittelt werden, welche Gattungen und Arten von Handlungen zulässig sind oder nicht, wobei die Stringenz mit zunehmender Konkretheit unzuverlässiger wird[80]. Kant erhebt hier den Anspruch, daß seine Regeln (die verschiedenen Formeln des kategorischen Imperativs) für jedermann leicht zu handhaben seien und zu sicheren Ergebnissen führen. Solange sich die Frage nach der Möglichkeit der Verallgemeinerung rein auf die Absicht des Handelnden bezieht, während die unterstellten oder vermuteten Folgen des Verhaltens bei einer Verallgemeinerung auf der Hand liegen, ergeben sich keine Schwierigkeiten für eine sittliche Beurteilung nach dem kategorischen Imperativ. Anders, wenn die Folgen unklar bleiben, weil sie verkannt worden sind, wie die Umweltschäden, oder weil sie durch Gegenmaßnahmen neutralisiert werden sollen, etwa die Gefahren im Straßenverkehr durch bessere Verkehrsverhältnisse, oder weil man die Wahl zwischen zwei (physischen) Übeln hat, wie der „Podagrist", „zu genießen, was ihm schmeckt, und zu leiden, was er kann"[81]. Wahrscheinlich würde Kant darauf mit der Forderung reagieren, die Verallgemeinerung nur streng und ohne Abstriche ganz rein durchzuführen, doch diese Erörterung muß hier unterbleiben.—

Kant hat das Verdienst, das Prinzip des Sittlichen in kristalliner Reinheit und mit diamantener Härte herausgearbeitet zu haben. Im Ansatz steckt es auch im Primat der Vernunft und des Vernunftgesetzes bei Thomas, aber doch verdeckt von der Analogie eines Naturbegriffes, der *alles* Geschaffene aus theologischer Weltsicht umspannt.

Solange die kirchliche Glaubensgemeinschaft als gesellschaftliche Dominante das sittliche Bewußtsein prägt, wird der Skeptizismus nach Kant auf die „Schulen" beschränkt bleiben und das „Publikum" nicht weiter verwirren. Wenn jedoch die kirchliche Glaubensgemeinschaft einer stärkeren Osmose mit einer weltlich gewordenen Welt unterliegt — ob mit oder ohne Anteil des Christentums am Prozeß der Säkularisierung —, sollte man nach anderen Stützen für die Begründung des Sittlichen Ausschau halten. Es ist nicht auszuschließen, daß vielleicht weniger Kant als historische Gestalt, als vielmehr sein Denken in Zukunft dafür noch mehr Bedeutung erlangt.

---

[80] S. th. I. II. 94, 4 c und 5 c. Dazu vgl. Kluxen, a.a.O., 225 ff., besonders 227 und 228.

[81] Grundlegung zur Metaphysik der Sitten, a.a.O., 399.10 - 21.

APRIORI UND ERFAHRUNG

Der erkenntnistheoretische und normative Kontext von Johannes Messners Gesellschaftslehre

Von Peter Paul Müller-Schmid

Die Frage nach den Bedingungen der Moral wird, wie *Kant* zeigte, nicht auf eigentlich ethischem Gebiet entschieden. Die Moral ist insofern nicht „autonom" begründbar — ein Gedanke, der *Kants* Ethik trotz aller Gegensätze zur Tradition, mehr als in der Auseinandersetzung zutage tritt, mit der Tradition verbindet. Zwei Antworten müssen nach *Kant* positiv beantwortet werden, um Moral als möglich erscheinen zu lassen: erstens die erkenntnistheoretische Frage, ob innerhalb einer kausalbestimmten Wirklichkeit die Freiheit als eigene Ursächlichkeit gedacht zu werden vermag, zweitens die Frage, ob in der Erfahrung eine solche Ursächlichkeit aus Freiheit aufweisbar ist. *Die erste Frage* ist nach *Kant* — wie er anhand der Diskussion der sogenannten kosmologischen Antinomie zeigte — positiv beantwortbar. „Transzendentaler Idealismus" bedeutet einerseits zwar eine Beschränkung unserer Erkenntnis auf die Wirklichkeit der Erfahrung, setzt aber andererseits die Wirklichkeit des transzendentalen Gegenstandes voraus. Zu dieser zweiten Wirklichkeit aber gehört die Ursächlichkeit der Freiheit. Der Mensch als geistbegabtes Wesen überragt die empirische Wirklichkeit, er ist nicht auf empirische „Natur" reduzierbar, sondern ein nur aus einer absoluten Normativität verstehbares Wesen. *Die zweite Frage* wird von *Kant* ebenfalls positiv beantwortet: wir besitzen die Erfahrung eines Imperativs. Bis hierher gehen traditionelle Naturrechtsphilosophie und Transzendentalphilosophie mehr oder weniger gemeinsame Wege. In diesem Zusammenhang bedeutet die Kantsche „Autonomie" der Moral nichts anderes als die abschlägige Antwort an eine Moral, die sich auf empirische „Natur" reduziert, wie dies etwa in der aristotelischen Ethik teilweise geschieht (und eigentlich erst durch *Thomas von Aquin* überwunden wurde). Diese Dichotomie von „Sein" und „Sollen" zugunsten einer Auflösung des Sollens im Sein aufzugeben, widerspricht nicht nur der Ethik, sondern überhaupt der anthropologischen, nämlich geistbestimmten Struktur des Menschen. Es stimmt zwar, daß gerade die Berücksichtigung der anthropologischen Grundlagen menschlichen Handelns die Auffassung nahelegt, daß sämtliche Normen, moralische wie rechtliche, soziale und methodologische ihren Geltungsursprung im Menschen selbst haben; dies kann aber nicht besagen, daß deshalb die moralischen Normen sich nicht wesentlich unterschieden von Normen positiv-wissenschaftlichen Denkens. Trotz aller Fortschritte des positiv-wissenschaftlichen Denkens ist diese Differenz nicht aufzuheben. Die traditionelle naturrechtliche Lehre von der Entsprechung von theoretischer und praktischer Vernunft ist daher nicht sozusagen modernisierbar durch eine Umdeutung der theoretischen Vernunft in eine „positive". Die Befürchtung einer solchen Umdeutung steht letztlich hinter *Kants* Ablehnung naturrechtlichen Denkens überhaupt. Auch die Umformulierung des neopositivistischen szientistischen Sinnkriteriums in ein einzig methodologische Probleme beinhaltendes Abgrenzungskriterium durch den „Kritischen Rationalismus" ist nicht zuletzt von der Kantschen Intention bestimmt, jede Reduzierung der Absolutheit der Moral auf naturwissenschaftlich-empirische Realitäten zu vermeiden. (Inwiefern die Reduzierung allen Theoretisierens innerhalb des Bereichs des Abgrenzungskriteriums nicht ihrerseits wiederum positivistischem Denken entstammt und inwiefern sie überhaupt realisierbar ist, ist wiederum eine andere Frage.) Wäre tatsächlich die normative Vernunft auf positivierbare Gegebenheiten im Sinne der Erfahrungswissenschaften begründbar, dann ist nicht erkennbar, wie verhindert werden könnte, daß das normative Apriori zu einem hypothetischen Soll wird. Die Geschichtlichkeit aller, auch der Naturrechtsnormen (die von der Naturrechtslehre durchaus nicht abgelehnt werden muß) müßte dann verbunden werden mit dem — die Apriorität der Moral aufhebenden — Gedanken des hypothetischen Solls, angesichts dessen selbst der Versuch des Nachweises der Unbeliebigkeit des geschichtlichen Entwicklungsprozesses der Normen nichtssagend wäre, da diese Unbeliebigkeit letztlich nichts anderes wäre als nur die Anerkennung des Widerspruchsprinzips. Zwar ist auch *Kant* meistens so interpretiert worden, als kenne er nur das Widerspruchsprinzip als Kriterium der Ethik — es ist aber zu beachten, daß *Kant* streng innerhalb der ethisch-normativen Sphäre bleibt.

Sosehr *Kant* und die Naturrechtslehre von formal gemeinsamen Prämissen bestimmt werden, so trennen sich die Wege aber in der Frage nach der Interpretation der in der Erfahrung sich manifestierenden Geistigkeit des Menschen. Nach *Kant* kann bekanntlich nur in einer kausal bestimmten Wirklichkeit Freiheit herrschen, nach naturrechtlicher Auffassung dagegen ist Freiheit als kausale Ursächlichkeit zugleich integriert in eine inhaltlich vorgegebene Teleologie. Es gibt im Naturrechtsdenken eine „Natur" des Willens, die die Freiheit wesentlich bestimmt. Freiheit kann hier nur dann normadäquat sein, wenn sie in Übereinstimmung mit der die Natur erkennenden Vernunft steht. Nun würde auch ein Kantianer in manchem ähnlich formulieren können, wie etwa die Ausführungen von *Kaulbach* während der Diskussion des Wiener Kolloquiums über „Apriori und Erfahrung" zeigen. *Kaulbach* lehnt es allerdings ab, wegen der Hinordnung des Willens auf Erkenntnis von einer „Natur" desselben zu sprechen. Aus kantianischer Sicht bleibt er konsequent, da Moral einzig in der Freiheit als einer kausalen Bestimmungsgröße begründet wird. Autonomie im Kantschen Sinne bedeutet nicht nur — in (wenn auch nicht verbaler) Gemeinsamkeit mit der Tradition des Naturrechtsdenkens — Erfahrungstranszendenz, sondern zugleich auch absolute Selbstverpflichtung des Willens, die nur im Sinne der Formalität des ethischen Imperativs möglich ist. Erst von diesem zweiten Autonomie-Aspekt her trennen sich also die Wege von Kantianismus und Naturrechtsdenken.

Auf rein vernunftphilosophischer Grundlage läßt sich dieser Streit nicht entscheiden. Wir müssen die Erfahrung zu Rate ziehen und uns fragen, ob es nicht Erfahrungsevidenzen einer vorgegebenen Zweckorientiertheit des Menschen und damit einer „Natur" des Menschen gibt (was die Behauptung einer absoluten Autonomie ausschlösse). Hier gilt es zunächst einmal in Gemeinsamkeit mit *Kant* festzuhalten, daß die Anerkennung der Vernunft-„Tatsache" des absoluten Imperativs wenigstens *eine* Evidenz voraussetzt, nämlich die evidente Erkenntnis des Menschen als moralischen Wesens. Genügt aber diese Evidenz? Kann sich der Mensch selbst verwirklichen, wenn er darüber hinaus nicht auch in den Erfahrungstatsachen, mit denen er sich ständig konfrontiert sieht, Strukturen erkennt, die sein Handeln bestimmen, und zwar — nur darum geht es hier — absolut bestimmen, insofern sie so absolut sind, wie der ethische Imperativ selbst absolut ist? Die Naturrechtslehre ist von der grundsätzlichen Möglichkeit solcher Erfahrungsevidenzen geprägt. Und zwar nicht nur im Sinne der Hermeneutiker, die die Erfahrungswirklichkeit deshalb als erkennbar deuten, weil sie vom Einzelnen geschaffen wurde, sondern darüber hinaus in dem Sinne, daß die Strukturen menschlichen Handelns überhaupt in sich sinnbestimmt sind. Hier spätestens kommt das Problem der „sozialen Natur" des Menschen zum Vorschein. Ist der Mensch ein solches soziales Wesen, dann genügt nicht der Rückgriff auf den individuellen Einzelwillen, auch nicht auf eine vertragstheoretische Konzeption, wie *Hegel* mit Recht gegenüber *Rousseau* argumentiert. Um sich als soziales Wesen verwirklichen zu können, bedarf es — in Hegelschen Begriffen — der Möglichkeit des Fortschritts der „Moralität" zur „Sittlichkeit". Damit aber dieser der Wirklichkeit des Menschen als personalen Wesens gerecht bleibe, ist es — worauf während des Wiener Kolloquiums insbesondere *Heintel* (bei aller sonstigen Wertschätzung einer Geschichtsphilosophie als Freiheitsphilosophie) hinwies — notwendig, *Kants* Idee der formalen Autonomie des Gewissens stets zu berücksichtigen. „Moralität" ist dann nicht einfach nur ein Moment der Entwicklung zur Sittlichkeit, sondern besitzt absolute persönliche Geltung.

Damit erweist sich die systematische Bedeutung eines Naturrechtsdenkens wie jenes von *J. Messner,* welches einerseits diese formale Autonomie, andererseits die sich geschichtlich manifestierende Sachorientiertheit der praktischen Vernunft anerkennt. *Messner* kommt dem Erfahrungsbegriff der Hermeneutiker sehr entgegen. Wie diese zeigt auch *Messner* die konstitutive Bedeutung der Erfahrung für die Entwicklung der moralischen Persönlichkeit. Ähnlich wie *Thomas von Aquin* betont auch *Messner,* daß wir zwar die ethischen Prinzipien gleichsam von Natur aus besitzen, was aber nicht ausschließt, daß sie erst einmal erworben und dann kontinuierlich in konkreter Bestimmung weiterentwickelt werden müssen. Die soziale Angewiesenheit des Menschen ist bei *Messner* — entgegen den Theorien etwa von *A. Gehlen* und *N. Luhmann* — mehr als eine sozusagen nur systemtheoretisch bedingte, sie ist Voraussetzung für die Entwicklung des Menschen zum vollkommenen moralischen Wesen. Gesellschaft ist in ihrem Wesen „Kulturgesellschaft". Ihr Zweck ist die Verwirklichung der menschlichen Natur, dessen, was *N. Hartmann* aus wertethischer Sicht als Gut-sein der Person beschreibt. „Kulturethik" beginnt daher nicht — wie etwa die heute weithin führende Ethik des „Kritischen Rationalismus" — mit Ideologiekritik, deren einziges Kriterium die Widerspruchsfreiheit dezisionistisch bestimmter Indiviualwünsche ist, sondern mit der Sorge um die Ermöglichung von Werteinsicht in der Erfahrungswirklichkeit. Hier knüpft *Messner* an die großen Einsichten der Phänomenologen an. Über diese hinaus aber gelingt es ihm, die Auffassung von den Werten als apriorischen Gegebenheiten einer idealen, nicht im Menschen selbst begründeten Ordnung zu überwinden im Sinne einer realistischen Wertlehre. Mit seiner ontologisch orientierten Erfahrungstheorie gelingt es ihm zugleich, über den Historismus der Hermeneutiker hinaus Erfahrung als Manifestation nicht einfach des sozusagen absolut freien und schöpferischen Einzelwillens bzw. des individuellen Wertens, sondern der sozialen Natur des Menschen nachzuweisen. Bei *Messner* — so empirisch orientiert er auch ist — handelt es sich dabei nicht einfach nur um die Natur im Sinne der empirischen Humanwissenschaften, sondern um die metaphysisch-ontologisch bestimmte Natur selbst, die einzig zu verpflichten vermag.

Erkenntnistheoretische Voraussetzung dafür freilich ist die Anerkennung der Abstraktionsfähigkeit der Vernunft — somit einer Vernunft, die über die idealtypisierende Leistung der Empiriker hinausweist. Sosehr *Messner* die abstraktionstheoretischen Grundlagen seiner

Naturrechtslehre mehr oder weniger nur voraussetzt, und sosehr die Abstraktionsfähigkeit der Vernunft aufgrund seiner empirischen Perspektive etwas in den Hintergrund seiner Ausführungen tritt, so hat es *Messner* aber doch verstanden, diese Abstraktionsfähigkeit der Vernunft als Manifestation der Geistigkeit des Menschen nachzuweisen.

Nur vor diesem Hintergrund kann *Messners* überaus realistisches Interessenkonzept richtig gewürdigt werden: Da die Interessen (aufgrund der Abstraktionsfähigkeit der Vernunft) über die individuellen Dezisionen hinausweisen und ihren Ursprung in der sozialen Natur des Menschen besitzen, ist es *Messner* — sozusagen in Ergänzung der idealtypisierenden Wirtschaftswissenschaftler und Politologen — möglich, die Wirtschaftsordnung und die politische Ordnung als echt gesellschaftliche, nicht völlig zu verselbständigende Phänomene nachzuweisen und somit als Ordnungen, die aufgrund ihrer gesellschaftlichen Verwiesenheit stets wertoffen, nie eigentlich wertneutral sind. *Messner* hat somit eine Philosophie formuliert, die die Realität des „sozialen Rechtsstaats" und der „sozialen Marktwirtschaft" nicht nur zu beschreiben, sondern auch zu orientieren vermag.

URSATZ, LEITSÄTZE UND ERFAHRUNG IN DER ETHIK*

Von Gerhard Merk

(1) Die Wissenschaften stellen fest, was ist. Sie bieten Kenntnisse darüber, wie die den Menschen umgebende Schöpfung (Naturwissenschaften) und die durch uns selbst geschaffene Welt (Sozialwissenschaften) sind. Aber nicht bloß was *ist*, bewegt die Menschen. Was zu *tun sei*: so fragt jedermann immer wieder, und so will es jede Zeit aufs neue wissen. Das schließt die Frage des Unterlassens mit ein. Was zu meiden sei: das ist gerade heutigs angesichts der als so bedrohlich empfundenen wissenschaftlichen Möglichkeiten eine sehr häufig gestellte Frage. Wir sind oft unsicher, unschlüssig. Wir wissen dann nicht so recht, wie wir uns verhalten und entscheiden, was wir tun und lassen sollen. Die Suche nach Regeln für das Tun-Sollen heißt Ethik. Ethische Fragen werden also mitnichten von Philosophen ersonnen und erdacht. Vielmehr bringt sie der ratsuchende Mensch selbst auf den Weg — *vor* aller Philosophie und Ethik.

(2) Die Ethik ist an ihrem Anfang somit eine *Kunst der Beratung*. Allerdings verlangt der Ratsuchende von ihr überzeugende *einsichtige* Wegweisung. Der Ratschlag, das anempfohlene Verhalten, muß auf seine Berechtigung hin überprüfbar sein. Die Ethik hat also nicht allein einen Vorschlag über bestimmtes Tun oder Lassen zu geben. Sie muß dazu auch noch Mittel bereitstellen, welche zur Prüfung des erteilten Rates und damit zu seiner überzeugenden Annahme geeignet sind. Dies geschieht seit jeher durch die Herleitung des einzelnen Ratschlags aus Ursätzen (Prinzipien).

(3) Für die Ethik als Wissenschaft ergeben sich daraus zwei grundsätzliche Fragen. Erstens: wie gelangt sie zu solchen Ursätzen? Zweitens: wie können die Ursätze auf die einzelnen Fälle, auf die ratsuchende Einzellage, angewendet werden?

---

* Ich bedanke mich bei Herrn Professor Dr. Drs. h. c. mult. Oswald von Nell-Breuning (Frankfurt) für fruchtbare Einwände sowie bei Professor Dr. Dr. Friedrich Beutter (Luzern) für die Durchsicht des endgültigen Manuskriptes. Selbstverständlich geben die folgenden Ausführungen ausschließlich meine eigene Meinung wieder.

I. Herleitung ethischer Regeln

1. Aufgabenstellung

(1) An eine oberste Regel (Ursatz, Prinzip) für das Tun und Lassen ist nur eine Forderung zu stellen: alle Einzelvorschläge müssen in ihr zusammengefaßt sein. Ob diese Bedingung erfüllt ist oder nicht, läßt sich an zweierlei nachprüfen.

(a) Jede einzelne Verhaltensempfehlung der Ethik muß sich aus dem Ursatz unmittelbar oder mittelbar *schlußfolgernd ableiten* lassen. Eine mittelbare Begründung ist dabei eine solche, die von Grundsätzen (Leitsätzen, „elementare sittliche Prinzipien" bei *Johannes Messner*[1]) herabsteigt. Zwischen dem Ursatz (etwa das stoische Prinzip: „Handle der Natur gemäß") und einzelnen Antworten an den Ratsuchenden (etwa: „Was soll man mit unheilbar Kranken tun?") stehen Leitsätze (etwa: „Jedes Leben ist zu schützen"). Aus einem Ursatz lassen sich stets mehrere Leitsätze ableiten.

(b) Die aus dem Ursatz unmittelbar oder mittelbar für den Einzelfall schlüssig abgeleiteten Empfehlungen müssen *innere Zustimmung* hervorrufen. Der Einzelne muß davon überzeugt sein, daß die Folgerung für ihn verpflichtend und zwingend ist. Er kann nicht umhin, diese als Richtschnur für sein Tun oder Lassen anzunehmen.

(2) In philosophische Fachsprache gekleidet, muß die oberste Regel, als *theoretischer Satz* ausgesprochen, die *Gewißheit eines Axioms* haben. Unter Axiom wird dabei eine ohne weiteres einleuchtende Aussage verstanden; etwas, „was wir von Haus aus ohne Beweis anerkennen"[2]. Als Beispiel sei das Widerspruchsprinzip genannt: „Zwei Aussagen, deren eine das Gegenteil der anderen behauptet, können nicht gleichzeitig wahr sein[3]." Die oberste Regel muß aber auch, als *praktischer Satz* formuliert, die *Überzeugungskraft eines Postulats* besitzen. Unter Postulat sei eine Anweisung verstanden, die vom einzelnen voll anerkannt wird und sein Verhalten bestimmt. Als Beispiel gelte das wirtschaftliche Prinzip: „Erreiche ein Ergebnis mit dem geringstmöglichen Kräfteeinsatz[4]."

---

[1] J. Messner, Kulturethik mit Grundlegung durch Prinzipienethik und Persönlichkeitsethik, Innsbruck 1954, 243.

[2] J. W. Goethe, Maximen und Reflexionen, No. 646.

[3] Aristoteles (Metaphysik, Buch 4, Kapitel 3, 1005 b) formuliert: „Es ist unmöglich, daß dasselbe demselben in derselben Beziehung zukomme und nicht zukomme." — Siehe zum Erweis seiner Evidenz J. de Vries, Denken und Sein. Ein Aufbau der Erkenntnistheorie, Freiburg 1937, 90 ff. sowie L. Chwistek, The Limits of Science. Outline of Logic and of the Methodology of Exact Sciences. London 1948, 29 ff.

[4] Vgl. J. Gruntzel, Wirtschaftliche Begriffe, Wien 1917, 44 ff.

(3) Nun lehrt uns die Wirklichkeit, daß philosophisches Denken von jeher schon nicht bloß zu einem einzigen Ursatz führt. Die menschliche Denkkraft mündete vielmehr in verschiedene Ursätze. Außer einem Streit der Prinzipien gibt es dazu noch Zank um Leitsätze bei sonst gleichem Ursatz. Mögen ja manche der aufgestellten obersten Regeln miteinander verträglich und irgendwie ineinander überführbar sein: manche widersprechen sich zweifellos[5]. Nach dem Widerspruchsprinzip können aber sich entgegenstehende Ursätze nicht zugleich richtig sein. Deshalb bedarf es allemal auch einer Prüfung, wie und auf welche Weise das philosophische Denken zu den jeweiligen obersten Regeln und daraus zu den Leitsätzen gelangt.

2. *Lernen in der Familie*

(1) *Johannes Messner* folgt bei der Herleitung eines obersten ethischen Satzes dem breiten Strom der aristotelischen Überlieferung. Danach wächst der Mensch im Schoß der Familie auf. Dort erfolgt ein Lernen, ein „Bereitstellen von Erfahrungen für das zukünftige Tun"[6]. Im Zuge dieses Lernprozesses gewinnt das Kind Einsichten in Verhaltensweisen. Es erlebt, wie bestimmtes Tun als gut, anderes aber als bös angesehen wird. Es spürt selbst, wie etwa erlittenes Unrecht weh tut. Solche Erlebnisse regen zum Nach-Denken an: man überlegt. Die Vernunft als Fähigkeit zu schlußrichtigem Denken anerkennt und billigt, sie bestätigt und erhärtet, sie rechtfertigt und vertieft die gewonnenen Erfahrungen. So bilden sich innert der Familie aufgrund von Erfahrung und Vernunftüberlegung fortwährend Urteile über gut und bös[7]. Es war nicht gerade der beste Einfall von *Messner,* solche Urteile als „synthetische Urteile a priori" zu bezeichnen. Ist doch dieser zusammengesetzte Begriff bereits durch *Kant* in anderer Bedeutung belegt[8].

---

[5] Siehe J. Ch. F. Meister, Über die Gründe der hohen Verschiedenheit der Philosophen im Ursatze der Sittenlehre bey ihrer Einstimmigkeit in Einzel-Lehren derselben. Gekrönte Preis-Schrift, Züllichau 1812, insbes. 7 ff.

[6] W. Guyer, Wie wir Lernen. Versuch einer Grundlegung. Erlenbach - Zürich ⁵1967, 15; siehe auch 22 ff.

[7] Vgl. J. Messner, Kulturethik, a.a.O., 243 ff. sowie ders.: Fundamentalmoral, in: Theologie und Glaube, 68 (1978), 325. Siehe auch R. Weiler, Familie: Tor zur Humanität, in: R. Weiler / V. Zsifkovits, Familie im Wandel, Wien 1975, 187 ff. (Reihe „Sozialethik und Gesellschaftspolitik").

[8] Der Begriff taucht bei Kant in *engerem* und *weiterem* Sinn auf. — Einmal nennt Kant jede Aussage, bei der ein neues Prädikat zum Subjekt tritt, ein synthetisches Urteil. Geschieht die Verknüpfung des Prädikats mit dem Subjekt unabhängig von der Erfahrung (*a posteriori ad experentiam*), so handelt es sich um ein synthetisches Urteil a priori. — Zum andern bezeichnet Kant mit diesem Ausdruck aber auch Sätze, in denen die Begriffe selbst unabhängig von der Erfahrung sind, nämlich im Gegebenen und Seienden nicht als verwirklicht festgestellt werden können. Siehe des näheren J. de Vries, Denken und Sein, a.a.O., 102 ff. Zur Bedeutungsvielfalt von „Apriori" und „Erfahrung"

(2) Gegen die kurz nachgezeichnete Begründung von Leitsätzen ethischen Handelns oder gar von Ursätzen scheinen triftige Bedenken zu sprechen. Drei Einwände seien hier näher vorgetragen.

(a) Die Familie zur Zeit des *Aristoteles* ist nicht der heutige Klein-Haushalt. Sie ist größer und umgreift in der Regel drei Generationen. Sie ist umfassender und eigentlich eine Verwandten-Gruppe. Ihre Mitglieder sind maßgebend verbunden im gemeinsamen Ziel wirtschaftlicher Leistungserstellung[9]. In dieser Sippenwirtschaft ist die Erfahrung eine breitere, eine vielfältigere und eine vielförmigere. Sie bezieht sich auf eine weite, umfängliche Zahl von unmittelbaren Erlebnissen aus allen möglichen Lebensbereichen. Demgegenüber bietet die heutige Form der Kleinfamilie die Gelegenheit zu einer nur spärlichen Anzahl von Erfahrungen. Der Erfahrungs-„Schatz" ist vergleichsweise gering. Ob aus diesem begrenzten Erfahrungsschatz die für das sittliche Verhalten in der heutigen Gesellschaft erforderlichen Einsichten zu gewinnen sind, scheint zweifelhaft. „Unmittelbar einsichtige Wahrheiten auf Grund von Erfahrung und einfacher Vernunftüberlegung" bedürfen aber doch wohl reichlich viel an „Erfahrung und Überlegung in die innere Notwendigkeit der fraglichen Sachverhalte", um mit *Messner* zu sprechen[10].

(b) „Der Kleinhandel ist zu den unsauberen Geschäften zu rechnen, während der kapitalkräftige Großhandel ... durchaus untadelhaft ist[11]." Diese Auffassung *Ciceros* erscheint wohl jedem von uns heute als unstatthaftes Werturteil, als falsches Vorurteil[12]. Aber alle Familien, sämtliche Gruppen, kurz: jedwede Menschen einer Zeit waren einmal dieser Meinung. Die Haltung dem Kleinhändler gegenüber (und folglich auch dessen Stellung im Gesamtverband miteinander handelnder Menschen: im sozialen System[13]) war davon geprägt. Was verhindert nun, daß Erfahrung und Einsicht im vorhin erläuterten Sinne *Messners* aus zeitbedingten Werturteilen dieser Art zu ethischen Leitsät-

---

überhaupt siehe R. Eucken, Geistige Strömungen der Gegenwart, Berlin [6]1920, 81 ff.

[9] Siehe K. Bücher, „Volkswirtschaftliche Entwicklungsstufen", in: Grundriss der Sozialökonomik. I. Abteilung: Wirtschaft und Wirtschaftswissenschaft, Tübingen 1914, 10 ff.

[10] J. Messner, Kulturethik, a.a.O., 244.

[11] M. T. Cicero, De officiis, I, 151 (in der von K. Atzert besorgten Ausgabe in „Goldmanns Gelbe Taschenbücher" auf S. 75).

[12] Vorurteil hier verstanden als Urteil (Aussage), das jemand über eine Sache fällt, bevor er sie geprüft hat. Nicht jedes Vorurteil muß auch falsch sein! Daher gibt es „falsche" Vorurteile. Siehe A. Burghardt, Einführung in die Allgemeine Soziologie, München [3]1979, 77.

[13] Siehe K.-D. Opp, Soziales Handeln, Rollen und soziale Systeme. Ein Erklärungsversuch sozialen Verhaltens, Stuttgart 1970, 98 f.

zen aufsteigt[14]? Ein wirklich überzeugender Aus-Weg aus dieser leidigen Klemme läßt sich nicht finden. Bezeichnenderweise mehrt sich aber beim Versuch der Widerlegung solcher Bedenken der Wust verschachtelter Sätze, an denen die Ethik fürwahr noch nie Mangel litt. Auch der Anreicherungsgrad dieser Sätze mit mehrdeutigen Gräzismen steigt hier verdächtig stark an!

(c) Ein schlüssiger Erweis dafür, daß gerade die Familie (und dazu noch ihre jetzige Rest-Form als Kleinstgruppe) einziger, ausschließlicher Ort der Wert-Erkenntnis sein muß, ist bislang nicht erbracht. Religiös verbrämte Begründungen wirken heutigs mehr denn je unglaubhaft[15] — zumindest außerhalb der Kirchen. Die Zuweisung bestimmter „natürlicher" Rollen vor allem an die Frau (Leitbild der Glucken-Mutter!) verstärkt noch den Ideologieverdacht[16]. Die Familie vermag nämlich durchaus auch Angriffsverhalten (Aggression), Angst sowie allerlei seelische Abweichungen vom Normalen (Neurosen) einzuüben[17]. Viele behaupten, daß darin die Ursache vieler Zeitübel liege, und eben das sei „Zer-Fall" der Familie. Andererseits jedoch kann auch eine Heimerziehung zweifellos zu einem Verhalten führen, das (um wieder mit *Messner* zu sprechen) „durch Gerechtigkeit, Wahrhaftigkeit, Worthalten, Hilfsbereitschaft, Befehlsgewalt und Gehorsamsverpflichtung bestimmt ist"[18]. Dies gilt für kommunistische Jugendlager[19] ebenso wie für nationalsozialistische Heime[20] und für Kibbutzkollektive[21]. Überdies wird das Kind und der Heranwachsende in unseren Tagen gewißlich mehr an Erfahrung und Einsicht vom Fernsehen lernen denn von den

---

[14] Siehe G. C. Homans, Elementarformen sozialen Verhaltens, Köln ²1972, 34 ff. sowie K. F. Schumann, Zeichen der Unfreiheit. Zur Theorie und Messung sozialer Sanktionen, Freiburg 1968, 26 ff., Th. M. Newcomb, Sozialpsychologie, Meisenheim 1959, 147 und Th. Geiger, Ideologie und Wahrheit. Eine soziologische Kritik des Denkens, Stuttgart 1953, 61 f.

[15] Siehe J. Giers, Die Familie in der Heilsordnung, in: R. Weiler / V. Zsifkovits, Familie im Wandel, a.a.O., 166 ff. und die dort angegebene Literatur.

[16] Ideologie hier verstanden als die einer Gruppe zugehörige Denkweise und Werteinsicht, siehe Th. Geiger, Ideologie und Wahrheit, a.a.O., 64. Zum Vorwurf selbst siehe P. Brückner, Zur Sozialpsychologie des Kapitalismus. Sozialpsychologie der antiautoritären Bewegung I, Frankfurt ⁴1973, 48 ff.

[17] Siehe hierzu D. M. Mantell, Familie und Aggression. Zur Einübung von Gewalt und Gewaltlosigkeit. Eine empirische Untersuchung, Frankfurt 1972 sowie H. E. Richter, Eltern, Kind und Neurose. Psychoanalyse der kindlichen Rolle, Stuttgart ³1972.

[18] J. Messner, Fundamentalmoral, a.a.O., 325.

[19] Siehe W. Leonhard, Die Revolution entläßt ihre Kinder, Köln 1955, ein in vielfacher Hinsicht lesenswerter Erfahrungsbericht.

[20] Siehe H. Scholtz, Nationalsozialistische Ausleseschulen. Internatsschulen als Herrschaftsmittel des Führerstaates, Göttingen 1973.

[21] Ausführlich hierzu P. B. Neubauer, Children in Collectives. Child-rearing Aims and Practices in the Kibbutz, Springfield 1965. Siehe über den Vorwurf sexueller Freizügigkeit in den Schlafsälen 213 ff.

Eltern[22]. Über diesen so bedeutenden und dermaßen nachhaltigen Wertbildner wird meistens großzügig hinweggesehen; wie denn überhaupt die ganzen Ergebnisse der neueren Kommunikationsforschung weithin unberücksichtigt bleiben.

(3) Die knapp vorgetragenen Einwände gegen die aus familiärer Erfahrung und begleitender Vernunfttätigkeit hergeleiteten ethischen Sätze sollen zeigen, daß dieser Weg fraglich, anfechtbar und daher unsicher ist. Er gilt wohl nicht zu Unrecht als altbacken und wird ohnehin als ideologieverdächtig beargwöhnt. Nun gibt es aber mehrere andere Wege zum gesteckten Ziel der Herleitung von Ursätzen[23]. Einer dieser Wege sei im folgenden beschrieben.

3. *Lernen aus dem Menschsein*

(1) Die Herleitung ethischer Sätze aus dem Sinn des Menschseins, der anthropologische Weg, ist heutigs minder gut angeschrieben. In der Hauptsache scheinen hierfür drei Gründe maßgebend. *Erstens* gibt es eine Über-Fülle an Anthropologien. Biologische, verhaltenswissenschaftliche, medizinische, psychologische, pädagogische, soziologische, politologische, philosophische und theologische Lehren vom Menschen wetteifern miteinander. Dazu sind diese fachwissenschaftlichen Anthropologien in sich unterschiedlich: es besteht ein Meinungsstreit innert der betreffenden Disziplinen um das jeweilige Menschenbild. *Zweitens* führt die Zusammenfassung all dieser Einzellehren zu einer ganzheitlichen Wesenslehre vom Menschen in eine Sackgasse. Vorab steht bereits der Begriff „Wesen" in nachhaltigem Kreuzfeuer der Kritik[24]. Hier und im folgenden meint Wesen dasjenige, was den jeweiligen Menschen und jeden Menschen *als Menschen* kennzeichnet. Gefragt ist also nach einer umfassenden Sicht vom Vollzug des Menschseins, nach der besonderen Seinsweise des Menschen. Die Lösung der Aufgabe endet indessen auch hier wieder im Gewirr sich widersprechender Menschenbilder. *Drittens*

---

[22] Siehe hierzu grundsätzlich E. Feldmann, Neue Studien zur Theorie der Massenmedien, München 1969, insbes. 70 ff.

[23] Siehe den Versuch einer Klassifizierung dieser Wege bei V. Kraft, Die Grundlagen der Erkenntnis und Moral, Berlin 1968, 92 ff.

[24] Siehe zur Bedeutungs-Vielfalt des Begriffes „Wesen" K.-D. Opp, Methodologie der Sozialwissenschaften. Einführung in Probleme ihrer Theorienbildung, Reinbek 1970, 105 f. Hinzuzufügen wäre der dort vorgetragenen Aufzählung noch „Wesen" im Sinne der aristotelischen Substanz-Metaphysik. — Die Ersetzung des Begriffes „Wesen" durch „Natur" ist erst recht *mißverständlich!* Die moderne Verhaltensforschung benutzt diesen Begriff, um die (sehr gewichtige!) triebhafte Abhängigkeit des Menschen von seiner stammesgeschichtlichen Entwicklung zu kennzeichnen. Der Mensch hat in diesem Sinne eine Natur, „und er ist alles andere als ein erst von der Philosophie, Politik oder Pädagogik vollzuschreibendes leeres Blatt", wie G. Szczesny, Das sogenannte Gute. Vom Unvermögen der Ideologen, Reinbek 1971, 51 bemerkt.

behauptet die Wissenschaftstheorie einen Zirkel, eine innere Gegenläufigkeit, im anthropologischen Verstehen. Der nach dem Wesen des Menschen Fragende öffnet sich zu einer Frage. Jedoch in diesem fragenden Offensein verschließt er sich bereits der Antwort: eben mit der Ausrichtung seiner Frage auf die besondere Seinsweise des Menschen. Die Frage nach dem Wesen des Menschen ist somit in das Wesen des Menschen einbehalten, und dieses drückt sich in jener aus[25].

(2) Immerhin jedoch zeigt die Gegenüberstellung verschiedener Wesenslehren, ein näherer Vergleich unterschiedlicher soziologischer und philosophischer Anthropologien aus der letzten Zeit, zweierlei. *Erstens*: die Autoren widmen sich ersichtlich der *Frage* nach der besonderen Beschaffenheit menschlichen Lebens mehr als einer Antwort. Anders gesagt: die heutige geisteswissenschaftliche Anthropologie weiß durchaus um die Schwierigkeiten der Formulierung umfassender oder gar „letzter" Aussagen über das Menschsein. *Zweitens*: es ergeben sich gleichwohl überraschend viele einstimmige Grundaussagen in den Teil-Antworten. Die Anzahl und das Gewicht solcher gleichlautender Urteile über das Wesen des Menschen genügen durchaus, um als Grundlage für schlußfolgerndes ethisches Argumentieren zu dienen. Was sind nun aber diese von allen anerkannten Grund-Einsichten?

(3) Es gilt als unbestritten, daß der Mensch Einzelwesen, Individuum ist. Denn er sagt zu sich selbst „ich". Trotzdem vermag der Mensch sich nie völlig zu ver-einzeln: er kann sich nicht ab-sondern in Alleinheit. Er bleibt stets das „ich" eines „du". Das „du" jedoch findet sich im „ich" des anderen vor. Dieses bestimmt „mich selbst" als „du". Der eine tritt folglich dem anderen keineswegs als getrenntes, selbständiges „ich", nicht als ein anderes Individuum, ein *alter ego*, gegenüber. Vielmehr sind beide, eben weil sie sich wechselseitig als „ich" und „du" begegnen, erkennen und auch begreifen, zur Einheit eines „wir" verbunden.

(a) Der Einzelne ist sonach ein Gesellung bewirkendes Element, ein Gemeinschaft herbeiführender Bestandteil: er ist *Substrat der Sozialität*. Das heißt andrerseits, daß das Individuum nicht Gemeinschaft bestimmendes und tragendes Wesen ist: kein *Subjekt von Sozialität*. Gemeinschaft, „wir", wird durch über-individuell zwischen-menschliche Begegnung auf der Grundlage des Verhältnisses von „ich" und „du" begründet. Sozialität ist demnach ein Apriori, insofern sie aus schlußfolgernder Überlegung erkennbar ist. Sie ist jedoch *kein* bloßes Apriori in dem Sinne, daß sie lediglich begrifflichem Denken angehöre und von der Erfahrung nicht nachvollziehbar sei.

---

[25] Siehe hierzu W. Lepenies / H. Nolte, Kritik der Anthropologie. Marx und Freud, Gehlen und Habermas, München ²1973.

(b) Gegenstand der Gemeinschaft ist zwar nicht der Einzelne. Es ist aber auch kein unsägliches, namenloses „wir". Subjekt der Sozialität ist vielmehr die Person (Person verstanden als Wechselbegriff zu Individuum: Träger eines in sich einheitlichen bewußten Ich) in der Stellung des Mitmenschen. Das Individuum, das den anderen nicht nur als bloßes „du" versteht, sondern darüber hinaus auch dessen Anspruch auf Personalität als gleich ursprünglich anerkennt: das allein ist Gegenstand der Gemeinschaft. Nun schränkt aber das Gebundensein des einzelnen an den Nächsten, seine soziale Relativität, die Einmaligkeit der Person, die Individualität des Individuums, keineswegs ein. Vielmehr verleiht diese dem Einzelnen erst seinen eigenen Rang, eine ethische Qualität. Weil nun aber der Mensch immer schon als Mit-Mensch in ursprünglicher Verbundenheit mit dem anderen lebt, besteht und sich verwirklicht, kommt der Sozialität auch ein *ethisches Apriori* in der oben genannten Bedeutung zu.

(4) Inwiefern lassen sich diese empirisch wahren Aussagen für ethisches Besinnen nutzen? Zwei Feststellungen können zunächst daraus abgeleitet werden. *Erstens:* eine verneinende hinsichtlich bestehender ethischer Denkweisen. *Zweitens:* eine bejahende in bezug auf zu suchende ethische Leitsätze.

(a) Die neuzeitliche Ethik beschreitet zwei Hauptwege. Einmal (*These*) führt sie die Regeln des Tun-Sollens auf die Grundvorschrift der *Verpflichtung,* und diese wieder auf das Selbstverhältnis des Einzelnen zurück. Was wir tun und lassen sollen: das ergibt sich aus der Verpflichtung gegen uns selbst. Die Pflichten gegen andere rühren aus Pflichten gegen uns selbst her: sie sind abgeleitete Pflichten[26]. Zum anderen (*Antithese*) geht man von den jedem Menschen angeborenen *Rechten* aus. Diese werden zu Forderungen an andere, zu Pflichten für andere. — Beide Stränge ethischen Denkens beschränken schon die Ausgangs-Überlegungen auf das vereinzelte Individuum. Die ursprünglich soziale, auf das Zusammenleben mit anderen hingeordnete Disziplin der Ethik bildet sich im Gefolge derartiger Betrachtung als Individual-Ethik zurück. Der von vornherein ein-seitige Grundansatz solchen Denkens wird um kein Gran anders, wenn man der Individual-Ethik eine Sozial-Ethik an die Seite stellt. Vielmehr gilt es, ethische Aussagen so vorzubringen, daß ein Entweder (individualethisch) und Oder (sozialethisch) schon gar nicht aufkommt[27].

---

[26] Siehe übersichtlich I. Kant, Metaphysische Anfangsgründe der Tugendlehre, Königsberg 1797, Tafel: Einteilung der Ethik am Ende.

[27] Siehe zu diesem Fragenkreis und gleichzeitig zur tieferen Begründung des zuvor Gesagten O. v. Nell-Breuning, Gerechtigkeit und Freiheit, Wien 1980, insbes. 313 ff. sowie B. Schüller, Die Begründung sittlicher Urteile, Düsseldorf 1973.

(b) Erst aus der vorhin gekennzeichneten Bestimmung des Subjekts der Sozialität erwächst ein rechter Sinn für die Begriffe Pflicht und Recht. Verpflichtet bin „ich" nicht als Einzelner. Vielmehr bin ich verpflichtet, weil ich wesentlich im Verbund mit dem anderen stehe. Erst deswegen kann ich überhaupt Pflichten und Rechte haben. Das ganze ethische Fragen nach dem Guten setzt deshalb die Beziehung zum anderen begriffsnotwendig voraus. Es gründet sich auf die Zuordnung, ingleichen aber auch auf den Unterschied von „ich" und „du". Denn gut oder bös kann jemand ausschließlich deshalb sein, weil mit ihm jemand da ist, dem gegenüber er so sein kann.

(c) Alle Sozietät im Sinne von Gesellschaft (als sozialer Organisation) ist gegründet in die Sozialität im Sinne des beschriebenen wechselseitigen Gebundenseins im Miteinanderleben. Daraus bestimmt sich nun auch der Sinn für den ethischen Begriff „Verantwortung". Der *Pflicht*begriff enthält eine reine Aufforderung: du sollst! Dem *Rechts*begriff wohnt eine bloße Forderung inne: ich will! Verantwortung bedeutet demgegenüber eine Anforderung, welche das Subjekt der Sozialität als ethisches Apriori erhebt. Wer etwas verantwortet, tut dies gegenüber einem anderen. Dieser fordert ihn dazu meistens gar nicht erst auf. Vielmehr entsprechen wir „nur" Erfordernissen der Sozialität. Verantwortung ist damit ein personhafter Begriff; er kennzeichnet ein Verhältnis zwischenmenschlicher Kommunikation[28].

(5) Die aus den bisher angestellten Überlegungen fließende ethische Grundregel, der Ursatz, läßt sich genau wie bei *Johannes Messner*[29] formulieren: „Sei dein wahres Selbst als Mensch!" Anders ausgedrückt: „Handle in Verantwortung!" Welche ethischen Leitsätze fließen daraus? Wie läßt sich Verantwortung im dargelegten Sinne operationalisieren, nämlich durch nachprüfbare Maßgrößen ausdrücken, wie auf festgestellte Sachverhalte übertragen? Diese Frage führt auf das eingangs erwähnte zweite Hauptproblem der Ethik: Wie können ethische Regeln auf die einzelnen Fälle angewendet werden?

II. Anwendung ethischer Regeln

1. Schwierigkeiten

(1) Der Schritt von ethischen Sätzen auf anstehende und zu lösende Entscheidungsfragen ist mit drei hauptsächlichen Schwierigkeiten verbunden. *Erstens* gelten zwar Ursätze unbedingt, Leitsätze hingegen nur

---

[28] Siehe zum Begriff der Kommunikation und seiner Besonderheit A. Burghardt, Einführung in die Allgemeine Soziologie, a.a.O., 33 ff.
[29] J. Messner, Kulturethik, a.a.O., S. 241.

bedingt. *Zweitens* sind ethische Leitsätze in Zeit und Raum verschieden zu deuten. *Drittens* ist ein bestimmter Sachverhalt oft nur schwer durchschaubar.

(a) Ein ethischer Ursatz wie „Handle in Verantwortung!" ist eine einleuchtende Aussage. Es fehlt ihm auch nicht an Überzeugungskraft. Der Satz ist immer richtig; das gegenteilige Urteil kann unmöglich einsichtig sein. Der Ursatz hat also zweifellos Gültigkeit. — Leitsätze, aus dem Ursatz abgeleitete Grundregeln, haben jedoch keine Unbedingtheit in diesem Sinne. Der Leitsatz: „Fremdes Eigentum ist zu achten" folgt schlüssig aus dem Grundsatz verantwortungsvollen Handelns. Er gilt auch, wie *Thomas von Aquin* es einmal ausdrückt, regelmäßig, meistens *(in pluribus)*[30]. Jedoch manchmal *(in aliquo particulari et in paucioribus)* vermag man ihn nicht rundaus anzuwenden. Thomas nennt als Beispiel den Fall, daß die Erstattung des gestohlenen Gegenstandes (Degen) den Eigentümer in die Lage versetzt, mit dem zurückgebrachten Ding großen Schaden (beabsichtigten Mord) anzurichten. Ein höherer Leitsatz („Jedes Leben ist zu schützen") steht hier vor einem niedrigeren Grundsatz („Fremdes Eigentum ist zu achten").

(b) Leitsätze können auch nicht ausnahmslos gleiche Gültigkeit jederzeit und allerorts haben: sie sind nicht transkulturell. Denn die Menschen sind mitnichten zu allen Zeiten und überall dieselben. Zwar gibt es Beständiges, Bleibendes am Menschen, eine menschliche Konstante, wie *Messner* hervorhebt[31]. Zweifellos ist aber auch manches von Bedingungen im technischen, wirtschaftlichen und gesellschaftlichen Umfeld des Menschen abhängig. Unsere Tun und Lassen bestimmenden Vorstellungen, die praxisleitenden Ideen, sind erwiesenermaßen auch geschichtlich bedingt. Darauf müssen ethische Folgerungen Rücksicht nehmen. So mag, um *Thomas von Aquin* nochmals anzuführen, die Einehe als ethischer Leitsatz gültig sein. Gewisse Umstände könnten jedoch durchaus die Vielehe zulassen[32].

(c) Der Begriff *Sachverhalt* bezeichnet die sich ereignenden Gegebenheiten: die sich zutragenden Geschehnisse und vorkommenden Abläufe im menschlichen Zusammenleben. Viele Sachverhalte übersteigen nun das durchschnittliche menschliche Erkenntnisvermögen, Ja, manche geben selbst dem Fachmmann Rätsel auf. So sind beispielsweise oftmals Käufe und Verkäufe auf Warenterminmärkten weitläufig in ihrer Wirkkette, verwickelt in ihren sachlichen und zeitlichen Wechselbezie-

---

[30] Thomas von Aquin, Summa Theologica, I^a II^{ae}, q. 94, a. 4, a. 5.
[31] J. Messner, Fundamentalmoral, a.a.O., S. 325.
[32] Thomas von Aquin, Summa Theologica, Supp., 65, 2. Siehe hierzu erläuternd D. C. Maguire, Moral Absolutes and the Magisterium, in: Ch. E. Curran (Hrsg.), Absolutes in Moral Theology?, Washington ²1977, 76.

hungen, undurchsichtig in ihren näheren und weiteren Umständen und obendrein auch noch in ihrer rechtlichen Gestaltung schwer durchschaubar. Die Anwendung des Leitsatzes auf das Geschehen, die Anpassung des Sachverhaltes auf den Tatbestand, gelingt hier nur unvollkommen. Dies ist ja nicht neu. Es berührt das schon immer strittige Problem besonderer Standes- und Berufsethiken[33].

(2) Gefordert wurde einleitend, daß sich jede Verhaltensempfehlung der Ethik faßlich aus dem Ursatz oder aus Leitsätzen ableiten müsse. Dazu sollte ein Ratschlag auch so überzeugend und durchschlägig sein, daß er als Richtschnur des Handelns angenommen wird. Die drei genannten (und andere) Schwierigkeiten grenzen die Erfüllung dieser Forderungen freilich etwas ein. Die erstrebte Eindeutigkeit der Raterteilung wird sich nicht in jedem Fall sogleich verwirklichen lassen. Angesichts vor allem der beschriebenen Vielschichtigkeit mancher Sachverhalte wird es schier unvermeidlich zum Meinungsstreit über ihre ethische Beurteilung kommen. Solcherart Auseinandersetzungen werden von vielen als anstößig und darob als Ärgernis empfunden. Man sollte indessen erkennen, daß sich doch gerade in diesem Werweißen ganz besonders ausgeprägt ethisches Engagement anzeigt. Denn wer würde wohl über etwas streiten, das er nicht kennt oder das ihn gar nicht berührt, das ihm gleichgültig ist (Scheinprobleme der Ethik!)?

2. Handeln in Verantwortung

(1) Der Begriff Verantwortung drückt näherhin eine dreistellige Beziehung aus. Erstens: jemand ist *für etwas* verantwortlich; er ist bindend auf einen *Bezugsgegenstand* hingeordnet. Gegenstand bezeichnet dabei Personen, Personenmehrheiten oder Sachen (wie die Umwelt, die Natur). Zweitens: jemand ist *vor anderen* verantwortlich. Andere erwarten etwas von ihm; sie rechnen mit einem bestimmten Verhalten. Verantwortung hat so stets eine *Bezugsgruppe,* im Außnahmefall einen einzigen Bezugspartner. Drittens: jemand ist *dafür* verantwortlich. Er selbst oder andere müssen für sein Tun oder Lassen geradestehen: es besteht eine *Bezugshaftung* der Verantwortung. — Un-verantwortlich handelt, wer das erste Merkmal mißachtet: wer erst gar nicht für das einsteht, wofür er aufzukommen hat; wer die Erfordernisse aus mitmenschlicher Bestimmung und Bindung nicht auf sich nehmen will. Verantwortungs-los ist ein Handeln, welches sich über das zweite Merkmal hinwegsetzt: wer die in ihn gesetzten Erwartungen nicht erfüllt; wer sein Tun oder Lassen nicht gemäß den an ihn gestellten Anforderungen ausrichtet; wer den Bezug seines Handelns auf die anderen ver-

---

[33] Siehe C. Hilty, Ueber Handelsmoral, in: Politisches Jahrbuch der Schweizer Eidgenossenschaft 14 (1900), insbes. 34 ff.

nachlässigt. Sowohl unverantwortliches als auch verantwortungsloses Handeln, jeder Ausfall geschuldeter Verantwortung, führt zur Überwälzung der mit Verantwortung notwendig gekoppelten Bezugshaftung auf andere Personen.

(2) *Oswald von Nell-Breuning* weist in der kleinen Wiener Messner-Festschrift den Bezugsgegenstand der Verantwortung, das „für etwas", an vielen Beispielen auf[34]. Er vermag außerdem einsichtig zu zeigen, wie der Bezugs*gegenstand*, das „für etwas", in den *Einrichtungen des Miteinanderlebens* zur Deckung gelangt mit der Bezugs*gruppe*, dem „vor anderen".

(a) Wer im Rahmen gesellschaftlicher Institutionen handelt, von dem wird stets erwartet, daß er bestimmten Anforderungen entspricht. Zwar kann Verantwortung hierbei ganz und gar Verschiedenes meinen. Denn soziale Institutionen als geprägte Formen und Regeln menschlichen Zusammenlebens gibt es viele: Ehe, Familie, Staat, Wirtschaft, Recht und Schule seien als Beispiele genannt[35]. Noch vielfältiger sind die allfälligen Positionen einzelner Personen in diesen Einrichtungen (wobei Position die Aufgabe bezeichnet, die einer Person innert eines Gefüges sozialer Beziehungen zukommt: etwa als Vater in der Familie, als Vorgesetzter im Betrieb). Die Positionsträger wiederum sind entweder an ein enges Rollenverhalten gebunden (Amtsrolle etwa eines Polizisten) oder es steht ihnen ein mehr oder minder großer Rollenspielraum offen[36].

(b) Verantwortung ereignet sich somit in den sozialen Gefügen an verschiedener Stelle und in unterschiedlichem Maße. Jedoch ist in all diesen Fällen die *Form des Handelns* gleich. Immer nämlich tritt ein „für etwas" zum „vor anderen". Stets auch führt ein Fehlen von (oder Mangel an) Verantwortung zu sozialen Schäden. Gleich ist auch der *Bezugsort:* das Handeln geschieht im Rahmen der Sozietät. Unsere Gesellschaft bedarf „des verantwortungsbewußten Handelns der großen, ja erdrückenden Mehrheit aller; ohne dies könnten wir angesichts der sich immer mehr verdichtenden gesellschaftlichen Beziehungen und Verflechtungen und der sich daraus ergebenden, sich immer höher steigernden Abhängigkeit von anderen ... schlechterdings nicht mehr leben"[37].

---

[34] O. v. Nell-Breuning, Soziale Gerechtigkeit — Soziale Verantwortung, in: Festschrift Johannes Messner, Sondernummer der Zeitschrift Gesellschaft und Politik, Bd. 12 (1976) 75 ff.

[35] Siehe Th. M. Newcomb, Sozialpsychologie, a.a.O., 206 ff.

[36] Vgl. A. Burghardt, Einführung in die Allgemeine Soziologie, a.a.O., 92 ff.

[37] O. v. Nell-Breuning, Soziale Gerechtigkeit — Soziale Verantwortung, a.a.O., 78.

(3) „Handle verantwortlich!" als Ursatz im angezeigten Sinn drückt eine wechselseitige Beziehung, ein rückbezügliches Verhältnis aus. Es besagt, daß jeder von sich aus verantwortlich handeln soll (als ethisches Postulat), seinerseits aber auch verantwortliches Handeln anderer erwarten darf und muß. „Wir setzen Vertrauen in die Gewissenhaftigkeit anderer, sind im höchsten Maße auf sie angewiesen; ganz ebenso unentbehrlich ist *unsere* Gewissenhaftigkeit für sie. Auf den ersten Blick erkennen wir diese wechselseitige Abhängigkeit im *Straßenverkehr*. Jeder verantwortungslose Verkehrsteilnehmer gefährdet die anderen; auch der umsichtigste Fahrer erleidet Unfälle, wenn andere in unberechenbarer Weise gegen die Verkehrsregeln verstoßen. Sicherheit und Gefahren im Verkehr beruhen gleicherweise auf *Gegenseitigkeit,* darum muß mein eigenes Verantwortungsbewußtsein ebenso wach sein, wie ich vom Verantwortungsbewußtsein des anderen wünsche und erwarte, daß es jederzeit auf der Höhe sei und keinen Augenblick aussetze[38]."

(4) Die den Menschen aneignende Verantwortung weist nach alledem über ihn selbst als Person hinaus. Was der einzelne an Verantwortung zu tragen hat, ingleichen aber auch an verantwortungsbewußtem Handeln anderer abverlangen kann: das bestimmt sich durch das wechselseitige Angewiesensein auf die anderen. Indem sich der Einzelne dieser Verantwortlichkeit öffnet, diese anerkennt und auch willentlich auf sich nimmt, wird er zur „Wert-Person". Diese erweist sich im redlichen, vertrauenswürdigen und zuverlässigen Handeln innert des sozialen Systems. Verantwortlichkeit begründet sich also individuell und sozial zugleich. — Die ethischen Begriffe gut und bös wurden vorhin bereits als gesellschaftliche Maßgrößen, als soziale Dimensionen, erläutert. Auch weil verantwortungsloses und unverantwortliches Handeln „böse" Folgen hat, ist jedes Handeln in Verantwortung als „gut" einzustufen. „Was ich tue oder unterlasse, trifft in seinen Folgen immer auch andere; was jeder andere tut oder läßt, trifft letzten Endes immer auch mich; diese Solidarität im Schicksal fordert die gleiche Solidarität in der Verantwortung[39]."

(5) Gesellschaftliche Ordnungsgefüge sind der Platz, wo sich Verantwortung ständig ereignet. Solche Organisationsformen sind aus dem Inverbindungtreten mehrerer, aus kommunikativem Handeln, geschichtlich gewachsen. Heute sind sie als den Ablauf des Lebens bestimmende Regelungen und Einrichtungen verwirklicht.

---

[28] O. v. Nell-Breuning, Soziale Gerechtigkeit — Soziale Verantwortung, a.a.O., 79.
[39] O. v. Nell-Breuning, Soziale Gerechtigkeit — Soziale Verantwortung, a.a.O., 79. — Über die hintergründige Verdrehung der Begriffe „gut" und „bös" siehe Th. W. Adorno, Tugendspiegel, in: Minima Moralia. Reflexionen aus dem beschädigten Leben. Frankfurt 1971, 244 ff.

(a) Gleichwohl gilt es hier vor einer Überbetonung sozialer Institutionen oder gar vor deren *Salbung durch die Ethik* zu warnen. Verantwortung setzt zwar die Zugehörigkeit zu gesellschaftlichen Ordnungsgebilden voraus. Sie besteht jedoch n i c h t in oder aus der Vorgegebenheit dieser Institutionen. Weder begründet sie sich daraus, noch hat sie diese zur notwendigen Voraussetzung. Vielmehr besteht und geschieht Verantwortung allein in der von diesen Ordnungsgefügen ausgestalteten wechselseitigen zwischenmenschlichen Beziehungen, in der Kommunikation mit dem anderen. Der Grund einer wie auch immer gearteten Verantwortung liegt also stets in der Achtung vor der Person des anderen, und beileibe nicht in einer Ehrfurcht vor Institutionen[40].

(b) Soziale Organisationsformen mögen sich wandeln. Sie können gar aufhören so zu bestehen, wie sie jetzt sind. Verantwortungsvolles Handeln ist aber auch dann noch immer ethischer Ursatz! Man sollte sich vor einer weitverbreiteten Untugend gewisser ethischer Schulen hüten. Glauben diese doch, Positionsverschiebungen, Statusänderungen, Umbildungen im Rollenverhalten benebst viele andere Bewegungen innert sozialer Gebilde bemäkeln zu müssen. Solche Klügelei macht ethische Besinnung im ganzen verdächtig. Nicht zu Unrecht tadeln dies Persönlichkeiten wie *Max Horkheimer* und *Theodor W. Adorno*[41], beides vielgelesene Wegweiser der zurzeiten tonangebenden Schicht im deutschen Sprachraum.

III. Schlußbemerkungen

(1) Mitnichten kennzeichnet unsere Zeit ein Tiefstand an Ethik. Ganz im Gegenteil: wir haben heutigs fürwahr eine ethische Hoch-Zeit. Basisgruppen, Bürgerinitiativen und die Massenmedien treten tagtäglich mit Protesten (*protestari* = für etwas Zeugnis geben), Appellen (*appellare* = einen Vorschlag machen) und Sensationen (*sentire* = seine Empfindung äußern) an die Öffentlichkeit. Was sind das anderes als Zweifelsfragen über das „richtige" Verhalten in gesellschaftlichen Ordnungsgefügen? Dieses Fragen mag ja tatsächlich oft-

---

[40] Siehe hierzu G. Szczesny, Das sogenannte Gute, a.a.O., 25 f. („Bis heute ist er [der Mensch, G. M.] es gewohnt, Familie, Klasse, Volk, Kultur und allen möglichen anderen kleinen und großen Gruppierungen ‚Gefühl', ‚Geist', ‚Seele' und einen größeren Realitätsgrad und Realitätswert zuzusprechen als dem ‚belanglosen' einzelnen; wie wenn die Summierung von Menschen unter einem bestimmten historischen oder sozialen oder politischen Aspekt ein neues übermenschliches Lebewesen hervorbrächte. Alle diese Kollektiv‚wesen' leben aber nur vom und im einzelnen Menschen: er denkt sie, er bezieht sie in sein Empfinden ein, er macht sie zu Motivationen für seine Taten und Untaten.")

[41] Vgl. Th. W. Adorno, Negative Dialektik. Jargon der Eigentlichkeit, in: Ders., Gesammelte Schriften, Band 6, Frankfurt 1973 und M. Horkheimer, Sozialphilosophische Studien, hrsg. v. W. Brede, Königstein 1972.

mals nur vordergründig bleiben. Häufig tritt es auch gleich schon als Verneinung gestellter Fragen auf. In jedem Fall ist es aber höchlich ernst zu nehmen. Nie darf man selbst „letzte" Dinge anzweifelndes Fragen als Ausbund des Sitten-Zerfalls abträglich einschätzen. Der Streit über ethische Leitsätze kann immer nur nützen. In jedem mittelbaren Fragen muß das ethische Anliegen herausgeschält und seine jeweilige Beziehung zu verantwortlichem Handeln verständlich und verstehbar aufgezeigt werden.

(2) Dabei darf man die auslegende Anwendung ethischer Leitsätze nicht allein den Politikern überlassen. Auch kann man das Antworten keineswegs den Onkeln und Tanten vom Kummerkasten der Presse oder den Moderatoren (*moderari* = ein Maß setzen) vom Rundfunk und Fernsehen anheimgeben — und schon gar nicht den Pfarrern. Dies ist vielmehr Sache des jeweiligen Fachwissenschaftlers. Zu seinen Aufgaben gehört es, ethische Bezüge in den Sachverhalten seines Kenntnisgebietes aufzuzeigen und sie mit ethischen Leitsätzen in Beziehung zu setzen[42].

---

[42] Siehe zum Grundsätzlichen F. Beutter, Zur ethischen Dimension des Geldes, in: Acta Monetaria, Bd. 1 (1977), insbes. 12 f.

ZUR BEGRÜNDUNG DER MENSCHENRECHTE IN DER NATURRECHTSETHIK VON JOHANNES MESSNER

Von Gerhard Höver

Die normative Grundlegung des Menschenrechtsgedankens, die Frage der Begründung ihres universalen Geltungsanspruches, der Beitrag der Theologie zur Klärung dieser Grundlagenfragen sind seit einiger Zeit verstärkt in den Mittelpunkt des Interesses getreten und zum Gegenstand von Einzelabhandlungen[1] sowie von interdisziplinären Forschungsprojekten[2] geworden. Dies geschieht auf dem Hintergrund nicht nur der weltweiten Bedeutung der Menschenrechte als zentraler Kristallisationspunkt der Bestrebungen um Gerechtigkeit und Humanisierung der menschlichen Verhältnisse, sondern auch der Öffnung der Kirche für das Menschenrechtsdenken[3] und der Einsicht, daß Menschenrechte und Menschenwürde eine eminente Chance der Verkündigung in der modernen Welt darstellen. Freilich ist das Gespräch zwischen Theologie, insbesondere katholischer Theologie, und Philosophie gerade in der Menschenrechtsfrage nicht frei von Mißverständnissen, Vorbehalten und unterschiedlichen Denkansätzen. Daher geht es im Rahmen solcher Grundsatzfragen darum, gegenseitige Vorurteile abzubauen[4]

---

[1] Vgl. aus der Fülle der Literatur exemplarisch W. Huber / H. E. Tödt, Menschenrechte. Perspektiven einer menschlichen Welt, Stuttgart 1977. — M. Honecker, Das Recht des Menschen. Einführung in die evangelische Sozialethik, Gütersloh 1978. — J. Schwartländer (Hrsg.), Menschenrechte — eine Herausforderung der Kirche (Reihe Entwicklung und Frieden: Materialien, 11) München 1979. — K. Demmer, Christliches Ethos und Menschenrechte. Einige moraltheologische Erwägungen, in: GR 60 (1979) 453 - 479.

[2] Vgl. die unter Leitung von J. Schwartländer am Fachbereich Philosophie der Universität Tübingen durchgeführten Forschungsprojekte über Menschenrechte, bes. J. Schwartländer (Hrsg.), Menschenrechte. Aspekte ihrer Begründung und Verwirklichung (Tübinger Universitätsschriften Bd. 1) Tübingen 1978, sowie das im Rahmen des Katholischen Arbeitskreises Entwicklung und Frieden durchgeführte Kolloquium: Menschenrechte zwischen Theonomie und Autonomie, hrsg. v. J. Schwartländer (im Erscheinen).

[3] Vgl. das Dokument der Päpstlichen Kommission Justitia et Pax: Die Kirche und die Menschenrechte (Entwicklung und Frieden. Dokumente, Berichte, Meinungen Bd. 5) München 1976.

[4] Vgl. dazu J. Schwartländer, Nicht nur Autonomie der Moral — sondern Moral der Autonomie, in: H. Weber / D. Mieth (Hrsg.), Anspruch der Wirklichkeit und christlicher Glaube. Probleme und Wege theologischer Ethik heute, Düsseldorf 1980, 75 - 94.

sowie Tragweite und Kompatibilität der divergierenden Begründungen deutlich zu machen. Verstehen wir Begründung ganz allgemein als Eingründung in etwas, das seinerseits nicht-bedingt, d. h. unbedingt ist, so zeigt sich, daß beim Gespräch zwischen Theologie und Philosophie die Begründungsfrage oft in der Alternative von traditionellem Naturrecht und neuzeitlicher Freiheitsphilosophie, zwischen der Orientierung an einem *Ontologisch-Guten* und der an einem *Moralisch-Guten* diskutiert wird[5]. „Diese beiden großen philosophischen Grundkonzeptionen ethischen Denkens bestimmen auch heute noch das ethisch-rechtliche Begründungsdenken. Ihre gegenseitige kritische Auseinandersetzung muß gerade in bezug auf die Menschenrechte noch ausgetragen werden[6]." Von daher scheint es sinnvoll, einen bedeutsamen naturrechtlichen Ansatz aufzugreifen, um in dieser Auseinandersetzung einen Beitrag zur wechselseitigen Verständigung zu leisten. Hierbei ist die von *Johannes Messner* entwickelte *Naturrechtsethik,* wie sie maßgeblich in seinen beiden Hauptwerken „Kulturethik"[7] und „Das Naturrecht"[8] repräsentiert wird, besonders geeignet, läßt sie sich doch von ihrem materialen Gehalt her gesehen durchaus auch als ein Menschenrechtsethos verstehen. Aus diesem Grunde ist es interessant, zu untersuchen, was Messners so betont von der Erfahrung ausgehende Naturrechtsethik zur Begründung der Menschenrechte beitragen kann.

I. Menschenrechte als Freiheitsrechte

Menschenrechte sind der geschichtliche Ausdruck elementarer Erfahrungen von Unfreiheit. In ihnen artikuliert sich die Not freiheitlicher Selbstbestimmung, wenn diese sich in fundamentalen Lebensverhältnissen der Existenzerhaltung und Existenzentfaltung als bedroht erfährt[9]. Menschenrechte können daher auch als Not-wendigkeiten[10] um-

---

[5] Vgl. J. Schwartländer, Menschenrechte — eine Herausforderung der Kirche, in: Ders., Menschenrechte — eine Herausforderung der Kirche, a.a.O., 15 - 57, 42 - 44.

[6] Ebd. 44.

[7] J. Messner, Kulturethik mit Grundlegung durch Prinzipienethik und Persönlichkeitsethik, Innsbruck 1954 (zit. Kulturethik).

[8] J. Messner, Das Naturrecht. Handbuch der Gesellschaftsethik, Staatsethik und Wirtschaftsethik, Innsbruck, 5. neubearb., erweiterte Aufl. 1966 (zit. Naturrecht), insbesondere I. Buch: Grundlegung.

[9] Vgl. zu den Begriffen „Existenzerhaltung" und „Existenzentfaltung" E.-O. Czempiel, Menschenrechte und Staatsräson, in: J. Schwartländer (Hrsg.), Menschenrechte, Aspekte ihrer Begründung und Verwirklichung, a.a.O., 187 - 202, 192.

[10] Vgl. J. Schwartländer, Freiheit im weltanschaulichen Pluralismus. Zum Problem der Menschenrechte, in: J. Simon (Hrsg.), Freiheit. Theoretische und praktische Aspekte, Freiburg i. Br. 1977, 205 - 238, 217 f.: *„Jede echte Menschenrechtsforderung* artikuliert sich aus einer geschichtlichen Bedrohung

schrieben werden, die sich sowohl auf bestimmte Realitäten oder physische Güter beziehen als auch auf grundlegende Haltungen im Umgang der Menschen miteinander, ohne die eine Entfaltung der menschlichen Existenz nicht denkbar ist, also auf den ganzen Bereich dessen, was man mit „sittlich relevanten Einsichten"[11] umschreiben kann. Verhältnisse, in denen es etwa an Solidarität, Toleranz etc. mangelt, können ebenso eine Notlage darstellen wie solche, in denen etwa Güter wie Nahrung, Arbeit, Rechtssicherheit etc. gefährdet sind. Die Entwicklung des Bewußtseins für solche Notwendigkeiten ist ein geschichtlicher Prozeß, innerhalb dessen gewonnene Einsichten sich wandeln oder verloren gehen können, der von Kontinuität und Diskontinuität, von Einsicht und Täuschung, von Verblendung und Verfehlung bestimmt ist.

Die neuzeitliche Gestalt dieses Bewußtseinsprozesses ist die Erfahrung jener Einsichten als Not und Forderung der *Freiheit*, einer Freiheit, deren spezifischer Gehalt sich triadisch als Freiheit, Gleichheit, Brüderlichkeit oder Freiheit, Gleichheit, Selbständigkeit (Kant) oder Freiheit, Gerechtigkeit, Solidarität auslegt und zu einem Wesensmerkmal neuzeitlicher Verfassungen und Parteiprogramme geworden ist.

Dementsprechend werden die Menschenrechte auch in der Naturrechtsethik von J. Messner im Rahmen der Prinzipien *Gerechtigkeit*, *Freiheit*, *Gleichheit* sowie *Nächsten-* und *soziale Liebe*, worin sich unschwer jene idealtypische Grundwerttrias erkennen läßt, behandelt[12]. Speziell werden die Menschenrechte als Freiheitsforderungen verstanden. Freiheit, von Messner hier als gesellschaftliche Freiheit begriffen, „umfaßt die religiöse, bürgerliche, politische, wirtschaftliche und soziale Freiheit"[13]. Sie ist für ihn kein rein negativer Begriff, der nur das Freisein von Bindungen und Eingriffen durch andere meint, sondern ein positiver Begriff, „weil er Selbstbestimmung in Eigenverantwortung bei der Erfüllung von in existentiellen Zwecken begründeten Verpflichtungen besagt"[14]. Die Bereiche aber, auf die sich gesellschaftliche Freiheit bezieht, sind die *Menschenrechte*. Sie umfassen inhaltlich Freiheitsrechte, Partizipationsrechte und Sozialrechte[15]. Ein erster Hinweis

---

menschenwürdigen Daseins heraus. Sie soll diese konkrete Not wenden, ist also in diesem Sinne eine geschichtliche Notwendigkeit oder das, was Hegel *eine* echte *geschichtliche ‚Erfahrung'* nennt."

[11] Vgl. zum Begriff der sittlich relevanten Einsichten F. Böckle, Fundamentalmoral, München 1977, 23 - 25, 258 - 261, 302 - 304.

[12] Vgl. Naturrecht 420 - 455.

[13] Ebd. 434.

[14] Ebd.

[15] Vgl. ebd. 436 - 442, wo Messner folgende Menschenrechte als Prinzipien des Naturrechts anführt: die Freiheit des Gewissens, die Freiheit der Religionsausübung, das Recht auf das eigene Leben, das Recht auf die Vollachtung der Person, das Recht zu Ehe und Familie, das Recht zur Erziehung der eigenen

zur genaueren Bedeutung der Menschenrechte bei Messner ist daraus zu entnehmen, daß diese Freiheit in direkter Beziehung zu dem gesehen wird, was Messner die „existentiellen Zwecke" nennt[16]. Hier kommt bereits ein unterschiedlicher Ansatzpunkt zum Ausdruck, insofern der Freiheitsbegriff nicht allein am reinen Willen[17] orientiert ist, sondern von vornherein an bestimmte Vollkommenheiten entelechialer Art als Wirkweisen der menschlichen Natur gebunden ist. Dies zeigt sich ebenso am Verständnis von Gleichheit und Gerechtigkeit. Selbstverständlich folgt auch für Messner aus dem Recht für Vollachtung der Person der Gleichheitsgrundsatz als „Gleichheit aller vor dem Gesetz unter Verbürgung der gleichen bürgerlichen und politischen Grundrechte nach den Forderungen der Menschenrechte"[18], doch bestimmen sich für ihn Gleichheit und Gerechtigkeit nicht allein aus dem grundsätzlichen Anspruch, im Recht zu leben, d. h. in der *politischen* Gleichheit aller als wirklicher Freiheit[19] — was gerade ein Spezifikum menschenrechtlicher Gleichheit und Gerechtigkeit ist —, sondern auch aus einer Tugendhaltung, nämlich in der Partizipation aller an den materiellen und geistigen Kulturgütern jedem das Seine zu geben nach Maßgabe der existentiellen Zwecke, d. h. der Natur des Menschen in ihren Relationen zur „menschlichen und übrigen, besonders der geschichtlich bedingten Umwelt"[20]. Menschenrechte spezifizieren in diesem Sinne Bereiche des suum cuique, indem sie bestimmte existentielle Zwecke der menschlichen Natur als notwendige Voraussetzungen freiheitlicher Selbstbestimmung normativ-rechtlich artikulieren. Von daher kann Messner sie auch als Teil des primären Naturrechts begreifen.

Kinder, das Recht zum Unterhaltserwerb, das Recht auf Eigentum, das Recht auf die Heimat, das Recht auf Asyl, das Recht der freien Berufswahl, das Recht der Persönlichkeitsentfaltung, das Recht der freien Meinungsäußerung, das Recht der freien Vereinigung und das Recht zur Mitbestimmung in der Ordnung und Verwaltung des Gemeinwesens.

[16] Vgl. zum Begriff der existentiellen Zwecke die Ausführungen w. u. in Abschnitt 4.

[17] Vgl. zu dieser kantischen Bestimmung der Freiheit J. Schwartländer, Demokratie und Menschenrechte im Horizont sittlich-autonomer Freiheit, in: Ders. (Hrsg.), Menschenrechte zwischen Theonomie und Autonomie (im Erscheinen).

[18] Naturrecht 443.

[19] Vgl. J. Schwartländer, Demokratie und Menschenrechte im Horizont sittlich-autonomer Freiheit, a.a.O.

[20] Naturrecht 422. — „Dieses Kriterium kann kurz auch als das der *Natur der Sache* bezeichnet werden. In diesem Kriterium hat das subjektive Gewissen mit der Einsicht in die Grundwerte der gesellschaftlichen Friedensordnung, wie das objektive Rechtsbewußtsein mit seinem geschichtlich geprägten Inhalt seinen Platz, beide sind jedoch der Nachprüfung an dem in der Menschennatur selbst vorgegebenen Maßstabe unterworfen" (ebd. 422).

II. Menschenrechte und primäres Naturrecht

Den unveränderlichen Kern des Naturrechts bildet bei Messner das „primäre Naturrecht"[21]. Es ist jenes Naturrecht, „das unmittelbar in der sittlichen Natur des Menschen begründet und ihm durch seine sittlich-rechtliche Vernunfteinsicht kundgetan ist"[22]. Oberstes und allgemeinstes Prinzip ist die Forderung des „suum cuique: Achte eines jeden Recht, meide Unrecht"[23]. Es ist der Inbegriff von konkreteren Rechtsgrundsätzen, die ihrerseits grundlegende Güter und Werthaltungen der sozialen Ordnung darstellen und sich zu einem großen Teil mit den sekundären sittlichen Prinzipien[24] decken: „Leben und körperliche Unversehrtheit der Mitmenschen (willkürliche Tötung oder Körperverletzung ist Unrecht), Ehre und Ruf anderer Gesellschaftsglieder, Nichtverletzung der ehelichen Gemeinschaft anderer, Erziehungsberechtigung der Eltern hinsichtlich der eigenen Kinder, Wahrhaftigkeit (Lüge an sich ist böse), Nichtverletzung wohlerworbenen Eigentums (nicht stehlen), Redlichkeit in der Abgeltung vereinbarter Leistungen, Einhalten des gegebenen Wortes und geschlossener Verträge, Gehorsam gegenüber der Gemeinschaftsobrigkeit, Bestrafung von getanem Unrecht und Angemessenheit der Strafe an das Ausmaß der Schuld, die Freiheit des Gewissens und der religiösen Überzeugung"[25] sowie die Menschenrechte, freilich nicht in ihrer Ganzheit, sondern eben nur „soweit sie der sittlichen, durch die existentiellen Zwecke seiner Natur ausgewiesenen Verantwortung des Menschen für die Erfüllung von Lebensfragen zugeordnet sind"[26]. Es sind Rechtsprinzipien, für die sich in den einzelnen Kulturen unterschiedliche Ausdrucksweisen finden, die im westlichen Kulturkreis in der Fassung der zweiten Dekalogtafel geläufig sind[27].

Die elementaren Prinzipien des Rechts sind wie die der Sittlichkeit für Messner anlagehaft gegeben und nur mittels Erfahrung in ihrer Evidenz und Allgemeingültigkeit als rechtliches Vernunftapriori einsichtig[28]. In ihrem erkenntnistheoretischen Status sind es synthetische Urteile a priori, in denen rechtliche Seinserfahrung und rechtliche Sollenseinsicht von vornherein, „apriorisch", miteinander verwoben sind[29].

---

[21] Vgl. Naturrecht 359 ff.
[22] Ebd. 359.
[23] Ebd.
[24] Zum Bereich der sekundären sittlichen Prinzipien zählt Messner die im Dekalog enthaltenen sittlichen Prinzipien mit Ausnahme des dritten Gebotes (vgl. ebd. 99).
[25] Ebd. 359.
[26] Ebd. 436.
[27] Vgl. ebd. 361.
[28] Vgl. ebd.

Demnach hat die „Natur" im Begriff des Naturrechts bei Messner eine doppelte Bedeutung, nämlich zum einen als „Seinsordnung", welche durch ihre immanenten Zwecke bestimmte Zuständigkeiten begründet, und zum anderen „als Vernunftordnung mit den ihr eigenen unmittelbar einsichtigen Rechtsprinzipien"[30]. In dem Maße, wie die Erkenntnis der Seinsordnung als „Natur der Sache" schwieriger und unsicherer wird, reduziert sich auch die Geltungsweise der daraus resultierenden Naturrechtsprinzipien. Das primäre Naturrecht ist daher auf jene allgemeinsten Prinzipien beschränkt, die potentiell von jedem Menschen durch Erfahrung und einfache Vernunftüberlegung einsichtig sind.

Die Anwendung dieser allgemeinsten Prinzipien auf die jeweiligen Umstände oder Verumständungsformen bildet den weiten Bereich des *sekundären, "relativen"* oder *"werdenden"* Naturrechts; dessen sog. *„zweitrangigen"* Prinzipien ergeben sich aus gewohnheitsmäßiger Anwendung im individuellen Rechtsgewissen und aus dem Rechtsbrauch der Gemeinschaft[31]. Die besondere Wirkkraft dieser Prinzipien besteht darin, daß in sie die geschichtlichen Erfahrungen, die mit der Anwendung der erstrangigen Grundsätze gemacht wurden bzw. werden, eingehen. So ist es hier gerade die Kontrast- oder Negativerfahrung, die das Rechtsbewußtsein vorantreibt. Daraus erwachsen für Messner Kräfte, die in den „Sozialbewegungen"[32], wie etwa der Menschenrechtsbewegung, wirksam werden. Die Anwendungsformen der erstrangigen Prinzipien ergeben also ihrerseits wieder Prinzipien, deren Geltungsweise jedoch relativ ist. Beide zusammen nun erbringen aufgrund weiterer Einsichten in die „Natur der Sache" das Gebiet der sog. drittrangigen Prinzipien, der principia remota[33]. Das Naturrecht spezifiziert sich also bei Messner in drei Arten von Rechtsprinzipien, die einen jeweils abgestuften Geltungsanspruch besitzen. Es sind für ihn *Rechtsprinzipien*, keine eigentlichen „Rechtsnormen, Rechtsgesetze, sowie inhaltlich im einzelnen bestimmte Rechtsansprüche und Rechtspflichten, wie sie sich ergeben als Forderungen einer der drei genannten Arten von Rechtsprinzipien angesichts der eindeutig in ihrer Verumständung (,Situation') erkennbaren Natur der Sache"[34]. Messner verdeutlicht den Unterschied mit dem Hinweis auf das Verhältnis von Menschenrechten als Rechtsprinzipien und Grundrechten als staatlich kodifizierten Rechtsnormen[35]. Die Aufgabe des Naturrechts beschränkt sich daher bei Mess-

---

[29] Zum Begriff und zur Problematik des synthetischen Urteils a priori bei Messner vgl. die Ausführungen w. u. in Abschnitt V.
[30] Vgl. Naturrecht 304 f.
[31] Vgl. ebd. 362 ff.
[32] Ebd. 364.
[33] Ebd. 368.
[34] Ebd. 368 f.

ner darauf, „nur *Grundbeziehungen* der rechtlichen Ordnung der Gesellschaft"[36] zu erarbeiten. Diese Aufgabe aber ist keineswegs gering einzuschätzen, sondern besitzt im weltanschaulichen Pluralismus der Gegenwart eine besondere Dringlichkeit. In diesem Sinne stellen die Menschenrechte als Teil des primären Naturrechts „eine ursprüngliche praktische Wert-Orientierung"[37] dar, welche beansprucht, die wesentlichen Grundverhältnisse vollmenschlichen Daseins vor Augen zu stellen.

Der genaue Stellenwert und die besondere Problematik der Menschenrechte bei Messner erschließen sich jedoch erst in der Frage ihrer *Geltungsbegründung*. Denn soweit sie eben Teil des primären und nicht sekundären oder relativen Naturrechts sind, partizipieren sie auch an dessen absolutem Geltungsanspruch. Diese Absolutheit kann aber nicht in der Erfahrung begründet werden, sondern nur in einem Apriori der Vernunft. Das den Menschenrechten immanente Apriori ist auch für Messner die *Menschenwürde*.

III. Die Menschenwürde als oberster Bestimmungsgrund und ihre induktiv-ontologische Begründung

Wie bereits erwähnt, stehen die Menschenrechte, soweit sie primäres Naturrecht sind, in direkter Beziehung zu den existentiellen Zwecken. Das in diesen Zwecken sich manifestierende Sollen ist für Messner in einem *Willen* begründet. Dieser kann „menschlicher oder göttlicher Wille sein"[38]. Ohne die Möglichkeit einer transzendenten Begründung unbedingter Verpflichtung in dem Sinne, „daß der *göttliche Wille* allgemein geltendes und unbedingt verpflichtendes Naturrecht als ‚Grundnorm' alles Rechtes zu setzen vermag"[39], zu bestreiten, sieht Messner im Prinzip der Menschen- oder Personenwürde die Möglichkeit, einen menschlichen Rechtswillen zu konstituieren, der „absolutes elementares Naturrecht auch ohne die Voraussetzung des Gottesglaubens"[40] zu statuieren vermag.

Der Begriff der Menschenwürde ist es, der auch in einem weltanschaulichen Pluralismus, wie er für die gegenwärtige Situation kenn-

---

[35] „Die Art ihrer Umschreibung und Verbürgung und daher ihrer Verwirklichung kann nicht anders als von Staat zu Staat entsprechend der einzelstaatlichen, kulturellen, politischen und sozialen Entwicklung verschieden sein" (ebd. 369).
[36] Ebd. 370.
[37] J. Schwartländer, Freiheit im weltanschaulichen Pluralismus, a.a.O., 211.
[38] Naturrecht 360.
[39] Ebd.
[40] Ebd.

zeichnend ist, als *Grund-Wert* allen Rechts anerkannt werden kann. In diesem Sinne ist die Würde des Menschen „der eigentliche ‚Grund', von dem her und auf den hin wir unser Leben und Handeln als wertbestimmend verstehen"[41]. Diese Würde beruht auch für Messner „darauf, daß dem Menschen zum Unterschied von allen anderen Lebewesen seine Selbstverwirklichung durch Selbstbestimmung und Selbstverantwortung aufgetragen ist"[42], d. h. also in seiner Freiheit und der darin gegebenen sittlichen Verantwortlichkeit, kantisch ausgedrückt in seiner *sittlichen Autonomie*. Im naturrechtsethischen Verständnis ist die Personwürde aber von vornherein „wesentlich an sittliche Verantwortungsbereiche geknüpft, die eben unbedingte Eigenzuständigkeiten begründen, wie sie in den primären Rechtsprinzipien ihren Ausdruck finden"[43]. Analog zu Messners Autonomieverständnis des Sittlichen als das Gesetz der wesenhaften Natur des Menschen[44] ist die Würde der menschlichen Person durch Werte resp. Zwecke inhaltlich bestimmt, die der menschlichen Natur vorgezeichnet sind. „Das naturhafte sittlich-rechtliche Gewissen läßt den Menschen nicht im unklaren über seine Verantwortung und seine darauf sich gründende Auszeichnung[45]."

Im Begriff der Menschenwürde ist damit auch ein Rechtsbewußtsein grundgelegt, das zugleich einen bestimmten Wertkonsens umfaßt. Dieses Rechtsbewußtsein aber wirkt nicht aus sich selbst heraus, sondern wird vom Menschen getragen und ist damit dem Wandel verschiedener Deutungen unterworfen. So weist Messner am Beispiel des Grundgesetzes der Bundesrepublik Deutschland darauf hin, daß zwar zur Zeit der Entstehung aufgrund der unmittelbaren Erfahrungen der Gewaltherrschaft ein großer Konsens im Denken über die Menschenwürde bestand, jedoch „mit der zunehmenden ideologischen Selbstetikettierung verschiedener politisch aktiver Gruppen ... sich die Bestimmtheit im ursprünglich gemeinsamen Urteil über das fundamental Menschliche als Maßstab der zu erstrebenden menschlicheren Gesellschaft" verlor[46]. Allgemein gesehen ist für Messner der Inhalt des Konsenses

---

[41] J. Schwartländer, Der Mensch — Grundwert auch unserer Demokratie?, in: Der Streit um die Grundwerte. Ein Tagungsbericht, Materialdienst. Handreichung für die Seelsorge 1 (1978) 26 - 44, 39.

[42] J. Messner, Die Idee der Menschenwürde im Rechtsstaat der pluralistischen Gesellschaft, in: Ders., Ethik und Gesellschaft. Aufsätze 1965 - 1974, Köln 1975, 13 - 30, 16. — Vgl. auch J. Messner, Was ist Menschenwürde?, in: IKaZ 6 (1977) 233 - 240, 238: „Menschenwürde ist demnach das Ausgezeichnetsein des Menschen durch Vernunftbegabung, durch die ihm zur Erfüllung sittlicher Pflichten obliegende Verantwortung sowie durch seine Stellung als Selbstzweck im Rahmen der gleichen Grundfreiheiten aller."

[43] Naturrecht 360.

[44] Vgl. Kulturethik 168 f.

[45] J. Messner, Die Idee der Menschenwürde im Rechtsstaat der pluralistischen Gesellschaft, a.a.O., 16.

[46] Ebd. 15.

über die rechtliche Grundnorm „nicht ein für allemal festgelegt ..., sondern mit der Entwicklung des Rechtsbewußtseins eben Ausdruck dieses Rechtsbewußtseins"[47]. Auch wenn heutiges Rechtsbewußtsein im Begriff der Menschenwürde seinen obersten Maßstab und tragenden Grundwert sieht, so bleibt doch die Frage, ob dieser Begriff in der Weise abgesichert werden kann, daß er auch in einer weltanschaulich pluralistischen Situation seine Eindeutigkeit und Bestimmtheit bewahrt. Dies ist bei Messner das Problem ihrer Begründung.

Geschichtlich gesehen ist die Menschenwürde vom christlichen Gedankengut der Gottesebenbildlichkeit und Gotteskindschaft her geprägt und zum Bewußtsein gekommen[48]. Dennoch kann eine „autonome"[49] Begründung nur von der gemeinsamen sittlichen Vernunftnatur ausgehen. Hierbei behält Messner seinen erfahrungsbetonten Ansatz bei, indem er von der Wirkweise der menschlichen Natur her eine „*ontologische*" Begründung der Menschenwürde versucht, ohne die Möglichkeit einer theologischen, metaphysischen oder ethischen Begründung auszuschließen[50]. Die sog. ontologische Begründung sucht über zwei Orte der Erfahrung die menschlichen Grundwerte und damit den Grundwert der Menschenwürde zu bestimmen[51]. Der erste Weg führt über die Erfahrung der zur Selbstverwirklichung notwendigen Güter und Werte in der Familiengemeinschaft und entspricht damit der induktiv-ontologischen Methode[52]. Der zweite Ort der Erfahrung ist der heutige „Stand des sittlich-rechtlichen Bewußtseins der Menschheit hinsichtlich der Menschenrechte und der sie begründenden Menschenwürde"[53], wie er sich in der Deklaration der Menschenrechte von 1948 oder in den Menschenrechtspakten von 1966 manifestiert hat. „In diesen

---

[47] Ebd. 29.

[48] Vgl. Ebd. 21 f.

[49] Vgl. J. Messner, Aktualität des Naturrechts, in: Österreichische Zeitschrift für öffentliches Recht 27 (1976) 43 - 66, 58: „Wird die Menschenwürde auf die im allgemeinmenschlichen Bewußtsein gelegene Entscheidung für sie fundiert, gehört sie der autonomen, wenn auf dem Offenbarungsgehalt begründet, der theonomen Ethik an." — Aber auch vom Ansatz der vernunftmäßigen Begründung her ist nicht jegliche Beziehung zwischen Menschenwürde und Gottesidee unmöglich gemacht, wobei er zu Recht auf I. Kant, Opus postumum XXI, 74 verweisen kann: „Der kategorische Imperativ und die darauf gegründete Erkenntnis aller Menschenpflichten als göttlicher Gebote ist der praktische Beweis vom Dasein Gottes." (Zit. in J. Messner, Die Idee der Menschenwürde im Rechtsstaat der pluralistischen Gesellschaft, a.a.O., 25 f.).

[50] J. Messner, Was ist Menschenwürde?, a.a.O., 238.

[51] „Dazu bieten sich zwei Wege an. Beide Male geht es um die Fragen: Was sind die menschlichen Grundwerte und wie weiß der Mensch von ihnen?" (ebd. 238).

[52] Vgl. ebd. 239.

[53] J. Messner, Die Idee der Menschenwürde im Rechtsstaat der pluralistischen Gesellschaft, a.a.O., 16 f.

Dokumenten ist nicht nur die über die Verschiedenheiten der Moral der einzelnen Nationen hinaus allen gemeinsame Anerkennung der Menschenrechte bezeugt, sondern auch die Begründung der Menschenrechte auf die Menschenwürde, also auf überpositivrechtlicher Grundlage[54]." Was hierbei erfahrbar ist, ist die Entwicklung des ius gentium zu einem „Menschheitsrecht"[55], das die Menschenwürde zur Grundlage erhebt, d. h. die Wirkweise des Naturrechts in seiner kulturgeschichtlichen Erscheinungsform. Es ist ein Prozeß, in dem das die Menschenwürde begründende sittlich-rechtliche Gewissen als Vernunftapriori, vermittelt durch die Erfahrung, insbesondere die Erfahrung von Unrecht und Gewaltherrschaft, immer mehr einsichtig wird und zum Durchbruch kommt. Insofern stellt auch dieser Weg über die Erfahrung eine induktiv-ontologische Begründung dar. Ohne auf die Problematik der Menschenrechtsdeklarationen und des in ihnen erzielten realen Konsenses einzugehen, ist zu fragen, was diese induktiv-ontologische Begründung der Menschenwürde erbringt.

Messners Begründung der Menschenwürde geht davon aus, daß der Mensch „seine Selbstverwirklichung im vollmenschlichen Sein ... nicht auf beliebige Weise erreichen" kann, sondern „an eine Welt von Werten, zum Teil absoluten, gebunden" ist[56]. Menschenwürdiges Dasein entspricht vollmenschlichem Dasein, die Menschenwürde selbst verwirklicht sich in der sittlichen Verantwortlichkeit und der freien Entschiedenheit für diese Wertwelt.

In dem Maße aber, wie versucht wird, die Menschenwürde als absoluten Wert induktiv-ontologisch über diese Werte vollmenschlichen Daseins zu begründen, droht die Argumentation zirkulär zu werden. Vom induktiv-ontologischen Ansatz Messners aus nämlich ist einerseits die unbedingte Geltung der primären Naturrechtsprinzipien an die Menschenwürde gebunden, andererseits die Menschenwürde an Werte geknüpft, die für eine vollmenschliche, d. i. menschenwürdige Existenz notwendig sind. „Die Tatsache, daß es sich um Prinzipien von *absoluter und allgemeiner Geltung* handelt, hängt engstens mit der menschlichen Personwürde zusammen. Diese ist wesentlich an sittliche Verantwortungsbereiche geknüpft, die eben unbedingte Eigenzuständigkeiten begründen, wie sie in den primären Rechtsprinzipien ihren Ausdruck finden. Diese Prinzipien beziehen sich daher auf Grundwerte, die für die vollmenschliche Existenz in der Personwürde konstitutiv sind[57]." Sowohl die Ausführungen über die Menschenrechte als Teil des pri-

---

[54] Ebd. 17.
[55] Vgl. ebd. 30.
[56] J. Messner, Was ist Menschenwürde?, a.a.O., 236.
[57] Naturrecht 360.

mären Naturrechts als auch die zur Menschenwürde als absoluter Grundnorm verweisen also die Untersuchungen zur Bedeutung der Menschenrechte immer mehr auf jenen Begriff, der für die ganze Naturrechtsethik Messners konstitutiv ist, nämlich auf den der existentiellen Zwecke.

IV. Existentielle Zwecke und sittlich-rechtliches Apriori

Die existentiellen Zwecke bilden für Messner den „Seins"- und „Bestimmungsgrund" des Sittlichen[58]. Es sind Güter und Werte, die in der allgemeinsten und sichersten menschlichen Erfahrung[59] ihren Grund haben und Gemeingut des „entwickelten sittlichen Bewußtseins der Menschheit"[60] sind. In einer Weiterführung der Lehre von den inclinationes naturales von Thomas von Aquin sucht Messner deutlich zu machen, daß im Menschen Strebungen, „Triebe"[61] oder „Interessen"[62] als dynamische Kräfte wirksam sind, die zur Selbstverwirklichung des Menschen im Kontext seiner Lebenswelt drängen. Diese existentiellen Zwecke beinhalten Güter und Werte wie z. B. Selbsterhaltung, Selbstvervollkommnung, Wissenserwerb, Fortpflanzung, Erziehung, Sicherung von Frieden und Ordnung, Gotteserkenntnis und -verehrung etc.[63]. Sie sind dem menschlichen Handeln seinsmäßig und normativ „,vorgezeichnet'": „nämlich erstens, vorgezeichnet der Erkenntnis in der Wirklichkeit der Triebanlagen der menschlichen Natur, zweitens, vorgezeichnet der Selbstbestimmung des Menschen: also vorgezeichnet als ‚Sein' und als ‚Sollen'[64]." Freilich kann ihr Zweckcharakter im Rahmen der Gesamtnatur des Menschen als Leib-Seele-Einheit nicht einfach aus der Wirklichkeit abgelesen werden, sondern muß im Horizont eines Vor-

---

[58] Kulturethik 152 und 155.

[59] Naturrecht 42.

[60] Ebd. 43. — Allerdings schließt Messner den existentiellen Zweck der Gottesverehrung und der Erfüllung des Menschen in der Vereinigung mit Gott aus der allgemeinen Zustimmung aus (vgl. ebd. 42).

[61] So spricht Messner in der Kulturethik noch hauptsächlich von „Triebzwecken", „Triebrichtigkeit"; vgl. Kulturethik 16, 51 u. ö.

[62] In späteren Schriften verwendet er vorwiegend den Begriff des Interesses. „Denn leibliche und geistige Bedürfnisse sind es, die die menschliche Natur als solche charakterisieren. Sie wirken im Menschen nicht instinkthaft, vielmehr werden sie ihm als seine menschliche Existenz bedingend bewußt" (J. Messner, Völkerrechtslehre und Geschichtsphilosophie, in: R. Marcic / H. Mosler / E. Suy / K. Zemanek (Hrsg.), Internationale Festschrift für Alfred Verdross zum 80. Geburtstag, München 1971, 293 - 308, 301). „Der Ausdruck ‚Interesse' betont eben diese Wirklichkeit und Wirkkraft der menschlichen Natur, nur ist er dem heutigen Denken eher angepaßt" (ebd. 302).

[63] Vgl. Kulturethik 157.

[64] Ebd. 156.

begriffs vollmenschlicher Wirklichkeit erdeutet werden[65]. Ziel eines solchen Interpretationsprozesses ist der Begriff einer „Wesensnatur" des Menschen, einer wahren sittlichen Identität als der menschenwürdigen Existenz eines leiblich-geschichtlichen Daseins. Deren Vollsinn aber ist auch für Messner letztlich nichts anderes als Freiheit[66].

Mittels der Erfahrung solcher existentiellen Zwecke als Wirkweisen der menschlichen Natur erwächst dem Menschen zugleich das Bewußtsein eines unbedingten Beanspruchtseins. Der Grundansatz der induktiv-ontologisch konzipierten Naturrechtsethik Messners besteht nun darin, daß sich über die Seinserfahrung diese Beanspruchung in Form der *primären* und *sekundären Prinzipien des Sittlichen* als *Vernunftapriori* je schon inhaltlich bestimmt vermittelt und auslegt. Inhalt des sittlichen Apriori sind Einsichten, die unmittelbar gewiß sind, die aber nur anlagehaft im menschlichen Bewußtsein vorhanden sind und erst durch Erfahrung zur Anschauung kommen, dann jedoch so evident sind, daß sie einer weiteren Begründung nicht bedürfen[67]. Sie sind für Messner „in sich notwendig und allgemein gültig"[68] in dem Sinne, daß ihnen absolute Geltung zukommt. Es sind „die *Prinzipien der praktischen Vernunft,* die uns zum Handeln befähigen (von der traditionellen Naturrechtslehre als Synderese bezeichnet)"[69]; an deren Spitze steht der Grundsatz: bonum est faciendum, malum vitandum, den Messner auch in folgender Weise umschreibt: „die rechte Ordnung einhalten im Sinne von Thomas' rectitudinem servare, sich menschenwürdig verhal-

---

[65] Messner bezeichnet diese Methode als „*dialektische*" im aristotelischen Sinne, nämlich als „Methode des Nachweises innerer Widersprüche dadurch, daß vereinseitigende Deutungen der menschlichen Wirklichkeit, wenn folgerichtig zu Ende gedacht, durch diese Wirklichkeit selbst zurückgewiesen werden" (Kulturethik 160 Anm. 9); vgl. dazu auch bereits J. Messner, Widersprüche in der menschlichen Existenz. Tatsachen, Verhängnisse, Hoffnungen, Innsbruck 1952.

[66] J. Messner, Notwendigkeit und Leistungsfähigkeit sozialethischer Normen, in: Ders., Ethik und Gesellschaft, a.a.O., 281 - 306, 289: „Die Freiheit des Menschen ist seine Größe aber auch sein eigentliches existentielles Risiko."

[67] Messner greift damit eine Tradition auf, die sich in der gesamten Geschichte der klassischen Philosophie findet, nämlich die des lumen naturale (vgl. Kulturethik 25). Es ist eine Tradition, die in den Begriffen des common sense, sens commun, der „natürlichen Metaphysik des menschlichen Geistes" (Bergson) ihre Fortsetzung gefunden hat. Es kann hier nicht im einzelnen der Nachweis erbracht werden, daß Messners Naturrechtsethik gewissermaßen als eine common sense-Ethik verstanden werden kann, vgl. dazu die Arbeit des Verf., Erfahrung und Vernunft. Untersuchungen zum Problem sittlich relevanter Einsichten unter besonderer Berücksichtigung der Naturrechtsethik von Johannes Messner, Diss. Bonn 1979 (im Erscheinen).

[68] J. Messner, Sind die Naturrechtsprinzipien Leerformeln?, in: F. Böckle / F. Groner (Hrsg.), Moral zwischen Anspruch und Verantwortung. Festschrift für Werner Schöllgen, Düsseldorf 1964, 318 - 336, 326; vgl. auch Kulturethik 243.

[69] Naturrecht 100.

ten im Sinne von *Suarez' honestum est faciendum"* oder auch: „Sei dein wahres Selbst als Mensch", „dem Gewissen mit seiner Stimme über Gut und Böse einer Handlung mußt du folgen"[70].

Da die naturrechtsethischen Prinzipien eine Allgemeingültigkeit absoluter Art besitzen, müssen es für Messner Wahrheiten sein, „die unabhängig von uns bestehen, die durch sich selbst einsichtig sind und in Wirklichkeiten begründet sind, daher ihren Seinsgrund nicht in der Konstitution unserer Natur oder unseres Geistes haben"[71]. Für eine erkenntnistheoretisch abgesicherte normative Eingründung dieser Prinzipien sucht nun Messner nach einer Lösung, die einerseits den intuitionistischen Grundgedanken der Evidenz in sich gewisser Prinzipien beibehält, andererseits aber das induktive Moment in der Ethik stärker zur Geltung kommen läßt. Dies will er in seiner Theorie des synthetischen Urteils a priori entfalten. Eine solche Theorie hat zu zeigen, wie und mit welcher Sicherheit jenes sittlich-rechtliche Apriori als evident erkannt werden kann und „wie es zu einer Entsprechung dieser evidenten Prinzipieneinsicht und dem seinsbestimmten konkreten Sachverhalt kommt, wenn man nicht eine auf den Schöpfer zurückgehende prästabilisierte Harmonie annehmen will"[72]. Diese Fragen betreffen letztlich nichts anderes als das Zueinander von *Erfahrung und Vernunft* im Bereich der sittlichen Wahrheit und das Verhältnis von Sollenseinsicht und Seinseinsicht. Von daher kann dann auch die Frage beantwortet werden, ob auf diesem induktiv-ontologischen Wege die Menschenrechte qua Teil des primären Naturrechts in ihrer absoluten Geltung begründet werden können.

V. Das synthetische Urteil a priori und das Problem der Geltungsbegründung der sittlich-rechtlichen Elementarprinzipien

Grundlage ist die Bestimmung des Sittlichen im Sinne des Ontologisch-Guten: „Das Sittliche, das Gute, ist das der wesenhaften Wirklichkeit der menschlichen Natur Entsprechende[73]." Daher sind sittliche Urteile primär *Seinsurteile,* in denen das gesollte Tun oder Verhalten das der wesenhaften Natur Gemäße oder Entsprechende ist. Die Wahrheit des sittlichen Urteils besteht für Messner im Sinne des klassischen allgemeinen Wahrheitsbegriffs in der „Übereinstimmung des Denkens mit dem Sein und der Wirklichkeit"[74].

---

[70] Kulturethik 241.
[71] Ebd. 242 Anm. 6.
[72] J. Messner, Sind die Naturrechtsprinzipien Leerformeln?, a.a.O., 324.
[73] Kulturethik 237.
[74] Ebd. 239.

Das apriorische Moment der synthetischen Urteile a priori besteht nun für Messner darin, daß „Erkenntnisgrund und Seinsgrund eins" sind, während bei der Erkenntnis a posteriori „der eine vom anderen verschieden" ist[75]. Das Apriori versteht er also nicht im Sinne Kants als eine bloße Form des Verstandes (Kategorie), sondern eher im Sinne der Schelerschen Wertphilosophie als ein materiales Apriori. Es ist eine Wirklichkeit, die durch *Anschauungsurteile*, im *Denken* des erschauten Sachverhaltes, als durch die Vernunft unbestreitbar in ihrem Sosein erfaßt wird[76]. Wenn Messner das sittlich-rechtliche Apriori als eine soseiende Wirklichkeit betrachtet, ist zu fragen, wo dieses ideale Sein-Sollen anzusiedeln ist und wie man einen erkenntnismäßigen Zugang gewinnt. Das betrifft das *„synthetische"* Moment am synthetischen Urteil a priori.

Wie zu jeglicher Erkenntnis so ist auch zur Erfassung der elementaren sittlichen Prinzipien die Erfahrung für Messner konstitutiv. Sie ist nicht nur zum bloßen Erfassen des gemeinten Sinnes der jeweiligen Begriffe notwendig, sondern sie ist in einer viel grundlegenderen Weise mit der Werteinsicht im Messnerschen Sinne verbunden: Die Grundidee der gesamten Naturrechtsethik besteht darin, daß Erfahrung von Seinsordnung und Einsicht in Vernunftordnung, Erleben und Erkennen[77], Interesse und Erkenntnis[78], Glücksstreben und Vernunfteinsicht, Seinseinsicht und Prinzipieneinsicht *„schon an der Wurzel"* unlöslich verbunden sind"[79]. Daher haben alle elementaren sittlich-rechtlichen Werteinsichten den erkenntnistheoretischen Status von synthetischen Urteilen a priori: „Unmittelbar einsichtige Wahrheiten auf Grund von Erfahrung und einfacher Vernunftüberlegung[80]." Der Begriff des synthetischen Urteils a priori bei Messner besagt also nichts anderes als das *„apriorische" Verwobensein von Erfahrung und Vernunft* im Prozeß einer fortschreitenden „Einsicht in die evidenten logischen, ethischen und rechtlichen Wahrheiten"[81].

---

[75] Ebd. 241 Anm. 5.

[76] Vgl. ebd. 242. — In diesem Zusammenhang stützt sich Messner auf die Phänomenologie und Scholastik verbindende Erkenntnistheorie von J. Geyser (vgl. ebd. 242 Anm. 6).

[77] Hierbei bezieht sich Messner auf Gedanken N. Hartmanns, vgl. J. Messner, Naturrecht ist Existenzordnung, in: ARSP 43 (1957) 187 - 210, 200.

[78] Vgl. J. Messner, Sind die Naturrechtsprinzipien Leerformeln?, a.a.O., 327.

[79] Naturrecht 57.

[80] Kulturethik 244.

[81] J. Messner, Sind die Naturrechtsprinzipien Leerformeln?, a.a.O., 326 f. Mit „Verwobensein" wird von uns ein Schlüsselbegriff der Philosophie des späten Wittgenstein aufgegriffen, der im Sinne K.-O. Apels durchaus als eine *„transzendentalpragmatische Kategorie"* verstanden werden kann; vgl. K.-O. Apel, Sprechakttheorie und transzendentale Sprachpragmatik zur Frage ethischer Normen, in: Ders. (Hrsg.), Sprachpragmatik und Philosophie, Frankfurt a. M. 1976, 10 - 173, 136.

Wissenschaftstheoretisch gesehen betrachtet Messner seinen Begriff des synthetischen Urteils a priori als die Verbindung zweier „*Grundideen alles ethischen Denkens* ...: die *eudämonistische* und *intuitionistische*, mit anderen Worten, die Richtung, die den Ansatz des ethischen Denkens in das *Wertstreben*, und die Richtung, die diesen Ansatz in die *Werteinsicht* verlegt"[82]. Bei der gedanklichen Verbindung dieser beiden Richtungen ist natürlich zu fragen, wie der Einheitspunkt zu bestimmen ist, an dem beide zusammenkommen können. Dies beantwortet zugleich die Frage, wo Messner letztlich das sittlich-rechtliche Apriori ansiedelt. Während dies in der „Kulturethik" noch nicht explizit geklärt ist, so bestimmt Messner später den Verbindungspunkt mit Hilfe einer dritten Denkrichtung, nämlich der *Existenzphilosophie* und ihrer *ontologischen Einsichten*[83]. Diese ontologischen Einsichten als Erkenntnisse über das, was der Mensch „eigentlich" ist, beinhalten aber nichts anderes als die „existentiellen Zwecke". Die Synthese in Messners Begriff des synthetischen Urteils a priori gründet also ontologisch in ethischen Notwendigkeiten, in Gütern und Werten, welche für eine menschenwürdige Existenz konstitutiv sind. Wenn nun die Evidenz der sittlich-rechtlichen Elementarprinzipien qua synthetischer Urteile a priori auf dem beruht, was „eigentlich" zur Wesensnatur des Menschen gehört, erscheint es widersprüchlich, wenn Messner von den allgemeinsten evidenten Prinzipien andererseits sagt, daß sie — wie bereits erwähnt — unabhängig von uns bestehen und ihren Seinsgrund nicht in der Konstitution unserer Natur oder unseres Geistes haben. Jedoch kann dieses Paradox durchaus von seinem Begriff des synthetischen Urteils a priori verstanden werden, indem es auf ein zentrales Problem dieser Urteilssätze hinweist, nämlich auf die Begründung unbedingter Geltung.

Diese Geltung kann nur aus dem Vernunftapriori begründet werden. Da dieses Apriori als Vernunftanlage unveränderlich ist, ist der Geltungscharakter der „allgemeingültigen" Normen, die ontologisch in der „eigentlichen" Wesensnatur gründen, kategorisch und absolut. In dem Maße aber, wie bei der Verbindung von Sach- und Werteinsicht im synthetischen Urteil a priori die Sacheinsicht den Primat hat, ist auch die Begründung der unbedingten Geltung des betreffenden Urteils in Frage gestellt und auf die Evidenz der Notwendigkeit reduziert. Dieser Gefahr scheint Messner dadurch entgehen zu wollen, daß er eben den Seinsgrund der Elementarprinzipien außerhalb von Natur und Geist des Menschen zu konstituieren versucht. In Messners Begriff des synthetischen Urteils a priori kann die unbedingte Geltung der Elementarprinzipien nur durch Extrapolation des eigentlichen Geltungsträgers

---

[82] J. Messner, Naturrecht ist Existenzordnung, a.a.O., 199.
[83] Vgl. ebd. 200.

in eine „Soseinswirklichkeit"[84] gesichert werden, die der Vernunft unmittelbar ansichtig wird, gleichwohl vermittelt durch die Erfahrung. Daher betont Messner auch die strikte Unterscheidung zwischen dem „ursprünglichen" und dem faktischen „allgemeinmenschlichen" sittlichen Bewußtsein[85]. Ein „ursprüngliches" sittliches Bewußtsein, das auf Konsens beruht, könnte keine unbedingte Geltung begründen, da dessen Wahrheit nicht auf der Übereinstimmung des Denkens mit der Soseinswirklichkeit gründet. „Die *tatsächlich* allgemeinmenschlichen sittlichen Überzeugungen lassen dagegen nur den Schluß auf die tatsächliche Gleichheit der sittlichen Natur und der sittlichen Vernunfteinsicht der Menschen zu; nur diese Gleichheit kann mit dem Hinweis auf die im so verstandenen allgemeinmenschlichen Bewußtsein auffindbaren sittlichen Überzeugungen gezeigt werden, wie wir es oft getan haben; sie könnte *keinesfalls* als *Erklärungs- oder Bestimmungsgrund* der sittlichen Wahrheit als solcher gelten[86]." Wenn sich jedoch herausstellt, daß die synthetischen Urteile a priori de facto nur ethische Notwendigkeiten erbringen, so ist damit auch die Geltungsbegründung in Frage gestellt. Dies ist des näheren zu prüfen.

Es wurde bereits deutlich, daß die sittlich-rechtlichen Elementarprinzipien sehr Verschiedenartiges umfassen: allgemeinste Prinzipien und inhaltlich bestimmtere Grundnormen. Bei den sekundären sittlichen Prinzipien und primären naturrechtlichen Prinzipien handelt es sich ja für Messner vornehmlich um Wahrheiten aus der zweiten Tafel des Dekalogs, die von ihm als deontologische Normen aufgefaßt werden[87]. Bei diesen absoluten sittlichen Handlungsurteilen aber geht es größtenteils um nichts anderes als um analytische Urteile, „bei denen im Subjekt das im Prädikat angesprochene Unwerturteil schon eingeschlossen ist"[88]. Der synthetische Gehalt bei solchen Handlungsurteilen besteht in der ihnen zugrundeliegenden positiven Werteinsicht. So besteht kein Zweifel, daß Güter wie Ehe, Familie etc. und Werthaltungen wie Wahrhaftigkeit, Gerechtigkeit, Vertragstreue etc. konstitutiv sind hinsichtlich eines vollmenschlichen oder menschenwürdigen individuellen und sozialen Lebens. Aber sind sie deshalb absolut gültig? Messner selbst scheint diese Schwierigkeit zu sehen. Denn bezeichnenderweise ist für

---

[84] Kulturethik 243.
[85] Vgl. ebd. 246.
[86] Ebd. 247.
[87] Vgl. etwa Naturrecht 99: „Es sind die sittlichen Wahrheiten, daß Diebstahl und Lüge, Ehebruch und Unzucht in sich böse sind." — Vgl. zu Begriff und Problematik der deontologischen Normen B. Schüller, Neuere Beiträge zum Thema „Begründung sittlicher Normen", in: J. Pfammatter / F. Furger (Hrsg.), Theologische Berichte IV, Zürich/Einsiedeln/Köln 1974, 109 - 181; Ders., Anmerkungen zu dem Begriffspaar „teleologisch-deontologisch", in: GR 57 (1976) 741 - 756; F. Böckle, Fundamentalmoral, a.a.O., bes. 315 - 319.
[88] F. Böckle, Fundamentalmoral, a.a.O., 315.

ihn „der Absolutheitsanspruch der Menschenrechte und ihre darauf beruhende Unverletzlichkeit" am besten an der Gewissensfreiheit zu verdeutlichen[89]. Hier freilich folgt die unbedingte Geltung der Gewissensfreiheit — und auch der Religionsfreiheit — analytisch aus ihr selbst. Der erste Grundsatz der Gewissensfreiheit lautet: Niemand darf zu einer Handlung gezwungen werden, die seiner Gewissensüberzeugung widerspricht[90]. Da es aber unsittlich ist, gegen seine Gewissensüberzeugung zu handeln, ergibt sich daraus analytisch die unbedingte Geltung des Rechtes auf Gewissensfreiheit. Denn es ist das Prinzip des Sittlichen selbst, das hier auf dem Spiele steht und daher nicht abwägbar ist. Eine solche unbedingte Geltung kann aber ethisch-rechtlichen Notwendigkeiten wie dem Recht auf Unterhaltserwerb, Heimat, Asyl, freie Berufswahl nicht zukommen. Diese Rechtsgüter leiten ihren normativen Geltungsanspruch aus dem Verhältnis zur sittlichen Freiheit der menschlichen Person her, sind aber selber nicht absolut in dem Sinne, daß sie im Konkurrenzfalle jeder denkbaren Abwägung entzogen sind.

Eine Extrapolierung des Vernunftapriori in eine seinsollende, vom Menschen unabhängige Wirklichkeit löst in diesem Falle das Problem nicht, sondern führt zu denselben methodischen Schwierigkeiten, wie sie in der Schelerschen Wertphilosophie begegnen. Hier wie dort ist dann letztlich nur „die Apriorität der Wert-*Begriffe*" aufweisbar, „die — wie alle Begriffe — schlechterdings nicht durch ‚Abstraktion' gewonnen werden können"; zudem ist auf diese Weise auch das Problem der Begründung absoluter Geltung nicht zu lösen, denn dazu müßte die Beziehung von anschauungsmäßiger Evidenz und dem Gesollt-Sein moralischer Werturteile analysiert werden, d. h. es wäre zu klären, „*wie* sich ein denkendes oder anschauendes ‚Hinnehmen' eines Inhaltes als Bewußtsein, daß etwas gehandelt werden soll, konstituieren kann"[91].

Das Prinzip der Sittlichkeit nun, wie es sich unmittelbar im Recht auf Gewissensfreiheit artikuliert und die Grundlage des menschenrechtlichen Würdebegriffes darstellt, findet in der Naturrechtsethik seine unmittelbare imperativische Form in Messners Prinzip „Sei dein wahres Selbst als Mensch" oder auch „Wahre in allem Verhalten die Menschenwürde". Es ist eine Formulierung, die der Form nach Kants

---

[89] Naturrecht 442.

[90] Vgl. ebd. 436 f.: „Der Mensch kann rechtlicherweise nicht gezwungen werden, das zu tun, was er als sittlich unzulässig verachtet, oder verhindert werden, zu tun, was er als sittlich geboten hält. Durch das Naturrecht ist auch die Freiheit des irrigen Gewissens gewährleistet, jedoch bedingt, soweit nämlich damit keine Verletzung anderer oder der Gemeinschaft verbunden ist."

[91] I. Craemer-Ruegenberg, Über methodische Schwierigkeiten bei der Auslegung von moralischen Werturteilen, in: M. Riedel (Hrsg.), Rehabilitierung der praktischen Philosophie Bd. I, Freiburg i. Br. 1972, 133 - 158, 136.

kategorischem Imperativ ähnlich ist. Am ehesten würde ihr die zweite Unterformel des Kantischen kategorischen Imperativs, welche sich „auf die Materie" bezieht und „von der vernünftigen Natur als Zweck an sich selbst"[92] ausgeht, entsprechen: *„Handle so, daß du die Menschheit, sowohl in deiner Person, als in der Person eines jeden anderen, jederzeit zugleich als Zweck, niemals bloß als Mittel brauchst*[93]*."* Dennoch aber betont Messner, daß Kants Moralprinzip mit den Naturrechtsprinzipien nicht „auf eine Ebene, nämlich der von Leerformeln"[94] gestellt werden kann. Im Gegensatz zu den Naturrechtsprinzipien fehlt für Messner dem kantischen Prinzip „die ontologische Fundierung, das ihr zugrundeliegende Menschenbild ist nur vorausgesetzt, nicht aus der Wirklichkeit nachgewiesen"[95]. Kants kategorischer Imperativ hat für ihn nur eine eingeschränkte Bedeutung, insofern als in ihm die Goldene Regel durchscheine, die Gleichheit aller Menschen in ihrer Personwürde zum Ausdruck komme und das Prinzip einen praktisch-pädagogischen Wert habe[96]. Es kann hier nicht im einzelnen untersucht werden, ob Messner Kants Moralprinzip adäquat interpretiert und was dieses im Hinblick auf das Problem der Begründung unbedingter Geltung erbringt[97], es soll nur die Frage beantwortet werden, was im Vergleich zu Kants kategorischem Imperativ Messners oberstes Moralprinzip leistet. Für Messner ist ja, wie bereits gezeigt wurde, das im Moralprinzip ausgedrückte Sollen „auf das ‚Sein' selbst"[98] zurückgeführt. Damit glaubt er das Erkenntnisproblem der Ethik zu lösen, da nun kein Unterschied mehr besteht zwischen einer moralischen und einer theoretischen Erkenntnis. Für Messner haben daher die moralischen Prinzipien als praktische synthetische Urteile a priori den erkenntnistheoretischen Stellenwert von theoretischen synthetischen Urteilen a priori. Damit unterläuft er aber die ganzen Schwierigkeiten der Begründung der unbedingten Geltung praktischer synthetischer Urteile a priori bei Kant[99]. Kann er nun den so von ihm bestimmten Charakter synthetischer Urteile a priori auch für sein allgemeinstes Prinzip durchhalten? In der Formulierung „Sei dein wahres Selbst als Mensch" enthält dieses Urteil die Form der Nötigung des Menschen durch das Gesetz seiner meta-

---

[92] O. Höffe, Ethik und Politik. Grundmodelle und -probleme der praktischen Philosophie, Frankfurt a. M. 1979, 86.

[93] I. Kant, Grundlegung der Metaphysik der Sitten, in: Werke in zehn Bänden, hrsg. von W. Weischedel, Bd. VI, Darmstadt 1968, 61 (B A 66 f.).

[94] J. Messner, Sind die Naturrechtsprinzipien Leerformeln?, a.a.O., 329.

[95] Ebd.

[96] Ebd.

[97] Vgl. dazu G. Höver, Erfahrung und Vernunft, a.a.O., III 4 c.

[98] Kulturethik 230 Anm. 3.

[99] Vgl. dazu M. Forschner, Gesetze und Freiheit. Zum Problem der Autonomie bei I. Kant (Epimeleia. Beiträge zur Philosophie Bd. 24) München 1974, 250.

physischen Wesensnatur. Zugleich enthält der Satz implizit ein Universalisierungsprinzip. Dies spricht Messner in einem jüngst erschienenen Beitrag auch deutlich aus, wo er die synthetischen Urteile a priori wie folgt charakterisiert: „Begründet auf die unmittelbare Erfahrung und die unmittelbare Einsichtigkeit der allgemeinen und notwendigen Gültigkeit, *weil nur so die Selbstverwirklichung aller gewährleistet ist*, sind die elementaren sittlichen Einsichten synthetische Urteile a priori[100]." Worin liegt dann aber die Wahrheit dieses Satzes, durch die erst die unbedingte Geltung begründet werden könnte? Für Messner besteht auch beim allgemeinsten Prinzip des Sittlichen die Wahrheit „in der Übereinstimmung der gedachten Wirklichkeit des Guten und seiner tatsächlichen Wirklichkeit"[101]. Die tatsächliche Wirklichkeit des Guten aber wird nach Messner seinem Begriff des Vernunftapriori entsprechend „selbst unmittelbar, nämlich schauend, erkannt"[102]. Unklar resp. schwierig zu verstehen ist hierbei, wie durch dieses „schauende Erkennen ... das Böse ‚als solches' (Sosein) und das damit verbundene Sollen (Verpflichtung)"[103] erfaßt werden. Hier kommen natürlich die bereits vorher geltend gemachten Einwendungen voll zum Tragen. Das eigentliche Problem der Begründung unbedingter Geltung ist dadurch ausgespart. Auch wenn die Allgemeinheit dieses Moralprinzips durchaus im Sinne der gemeinsamen Vernunftnatur aller Menschen gesehen werden kann, ist die eigentliche Begründung nicht geleistet. Da das erschaute Gute im Grunde auf die existentiellen Zwecke, Güter und Werte, bezogen ist bzw. deren normativen Anspruch darstellt, ist Messners allgemeinstes Prinzip „Sei dein wahres Selbst als Mensch" kein eigentliches Kriterium des Sittlichen im Sinne des Kantischen kategorischen Imperativs, sondern lediglich der *Inbegriff* der inhaltlich bestimmteren Prinzipien, welche ihrerseits der normative Ausdruck der fundamentalen menschlichen Grundgüter und Grundwerte sind.

Daraus ergibt sich nun für die Begründung der Menschenrechte in der Naturrechtsethik folgende Konsequenz: Die unzureichende Sollensbegründung reduziert das Universalisierungsprinzip in den naturrechtsethischen Elementarprinzipien auf die Gleichartigkeit der Erfahrung fundamentaler Güter und Werte in bestimmten Grundsituationen, die allen Menschen gemeinsam sind und sozusagen die *Hermeneutik* des sittlichen Wertbewußtseins und seiner Prinzipien darstellen. Die Begründungsfrage wird zur Frage nach den *Orten* der Erfahrung der sittlich-rechtlichen Prinzipien resp. der entsprechenden existentiellen Zwecke.

---

[100] J. Messner, Fundamentalmoral, in: ThGl 68 (1978) 321 - 329.
[101] Kulturethik 241.
[102] Ebd.
[103] Ebd.

VI. Abschließende Bemerkungen

Die vorangegangenen Untersuchungen zum Problem der Geltungsbegründung im Rahmen der Menschenrechtsfrage lassen aber nicht nur die Grenzen der induktiv-ontologischen Methode erkennbar werden, sondern auch ihre Vorzüge. Denn offensichtlich gelingt es Messner mit ihrer Hilfe in ausgezeichneter Weise, gerade jene Hermeneutik des sittlich-rechtlichen Elementarbewußtseins zu entfalten, das auch die Grundlage des Menschenrechtsdenkens darstellt. Denn mag der Primat des spezifisch menschenrechtlichen Denkens bei den „staatsbürgerlichen" Menschenrechten als den Grundnormen, durch die Politik als rechtliche Freiheitsordnung möglich wird, liegen, so läßt sich doch der Sinn dieser Freiheitsforderungen „nur aus den sich geschichtlich vermittelnden Grundverhältnissen bzw. Lebensbereichen heraus verstehen, denen sie ursprunghaft und zielhaft angehören, d. h. sie sind nur in ihrem ‚institutionellen' Charakter richtig zu verstehen"[104]. Dementsprechend liegt auch der Schwerpunkt des Messnerschen Beitrages zur Begründung der Menschenrechte eben auf jenem Bereich der sog. „sittlich-institutionellen" Menschenrechte. Die existentiellen Zwecke leisten das, was auch die Menschenrechtsdeklarationen zum Ausdruck bringen wollen, nämlich den Sinnraum menschlicher Freiheit in der Ganzheitlichkeit geschichtlich-leibhaftigen Menschseins zu vermitteln. Man kann sie durchaus als geschichtliche Versuche verstehen, „die *humane Lebenswelt in ihrer ‚Ganzheit'* vor Augen zu stellen"[105], eben das, was Messner mit *vollmenschlicher* Existenz umschreibt. Von daher entfaltet er in seiner Naturrechtsethik das, was man eine „Anthropologie der Grundbereiche"[106] nennen könnte. Unter diesem Aspekt erscheint auch die von ihm so hervorgehobene Bedeutung der *Familie* in einem neuen Licht. Ist sie doch ein universeller Ort der Erfahrung sittlich relevanter Einsichten. In ihr artikulieren sich die fundamentalen leiblich-seelischen Bedürfnisse des Menschen und induzieren aus sich heraus bereits die Erkenntnis einer Grundordnung menschlicher Verhaltensweisen[107]. Zudem kann hier gerade unter menschenrechtlichem Aspekt die Bedeutung des Institutionellen für die Sinnbestimmung personaler Freiheit deutlich gemacht werden[108]. Vielleicht ist nicht zuletzt dieser Gesichtspunkt eines insti-

---

[104] J. Schwartländer, Staatsbürgerliche und sittlich-institutionelle Menschenrechte. Aspekte zur Begründung und Bestimmung der Menschenrechte, in: Ders. (Hrsg.), Menschenrechte, Aspekte ihrer Begründung und Verwirklichung, a.a.O., 77 - 95, 82.

[105] J. Schwartländer, Freiheit im weltanschaulichen Pluralismus, a.a.O., 232.

[106] J. Schwartländer, Staatsbürgerliche und sittlich-institutionelle Menschenrechte, a.a.O., 92.

[107] Vgl. dazu J. Messner, Sind die Naturrechtsprinzipien Leerformeln?, a.a.O., 326.

tutionell-*kommunikativen* Freiheitsbegriffes unter Einbeziehung jener Denkrichtung, welche im angelsächsischen Raum im Begriff des *common sense* tradiert ist und auch bei Messner eine besondere Bedeutung hat, der im Gespräch zwischen traditionellem Naturrecht und neuzeitlicher Freiheitsphilosophie zur Begründung der Menschenrechte als kritisch-konstruktiver Beitrag der Naturrechtsethik J. Messners eingebracht werden kann.

---

[108] Vgl. dazu den Beitrag von F. Böckle, Theonome Autonomie in der Begründung der Menschenrechte, in: J. Schwartländer (Hrsg.), Menschenrechte zwischen Theonomie und Autonomie (im Erscheinen).

ZUR NATURRECHTSETHIK

Von Johannes Messner

Hinsichtlich des Naturrechts dürften heute zwei Tatsachen feststehen: Erstens es gibt ein Naturrecht, das sich so wenig widerlegen läßt wie des Menschen Wissen von warm und kalt. Ein Grundwissen des Menschen von Recht und Gerechtigkeit ist unbestreitbar. In der Amerikanischen Unabhängigkeitserklärung (1776) heißt es: „Für uns sind dies evidente Wahrheiten, daß alle Menschen als gleich erschaffen und mit gewissen unveräußerlichen Rechten ausgestattet sind." Die zweite Tatsache ist, daß das Naturrecht sich in Evolution befindet, d. h. in Erkenntnis und Anwendung einem beständigen Fortschritt unterliegt. Darum haben wir heute die Charta der Menschenrechte, die, proklamiert durch die Vereinten Nationen, auf die Entwicklung des sittlichen Rechtsbewußtseins der Menschheitsfamilie schließen läßt.

Die Ethik zählt heute eine Vielfalt von Richtungen und Schulen wie Einsichtsethik, Gesinnungsethik, Erfolgsethik, Gesetzesethik, Persönlichkeitsethik, Verantwortungsethik. Dazu kommt, die Wahrheitselemente anderer Richtungen der Ethik aufnehmend und begründend, die Naturrechtsethik. Das Naturrecht ist das Wissen des Menschen von Recht und Gerechtigkeit als Forderungen wahrhaften Menschseins, zugleich das Wissen von der Menschenwürde als Verpflichtungsgrund absoluter Art. Daß die Idee der Menschenwürde heute zum Bestandteil des universalen sittlichen Bewußtseins wird, ist ersichtlich aus der Menschenrechtsdeklaration der Vereinten Nationen: „Alle Menschen sind frei und gleich an Würde geboren. Sie sind mit Vernunft und Gewissen begabt" (Art. 1). Anders als das Tier weiß der Mensch mit seiner Vernunftanlage von Pflichten. Darüber informiert ihn sein sittliches Gewissen, über einzelne konkrete Pflichten informiert ihn die „Natur der Sache", das sind die seiner menschlichen Natur und der äußeren Natur immanenten Zwecke.

Auf das alles kann hier nur kurz hingewiesen werden. In seiner Vernunftnatur findet der Mensch die Einsicht in elementare sittliche Wahrheiten: mitmenschliche Liebe, nicht stehlen, nicht lügen, nicht begehren eines anderen Weib. Nach der Gesinnungsethik ist der gute Wille das sittlich schlechthin Gute. Darüber sind sich Aristoteles, Augustin, Thomas, Kant, Scheler einig. Die beiden letzteren sind aber ganz anderer Anschauung über den Inhalt des guten Willens. Nach den ersteren besteht der sittlich gute Wille in seiner Ausrichtung auf das durch die Vernunft erkannte sachlich Gute. Nach der Gesinnungsethik Kants ist sittlich gut nur, was ausschließlich um der Pflicht willen geschieht[1]. Auf Kant wird noch ausführlich einzugehen sein.

Die Erfolgsethik muß zur Beurteilung des Erfolges Werturteile verwenden, wobei sie am elementaren Gewissen und an der Natur der Sache, also dem Naturrecht, nicht vorbeigehen kann. Die Gesetzesethik muß zugeben, daß mit einer Gesetzesmoral gar nicht alle Situationen normierbar sind, daher dem naturrechtlich orientierten Gewissen ein Entscheidungsbereich zugestanden werden muß. Personwerte und Menschenwürde, also naturrechtliche Daten, bilden die Grundlage der Persönlichkeitsethik, dazu die individuelle Veranlagung, wonach sittliche Normen die Einzelmenschen auch verschieden beanspruchen können, z. B. die Nächstenliebe sittlich fortgeschrittene Menschen vielfältiger und intensiver beanspruchen kann als Anfänger. Die Entscheidungskompetenz des persönlichen Gewissens wird in der Verantwortungsethik betont, verpflichtet aber zu einem hohen Maß von Information und Schulung des Urteils des Gewissens für ein sachlich, daher naturrechtlich, richtiges Verhalten. In jeder der besprochenen Ethiken spielt die Gesinnung eine Rolle. Wir haben aber gefunden, daß die beste Gesinnung für sich allein nichts bedeutet, wenn sie sich nicht nach dem erkannten sachlich Guten richtet. Der noch so entschiedene Wunsch, gut zu sein, gibt sittlich keinen Freibrief, zu tun, was man will. Wir kommen zum Ergebnis, daß nicht die Gesinnung, der Wille, die Absicht oder das Motiv für sich allein Prinzip des Sittlichen und Guten sein können, sondern nur ihre Übereinstimmung mit dem als solchen erkannten sachlich Guten. Jede der erwähnten Ethiken sieht sich daher auf naturrechtliche Überlegungen verwiesen.

Scheler war der Meinung, daß durch *Kant* der Zweckgedanke in der Ethik ein für allemal abgetan sei[2]. Zwar lehnt Kant den Zweckgedanken ab, führt ihn aber als völlig selbstverständlich bei der ethischen Beurteilung von Verhaltensweisen wieder ein. Dazu einige Beispiele. Bei der ethischen Beurteilung der Lüge stützt er sich auf den immanenten Zweck der Sprache: „Die Mitteilung seiner Gedanken an jemanden durch Worte, die doch das Gegenteil von dem (absichtlich) enthalten, was der Sprechende dabei denkt, ist ein der natürlichen Zweckmäßigkeit seines Vermögens der Mitteilung seiner Gedanken geradezu

---

[1] Kant, Grundlegung zur Metaphysik der Sitten, B. IV (Ausgabe der Preußischen Akademie der Wissenschaften) 444.

[2] Scheler, Der Formalismus in der Ethik und die materiale Wertethik, Halle ³1927, 2.

entgegengesetzter Zweck, mithin Verzichtung auf seine Persönlichkeit und eine bloß täuschende Erscheinung vom Menschen, nicht der Mensch selbst[3]."

Die Selbsterkenntnis als Anfang aller Weisheit bezeichnend, spricht Kant sogar vom Endzweck, da die Weisheit „in der Zustimmung des Willens eines Wesens zum Endzweck besteht"[4].

Schließlich bezieht er auch noch die Rangordnung der Pflichten auf die Rangordnung der naturimmanenten Zwecke, da er von der Pflicht des Menschen zum „Anbau (cultura) seiner Naturkräfte (Geistes-, Seelen- und Leibeskräfte) als Mittel zu allerlei möglichen Zwecken" spricht und sagt: „Es ist Gebot der moralisch praktischen Vernunft und Pflicht des Menschen gegen sich selbst, seine Vermögen (unter denselben eins mehr als das andere nach Verschiedenheit seiner Zwecke) anzubauen und in pragmatischer Rücksicht ein dem Zweck seines Daseins angemessener Mensch zu sein[5]."

Ganz vom Zweckgedanken ist Kants Lehre von der geschlechtlichen Sittlichkeit bestimmt: „So wie die Liebe zum Leben von der Natur zur Erhaltung der Person, so ist die Liebe zum Geschlecht von ihr zur Erhaltung der Art bestimmt; d. i. eine jede von beiden ist Naturzweck"; später sagt er noch ausdrücklicher: „Unnatürlich heißt eine Wollust, wenn der Mensch dazu nicht durch den wirklichen Gegenstand, sondern durch die Einbildung von demselben, also zweckwidrig, ihn sich selbst schaffend, gereizt wird. Denn sie bewirkt alsdann eine Begierde wider den Zweck der Natur und zwar einen noch wichtigeren als selbst der der Liebe zum Leben ist, weil dieser nur auf Erhaltung des Individuums, jener aber auf die der ganzen species abzielt"; „Zweck der Natur ist in der Beiwohnung der Geschlechter die Fortpflanzung, d. i. die Erhaltung der Art; jenem Zweck darf also wenigstens nicht zuwidergehandelt werden"[6].

Wir finden damit bei Kant die naturrechtliche Denkungsart und zwar keineswegs nur durch die Betonung des sittlichen Apriori, sondern sehr konkret auf Grund der in den sachlich auffindbaren Zwecken begründeten sittlichen Pflichten. Es liegt uns fern, für Kant die Naturrechtsethik zu reklamieren. Jedoch kann er nicht umhin, die Natur der Sache zur Ermittlung sittlicher Pflichten zu befragen und dazu gelegentlich sehr kräftig den Zweckgedanken heranzuziehen.

---

[3] Kant, Metaphysik der Sitten, Bd. VI. (Ausgabe der Preußischen Akademie der Wissenschaften) 429 f.

[4] a.a.O., 441.

[5] a.a.O., 444 f.

[6] a.a.O., 424 f.

Das tut er öfters, will aber dann wieder die ganze Ethik auf den Pflichtgedanken begründen. „Tugend, das ist die festgegründete Gesinnung, seine Pflicht genau zu erfüllen[7]." Kant will daran festhalten, daß sittlich nur ist, was um der Pflicht willen geschieht, daher habe der Zweck, einem Mitmenschen zu helfen, nichts mit Sittlichkeit zu tun, sondern nur die Erfüllung einer Pflicht um der Pflicht willen. Tugend ist jedoch tatsächlich die gefestigte Haltung, die das Tun des Menschen und diesen selbst sittlich gutmacht. Das geschieht keineswegs nur durch Erfüllung von Pflichten. Der gute Zweck solchen Handelns, z. B. die Hilfe gegenüber einem Hilfsbedürftigen, nimmt diesem Handeln nicht den sittlichen Wert, kann vielmehr eine Motivkraft zur Ausübung der Tugend sein, ja geradezu ihren sittlichen Wert bestimmen. Wer einem der Gefahr des Ertrinkens Ausgesetzten zu Hilfe eilt, übt die Tugend der Nächstenliebe, auch wenn er nicht an eine Pflicht denkt, sondern nur durch Hilfsbereitschaft sich gedrängt weiß. Nach Kant ist die Hilfeleistung gegenüber einem Bedürftigen wahrhaft sittlich gut nur dann, wenn die Pflichterfüllung ausschließliches Ziel des Wollens ist und nicht das Wohl des Bedürftigen.

Ganz anders als für Kant ist für *Augustin* „die Tugend wesentlich nichts anderes als ‚Liebe zu dem, was liebenswürdig ist' ". Die einzelnen Tugenden sind Formen dieser Liebe. Die Liebe strebt nach dem, was in sich gut ist, daher muß Gott, das höchste Gut, der Gegenstand unserer beherrschenden Liebe sein. Bei Augustin ist es diese Liebe, in der der menschliche Geist sich der Gottheit zuwendet. „Die Tugend ist nichts anderes als höchste Liebe zu Gott[8]." Diese Liebe zu Gott bewirkt „die glückliche und doch spontane Notwendigkeit"[9] des Guten, die Unmöglichkeit des Sündigens. Dieser Gedanke der spontanen „Notwendigkeit" liegt Augustins bekanntem Wort zugrunde: „Liebe, und tue, was du willst." Für die große auf Gott gerichtete Liebe ist eine von dieser Liebe abweichende Haltung unmöglich. Daher „darf man im Ernste sagen"[10], „liebe und tue, was du willst", denn du kannst dann nichts mehr anderes wollen, als was der Liebe zu Gott entspricht.

Der Begriff der Caritas ist bei Augustin, wie Mausbach ausführt, ein weiterer als in der späteren Theologie. Er umfaßt nicht nur die eigentliche Liebe (amor benevolentiae, amicitiae), sondern auch das Verlangen nach der himmlischen Seligkeit (amor concupiscentiae). Nach Thomas v. Aq. ist diese Auffassung der Liebe psychologisch wie ethisch

---

[7] Die Religion innerhalb der Grenzen der bloßen Vernunft, Bd. VI. (Ausgabe der Preußischen Akademie der Wissenschaften) 23/24.

[8] De moribus eccl. 24 f.; vgl. Mausbach Bd. I. 168.

[9] De perf. just. hom. 9: voluntaria felixque necessitas, dazu Mausbach Bd. I. 63 f.

[10] So, offenbar zurückhaltend, Mausbach, Bd. I. 179.

ungenügend. Denn gegenüber der Summe geistiger Freuden, des ewigen Lebens, ist nach Thomas eigentliche Liebe nicht möglich; diese ist nach ihm, wie übrigens Augustin auch sagt, freundschaftliches Wohlwollen, Eifer für das Glück des Geliebten, Seelengemeinschaft[11].

Wer je versucht hat, tiefer und umfassender in das Denken des hl. Augustin einzudringen, wird sich erinnern, wie er zu Dank und Freude gestimmt war, als er zum ersten Mal dem dilige et, quod vis, fac begegnete[12]. Die Sittlichkeit schien plötzlich ein anderes Gesicht zu bekommen. Für Augustin selbst trat die Gleichstellung der allgemeinen Sittlichkeit mit der christlichen Gottesliebe in den Mittelpunkt der Ethik. Im Gesamtzusammenhang seiner Ethik mußten sich aber bald Bedenken gegen das quod vis, fac melden. Denn mit seiner Erbsündelehre war die universale Kraft des dilige schwer vereinbar. Die Konkupiszenz werde in der Taufe getilgt, aber „nicht so, daß sie nicht da ist, sondern so, daß sie nicht zur Sünde angerechnet wird". Von der bösen Lust (oder dem Gesetz der Sünde) sagt Augustin, sie vergehe der Schuld nach, bleibe aber der Wirkung nach. In der Taufe empfange der Mensch „die volle Nachlassung aller Sünden", er ist frei von jeder Sünde, wenn auch nicht von jedem Übel. In der christlichen Taufe, sagt er, empfangen wir eine vollkommene Heilung von denjenigen Übeln, durch die wir schuldig waren, nicht von denen, mit denen wir zu kämpfen haben, um nicht schuldig zu werden[13]. Wenn, wie Augustin hervorhebt, der Mensch so stark unter den Auswirkungen der Erbsünde steht, dann ist es eine Frage, ob das dilige jene „Notwendigkeit" der Einstellung auf Gott erreicht, daß das quod vis, fac uneingeschränkt zur Selbstverständlichkeit des rechten Handelns der gottverbundenen Seele wird.

Dazu kommt noch, daß Augustin das Wort caritas nicht nur für jede Willenshinwendung zu Gott gebraucht, sondern, wie Mausbach ausführt, er es fast ebenso häufig in Fällen gebraucht, wo er als Gegenstand des Wollens und Liebens nicht den persönlichen Gott meint, sondern unpersönliche sittliche Mächte und Werte, wie Wahrheit, Tugend, Ordnung, Gesetzesgerechtigkeit, also mit Caritas auch die sittliche Gesinnung als solche, die Gewissenhaftigkeit, die Pflichttreue, den guten Willen bezeichnet[14]. Es erhebt sich die Frage, ob dieser weite Begriff der Caritas sie hinlänglich abgrenzt gegen das „Gefühl". Zu denken ist nicht nur an das mit der Liebe verbundene Gefühl, wonach viele einen

---

[11] J. Mausbach, Die Ethik des hl. Augustinus, 2 Bde., Freiburg/Br. ²1929 (mit einer unüberbietbaren Fülle von lateinischen Zitaten aus Augustinus), Bd. I. 66 f.

[12] In Io. Ep. tr 7, 8 Dilige et, quod vis, fac; dazu Mausbach I. 179.

[13] Mausbach, Bd. II. 186 f.

[14] Mausbach, Bd. I. 202 f.

weiten Bereich der Sittlichkeit als „Gefühlssache" erklären. Besonders ist an die Formen heutiger Gefühlsethik zu erinnern, die die Möglichkeit einer Wahrheitserkenntnis im sittlichen Bereich bestreitet und Wahrheitserkenntnis nur auf naturwissenschaftlichem Gebiet anerkennen will[15]. Keinesfalls wollen wir in Augustin selbst eine Unklarheit in den Grundfragen der Ethik finden, daß aber gegenüber dem weitreichenden Emotionalismus von heute strenge Maßstäbe und sachliche Kriterien erforderlich sind, dürfte kaum zu bestreiten sein.

Was die Naturrechtsethik auszeichnet, ist ihr Gegründetsein auf die „Natur der Sache". In allen Fragen des persönlichen sittlichen Verhaltens, der zwischenmenschlichen und gesellschaftlichen Beziehungen hat sie sachliche Anhaltspunkte, die ihr Aufschluß in den überdauernden und den je geschichtlich sich stellenden sittlichen Fragen geben. Daß ich in meinem „Naturrecht" und in der „Kulturethik" mit den Fragestellungen so weit ausgeholt habe, hat manchen überrascht. Aber die heutigen Unsicherheiten in der Ethik zeigten, wieviel noch zu klären war und übrigens noch zu klären sein wird.

Naturrechtlich ist die von Augustin und Thomas erwähnte Freundschaftsliebe zu Gott der Wille, die ontischen Zwecke, die der Mensch nicht kreiert hat, in die er vielmehr hineingeboren wurde, als letztes Handlungsmotiv, als ein Apriori des Handelns anzuerkennen. Dieser Wille ist der gute Wille. Der besteht auch dann noch, wenn auf Grund eines Irrtums, der persönlich oder auch kulturell bedingt sein kann, das Sachgerechte nicht getroffen wird. Hier liegt der Kern naturrechtlicher Gutheit. Den Irrtum immer mehr zu überwinden, d. h. der Natur der Sache immer näher zu kommen, macht die Entwicklung des Naturrechts aus, zusätzlich der stets neuen Formulierung des sittlichen und rechtlichen Bewußtseins im Hinblick auf die je und je verschiedenen sachlichen Umstände.

Wir sprachen eingangs von der Tatsache der Evolution des Naturrechts. Dabei ist nicht nur an die Entwicklung der äußeren sozialen, politischen und kulturellen Umstände zu denken, sondern vor allem auch an die Entwicklung des sittlichen und rechtlichen Bewußtseins selbst. Das Bewußtsein entwickelt sich auch dann, wenn die Umstände sich nicht ändern. Dabei wirken innere Erfahrung und überlegende Vernunft zusammen. Die innere Erfahrung belehrt uns über Fehlurteile, die aus irgendwelchen Gründen, vorab der Ignoranz (sowohl persönlicher wie gesellschaftlicher Art) entstanden sind. Die überlegende Vernunft besitzt die Fähigkeit, das, was sich als Erkenntnis darbietet, dem

---

[15] So die auf David Hume anknüpfende moderne Gefühlsethik von Ch. L. Stevenson, Ethics and Language, New Haven 1944, mit großer Gefolgschaft in USA und England.

kritischen Urteil zu unterwerfen. Sie vermag, wie Thomas v. Aq. sich ausdrückt, de suo iudicio iudicare[16]. Er betont, daß das ausschließlich Sache der Vernunft ist, die über ihren Akt nachdenkt, sowie natürlich über dessen Voraussetzungen und Folgerungen. Es ist die Fähigkeit, auf der aller Erkenntnisfortschritt des Menschen beruht.

---

[16] Verit. 24. 2 c.

ZWEITER TEIL

DIE VIELFALT DER HANDLUNGSLEHREN UND DIE EINHEIT DES HANDLUNGSBEGRIFFS

Von Wolfgang Schild

Einer der Grundbegriffe der Ethik ist der Begriff der Handlung: Nur auf den Menschen als ein handelndes Wesen können ethische Sätze bezogen werden. Dabei wird Handlung seit jeher in der Philosophie im Zusammenhang mit Freiheit und Selbstbestimmung gedacht und begriffen. So auch in dem grundlegenden Werk „Das Naturrecht" von Johannes Messner: Die Handlungen des Menschen seien „durch die Selbstbestimmung des vernünftigen Wesens bedingt". Messner bezeichnet diese Inhalte („Vernunft" und „Selbstbestimmung", zusammen: „Personalität") als Einsichten der „metaphysischen Anthropologie", die „von der Erfahrung ausgehend das Wesen des Menschen ergründet", und ergänzt sie durch die Glaubensinhalte der christlichen Anthropologie, die den Menschen als das Ebenbild Gottes begreift. Von dieser Idee des Menschen grenzt Messner die Theorien des „naturalistischen Humanismus" ab, die wegen ihres Glaubens an das alleinige Sein der der Erfahrung zugänglichen Wirklichkeit nur den natürlichen Menschen beschreibend erfassen. Dazu zählt er u. a. den szientistischen (an der Naturwissenschaft orientierten) Humanismus, den psychoanalytischen Humanismus, den behavioristischen Humanismus und den biologisch-evolutionistischen Humanismus[1].

Legt man diese Einsichten Messners zugrunde, so ist eine Konsequenz für das Problem der Handlung offensichtlich: Der naturalistische Humanismus kann die Handlung als freiheitliche Selbstbestimmung des Menschen nicht in Sicht bringen, weshalb er von vornherein das Wesentliche der Handlung verfehlen muß. Das Ergebnis scheint damit klar: Diese naturalistischen Handlungslehren sind abzulehnen.

Auf der anderen Seite anerkennt Johannes Messner die Psychoanalyse „als Methode der Psychologie und Psychotherapie"[2]. Bedeutet dies damit nicht zugleich die Anerkennung der psychoanalytisch-naturalistischen Handlungslehre? Das Problem kann verallgemeinert werden: Wie

---

[1] J. Messner, Das Naturrecht, Innsbruck ⁵1966, 26; Ders., Kulturethik, Innsbruck 1954, 176 ff.

[2] J. Messner, Naturrecht 30; Ders., Kulturethik 36 ff., 72 ff.

muß das Verhältnis des (einheitlichen) philosophischen Handlungsbegriffes, wie er von Messner formuliert und auch hier zugrunde gelegt wird, zu den vielen Handlungslehren der Einzelwissenschaften insgesamt gedacht werden?

Dieser Aufsatz will sich mit dem angesprochenen Problem befassen, dieses Verhältnis näher untersuchen und eine Lösung anbieten, die sich mit dem System von Johannes Messner in wesentlicher Übereinstimmung weiß. Ich darf die folgenden Zeilen Herrn Professor Dr. Dr. Johannes Messner als kleine Ehrengabe widmen.

I. Problemstellung

Das Thema soll zunächst etwas näher umschrieben werden.

Schlägt man z. B. eine Darstellung des Allgemeinen Teils der Strafrechtswissenschaft auf[3], so findet man stets einen Abschnitt über die „Handlungslehren", in dem (zumindest) kausale, finale und soziale Handlungslehre nebeneinander dargestellt werden. Danach betrachtet die herrschende Auffassung in der deutschen Strafrechtswissenschaft die Handlung als ein „sozialerhebliches menschliches Verhalten" (im Sinne der „sozialen Handlungslehre"), eine Mindermeinung tritt für die Bestimmung der Handlung als „finales, d. h. zwecktätiges steuerndes Willensverhalten" ein, die alte und veraltete „kausale Handlungslehre" umschrieb das Handeln als „willkürliches Herbeiführen eines Erfolges". Keine dieser Handlungslehren anerkennt den Begriffsinhalt, den Messner als das Wesentliche der Handlung darstellt, nämlich die freiheitliche Selbstbestimmung. Diese wird ausdrücklich vom Handlungsbegriff abgetrennt und meist als Problem der strafrechtlichen Schuld behandelt.

Einige Fragen stellen sich: Sind diese strafrechtlichen Handlungslehren falsch oder einseitig oder wie sind sie sonst zu qualifizieren? Was ist der Grund, daß der philosophische Handlungsbegriff von der Strafrechtswissenschaft nicht übernommen wird? Haben vielleicht die Strafrechtler recht, die von vornherein behaupten, daß man über das Wesentliche der Handlung nicht vernünftig reden könne, weil man sie bloß definieren könne vergleichbar mit der „Vereinbarung eines Elternpaares, daß ihre Tochter Angelika heißen solle"[4]? Oder muß man denen recht geben, die gleichfalls auf eine eigene Bestimmung der Handlung verzichten und nur eine „funktionelle" Handlungslehre[5] vertreten wollen (was immer dies auch heißen mag)?

---

[3] H. H. Jescheck, Lehrbuch des Strafrechts, Berlin ³1978, 172 ff.
[4] U. Klug, Festschrift für C. A. Emge, Wiesbaden 1960, 40.
[5] A. Eser, Strafrecht I, München ²1976, 49.

Die Probleme werden verwickelter, wenn man berücksichtigt, daß es auch in anderen Wissenschaften kausale, finale und soziale Handlungslehren gibt, die sich keineswegs mit den bisher genannten Strafrechtstheorien decken. Die Soziologie, die doch auf den ersten Blick für eine „soziale Handlungslehre" zuständig wäre, kennt eine solche Inhaltsbestimmung der Handlung als „sozialerhebliches Verhalten" nicht, sondern entwickelt mehrere verschiedene „soziologische Handlungslehren", über die unter II. noch zu sprechen sein wird. Der Begriff der „Finalität" findet sich auch bei Nicolai Hartmann (auf den sich auch der Begründer der strafrechtlichen finalen Handlungslehre, Hans Welzel, ausdrücklich beruft)[6], hat aber dort im Rahmen des philosophischen Handlungsbegriffes nur eine untergeordnete Bedeutung gegenüber den Bestimmungen „Wertdetermination" und „Selbstbestimmung"[7]. Dafür wird der Inhalt dieses Terminus („Finalität" als „bewußtes Vorsetzen eines Zweckes und Auswahl des Mittels zur Zweckerreichung") von psychologischen Handlungslehren, deren es gleichfalls mehrere, unter II. zu behandelnde Variationen gibt, erfaßt und näher untersucht. Schließlich können die „kausalen Handlungslehren" der Naturwissenschaften mit der Bestimmung als „willkürliches Herbeiführen eines Erfolges" in der Strafrechtswissenschaft nicht einmal verglichen werden.

Eine Vielheit und Vielfältigkeit von wissenschaftlichen Handlungslehren[8] steht somit der Einheit des philosophischen Handlungsbegriffes — und diese Terminologie von „Lehre" und „Begriff" soll im Folgenden beibehalten werden — gegenüber. Dabei wurde oben der Begriff mit dem Wesen der Handlung in Verbindung gebracht, deshalb „Handlung" als freiheitliche Selbstbestimmung des Menschen begriffen. Diese Bestimmung soll auch hier zugrunde gelegt werden[9]. Die Frage entsteht: Wie verhalten sich dazu die vielen Handlungslehren? Sind sie falsch oder unvollständig oder einseitig oder beliebige Definitionen?

---

[6] H. Welzel, Naturalismus und Wertphilosophie im Strafrecht, Mannheim 1935, 78 FN 67; Ders., Das neue Bild des Strafrechtssystems, Tübingen [4]1951, IX ff.

[7] Vgl. unter III.

[8] Vgl. z. B. die Sammelbände „Handlungstheorien — interdisziplinär", hrsg. v. H. Lenk, München 1977 ff.

[9] Zum philosophischen Handlungsbegriff vgl. (nur beispielshaft) H. Lenk, Handlungstheorien II/1, 2; R. Bubner, Handlung, Sprache und Vernunft, Frankfurt/M. 1976; B. v. Brandenstein, Handbuch philosophischer Grundbegriffe III, München 1973, 677; J. Derbolav, Beiträge zu einer Einheitswissenschaft vom menschlichen Verhalten, Habilitationsschrift Wien o. J.; E. Heintel, Festschrift für B. Liebrucks, Meisenheim a. Glan 1974, 112 ff.; F. Kaulbach, Ethik und Metaethik, Darmstadt 1974; J. Rhemann, Der Begriff der Handlung in Hegels Phänomenologie des Geistes, Dissertation Wien 1971; W. Schild, Die Formen der Täterschaft, Habilitationsschrift München 1975 (m. w. N.).

Dieses Problem des Verhältnisses von Vielheit der Handlungslehren zur Einheit des Handlungsbegriffs soll in mehreren Schritten untersucht werden. Unter II. werden einige Handlungslehren beispielhaft vorgestellt. III. behandelt die beiden Versuche einer substantiellen Begründung solcher Handlungslehren, die in IV. als unhaltbar zurückgewiesen werden. Die eigene Lösung wird als V. vorgelegt.

II. Beispiele wissenschaftlicher Handlungslehren

Als Einstieg sollen einige Handlungslehren der Wissenschaften genannt werden. Sie sind nur als Beispiele gedacht, die das Problem anschaulicher machen können: Deshalb werden sie sogar etwas einseitiger und konsequenter interpretiert, als manche Vertreter es „wirklich" gemeint haben. Irgendein Anspruch auf Vollständigkeit wird dabei selbstverständlich nicht erhoben.

1. Kausale Handlungslehren

Häufig wurde und wird die Handlung als Ursache-Wirkung- Zusammenhang bestimmt und dargestellt. Dabei sind verschiedene Formen einer solchen „kausalen Handlungslehre" zu unterscheiden.

Hubert Rohracher z. B. nahm eine *Persönlichkeitskausalität*[10] an. Die Handlung (der Wille) sei „durch die auftretenden Triebe und Interessen und durch die Art der Persönlichkeit determiniert". „Dies bedeutet Determination durch naturgesetzlich auftretende Prozesse." Denn die Persönlichkeit sei „das jeweilige Ergebnis der triebhaften Anlagen und der bisherigen Entwicklung". „Aus dem Widerstreit der Triebe und Interessen, die in den Erbanlagen eines Menschen vorhanden sind, kommt es zu erlebten Konflikten, in denen sich die stärkeren Kräfte durchsetzen und in langer Entwicklung zu einer Einheit verbinden, die sich im Fühlen und Wollen als ‚Persönlichkeit' auswirkt." Daraus zog Rohracher das Ergebnis: Die Handlung sei die Wirkung der durch Erbanlagen und Umwelt determinierten Persönlichkeit und damit Produkt einer „von der Persönlichkeit ausgehenden Kausalität oder, um es noch deutlicher zu sagen, einer Kausalität im Dienste der Persönlichkeit"[11]. Was ein Mensch tut, liege nicht in seiner Macht: „Es geschieht ihm, wie ihm das Altwerden geschieht." „Was der Mensch in seinem Leben getan hat, hat er ... gar nicht eigentlich selbst getan, sondern es ist ihm geschehen, daß er es tat[12]."

---

[10] Ähnlich auch H. Groos, Willensfreiheit oder Schicksal?, München 1939; R. v. Hippel, Zeitschrift für die ges. Strafrechtswissenschaft 23 (1903) 396 ff.; M. Offner, Willensfreiheit, Zurechnung und Verantwortung, Leipzig 1904; E. Seelig, Monatsschrift für Kriminologie 1936, 34 ff.

[11] H. Rohracher, Einführung in die Psychologie, Wien [10]1971, 526 ff., 549.

Der österreichische Strafrechtler Ferdinand Kadecka griff auf eine „*Charakterkausalität*"[13] zurück. Eine Handlung sei „das unvermeidliche Produkt aus [der] seelischen Eigenart und der im Moment der Tat auf [den Menschen] einwirkenden Motive"[14]. Diese seelische Eigenart, der Charakter, sei die Ursache der Handlungen und selbst nicht Ergebnis einer Handlung, denn: „In der Tat kann kein Zweifel darüber bestehen, daß man sich seinen Charakter nicht aussuchen kann, daß der Charakter jedes Menschen auf das Zusammenwirken der verschiedensten Ursachen zurückzuführen ist, von denen ein großer Teil der Beeinflussung durch den Willen entrückt ist[15]."

Häufig stellte man mehr auf den einzelnen Vorgang der Handlung ab und vertrat eine Theorie des „Motivs" als ihrer Ursache[16]. Als Beispiel für diese „*Motivationskausalität*" sei Arthur Schopenhauer dargestellt[17]. In seiner Arbeit „Die beiden Grundprobleme der Ethik" führte er menschliches Handeln auf Motive zurück. Diese Motive bestimmte er näher als Ursache, weshalb Handeln sich als notwendiges Geschehen erweise. „Es ist durchaus weder Metapher noch Hyperbel, sondern ganz trockene und buchstäbliche Wahrheit, daß, so wenig eine Kugel auf dem Billard in Bewegung geraten kann, ehe sie einen Stoß erhält, ebensowenig ein Mensch von seinem Stuhle aufstehen kann, ehe ein Motiv ihn wegzieht oder treibt; dann aber ist sein Aufstehen so notwendig und unausbleiblich, wie das Rollen der Kugel nach dem Stoß[18]."

Schopenhauer unterschied diese „Motivationskausalität" als eine besondere Form der allgemeinen Kausalitätskategorie von der „Ursache" im engeren Sinn und vom „Reiz"[19]. Andere wiesen selbst diese Differen-

---

[12] H. Rohracher, Persönlichkeit und Schicksal, Wien 1926, 109.

[13] Ähnlich auch H. Bouterwek, Charakter als Naturgesetz, Ulm/Donau 1959; K. Engisch, Die Lehre von der Willensfreiheit, Berlin 1963; Ders., Monatsschrift für Kriminologie 50 (1967) 108; M. E. Mayer, Die schuldhafte Handlung und ihre Arten im Strafrecht, Leipzig 1901.

[14] F. Kadecka, Zeitschrift für die ges. Strafrechtswissenschaft 48 (1928) 609.

[15] F. Kadecka, Der Beamte 1936/H. 23, 1.

[16] Ähnlich auch F. v. Bülow, Zeitschrift für die ges. Strafrechtswissenschaft 16 (1896) 582 ff.; A. Coenders, Strafrechtliche Grundbegriffe, Düsseldorf 1909; A. v. Dohna, Monatsschrift für Kriminologie 3 (1907) 513; A. Hold von Ferneck, Zeitschrift für die ges. Strafrechtswissenschaft 32 (1911) 249; M. Liepmann, Zeitschrift für die ges. Strafrechtswissenschaft 14 (1894) 446.

[17] Ähnlich auch N. Ach, Analyse des Willens, Berlin 1935; H. Rohracher, Theorie des Willens auf experimenteller Grundlage, Leipzig ²1948; Th. Ziehen, Sechs Vorträge zur Willenspsychologie, Jena 1927. — Zu Schopenhauers Einfluß z. B. auf die Strafrechtswissenschaft vgl. I. Gasse, Gedächtnisschrift für A. Schopenhauer, Berlin 1938, 187 ff.; G. Heschel, Schopenhauers Einfluß auf die Strafrechtswissenschaft, Dissertation Bern 1911/17; C. Schmitt, Monatsschrift für Kriminologie 10 (1914) 27 ff.

[18] A. Schopenhauer, Sämtliche Werke IV, Leipzig ²1908, 2 f., 44.

[19] A. Schopenhauer, Über die vierfache Wurzel des Satzes vom zureichenden Grunde, Leipzig ³1864, 46; Ders., Werke IV 28 ff.

zierung zurück. So stellte Max Verworn auf die *Kausalität der Gehirnprozesse* ab. Denn ein handelndes „Ich" könne nichts anderes als „mein eigener Körper" sein. Und: „Mein Körper ist ein Körper wie andere Körper", daher zu analysieren und in Ursache-Wirkung-Gesetzmäßigkeiten aufzulösen. Es müßten die Bedingungen ermittelt werden, unter denen Zustände und Vorgänge zustande kommen, mit dem Ergebnis: „Die Vorgänge des gesamten Geisteslebens haben sich für uns aufgelöst in ein außerordentlich fein geordnetes Getriebe von Reizwirkungen in den Ganglienzellen und Nervenfasern, die das komplizierte System der Großhirnrinde zusammensetzen[20]."

Bekannt ist die Theorie einer *„Vererbungskausalität"*. Jeder Mensch erhält danach von seinen Vorfahren ein bestimmtes Erbgut, das auf die Gene der Keimzellen zurückzuführen sei und nicht nur äußere Merkmale und Eigenschaften, sondern zuletzt auch seine Handlungen kausal herbeiführe. Als Beispiel sei nur die These vom „geborenen Verbrecher" bei Cesare Lombroso genannt[21].

Der Schlußpunkt ist damit freilich noch nicht erreicht. Denn alle die genannten Auffassungen konzentrieren sich auf die menschliche Handlung. Für eine an der Kausalität orientierte Theorie muß aber diese Besonderheit — gerade und nur auf den Menschen bezogen zu sein — aufgegeben werden. Handlung muß allgemein zu einer bloßen Reaktion auf irgendeinen Reiz werden und damit auch bei Tieren und Pflanzen zu finden sein. Der Typus dieses Reiz-Reaktions-Schemas ist der *Reflex*. Häufig wurde und wird daher Verhalten als Reflex (in mehr oder minder komplexer Form) bestimmt. Dabei setzte man meist experimentell bei niederen Tieren an, um von dorther die wesentliche Ursache-Wirkung-Beziehung aufzudecken. Bekannt sind die Versuche, Bienen und Ameisen als „Reflexmaschinen" zu erfassen[22]. Hier soll auf die Ab-

---

[20] M. Verworn, Prinzipienfragen in der Naturwissenschaft, Jena 1917, 23; Ders., Kausale und konditionale Weltanschauung, Jena ²1918, 33; Ders., Die Mechanik des Geisteslebens, Leipzig 1919, 100. — Ähnlich auch J. Moleschott, Der Kreislauf des Lebens, Mainz 1852. — Zum Problem der Hirnforschung vgl. W. R. Hess, Stud. generale 9 (1956) 467 ff.; V. Henn / O.-J. Grüsser, in: M. Lohmmann (Hrsg.), Wohin führt die Biologie? München 1970, 111 ff.; E. Lausch, Manipulation, Reinbek 1974; G. Schaltenbrand, Stud. generale 22 (1969) 494 ff.; G. Studynka, Hirnforschung, Frankfurt/M. 1974.

[21] C. Lombroso, Der Verbrecher in anthropologischer, ärztlicher und juristischer Beziehung, Hamburg 1887; Ders., Die Ursachen und Bekämpfung des Verbrechens, Berlin 1902. — Ähnlich auch M. Flesch, Gehirn und Veranlagung des Verbrechers, Berlin 1929; H. Kurella, Die Grenzen der Zurechnungsfähigkeit, Halle/S. 1903; J. Lange, Verbrechen als Schicksal, Leipzig 1929; A. Mergen, Der geborene Verbrecher, Hamburg 1968.

[22] Bezüglich Ameisen für Reflexmaschinen: A. Bethe, Archiv für ges. Physiologie 70 (1898) 15 ff.; 79 (1900) 39 ff.; R. Brun, Schweizer Archiv f. Neurologie und Psychiatrie 6 (1920) 80 ff.; Ders., Biol. Zentralblatt 38 (1918) 499 ff.; gegen Reflexmaschinen: A. Forel, Mensch und Ameise, Wien 1922; M. Gander, Ameisen und Ameisenseele, Einsiedeln 1908; W. Goetsch, Vergleichende Bio-

handlung von Franz Doflein über den Ameisenlöwen hingewiesen werden. Der Verfasser kam bei der Untersuchung des Verhaltens dieser Tiere zum Ergebnis, „daß alle komplizierten Handlungen im Leben des Ameisenlöwens auf eine Anzahl von Bewegungen zurückzuführen sind, welche durch bestimmte Reize ausgelöst werden. Durch einen peripheren Reiz wird die Kontraktion einer Anzahl von Muskeln veranlaßt. Es handelt sich also offenbar um Reflexe". Dieses Tier sei deshalb ein „Reflexautomat", der wie eine kleine Maschine funktioniert[23].

Der russische Physiologe Iwan Petrowitsch Pawlow verstand unter Reflex eine „gesetzmäßige Reaktion" des Organismus auf einen Reiz der Umwelt, „d. h. den Mechanismus einer dauernden Verbindung zwischen bestimmten Erscheinungen der Umwelt und den ihnen entsprechenden bestimmten Reaktionen des Organismus und der Vermittlung des Nervensystems"[24]. In den Versuchen mit der Speicheldrüse des Hundes entdeckte Pawlow einen neuen Reflex, den er den „bedingten" nannte. Sein wesentliches Merkmal bestehe darin, im höheren Nervensystem einen „Mechanismus der zeitweiligen Verbindung" herzustellen: Fällt ein an sich indifferenter Reiz zeitlich ein oder mehrere Male mit einem Reiz zusammen, der mit dem Organismus bereits in Verbindung steht, dann gehe der erste Reiz gleichfalls eine solche Verbindung ein und bewirke — auch alleine — die gleiche Reaktion des Organismus. Ist dieser bedingte Reflex „gut ausgearbeitet", so könne man durch Verbindung mit ihm einen weiteren an sich indifferenten Reiz in Verbindung zur ursprünglichen Reaktion bringen, d. h. einen „Reflex zweiter Ordnung", auch einen solchen „dritter Ordnung" herstellen[25]. Zur Erklärung dieser Verbindung griff Pawlow auf den Begriff des „Signals" zurück: Der zunächst indifferente Reiz bekomme die Funktion eines Signals für den reaktionshervorrufenden Reiz, er „signalisiert den echten Gegenstand, das wirkliche Ziel des einfachen angeborenen Reflexes"[26]. Dieses „Prinzip der Signalisierung" ermögliche Pawlow auch

---

logie der Insekten-Staaten, Leipzig 1940; Ders., Die Staaten der Ameisen, Berlin ²1953; H. Henning, Biol. Zentralblatt 38 (1918) 208 ff.; E. Wasmann, Die psychischen Fähigkeiten der Ameisen, Stuttgart 1899; Ders., Instinkt und Intelligenz im Tierreich, Freiburg/Br. ³1905. — Bezüglich Bienen für Reflexmaschinen: A. Bethe, Archiv für ges. Physiologie 70, 15 ff.; 79, 39 ff.; gegen Reflexmaschinen: H. v. Buttel-Reepen, Sind die Bienen Reflexmaschinen? Leipzig 1900; J. Francon, Die Klugheit der Bienen, Berlin 1939; W. Goetsch, Biologie 399.

[23] F. Doflein, Der Ameisenlöwe, Jena 1916, 111, 126 f., 131.

[24] I. P. Pawlow, Die bedingten Reflexe, München 1972, 42, 44. — Ähnlich auch W. v. Bechterew, Objektive Psychologie oder Psychoreflexologie, Leipzig 1913; P. Hoffmann, Der Nervenarzt 24 (1953) 19 ff.; Ders., Reflex und Wille, Freiburg 1956; I. Kohler, Kybernetik 1 (1961/3) 54 ff.

[25] I. P. Pawlow, Reflexe 44 f., 65 f., 90 ff., 122 ff.; Ders., Auseinandersetzung mit der Psychologie. München 1973, 33, 42.

[26] I. P. Pawlow, Reflexe 123, 206.

die Einbeziehung der höchsten menschlichen Tätigkeiten in die Reflexlehre. So stelle das Denken und Lernen als Assoziationsprozeß gleichfalls nur „echte, aber erworbene Reflexe" dar. Grundsätzlicher stellte Pawlow neben das bereits besprochene „Signalsystem" der bedingten Reflexe beim bzw. im Menschen „ein anderes Signalsystem, die Signalisierung des ersten Systems. Sie erfolgt durch die Sprache... Damit wird ein neues Prinzip in die Nerventätigkeit eingeführt, die Abstraktion und gleichzeitig damit die Verallgemeinerung der unzähligen Signale des vorhergehenden Systems. Parallel damit ist ebenfalls ein Analysieren und Synthetisieren dieser neuen verallgemeinerten Signale verbunden. Dieses Prinzip erlaubt eine grenzenlose Orientierung in der Umwelt und begründet die höchste Anpassung des Menschen"[27]. Das Prinzip freilich sei dasselbe, weshalb Pawlow das Gehirn des Menschen als „eine Kombination des tierischen Gehirns mit einem menschlichen Anteil in Form des Wortes" bezeichnete. „Es unterliegt keinem Zweifel, daß die Grundgesetze, die für die Arbeit des ersten Signalsystems aufgestellt worden sind, auch für das zweite Signalsystem gelten müssen, denn es handelt sich bei dieser Arbeit um das gleiche Nervengewebe[28]."

Viele Ergebnisse der Theorie Pawlows (aufgefaßt als Lehre vom „konditionierten Reiz" und von der „konditionierten Reaktion")[29] fanden Eingang in den „*Behaviorismus*". Grundbegriff war das S-R-Schema (Stimulus-Response-Schema), das bei Skinner in der Verhaltensweise selbst ein drittes Element erhielt[30]. Skinner erklärte die Reflexlehre als solche für nicht ausreichend: Es sei notwendig, auch die Einwirkung der Umwelt auf den Organismus nach der Reaktion zu berücksichtigen, weshalb sich das Verhältnis Organismus-Umwelt darstellen lasse als Anlaß-Reaktion-verstärkende Konsequenzen[31]. — Alle menschlichen Verhaltensweisen wurden auf diese Begrifflichkeit gebracht. Auch die menschliche Selbstbestimmung und überhaupt das Denken sei ein Verhalten wie jedes andere und damit als S-R-Schema erfaßbar, wobei dieses „Selbst" „lediglich ein Entwurf [ist], um ein funktional-geschlossenes Reaktionssystem darzustellen". Zusammengenommen erweise sich der Mensch als eine komplizierte Maschine, als eine „zusam-

---

[27] I. P. Pawlow, Reflexe 149 f.

[28] I. P. Pawlow, Reflexe 172, 215.

[29] J. B. Watson, Behaviorismus, Köln 1968, 53 ff., 59; B. F. Skinner, Wissenschaft und menschliches Verhalten, München 1973, 55; Ders., Die Funktion der Verstärkung in der Verhaltenswissenschaft, München 1974, 15. — Zum Verhältnis von Behaviorismus und Pawlows Theorie vgl. H. Thomae, Psychol. Rundschau 5 (1954) 260 ff.; 6 (1955) 261 ff.

[30] J. B. Watson, Behaviorismus 53; B. F. Skinner, Wissenschaft 40.

[31] B. F. Skinner, Wissenschaft 54 f., 64 ff.; Ders., Funktion 18. — Darin lag zugleich der Grund für die Ausbildung einer Lerntheorie (orientiert an Belohnung/Bestrafung).

mengesetzte organische Maschine". Er sei aus bestimmten Stoffen aufgebaut, in bestimmter komplexer Weise aus ihnen zusammengesetzt und müsse aufgrund der Art dieser Zusammensetzung und dieses Materials so handeln, wie er handelt[32].

Ein Unterschied von menschlichem und tierischem Verhalten konnte so nicht mehr in Sicht kommen[33]. Noch weiter ging die *Tropismenlehre* von Jacques Loeb, der durch den Reflex auf chemische Reize und Reaktionen allgemeiner Art abstellte. Sein Ausgangspunkt war: Die Organismen seien „chemische Maschinen", in denen bestimmte chemische Prozesse ablaufen, welche ineinandergreifen, ähnlich wie dies zwischen den Rädern mechanischer Maschinen geschieht. Infolge ihres chemisch-symmetrischen Baues seien die Organismen gezwungen, gegen bestimmte Kraftzentren (Licht, Strom, chemische Stoffe) ihren Körper zu orientieren; diese Orientierung werde automatisch durch das Massenwirkungsgesetz reguliert. Die „zwangsmäßige Orientierung gegen resp. die zwangsmäßige Progressivbewegung zu oder von einer Energiemenge" nannte Loeb „Tropismen"[34]. Diese Theorie umfaßte für Loeb auch die bewußten Willenshandlungen des Menschen, da „die wissenschaftliche Analyse der psychischen Erscheinungen davon ausgehen [müsse], dieselben auf physikalisch-chemische Gesetze zurückzuführen". Wenn Menschen z. B. ihr Leben für eine Idee hingeben, dann bedeute dies eigentlich und wirklich, „daß unter dem Einfluß [dieser] Ideen chemische Veränderungen, z. B. innere Sekretionen, im Körper hervorgerufen werden, welche die Empfindlichkeit gewissen Reizen gegenüber in außergewöhnlicher Weise erhöhen: so daß derartige Menschen in demselben Grade Sklaven gewisser Reize werden, wie die Copepoden Sklaven des Lichtes werden". Was die Philosophie deshalb als „Idee" bezeichnet, sei in Wahrheit ein Vorgang, der chemische Wirkungen im Körper ausübt[35].

2. *Biologische Handlungslehren*

Handlung wurde und wird auch als Aktion eines Organismus und in dieser Weise mit biologischen Kategorien erfaßt; und zwar auch als das Handeln des Menschen.

---

[32] J. B. Watson, Behaviorismus 240, 266, 131; B. F. Skinner, Wissenschaft 213 ff., 226 ff., 263; Ders., Funktion 244.

[33] J. B. Watson, Behaviorismus 13; B. F. Skinner, Wissenschaft 44.

[34] J. Loeb, Die Bedeutung der Tropismen für die Psychologie, in: 6. Intern. Kongreß der Psychologie Genf 1910, 281 ff.; Ders., Die Tropismen, in: H. Winterstein (Hrsg.), Handbuch der vergleichenden Physiologie IV, Jena 1910/13, 451 ff. — Näher unterschied Loeb je nach Kraftfeld Heliotropismus (Phototropismus; bei Licht), Galvanotropismus (im galvanischen Feld), Geotropismus (gegen den Schwerpunkt der Erde), Chemotropismus, u. a.

[35] J. Loeb, Bedeutung 281, 306.

Hier ist vor allem die *Verhaltensforschung* zu nennen, die als Wissenschaft der tierischen Bewegung begann, bald aber zu einer „Humanethologie" ausgestaltet wurde[36]. Als solche beansprucht sie, für Mensch und Tier in gleicher Weise gültige Aussagen abzugeben. So werden menschliche und tierische Kommunikationsformen in gleicher Weise als „Sprache" dargestellt und erfaßt, selbst Werkzeuggebrauch, Neugier- und Spielverhalten, Traditionsbildung — also herkömmliche spezifische Formen des menschlichen Welthabens — bei Tieren anerkannt[37]. Darüber hinaus wird der bei Tieren erforschte „angeborene auslösende Mechanismus" (AAM)[38] auf menschliche Handlungen übertragen. Als Beispiel sei das „Kindchen-Schema" genannt: Die menschliche Verhaltensweise der Babypflege und die affektive Gesamteinstellung, die ein Mensch einem Kleinkind gegenüber erlebt, werden danach angeborenermaßen durch eine Reihe von Merkmalen — etwa großer Kopf, vorgewölbte Stirn, große Augen, kurze dicke Extremitäten, rundliche Körperformen, Pausbacken — ausgelöst[39]. Konrad Lorenz hat in seiner Arbeit über „Die angeborenen Formen möglicher Erfahrung" fast alle Werturteile des Menschen auf AAM zurückgeführt[40]. Für Leyhausen ist selbst das Gewissen, eine der „kostbarsten göttlichen Gaben", in seiner Unmittelbarkeit ein AAM; er spricht auch vom AAM „Frau von fremdem Mann in brutaler Weise angefallen", der beim Mann — sofern er nicht einen „schweren angeborenen Defekt" hat — sofort zu Verteidigungs- und Kampfreaktionen führt[41]. Rudolf Bilz behandelt den AAM des Kusses, der auf Zärtlichkeit anspreche[42]. Überdies wird die

---

[36] Man denke vor allem an die Arbeiten von R. Bilz, R. Bösel, I. Eibl-Eibesfeldt, F. Keiter, O. Koenig, P. Leyhausen, K. Lorenz, H. Niesen, L. Tiger, W. Wickler.

[37] Vgl. dazu E. Bezzel, Verhaltensforschung, München 1967; I. Eibl-Eibesfeldt, Grundriß der vergleichenden Verhaltensforschung, München ⁴1974; W. Fischel, Vom Leben und Erleben, München 1967; B. Hassenstein, Verhaltensbiologie des Kindes, München 1973; U. Jürgens / D. Ploog, Von der Ethologie zur Psychologie, München 1974; D. Ploog, Verhaltensforschung und Psychiatrie, in: H. W. Gruhle (Hrsg.), Psychiatrie der Gegenwart I/1 b. Berlin 1964, 291 ff.

[38] Dazu vgl. I. Eibl-Eibesfeldt, Grundriß 85; N. Tinbergen, Instinktlehre, Berlin ⁴1966, 36 ff.

[39] Vgl. I. Eibl-Eibesfeldt, Grundriß 497 ff.; Ders., Liebe und Haß, Frankfurt/M. o. J., 32 ff.; K. Lorenz, Über tierisches und menschliches Verhalten II, München 1970, 157; W. Wickler, Sind wir Sünder? München 1969, 245 ff.

[40] K. Lorenz, Z. f. Tierpsychologie 5 (1943) 235 ff. Vgl. auch F. Keiter (Hrsg.), Verhaltensforschung im Rahmen der Wissenschaften vom Menschen, Göttingen 1969, 142 ff.; P. Leyhausen, Antriebe tierischen und menschlichen Verhaltens, München 1968, 50; H. Niesen, Ethologie und Kriminologie, Hamburg 1969, 26.

[41] P. Leyhausen, Antriebe 65, 69. Ähnlich auch V. Dröscher, Sie töten und sie lieben sich, Hamburg 1974.

[42] R. Bilz, Angeborene Reaktionsmechanismen des Menschen, in: F. Keiter (Hrsg.), Verhaltensforschung im Rahmen der Wissenschaften vom Menschen. Göttingen 1969, 104 ff.

Evolution von „Ausdrucksbewegungen" mit dem Begriff der Ritualisierung/Semantisierung unmittelbar vom Tier auf den Menschen bezogen[43]. Schließlich spricht man den Tieren sogar Ansätze zu moralischem Verhalten zu. Konrad Lorenz beschreibt die „Liebe" und „Ehe" der Graugänse[44] und die „selbstlose Kameradenverteidigung bei Dohlen"[45], er kennt auch „Witwer" und „Witwe" bei Tieren. Ehemals ineinander verliebt gewesene Tiere seien „verlegen", wenn sie einander nach langer Zeit und Trennung begegnen. Lorenz billigt einer Ratte auch „ein Wissen um die Unentrinnbarkeit eines gräßlichen Todes" zu, wie auch sonst die Ratten weit entwickelt gesehen werden: Sie kennen eine besonders wirksame und tückische Methode, Artgenossen zu töten, ja sie können sich „zu wahren Mordspezialistinnen" entwickeln. Auch das Nilgans-Weibchen schaut ihrem „Gatten" beim Kämpfen „mit dem Interesse eines berufsmäßigen Ringrichters" zu[46]. Man kann auch auf diese Weise politische Fragen umschreiben und lösen: Die Wohnprobleme lassen sich etwa mit dem Hinweis auf das Territorialverhalten der Katzen lösen[47]; Fritz Frank versuchte die Bestrebungen der APO-Studenten, hierarchische Strukturen abzubauen, durch Vergleiche aus dem Tierreich richtig einzuordnen[48].

Manche Vorläufer dieser modernen Verhaltensforschung wären darzustellen. Zu erwähnen ist nur (wieder) Cesare Lombroso, der nicht nur bei Tieren geborene Verbrecher" sah, sondern „das erste Aufdämmern verbrecherischen Wesens" bereits bei den insektenfressenden Pflanzen entdeckte: „Diese Pflanzen verüben an den Insekten wahre Morde[49]."

---

[43] K. Lorenz, Verhalten II 20; Ders., Das sogenannte Böse, München 1974, 62; W. Wickler, Vergleichende Verhaltensforschung und Phylogenetik, in: G. Heberer (Hrsg.), Die Evolution der Organismen I, Stuttgart 1967, 420 ff.; Ders., Stammesgeschichte und Ritualisierung, München 1975.
[44] K. Lorenz, Böse 162 ff.
[45] K. Lorenz, Verhalten II 155.
[46] K. Lorenz, Böse 184, 203, 159, 156, 176.
[47] P. Leyhausen, Antriebe 129.
[48] F. Frank, APO und Establishment aus biologischer Sicht, Oldenburg 1969. — Auch sonst hat die vergleichende Verhaltensforschung wohl jedes menschliche Verhalten mit ihrer Methode untersucht und dargestellt. Bekannt sind die Ausführungen zur Aggression, zum Intimverhalten, zur sozialen Rangordnung, zum Generationenproblem, sogar zur Lüge (z. B. W. Wickler, Die Biologie der Zehn Gebote, München 1971, 130 ff.), zum Eigentum (z. B. W. Wickler, Biologie 140 ff.), zum Strafvollzug (z. B. Niesen, Ethologie 33 ff.), zur Emanzipation (L. Tiger, Warum die Männer wirklich herrschen? München 1972), auch zum Fußball (z. B. G. Kleemann, Zeitgenosse Urmensch, Stuttgart 1963, 161 ff.; A. Remane, Die biologischen Grundlagen des Handelns. Akademie der Wissenschaften und der Literatur Mainz. Math.-Naturwiss. Kl. 1950, 543 ff.; H. H. Vogt, Wir Menschen sind ja gar nicht so, Stuttgart 1964, 127). Zum Ganzen vgl. R. Bösel, Humanethologie, Stuttgart 1974, 13 ff.; W. Haedicke, Die neue Rundschau 80 (1969) 447 ff.
[49] C. Lombroso, Verbrecher, 2, 4, 6 ff.

Man versuchte auch, die Ameisen als kleine Menschen darzustellen und sie als Wirte, Gärtner, Räuber und Sklavenhalter aufzufassen[50].

3. Psychologische Handlungslehren

Manche der bereits als kausale oder biologische Handlungslehre vorgestellten Auffassungen würde sich selbst als „psychologische" Theorie verstehen. Denn es gibt durchaus auch Richtungen in der Psychologie, die sich als „Seelenwissenschaft ohne Seele", als „objektive" Psychologie verstehen[51]. Nimmt man die Bezeichnung freilich ernst, dann kann als eigenständige (d. h. nicht auf eine andere Wissenschaft reduzierte und in ihr aufgehende, ihre selbständige Existenz aufgebende) psychologische Wissenschaft nur die Lehre von den seelischen Prozessen aufrechterhalten werden. Und eine „psychologische" Handlungslehre muß „Handlung" als einen solchen seelischen Vorgang auffassen und beschreiben.

In diesem Sinne wird z. B. von Handlung gesprochen als dem „durch Einsicht, Erfahrung und Motivation gesteuerten, zielgerichteten Verhalten des Menschen"[52]. Wilhelm Hehlmann nennt folgende Merkmale des Handelns: „Tätig sein, sinnvolle Bewegungen erzielen, im weiteren Sinne unter Einschluß aller emotionell, affektiv oder instinktiv ausgelösten Verhaltensformen; im eigentlichen, engeren Sinne: zielgerichtet und bewußt tätig sein; gestaltend in die Wirklichkeit eingreifen[53]." In ähnlicher Richtung umschreiben Georg Dietrich und Hellmuth Walter die Handlung als einen der „Grundbegriffe der psychologischen Fachsprache": „Das Handeln als spezifisch humanpsychologische Kategorie ist das Vollziehen von zielgerichteten Tätigkeiten und Bewegungen in einer bestimmten Situation aus der Tendenz heraus, sich zu etwas in einer bestimmten Hinsicht zu verhalten bzw. die Situation zu meistern oder zu verändern[54]." Hans Werbik behandelt als psychologische „Handlungstheorien" (nur) solche Konzepte, die „von der Person wählbare, willkürliche und als Mittel für ein Ziel interpretierbare Verhaltensweisen" beschreiben[55].

---

[50] z. B. K. Escherich, Die Ameise, Braunschweig ²1917; E. Wasmann, Die Gastpflege der Ameisen, Berlin 1920; vgl. auch FN 22.

[51] Man denke an die oben erwähnten Reflextheorien, Behaviorismus, auch an die Arbeiten von A. Bethe, M. Verworn. Zum Ganzen vgl. E. Straus, Der Nervenarzt 31 (1960) 1 ff.

[52] J. Drever / W. D. Fröhlich, dtv-Wörterbuch zur Psychologie, München 1970. 124.

[53] W. Hehlmann, Wörterbuch der Psychologie, Stuttgart 1968, 208.

[54] G. Dietrich / H. Walter, Grundbegriffe der psychologischen Fachsprache, München ²1972, 126.

[55] H. Werbik, Handlungstheorien, Stuttgart 1978, 8.

Freilich ist es schwer, eine einheitliche psychologische Handlungslehre herauszuarbeiten. Häufig findet sich dieser Terminus nicht in den Darstellungen der Psychologie. Darüber hinaus ist die Abgrenzung zur Soziologie fließend. Trotzdem läßt sich insgesamt sagen, daß die Psychologie — wenn sie von Handlung spricht — diese als seelischen Prozeß auffaßt und mit psychischen Kategorien (wie Motivation, Trieb, Erleben, Lernen, Persönlichkeit) beschreibt. Einige Literaturhinweise müssen in diesem Zusammenhang genügen[56].

Von einer „psychologischen Handlungslehre" *im weiteren Sinne* könnte man bei Auffassungen sprechen, die sich selbst ausdrücklich nicht als Psychologie, sondern als Biologie oder gar Chemie/Physik verstehen, trotzdem aber auf Bewußtsein und Wille abstellen. So nehmen viele Verhaltensforscher ein Seelenleben der Tiere (zusammen mit Bewußtsein, Gedächtnis, Fühlen, selbst mit Gewissen) an[57] und können daher das tierische Verhalten auch mit psychologischen Termini erfassen, was den Vergleich (und sogar die Gleichsetzung mit menschlichen Handlungen) erleichtert. Man denke an die oben unter 2. erwähnten Thesen etwa von Konrad Lorenz[58]. Manche gehen (konsequent) über die Tiere

---

[56] z. B. B. Berelson / G. A. Steiner, Menschliches Verhalten I, Weinheim ²1971; F. Novak / H. Finster / K.-H. Schneider, Psychologie I, München 1976, 175 ff.; H. Remplein, Psychologie der Persönlichkeit, München 1967; H. P. Rosemeier, Medizinische Psychologie. Stuttgart ²1978, 54 ff.; H. Thomae, Das Individuum und seine Welt, Göttingen 1968; P. R. Wellhöfer, Grundstudium Persönlichkeitspsychologie, Stuttgart 1977; ebenso Lenk (Hrsg.), Handlungstheorien III. — Zum Problem der Abgrenzung zur Soziologie vgl. T. Parsons, Sozialstruktur und Persönlichkeit, Frankfurt/M. 1968; E. Schwanenberg, Soziales Handeln — Die Theorie und ihre Probleme, Bern 1970.

[57] Vgl. dazu z. B. J. Bernhart, Die unbeweinte Kreatur, München 1961; F. J. J. Buytendijk, Mensch und Tier, Hamburg 1958; Ders. / H. Plessner, Die neue Rundschau 49 (1938) 313 ff.; J. Dembrowski, Tierpsychologie, Berlin (Ost) 1955; Ders., Psychologie der Affen, Berlin (Ost) 1956; W. Fischel, Tiere mit Gefühl und Verstand, Berlin/Lichtenfelde 1936; Ders., Psyche und Leistung der Tiere, Berlin 1938; Ders., Die Seele des Hundes, Berlin ²1961; B. Grzimek, Zur Psyche des Pferdes, in: H. Friedrich (Hrsg.), Mensch und Tier, München 1968, 53 ff.; O. Heinroth, Aufopferung und Eigentum im Tierreich, Stuttgart 1941; O. Koehler, Die Aufgabe der Tierpsychologie, Darmstadt 1968; Ders., Vom unbenannten Denken, in: W. Wickler / U. Seibt (Hrsg.), Vergleichende Verhaltensforschung, Hamburg 1973, 403 ff.; Ders., Tiersprachen und Menschensprachen, in: G. Altner (Hrsg.), Kreatur Mensch, München 1973, 233 ff.; W. Köhler, Intelligenzprüfungen an Menschenaffen, Berlin ²1963; J. Lethmate / G. Dücker, Z. f. Tierpsychologie 33 (1973) 248 ff.; H. M. Peters, Grundfragen der Tierpsychologie, Stuttgart 1948; F. Rauh, Das sittliche Leben des Menschen im Licht der vergleichenden Verhaltensforschung, Kevelaer 1969; B. Rensch, Gedächtnis, Begriffsbildung und Planhandlungen bei Tieren, Berlin 1973; B. Schmid, Von den Aufgaben der Tierpsychologie, Berlin 1921; Ders., Liebe und Ehe im Tierreich, Leipzig 1921; Ders., Das Seelenleben der Tiere, Wien 1926; G. Tembrock, Grundlagen der Tierpsychologie, Berlin (Ost) ³1971; A. Zweig, Tierpsychologische Beiträge zur Phylogenese der Ich-Über-Ich-Instanzen, Bern 1959.

[58] Vgl. K. Lorenz, Moral-analoges Verhalten der Tiere, in: H. W. Bähr (Hrsg.), Naturwissenschaft heute, Gütersloh 1965, 173 ff.; Ders., Böse. — Häufig wird der Begriff der Motivation (und der Wahlhandlung) auch für Tiere

hinaus. So sah z. B. Heinrich Rettig den Willen als „physikalisch wirkende Kraft und den physikalischen Gesetzen unterworfen" an und setzte ihn deshalb mit den Elektronen gleich. Dabei ging er aber davon aus, daß auch diese einer „physikalischen Formel der Seele" unterworfen seien, denn diese Seele sei „ein Verband wechselartiger (positiver und negativer) Elektronen im Kristall". Das Ergebnis von Rettig war: auch die Elektronen hätten einen Willen, jede Kraftwirkung sei Handlung[59].

In ähnlicher Weise hat die *psychoanalytische* Handlungslehre (zumindest bei den frühen Vertretern) Ähnlichkeiten zur mechanistischen Auffassung. Freud selbst sah — geprägt vom damaligen methodischen Selbstverständnis — in seiner Theorie ein naturwissenschaftliches Aussagesystem, weshalb er die Terminologie der Physik/Chemie unmittelbar zu übernehmen strebte. Er sprach von seelischen Kräften, Mechanismen, von Energie und versuchte grundsätzlich die Psyche des Menschen als ein Organ aufzufassen, dessen Funktion in Begriffen erfaßt werden kann, die bei der Beschreibung der Funktion von Körperorganen verwendet werden. Dadurch erhielt der Kausalitätsbegriff große Bedeutung[60]. Die Handlung wurde z. B. von dieser Psychoanalyse auf die Wirkung unbewußter Motive zurückgeführt, die durch bestimmte Prozesse aus dem Bewußtsein verdrängt oder von vornherein durch Mechanismen des „Seelenapparates" am Bewußtwerden verhindert wurden und

---

verwendet: vgl. E. Bezzel, Verhaltensforschung, München 1967, 29; I. Eibl-Eibesfeldt, Grundriß 71 ff.; W. Fischl, Jahrbuch für Psychologie und Psychotherapie 1 (1952/53) 37 ff.; A. Forel, Die psychischen Fähigkeiten der Ameisen, München 1901, 34 ff.; U. Holzkamp-Osterkamp, Grundlagen der psychologischen Motivationsforschung I, II, Frankfurt 1976; A. Karsten, in: Lehrbuch der experimentellen Psychologie, Bern 1968, 281 (284 ff.); M. Leiner, Naturwissenschaftl. Rundschau 10 (1957) 13 ff.; P. Leyhausen, in: K. Gottschaldt (Hrsg.), Handbuch der Psychologie II, Göttingen 1965, 794 ff.; B. Rensch, Gedächtnis 181, 192 ff.; A. Rüssel, Stud. generale 22 (1969) 705 f.; W. Wickler, Die Biologie der Zehn Gebote, München 1971, 37; A. Zweig, Beiträge.

[59] H. Rettig, Die physikalische Formel der Seele, Karlsruhe 1920, 56, 184. — Ähnlich auch F. Petersohn, Der Handlungsbegriff aus biologisch-anthropologischer Sicht, in: Kriminologische Schriftenreihe 54, Hamburg 1971, 7 ff. („atomare", „kosmische" Energie als Prinzip); H. Schmidtke, Grundlagen physiologischer Motivationstheorien, in: K. Gottschaldt (Hrsg.), Handbuch der Psychologie II, Göttingen 1965, 705 ff.

[60] Zum „Menschenbild" bei S. Freud vgl. z. B. G. Bally, Einführung in die Psychoanalyse Sigmund Freuds, Reinbek 1961, 10 ff.; L. Binswanger, Ausgewählte Vorträge und Aufsätze I, Bern 1947, 159 ff.; P. Christian, Das Personverständnis im modernen medizinischen Denken, Tübingen 1952, 71 ff.; E. Fromm, Sigmund Freuds Sendung, Frankfurt 1967; Ders., Philos. Anthropologie und Psychoanalyse, in: R. Rocek / O. Schatz (Hrsg.), Philosophische Anthropologie heute, München 1972, 84 ff.; L. Gabriel, Wissenschaft und Weltbild, Wien 1956, 88 ff.; G. Knapp, Der antimetaphysische Mensch, Stuttgart 1973, 205 ff.; H. Kunz, Die Erweiterung des Menschenbildes, in: H.-G. Gadamer / P. Vogel (Hrsg.), Neue Anthropologie VI, München 1975, 44 ff.; L. Marcuse, Sigmund Freud, Zürich 1972; J. Nuttin, Psychol. Rundschau 20 (1969) 115 ff.

sich hinter der bewußten Entscheidung als der eigentliche Grund verwirklichen[61].

4. Soziologische Handlungslehren

Zuletzt sind noch soziologische Handlungslehren zu nennen. Freilich besteht auch hier die Schwierigkeit, daß es eine Vielfalt von Theorien innerhalb der Soziologie gibt und daß wiederum die Grenzen zur Psychologie (wenigstens für einige Auffassungen) fließend sind[62]. Dirk Käsler nennt in seinen „Wegen in die soziologische Theorie" vier unterschiedliche Handlungstheorien: Die verstehende Theorie, für die „Handeln" ein Verhalten bedeutet, „wenn und sofern als der oder die Handelnden mit ihm einen subjektiven Sinn verbinden" (wie Max Weber formulierte), die reduktionistische Theorie, die auf objektivierbare Interaktionsbeziehungen abstellt, die funktionalistische Theorie (z. B. Parsons), die Handeln als bewußt oder unbewußt zielorientiertes Verhalten auffaßt, das Energie im Motivationsprozeß absorbiert, normativ reguliert ist und sich an Situationen orientiert, und die konflikttheoretische Auffassung, die den Ursprung der Handlung in den materiellen Gesellschafts- und Produktionsbedingungen sieht[63]. Jedenfalls ist deutlich, daß die Handlung von zentralem Interesse für die Soziologie ist. Teilweise wird sie sogar insgesamt als „Handlungswissenschaft" bezeichnet, z. B. von Hans Haferkamp[64] und Alain Touraine. Letzterer umschreibt „soziales Handeln" mit drei Merkmalen: Es orientiere sich an bestimmten Zielen, der Akteur sei in Systeme sozialer Beziehungen gestellt, die Interaktion sei als Kommunikation gestaltet (d. h. symbolische Systeme gebrauchend). Als wesentlichen Inhalt der „aktionalistischen Analyse" gibt er historisches Bewußtsein, Soziabilität und exi-

---

[61] Zum Problem vgl. L. W. Beck, Bewußte und unbewußte Motive, in: J. Ritsert (Hrsg.), Gründe und Ursachen gesellschaftlichen Handelns, Frankfurt 1975, 165; K. H. Delhees, Motivation und Verhalten, München 1975, 96 ff.; H. Gerth / C. W. Mills, Person und Gesellschaft, Frankfurt 1970, 108 ff., 113 ff.; H. Gradmann, Stud. generale 22 (1969) 686 ff.; H. W. Gruhle, Verstehende Psychologie, Stuttgart 1948, 143 ff.; J. Lindworsky, Der Wille, Leipzig 1919, 52 ff.; A. C. Macintyre, Das Unbewußte, Frankfurt/M. 1968, 89 ff.; A. Mitscherlich / H. Vogel, Psychoanalytische Motivationstheorien, in: Ph. Lersch (Hrsg.), Handbuch der Psychologie II, Göttingen 1965, 759 ff.; H. Thomae, Die Bedeutungen des Motivationsbegriffes, in: K. Gottschaldt (Hrsg.), Handbuch der Psychologie II, Göttingen 1965, 3 ff.; W. Toman, Motivation, Persönlichkeit, Umwelt, Göttingen 1968, 116 ff., 135 ff.; W. Wesiack, Grundzüge der psychosomatischen Medizin, München 1974, 118 ff.

[62] Vgl. H. Girndt, Das soziale Handeln als Grundkategorie erfahrungswissenschaftlicher Soziologie, Tübingen 1967; H. M. Griese, Soziologische Anthropologie und Sozialisationstheorie, Weinheim 1976; P. Gross, Reflexion, Spontaneität und Integration, Stuttgart 1972; Lenk, Handlungstheorien IV.

[63] D. Käsler, Wege in die soziologische Theorie, München 1974, 11 ff.

[64] H. Haferkamp, Soziologie als Handlungstheorie, Opladen ²1975.

stentielles/anthropologisches Bewußtsein an[65]; wodurch die Abgrenzungsschwierigkeiten zur Psychologie deutlich werden.

Will man es trotz aller Unterschiede unternehmen, den gemeinsamen Inhalt einer soziologischen Handlungslehre herauszuheben, wird man auf die Untersuchung der sozialen Bezüge des Handelns abstellen müssen und können. So wird die Handlung auf ihr Verhältnis zu sozialen Normen (und damit als konformes oder abweichendes Verhalten) dargestellt[66] oder sie wird als Rollenspiel (mit den Termini Rollen-Kompetenz, — Distanz, — Übernahme usw.) umschrieben[67]. Heinz Steinert versucht, das soziale Handeln als Strategie der Situationsbewältigung zu erfassen[68], Dieter Geulen nimmt den Begriff des sozialen Handelns sogar zum Ausgangspunkt der Sozialisationstheorie[69]. Übereinstimmung besteht jedenfalls in der Ausschaltung des Problems der freiheitlichen Selbstbestimmung des Menschen. Teilweise wird sogar eine deterministische Konzeption — die Handlung sei das Produkt der gesellschaftlichen Verhältnisse — vertreten, die viel Ähnlichkeit mit den mechanistischen Handlungslehren hat[70].

5. Zusammenfassung

Dieses Charakteristikum der soziologischen Handlungslehre kann als zusammenfassendes Ergebnis für alle wissenschaftlichen Handlungslehren festgehalten werden. Trotz ihrer Vielfalt und Unterschiedenheit sind sie in einem Merkmal einheitlich: In der Abstinenz von dem Problem der freiheitlichen Selbstbestimmung, damit vom philosophischen Handlungsbegriff.

---

[65] A. Touraine, Soziologie als Handlungswissenschaft, Neuwied 1974, 30.

[66] Vgl. H. Fend, Konformität und Selbstbestimmung, Weinheim 1971; R. Peuckert, Konformität, Stuttgart 1975; G. Wiswede, Soziologie abweichenden Verhaltens, Stuttgart 1973; Ders., Soziologie konformen Verhaltens, Stuttgart 1976; ebenso die Arbeiten zur Kriminalsoziologie.

[67] Vgl. dazu z. B. R. Döbert / J. Habermas / G. Nunner-Winkler (Hrsg.), Entwicklung des Ichs, Köln 1977; E. Goffman, Wir alle spielen Theater, München 1969; Ders., Interaktion, München 1973; Ders., Interaktionsrituale, Frankfurt/M. 1971; Ders., Das Individuum im öffentlichen Austausch, Frankfurt/M. 1974; Ders., Rahmen-Analyse, Frankfurt/M. 1974; J. Habermas, Kultur und Kritik, Frankfurt/M. 1973, 87 ff.; H. Joas, Die gegenwärtige Lage der soziologischen Rollentheorie, Frankfurt/M. 1973; L. Krappmann, Soziologische Dimensionen der Identität, Stuttgart 1969; D. J. de Levita, Der Begriff der Identität, Frankfurt/M. 1971; A. R. Lindesmith / A. L. Strauss, Symbolische Bedingungen der Sozialisation I, II, Düsseldorf 1975; G. McCall / J. L. Simmons, Identität und Interaktion, Düsseldorf 1974; G. H. Mead, Sozialpsychologie; H. Popitz, Der Begriff der sozialen Rolle, Tübingen 1967; H. Steinert (Hrsg.), Symbolische Interaktion, Stuttgart 1973.

[68] H. Steinert, Die Strategien sozialen Handelns, München 1972.

[69] D. Geulen, Das vergesellschaftete Subjekt, Frankfurt/M. 1977.

[70] Bereits hier sei angemerkt, daß dazu nicht die philosophische Theorie von K. Marx zu zählen ist. Dazu vgl. später.

III. Substantielle Begründung der Handlungslehren

Dieses Ergebnis bringt zunächst Verwirrung. Man weiß nicht, welche der vielen Handlungslehren man annehmen und zugrunde legen kann. Oder sollten sie alle richtig sein, wenigstens zum Teil Wesentliches erfassen? Oder kann man an sie die Richtigkeitsfrage überhaupt nicht stellen?

Einige dieser Handlungslehren helfen in dieser Situation weiter: Dann nämlich, wenn sie nicht bloß hingesetzt, vielleicht nur Definitionen sind, sondern als das Ergebnis grundsätzlicher Erörterungen abgeleitet werden. Denn in diesem Falle beanspruchen sie selbst, das Wesentliche der Handlung zu erfassen, damit in diesem Sinne „richtig" zu sein. Sie erheben einen Anspruch, den man kritisch prüfen kann und muß. Näherhin sind — wenn ich recht sehe — zwei Versuche einer solchen „substantiellen" Begründung der Handlungslehren zu unterscheiden: Die jeweilige Handlungslehre wird als notwendige Konsequenz eines „Weltbildes" behauptet oder mit der Ontologie des Stufenbaues/Schichtenbaues des Seins begründet. Beide sind zunächst (unter III.) vorzustellen und als IV. auf ihre Stichhaltigkeit hin zu überprüfen.

1. Die Handlungslehre als notwendige Konsequenz eines „Weltbildes"

Der erste Typus von substantieller Begründung soll mit dem Terminus „Weltbild" bezeichnet werden. Er ist dadurch charakterisiert, daß eine bestimmte Wissenschaft sich für die Erfassung der Welt als Ganzer (der Wirklichkeit als solcher) alleine zuständig erklärt und so ein Bild der Welt in ihren eigenen wissenschaftlichen Kategorien vorlegt.

Gerne wurde und wird ein *„mechanisches Weltbild"* vertreten, das in den verschiedensten Formen und in mehr oder minder deutlicher Weise die Wissenschaft vom Anorganischen (vor allem die Physik, manchmal auch die Chemie) für die einzige wissenschaftliche Disziplin behauptet und alle anderen Wissenschaften als unhaltbare Konstruktionen, Wunschdenken, Träumerei und ähnliches zu entlarven versucht. Der Angriff galt bereits der Biologie, ging freilich auch darüber hinaus. Die sog. „Maschinentheorie" des Organismus betrachtete Pflanzen und Tiere (nur) als Maschinen, „derart gebaut, daß sie auf die Reize der Außenwelt hin aufs zweckmäßigste für ihre Selbsterhaltung arbeiten müssen". Die tierische Bewegung sei eine „blinde, maschinenmäßige Reaktion auf einfachste physiologische Reize"[71]. Für Loeb war

---
[71] Vgl. A. Bethe, Archiv f. ges. Physiologie 70 (1898) 17, 97; A. Weismann, Äußere Einflüsse als Entwicklungsreize, Jena 1894; vgl. oben FN 22.

der Organismus eine „chemische Maschine", in gleicher Weise sprach Bethe von den Organismen als von „chemischen Kraftmaschinen". Rudolf Brun bezeichnete sie als „Instinktautomaten"[72]. Berühmt sind in diesem Zusammenhang vor allem die Theorien von René Descartes und Julien Offray de Lamettrie geworden. Für Ersteren war der tierische Organismus eine komplizierte Maschine[73], für Lamettrie war auch der Mensch „eine Maschine, die ihre Federn selbst aufzieht, ein lebendes Abbild der ewigen Welt", vergleichbar einer Uhr, weil eine „Vereinigung von Triebfedern, die sich gegenseitig aufziehen". Seine Seele sei „nur ein Bewegungsprinzip oder ein empfindlicher materieller Teil des Gehirns, den man ... als eine Haupttriebfeder der ganzen Maschine ansehen kann"[74].

Selbstverständlich kann es von dieser Grundlage aus auch keine eigentliche Psychologie geben. Bekanntgeworden sind diesbezüglich die Versuche von Carl Vogt, Ludwig Büchner und Jacob Moleschott. Vogt kam in seinen „Physiologischen Briefen" zum Ergebnis, „daß alle jene Fähigkeiten, die wir unter dem Namen der Seelentätigkeit begreifen, nur Funktionen der Gehirnsubstanz sind; oder, um mich einigermaßen grob hier auszudrücken: daß die Gedanken in demselben Verhältnis etwa zu dem Gehirne stehen, wie die Galle zu der Leber oder der Urin zu den Nieren"[75]. Zwar schwächte er dies dann in die Richtung ab, daß ohne Gehirn kein Bewußtsein möglich sei[76]; doch blieb die Grundthese aufrecht: das Bewußtsein sei eine Funktion der Materie, der Unterschied zwischen der Zusammenziehung eines Muskels und dem Denken sei „Resultat der verschiedenen Struktur, der verschiedenen chemischen Zusammensetzung"[77]. Diese These nahm Ludwig Büchner auf, führte sie weiter und stellte sie in das Ganze einer mechanistischen Weltanschauung, in der der Geist als Kraft begriffen wurde[78]. Auch für Moleschott war der Gedanke eine „Bewegung des Stoffes", „eine Umsetzung des Hirnstoffs"; „die Gedankentätigkeit ist eine ebenso not-

---

[72] J, Loeb, Tropismen 452; A. Bethe, Allgemeine Physiologie, Berlin 1952, 150 f.; R. Brun, Schweizer Archiv f. Neurologie und Psychiatrie 6 (1920) 80 f.

[73] R. Descartes, Abhandlung über die Methode des richtigen Vernunftgebrauches, Stuttgart 1961, 39 ff. — Dazu vgl. E. Heintel, Wiener Z. f. Phil./Psych./Päd. 3 (1950) 73 ff.

[74] J. O. de Lamettrie, Der Mensch eine Maschine, Leipzig 1909, 15, 58, 53. — Vgl. dazu E. du Bois-Reymond, Vorträge über Philosophie und Gesellschaft, Berlin (Ost) 1974, 79 ff.; F. A. Lange, Geschichte des Materialismus, Frankfurt/M. 1974, 432 ff.; P. Ch. Ludz, in: M. Landmann, De homine, Freiburg 1962, 237 ff.

[75] C. Vogt, Physiologische Briefe für Gebildete aller Stände, Gießen ⁴1874, 354.

[76] C. Vogt, Briefe 355 FN; Ders., Köhlerglaube und Wissenschaft, Gießen ²1855 (Berlin-Ost 1971), 600 ff.

[77] C. Vogt. Köhlerglaube 624.

[78] L. Büchner, Kraft und Stoff, Frankfurt/M. 1855 (Berlin-Ost 1971).

wendige, ebenso unzertrennliche Eigenschaft des Gehirns, wie in allen Fällen die Kraft dem Stoff als inneres, unveräußerliches Merkmal innewohnt"[79]. — Gleichfalls mit Notwendigkeit folgt die Unmöglichkeit einer „Geisteswissenschaft". Als Beispiel soll nur auf die Geschichtswissenschaft hingewiesen werden, da es auch in ihr Versuche gab und gibt, mit physikalischer Methode Naturgesetze aufzustellen. So entspringt für Hans Murmann „jedes beliebige Geschehnis der menschlichen Geschichte ... letztlich der Axiomatik der physikalischen und chemischen Kräfte oder den Genkräften der Pflanzen und Tiere oder den Erbeigenschaften der Menschen". Zwar sei menschliches Verhalten komplexer und damit schwerer zu erfassen als etwa die Bewegungen der Pantoffeltierchen: trotzdem ließen sich Gesetzmäßigkeiten herausarbeiten, denn wenn Menschen handeln, „so tun sie das sämtlich gemäß den mechanischen und elektrischen Gesetzen, weil sie alle aus Neutronen und Elektronen zusammengesetzt sind"[80].

Eine Universalwissenschaft der Physik wurde (und vor allem: wird heute) nicht nur als mechanisches Weltbild (und damit sozusagen materiell) vertreten[81]. Oft beschränkt man sich auf die Methode der Physik als solche[82] und behauptet, daß wissenschaftliches Denken nur in der Art und Weise der physikalischen Begrifflichkeit zulässig sei, wie etwa: Analytisches Vorgehen, Herausarbeiten von funktionellen Zusammenhängen, Darstellung in mathematischer Sprache (und damit Abstrahierung von jedem Inhalt außer der bloßen Existenz, die dann als Zahl begriffen werden kann), Quantifizierung usw. Diese sog. „rationalen"

---

[79] J. Moleschott, Der Kreislauf des Lebens, Mainz 1852 (Berlin-Ost 1971), 284 f.

[80] H. Murmann, Die Triebkräfte der Geschichte, Meisenheim a. Glan 1956, 62, 79, 68. — Vgl. auch E. T. Doehring, Niedriger Blutdruck und Weltgeschichte, Hamburg 1951; K. Groos, Naturgesetze und historische Gesetze, Tübingen 1926, 16 ff.

[81] Zum mechanischen Weltbild vgl. B. Bauch, Studien zur Philosophie der exakten Wissenschaften, Heidelberg 1911, 188 ff.; B. Bavink, Die Naturwissenschaft auf dem Wege zur Religion, Frankfurt/M. ⁴1937, 3 f., 7 ff.; G. Frey, Erkenntnis der Wirklichkeit, Stuttgart 1965, 14 ff.; K. Heim, Die Wandlung im naturwissenschaftlichen Weltbild, Hamburg ²1951, 34 ff., 43 f.; W. Kuhn, Biologischer Materialismus, Osnabrück 1973; F. A. Lange, Geschichte des Materialismus; M. Thiel, Versuch einer Ontologie der Persönlichkeit I. Berlin 1950, 332 ff.; A. Wenzl, Die philosophischen Grenzfragen der modernen Naturwissenschaft, Stuttgart 1954, 113 ff.

[82] Z. B. wird der Gedanke der in der Atomphysik entwickelten „Komplementarität" als Universalbegriff erweitert bei N. Bohr (Atomphysik und menschliche Erkenntnis I, Braunschweig 1958, 26 ff., 77 ff., 94; II. Braunschweig 1966, 15 ff.), ebenso bei P. Jordan (Verdrängung und Komplementarität, Hamburg-Bergedorf 1947, 46 ff.; Der Naturwissenschaftler vor der religiösen Frage, Oldenburg 1963, 200 ff.). Vgl. dazu V. Gorge, Philosophie und Physik, Berlin 1960, 62 ff.; K. Hübner, Phil. Rundschau Beiheft 4 (1963) 77, 101; Th. Litt, Naturwissenschaft und Menschenbildung, Heidelberg ⁵1968, 80 ff.; H. H. Schrey, Evang. Theologie 1959, 391 ff.

Kriterien für Wissenschaftlichkeit wurden und werden nicht nur an die Naturwissenschaften herangetragen, sondern auch an die Geisteswissenschaften, sogar als notwendige Grundlage der Philosophie (die dann als philosophische Theorie in gleicher Form wie die Einzelwissenschaften auftritt) angegeben[83]. Die moderne *Kybernetik* kann diesbezüglich als Beispiel dienen. Zunächst entstand sie in der Nachrichtentechnik, ihr konkreter Anlaß war das Problem, Flakrechengeräte zu entwerfen. Zur Lösung dieser Aufgabe griff Norbert Wiener auf die technische Regelungstheorie (vor allem auf die Rückmeldekreise) zurück. Später wurde daraus eine allgemeine mathematische Informationstheorie entwickelt[84]. Die Grundgedanken dieser Kybernetik werden heute in vielen Bereichen angewendet. In Biologie und Medizin, Psychologie, Soziologie, Staatslehre und Politologie, auch in der Pädagogik, Ästhetik und Theologie greift man auf sie zurück[85]. In vielen Fällen ist dabei die Verwendung kybernetischer Gedanken und Begriffe erfolgreich und liefert viele neue fruchtbare Ansätze, Fragestellungen und Ergebnisse. Dieser Erfolg führt teilweise dazu, daß die Kybernetik zur Universalwissenschaft gemacht wird, was an Karl Steinbuch verdeutlicht werden kann. Der Grundgedanke seines Buches „Automat und Mensch" lautet: „Was wir an geistigen Funktionen beobachten, ist Aufnahme, Verarbeitung, Speicherung und Aufgabe von Informationen. Auf keinen Fall scheint es erwiesen und auch nur wahrscheinlich zu sein, daß zur

---

[83] Z. B. R. Carnap, Erkenntnis 2 (1931) 432 ff.; 3 (1932/33) 107 ff. (wohl am konsequentesten).

[84] Vgl. N. Wiener, in: H. W. Bähr (Hrsg.), Naturwissenschaft heute, Gütersloh 1965, 270 ff.; O. J. Haseloff (Hrsg.), Grundfragen der Kybernetik, Berlin 1967.

[85] Vgl. z. B. in Biologie und Medizin: W. Borgmann / J. Hanselmann (Hrsg.), Kybernetik als Herausforderung, Trier 1970, 133 ff.; B. Hassenstein, Biologische Kybernetik, Heidelberg ²1967; H. Mittelstaedt (Hrsg.), Regelungsvorgänge in der Biologie, München 1956; Ders., Regelungsvorgänge in lebenden Wesen, München 1961; W. Wieser, Organismen — Strukturen — Maschinen, Frankfurt/M. 1959; Ders., Wort und Wahrheit 1963, 745 ff.; — In Psychologie: N. Bischof, Psychol. Rundschau 20 (1969) 237 ff.; F. v. Cube, Was ist Kybernetik? München 1971, 204 f.; Th. Herrmann, Psychol. Rundschau 17 (1966) 13 ff.; H. Stachowiak, Denken und Erkennen im kybernetischen Modell, Wien ²1969. — In der Pädagogik: Cube, Kybernetik 220 ff.; H. Frank, in: S. Moser / S. J. Schmidt (Hrsg.), Information und Kommunikation, München 1968, 111 ff.; K.-D. Graf, in: Borgmann / Hanselmann, Kybernetik 89 ff., 115 ff. — In der Ästhetik: Moser / Schmidt, Information 137 ff., 145 ff., 151 ff.; R. Gunzenhäuser, in: H. Frank (Hrsg.), Kybernetik — Brücke zwischen den Wissenschaften, Frankfurt/M. ⁷1970, 277 ff. — In der Theologie: H.-D. Bastian, Evang. Theologie 1968, 334 ff.; H. R. Rapp, Mensch, Gott und Zahl, Hamburg ²1971. — In Politologie und Staatslehre: K. W. Deutsch, Politische Kybernetik, Freiburg/Br. 1969; G. Klaus, Stud. generale 22 (1969) 151 ff.; V. Knapp, Archiv für Rechts- und Sozialphilosophie 49 (1963) 45 ff.; E. Lang, Staat und Kybernetik, Salzburg 1966; Ders., Zu einer kybernetischen Staatslehre, Salzburg 1970; A. Podlech, Juristen-Jahrbuch 10 (1969/70) 157 ff.; D. Senghaas, Pol. Vierteljahresschrift 1966, 252 ff.; D. Suhr, Der Staat 6 (1967) 197 ff.; Ders., Juristische Schulung 1968, 351 ff.

Erklärung geistiger Funktionen Voraussetzungen gedacht werden müssen, welche über [den Bereich der exakten, im Prinzip quantifizierbaren Naturwissenschaften] hinausgehen." Damit sind für Steinbuch das Lebensgeschehen und die psychischen Vorgänge „aus der Anordnung und physikalischen Wechselwirkung der Teile des Organismus im Prinzip vollständig" erklärbar. Denn jedem subjektiven Erlebnis entspreche eine physikalisch beschreibbare Situation des Organismus, vor allem des Nervensystems, die zuletzt mit den Hilfsmitteln der Mathematik erfaßt und im Sinne der Kybernetik auf die „Wirkung der informationellen Strukturen des zentralen Nervensystems usw." zurückgeführt werden kann[86].

Sehr beliebt (und auch politisch relevant) war und ist das *„biologische Weltbild"*, d. h. die ontologische Absolutsetzung der Biologie und der Anspruch, die Welt nur „organologisch" erfassen zu können. Auf diese Weise werden nicht nur Psychologie, Soziologie und die Geisteswissenschaften aufgehoben und ihr Gegenstand mit den Kategorien der Biologie erfaßt, sondern Gleiches geschieht (und muß konsequent geschehen) der Physik: Auch das Anorganische wird als lebende organische Ganzheit gesehen[87], selbst der Kosmos wird analog lebendig — nämlich wie ein Ei — gedacht[88]. Raoul H. France hat etwa eine solche Auffassung als „Plasmatik" vorgelegt, wonach alle Dinge vom Plasma (dem Lebensstoff) geschaffen sind und auf ihn zurückgeführt werden müssen. Auch der Mensch sei Plasmawesen und gemeinsam mit Pflanzen und Tieren in einer „vergleichenden Biologie" zu erfassen[89]. Otto Stocker entwickelte ein „biologisches Weltbild", in dem das „erste Grundgesetz des Lebens" als „der ungehemmte Drang, den Stoff in immer weitergehender gegliederten Formen ganzheitlich zu organisieren", gesehen und als Weltprinzip der „Organisation" für alles Wirkliche (vom Anorganischen bis zum kategorischen Imperativ) vertreten wurde[90].

---

[86] K. Steinbuch, Automat und Mensch, Berlin ³1965, 2, 9 f., 13, 272 f., 399, Ders., Ansätze zu einer kybernetischen Anthropologie, in: H.-G. Gadamer / P. Vogel (Hrsg.), Neue Anthropologie I, Stuttgart 1972, 59 ff.

[87] Zur Ganzheitlichkeit/Individualität des Atoms vgl. N. Bohr, Atomphysik I 18, 24; Z. Bucher, Die Innenwelt der Atome, Luzern 1946, 275 ff.; K. Heim, Wandlung 233, 239; U. Schöndorfer, Philosophie der Materie, Graz 1954, 205; K. L. Wolf, Das Urbild des elementaren Atoms, Stuttgart 1950. — Zur Ganzheitlichkeit der chemischen Verbindung vgl. W. Deckelmann, Die ontologische Bedeutung der chemischen Grundbegriffe, Dissertation München 1957, 55 ff.; A. Mittasch, Angewandte Chemie 49 (1936) 417 ff.

[88] J. Lang, Die Hohlwelttheorie, Frankfurt/M. ²1938, 19 ff.

[89] R. H. France, Plasmatik, Stuttgart 1923; Ders., Die Seele der Pflanze, Berlin 1924.

[90] O. Stocker, Das biologische Weltbild. Bremer Beiträge zur Naturwissenschaft VI (1940) 3. Heft, 53 ff. (64).

Diese Einordnung des Menschen in ein biologisches Weltbild[91] hatte und hat politische Konsequenzen. Denn er wird hier als Organismus (u. a.) erfaßt, wodurch z. B. die natürliche Abstammung und die Rassenmerkmale wesentliche anthropologische Bestimmungen werden. Bekannt und in diesem Zusammenhang zu erwähnen sind die vielfältigen Versuche, für das soziale und staatliche Zusammenleben unmittelbare Konsequenzen aus den „Insektenstaaten" zu ziehen[92]. Überhaupt findet sich oft die Kennzeichnung des Staates (oder der Gesellschaft) als eines Organismus, in dem das menschliche Individuum bloß ein Glied sei, das deshalb völlig in ihm aufzugehen habe.

In methodischer Hinsicht (und nicht auch in materieller Ausgestaltung) kann von einem solchen „biologischen Weltbild" dann gesprochen werden, wenn zumindest Kategorien der Biologie über den Bereich des Organismus hinaus Verwendung finden (und finden sollen). Hier ist z. B. auf die allgemeine (organismische) Systemtheorie Ludwig von Bertalanffys hinzuweisen. Bertalanffy entwickelte seine Auffassung als Gegenpol zur Kybernetik, die er als eine mechanistische Systemtheorie ablehnte. Sie beruht auf dem Gedanken, daß für physikalische, chemische, biologische, soziologische usw. Systeme trotz ihrer jeweiligen Eigenheiten „gewisse sehr allgemeine Prinzipien gelten — unabhängig davon, was das System als Ganzes, die Natur seiner Komponenten und der zwischen ihnen bestehenden Beziehungen oder Kräfte sein mag". Mit anderen Worten: Zwischen an sich verschiedenen Systemen bestehen „Gleichförmigkeiten oder Isomorphien in gewissen allgemeinen Prinzipien", die logisch-mathematisch dargestellt werden können und sollen. Dabei ist Bertalanffy sich der abstrahierenden Eigenschaft dieser Theorie als einer Modelltheorie bewußt und lehnt ausdrücklich jede

---

[91] Vgl. auch F. Alverdes, Die Totalität des Lebendigen, Leipzig 1935; Ders., Leben als Sinnverwirklichung, Stuttgart 1936; Ders., Die Stellung der Biologie innerhalb der Wissenschaften, Marburg 1940; A. Meyer-Abich, Ideen und Ideale der biologischen Erkenntnis, Leipzig 1934; Ders., Naturphilosophie auf neuen Wegen, Stuttgart 1948; Ders., Holismus, in: Organik, Berlin-Grunewald 1954, 133 ff.; B. Rensch, Biophilosophie auf erkenntnistheoretischer Grundlage, Stuttgart 1968; Ders., Das universale Weltbild, Frankfurt/M. 1977. — Zum Problem vgl. E. Bünning, Acta Biotheoretica Series A 1 (1935) 173 ff.; H. Driesch, Acta Biotheoretica Series A 1 (1935) 185 ff.; E. Heintel, Metabiologie und Wirklichkeitsphilosophie, Leipzig 1944.

[92] Vgl. O. Hertwig, Der Staat als Organismus, Jena 1922; P. Krannhals, Das organische Weltbild, München 1928, 51 ff., 733 ff.; E. Mühle, Der menschliche Staat als Problem der vergleichenden Biologie, Leipzig 1937; ders., Der Biologe 7 (1938) 73 ff.; Rettig, Formel 195 ff.; J. v. Uexküll, Der Leuchter 1919, 79 ff.; Ders., Staatsbiologie, Berlin 1920; M. Verworn, Biologische Richtlinien der staatlichen Organisation, Jena 1917, 3 ff. — Kritisch dazu vgl. K. Escherich, Termitenwahn, München 1934 (anders freilich Ders., Biologisches Gleichgewicht, München 1935, 19 ff.); W. Goetsch, Vergleichende Biologie der Insekten-Staaten, Leipzig 1940, 2 ff. (anders freilich 397, 400); Ders., Die Staaten der Ameisen, Berlin ²1953; Th. Litt, Staatsgewalt und Sittlichkeit, München 1948, 93 ff.; A. Thienemann, Leben und Umwelt, Leipzig 1941, 73.

ontologische Interpretation seiner Systemtheorie ab. Allerdings ist es ein Überschreiten des methodischen Rahmens, wenn Bertalanffy von einem neuen Weltbild spricht, in dem das Universum nicht mehr als Chaos, sondern als „eine große Organisation von Systemen erscheint". Eine solches „biologisches Weltbild" bedeutet letzten Endes eine organologische Ontologie[93].

Auch die psychologischen Begriffe und Kategorien wurden und werden zu einem *„psychologischen Weltbild"* absolut gesetzt. Davon sind in der Regel die Geisteswissenschaften betroffen: Geschichte, Recht, ästhetischer Sinn, ethische Prinzipien werden in dieser Weise auf die seelischen Prozesse eines Erlebens, Fühlens, Empfindens oder auf Einstellungen zurückgeführt, Erkenntnisse überhaupt auf wahrnehmende Erfahrung („Empirie") reduziert.

Die (frühe) Psychoanalyse kann dafür als Beispiel dienen. In der Zeitschrift „Imago" wurde für die Anhänger dieses neuen Weltbildes ein Organ geschaffen, in dem die psychoanalytische Theorie auf die Geisteswissenschaften angewendet werden sollte (wie der Untertitel dieser Zeitschrift ausdrücklich formulierte)[94]. Philosophische Begriffe, Inhalte des religiösen Glaubens, Werke der großen Kunst und der Volksdichtung usw. wurden dabei an den Eckpfeilern einer deterministisch (fast mechanistischen) Psychoanalyse zerschlagen und als sexuell-neurotische Phänomene neu formuliert.

Auf der anderen Seite müssen im Rahmen eines solchen psychologischen Weltbildes auch die von der Physik, Chemie und Biologie untersuchten Phänomene in psychologischer Terminologie erfaßt werden. So sprach und spricht man auch den Tieren, Pflanzen, den anorganischen Dingen, sogar den künstlich erbauten technischen Maschinen eine Seele zu. Auf diese Weise kann das psychologische Weltbild sich mit mechanistischen und biologischen Weltbildern überdecken. So schrieb etwa Ernst Haeckel von einer „Stufenleiter der Seele"[95]. Auch Ludwig Büchner nahm an, „daß dasselbe geistige oder seelische Prinzip, mag

---

[93] L. v. Bertalanffy, Preußische Jahrbücher 234 (1933) 252 ff.; Ders., Das biologische Weltbild, Bern 1949; Ders., Vorläufer und Begründer der Systemtheorie, in: Systemtheorie, Berlin 1972, 17 ff.; Ders., ... aber vom Menschen wissen wir nichts, Düsseldorf 1970.

[94] Vgl. auch O. Rank / H. Sachs, Die Bedeutung der Psychoanalyse für die Geisteswissenschaften, Wiesbaden 1913.

[95] E. Haeckel, Die Welträtsel, Bonn 1903, 47. — Zur Seele der Pflanze vgl. G. Th. Fechner, Nanna, Hamburg ⁴1908; A. Forel, Gehirn und Seele, Bonn 1894, 26; R. H. France, Seele; F. Selle, Pflanze und Weltanschauung, Graz 1927, 32 ff.; P. Tompkins / Ch. Bird, Das geheime Leben der Pflanzen, Bern 1974; A. Wagner, Die Vernunft der Pflanzen, Dresden o. J.; Th. Ziehen, Die Beziehungen der Lebenserscheinungen zum Bewußtsein, Berlin 1921, 50 ff. — Zur Seele des Atoms vgl. Bucher, Innenwelt; Forel, Gehirn 28; Ziehen, Beziehungen 46 ff.

man es nun Vernunft, Verstand, Seele oder Trieb nennen, die ganze organische Stufenleiter, wenn auch in den mannigfaltigsten Abstufungen und Abänderungen, von unten bis oben und von oben bis unten durchdringt". Er sprach deshalb vom „Geistesleben der Tiere" und konnte auf diese Weise z. B. den Nahrungserwerb des Ameisenlöwen mit den Manieren der sog. „Gründer" im 19. Jahrhundert vergleichen[96]. In ähnlicher Richtung nahmen Ewald Hering und Richard Semon ein universelles Gedächtnis (als Summe von Engrammen bzw. als „Mneme") als „eine allgemeine Funktion der organisierten Materie" an und versuchten damit, die Lebenserscheinungen (z. B. Instinkt) zu erfassen[97]. Eugen Bleuer baute ihre Theorie zu einer allgemeinen Naturgeschichte der Seele — die als „Psychoid" auf allen Bereichen der Wirklichkeit in Erscheinung trete — aus[98]. Constantin von Monakow entwickelte von der Mneme-Lehre Semons ausgehend seine Konzeption der „Horme", die Urkraft, Urgefühl, Grundlage der Syneidesis (des biologischen Gewissens, das jeder Zelle zukommt) zugleich ist[99]. Schließlich erkannte Steinbuch als „zwangsläufige Konsequenz" seines kybernetischen Weltbildes „die Annahme, daß künstlich aufgebaute technische Systeme ein Bewußtsein haben können". Es sei sogar anzunehmen, „daß ein solches System von sich behaupten würde, es habe ein Bewußtsein". Der Schluß lag daher nahe: es werde einmal Maschinen geben, die spielen und planen, Maschinen mit Persönlichkeit und Intelligenz, kurz: Maschinen wie Menschen; bzw.: der Mensch sei nichts anderes als eine solche komplizierte Maschine[100]. — Zuletzt sei noch Wolfgang Köhler genannt,

---

[96] L. Büchner, Aus dem Geistesleben der Tiere, Leipzig o. J., VI, 406.

[97] E. Hering, Über das Gedächtnis als eine allgemeine Funktion der organisierten Materie. Almanach der Kaiserl. Akademie der Wissenschaften Wien 20 (1870), 253 ff.; R. Semon, Die Mneme als erhaltendes Prinzip im Wechsel des organischen Geschehens, Leipzig 1904; Ders., Bewußtseinsvorgang und Gehirnprozeß, Wiesbaden 1920. — Vgl. dazu E. Bleuler, Mechanismus — Vitalismus — Mnemismus, Berlin 1931, 51 ff.; R. Brun, Biol. Zentralblatt 38 (1918) 499 ff.; H.-J. Flechtner, Memoria und Mneme I, Stuttgart 1974; H. Henning, Biol. Zentralblatt 39 (1919) 187 ff.; E. Rignano, Das Leben in finaler Auffassung, Berlin 1927, 27 ff.

[98] E. Bleuler, Mechanismus 51 ff., 91 ff.; Ders., Naturgeschichte der Seele und ihres Bewußtwerdens, Berlin 1921; Ders., Die Psychoide als Prinzip der organischen Entwicklung, Berlin 1925.

[99] C. v. Monakow, Schweizer Archiv für Neurologie und Psychiatrie 8 (1921) 257 ff., 10 (1922) 240 ff.; Ders., Gehirn und Gewissen, Zürich 1950. — Vgl. dazu R. Brun, Allgemeine Neurosenlehre, Basel ³1954, 187; A. v. Muralt, Die Naturwissenschaften 20 (1932) 727 ff.

[100] K. Steinbuch, Automat 273. Vgl. auch Reblin, in: H. Bannach (Hrsg.), Der geregelte Mensch, Stuttgart 1968, 64 ff.; N. Bischof, Psychol. Rundschau 20 (1969) 237 ff.; R. Jungk / H. J. Mundt (Hrsg.), Maschinen wie Menschen, Frankfurt/M. 1973. — Zum Problem vgl. O.-J. Grüsser, Stud. generale 22 (1969) 30 ff.; G. Günther, Das Bewußtsein der Maschinen, Krefeld 1963; H.-J. Ipfling, VJS f. wiss. Pädagogik 41 (1965) 233 ff.; Moser / Schmidt, Information 81 ff., 103 ff.; H. H. v. Muldau, Mensch und Roboter, Freiburg 1975; W. S. Nicklis, Das Bild des Menschen in der Kybernetik, Essen 1967, 34 ff.; H. Rohracher, Stud.

der die Gestaltpsychologie zu einer umfassenden „Gestalt-Theorie" ausarbeitete, die den psychologischen Begriff der „Gestalt" über den psychischen Bereich für die allgemeine, d. h. auch physikalische und biologische Natur heranziehen wollte[101].

Die Erstellung eines eigenen „*soziologischen Weltbildes*", das auch die Tiere, Pflanzen und das Anorganische erfassen müßte, ist mir nicht bekannt. Doch gibt es durchaus Versuche, die Soziologie zur Universalwissenschaft vom Menschen (und vielleicht noch von den Gemeinsamkeiten mit tierischen Sozietäten) zu machen. In diesen Konzepten wird der Mensch, sein Denken, Wollen und Handeln als Produkt (Wirkung) der gesellschaftlichen Verhältnisse aufgefaßt und abgeleitet[102]. Nur angemerkt sei, daß eine solche linear-deterministische Theorie gerade nicht der Marxismus vertritt. Sondern er geht von einer „Dialektik" von gesellschaftlichem Unterbau, der mit den ökonomischen Verhältnissen gleichgesetzt wird, und Überbau (Bewußtsein, Denken, Wissenschaft usw.) aus, was mit Notwendigkeit beide als Momente eines Ganzen miteinander vermitteln und jedem die gleiche „Stelle" und „Wertigkeit" zuerkennen muß. In vielen marxistischen Arbeiten wird allerdings diese Dialektik zerschlagen und z. B. die Ansicht vertreten, daß der Überbau bloß relative Selbständigkeit habe, aber „letztlich" von der Basis determiniert sei. Damit ist man — trotz aller gegenteiligen Beteuerungen — letztlich in einen linearen Materialismus und hinter das philosophische Niveau von Karl Marx zurückgefallen.

2. Die Verschiedenheit der Handlungslehren als notwendige Konsequenz des Stufen/Schichtenbaues des Seins

Die zweite substantielle Begründung der Handlungslehren will nicht — wie bisher dargestellt — eine einzige Handlungslehre als die allein richtige Bestimmung der Handlung aufweisen, sondern gerade umgekehrt die Vielfalt der Handlungslehren auf die Differenzierung des Seins (der Wirklichkeit) selbst zurückführen und ontologisch verankern. Als Beispiel soll das System von Nicolai Hartmann genannt werden[103].

---

generale 21 (1968) 1144 ff.; G. Schischkoff, Z. f. phil. Forschung 19 (1965) 248 ff.; S. J. Schmidt, Zeitwende 39 (1968) 443 ff.; H. Titze, Ist Information ein Prinzip? Meisenheim a. Glan 1971, 1 ff., 19 ff.; H. Zemanek, Merkur 12 (1958) 205 ff.; Ders., Der Nervenarzt 35 (1964) 5 ff.

[101] W. Köhler, Die physischen Gestalten in Ruhe und im stationären Zustand, Braunschweig 1920, 1 ff.; Ders., Werte und Tatsachen, Berlin 1968, 104 ff. Vgl. auch D. Katz, Gestaltpsychologie, Basel ²1948, 60 ff. — Zum Ganzen siehe A. Wellek, Ganzheitspsychologie und Strukturtheorie, Bern 1955, 52.

[102] Zum Problem der Soziologie als Universalwissenschaft, vgl. D. Käsler, Wege 24; H. Schoeck, Soziologie — Geschichte ihrer Probleme, München 1952, 293 ff.

[103] Den besten Einstieg in seine Philosophie bieten seine „Systematische Selbstdarstellung" (1933; in den Kleineren Schriften I. Berlin 1955, 1 ff.) und

Danach findet philosophisches Denken die Wirklichkeit vor als eine Fülle von Stufen (Ding, Pflanze, Tier, Mensch, Gemeinschaft „und vielleicht noch einiges mehr") und Schichten (Dinge und physische Prozesse und Lebendiges als Teile des Räumlichen, Seelisches und Geistiges als Teile des Unräumlichen). Diese Stufen/Schichten können in eine Rangordnung gebracht werden, die ontologische Bedeutung hat, weshalb die jeweils höhere auf der jeweils niederen aufbaut. Seine Festigkeit und Einheit erhält der Bau durch die „Fundamentalkategorien", die allen Stufen/Schichten zukommen.

Zunächst bietet diese Theorie die ontologische Begründung der Einzelwissenschaften[104]. Genauer verleiht sie jeder dieser Wissenschaften den gleichen Wirklichkeitsbezug und die gleiche ontologische Würde. Die Wissenschaften sind zwar voneinander unterschieden, da sie verschiedene Gegenstände untersuchen und darstellen. Aber diese Verschiedenheit folgt aus der Verschiedenheit des Seins selbst, die Wirklichkeit als solche ist in sich verschieden, genauer: gestuft und geschichtet. Aus diesen Stufen/Schichten des Seins folgt mit Notwendigkeit die Stufung/Schichtung der einzelnen Wissenschaften und damit

---

sein Buch „Neue Wege der Ontologie" (Stuttgart ³1949). — Zu N. Hartmann selbst vgl. H. Heimsoeth / R. Heiß (Hrsg.), Nicolai Hartmann. Der Denker und sein Werk, Göttingen 1952; I. Wirth, Realismus und Apriorismus in Nicolai Hartmanns Erkenntnistheorie, Berlin 1965 (m. w. N.); H. M. Baumgartner, Die Unbedingtheit des Sittlichen, München 1962 (m.w.N.). — Zu N. Hartmanns Stufen/Schichtenlehre vgl. M. Brelage, Stud. generale 9 (1956) 297 f.; J. B. Forsche, Zur Philosophie Nicolai Hartmanns, Meisenheim a. Glan 1965; G. Hennemann, Z. f. Deutsche Geisteswissenschaft 4 (1941/42) 126 ff.; H. Hülsmann, Die Methode in der Philosophie Nicolai Hartmanns, Düsseldorf 1959, 154 ff.; Th. Litt, Denken und Sein, Zürich 1948, 134 ff.; A. Möslang, Finalität, Fribourg 1964, 23 ff., 143 ff.; A. Selke, Schichtung und Entwicklung, Dissertation Mainz 1971; M. Thiel, Stud. generale 9 (1956) 108 ff.

[104] Es ist deshalb nur verständlich, daß viele Einzelwissenschaftler der Theorie von N. Hartmann folgen, z. B.: Th. Ballauff, Die Wissenschaft vom Leben I, München 1954; Ders., Das Problem des Lebendigen, Bonn 1949; Ders., Blätter für deutsche Philosophie 14 (1940/41) 55 ff.; Bucher, Innenwelt 225 ff.; F. Dessauer, Naturwissenschaftliches Erkennen, Frankfurt/M. 1958, 15 ff., 271 f.; G. Ewald, Der biologisch-anthropologische (existentielle) Aufbau der Persönlichkeit, Stuttgart 1959, 36 ff.; K. Friederichs, Die Selbstgestaltung des Lebendigen, München 1955, 9 ff.; O. J. Hartmann, Forschungen und Fortschritte 17 (1941) 134 ff.; M. Hartmann, Allgemeine Biologie, Stuttgart ⁴1953, 889 ff.; K. Lorenz, Stud. generale 24 (1971) 497; E. Oldekop, Über das hierarchische Prinzip in der Natur, Reval 1930, 31; W. Schöllgen, Vererbung und sittliche Freiheit, Düsseldorf 1936, 75 ff.; W. Troll, Das Virusproblem in ontologischer Sicht, Wiesbaden 1951, 8 ff., 137 ff. Große Bedeutung hat der Stufengedanke für die Psychologie (z. B. Leib-Seele-Problem) und die Geisteswissenschaften, auf nähere Zitate muß verzichtet werden. — Anzumerken ist noch, daß über N. Hartmann hinausgehend manchmal ein eigener ontologischer Gegenstand (als Schicht/Stufe) angenommen wird z. B. für die Chemie (Deckelmann, Bedeutung 37 ff., 64 ff.), für die Botanik (W. Troll, Allgemeine Botanik, Stuttgart ⁴1973, 2 f.), die Stufe/Schicht der Physik wird in eine Makro- und Mikrowelt eingeteilt von P. Jordan (Das Bild der modernen Physik, Hamburg-Bergedorf 1947, 29; Die Wandlung unseres Naturbildes, Lüneburg 1948, 10).

zugleich ihre völlige Gleichheit und Gleichwertigkeit: Jede Wissenschaft ist in gleicher Weise auf eine Stufe/Schicht bezogen.

Auf diese Weise hat die Lehre vom Stufen/Schichtenbau des Seins eine negative Bedeutung gegenüber den unter 1. dargestellten Begründungsversuchen: Jedes dieser „Weltbilder" wird als Reduzierung der Wirklichkeit auf eine einzige Stufe/Schicht entlarvt und sein Anspruch deshalb als unzulässige Grenzüberschreitung zurückgewiesen. Eine Einzelwissenschaft als Universalwissenschaft kann es nicht geben.

Daneben hat die Theorie vom Stufen/Schichtenbau auch eine positive Bedeutung. Sie bringt die einzelnen Wissenschaften in eine Reihenfolge, die sogar als eine Rangordnung im Sinne eines „Höher"/„Tiefer" aufzufassen ist. Die genannten „Weltbilder" erweisen sich von daher als „Unterbestimmungen": Sie können das Wesentliche bestimmter Phänomene überhaupt nicht erfassen, da sie deren ontologisches Niveau von vornherein nicht erreichen und in Sicht bringen können. Sie haben nur die Fähigkeit, deren Unterbau wissenschaftlich zu beschreiben, damit den unteren Teil (die untere Stufe/Schicht) der für sie selbst zu hohen Phänomene. Die „Weltbilder" erweisen sich somit nicht eigentlich als falsch, sondern als unvollständig und verkürzend. Das physikalische oder biologische Weltbild, das z. B. seelische oder gar geistige Inhalte zu erfassen beansprucht, stellt nur den physikalischen bzw. biologischen Teil der Stufe/Schicht des Seelischen bzw. Geistigen dar, weshalb eine Ergänzung durch die höheren Wissenschaften (Psychologie oder Geisteswissenschaft) möglich und notwendig ist.

Für das Problem der Handlung hat dies folgende, wiederum am Beispiel von Nicolai Hartmann aufzuzeigende Konsequenzen. Im Vollsinn ist die Handlung nur auf der Stufe/Schicht des Geistigen zu begreifen. Dabei stellt Hartmann auf den Begriff der „Personalität" als einer „Realkategorie des geistigen Seins" ab. Die „vier Grundbestimmungen der Person" umschreibt er als Vorsehung und Vorbestimmung (zusammen: als Finalität), Wertbewußtsein und Freiheit[105] und ordnet sie als Formen der Fundamentalkategorie der Determination (Dependenz) ein. Diese für alle Stufen/Schichten maßgebende Kategorie kann bestimmt werden als die These, „daß nichts in der Welt geschieht, ohne daß es in etwas anderem seinen Grund hätte", daß es nirgends in der Welt etwas Ontisch-Zufälliges gibt. Dieses „Grundverhältnis" wandelt sich ab je nach Stufe/Schicht („Höhenlage"), in der es auftritt[106]. Hartmann zählt

---

[105] N. Hartmann, Das Problem des geistigen Seins, Berlin 1933, 107 ff., 141; Ders., Wege 57 f.

[106] N. Hartmann, Wege 56 ff.; Ders., Der Aufbau der realen Welt, Berlin 1940, 314 ff.; Ders., Möglichkeit und Wirklichkeit, Berlin 1938, 193 ff. Vgl. dazu J. J. Blystone, Die Determinationsformen in der Wertrealisation bei Nicolai Hartmann, Dissertation Mainz 1964; W. Lichter, Die Kategorialanalyse der Kausaldetermination, Bonn 1964.

folgende Abwandlungen auf: Auf der niedrigsten Schicht die Kausalität und Wechselwirkung, im Organischen die Zweckmäßigkeit, im Seelischen eine noch unbekannte Determinationsform, im geistigen Bereich die bereits genannten Finalität, Wertdetermination und Selbstbestimmung des Willens.

Für die Handlung als Inhalt des geistigen Bereiches kommen zunächst nur die Formen der Determinationskategorie des Geistigen in Betracht. Dabei umfaßt die Finalität[107] — die bereits im Zusammenhang mit der strafrechtlichen „finalen Handlungslehre" erwähnt wurde — den Bewußtseinsprozeß des Vor-Setzens des Zwecks und der Wahl der Mittel und den Realprozeß der Verwirklichung des Zwecks durch die Mittel. Die Wertdetermination führt Hartmann auf das Phänomen des Wertgefühls, des Wertbewußtseins, des Wissens um ein „Sollen" zurück[108]. Die dritte Determinationsform, die Selbstbestimmung, wird als die „eigentliche, innere, spontane Fähigkeit der Entscheidung selbst, die positiv verstandene Freiheit des Willens" aufgefaßt[109].

Die Stufe/Schicht des Geistigen ist aber nicht ausreichend, die Handlung vollständig zu erfassen. Denn entsprechend dem Charakter des Seins müssen auch die unteren Stufen/Schichten berücksichtigt werden, auch sie sind Bausteine der Handlung. Für die Finalität stellt Hartmann dies auch ausdrücklich fest: Die Verwirklichung des bewußt vorgenommenen Zweckes durch die bewußt ausgewählten Mittel sei ein Realprozeß, der in der Außenwelt verläuft[110]. Und damit sei er eben kein Finalgeschehen mehr (zumindest nicht nur): „Der Prozeß des realen Geschehens in der Verwirklichung eines Zweckes ist ... unbeschadet der Finaldetermination ein kausaler Prozeß. Er unterscheidet sich von anderen Kausalprozessen nur durch die bereits ihm vorhergehende Bestimmung (bzw. Auswahl) der Mittel unter dem Gesichtspunkt des Zweckes. Die Art aber, wie die Mittel als Reihe ... den Zweck ‚bewirken', ist eine kausale. Der Finalnexus setzt also den Kausalnexus schon voraus; er ist in diesem seinem Erfüllungsstadium, dem der Realisation, Kausalnexus[111]." Vergleichbares muß für die über dem Kausalgeschehen liegende Stufe/Schicht des Organismus (des Organischen)

---

[107] N. Hartmann, Wege 58; Ders., Teleologisches Denken. Berlin ²1966; Ders., Aufbau 566 ff.; Ders., Problem 131 ff.; Ders., Ethik, Berlin ⁴1962, 193. Vgl. dazu P. Baumanns, Das Problem der organischen Zweckmäßigkeit, Bonn 1965; B. v. Brandenstein, Teleologisches Denken, Bonn 1960; J. Endres, Phil. Jahrbuch 55 (1942) 187 ff.; J. B. Forsche, Philosophie; P. Hossfeld, Studia naturalis 10 (1967) 333 ff.; R. Mathes, Evolution und Finalität, Meisenheim a. Glan 1971; A. Möslang, Finalität, Fribourg 1964.

[108] N. Hartmann, Ethik 18 ff. Vgl. Blystone, Determinationsformen.

[109] N. Hartmann, Problem 114, 116 f., 139 ff.

[110] N. Hartmann, Wege 58. Vgl. Lichter, Kategorialanalyse.

[111] N. Hartmann, Ethik 193.

gelten, für den nicht mehr alleine der Kausalnexus, sondern auch und wesentlich eine höhere Kategorie bestimmend ist, die Hartmann als „nexus organicus" bezeichnet[112]. Für die Stufe/Schicht des Seelischen muß dementsprechendes zugrunde gelegt werden, Hartmann meint, daß die hier in Betracht kommende Determinationsform noch unbekannt sei[113].

Als Ergebnis der Lehre vom Stufen/Schichtenbau des Seins kann damit festgehalten werden: Jede Handlungslehre der Einzelwissenschaft ist richtig, freilich nur auf einen Teil der Handlung im Vollsinn beschränkt. Die Gegenstände von kausaler, biologischer, psychologischer und soziologischer Handlungslehre zusammen bilden den Unterbau der vollständigen und wesentlichen Handlung, die zur Vollendung erst auf der Stufe/Schicht des Geistigen kommt und vom philosophischen Begriff erfaßt wird.

IV. Kritik der substantiellen Begründungsversuche

Nach der Vorstellung der beiden Versuche, die Handlungslehren substantiell zu begründen, sollen sie auf ihre Richtigkeit untersucht werden.

1. Die Selbstwidersprüche der Weltbilder

Zunächst läßt sich zeigen, daß die Weltbilder sich bei konsequentem Durchdenken in Selbstwidersprüche verwickeln, die ihre Unhaltbarkeit deutlich machen. Dieses (negative) Ergebnis kann man oft bereits an der jeweils verwendeten *Terminologie* aufweisen. Es werden z. B. Begriffe verwendet, die als solche bereits den eigenen und selbstgesteckten Rahmen des Weltbildes sprengen müssen. Man denke etwa an den Terminus „Maschine" für den Organismus: Mit ihm kann man ein mechanisches Weltbild nicht vereinbaren, denn man hat mit der Kennzeichnung als Maschine — und damit als ein einheitliches Ganzes verschiedener, aufeinander bezogener und abgestimmter, zusammenspielender Funktionen — stets bereits den Boden der Physik verlassen. Der Begriff einer Maschine ist nämlich ein teleologischer. Ludwig von Bertalanffy stellte in seiner „Theoretischen Biologie" die „Selbstwidersprüche im Mechanismus" zusammen, in dem er die „sonderbare Tatsache" aufzeigte, „daß der Mechanismus fortwährend teleologische Begriffe gebraucht, wiewohl sein physikochemisches Programm ihm dies mit aller Entschiedenheit verbietet"[114].

---

[112] N. Hartmann, Denken; Ders., Philosophie der Natur, Berlin 1950, 512 ff., 662 ff., 687 ff. Vgl. dazu M. Hartmann, in: Heimsoeth / Heiß, Hartmann 226 ff.; P. Hossfeld, Philosophia naturalis 6 (1960) 96 ff., 377 ff.

[113] N. Hartmann, Wege 57 f.

Manchmal läßt sich deutlich machen, daß gewisse *Formulierungen* im Rahmen eines solchen Weltbildes mit Notwendigkeit über sich hinausweisen und eigentlich nur ein neues, noch nicht aufgelöstes Problem umschreiben. Dies gilt vor allem für den Terminus „Komplexität". Man betrachte nur die Organismusauffassung von Max Hartmann. Er lehnt alle teleologischen Begriffe für die wissenschaftliche Biologie ab, denn es sei erforderlich, den Organismus auf die physikalisch-chemischen Gesetzmäßigkeiten zurückzuführen, da die Kausalanalyse die Methode der Naturwissenschaften schlechthin sei. Doch müsse die Biologie nicht die Kausalprozesse als solche erforschen, sondern „die spezifischen Gesetze der Komplizierung". „Das eigentlich Biologische ist immer die spezifische Art des Zusammenwirkens der einzelnen innersystematischen Glieder im komplizierten Ganzen." Der Organismus sei seinem Wesen nach „ein komplexes System von Gestaltcharakter", ein „Gefüge mit Zentral- und Ganzheitsdetermination"[115]. Damit liegt für Max Hartmann die wesentliche Bestimmung des Organismus in seiner Einheit in der Komplexität; und damit in einem Bereich, der mit physikalisch-chemischen Begriffen als solchen nicht begreifbar ist.

Noch schärfer tritt der Gedanke dieser Einheit in der Komplexität im Begriff der Organisation bei Ludwig von Bertalanffy auf. Seine Grundthese lautet, daß der Organismus seinem Wesen nach „Organisation", „Ordnung der Stoffe und Vorgänge im Organismus, die sich in dessen Ganzheitsverhalten ausspricht", sei. So sehr deshalb auch physikalisch-chemische Untersuchungen den Organismus in kleinste Elemente zerlegen könnten: „Aber das eine dürfen wir mit Sicherheit behaupten, daß, wenn wir auch die Einzelstoffe im Organismus vollständig kennen würden, dies Problem der Organisation, die gerade das Wesentliche am Leben ist, noch immer nicht gelöst wäre — deshalb, weil diese Untersuchung eben von ihr abstrahiert[116]." Und zwar — wie

---

[114] L. v. Bertalanffy, Theoretische Biologie I, Berlin 1932, 53. Ders., Biol. Zentralblatt 47 (1927) 653 ff. — Noch deutlicher wird dieser unphysikalische Charakter der Maschinenvorstellung bei J. Schultz, dem Begründer der Maschinentheorie des Lebens selbst, wonach die letzten Elemente des Lebens unlebendige (unterlebendige) „Maschinchen" sind, die durch ihr Zusammenspiel die Lebensphänomene bestimmen (Die Grundfiktionen der Biologie, Berlin 1920; Die Maschinentheorie des Lebens, Leipzig ²1929). Vgl. dazu E. Ditz, Julis Schultz' „Maschinen-Theorie des Lebens", Leipzig 1935.

[115] M. Hartmann, Biologie und Philosophie, Berlin 1925; Ders., Erkenntnis 3 (1923/33) 235 ff.; Ders., Philosophie der Naturwissenschaften, Berlin 1937; Ders., Allgemeine Biologie, Stuttgart ⁴1953. Ähnlich auch P. Jensen, Reiz, Bedingung und Ursache in der Biologie, Berlin 1921. Dazu siehe R. Reinboth, Philosophia naturalis 8 (1964) 3 ff.; W. Wächter, Naturforschung und kritische Ontologie, Rostock 1967.

[116] L. v. Bertalanffy, Biologie I 65 ff., 51; Ders., Das Gefüge des Lebens, Leipzig 1937; Ders., Vom Molekül zur Organismenwelt, Potsdam 1944; Ders., Weltbild. Ähnlich auch F. Mainx, Stud. Generale 12 (1959) 147 ff.; J. Reinke, Biol. Zentralblatt 24 (1904) 577 ff.; Ders., Grundlagen einer Biodynamik, Berlin

hinzugefügt werden kann — mit Notwendigkeit, ist sie doch nur an den Kausalprozessen als solchen interessiert.

Mit dem Hinweis auf eine „Komplexität" oder „Organisation" der Kausalprozesse hat man somit überhaupt nichts erreicht. Zwar wird dadurch verdeutlicht, daß man bloß Kausalprozesse untersuchen will — aber wie sich diese gerade zu einer Einheit[117] in der Komplexität/Organisation zusammenfügen, ist mit dem Hinweis auf diese Kausalprozesse nicht mehr erklärbar. Dazu bedarf es einer anderen Kategorie als der Kausalität. Nur eine Scheinlösung bedeutet es, wenn man innerhalb der Kausalität selbst zwischen physikalischer Kausalität und — für den Bereich der Biologie — „katalytischer", „biologischer", „formativer", „holistischer" oder „Ganzheitskausalität" oder „Systemkausalität" unterscheidet[118]. Denn dann stellt sich die Frage nach dem Kriterium dieser Unterscheidung; und dieses kann nicht die Kausalität selbst sein.

Vergleichbares gilt bereits für die Chemie. Denn auch ihr geht es nicht um die quantitative, in mathematischer Sprache ausdrückbare Bewegung von irgendwelchen Körpern, sondern um Eigenschaften und

---

1922, 50 f.; B. Rensch, Biologische Gefügegesetzlichkeit, in: Das Problem der Gesetzlichkeit II, Hamburg 1949, 117 ff.; K. E. Rothschuh, Theorie des Organismus, München ²1963, 37 ff., 96; C. H. Waddington, Die biologischen Grundlagen des Lebens, Braunschweig 1966, 40; P. Weiss, Biologia generalis 1 (1925) 167 ff.; W. Wieser, Gewebe des Lebens, Bremen 1959, 104 ff.

[117] Das Problem der Einheit wird oft auch als Problem der Gestalt, der Individualität oder der Ganzheit formuliert. Vgl. z. B. L. Baeck, Eranos-Jahrbuch 15 (1947) 384 ff.; W. Cramer, Festschrift für Krüger, Frankfurt/M. 1962, 39 ff.; Th. L. Haering, Über Individualität in Natur- und Geisteswelt, Leipzig 1926, 4 ff.; E. Heintel, Die beiden Labyrinthe der Philosophie I, München 1968, 11 ff., 161 ff.; M. Kronenberg, Die Naturwissenschaften 11 (1923) 325 ff.; A. Müller, Struktur und Aufbau der biologischen Ganzheiten, Leipzig 1933, 15 ff.; G. v. Natzmer, Z. f. ges. Naturwissenschaft 1 (1935/36) 305 ff.; E. Straus, Das Problem der Individualität, in: Th. Brugsch / F. H. Lewy (Hrsg.), Die Biologie der Person I. Berlin 1926, 25 ff. (alle zum Problem der Einheit/Individualität); F. Alverdes, Leben 40; Ders., Totalität 20 ff.; H. Frieling, Acta Biotheoretica Series A 5 (1939/41) 117 ff.; K. Goldstein, Der Aufbau des Organismus, Haag 1934, 131 ff.; R. Hennig, Organismus und Naturwissenschaft, Hamburg 1955, 52 f.; R. Kroner, Zweck und Gesetz in der Biologie, Tübingen 1913; Ders., Das Problem der historischen Biologie, Berlin 1919; A. Meyer-Abich, Holismus (zum Problem der Ganzheit); H. Andre, Urbild und Ursache in der Biologie, München 1931; A. Benninghoff, Das Problem der organischen Form, Marburg 1952; K. Beurlen, Z. f. ges. Naturwissenschaft 1 (1935/36) 445 ff.; K. Friedrichs, Die Selbstgestaltung des Lebendigen, München 1955; J. A. Loeser, Die psychologische Autonomie des organischen Handelns, Berlin 1931; W. Troll, Gestalt und Urbild, Leipzig 1941 (zum Problem der Gestalt). Auf die Vitalismuslehre von H. Driesch ist unter V. hingewiesen.

[118] Vgl. z. B. W. Bloch, Polarität, Berlin 1972; F. Christmann, Biologische Kausalität, Tübingen 1928; O. Feyerabend, Das organologische Weltbild, Berlin 1939, 24; S. Hessen, Individuelle Kausalität, Berlin 1909; Loeser, Autonomie 6; A. Meyer-Abich, Das Prinzip der Ganzheitskausalität, Bremen 1937; A. Mittasch, Über katalytische Verursachung im biologischen Geschehen, Berlin 1935; Ders., Acta Biotheoretica Series A 4 (1938/39) 73 ff.; A. Müller, Das Problem der Ganzheit in der Biologie, Freiburg 1967, 37.

Ursachen/Wirkungen bestimmter Körper, den Stoffen. Selbst wenn die Chemie auf quantitative Zusammenhänge abstellen will, ist es ihr „prinzipiell verwehrt, sich allein auf die Erforschung mathematischfunktioneller Zusammenhänge zu beschränken. Vielmehr vollzieht sich ihr Bestimmen von Vorgängen stets an Stoffen und um der Stoffe willen. Diese aber bietet die Natur in einer nicht nur zahlenmäßig zum voraus gar nicht angebbaren Mannigfaltigkeit, sondern auch in der qualitativen Vielfalt. Die Chemie kann auf die Frage, was die Stoffe und ihre Qualitäten sind, nicht verzichten[119]." Sie benötigt daher andere Begriffe und Methoden, um ihren Gegenstand zu begreifen, als die Physik. Ihr Grundbegriff „Stoff" (im Unterschied zum bloßen Körper in Raum und Zeit) kommt in der Physik nicht vor, da diese von jeder inhaltlichen Bestimmung der Gegenstände abstrahiert.

Über das Problem der „Komplexität" hinaus macht eine genauere Untersuchung der in den Weltbildern verwendeten Terminologie deutlich, daß sie manchmal das eigentliche Problem nur verdeckt und bloß eine *Scheinlösung* anbietet. Betrachten wir z. B. Rohrachers „Persönlichkeitskausalität". Auf der einen Seite scheint dieser Terminus naturwissenschaftlich zu sein, auch Tieren, Pflanzen, und sogar den Gestirnen wird Persönlichkeit zuerkannt[120]. Andererseits spricht Rohracher von der Einheit des „Selbstbewußtseins" (als Ausdruck der Persönlichkeit) und meint überdies, daß die Persönlichkeit der „entscheidende" kausale Faktor sei, „denn ihre Stellungnahme und ihre Zustimmung ist das, was schließlich den Ausschlag gibt". Wie soll Kausalforschung aber eine „entscheidende" Ursache herausbringen, noch dazu eine Ursache, die Rohracher genauer in folgender Weise darstellt: Die Persönlichkeit sei „das, was man selbst ist, was das eigene Wesen ausmacht, das ‚Ich'". Was soll Naturwissenschaft mit solchen Termini anfangen? Gleiches gilt für eine Handlung als Wirkung, wenn diese folgendermaßen umschrieben wird: „Es ist das eigene Gesetz, dem man im Entschluß gehorcht; das individuelle Gesetz des Einzelnen ... Der Mensch kann bewußt die Stellungnahme seiner eigenen Persönlichkeit vertreten und sich im Gegensatz zu anderen Menschen stellen: Er kann als einziges aller Lebewesen sich selbst Gesetze geben und Verhaltensregeln vorschreiben." Rohracher vertritt zwar nach eigenen Angaben einen deterministischen Standpunkt; aber doch in der Form, „daß der Mensch nur

---

[119] E. Ströker, Denkwege der Chemie, Freiburg/Br. 1967, 8; vgl. auch F. Fichter, Das Verhältnis der anorganischen zur organischen Chemie, Basel 1933; B. Freudenthal (Hrsg.), Chemie heute, München 1960; A. Lüttringhaus, Der Wirklichkeitsgehalt der chemischen Formel, Freiburger Dies Universitatis 5 (1956/57) 143 ff.; P. Niggli, Probleme der Naturwissenschaften, Basel 1949, 38 ff.; G.-M. Schwab, Die Erkenntniskrise der Chemie und ihre Überwindung, München 1959; C. Meygand, Deutsche Chemie als Lehre vom Stoff, Halle/S. 1942.

[120] Rohracher, Persönlichkeit 33, 110.

durch sich selbst, nicht durch äußere Umstände determiniert ist; als Entschluß kommt dasjenige heraus, was ich will"[121]. Und dies kann mit naturwissenschaftlichen Termini nicht mehr begriffen werden. Wilhelm Windelband hat dies klar herausgestellt: Zwar tritt auch er für den Determinismus ein, doch unterscheidet er diesen „inneren Determinismus" von einem „äußeren". Ersterer spräche von der Fähigkeit der Persönlichkeit, „sich selbst oder ihren Charakter den Umständen gegenüber zur entscheidenden Geltung zu bringen". Die Persönlichkeit sei das „einheitliche Moment", das zwischen den konstanten Motiven und den momentanen Motiven vermittelt. Innerer Determinismus bedeute danach „Kausalität der Persönlichkeit in ihren Handlungen" und damit gleichzeitig, wie Windelband ausführt, die Unmöglichkeit der kausalen Erfassung[122]. Dieses Ergebnis ist durchaus herrschende Auffassung in der Psychologie der Persönlichkeit[123].

Mit anderen Worten ist Rohrachers Auffassung überhaupt keine kausale Handlungslehre. Sie verwendet zwar den Terminus „Kausalität", aber im Zusammenhang mit dem Begriff der „Persönlichkeit", der in keiner Weise naturwissenschaftlich-kausal erfaßt werden kann. Noch schärfer formuliert: Rohracher kann überhaupt nur deshalb Handlung mit Kausalität in Verbindung bringen, weil er alle eigentlichen Probleme in die Persönlichkeit legt und nicht weiter thematisiert. Das Entscheidende der Handlung kommt somit bei ihm überhaupt nicht zur Sprache, sondern verbirgt sich in diesem Wort „Persönlichkeit". Die Persönlichkeitskausalität beruht auf Voraussetzungen, die nicht weiter untersucht werden und mit den von Rohracher gewählten Mitteln auch gar nicht untersucht werden können.

Vergleichbares gilt für Kadeckas „Charakterkausalität". Denn auch damit wird das Problem mit einem Wort umschrieben, das selbst nicht weiter hinterfragt wird. Eine kausale Handlungslehre könnte nur aufrechterhalten werden, wenn sie als Ganze im Rahmen der Kausalität bleibt. Gerade dies kann Kadeckas Versuch nicht leisten. Denn mag auch der Charakter Ursache der Handlung sein: Daneben sind z. B. auch Erdumdrehung, Erdanziehung, Luftdruck, Körpergröße, Verdau-

---

[121] Rohracher, Einführung 528 f. Vgl. dazu J. Maly, Bemerkungen zur Grundlegung der Psychologie bei Hubert Rohracher, Dissertation Wien 1973.
[122] W. Windelband, Über Willensfreiheit, Tübingen ²1905, 75 f., 154.
[123] Vgl. z. B. G. W. Allport, Persönlichkeit, Stuttgart 1949; Ders., Werden der Persönlichkeit, München 1974; W. Arnold, Bildungsziel: Persönlichkeit, München 1975; H. Binder, Die menschliche Person, Bern ²1974; P. Christian, Personverständnis; R. Heiss, Person als Prozeß, Bern 1968; Th. Litt, Mensch und Welt, München 1948; D.-J. Löwisch, Kant-Studien 57 (1966) 266 ff.; J. Möller, Festschrift für Bollnow, 1968, 99 ff.; W. J. Revers, Jahrbuch für Psychologie und Psychotherapie 3 (1955) 134 ff.; J. Speck (Hrsg.), Das Personverständnis in der Pädagogik und ihren Nachbarwissenschaften, Münster 1966.

ung usw. ihre Ursachen. Führt man Handeln auf den Charakter allein zurück, hat man innerhalb der Ursachen zwischen wesentlichen und unwesentlichen unterschieden, damit ein Kriterium eingeführt, das nicht wieder selbst kausal begründet werden kann. Die weitere Aufgabe besteht dann, den Charakter von den anderen Ursachen zu unterscheiden. Zu diesem Zweck ist es nun leider erforderlich, auf Handlungen zurückzugreifen. Welchen Charakter ein Mensch hat, ist nämlich nur als Abstraktion aus vorhergegangenen Handlungen zu verstehen. Wenn diese aber Wirkungen des Charakters sind: Wie können sie gleichzeitig sein Bestimmungsgrund sein? Auch hier — dies ist die These — wird mit dem Begriff des „Charakters" das eigentliche Problem verdeckt. Alles Nicht-Kausale wird hinter diesem Wort gesammelt; was übrig bleibt, kann man dann als Kausalität formulieren. Angemerkt sei, daß in der Regel die Psychologie den Charakter auch nicht mit den Kategorien von Ursache und Wirkung zu erfassen sucht, sondern ihn mit der Persönlichkeit in unmittelbaren Zusammenhang bringt[124]. Albert Wellek hat die vielfältigen Momente des Charakters — die jede einseitige Abspannung auf Kausalität unmöglich machen — im Prinzip der „Polarität" formuliert und bis in die Einzelheiten ausgeführt[125].

Die Unzulänglichkeit der Begründung könnte bereits durch das Ernstnehmen der Terminologie auch bei den anderen Handlungslehren aufgewiesen werden, was hier nur behauptet, nicht im einzelnen vorgelegt werden kann. Aber man bedenke nur beispielshaft folgende Probleme. Wie läßt sich die Motivkausalität Schopenhauers von der „Ursache" im engeren Sinn und dem „Reiz", die er als unterschiedene Formen der Kausalität ansieht, unterscheiden, wenn nicht durch ein nicht-kausales Kriterium? Wird der Begriff des „Motivs" selbst dann in seiner Unterschiedenheit zur „Ursache" nicht notwendig zu einem nicht-kausalen Begriff[126]? In bezug auf Verworns Gehirnkausalität wäre zu fragen,

---

[124] Vgl. z. B. P. Häberlin, Der Charakter, Basel 1925; Ders., Zwischen Philosophie und Medizin, Zürich 1965; R. Heiss, Die Lehre vom Charakter, Berlin 1936; F. Kaulbach, Ethik 173; H. Kleiner, Wiener Z. f. Phil./Psych./Päd. 6 (1956/58) 189 ff.; H. Nohl, Charakter und Schicksal, Frankfurt/M. ³1947; W. J. Revers, Charakterprägung und Gewissensbildung, Nürnberg 1951; H. Roth, Pädagog. Anthropolog. I, Hannover ²1968, 418 ff.; J. Zutt, Auf dem Wege zu einer anthropologischen Psychiatrie, Berlin 1963, 4 ff.

[125] A. Wellek, Ganzheitspsychologie 18, 207; Ders., Die Polarität im Aufbau des Charakters, Bern ³1966. Vgl. auch Nohl, Charakter 71 ff.; F. Seifert, Charakterologie, in: A. Baeumler (Hrsg.), Handbuch der Pilosophie III, München 1931.

[126] Vgl. z. B. H. Bürger-Prinz, Motiv und Motivation, Hamburg 1950; E. Heintel, Festschrift für B. Liebrucks, Meisenheim a. Glan 1974, 122 ff.; B. Katz, Das Problem der Willensfreiheit und das Strafrecht, Dissertation Heidelberg 1910; F. Kaulbach, Ethik 186 ff.; W. Piel, Psychol. Rundschau 16 (1965) 253 ff.; W. J. Revers, Festschrift für Gebsattel, Stuttgart 1963, 191 ff.; H. Schoeler, Innerlichkeit und Tat, Dissertation Bonn 1939; St. Strasser, Jahr-

ob „Hirn", „Nerv", „Ganglion" mechanische Begriffe sind. Oder müßte nicht auch z. B. das Gehirn weiter aufgelöst werden in eine Reihe von Ursachen und Wirkungen? Darüber hinaus bleibt ein weiteres Problem: Wie wird aus Gehirnprozessen eine Bewegung „meines" Körpers, so daß „ich" gehandelt habe[127]? Weiter: Ist die Rückführung der Handlung auf die Wirkung von Genen konsequent und zureichend oder werden nicht auch hier die Grenzen der kausalen Betrachtung überschritten bzw. verwischt? Letzteres behauptet z. B. Walter Strich: „Es ist nämlich vom kausalen Standpunkt aus völlig unsinnig, überhaupt nach der gemeinsamen Natur dieser Stoffteilchen [der Gene] zu fragen. Selbst wenn man zugeben würde, daß sich [z. B.] die Form und Farbe eines Blattes auf verschiedene Stoffteilchen zurückführen ließen, so könnte die kausale Aufgabe nur die sein, die einzelnen Eigenschaften aus den Wirkungen der einzelnen Teile zu erklären ... Daß die Ursachen in irgend etwas anderem übereinstimmen sollen als daß sie Stoffteile sind, ist ein ganz unsinniger Gedanke; wirken sie kausal, dann wirkt jeder Teil auf seine Weise nach seiner spezifischen stofflichen Natur. Stellt man überhaupt die Frage nach der Natur der Gene, so setzt man dabei schon voraus, daß alle diese Stoff-Figurationen innerhalb der Materie etwas Besonderes sind, und dieser Gedanke widerstreitet dem Grundprinzip der kausalen Naturwissenschaft, nach dem Materie Materie ist, gleichgültig, wo sie sich in Raum und Zeit befindet[128]." Der Begriff des „Gens" zum Unterschied von anderen Körperchen kann somit nur von nicht-kausalen Voraussetzungen gedacht werden. Darüber hinaus sagt diese Gentheorie gerade nichts über die Handlung aus: Denn alles ist nach ihr auf Gene zurückzuführen, auch z. B. die Körpergröße und die Hautfarbe. Was macht aber gerade das Spezifische der Handlung aus?

Betrachtet man schließlich die Ausführungen Pawlows, so wird deutlich, wie wenig kausal eigentlich sein Prinzip des bedingten Reflexes ist. Im Vordergrund stehen Begriffe wie Verbindung, Analysieren, Synthetisieren, vor allem aber der Begriff des Signals, den Pawlow mit Sprache (Wort) in Verbindung bringt. Dies sind Termini, die mit einem

---

buch für Psychologie und Psychotherapie 1 (1952/53) 46 ff. Zum Ganzen vgl. H. Thomae (Hrsg.), Die Motivation menschlichen Handelns, Köln ⁷1971.

[127] Vgl. dazu M. Merleau-Ponty, Die Struktur des Verhaltens, Berlin 1976; E. Straus, Festschrift für Buytendijk, Utrecht 1957, 472 ff.; Ders., Starnberger Gespräche 1961, Stuttgart 1963, 4 ff.; W. Strich, Telos und Zufall, Tübingen 1961, 37 ff.

[128] W. Strich, Telos 53 f. Vgl. auch Th. Haering, Der Biologe 4 (1935) 393 ff. — Angemerkt sei im übrigen, daß in der modernen Vererbungslehre eine solche kausale Handlungslehre nicht mehr vertreten wird. Vgl. H. Kalmus, Genetik, Stuttgart 1966; F. Kaudewitz, Grundlagen der Vererbungslehre, München 1957; G. Pilz / H. Moesch, Der Mensch und die Graugans, Frankfurt/M. 1975; K. Saller, Grundlagen der Anthropologie, Stuttgart 1949, 15 ff.; Ders., Leitfaden der Anthropologie, Stuttgart ²1964, 4 ff., 34; I. Schwidetzky, Das Menschenbild der Biologie, Stuttgart 1959, 17 ff.

Ursache-Wirkung-Zusammenhang überhaupt nichts zu tun haben, sondern eher mit Ausführungen Pawlows zur Deckung gebracht werden können, in denen er die Naturwissenschaft als den „endgültigen Triumph des menschlichen Geistes" preist[129] und damit zugleich wohl alles zum für Menschen geltenden Reflex Gesagte aufhebt. Überdies ist selbst die Unterscheidung von unbedingtem und bedingtem Reflex nicht mehr mit den Methoden strenger Kausalforschung möglich, die eben nur Ursache-Wirkung schlechthin kennen kann[130].

Zusammenfassend kann man den aufgezeigten Mangel aller kausalen Handlungslehren[131] dahingehend festhalten, daß sie Begriffe verwenden, die nicht mehr selbst im Ursache-Wirkung-Zusammenhang verstanden werden können. Alle nicht-kausalen Probleme stecken dann in diesen Begriffen, sind vorausgesetzt und nicht mehr thematisiert. Die nicht-kausalen Begriffe als solche können dann freilich in einem Ursache-Wirkung-Zusammenhang erfaßt werden.

Was ein solcher nicht-kausaler Begriff selbst beinhaltet, wie er von anderen unterschieden werden kann, bleibt gleichfalls vorausgesetzt und nicht im Rahmen der Theorie thematisiert bzw. thematisierbar. In dieser Hinsicht sind sie alle gleich: nämlich nicht-kausal. Manchmal wird diese unbegriffene und unbegreifbare Gleichheit auch inhaltlich gefaßt. Die Konsequenz ist von vornherein eindeutig: Wird das Wesentliche der Handlungslehre in der Kausalität gesehen, ist alles andere,

---

[129] I. P. Pawlow, Auseinandersetzung 21.

[130] Vgl. dazu z. B. F. J. J. Buytendijk, Wege zum Verständnis der Tiere, Zürich 1938, 178 ff.; Ders., Prolegomena einer anthropologischen Physiologie, Salzburg 1967; Ders., Allgemeine Theorie der menschlichen Haltung und Bewegung, Berlin 1972; Ders. / Plessner, Acta Biotheoretica 1935, 151 ff.; K. Goldstein, Aufbau 44 ff., 161, 293 ff.; M. Merleau-Ponty, Struktur 61 ff.; E. Straus, Vom Sinn der Sinne, Berlin ²1956; H. Thomae, Psychol. Rundschau 5 (1954) 260 ff.; Th. v. Uexküll, Grundfragen der psychosomatischen Medizin, Reinbek 1963, 160 ff.; V. v. Weizsäcker, Reflexgesetze, in: A. Bethe (Hrsg.), Handbuch der normalen und pathologischen Physiologie X, Berlin 1927, 35 ff.

[131] Vgl. noch zum Behaviorismus z. B. R. Bergius, in: Ph. Lersch (Hrsg.), Handbuch der Psychologie II, Göttingen 1965, 817 ff.; IV, Göttingen ²1960, 475 ff.; L. v. Bertalanffy, Menschen 24; P. R. Hofstätter, Jahrbuch für Psychologie und Psychotherapie 4 (1956) 357 ff.; A. Koestler, Das Gespenst in der Maschine, Wien 1968, 26; G. H. Mead, Philosophie der Sozialität, Frankfurt/M. 1969; P. Ranschburg, Archiv f. ges. Psychologie 86 (1932) 307 ff.; W. J. Revers, Ideologische Horizonte der Psychologie, München 1962, 22 ff.; W. Schulz, Philosophie der veränderten Welt, Pfullingen 1972, 693 ff.; J. L. Snethlage, Kant-Studien 34 (1929) 167 ff.; H. Thomae, Psychol. Rundschau 6 (1955) 261 ff.; I. Vogt, Kölner Z. f. Soziologie 1975, 122 ff.; E. Zellinger, Z. f. klinisch. Psychologie und Psychotherapie 20 (1972) 199 ff. — Zur Tropismenlehre von J. Loeb vgl. z. B. W. v. Buddenbrock, Biol. Zentralblatt 35 (1915) 481 ff.; F. J. J. Buytendijk, Wege 55 ff.; J. v. Uexküll, Z. f. ges. Naturwissenschaft 2 (1936/37) 213 ff.; P. Weiss, Biologia generalis 1 (1925) 167 ff. — Zur Kybernetik vgl. F. J. J. Buytendijk / P. Christian, Der Nervenarzt 34 (1963) 97 ff., und die in FN 100 Genannten.

darüber Hinausgehende, Vorausgesetzte letztlich unwesentlich, beliebig, austauschbar. Dann kann man auch — wie oben dargestellt — den Elektronen einen Willen zusprechen, auch Tieren[132] und Pflanzen, dann spricht nichts dagegen, daß Atome sich gewissenhaft entscheiden[133]: Denn was spräche im Rahmen einer kausalen Handlungslehre dafür, daß sie dies nicht tun könnten? Friedrich Kaulbach hat die „kausale Theorie der Handlung" richtig in folgender Weise umschrieben: „Die kausale Theorie des Handelns folgt einer Methode, die sich im Zeichen der Naturwissenschaft ausbildet: Handeln und Handlung wird als ‚Objekt' wie jede Ursache in der Natur, etwa eine Naturkraft beschrieben. Die Energie im Benzin, die z. B. das Auto antreibt, wird unter dieser Voraussetzung in derselben Weise als handelndes ‚Subjekt', das zum Objekt gemacht wird, begriffen und beschrieben, wie die Initiative eines Politikers z. B., der durch sein Handeln ‚Ursache' für irgendeine Reform wird. Diese Methode geht darauf aus, ... alles Verursachen bzw. Bewirken irgendwelcher Art als Handeln anzusprechen und daher auch von Naturkräften als ‚handelnden' Instanzen zu reden[134]." Mit anderen Worten kann die Theorie, die Handlung als kausales Geschehen betrachtet, genau umgedreht werden, weshalb dann jedes kausale Geschehen in gleicher Weise Handeln ist. Und damit ist weder Kausalität noch Handlung eigentlich begriffen. Denn auch wenn man jeden Ursache-Wirkung-Zusammenhang als „Handlung" bezeichnet, so bleibt die Aufgabe, zu untersuchen, ob sich nicht innerhalb dieser weiten „Handlungslehre" Differenzierungen ergeben, die dann verschiedene Arten von solchem „Handeln" begründen würden. Eine konsequente kausale „Handlungslehre" würde freilich nur über Kausalverläufe in Raum und Zeit sprechen, nicht aber über eine Handlung. Denn ihre eigentliche These wäre die Leugnung jeder Handlung als eines bestimmten herausgehobenen Kausalverlaufs; freilich mit dem peinlichen Ergebnis, daß auch z. B. das Experiment (die experimentierende Handlung) nicht mehr taugliche Grundlage einer Wissenschaft, der kausalen Theorie selbst, wäre. Man hätte sich damit den Ast abgesägt, auf dem man notwendig sitzen muß.

Überhaupt geraten alle diese Weltbilder dann in Schwierigkeiten, wenn man ihre *eigenen Kriterien* für Wissenschaftlichkeit und Wirklichkeit auf sich selbst anwendet. Wie kann man Geist, Vernunft, Freiheit leugnen, wenn man dazu genau die Mittel des Geistes und der Vernunft einsetzen muß? Die Physik (und jede andere Naturwissen-

---

[132] Vgl. oben FN 58.
[133] So z. B. Bucher, Innenwelt 275 ff., 289, 306; P. Jordan, Wandlung 15; Ders., Die Physik und das Geheimnis des organischen Lebens, Braunschweig ⁶1948, 38 f., 21); H. Rettig, Formel.
[134] F. Kaulbach, Ethik 199 f.

schaft, aber auch die Psychologie und Soziologie) ist als solche bereits ein Beweis für die Freiheit des Ich[135] und damit die Widerlegung jedes Mechanismus. Ohne Bewußtsein, ohne Theorie, ohne die Möglichkeit einer Distanzierung von der Unmittelbarkeit der Wahrnehmungen, ohne Wagnis und ohne Idee wäre kein Experiment und damit auch keine Physik (keine andere Wissenschaft) möglich. Wenn das einzig Wirkliche nur das von einer deterministisch verstandenen Kausalität bestimmte Körperliche in Raum und Zeit wäre, wäre die Physik als Wissenschaft selbst unwirklich, selbst nur Schein und damit nicht mehr taugliche Grundlage einer solchen Weltanschauung.

Ebenso hat der Vergleich von tierischem und menschlichem Verhalten zumindest eine *wesentliche Grenze*[136]: Soweit bis heute bekannt, haben nur Menschen eine Verhaltensforschung ausgebildet. Jedenfalls diesen Unterschied muß gerade eine Wissenschaft vom Verhalten voraussetzen und begreifen; was viele ihrer Vertreter im übrigen auch tun. Zumindest geschieht dies implizit (und ungewollt) dadurch, daß die für die Tiere in exakter Weise herausgearbeiteten Termini in der Anwendung auf den Menschen aufgeweicht und verschwommen werden. Unter „Instinkt" wird z. B. auch Denken und Freiheit gefaßt[137], Keiter nimmt symbolische Instinktziele an und spricht vom geistigen Sinngefüge der Instinkthandlung[138]; Holst schreibt dem Menschen auch einen „Trieb, all sein Tun intellektuell zu motivieren und zu verbrämen", zu[139]. In

---

[135] Vgl. W. Cramer, Phil. Perspektiven 5 (1973) 9 ff.; H.-D. Klein, Vernunft und Wirklichkeit I, Wien 1973, 19; R. Kroner, Freiheit und Gnade, Tübingen 1969; A. G. M. van Melsen, Naturwissenschaft und Technik, Köln 1964, 127 f.; C. F. v. Weizsäcker, Zum Weltbild der Physik, Stuttgart ¹¹1970, 176. — Der Mechanismus erweist sich damit als Glaube (vgl. K. Heim, Wandlung 28 ff., 132 f.) und auch damit als Freiheit des Menschen, freilich: „Die meisten Menschen würden leichter dahin zu bringen sein, sich für ein Stück Lava im Monde, als für ein Ich zu halten" (J. G. Fichte, Grundlage der gesamten Wissenschaftslehre, Werke I, 175 FN).

[136] Zur Verhaltensforschung vgl. z. B. D. Claessens, Instinkt — Psyche — Geltung, Köln ²1970; U. Erckenbrecht, Mensch, du Affe, Lampertheim 1975; A. Griffel, Der Mensch — Wesen ohne Verantwortung? Regensburg 1975, 144 ff.; E. Heintel, Wiener Jahrbuch für Philosophie 4 (1971) 195; Ders., Einführung in die Sprachphilosophie. Darmstadt 1972, 192; H. Noack, in: F. Keiter (Hrsg.), Verhaltensforschung im Rahmen der Wissenschaften vom Menschen, Göttingen 1969, 202 ff.; G. Pilz / H. Moensch, Mensch; H. Plessner, in: R. Rocek (Hrsg.), Philosophische Anthropologie heute, München 1972, 51 ff.; L. Rosenkötter, Frankfurter Hefte 21 (1966) 523 ff.; W. Schmidbauer, Methodenprobleme der Human-Ethologie. Stud. generale 24 (1971) 462 ff., 516 ff.; Ders., Biologie und Ideologie, Hamburg 1973; W. Schulz, Philosophie 765 ff.; R. A. Stamm, Studia philosophica 28 (1968) 159 ff.

[137] I. Eibl-Eibesfeldt, Der vorprogrammierte Mensch, Wien 1973, 271 f.

[138] F. Keiter, Z. f. Morphologie und Anthropologie 45 (1953) 147 ff.

[139] E. v. Holst, Zur Verhaltensphysiologie bei Tieren und Menschen I. München 1969, 280. — Vgl. auch F. Alverdes (Tiersoziologie, Leipzig 1925, 132 ff.), der jede menschliche Tätigkeit als Instinkt bezeichnet.

ähnlicher Weise wird der in der Tierforschung exakt definierte AAM beim Menschen schon dann angenommen, wenn er bestimmte Gefühle verspürt[140], wie etwa im Zusammenhang mit dem Kindchenschema. Darüber hinaus gehen selbst die Verhaltensforscher, die für das tierische Verhalten menschliche Termini verwenden (wie z. B. oben Konrad Lorenz), davon aus, daß der Mensch wesentlich vom Tier unterschieden, nämlich ein „Kulturwesen von Natur", sei[141]. Gerade Lorenz hat in seiner Arbeit „Der Kumpan in der Umwelt des Vogels" aufgezeigt, daß es für einen Vogel einen Partner (als identes Objekt) überhaupt nicht gibt, weshalb die genannte Kameradenverteidigung bei den Dohlen wissenschaftlich unhaltbare Unterhaltung für den Tierfreund[142] sei. Ebenso könne nach Lorenz bei Tieren nicht von Moral gesprochen werden, sondern nur „per analogiam"[143]: Was dabei wem in welcher Weise analog sein soll, wird nicht gesagt. Wie sollte es auch, wenn der Mensch für Lorenz ein „Instinkt-Reduktionswesen", der „Spezialist auf Nichtspezialisiertsein", „das unfertige Wesen" und „das riskierte Wesen" ist[144]. — Diese Ernüchterung, die den Verhaltensforscher befällt, sofern er wissenschaftlich arbeitet (und nicht nur erbauliche Volksbücher in menschheitserziehender Absicht schreibt[145]), ist vielfach festzustellen. Ein letztes Beispiel soll genügen: Es ist heute anerkannt, daß die tierische Kommunikation situations- und stimmungsgebunden ist. Die Tiere bilden vorsprachliche Begriffe, denken unbenannt und anschaulich, vermögen auch einfache allgemeine Beziehungen biologisch relevanter Art zu erfassen, aber es liegt außerhalb ihrer Möglichkeiten, zu Zeichen für Begriffs- wie Beziehungsbedeutungen zu gelangen. Sie geben Signale von sich, es ist ihnen aber nicht möglich, Symbole zu

---

[140] K. Lorenz, Z. f. Tierpsychologie 5 (1943) 235 ff.

[141] K. Lorenz, Stud. generale 24 (1971) 495 ff. — Zum wesentlichen Unterschied von Mensch und Tier vgl. auch z. B. die Verhaltensforscher B. Hassenstein (Vergleich soziologischer Prinzipien bei Tieren und Menschen. Freiburger Dies Universitatis 10, 1962/63, 39 ff.; Verhaltensbiologie des Kindes, München 1973, 15 f.), E. v. Holst (Verhaltensphysiologie I 277 ff.), O. Koehler (in: J. Schlemmer [Hrsg.], Was ist das — der Mensch? München 1968, 55 ff.), I. Schwidetzky (Menschenbild 198 ff.), O. Storch (Die Sonderstellung des Menschen, Wien 1948; Zeitschrift für öffentl. Recht 3, 1951, 358 ff.) und N. Tinbergen (Instinktlehre, Berlin ⁴1966, 195).

[142] K. Lorenz, Verhalten I 115 ff.; Ders., in: Bähr (Hrsg.), Naturwissenschaft heute, Gütersloh 1965, 173 ff. (176).

[143] K. Lorenz, Böse 72; Ders., in: Bähr, Naturwissenschaft 183. — Zum „Analogiebegriff" in der Verhaltensforschung vgl. I. Eibl-Eibesfeldt, Grundriß 235; H.-E. Hengstenberg, Intern. Jahrbuch für interdisz. Forschung 1 (1974) 285 ff.; E. Heintel, Wiener Jahrbuch für Philosophie 1971, 200 ff.; F. Rauh, Leben 50; W. Wickler, in: G. Heberer (Hrsg.), Die Evolution der Organismen I, Stuttgart 1967, 431 ff.

[144] K. Lorenz, Verhalten II 176 ff., 224 ff.

[145] Vgl. K. Lorenz, Böse 246: „Im Gegensatz zu Faust bilde ich mir ein, ich könnte was lehren, die Menschen zu bessern und zu bekehren". Vgl. auch K. Lorenz, Die Rückseite des Spiegels, München 1973, 31.

erwerben. Damit besteht zwischen menschlicher und tierischer Sprache ein wesentlicher, nicht aufgebbarer Unterschied[146].

Ein vergleichbares Ergebnis ist in den anderen Wissenschaften eingetreten. Die Ergebnisse werden nicht mehr zu alles umfassenden Weltbildern aus- und überinterpretiert. So hat die *Psychoanalyse* — gerade in Reflexion auf das, was Freud selbst getan hat — erkannt, daß jedes mechanistische Selbstverständnis am Wesentlichen ihrer Methode vorbeigeht. Denn sie befaßt sich mit Symbolen, mit Sprache, mit Sinn; und dafür kommt nur eine verstehende, interpretierende Wissenschaft in Betracht. Die moderne Auffassung erweist Psychoanalyse somit als eine besondere Form der Interpretation und damit als Problem der Sprachphilosophie. „Psychoanalyse ist letztlich angewandte Lehre von der Bedeutung des Buchstabens"[147]. Auf die damit verbundenen Konsequenzen (etwa eines Ausbaues zu einer kritischen Theorie des Subjekts und/oder zu einer allgemeinen Sozialwissenschaft)[148] ist hier nicht einzugehen; sondern nur anzumerken, daß dadurch die psychoanalytische Triebtheorie (die Theorie des Es) gleichfalls hermeneutisch umgestaltet wird. Lorenzer z. B. bezeichnet die triebhaften „Es-Impulse" als „Sinnzusammenhänge, die als Interaktion verstanden werden", Heiß spricht von den „Trieb-Bildern"[149]. Von Mechanismen ist nicht mehr die Rede,

---

[146] Vgl. z. B. E. Cassirer, Was ist der Mensch? Stuttgart 1960, 41 ff.; E. Heintel, Einführung; J. Illies, Zoologie des Menschen, München 1971, 99 ff.; F. Kainz, Die „Sprache" der Tiere, Stuttgart 1961; D. Katz, Mensch und Tier, Zürich 1948, 249 ff.; O. Koehler, in: G. Altner (Hrsg.), Kreatur Mensch, München 1973, 233 ff.; K. Lorenz, Verhalten II 145 ff.; H. Plessner, Conditio humana, Pfullingen 1964, 34 ff.; D. Ploog, in: H.-G. Gadamer / P. Vogel (Hrsg.), Neue Anthropologie II, München 1972, 98 ff.; A. Portmann, Zoologie und das neue Bild des Menschen, Hamburg 1956, 72 ff.

[147] S. Leclaire, Der psychoanalytische Prozeß, Olten 1971, 89. Vgl. auch z. B. Th. Adorno, Gesammelte Schriften I. Frankfurt/M. 1973, 79 ff.; S. u. H. C. Goeppert, Sprache und Psychoanalyse, Reinbek 1973; J. Habermas, Zur Logik der Sozialwissenschaften, Frankfurt/M. 1970; Ders., Erkenntnis und Interesse, Frankfurt/M. 1968, 263 ff.; G. Jappe, Über Wort und Sprache in der Psychoanalyse, Frankfurt/M. 1971; A. Lorenzer, Sprachzerstörung und Rekonstruktion, Frankfurt/M. 1970; Ders., Über den Gegenstand der Psychoanalyse, Frankfurt/M. 1973; Ders., Die Wahrheit der psychoanalytischen Erkenntnis, Frankfurt/M. 1974; P. Ricoeur, Die Interpretation, Frankfurt/M. 1969. — Auf die Konsequenzen für das (Selbst)Verständnis der Psychoanalyse kann hier nicht eingegangen werden: nur als Schlagworte seien genannt: Psychotherapie als Heilung einer Sprachzerstörung (einer Exkommunikation durch Ausbildung einer Privatsprache), als Hilfe der Selbstreflexion, als Individual-Historie.

[148] Man denke an K. Horn (Psychoanalyse — Kritische Theorie des Subjekts, Amsterdam 1972), A. Lorenzer (Zur Begründung einer materialistischen Sozialisationstheorie, Frankfurt/M. 1972; Perspektiven einer kritischen Theorie des Subjekts, Frankfurt/M. 1972) oder A. Mitscherlich (Krankheit als Konflikt I, II, Frankfurt/M. 1966, 1967; Der Kampf um die Erinnerung, München 1975).

[149] A. Lorenzer, Sprachzerstörung 109; R. Heiss, Das Bild des Menschen in der Psychologie. Freiburger Dies Universitatis 4 (1955/56) 61 (78). — Vgl.

sondern Psychoanalytiker gehen sogar von der Freiheit des Ich (des Subjekts) aus[150]. Die Auffassung von den „unbewußten Motiven" des Handelns verliert dadurch gleichfalls ihre deterministische Einfachheit: Sie können nicht bloße Ursachen sein, sondern müssen sinnbezogen und auf das Subjekt hingeordnet sein. Dieses eigenartige Verhältnis faßt Habermas zusammen als: „Unbewußte Motive sind gleichsam als Ursachen verkleidet; aber nur in dieser Verkleidung haben sie motivierende Kraft[151]." Genauer sind sie damit weder Ursachen noch Motive, sondern sowohl verkleidete Ursachen — weil sie sich zwar hinter dem Rücken des Handelnden durchsetzen, aber trotzdem in symbolisch interpretierbaren Zusammenhängen gegeben und deshalb auch hermeneutisch aufschließbar sind — als auch verkleidete Motive.

Viel mehr ist zum heutigen Selbstverständnis der Wissenschaften selbst nicht auszuführen. Beispiele für ihre Selbstbeschränkung (und für den Verzicht auf „Weltbilder") sind bereits ausreichend genannt, einige Namen und Richtungen in Biologie, Psychologie und Soziologie sollen genügen[152].

2. Die Unhaltbarkeit der Lehre vom Stufen/Schichtenbau des Seins

Eine nähere Betrachtung der Ontologie vom Stufen/Schichtenbau des Seins läßt gleichfalls die Unhaltbarkeit dieses Begründungsversuches hervortreten. Dabei ist an die Argumentation von Nicolai Hartmann anzuknüpfen.

---

dazu auch W. Loch, Psyche 25 (1971) 374 ff.; J. Nuttin, Jahrbuch für Psychologie und Psychotherapie 3 (1955) 160 ff.; W. J. Revers, Jahrbuch für Psychologie und Psychotherapie 1 (1952/53) 421 ff.

[150] Vgl. W. Schulz, Philosophie 673; H. Strotzka / K. Buchinger, in: A. Paus (Hrsg.), Freiheit des Menschen, Graz 1974, 271 ff. — Auf die vielen unterschiedlichen Schulen der Psychoanalyse (und der Psychiatrie) kann hier nicht eingegangen werden. Nur einige bekannte Namen seien genannt: L. Binswanger, M. Boss, W. Bräutigam, I. A. Caruso, V. E. Frankl, V. E. v. Gebsattel, H. Häfner, K. P. Kisker, A. Kulenkampff, H. Kunz, E. Straus, J. Zutt. Man denke auch an die Ich-Psychologie (A. Freud, H. Hartmann, D. Rapaport) und die vielen Richtungen von Gruppenpsychologie. Jedenfalls zeigen fast alle diese modernen Vertreter der Psychoanalyse, daß von einem mechanistischen Verständnis nicht mehr gesprochen werden kann.

[151] J. Habermas, Logik 297.

[152] Wiederum können und sollen nur Namen genannt werden: aus der Biologie z. B. Adolf Portmann (Organismus als Selbstgestaltung und Selbstdarstellung) und Richard Woltereck (Organismus als Innen-Dimension); aus der Psychologie die „Ganzheitspsychologie" (als Gestaltpsychologie mit: Karl Bühler, Walter Ehrenstein, David Katz, Wolfgang Köhler, Friedrich Sander, Hans Volkelt; und als Strukturpsychologie mit: Felix Krueger und Albert Wellek); aus der Soziologie die Vertreter des Symbolischen Interaktionismus (Erving Goffman, G. J. McCall, Alfred R. Lindesmith, George H. Mead, Anselm L. Strauss, Heinz Steinert) und der dialektischen Sozialphilosophie (Theodor Adorno, Max Horkheimer, Jürgen Habermas).

Hartmann kommt zu seinem Bausystem der Wirklichkeit (des Seins) auf folgendem Wege[153]. In Ablehnung jeder spekulativen Konstruktion von Systemen stellt er auf das „Problemdenken" ab, das zwar gleichfalls auf ein System hinauswill, aber dieses durch Forschung an den Phänomenen unvoreingenommenen herausarbeiten will. An die „getreue Beschreibung der Phänomene" schließt sich die Reflexion darüber an. Und zwar ist ihr Ausgangspunkt das „natürliche Realitätsbewußtsein", das Hartmann umschreibt: „Man kann die Tatsache nicht in Abrede stellen, daß wir unser ganzes Leben in der Überzeugtheit hinbringen, die Dinge seien etwas Reales, unabhängig von unserem Dafürhalten[154]." Erkenntnis ist somit immer Relation zwischen der Vorstellung, die ein Subjekt von etwas hat, und dem Etwas selbst, sofern dieses unabhängig von ihr (der Vorstellung) besteht, d. h. sofern dieses nicht nur Objekt (und als solches korrelativ zum Subjekt), sondern Sein an sich ist. Hartmann unterscheidet zwischen Subjekt, Objekt (als der Vorstellung, dem Wissen vom Gegenstand, das nur für das Subjekt ist) und dem Erkenntnisgegenstand, der „an sich" ist.

Bei genauerer Betrachtung ergeben sich für Hartmann freilich unlösbare Schwierigkeiten (Aporien). Die Reflexion führt damit zur Aporetik (als zweiten Schritt der philosophischen Methode). Dabei sieht Hartmann die „Grundaporie" im Verhältnis von Objekt (Vorstellung) und Erkenntnisgegenstand. Diese führt zur Theorie als einer „Metaphysik", nämlich als Lehre von den Problemen, die aporetisch sind (nicht direkt aufgelöst werden können), vor allem von der Grundaporie des Verhältnisses vom Subjekt, Objekt(svorstellung) und Erkenntnisgegenstand. Da sich die Theorie (zumindest auch) auf den Erkenntnisgegenstand an sich bezieht, muß sie Ontologie sein. „Schon die Grundaporie verlangt das: Im Verhältnis des Subjekts zu einem seienden Gegenstand steckt eben ein Seinsverhältnis. Das Subjekt als reales steht in der gemeinsamen realen Welt mitten unter den realen

---

[153] N. Hartmann, Schriften I 1 ff. — Vgl. dazu C. T. Frey, Grundlagen der Ontologie Nicolai Hartmanns, Dissertation Zürich 1955;; H.-G. Gadamer, Logos 12 (1923/24) 340 ff.; R. Gamp, Die interkategoriale Relation und die dialektische Methode in der Philosophie Nicolai Hartmanns, Bonn 1973; A. Guggenberger, Der Menschengeist und das Sein, Krailling 1942; H. Herrigel, Kant-Studien 51 (1959/60) 34 ff.; K. Kanthack, Nicolai Hartmann und das Ende der Ontologie, Berlin 1962; J. Klösters, Phil. Jahrbuch 41 (1928) 404 ff.; 42 (1929) 25 ff.; H. Knittermeyer, Kant-Studien 30 (1925) 495 ff.; H. Kuhaupt, Das Problem des erkenntnistheoretischen Realismus, Würzburg 1938; J. Münzhuber, Blätter f. deutsche Phil. 13 (1939/40) 173 ff.; K. Schilling, Archiv für Rechts- und Sozialphilosophie 39 (1950/51) 533 ff.; F. Weinhandl, Phil. Anzeiger 1 (1925/26) 267 ff.; I. Wirth, Realismus; G. Wolandt, Kant-Studien 54 (1963) 304 ff.
[154] N. Hartmann, Schriften I 8. Vgl. auch: Zum Problem der Realitätsgegebenheit, Berlin 1931 (mit Diskussionsbeiträgen von Th. Litt, H. Plessner, P. Hofmann).

Dingen und Geschehnissen, die sein äußerer Gegenstand sind oder werden können ... Das Leben spielt sich in einem einzigen großen Zusammenhang des Leidens und Wirkens ab; und in diesem Lebenszusammenhang ist das Erkenntnisverhältnis nur ein Teilverhältnis. Dieses Teilverhältnis aber ist ein durchaus reales[155]." Noch mehr: Das Hauptgewicht wird von Hartmann auf die Ontologie gelegt, die Erkenntnistheorie büßt ihren hervorragenden Rang ein. Daraus ergibt sich, „daß ... die Erkenntnistheorie für sich allein nicht Fundamentalphilosophie sein kann ..., sondern ihrerseits einer ontologischen Vorarbeit bedarf"[156]. Damit folgen die Kategorien der Erkenntnistheorie erst aus den Kategorien des Erkenntnisgegenstandes selbst. Diese „Kategorialanalyse" umschreibt Hartmann als ein „Verfahren, das weder in Induktion noch in Deduktion aufgeht ... Es setzt die ganze Breite der Erfahrung voraus[157]."

In vielem ist Hartmann zuzustimmen, so z. B. in der These, daß Philosophie nicht von Erfahrung zu trennen ist. Doch das Grundproblem der Erfahrung (der Erkenntnis) wird von ihm nicht adäquat gelöst. Im Bestreben nämlich, einer These auszuweichen, die Erfahrung/Erkenntnis als Konstruktion eines Objekts durch das Subjekt auffassen will, stellt er neben das Subjekt und seine Objektsvorstellung den Erkenntnisgegenstand an sich. Damit ist zwar richtig gesehen, daß die Vermittlung von Subjekt und Objekt nicht in der Weise eines Konstruierens gedacht werden kann. Hartmann geht aber einen Schritt weiter und damit zu weit. Weil er Erfahrung/Erkenntnis nicht als Konstruktion denken kann, verzichtet er überhaupt auf die Vermittlung, sondern stellt die beiden zu vermittelnden Momente und deren Einheit (als das Ergebnis dieser Vermittlung) in linearer Weise (und damit in einer Dreiheit) als Subjekt—Objekt(svorstellung)—Erkenntnisgegenstand an sich dar. Gerade dadurch erreicht er aber das Ergebnis, das er vermeiden will: Denn der Erkenntnisgegenstand ist nun wirklich nur an sich, d. h. niemals Objekt, deshalb auch nicht erfahrbar, beweisbar, erkennbar, sondern — wie Hartmann selbst formuliert (siehe oben) — Theorie; aber im Sinne von Konstruktion.

Hartmann hat dies eigenartigerweise ebenso gesehen. Denn er versucht, aus der Not eine Tugend zu machen: Da der Erkenntnisgegenstand nicht Objekt (d. h. nicht erfahrbar) ist, stellt er auf die Analyse der Phänomene und der (übrigen) Bewußtseinsinhalte des Subjekts ab und schließt von da auf den Erkenntnisgegenstand zurück. Die Kategorien „werden unserem Wissen vom Gegenstande entnommen; oder

---

[155] N. Hartmann, Schriften I 22.
[156] N. Hartmann, Wege 18.
[157] N. Hartmann, Wege 18 f.

was dasselbe ist; sie werden dem Gegenstande selbst, soweit er sich einem gegebenen Stande der Wissenschaft erschlossen hat, entnommen"[158]. Die von Hartmann verlangte Analyse beschäftigt sich damit nicht mit dem Erkenntnisgegenstand, sondern mit der Erfahrung des Objekts. Daß trotzdem Rückschlüsse auf ersteren möglich sind, „beruht darauf, daß die Seinsprinzipien ja doch irgendwie im Seienden enthalten sein müssen"[159]; und in diesem „irgendwie" liegt der Mangel der Hartmannschen Auffassung gebündelt und zusammengefaßt vor.

Denn das Verhältnis von Objekt (Erfahrung) und Erkenntnisgegenstand läßt sich nun ebenfalls nur „irgendwie" bestimmen: das Objekt „ist bloß Teilerkenntnis, ein Teil des Gegenstandes bleibt unerkannt. Im Gegensatz zum Erkannten (Objizierten) kann man diesen unerkannten Rest das Transobjektive am Gegenstande nennen..., das Unerkennbare, Transintelligible, (das gnoseologisch Irrationale)"[160]. Aber damit ist nicht nur das Gesamte unerkennbar, sondern auch der Teil: Denn wie soll man diesen als „Teil" des Gesamten erkennen?!

Der Erkenntnisgegenstand an sich (und damit die gesamte Ontologie) erweist sich als hypothetische Konstruktion, die selbst wieder aus einer allem zugrundeliegenden Theorie deduziert wird: nämlich dem Subjekt-Objekt-Schema[161]. Hartmann sieht zwar richtig, daß Subjekt und Objektsvorstellung nicht getrennt gedacht werden können, weil sie in jeder bestimmten Erfahrung stets verbunden sind, daß Erfahrung damit subjektiv-objektiv zugleich ist; doch glaubt er damit nicht auskommen zu dürfen, weil sonst der Gedanke naheliegen würde, daß das Objekt nur das Erzeugnis des Subjekts sei, eben nur eine Vorstellung und nicht auch ein etwas „an-sich" sei. Dabei sieht er aber nicht, daß genau dieser Angst ebenfalls bereits eine Subjekt-Objekt-Trennung zugrunde liegt und daß damit die Erfahrung in ihrer Einheit von Subjekt und Objekt verfehlt, weil zerspalten, wird nämlich in der Form, daß es „nur" ein Subjekt gebe, das dann das von ihm getrennte Objekt erzeugt. Die Erfahrung steht aber immer schon in der Einheit von Subjekt und Objekt und erweist von daher die Unmöglichkeit einer Trennung. Weder ist sie bloße Abbildung irgendeines Objektes oder Erkenntnisgegenstandes an sich (in welcher Auffassung das Objekt dann nur passive, z. B. widerspiegelnde Bedeutung hätte), noch ist sie Konstruktion durch ein Subjekt. Sondern beide Möglichkeiten sind nur Momente der Einheit der Erfahrung. Ein Gegenstand an sich ist eine genauso unhaltbare

---

[158] N. Hartmann, Wege 17.
[159] N. Hartmann, Wege 19.
[160] N. Hartmann, Schriften I 23.
[161] Vgl. B. Liebrucks, Probleme der Subjekt-Objektrelation, Dissertation Königsberg 1934, 37 ff.

Konstruktion wie ein bloßer Gegenstand für sich (d. h. nur für das Subjekt)[162].

Die Ontologie des Stufen/Schichtenbaues erweist sich damit als Konstruktion, als hypothetische Annahme, als Modell, als Theorie; sie wird damit im Grunde nur ihrer Selbstbezeichnung gerecht. Denn sie ist Onto-Logie und damit immer schon (und auch) Logos (Verstand, Theorie, Denken) und niemals bloß abbildende, reine passive Erfahrung der Wirklichkeit. Die Wirklichkeit ist — nimmt man das Gesagte ernst — selbst Theorie: Freilich nicht in dem Sinne, daß sie „nur" Theorie (und daher „nur") Denken wäre. Sondern als Theorie ist sie die Erfassung der Wirklichkeit, dadurch nicht unmittelbar, sondern vermittelt in der Einheit beider. Dieses logische (wenn man will: dialektische)[163] Grundverhältnis vermag die Lehre vom Stufen/Schichtenbau nicht durchzuhalten. Sie will an einer nicht-theoretischen Wirklichkeit als solcher festhalten, will auf die Sicherheit eines solchen Seins-An-Sich nicht verzichten. Sie betrachtet diese Dialektik, den darin liegenden Widerspruch, als zerstörenden Angriff auf das Sein, sie will die Wirklichkeit davor bewahren und in einem bejahenden, fast zärtlichem Bemühen in Schutz nehmen. Vielleicht ist sie auch erfüllt von einem tiefen Vertrauen auf das „irgendwie". Die Dialektik läßt sich aber nicht beseitigen, ist sie doch nicht bloß durch das Denken erzeugt, sondern das Grundverhältnis der Wirklichkeit selbst. Man kann sie zwar ablehnen, verdammen, verteufeln, auch bekämpfen, man kann sie aber nicht besiegen und aus dem Wege räumen. Jeder Angriff auf die Dialektik muß an ihrer Notwendigkeit zerschellen, jeder vermeintliche Sieg ist nur die erkaufte Niederlage. Der Kaufpreis ist der Verzicht auf Erkenntnis, auf Wirklichkeitserfassung, auf Philosophie, gekauft sind Widerspruchslosigkeit, Sicherheit, Geborgenheit, ein Aufgehobensein in der Theorie als einer bloßen Theorie im Sinne von Konstruktion. Helmut Kuhn hat diesen grundlegenden Mangel deutlich herausgestellt: Es „drängt sich... die ... Frage auf, ob das philosophische Anliegen überhaupt noch ergriffen [wird] — ob nicht der philosophische Eros hier dem verstandesmächtigen und auf fast heroische Weise unbeugsamen Willen zur Herstellung einer Ordnung von Wissensprodukten weichen [muß]"[164].

In anderen Worten ausgedrückt bedeutet dieser gezeigte Mangel der Lehre vom Stufen/Schichtenbau des Seins — letztlich auf Philosophie und Wirklichkeitserfassung verzichten zu wollen zugunsten einer Konstruktion eines Objekts — die Angleichung an die Einzelwissenschaften.

---

[162] Vgl. dazu Klein, Vernunft I 20 ff.
[163] Vgl. in diesem Zusammenhang die Unterscheidung von „Realdialektik" und „bloßer Begriffsdialektik" bei N. Hartmann (z. B. Schriften II 323 ff.).
[164] H. Kuhn, Nichts — Sein — Gott, in: Deutscher Geist zwischen Gestern und Morgen. Stuttgart 1954, 211.

Denn diese gehen — auch wenn sie dies nicht immer einsehen wollen — gerade von diesen methodischen Voraussetzungen aus. Im Experiment z. B. wird das Subjekt einem Objekt gegenüber gedacht, das durch die experimentierende Handlung überhaupt erst erzeugt wird[165]. Auf das Begreifen einer Wirklichkeit als solcher (des „Wesens") der Dinge müssen die Einzelwissenschaften von vornherein verzichten. Sie orientieren sich an einer bestimmten, besonderen (eben: Einzel-)Methode, die sichere Erkenntnisse vermittelt, weil sie etwaige Unsicherheiten bereits im (methodischen) Ansatz ausscheidet. Die Einzelwissenschaften können rational sein, weil sie Irrationales nicht behandeln wollen, sie können linear-widerspruchslos sein, weil sie vom Subjekt und seiner Methode alleine ausgehen.

Die Lehre vom Stufen/Schichtenbau geht von denselben Voraussetzungen aus wie die Einzelwissenschaften, nur gibt sie deren Beschränkung auf das „Einzel" auf und beansprucht das Ganze des Seins zu erkennen. Nähere Betrachtung freilich zeigt, daß sie eigentlich immer nur von den einzelnen Stufen/Schichten sprechen kann und davon, daß diese jeweils aufeinander gelagert sind. Von der Wirklichkeit selbst kann sie nur sagen, daß diese ein Stufen/Schichten-Bau ist; und damit eben nichts anderes ist als das bloße Aufeinander der einzelnen Stufen/ Schichten als der jeweiligen Bauelemente. So ist die Handlung — wie gezeigt — nicht nur Inhalt des Geistigen, sondern zum Teil auch des Anorganischen, des Organischen und des Seelischen, sie ist ein Zusammengesetztes aus diesen Teilen; und als solches damit nichts Einheitliches (außer diese Zusammensetzung).

So kann die Lehre vom Stufen/Schichtenbau die Einheit des Wirklichen nicht begreifen; seit Kant ist diesbezüglich philosophisch klargestellt, daß dieses Problem überhaupt nur von einem — wie gezeigt: unhaltbaren — Subjekt-Objekt-Verhältnis von Erfahrung-Erkenntnis gestellt werden kann[166]. Hartmann geht von diesem Schema aus und

---

[165] Vgl. Th. Litt: Der Gegenstand der (Natur)Wissenschaft ist nicht „ein Gegebenes", sondern „ein Bewirktes" (Naturwissenschaft 145; Mensch 174 ff.). Deshalb ist er eigentlich eine vom menschlichen Subjekt „gefesselte Natur" (so F. Kaulbach, Philosophie der Beschreibung, Köln 1968, 88). — Jedenfalls wird damit klar, daß keine Einzelwissenschaft erkenntnistheoretische oder ontologische Bedeutung selbst hat: durch die moderne Mikrophysik ist somit kein neues „Weltbild" begründet worden. Vgl. wiederum Th. Litt: „In Wahrheit geht die Wandlung ... nicht entfernt so tief ... Es ist nicht eine die ‚Natur an sich' abbildende Naturwissenschaft abgelöst worden durch eine die Natur im menschlichen Aspekt sichtende Naturwissenschaft. Es ist nur eine die Subjektbezogenheit der Naturwissenschaft vergessende oder verleugnende Reihe von Naturwissenschaftlern abgelöst worden durch eine sich dieser Subjektbezogenheit bewußt werdende Generation von Naturwissenschaftlern ... Die Grundbedingungen aller naturwissenschaftlichen Forschung (bleiben) unangetastet" (Naturwissenschaft 127 f.).

[166] Vgl. dazu H.-D. Klein, Vernunft I 26.

kann die Einheit des Wirklichen nur als Bau (und damit als Zusammensetzung) vieler Teile auffassen. Ontologie wird so zu einer Über-Einzelwissenschaft, zu einer Zusammenstellung aller Ergebnisse der Einzelwissenschaften (genauer ein Über- und Unterordnen je nach Stufe/ Schicht). Jede kritische Reflexion auf deren Methode, Interessen usw. muß von daher aufgegeben werden.

Die aufgezeigte Unhaltbarkeit der Lehre vom Stufen/Schichtenbau wird heute häufig von Gelehrten gesehen, die sich ihr trotzdem verpflichtet fühlen: Sie verlangen, daß sie — in den Worten von Heinrich Henkel — „richtig verstanden [werde]. Man muß sich dabei selbstverständlich von der Vorstellung einer Schichtung etwa im geologischen Sinn, d. h. eines Aufeinanderruhens getrennter, in ihrer Struktur voneinander unabhängiger Schichten fernhalten. Es handelt sich bei dieser Bezeichnung in unserem Zusammenhang um eine wissenschaftliche Modellvorstellung, um einen raumanalogischen Begriff, ein Bild, eine Art, sich verständlich zu machen. Die Schichten im Bild [des Seins] darf man sich also nicht voneinander getrennt vorstellen, sondern miteinander zusammenhängend, in allen Teilen wechselseitig voneinander abhängig und einander durchdringend. Sie bilden in diesem Sinne ein integratives Ganzes von großer Kompliziertheit"[167]. Als ein solches „Modell" hat die Lehre freilich jeden Anspruch auf Ontologie aufgegeben.

Die Unhaltbarkeit gerade des Systems von Nicolai Hartmann ließe sich auch an seinem Handlungsbegriff deutlich machen, was hier nur angedeutet werden kann[168]. Die Fundamentalkategorie der „Determination" ist nämlich selbst nicht gestuft/geschichtet, sie ist also nicht Kausalität und Finalität usw. Sondern sie fragt nach dem Grund eines bestimmten Geschehens; und dabei wandelt sie sich — wie Hartmann sogar selbst gesehen hat — von Schicht zu Schicht ab: Sie werde „vom Charakter der höheren Schicht überformt", ja es könne sogar zu einem „Abbrechen der Wiederkehr auf bestimmter Schichtenhöhe" kommen[169]. Für die Handlung bedeutet dies: Sie ist nicht Finalität und Kausalität, sondern die erstere nimmt die letztere in sich auf und hebt diese damit auf. Hartmann verweist darauf, daß finales Geschehen vollkommen vom kausalen Ablauf zu unterscheiden sei: Letzterer gehe ins Unendliche, während der Finalprozeß Anfang und Ende habe. „Der Finalnexus ist immer ‚jemandes' Betreiben, er läuft nicht von selbst, er muß ins

---

[167] H. Henkel, Festschrift für K. Larenz, München 1973, 3 (7).

[168] Vgl. dazu z. B. M. Beck, Philosophische Hefte 1 (1928/29) 69 ff.; W. Blumenfeld, Kant-Studien 53 (1961/62) 3 ff.; J. Cohn, Logos 16 (1927) 211 ff.; F. Pustet, Gewissenskonflikt und Entscheidung, Regensburg 1955; M. E. Reinhardt, Grundprobleme moderner Ethik bei M. Scheler und N. Hartmann, Dissertation Wien 1952; H. Theisen, Determination und Freiheit bei N. Hartmann, Dissertation Münster 1962.

[169] N. Hartmann, Wege 54 ff., 61.

Werk gesetzt, in Gang gebracht und durchgeführt werden[170]." Die Determinationsform des finalen Geschehens ist damit nur die Finalität in ihren drei Momenten, in deren letztem (der realen Durchführung) die Kausalität aufgehoben ist. Man kann nur sagen: Wenn man finales Geschehen als Naturprozeß betrachtet, dann kommt die Kausalität in Betracht; aber dann eben nur als unendlicher Prozeß ohne Anfang und Ende und vor allem: ohne Finalität. Aber noch mehr: Die Finalität selbst geht in den übrigen Kategorien des Geistigen auf[171], zunächst in der Wertdetermination: „Nicht die Zwecktätigkeit als solche … , sondern das Wertgefühl, das hinter ihnen steht, entscheidet darüber, welche Zwecke [der Mensch] setzt[172]." Gerade diese Entscheidung ergibt sich als solche aber nicht aus dem Wertbewußtsein, sondern beruht auf dem letzten Moment, der Selbstbestimmung, die Hartmann deshalb auch als „zentrale Grundkategorie" bezeichnet[173]. In diesem Merkmal liegt der letzte Grund der Handlung; und nun von ihr kann die Handlung bestimmt werden. Alle anderen Bestimmungen sind wesentlich in ihr enthalten, sie können nur herausgestellt und verselbständigt werden, wenn sie als Finalität oder als Wertbestimmung methodisch isoliert und herausgenommen („abstrahiert") werden[174]. An die Wirklichkeit der Handlung kommen diese Methoden freilich nie heran, auch nicht zu irgendeinem Teil.

---

[170] N. Hartmann, Denken 71 f.

[171] Vgl. N. Hartmann, Ethik 192: „Was für die finale Determination übrig bleibt, ist durchaus nur das zweite Glied, die sekundäre Determination, die erst vom wertschauenden, wollenden und handelnden Subjekt ausgeht."

[172] N. Hartmann, Problem 136.

[173] N. Hartmann, Problem 140.

[174] Bei N. Hartmann selbst führt der Stufen/Schichtgedanke zu einer Ausfüllung der unteren Bereiche und zu einer Entleerung der höheren Bereiche, derart, daß er die Selbstbestimmung (die „Personalität") inhaltlich nicht mehr ausgestalten kann, weil für sie nichts mehr an Gehalt übriggeblieben ist. Wenn er von ihr spricht, dann ist meistens von Werten und ihrer Verwirklichung die Rede — vgl. Problem 134 ff. —, also ein Problem der Wertdetermination. Gleiches gilt für die Weltoffenheit des Menschen und seine Fähigkeit zu zwecktätigen Verrichtungen: hier geht es vor allem um die Finalität (vgl. Schriften I 214 ff.). Der Schluß ist daher (leider) konsequent: die Personalität sei „ontologisch schlechterdings nicht zu bestimmen", sei ein „ungelöstes Restproblem" (Ethik 189, 227, 786 ff.). Damit muß auch die Handlungslehre letztlich als ungelöst angesehen werden. — Nur eine Bestätigung des Scheiterns ist schließlich der Versuch Hartmanns, die Freiheit ontologisch mit dem Stufen/Schichtbau des Seins zu verbinden, so, daß „Freiheit überall dort auf(tritt), wo ein kategoriales Novum einsetzt; frei ist jede Determination, die sich über einer niederen erhebt" (Wege 102). Diese „aufsteigende Reihe von Autonomien" (Wege 99, 102) ist so allgemein-abstrakt, daß sie das eigentliche Problem der menschlichen Autonomie (Freiheit) letztlich gar nicht mehr formulieren kann. Vgl. dazu H. Below, Das Problem der Freiheit in N. Hartmanns Ethik, Dissertation Köln 1966; J. Dähler, Zur Freiheitslehre von Nicolai Hartmann, Dissertation Fribourg 1952; H. Theisen, Determination; M. Wittmann, Phil. Jahrbuch 55 (1942) 119 ff.

V. Philosophischer Begriff und methodische Abstraktion der Einzelwissenschaften

Viele der kritischen Ausführungen haben bereits die Lösung des Problems in Sicht gebracht, die hier als Abschluß in einigen Thesen vorgetragen werden soll.

Danach ist die Vielfalt der Handlungslehren der Einzelwissenschaften nicht durch eine Ontologie zu begründen, sondern durch die Reflexion auf ihre Methode und (damit verbunden) ihre Voraussetzungen zu verstehen. Es zeigt sich dabei, daß jede Wissenschaft mit bestimmter Fragestellung an die Wirklichkeit herangeht, um — in den Worten, die Kant für die Erkenntnis allgemein (und daher mißverständlich) formuliert hat — „von ihr belehrt zu werden, aber nicht in der Qualität eines Schülers, der sich alles vorsagen läßt, was der Lehrer will, sondern eines bestallten Richters, der die Zeugen nötigt, auf die Fragen zu antworten, die er ihnen vorlegt"[175]. Was die Wirklichkeit als solche (ontologisch) ist, interessiert sie nicht: Sie behandelt methodisch einen Aspekt dieser Wirklichkeit, sie beleuchtet ihn sozusagen nur von einer Seite. Ihr Ergebnis ist damit notwendig Konstruktion der Methode, aber nicht bloß von ihr erzeugt, sondern ebenso ein „Aspekt" des Gegenstandes selbst. Dabei ist ein solcher „Aspekt" mit Theodor Litt „eine Ansicht eines Gegenstandes, die nur in Korrelation zu der sie herausarbeitenden Methode hervortreten kann"[176]. Er wird durchaus von außen — durch die Anwendung einer Methode — herausgearbeitet, ist die Antwort auf eine bestimmte Fragestellung und abhängig von dem Erkenntnisinteresse und den eingesetzten Untersuchungsmethoden. Jedenfalls bedeutet „Aspekt" eine methodische Abstraktion. Dem Einzelwissenschaftler geht es nicht um den Gegenstand als solchen, sondern um eine bestimmte Seite an ihm, die dadurch bestimmt und geklärt werden kann, indem er von seinen anderen Seiten absieht, von ihnen abstrahiert. Durch die methodische Abstraktion von der Vielheit der Gesichtspunkte kann man sich auf (jeweils) einen Aspekt konzentrieren, der dadurch schärfer, genauer, exakter untersucht werden kann. Was der untersuchte Gegenstand als solcher, als Einheit, in seinem Wesen ist, kann nicht in Sicht kommen, dies muß die Wissenschaft notwendig voraussetzen. Freilich kann sie deshalb darüber auch überhaupt nichts aussagen (auch nichts Negatives).

Über die nähere Wahl der Methode gibt es keine ontologischen Kriterien: jeder Gegenstand kann mit jeder Methode untersucht werden (wo-

---

[175] I. Kant, Kritik der Reinen Vernunft. Vorrede zur 2. Auflage (1787). Vgl. oben FN 165.

[176] Th. Litt, Festschrift für Plessner, Opladen 1974, 25. Vgl. auch W. Schild, Die „Merkmale" der Straftat und ihres Begriffs, Ebelsbach 1979, 35 ff. (mit der Vermittlung von „Aspekt" und „Moment").

bei sich freilich moralische Probleme einer Zulässigkeit ergeben können). Nur müssen die damit verbundenen Konsequenzen jeweils berücksichtigt werden: mit fortschreitender Abstraktion werden die Ergebnisse der Methode (das „Objekt" der Wissenschaft) immer abstrakter[177], damit auch konstruierter, modellhafter, auch umfassender, einfacher, sicherer. Als Beispiel sei am Problem des Neovitalismus[178] kurz das Verhältnis von Physik und Biologie erörtert. Hans Driesch hat die „Grundaussage" formuliert, daß die Form (Gestalt) des Organismus sich nicht aus physikalischen Gesetzen herleiten lasse. Damit hatte er — wie unter IV. erwähnt — völlig recht. Seine Konsequenz aber, deshalb auf jede Kausalforschung zu verzichten und als „wirkliches elementares Naturagens"[179] die „Entelechie" anzusetzen, ging zu weit. Denn es bleibt wissenschaftliche Aufgabe, die Prozesse der Gestaltbildung in strengen exakten, letztlich mathematisch formulierten Gesetzen zu erfassen. Eigengesetzlichkeit des Organismus bedeutet nicht Ausschluß der physikalischen Forschung, sondern nur die methodische Unfähigkeit der Physik, die Formbildung als solche begreifen zu können. Die Physik muß vom Spezifischen der Form gerade absehen und Formbildungsprozesse wie jedes andere Geschehen auf Gesetzmäßigkeiten untersuchen. Sie kann schließlich diese Gesetze zusammenstellen. Was sie aber nicht kann, ist der Aufweis, wieso die physikalischen Gesetze gerade zu dieser bestimmten Form geführt haben. Von der Ebene der Physik aus sind alle Formen gleichbedeutend, sie kann nur bei Voraussetzung einer bestimmten Form die zugrundeliegenden Prozesse und Gesetze aufdecken. Die Voraussetzung kann sie methodisch nicht einholen.

Mit anderen Worten ist es für die Physik theoretisch nicht begründbar und damit zufällig[180], warum die verschiedenen physikalischen Gesetze gerade in einer solchen Weise zusammenstimmen, daß ein bestimmter Organismus (z. B. ein Hase) entsteht. Genauso gut hätte auch ein Pferd oder ein Kaktus oder ein Kristall oder überhaupt nichts Be-

---

[177] Deshalb ist eine Stufenordnung durchaus anzuerkennen: aber nicht als Ontologie des Seins, sondern als „Rangordnung methodischer Zugänge bzw. Beschreibungsebenen" (J. Derbolav, Beiträge 89), d. h. als Ordnung immer weitergehenden Abstraktionsniveaus.

[178] Vgl. H. Driesch, Der Vitalismus als Geschichte und als Lehre, Leipzig 1905; Ders., Der Begriff der organischen Form, Berlin 1919; Ders., Philosophie des Organischen, Leipzig ²1921. — Dazu vgl. z. B. P. Baumanns, Das Problem der organischen Zweckmäßigkeit, Bonn 1965; R. Kroner, Zweck; B. Rajewski, Das physikalische Weltbild in der Biologie, Frankfurt/M. 1952; E. Ungerer, Blätter für die deutsche Phil. 15 (1941/42) 325 ff.; V. v. Weizsäcker, Logos 2 (1912) 113 ff.; A. Wenzl (Hrsg.), Hans Driesch, München 1951; H. Winterstein, Kausalität und Vitalismus vom Standpunkt der Denkökonomie, Berlin ²1928.

[179] H. Driesch, Vitalismus 242.

[180] H.-D. Klein, Vernunft I 14 f.; II 22 f. Zur Dialektik von Zufall und Notwendigkeit vgl. U. Arnold, Festschrift für E. Heintel, München 1972, 107 ff.

stimmtes gebildet werden können. Die Physik kann den Grund für dieses bestimmte Zusammenwirken nicht angeben. Allerdings: Wenn sie den Hasen voraussetzt, annimmt und ihn dann analysiert und auf elementare Prozesse/Gesetze zurückführt, kann sie ihn prinzipiell vollständig erklären; aber eben deshalb, weil sie durch dieses Zurückführen vom Hasen abstrahiert hat. Die herausgestellten Gesetze gelten genauso auch für das Pferd und den Kaktus usw.

So ist es notwendig und möglich, die physikalischen Gesetze der Organismen aufzudecken und sie damit zu erklären, d. h. das „Wiefunktionieren-sie" herauszubringen. Damit ist „der Gedanke eines in seinem Wie einsehbaren funktionalen Zusammenhangs Zweier", d. h. der Gedanke des Mechanismus (der Maschine), notwendig verbunden[181]. Jede Analyse und jedes damit verbundene Erklären geht letztlich auf die Darstellung von Mechanismen. Aber damit ist bloß gesagt, daß der Organismus nur als Mechanismus erklärt werden kann, nicht daß er ein solcher Mechanismus ist (wie die Maschinentheorie behauptet hat). Der Gedanke der Maschine selbst verweist — wie bereits erwähnt — über sich hinaus auf die Einheit, auf die bestimmte Art des Zusammenhangs der Funktionen, damit auf etwas hin, das nicht selbst wieder mechanisch begriffen werden kann. Darin liegt die Möglichkeit und Notwendigkeit einer eigenständigen Biologie als Lehre vom Organismus in dieser Einheit. Denn für die Physik gibt es im Rahmen ihrer Methode überhaupt keinen Organismus, sondern nur Körper und deren Bewegungen, die sie mathematisch zu erfassen sucht.

Dieses Ergebnis kann — zum Abschluß — für das Handlungsproblem verallgemeinert werden. Die Handlung als freiheitliche Selbstbestimmung des Menschen wird von jeder Einzelwissenschaft vorausgesetzt und nicht selbst thematisiert. Die Wissenschaft interessieren nur bestimmte Einzelaspekte an ihr, die sie methodisch so exakt wie möglich untersucht. Ontologische Bedeutung haben ihre Ergebnisse unmittelbar nicht. Sie müssen unter Reflexion auf die angewendete Methode verarbeitet werden für einen Handlungsbegriff, der die Handlung in ihrem Wesen bestimmt und dafür auch die Erkenntnisse der Wissenschaften heranzieht, die zu ihren einzelnen Aspekten ergangen sind. Die kausalen, biologischen, psychologischen und soziologischen Handlungslehren sind nicht falsch oder unvollständig: Sie sind überhaupt kein Erfassen der Handlung selbst. Sondern sie untersuchen die Handlung, soferne sie körperliche Bewegung, Verhalten eines Organismus, seelischer Prozeß oder soziale Aktion ist; und dies bedeutet notwendig: soferne sie

---

[181] J. König, in: Das Problem der Gesetzlichkeit I, Hamburg 1949, 25 ff. (64). Vgl. auch A. Lasson, Mechanismus und Teleologie, Leipzig 1875; Ders., Über Zwecke im Universum, Leipzig 1876; G. Lasson, Grundfragen der Glaubenslehre, Leipzig 1913, 154 ff.

eben gerade nicht die Handlung des Menschen ist[182]. Die Verhaltensforschung z. B. interessiert nur die Vergleichbarkeit mit tierischem Verhalten; nur darüber kann sie auch wissenschaftlich korrekt sprechen. Die Kybernetik betrachtet — wie Steinbuch ausführt — „den Menschen nicht aus der emotionell verfälschten Perspektive des Individuums, sondern als Teil des physikalischen Geschehens"[183]. Dies hat dann zur Konsequenz, daß sie nicht mehr den Menschen, sondern eben physikalisches Geschehen (an ihm) erforscht. Dafür gelten dann u. U. die kybernetischen Begriffe und Gesetzmäßigkeiten; über den Menschen und sein Handeln selbst ist überhaupt nichts ausgesagt. Auch die Strafrechtswissenschaft will eine „Handlungslehre" aus einem bestimmten praktischen Interesse heraus; und damit interessiert sie stets nur ein Aspekt der Handlung selbst[184].

Der Handlungsbegriff ist somit den Einzelwissenschaften notwendig verschlossen. Sie beschäftigen sich zwar mit der Handlung, können sie aber innerhalb ihrer Methoden nicht begreifen, sondern müssen sie voraussetzen. Diese Voraussetzung ist den Menschen, die solche Wissenschaft betreiben, nur möglich, weil sie trotzdem genau wissen, was Handlung ist. Denn sie setzen solche Handlungen inner- und außerhalb ihrer Wissenschaft. — Und damit ist der Zugang zum philosophischen Handlungsbegriff zumindest in Sicht gebracht: Was Handlung selbst ist, kann man nur erkennen, wenn man auf sein eigenes Handeln reflektiert, was wiederum voraussetzt, daß man selbst handelt. Über freiheitliche Selbstbestimmung im Handeln ist daher entweder leicht oder schwer zu reden: Jedenfalls sollte man vor jeder solcher Diskussion um den Handlungsbegriff einmal gehandelt haben.

---

[182] Oder anders gesagt: sie erstellen nur ein „Modell" der menschlichen Handlung.
[183] K. Steinbuch, Automat 404.
[184] Vgl. dazu W. Schild, Merkmale 35 ff.

GERECHTIGKEIT — DAS DEFINITIONSDILEMMA

Von Anton Burghardt

In seinen Werken hat Johannes Messner besonders nachdrücklich auf das Postulat der Gerechtigkeit hingewiesen, vor allem soweit diese als soziale Gerechtigkeit verstanden und zur orientierenden Antriebskraft der sozialreformatorischen Bewegung des 19. Jahrhunderts geworden ist. In den nachfolgenden Darstellungen wird nun versucht, das, was man oft ohne Bedenken auf das tatsächlich Gemeinte unter Gerechtigkeit verstanden hat, im Sinne semantischer Differenzierung zu untersuchen. Auf diese Weise soll die Gerechtigkeit m. E. zumindest den Rang einer Realutopie zugemessen erhalten.

I.

Der Terminus Gerechtigkeit hat in den sozialethischen Auseinandersetzungen zwar seinen gesicherten Standort, wird jedoch im Sinn einer vorausgesetzten Definition gebraucht. Die Folge sind dem Terminus beigemessene, nur situationell eingebundene Bedeutungen, oder zuweilen nichts-sagende Leerformeln, so daß sich schließlich die Diskussion an Un-Gerechtigkeit orientiert, wodurch etwa der Versuch einer Sozialreform über Sozialkritik nicht hinauskommt.

Vielfach wird Gerechtigkeit im Sinn eines Axioms verwendet, als ein oberster Grundsatz, der wohl einen Wert darstellt, aber kein „Maß" zum Inhalt hat[1]. Dadurch entsteht zuweilen ein Argumentations- und Definitionsnotstand, wenn nicht ein Katalog von Sätzen, der dem Popperkriterium der zumindest für wissenschaftliche Aussagen gebotenen erscheinenden Falsifizierbarkeit widerspricht. Was soll etwa die Kennzeichnung des Gerechtigkeitspostulates von „suum cuique" in einer konkreten Verteilungssituation praxeologisch aussagen? Wer beurteilt, ob das von Platon geforderte „Seine" den Kriterien einer Gerechtigkeit in einer abgrenzbaren und mit Ziffernmaterial ausgestatteten Situation entspricht, wenn das geforderte Sein-Sollen nicht praktikabel definiert werden kann? Wie vermag man von einem „Niedergang der Gerechtig-

---

[1] L. Preller, Sozialpolitik, Tübingen 1962, 96.

keit" zu sprechen[2], wenn man nicht prüfbar zu sagen vermag, was „niedergeht". Es sei denn, das „suum" ist ohnedies normativ festgelegt[3] (gesetzlicher Mindestlohn) oder es hat einen nur-phänomenologischen Aussagewert, etwa weil es einer Person „an sich" zugerechnet wird.

1. Wenn an einen Definitions- oder Beschreibungsversuch des mit Gerechtigkeit Gemeinten gegangen wird, bedarf es vorerst einer sinngemäßen Ermittlung. Dabei erkennt man, daß es sich bei Gerechtigkeit je nach dem Zusammenhang, in dem das Wort steht,

— um eine pejorativ zu verstehende Forderung nach Sanierung gegebener oder Ersterstellung bestimmter Zustände handelt, die man vor allem als sozial belangreich betrachtet. Begründeter Ausgang der Forderung nach Gerechtigkeit ist ein kritisierter Zustand von Un-Gerechtigkeit oder von Nicht-Gerechtigkeit (Beispiel: Im Bereich der Lohnzurechnung). Die Ungerechtigkeit kann bereits festgestellt sein, etwa im Einzelfall unter moralischen Aspekten, oder den Charakter einer Verletzung positiven Rechtes haben und insoweit als Postulat auf Herstellung einer positiv-rechtlich vorgegebenen Gerechtigkeit (amtlicher Mindestlohn) zielen.

— Daneben gibt es die Gerechtigkeitsklassifikation eines gegebenen, beurteilungsreifen Zustandes (Lohnstruktur, Vermögensverteilung). Die Basis der Beurteilung ist eine Vorstellung oder ein orientierendes Modell von Gerechtigkeit.

— Schließlich ist es ein vorweg als ungerecht klassifizierter Zustand, der als solcher eine Gerechtigkeitsvorstellung begründet.

2. Wenn Gerechtigkeit als Herstellung oder Sicherung eines Wirklichen gefordert oder ein solches urteilend festgestellt wird, kann diese Feststellung

— u. a. phänomenologisch begründet werden und bedarf erst einer Übersetzung in den Bereich der jeweiligen Strukturen: Preisgerechtigkeit in der Region eines abgrenzbaren Marktes (Markt im engeren Sinn) oder eines hypothetischen Marktes (Markt der Nichteisenmetalle).

— Im allgemeinen wird Gerechtigkeit, d. h. ihre Realisierung, als Ausübung einer sozialen Tugend verstanden, deren Vollzug an einem idealen Wertmaßstab beurteilt werden kann. Keineswegs an einem positiven Rechtssatz. Daher wird Gerechtigkeit als rechtstranszendent interpretiert.

---

[2] H. Katt, Platons Idealstaat und die aristotelische Staatsphilosophie, in: Rheinischer Merkur, Koblenz 1/1961.
[3] J. Pieper, Vortrag Wien 21. 3. 1954.

— Da im allgemeinen die (eine jeweils festgestellte) Gerechtigkeit schwer empirisch zu orten und mit Kardinalzahlen augenscheinlich zu machen ist (kognitive Gerechtigkeit), wird sie vielfach mit Ordinalskalen (größer als...) gekennzeichnet (konative Gerechtigkeit): Steuergerechtigkeit im Sinn der Ordnungsfinanz, exekutiert u. a. mittels der Steuerprogression. Die Basis der Beurteilung ist ein idealer Wertmaßstab[4]. Das Ideal-Wirkliche, das den Anforderungen der Gerechtigkeit entspricht, ist eine durch Sozialreform hergestellte Sozialordnung[5].

— Da das, was man Gerechtigkeit nennt, zu einem der zentralen Postulate in der Politik geworden ist, wird sie oft normativ festgelegt, etwa die erwähnte Besteuerung, deren personenbezogenen Sätze nach der Opfertheorie der Finanzwissenschaft die Belastung der Zensiten im Sinn von Gerechtigkeitsvorstellungen (ability to pay) festlegen. Die Sittlichkeit (das, was der Gesetzgeber darunter versteht) wird in ihrer Darstellung in abnehmender Abstraktion als Gerechtigkeit über das disziplinierende Medium einer Rechtsordnung im Alltag gesucht[6].

3. Vielfach wird „Gerechtigkeit" mit Gleichheit verwechselt. Da zum Unterschied von Gerechtigkeit eine Gleichheit u. U. wahrgenommen werden kann, ist es zumindest möglich, sie als Forderung zu falsifizieren, etwa wenn sie auf die Lebensbedingungen von Menschen angelegt ist, die je für sich über eine spezifische Mensch-Werdung zu einmaligen Persönlichkeiten werden; und daher einmalige Lebensbedingungen produzieren oder sie nutzen. Da es keine „gleichen" Menschen im Sinn von Gattungsvorstellungen gibt, kann es eine ohnedies lediglich hypothetische Gleichheit nur im Sinn von Chancen geben, die ähnlichen, in Typen vereinigten Menschen zur Verfügung stehen sollen. Daher müßten Individuen egalisiert und kategorisiert werden, etwa Frauen (Gleichheitsgrundsatz der Sozialpolitik bei Beurteilung von Arbeitsleistungen) oder Delinquenten (Gleichheit vor dem strafenden Gesetz).

Nun hat sich aber die Forderung nach Gleichheit stets und schon im Ansatz bestenfalls als eine Realutopie erwiesen. Auch der angeblich eine nicht realdefinierte Gleichheit fordernde Marxismus geht davon aus, daß jedem nach seinen Bedürfnissen gegeben werden soll, deren Anspruchsqualität jedoch je Person, Position und Rang derselben unterschiedlich ist. Es gibt eben kein Einheitsbedürfnis, wohl aber ein amtlich zugemessenes und in Bedarf vergegenständlichtes Mindestbedürfnis z. B. im Fürsorgerecht und seinen jeweiligen Richtsätzen.

---

[4] J. Tammelo, Theorie der Gerechtigkeit, Freiburg 1977, 11 und 32.
[5] Vgl. J. Messner, Die Soziale Frage, Innsbruck 1956, 125.
[6] W. Weddingen, Wirtschaftsethik, Berlin 1951, 44.

II.

Offenkundig ist es nun nicht möglich, die Gerechtigkeit ohne situationell oder normative Einbindung praktikabel wahrzunehmen und sie als eindeutig orientierendes Modell zu nutzen. Die in den Sozialwissenschaften häufig praktizierte Verstehensmethode[7] vermag m. W. das Axiom der Gerechtigkeit zwar nicht im Sinn kardinaler oder ordinaler Eindeutigkeit aufzubereiten und situationell jeweils für Umsetzung in eine soziale Praxis zu definieren, wohl aber Deutungen zu bieten, ähnlich wie die Hermeneutik.

Unverkennbar ist bei Abstimmung dessen, was jeweils am zu beurteilenden Tatbestand erkennbar gegeben ist und dem, was an sich und situationell mit Gerechtigkeit gemeint ist, im allgemeinen ein Sinnzusammenhang vorhanden; etwa ein realtypischer; wobei der orientierende Ausgang bei Beurteilung einzelne Grundwerte sind, vor allem ein Mindestmaß an Liebe[8].

1. Die im Einzelfall geforderte oder als orientierend verstandene Gerechtigkeit ist meist eine zu allgemeine Vorstellung eines Sein-Sollens. Wenn davon ausgegangen wird, daß jedem das „Seine" zugemessen ist, vermag dieser Hinweis nur bei Verweis auf konkrete Bedingungen eine praktikable Aussage darzustellen. Wird u. a. von einem gerechten Lohn gesprochen, ist dieser als das einem Arbeitnehmer zustehende „Seine" nicht allein ein Leistungslohn. Wer vermag übrigens den Leistungslohn, der doch auch eine Marktleistung ist, zu errechnen? Für Messner bedarf es jedenfalls bei Lohnerreichung u. a. des Einbezuges der leistungsneutralen Familienbedürfnisse[9].

Als Ziel ist die Gerechtigkeit Inhalt einer Gesinnung (subjektive Gerechtigkeit) und dadurch zu deren Orientierung eine besondere moralische Kategorie, ein Derivat des „Guten", dessen Vergegenständlichung (objektive Gerechtigkeit) eines differenzierten Handelns bedarf, welches durch jeweilige Ordnungsprinzipien diszipliniert wird. Der Handlungsvollzug ist Ausweis einer Tugend, deren Übung uns von „einer wohlwollenden Neigung empfohlen" wird[10].

Die raumzeitlich eingebundene Gerechtigkeit als ein wertbezogenes Gesinnungshandeln, das u. U. normativ (= Gesinnung der Normengeber oder ihrer Mehrheit) begründet sein kann, ist unter mehreren Aspekten annähernd zu verwirklichen (zumindest als eine tendenzielle Gerechtigkeit):

---

[7] B. Giesen / M. Schmid, Basale Soziologie: Wissenschaftstheorie, München 1976, 157 ff.

[8] O. Schilling, Christliche Wirtschaftsethik, München 1954, 56.

[9] J. Messner, Die Soziale Frage, a.a.O., 517.

[10] A. Smith, Theorie der ethischen Gefühle, Frankfurt 1949, 334.

1.1 Als eine zwischen Einzelnen zu ermittelnde ausgleichende Gerechtigkeit (auch: Tausch-Verkehrs- oder Vertragsgerechtigkeit; justitia commutativa)[11]. Der Tatbestand der Tauschgerechtigkeit ist gegeben, wenn u. a. bei innerwirtschaftlicher Gerechtigkeit eine Gleichsetzung von Leistung (eines Arbeitnehmers) und Gegenleistung (Bruttolohn) festzustellen ist, etwa unter Bedachtnahme auf den Beitrag, den ein Individuum aus seinem Leistungsvermögen der Gesellschaft zur Verfügung stellt (sog. leistungsgerechter Lohn)[12]. Die normative Disziplinierung erfolgt über das Privatrecht, dessen Ausführungen u. a. an Verbände des Arbeitsmarktes delegiert werden kann, (die Tarif- bzw. Kollektivverträge abschließen) oder z. B. über ein Preisrecht (Warenmarkt-Gerechtigkeit). Eine reale Tauschgleichheit, wie sie der Hypothese zugrundeliegt, ist nicht eruierbar, ganz abgesehen davon, daß sie logisch eine Fiktion ist. Vom Nottausch abgesehen, vermeint im allgemeinen jeder Partner, bei einem Tausch einen Vorteil sui generis gegenüber seinem Partner errungen zu haben. Dazu kommt, daß ein gerechter Preis auf einem Warenmarkt lediglich das Arbeits-(Kosten-)ergebnis abgelten und keine Gewinnquote enthalten dürfte[13]. Ebenso ist ein gerechter Lohn eine kaum eruierbare Größe[14]. Daher die normativen Eingriffe im Lohnbereich; zumindest um das Zahlen „ungerechter" Löhne zu verhindern.

Voraussetzung für eine angemessene Übersetzung der ausgleichenden Gerechtigkeit in die Realität der jeweiligen Wirtschaftsgesellschaft ist eine Institutionalisierung des gesellschaftlichen Lebens und der Abbau von Vorzugsstellungen von Gruppen bei Leistungszumessung (tribalistische oder feudale Gesellschaften).

1.2 Die soziale Gerechtigkeit (justitia socialis) sieht vom strengen Gleichmaß bei Festlegung von Leistung und Gegenleistung ab und legt fest, daß jedem Mitglied einer Gemeinschaft (Gesellschaft, Bürger in einem Staatsgebiet) eine Mindestsumme an Lebenschancen gesichert werden muß; unabhängig von einer eventuellen Eigenleistung. Daher zielt die (ungleichgewichtig angelegte) soziale Gerechtigkeit auf die (heute gesetzliche) Sicherung eines sog. Existenzminimums (mittelalterlich-karitatives Bedarfsdeckungsprinzip). Was Existenzminimum ist, wird in der Gegenwart, d. h. in sozial reifen Gesellschaften, administrativ jeweils festgelegt u. a. über die Normierung einer Armutsgrenze.

Voraussetzung für eine durchgehende Sicherung sozialer Gerechtigkeit sind eine institutionelle Absicherung des Bedarfsdeckungsprinzi-

---

[11] L. de Witte, Kirche — Arbeit — Kapital, Limburg 1964, 113.
[12] S. J. Tinbergen, Einkommensverteilung, Wiesbaden 1978, 138.
[13] H. Brauweiler, Gibt es ein Recht auf Reichtum? Köln 1951, 30.
[14] B. Moll, Gerechtigkeit in der Wirtschaft, Berlin 1932, 32.

pes (z. B. Fürsorge- oder Sozialhilferecht), eine realisierbare Solidarität (u. a. bei Festlegung der Beiträge zur Krankenversicherung) und angemessen große Sozialfonds bzw. eine diese dotierende Größe des Bruttosozialproduktes. Gerechtigkeit kann nicht auf bloßen Gefühlen begründet sein, sondern bedarf etwa als Lohn-Gerechtigkeit der normativen Absicherung[15] und eines angemessen großen Lohnfonds.

1.3 Die gesetzliche Gerechtigkeit (justitia legalis) ist ein generelles Obligatorium (öffentliches Recht) und legt die Pflichten des Bürgers gegenüber dem ihn schützenden und ihn auch repräsentierenden Gemeinwesen fest (Steuerzahlungspflicht). Dabei wird von einer tendenziellen Gleichheit von Leistung und Gegenleistung, etwa im Sinn des Assekuranzprinzipes, abgegangen. An der Finanzierung der öffentlichen Leistungen, die an sich (öffentliche Schulen, Straßen) allen in einem Hoheitsgebiet Lebenden zur Verfügung stehen, sind im Sinne eines Äquivalenzprinzips alle möglichen Nutznießer beteiligt (Vorteilsprinzip: benefit theory), jedoch nach der ihnen zumutbaren Belastbarkeit (Leistungsfähigkeitsprinzip: proportionale Opfertheorie, auch ability to pay). Die Zumutung von Steueropfern erfolgt daher nicht mechanisch, sondern unter Bedachtnahme auf eine individuelle (u. U. familiäre) Leistungsfähigkeit.

Voraussetzung für eine Verwirklichung der gesetzlichen Gerechtigkeit sind u. a. die Regierbarkeit von Gemeinwesen und ein angemessenes großes Staatsbewußtsein (Steuermentalität bzw. Steuerehrlichkeit).

1.4 Die austeilende Gerechtigkeit (justitia distributiva) ist eigentlich in der Praxis eine umverteilende Gerechtigkeit; sie legt ein moralisches oder positives (öffentliches) Recht des einzelnen gegenüber der Gesellschaft fest und ist vor allem in der modernen Sozialpolitik grundgelegt. Dabei werden Prinzipien der sozialen Gerechtigkeit im Sinn einer unteren Interventionslinie (s. Armutsgrenze) mit Prinzipien der ausgleichenden Gerechtigkeit (Egalisierung der Kosten der Familienerhaltung) kombiniert. Gleichzeitig kommt es zu einem interpersonalen Einkommensausgleich (s. gesetzliche Krankenversicherung mit beitragsunabhängigen Basisleistungen) und zur Wirksamkeit z. B. von sog. Generationenverträgen, die eine altersneutrale, tendenziell gleichmäßige Versorgung (Mindestrente, bruttolohnbezogene und daher dynamisierte Rente) sichern.

Je mehr das durchschnittliche steuerbare Einkommen wächst, um so mehr wird das Postulat der Steuergerechtigkeit strapaziert[16], wobei

---

[15] J. Messner, Naturrecht, Innsbruck 1950, 215.
[16] G. Schmölders, Das Gerechtigkeitspostulat in der Besteuerung, in: Finanzarchiv, Tübingen, Bd. 23, 1963/64, 54 ff.

nach weitgehend gelungener Abschaffung der Steuerprivilegien die Frage der Leistungsfähigkeit und der korrespondierenden Steuersätze zum Gegenstand der Beurteilung, ob gerecht oder nicht, gemacht wird. Auf Seite der Zensiten ist es vor allem das Belastungsgefühl als Folge der Besteuerung, welches sie zur Beurteilung der ihnen vorgeschobenen Steuern und etwa zu Reaktionen (negative Abweichung) bestimmt. Die Voraussetzung, damit eine austeilende Gerechtigkeit vergegenständlicht werden kann, sind angemessen große und verteilungsgeeignete Ressourcen sowie eine Infiltration des gesellschaftlichen Lebens durch eine unvermeidbar große Sozialbürokratie.

2. In einer komplexen Gesellschaft, in welcher individuelles Handeln kaum zu erkennen und zu beurteilen ist, scheint Gerechtigkeit nur mehr in der Eigenart von Strukturen wahrnehmbar zu sein; keineswegs in einem isolierbaren Einzelfall, etwa im Lohnzahlungsbereich. Wie soll die von einem Arbeitnehmer herbeigeführte Wertschöpfung individuell gerecht zugerechnet werden[17]; es sei denn in Form einer „Ersatzzugerechtigkeit" oder Vergleichsgerechtigkeit, wie sie im Rahmen einer Arbeitsplatzbewertung verwirklicht werden soll. Wenn (tendenzielle) Gerechtigkeit im Rahmen einer Strukturanalyse zu erkennen ist, kann es sich um Fragen der „Billigkeit" bei Herstellung von Relationen handeln[18] (etwa von outcomes), die Elementen (z. B. Arbeitnehmern) unter Bedachtnahme auf die von ihnen bewirkten Inputs zugemessen werden.

Dazu kommt noch die Relativierung des Begriffsinhaltes, seine raumzeitliche Einbindung[19]. Dabei lokalisieren sich die Gerechtigkeitsvorstellungen zwischen den Extremen von Gleichheit und Ungleichheit[20]. Während in der Gleichheitshypothese kein Beurteilungsansatz zu finden ist, da es sich nicht einmal um eine Realutopie handelt, gibt der Ausgang von der natürlichen Ungleichheit das Problem auf, ob diese natürlich begründet (Geschlecht, Alter, Intelligenzquotient), wenn nicht zu rechtfertigen ist oder situationell eingebundenen Variablen entstammt (Beruf, Verantwortungsrang).

3. Man kann nicht für sich allein gerecht sein, sondern nur in der Beziehung zum anderen[21], dem zu geben ist, was ihm „gebührt"; auch an

---

[17] P. U. Kupsch / R. Marr, Personalwirtschaft, in: Industriebetriebslehre (Hrsg. E. Heinen), Wiesbaden 1972, 504.

[18] H. Hummell, Psychologische Ansätze zu einer Theorie sozialen Verhaltens, in: Hb. der empirischen Sozialforschung, hrsg. v. R. König, Stuttgart 1969, 1251.

[19] E. v. Savigny, Recht und Gerechtigkeit als wissenschaftstheoretisches Problem der Rechtswissenschaft, in: Neue Aspekte der Wissenschaftstheorie, hrsg. v. H. Lenk, Braunschweig 1971, 248.

[20] G. Simmel, Hauptprobleme in der Philosophie, Berlin 1964, 145.

[21] Aristoteles, Große Ethik, hrsg. v. P. Gohlke, Paderborn 1951, 68.

Menschenwürde und persönlichem Ansehen[22]. Insoweit ist Gerechtigkeit eine Gesinnung, ein „redliches Verhalten" gegenüber Nächsten[23].

Unvermeidbar ist jedoch Gerechtigkeit nicht allein etwas, das am anderen, wenn nicht am Ganzen einer Gesellschaft und an ihren jeweiligen Verteilungsstrukturen, festgestellt wird, sondern auch ein Urteil des Einzelnen über seine eigene relative Position in einem beurteilungsgeeigneten Komplex, wobei etwa eigene Investitionen, Kosten und Belohnungen mit jenen verglichen werden, die am anderen Menschen festzustellen sind[24] (z. B. Vergleichslohn bei Beurteilung des eigenen Lohnes). Freilich: Was bleibt, ist das Maßstabdilemma, wie bei jedem Versuch, das Soll der Ethik an der Wirklichkeit zu prüfen[25].

4. Nach meinem Dafürhalten gibt es zwar für Gerechtigkeit keine kognitiv erweisbare oder eine logisch plausible Definition — will man sich nicht der Gefahr einer Reifikation aussetzen — wohl aber die Möglichkeit einer gegliederten Darstellung des meist mit Gerechtigkeit Gemeinten:

4.1 die Beurteilung eines empirisch oder phänomenologisch ermittelten Sachverhaltes, die von axiomatischen Maßstäben ausgeht, ebenso

4.2 eine Forderung, wahrgenommene Zustände bei Einzelnen oder bei Gemeinschaften maßstabkonform zu stabilisieren oder zu ändern.

---

[22] E. Zenker, Soziale Ethik, Leipzig 1905, 197.
[23] F. Paulsen, System der Ethik, 2. Bd., Stuttgart 1913, 139.
[24] G. Homans, Elementarformen sozialen Verhaltens, Köln 1978, 209.
[25] H. Kroppenberg, Preisgerechtigkeit und Börsenpreis (Rezension von O. v. Nell-Breuning, Grundzüge der Börsenmoral), „Reichspost", Wien, vom 8. 7. 1928, 19.

DAS APRIORI IM RECHT UND IN DER ETHIK

Von Akira Mizunami

I. Das sittliche Apriori und das rechtliche Apriori

Das sittliche Apriori stimmt nach J. Messner mit der „Wahrheitserkenntnis im sittlichen Bereich" überein; es handelt sich nicht direkt um die theoretische Wahrheit, die in der Übereinstimmung von Denken und Sein existiert, sondern um die praktische Wahrheit, d. h. die Kongruenz der menschlichen Handlung zu ihren naturgemäßen Zwecken; so ist es die „unmittelbar einsichtige Wahrheit" des Sittlichen im Unterschied zur Erkenntnis der Ethik, die die Sache wissenschaftlich hinterfragt[1]. Wir müssen anders als Kant interpretieren, wenn Messner sagt, daß diese unmittelbare Einsicht der sittlichen Wahrheit „ein synthetisches Urteil a priori" ist, weil das Sittliche, das Gute das der wesenhaften Wirklichkeit der menschlichen Natur Entsprechende ist. Denn, was das „synthetische Urteil a priori" im Sinn Kants möglich macht, ist die Einbildungskraft der reinen Vernunft, die etwas Transzendentales ist, während nach Messner die bestimmte Seinsverfassung des existierenden Menschen die zu diesen Urteilen führende „Anlage" anbietet. Man kann somit die Inhalte dieser Einsichten darstellen[2].

Was ist nun das rechtliche Apriori Messners? Wie unterscheidet es sich von dem sittlichen? Welches Verhältnis haben diese beiden Apriori? Es steht außer Frage, daß bestimmtes konnaturales Verstehen des Menschseins mit der Anlage seiner Seinsverfassung zu tun hat. Aber ist das rechtliche Apriori ein Teil des sittlichen, insofern es sich auf die Gerechtigkeit, namentlich auf die gesellschaftliche Ordnung, bezieht, und ist dementsprechend das *Naturrecht* ein Teil des *Naturgesetzes*[3]?

---

[1] J. Messner, Kulturethik, Innsbruck 1954, 185 ff., 204 ff., 237 ff. Ders., Das Naturrecht, Innsbruck ⁶1966, 59 - 62, 256.

[2] Messner, Kulturethik, 240 - 246. Vgl. J. Rivera, Konnaturales Erkennen und vorstellendes Denken, Freiburg 1967, passim. J. Maritain, Neuf leçons sur les notions premières de la philosophie morale, Paris 1948, 43 - 57. Ders., L'homme et L'Etat, Paris 1953, 78 - 87. K. Nink, Ontologie, Freiburg 1952, 7.

[3] Messner, Naturrecht, 323 - 324. Messner, Kulturethik, 369. Zum Zusammenhang zwischen Gemeinwohl und suum cuique, vgl. Messner, Naturrecht, 291 - 292.

J. Messner denkt besonders von der legalen oder generalen Gerechtigkeit her, die auf die Realisierung des Gemeinwohls hin tendiert; und das rechtliche Apriori kann der ontologische Grund des positiven Gesetzes sein, welches das Gemeinwohl zum Ziele hat. Es ist das rechtliche Apriori, das dem Inhalt des positiven Gesetzes die Wahrheit und Seinshaftigkeit des Rechtlichen gibt, wenngleich dem Gesetzgeber ein Bereich der Autonomie zugestanden wird[4].

II. Die zwei Tendenzen der Konzeption des Rechts

Die Diskussion über das Merkmal, mit welchem man das rechtliche Apriori von dem sittlichen unterscheidet, hat sich seit achtzig Jahren unter thomistischen Rechtsphilosophen reichlichst entwickelt. Mir scheint, daß jede dieser zwei Tendenzen auf ihrem besonderen Wege der Konzeption des „Rechtlichen" entsprechend ist. (i) Nach der einen Tendenz bevorzugt das rechtliche Apriori das „suum cuique", (ii) nach der anderen das „Gemeinwohl" des organisierten Gemeinwesens. Betr. dieses Gegensatzes könnte man auf die Summa Theologiae von St. Thomas: *De justitia* (II^a II^{ae} 57 - 62) und *De legibus* (I^a II^{ae} 90 - 97) zurückverweisen.

1. Die Tendenz des „suum cuique"

V. Cathrein ist, in gewissem Sinne, einer der bedeutendsten Vorläufer von Messners ethischer Theorie. Auch Cathrein hält am sittlichen Apriori fest. Man kann, behauptet er, den Begriff von Gut und Böse, Tun und Meiden außerhalb des sinnlichen Erlebnisses nicht haben. Sobald man jedoch in die Jahre der Unterscheidung kommt, inkliniert man auf Grund der angeborenen Fähigkeit und Neigung zu folgendem Urteil: man solle das Gute tun und das Böse meiden; der Mensch hat in sich selbst die „Anlage", so zu urteilen. Man darf nicht, wie Cathrein feststellt, diese „Aussteuer oder Wiegengabe" der Menschennatur mit der Theorie oder Wissenschaft der Vernunft verwechseln[5].

Gegenüber diesem natürlichen Sittengesetz gibt es das *Naturrecht*, dessen Grundgesetze sind: „Du sollst jedem das Seinige geben" und „Du sollst kein Unrecht tun". Die Vernunft gelangt spontan zu deren Erkenntnis. Das Recht und so auch „das objektive Recht umfaßt bloß jene Gesetze, die das Seinige, Meinige usw. zum Gegenstand haben". Obgleich man das Gemeinwohl im sozialen Leben zu realisieren ver-

---

[4] Messner, Naturrecht, 237 - 240.

[5] V. Cathrein, Recht, Naturrecht und positives Recht, Freiburg ²1909, 37 ff., 41 - 43, 67.

sucht, kann man es nicht erhalten, ohne die gerechte Zurechnung des Seinigen. „Die staatlichen Gesetze... sind allerdings sämtlich Rechtsgesetze, weil sie bestimmen, was innerhalb der Gesellschaft sowohl der Gesamtheit als auch den einzelnen Gliedern als das Ihrige zukomme[6]."

Im Gegensatz zu J. Messner begriff V. Cathrein das rechtliche Apriori somit ausschließlich in Hinsicht auf das Seinige. Ist es richtig?

Ganz anders konzipiert M. Villey das rechtliche Apriori. Das Recht ist, nach Villey, das „suum", das zwischen den in der Societät, vor allem im Staat, lebenden Menschen gemäß der „Natur" der Sache distributiert wird[7]. Demzufolge (i) ist es eigentlich nicht das, was sich auf das Subjekt des Individuums bezieht, nicht das, was sich auf die Handlungen des Menschen und auch nicht das, was sich auf das Gesetz bezieht. Dort wird das Rechtliche von der Moral unterschieden. Jus non regula sumatur (Dig. 19 initio)[8]. (ii) Das „suum", die *res* ist erzwingbar. Die Erzwingbarkeit ist jedoch Sache des Politischen, nicht des Rechts[9]. (iii) Aber diese „res", la chose-juste ist nicht nur das Faktische. Weil die res der Anteil des Seinigen ist, sowie die Sache zur Natur kongruent ist, ist die res als das Faktische zugleich das Sollen. Esse et bonum convertuntur[10]. (iv) Der Maßstab der Gerechtigkeit des Seinigen ist die „*typicité* (oder model) *des situations sociales*", die wir empirisch erkennen können[11]. (v) Dieses Modell wird nicht von der objektivierenden Erkenntnismethode der neuzeitlichen Wissenschaften, sondern von der „intution totale", d. h. von der schlichten Anschauung der menschlichen Verhältnisse im täglichen Leben erkannt[12]. (vi) Die *lex* (la loi) ist nicht das Recht (le droit). Die lex, sei es lex naturalis, sei es lex positiva, ist nur die *Materie* des juristischen Urteils. Das Recht determiniert die Gerechtigkeit und die Legitimität des Gesetzes; nicht das Gesetz determiniert die Existenz des Rechts[13].

---

[6] Cathrein, Recht, 68, 58, 67 - 70, 225. Ders., Moralphilosophie, Freiburg [6]1924, 489 - 490.

[7] M. Villey, La formation de la pensée juridique moderne, Paris [4]1975, 62 ff., 65 ff., 123 - 124, 230 - 236, 428 ff., 460 ff. Ders., Seize essais de philosophie de droit, Paris 1969, 25 - 26, 49 ff., 52 - 54, 94 ff., 149 - 155, 240, 271 - 272, 289 ff. Ders., Critique de la pensée juridique moderne, Paris 1976, 35 - 50, 81 - 83, 133 - 136, 164 - 165, 193 - 194, 205 - 208, 258 - 259. Ders., Philosophie du droit, Paris 1975, 89 - 99, 123. Ders., Leçon d'histoire de la philosophie du droit, Paris 1957, 21, 28 ff., 43 - 45, 116 ff., 122 - 124.

[8] Villey, Seize essais, 23. Villey, Philosophie, 57, 63 - 67, 71 - 76, 105 ff., 128 - 130. Villey, Formation, 39, 43 - 44, 139 - 140, 143 - 144, 458, 678. Villey, Leçon, 29 - 37, 33, 123 - 128, 133 - 136. Villey, Critique, 40 - 42.

[9] Villey, Seize essais, chap. 16. Villey, Philosophie, 127, 128.

[10] Villey, Seize essais, 29, 88 - 89. Villey, Formation, 45 - 47, 50 - 55, 66 - 68, 124 - 127, 345. Villey, Leçon, 122 - 123, 136 - 137. Villey, Critique, 221 - 229. Critique 221 - 229.

[11] Villey, Formation, 42, 126 - 127, 400. Villey, Seize essais, 224 - 226. Villey,

[12] Villey, Seize essais, 31 - 32, 53.

Diese Doktrin wird von J. Dabin kritisiert; der Anteil des Seinigen habe nicht nur die Seite der Objektivität des Rechts, sondern auch der Subjektivität; und so sei es untrennbar von der lex, dem Gesetz und der Moral. Ohne diese subjektive Seite hebt sich das Recht selbst auf[14].

2. Die Tendenz des „Gemeinwohls"

Der Gegensatz zwischen „science" und „technique" F. Génys gründet auf der Materie-Form-Theorie von Aristoteles und St. Thomas; die existierende positive Rechtsordnung wird vom Gesichtspunkt der Materie als dem Objekt der Science, als „données" des „Savoir" und vom Gesichtspunkt der Form als dem Produkt der Technique, als „construit" des „Pouvoir" gesehen. Und unter dem erstgenannten Gesichtspunkt erscheinen vier Gegebenheiten (les données): données physiques, données historique, données rationnelles und données idéales[15]. Der Drehpunkt dieser vier Gegebenheiten sind die „données rationnelles", die nicht die differenzierten Projekte des entwerfenden Menschen sind wie die „données idéales", sondern das aus dem konnaturalen Erkennen (vom *bon sens*) des Menschseins einsichtbare Minimum des „irréductible droit naturel"[16]. Hier ist das rechtliche Apriori Génys. Gény nannte es auch die „Gerechtigkeit" (la justice); das positive Recht verliert seine Existenz, wenn es damit in Konflikt gerät, und der Widerstand dazu wird legitimiert[17].

Die Gerechtigkeit, das Minimum des irréductible droit naturel ist nach ihm einmal das Suum cuique, sodann das Nemine laedere und weiterhin die Gleichheit der Interessen; es ist nicht eindeutig, besonders, wenn er sagt: „Le donné ... se concentre auteur de l'idée supreme du juste objetif, représentant un équilibre d'intérêts, qu'il faut parfois ausculter par toutes nos puissance de connaître, mais qui ne fournit jamais qu'une orientation assez floue, de nature plutôt morale qu'économique, à vrai dire même, principalement morale[18]."

Anderseits betont er die Eigenständigkeit der Erstellung des Gesetzes, der Konstruktion und Technik des Rechts, der „juris prudentia"[19].

---

[13] Villey, Formation, 45, 51 - 53, 56 - 59, 129 - 134. Villey, Leçon, 144, 147. Villey, Philosophie, 60 - 63.

[14] J. Dabin, La définition du droit — A propos d'une étude récente —, in: Mélanges Paul Roubier, Paris 1961, 119 - 219, bes. 205 - 208, 211 - 218. Vgl. N. Jacob (éd.), Pratique du droit et conscience chrétienne, Paris 1962, 99 - 100.

[15] F. Gény, Science et Technique, Paris 1913 - 1924, t. I, 52 - 54, 95 - 100. t. II, 315, 369 - 376, 380 - 385, 390, 399, 416, 419, 420, t. III, 16, t. IV, 119 - 124, 215 - 216.

[16] Gény, Science, t. II, 409, 115, t. IV, 68.

[17] Gény, Science, t. IV, 60, 71, 74, 112 - 134. Ders., Méthode d'interprétation et source du droit privé, Paris 1899, t. II, 191 ff.

[18] Gény, Science, t. II, 389, 392, t. IV, 147, 220.

[19] Gény, Science, t. III, 17 - 18, 22, 32 - 33, 232, t. IV, 16 - 24.

Mit ihm beginnt „juridisme" der Juristen, und J. Dabin übernimmt Génys Theorie[20].

Génys Begriff der Gerechtigkeit ist, nach J. Dabin, unklar. Man muß vielmehr das Merkmal des Rechtlichen im „Gemeinwohl" anstatt in der „Gerechtigkeit" sehen. Weil das positive Gesetz aus der autonomischen Konstruktion des Legislators abgeleitet wird, gibt es nicht den „donné" (maskulin Sing.), der ihm den Inhalt des Gesetzes diktiert, sondern nur die „données" (feminin Plur.) dazu, die „données" physiques, historiques etc. einschließlich des sittlichen Naturgesetzes finden sich vor. Der Legislator determiniert das, was der Inhalt des Gesetzes ist, und das Gemeinwohl nach seiner Weltanschauung interpretierend tut er es mit der selbständigen Juris-prudentia des Juristen[21].

Natürlich affirmiert Dabin die Existenz aller von den Thomisten behaupteten Naturgesetze oder -rechte[22]. Der Legislator darf nicht ein Gesetz machen, dessen Inhalt mit diesen *direkt* in Konflikt gerät; dies nicht deshalb, weil das mit Gerechtigkeit im Widerspruch steht, sondern weil es das Gemeinwohl vernichtet. Die Gerechtigkeit ist gewiß ein negativer Seinsgrund des Gesetzes, kein positiver. Der positive, formale Seinsgrund des Gesetzes ist die im Staat rechtsstaatlich lebende Natur des Menschen, die man mit dem konnaturalen Erkennen (la raison naturelle — in Kontrast zur „raison raisonante") einsehen kann[23]. Dies ist die ganz andere Konzeption des rechtlichen Apriori.

Für G. Renard ist endlich auch das Naturrecht (de Droit naturel) ein Teil des Naturgesetzes (la loi naturelle); dieses ist der Zusammenhang des Menschseins zu seinen eigenen Zwecken und ist Sache des Sittlichen; jenes ist der Zusammenhang des gesellschaftlichen Seins zu dessen eigenen Zwecken (= Gemeinwohl), und solange die Menschennatur dem Gesellschaftsleben und dem Drang nach Verwirklichung des Gemeinwohls unterliegt, ist dies ein Teil des Naturgesetzes[24]. Nach Renard wird sowohl das Naturrecht als auch das Naturgesetz mit Einsicht (mit

---

[20] J. Dabin, La philosophie de l'ordre juridique positif, Paris 1929, avertissement, iv.

[21] Le centenaire du doyen François Gény, Paris 1963, 37. J. Dabin, La théorie générale du droit, nouv. éd., Paris 1969, 198 - 210, 217 - 231, bes. 229, 278 - 279, 378 ff. Dabin, Philosophie, 153 - 159, 187 - 194, bes. 439. Ders., La technique de l'élaboration du droit positif, Bruxelles 1935, 22 - 28, 36 - 56. Ders., La doctrine générale de l'Etat, Paris 1939, 42 - 54. Ders., L'Etat ou le politique, Paris 1957, 94 ff.

[22] Dabin, Philosophie, 252 - 310. Dabin, Théorie, 313 - 400.

[23] Dabin, Philosophie, 79 - 83, 187 - 194, 433 - 435. Dabin, Théorie, 378 - 285. Dabin, Doctrine, 88 ff. Dabin, L'Etat, 8, 200 - 203.

[24] G. Renard, Le Droit, l'Ordre et la Raison, Paris 1928, 77 - 79, 202 ff., 206 - 207. Ders., Le Droit, la Justice et la Volonté, Paris 1924, 90.

bon sens) der Vernunft erkannt[25]. Diese Erkenntnis des Naturrechtes ist das rechtliche Apriori.

Was ist der Inhalt des Naturrechts? Renard sagt dann und wann, es sei die Gerechtigkeit oder das Suum cuique; doch unterstreicht er vorzüglich die legale, generale Gerechtigkeit (ausschließend die ausgleichende und verteilende), die zur Verwirklichung des Gemeinwohls neigt[26].

Das Naturrecht ist nach Renard weiterhin die „forma" des positiven Rechts. Das Naturrecht legitimiert es vor der Vernunft, und das positive Recht realisiert das Naturrecht in der Gesellschaft; so gibt es die manchmal zitierte Phrase: „ Il y a une *innervation de droit naturel,* qui se développe et se ramifie jusqu'aux plus menus détails du droit positif, et qui les tient dans la dépendance des principes premiers, comme le système nerveaux tient tout l'organisme dans la dépendance du cerveau[27]."

Wenn Renard an anderer Stelle behauptet, die Form und das Gemeinwohl der „Ordre" und des „Droit naturel" des Kosmos sei Gott[28], dann scheint mir, daß das sittliche Gesetz sich im Recht auflöst. Ist das Sittliche ein Teil des Rechtlichen?

III. Konklusion

Ich habe nicht die Absicht, das Problem hier zu lösen, sondern ich habe nur versucht, es genauer anzugeben. Doch möge man für die Resolution noch folgendes in Betracht ziehen.

1. A. Verdross hat Recht, wenn er am Ende seiner Geschichte der Rechtsphilosophie zum Schluß kommt, daß es durch die lange Geschichte der abendländischen Rechtsphilosophie die zwei Tendenzen vom Rechtsbegriff gegeben habe: die eine vom „suum cuique" und die andere vom „Gemeinwohl"[29]. Meines Erachtens wurzelt dieser Gegensatz in den zwei Momenten des Menschseins, d. h. in der persönlichen und

---

[25] Renard, Le Droit, l'Ordre, 234 - 237, 252 - 253, 291 ff. Ders., Le Droit, la Logique et le bon Sens, Paris 1925, 16, 20 ff., 91. Ders., La Valeur de la Loi, Paris 1928, 44, 89, 245 ff., 351 - 352. Ders., La théorie de l'Institution, Paris 1930, 18 - 19, 221 ff. Ders., La philosophie de l'Institution, Paris 1939, 32, 89.

[26] Renard, Le Droit, l'Ordre, 268 - 269, 321, 341. Renard, Le Droit, la Logique, 7 ff. Renard, Valeur, 12 - 25, 188 ff. Renard, Théorie, 63 - 65. Renard, Le Droit, la Justice, 95 ff.

[27] Renard, Le Droit, l'Ordre, 141, 38 - 39, 62, 91, 127, 129 - 130, 132 - 133. Renard, Le Droit, la Justice, 98, 123 ff., 325. Renard, Théorie, 53 ff., 70. Renard, Valeur, 34.

[28] Renard, Le Droit, l'Ordre, 333 - 366.

[29] A. Verdross, Abendländische Rechtsphilosophie, Wien 1958, 227 - 230, 235, 242.

gesellschaftlichen Natur des Menschen, infolgedessen ist dieser Gegensatz ein fundamentaler und dauernder, dessen Behebung keineswegs leicht ist.

2. Der Legislator des positiven Rechts möchte an der Schöpfung Gottes partizipieren. Der Jurist neigt allgemein dazu, den Grad der Geschöpflichkeit der Legislation zu übertreiben, und der Ethiker dazu, ihn zu vermindern. Das Gespräch zwischen beiden ist unerläßlich.

3. Die versuchte Untersuchung der zwei Teile von Summa Theologiae: De Justitia und De Legibus wird die Antwort auf die oben erwähnte Frage bringen. Der Mensch ist die *persona*, die die innere, letztlich harmonisierte Ordnung der *ratio entis* hat. Wie können wir nach St. Thomas diese Ordnung zum Ausdruck bringen?

FAMILIE UND LEISTUNGSGESELLSCHAFT

Von Edgar Nawroth

Ehe und Familie sind in den letzten Jahren zunehmend zum Brennpunkt kritischer Auseinandersetzungen geworden. Werte und Aufgaben der Familie werden wie nie zuvor in Frage gestellt. In ihrer radikalsten Form zielt die Kritik ab auf die schrittweise Ablösung der systematisch abgewerteten „bürgerlichen Kleinfamilie" durch zeitentsprechende gruppendynamische „Alternativmodelle". Die schockierenden Redewendungen vom „Feindbild" der Familie und vom Aufstand, der auf breiter Front gegen die Familie geprobt werde, sind demnach nicht einfach aus der Luft gegriffen.

Die Auseinandersetzung mit diesem vielzitierten „Notstand" der Familie wird zunächst von einer kritischen Situationsanalyse auszugehen haben, die den ideologischen Hintergrund dieses Aufstandes gegen die Familie offenlegt.

Nicht weniger wichtig für die öffentliche Rehabilitierung der Familie ist die grundsätzliche Besinnung auf den überzeitlichen naturrechtlichen Wesensgehalt der Familie als unverzichtbarer Lebensgemeinschaft und gesellschaftlicher Primärgruppe.

Aus der Situationsanalyse und Wesensbetrachtung der Familie ergeben sich von selbst bestimmende Anforderungen an eine familiengerechte Gesellschafts- und Sozialpolitik.

I. Familie im Notstand

Die Antwort auf die Frage, wie der immer deutlicher hervortretende Wandel in der Einstellung gegenüber der Familie letzten Endes zu erklären ist, deckt im wesentlichen drei ideologisch geprägte Faktoren auf, die für das Familienverständnis der Gegenwart von nachhaltigem Einfluß sind:

— das liberal-individualistische Selbstverständnis des aufgeklärten autonomen Menschen, das der Privatisierung der Ehe Vorschub leistet;

— die einflußreiche neomarxistisch geprägte Gesellschaftsauffassung, die auf die Vergesellschaftung der Familiengemeinschaft abzielt;

— das konsumorientierte Wohlstandsdenken, das dem Willen zum Kind als zunehmender Belastung des Lebensstandards ausweicht und damit die soziale Deklassierung der alleingelassenen Familie begünstigt.

1. Privatisierung der Eheauffassung

Es gehört zu den Zeichen unserer Zeit, daß der einzelne im Zugriff der Leistungs- und Verwaltungsgesellschaft in immer mehr Bereichen des öffentlichen Lebens an Grenzen seiner Freiheit stößt. Das Suchen nach Räumen, in denen menschliche Unabhängigkeit und Selbstbestimmung in etwa noch möglich sind, ist verständlich und weit verbreitet. In erster Linie sind es die ganz persönlichen Beziehungen in Liebe, Freundschaft und sexueller Begegnung, in denen man sich von niemandem, weder vom Staat noch von der Kirche, irgendwelche Einschränkungen auferlegen lassen möchte. Die persönliche Beziehung zwischen Mann und Frau wird zwar nicht abgelehnt, im Grunde aber als ein Verhältnis angesehen, das nur die beiden angeht. Jegliche Normierung wird als Eingriff in die persönliche Intimsphäre abgewiesen. Von Einfluß ist dabei die moderne Emanzipationsbewegung in ihren verschiedenen Verästelungen.

a) Individualistisch-emanzipatorisches Selbstverständnis als Leitnorm

Kennzeichnend für das Selbstverständnis des aufgeklärten Individualisten unserer Tage ist in erster Linie die liberale Freiheitsauffassung. Sittliche Forderungen gelten demnach nur insoweit als annehmbar, als sie aus der freien Entscheidung abgeleitet werden: aus der eigenen Vernunft, die sich nur an die Gesetze der Logik bindet; aus der gegebenen Situation, da die Moral immer nur für den Menschen da sei und nicht umgekehrt. Jedes von außen herangetragene Soll, das nicht der freien Vernunftentscheidung entspricht, wird als unzumutbare Fremdbestimmung abgelehnt.

Es liegt auf der Hand, daß eine derartige Freiheitsauffassung sich nicht ohne weiteres mit den Bindungen abfindet, die mit dem überkommenen Verständnis der Normalfamilie als intimer Lebensgemeinschaft gegeben sind, von der christlichen Ehe- und Familienauffassung ganz zu schweigen.

Im Mittelpunkt steht allein die persönliche Beziehung ohne irgendeine soziale Verpflichtung. „Freie Partnerschaft" heißt die Devise, in der die persönliche Entfaltung und die Pflege der eigenen Interessen und Neigungen sowie die frei gewollte, aber wohldosierte Gemeinsamkeit ermöglicht werden sollen.

Das Streben nach Individualisierung im zwischenmenschlichen Bereich als reaktionäre Antwort auf die umfassende Institutionalisierung in fast allen Lebensbereichen hat bei nicht wenigen einen weiteren Schritt veranlaßt:

b) Befreiung der geschlechtlichen Beziehungen von der Ehe

Sexuelle Aufklärungsliteratur, freiere Bewertung sexueller Beziehungen und zuverlässige Empfängnisregelung haben nicht wenige dazu verleitet, in unbeschwerter sexueller Partnerschaft, die durch die Trennung von persönlicher Befriedigung und dem Willen zum Kind ermöglicht wird, persönliches Glück und Erfüllung zu suchen. Daß jedoch eine derartig isolierte, berechnend auf den eigenen Vorteil ausgerichtete Sexualität auf die Dauer die menschliche Liebe erkalten läßt und zur Entmenschlichung der Liebesbeziehung hinführt, gehört nicht selten zu den überraschenden schmerzlichen Erfahrungen junger enttäuschter Liebender.

c) Ehe als „Partnerschaft auf Zeit"

Mit dieser zunehmenden Bewußtseinsänderung in geschlechtlichen Fragen ist selbstredend die Unauflöslichkeit ehelicher Beziehungen unvereinbar. An die Stelle einer langfristigen Treuebindung tritt die freie Partnerschaft, die grundsätzlich nur so lange dauert, als sie für beide sinnvoll erscheint. Sie hält für beide Partner stets die befreiende Möglichkeit des Auseinandergehens bereit, wenn unüberwindliche Schwierigkeiten der gemeinsamen Lebensgestaltung auftauchen oder die gegenseitigen Liebesbeziehungen erkaltet sind.

Die Zahl derjenigen nimmt sichtbar zu, die die sexuelle Partnerschaft verstehen als „emotionale Beziehungseinheit", für die die offizielle Institutionalisierung durch Staat oder Kirche als völlig überflüssig und unzumutbar gilt. Eine langfristige Treuebindung wird zunehmend diffamiert als „Ich-Schwäche der Partner", als „Behinderung der Selbstverwirklichung", während Scheidung und erneute Partnerwahl als Ja zur „Wertschätzung der freien Paarbeziehung" herausgestellt werden. Beständigkeit und Treue werden im schnellebigen Wandel unserer Zeit nicht mehr als Werte begriffen.

Eine Partnerschaftsbeziehung eigener Prägung verfolgt heute die aufgeklärte „offene Ehe". Die ihr zugrunde liegende „neue Moral" macht geltend, daß die ausschließliche Beanspruchung eines Partners unweigerlich zu einer Überforderung der Partnerschaft führen müsse. Um der humanen Gestaltung der Liebesbeziehung willen und im Interesse zusätzlicher persönlicher Bereicherung sei das Partnerschaftsverhältnis auch für andere erotische Beziehungen offen zu halten.

Mit dieser zielbewußten Verfälschung überlieferter Wertvorstellungen geht Hand in Hand die schrittweise Individualisierung der Ehe als Institution durch den Gesetzgeber selbst. Wie das neue Ehescheidungsrecht der Bundesrepublik durch die Einführung der Trennungsautomatik, durch den Abbau des Rechtsschutzes für den durch die Scheidung benachteiligten Ehegatten und die Kinder bestätigt, wird die Ehe in bezug auf ihre Gestaltung und Auflösung dem Belieben der Partner ausgeliefert, also zur Privatsache erklärt.

Diese Privatisierungstendenz führte auch zur Liberalisierung des Abtreibungsparagraphen 218 StGB: Der Gesetzgeber räumt der Mutter und dem Arzt in bestimmten Konfliktsituationen unter Beachtung verhältnismäßig großzügig zu handhabender Ausnahmeregelungen die Verfügungskompetenz über das ungeborene Leben ein. Die Formel „Mein Bauch gehört mir!" bestätigt die konsequente Privatisierung des Schicksals von ungeborenem Leben.

Wie Allensbacher Meinungsumfragen[1] in der Vorbereitung auf die Gemeinsame Synode der Bistümer Anfang der 70er Jahre offenlegten, gibt es auch im katholischen Volksteil zu Fragen des Sexualverhaltens vor der Ehe, der Ehescheidung, der Empfängnisverhütung und Abtreibung erheblich unterschiedliche Auffassungen im Vergleich zu den Wertvorstellungen der kirchlichen Ehe- und Familienmoral. Der unmerkliche Bewußtseinswandel macht auch vor dem Kirchenvolk nicht halt, wenn liberale Forderungen dem allgemeinen Bedürfnis nach Freiheit und Eigenverantwortung entgegenkommen und dem heutigen Lebensgefühl vieler entsprechen.

2. Vergesellschaftung der Familiengemeinschaft

Die angedeuteten ehegefährdenden Einstellungen in der Gegenwart sind auch für unser heutiges Familienverständnis von Bedeutung. Die normale Ehe ist auf Familie hingeordnet; was also die Ehe gefährdet, ist auch für die Familie von schicksalhafter Bedeutung. Zu den Auflösungserscheinungen des Liberalisierungs- und Emanzipationstrends, die auf eine Privatisierung und Individualisierung der Ehe hinauslaufen, gesellt sich heute eine weitere Gefahr: der von verschiedenen Seiten vorgetragene Vergesellschaftungsprozeß, der vor der Familiengemeinschaft nicht haltmacht.

---

[1] Vgl. J. Gründel, Kirche und moderne Wertsysteme, in: Befragte Katholiken — zur Zukunft von Glaube und Kirche, hrsg. v. K. Forster. Freiburg 1973, 69; Fr. Böckle, Das Unwandelbare im Wandel — theologisch-sozialethische Thesen zu Ehe und Familie in unserer Gesellschaft, in: Berichte und Dokumente H. 22/1974, ZdK Bonn, 74 f.

„Es ist nicht mehr zu übersehen", stellt zutreffend der Philosoph G. Rohrmoser fest, „daß wir uns in einem Prozeß befinden, in dem die Gesellschaft alles ist und der Mensch alles durch die Gesellschaft sein soll." In einer SPD-Erklärung zum 2. Familienbericht[2] heißt es: „Die Gesellschaft ist total. Es gibt keinen Bereich, in den sich der einzelne zurückziehen kann. Auch die Familie ist kein solches Refugium."

Je mehr die Gesellschaft als Garant eines sozial abgesicherten Daseins tonangebend in den Vordergrund tritt, um so selbstverständlicher haben sich einzelne Trägerschaften und Institutionen ihr unterzuordnen.

a) Funktionalisierung der Familie

Diese institutionelle Ein- und Unterordnung legitimiert sich zunächst aus der betont funktionalen Betrachtungsweise gesellschaftlicher Vorgänge, die auf die Methode der empirischen Soziologie zurückgeht. Sie hat sich auch mit den verschiedenen Aufgaben und Funktionen der Familie befaßt: Weitergabe des Lebens (Reproduktion), Erziehung (Sozialisation), Haushaltsleistung, Freizeitgestaltung u. a. m. Diese an sich legitime Betrachtungsweise wird jedoch dann zu einem Problem, wenn sie einseitig überzogen wird, was heute mit Recht im Bereich der Familiensoziologie kritisch vermerkt wird.

Wer Ehe und Familie ausschließlich nach ihren nützlichen und gesellschaftlich erwünschten Funktionen beurteilt, sieht sich bald vor die Frage gestellt, inwieweit die Familie als Funktionsträger austauschbar ist und ihre Aufgaben auf andere ausgebildete Träger und außerfamiliale Einrichtungen übertragbar sind. Wer die Familie nur noch als Funktionenbündel wertet, hinter dem das Wesen der Familie als Lebensgemeinschaft zurücktritt, wird sich nicht mehr ohne weiteres mit dem Vorrang abfinden wollen, wie ihn Art. 6 GG der Familie als Lebens- und Erziehergemeinschaft zuerkennt. Wer die Erziehungsleistung erbringt, ist dann unwichtig, wenn sie nur sachgerecht und zum Nutzen der Gesellschaft durchgeführt wird.

Der 2. Familienbericht der Bundesregierung macht sich diese Auffassung zu eigen und setzt sich dafür ein, „daß nicht legalisierte Partnerschaften, Wohngemeinschaften, Kollektive etc. gegenüber der historischen Form der heutigen ‚Normalfamilie' nicht benachteiligt werden dürfen, wenn gesichert erscheint, daß diese Gruppenformen ... für die Sozialisation der Kinder keine Nachteile mit sich bringen"[3].

---

[2] BT-Drucks. 7/3502 (15. 4. 1975).
[3] a.a.O., S. 74.

Im Strategiepapier der Jungdemokraten, Landesverband Nordrhein-Westfalen, vom 19. 1. 1980, das sich für eine „Vertragsfreiheit bei der Gestaltung von Lebensgemeinschaften" ausspricht, steht zu lesen:

„Die Form der lebenslangen Ehe soll nur noch eine von vielen vertraglichen Möglichkeiten sein, mit der Menschen sich zu Lebensgemeinschaften zusammenschließen können. Hierbei soll es weder zahlenmäßige noch zeitliche geschlechtliche Beschränkung geben ... Alle materiellen und rechtlichen Privilegien für Ehepaare sind abzuschaffen[4]." Im Grunde werden damit Ehe und Familie als bisher unangefochtene Grundlagen der individuellen und gesellschaftlichen Lebensordnung in Frage und mit nicht gesetzlich geregelten Verhältnissen im Zusammenleben der Geschlechter auf eine Stufe gestellt.

Wie berechtigt die hier aufkommende Sorge ist, die Familie könne über Gebühr unter den Erfolgsdruck und die Kontrolle staatlicher Institutionen gelangen, wenn der gesellschaftliche Nützlichkeitsstandpunkt vorherrscht, bestätigt der 2. Familienbericht. Der Sachverständigenkommission nach hat die Familie nur noch Erziehungsbeauftragte, Dienstleistungsbetrieb und „Sozialisationsagentur" im Auftrag der Gesellschaft zu sein; ihre Erziehungsfunktion wird zugunsten gesellschaftlicher Ersatzeinrichtungen drastisch eingeschränkt und zudem nur an ihren gesellschaftlichen Erfolgen gemessen.

b) Sozialisierung der elterlichen Verantwortung

Aus der betont funktionalen Betrachtungsweise erklärt sich das deutliche Bestreben, die Familie in ihrer Gesamtheit weit stärker als bisher in die Gesellschaft, in den Vergesellschaftungsprozeß einzubeziehen und gesellschaftliche Leitnormen sowohl dem familiären Selbstverständnis wie vor allem der elterlichen Verantwortung aufzuerlegen.

Es ist in diesem Zusammenhang nicht unwichtig zu wissen, daß der ideologische Wind aus der sog. Frankfurter Schule weht, einer einflußreichen Gesinnungsgemeinschaft unter der Führung neomarxistischer Philosophen wie Marcuse, Habermas, Adorno und Horkheimer. Auf deren kämpferische Gesellschaftstheorie hat sich der studentische Aufstand Mitte der 60er Jahre berufen und beruft sich heute noch eine Gruppe von Politologen, Soziologen und Pädagogen in einflußreichen Stellungen.

Max Horkheimer erklärt u. a., die Familie habe das „spezifisch autoritäre Verhalten" erzeugt, „von dem der Bestand der bürgerlichen Ordnung weitgehend abhängt". Die Familie sei die „Untertanen-Fabrik

---

[4] Anfrage der Jungdemokraten auf der Landesdelegierten-Konferenz vom 19./20. 1. 1980.

autoritärer Gesellschaften" und die Voraussetzung des Kapitalismus. Um der Emanzipation des Menschen willen müsse an die Stelle der Familie das Kollektiv der „Kommunen" und „Wahlsippen" treten[5].

Im Gefolge dieser neomarxistischen Denkvoraussetzungen bietet der 2. Familienbericht ein überzeugendes Schulbeispiel negativ-kritischer, ideologisch vorgeprägter Einstellung gegenüber der Familie. Von grundsätzlicher Bedeutung ist in diesem „Sachverständigenbericht" zunächst die Tatsache, daß er sich eindeutig in wichtigen Punkten von dem legitimen Grundverständnis der Familie distanziert, dem das Grundgesetz unserer Verfassung den besonderen staatlichen Schutz zusichert[6]. Die Auffassung, das Elternrecht sei ein natürliches, in erster Linie den Eltern obliegendes Erziehungsrecht[7], wird als abzulehnender „Familismus" disqualifiziert. Die Normalfamilie soll durch die Konzeption einer Anti-Familie ersetzt werden. Als Begründung dafür wird angeführt, die Normalfamilie sei als isolierte „Kleinfamilie" mit „pathologischen Symptomen" eine „Pseudo-Gesellschaft", die sich prinzipiell selber als soziales System in Frage stellen müsse. Vorgesellschaftliche Eigenbedeutung der Familie und elterliches Erziehungsrecht werden abgestritten. Das „Erzeugerprinzip" als „Geburtenmonopol" sei keine gesellschaftspolitische oder juristische Legitimation, vielmehr sei die „Macht" und das „Erziehungsmonopol" der Normalfamilie zu entprivatisieren.

Insgesamt ist festzustellen, daß dieser Bericht, der wissenschaftliche Argumente mit normativen Entscheidungsanweisungen verbindet, mit Hilfe einer politisch-strategischen „Sozialisations-Theorie" und manipulativen Tatsacheninterpretation die Auffassung des Grundgesetzes inhaltlich verändert. Hinter dieser programmatischen Kampfansage gegen die Normalfamilie wird eindeutig die Tendenz der Neuen Linken sichtbar, durch Ausschaltung der erzieherischen Funktion der Familie die Vergesellschaftung des einzelnen voranzutreiben.

Das vom 2. Familienbericht herausgestellte Ziel, die Macht und das Erziehungsmonopol der Normalfamilie durch Entprivatisierung zu brechen, hat sich in besonderem Maße die neomarxistisch geprägte Emanzipationspädagogik zu eigen gemacht. Sie will dieses Ziel in erster Linie auf dem Weg über die schulische Erziehung erreichen: über Schulbücher und Lehrplanentwürfe, Unterrichtsrahmenrichtlinien, Schulexperimente und bürokratische Verordnungen, wie z. B. die zwangsweise Einführung des umstrittenen Gesamtschulsystems für ganz Hamburg. Die eigentliche Leitidee dieser Bestrebungen bildet der

---

[5] M. Horkheimer, Traditionelle und kritische Theorie, Frankfurt 1970.
[6] Art. 6, 1 GG.
[7] Art. 6, 2 GG.

„Gruppenmensch" als Ergebnis eines sozialistisch angelegten Erziehungsprozesses. Als wirksame Mittel werden eingesetzt

— das auf gesellschaftliche Veränderung und Vergesellschaftung ausgerichtete Lehrplanmaterial;

— der Klassenkampfappell in verschiedenen Schulbüchern, besonders auffallend in Bremen;

— die von Hessen übernommene Konflikttheorie in Unterricht und Hausaufgabe mit dem Ziel, das Vertrauensverhältnis zwischen Eltern und Kindern, zwischen Erwachsenen und Jugendlichen von vornherein in Frage zu stellen.

c) Verrechtlichung der Eltern-Kind-Beziehung

Den Anschein der Berechtigung, ja der Notwendigkeit dieser konfliktorientierten Jugendbeeinflussung liefert wiederum das vor dem Jugendlichen aufgebaute Zerrbild der „Normalfamilie". Sie wird in politischem Jargon diffamiert als ein „repressives" Herrschaftssystem mit deutlichem „Machtgefälle" zwischen den einzelnen Mitgliedern. In dieser Form provoziert es gerade die Verpflichtung des Staates zur Parteinahme für die Kinder als dem schwächeren Teil und als Objekten elterlicher Fremdbestimmung. Fördernde Familienpolitik soll umfunktioniert werden zu einer familiendistanzierten staatlichen Kinderpolitik.

Die aus dieser angeblich unwürdigen Abhängigkeit konstruierte öffentliche Verantwortung für das Kind und gegen die Eltern wird damit zu einem Keil, der in Gestalt gesetzlicher Vorschriften und behördlich-autoritärer Aufsichtsrechte in die Familie getrieben wird.

Von dieser beanspruchten Beschützerrolle erklärt sich auch der lehrbuchhafte Unterton in dem soeben verabschiedeten neuen Gesetz über die elterliche Sorge. Es fällt zunächst auf, daß hier nicht mehr die Rede ist vom elterlichen Sorgerecht, sondern nur noch von elterlicher „Sorge". Zudem sind im § 1666 die Bedingungen für den Entzug der Personensorge deutlich niedriger angesetzt worden: Voraussetzungen für eine Trennung des Kindes von den Eltern sind nicht mehr ein „Versagen" der Eltern und eine „Verwahrlosung" des Kindes, wie im Art. 6 GG festgelegt ist. Für einen Eingriff in das Elternrecht genügen neuerdings bereits eine „mißbräuchliche Ausübung der elterlichen Sorge", eine „Gefährdung" des Kindeswohles und „entwürdigende Erziehungsmaßnahmen", — Voraussetzungen also, die erst noch der richterlichen Auslegung bedürfen.

Mit dem Blick auf die einzuleitende Emanzipation des Kindes heißt es schulmeisterlich im § 1626, 2: „Bei der Pflege und Erziehung berücksichtigen die Eltern die wachsende Fähigkeit und das wachsende Bedürfnis des Kindes zu selbständigem, verantwortungsbewußtem Handeln. Sie besprechen mit dem Kind, soweit es nach dessen Entwicklungsstand angezeigt ist, Fragen der elterlichen Sorge und streben Einvernehmen an."

Deutlicher konnte das staatliche Mißtrauen gegen die Elternschaft insgesamt, der geboten und verboten wird, nicht zum Ausdruck gebracht werden.

Daß die Familie für die sozialdemokratische Theorie ein Ort der Ausbeutung und daher ein Anlaß zu ständigem Mißtrauen, ein Ärgernis ist, dem durch rechtliche Bestimmungen zugunsten der einzelnen Familienmitglieder zu begegnen ist, bestätigt der Orientierungsrahmen 1985 der SPD (1975), wenn es dort heißt:

„Über die gegenwärtige Reform des Familien- und Eherechtes hinaus müssen Gesetze und Rechtsprechung ständig darauf überprüft werden, ob sie ein Optimum an Entfaltungsmöglichkeiten aller Familienmitglieder — fußend auf gleichen Menschenrechten für Kinder, Frauen und Männer — bieten[8]."

Bezeichnend ist das Zeugnis sozialistischer Familienpolitiker über das sozialistische Familienbild im Vergleich zur christlich-sozialen Auffassung: „Die unterschiedlichen politischen Denkansätze in der Familienpolitik zwischen CDU/CSU einerseits und SPD/FDP andererseits lassen sich verkürzt auf die Formel zurückführen, ob die Familie als Institution oder als die Summe ihrer einzelnen Mitglieder und Einzelpersönlichkeiten zu sehen ist." Es wird hinzugefügt, daß durch die sozialdemokratische Familienpolitik „die Position des einzelnen Familienmitgliedes gestärkt werden soll, um sich von der Institution zu emanzipieren..."[9].

3. Soziale Deklassierung der kinderfreudigen Familie

Die weitverbreitete Individualisierung der Eheauffassung, die im Fortbestand der ehelichen Beziehungen eine Privatsache und im Willen zum Kind eine rein private Investitionsangelegenheit gelten lassen will, hat in bezug auf die kinderfreudige Familie zu einer unglaublichen kurzsichtigen Verzerrung unserer gesellschaftspolitischen und markttheoretischen Wertmaßstäbe geführt. Der Wille zum Kind — der für das Gesellschaftsganze wie auch für die Funktionsfähigkeit der Markt-

---

[8] P. v. Oertzen / H. Ehmke / H. Ehrenberg (Hrsg.), Orientierungsrahmen '85. Text und Diskussion, Bonn - Bad Godesberg 1976, S. 75.
[9] E. Eilert / M. Schanzenbach, Sozialpolitik nach 1945, in: Schellenberg-Festschrift, 232; zit. Hattenhauer, NO 1979, 290 f.

wirtschaft und der dynamischen Rentenformel eine unverzichtbare Vorleistung erbringt, die durchweg durch jahrelange Konsumverzichte und persönliche Opfer der Eltern begründet ist — wird dafür nicht etwa von Staat und Gesellschaft entsprechend honoriert, sondern ganz im Gegenteil benachteiligt und bestraft.

a) Unterbewertung der Familienleistung durch die Wirtschaftsgesellschaft

Das auf den individuellen Leistungsbeitrag bezogene Leistungsentgelt innerhalb der Markt- und Wettbewerbswirtschaft läßt grundsätzlich die Familienbezogenheit der Leistung und des Einkommens außer acht. Tatsächlich hat aber der einzelpersönliche Erwerb des Familienerhalters den Verbrauch aller Familienmitglieder zu bestreiten, woraus sich von vornherein ein Einkommensrückstand zu Lasten des Familienkonsums ergibt.

Außerdem fällt ins Gewicht, daß das marktwirtschaftliche System die auf dem Markt nicht in Erscheinung tretenden Vorleistungen der Familiengemeinschaft zugunsten der Marktwirtschaft durch jahrelange Leistungen im Dienst der Kinderaufzucht von sich aus nicht honoriert. Aufgrund des anonymen Leistungsentgelts führt der Wille zum Kind zur sozialen Deklassierung der kinderfreudigen Familie.

Hinzu kommt, daß auch die Sozialpolitik als notwendige korrigierende Hilfe innerhalb des gesellschaftlichen und wirtschaftlichen Umbruchs von vornherein auf die einzelne Erwerbsperson, nicht jedoch auf die Familie bezogen war. Da der Familie durchweg keine stoßkräftige Lobby zur Verfügung steht, traten ihre sozialen Probleme lange Zeit hinter denen der Industriegesellschaft und anderer Gesellschaftsgruppen zurück.

b) Bestrafung der Kinderfreudigkeit durch sozial-kulturellen Abstieg

Entgegen der Behauptung der Bundesregierung besteht zur Zeit in der Bundesrepublik für Verheiratete objektiv nicht die Möglichkeit, frei über die Zahl und den Zeitpunkt der Geburt ihrer Kinder zu entscheiden. Aufgrund der marktwirtschaftlichen Verteilung, der steuer- und sozialpolitischen Normen sowie der Wohnungsverhältnisse und Urlaubsmöglichkeiten ist Kinderreichtum in der Tat zum neuen „Kennzeichen der Armut" geworden. Wer Ja sagt zu zwei und mehr Kindern, muß damit rechnen, daß sein Lebensstandard um beinahe die Hälfte niedriger sein wird als der des kinderlosen Nachbarn der gleichen Gesellschaftsschicht. Wie Berechnungen ergeben haben, verzichtet eine Mutter, die sich der Familie und der Erziehung der Kinder widmet, innerhalb von 20 Jahren im Vergleich zur erwerbstätigen Mutter auf Einkommen und soziale Leistungen in Höhe von über 200 000,— DM.

Die Benachteiligung der nicht-erwerbstätigen Mütter wird durch die Einführung eines Mutterschaftsurlaubes und eines Mutterschaftsgeldes nur für erwerbstätige Frauen durch die Bundesregierung noch unterstrichen. Eine zusätzliche Bevorzugung der erwerbstätigen Frauen soll durch die Einführung der steuerlichen Absetzung der Kinderbetreuungskosten, die fast ausschließlich Erwerbstätigen zugute käme, durchgesetzt werden.

Hinzu kommt die hartnäckige Weigerung der Regierung, das von der Opposition geforderte Erziehungsgeld für alle Familien, für das sich 72 % der Bevölkerung ausgesprochen haben, zu bewilligen[10]. Durch die offensichtliche Bevorzugung der Erwerbstätigkeit als alleinigem Maßstab wird in der Tat die Freiheit der Hausmütter entscheidend eingeschränkt. Bei jeder Einkommenslage sinkt automatisch der sozialkulturelle Lebensstandard der Familie ab, je mehr Kinder mit dem gegebenen Einkommen aufzuziehen sind: Kinderlosigkeit wird belohnt, Kinderfreudigkeit aber bestraft.

„Die Mutter, die ihre Kinder erzieht, ist berufstätig, auch wenn sie nicht erwerbstätig ist. Erst wenn das anerkannt wird, ist eine Wende in der Familienpolitik und damit die Voraussetzung für eine Wende in der Bevölkerungspolitik möglich" (Ministerin H. R. Laurien).

c) Kinderfeindlichkeit der konsumorientierten Leistungsgesellschaft

Die Familienfeindlichkeit der Industriegesellschaft wird unterstrichen durch das konsumorientierte Prestigedenken der Wohlstandsgesellschaft. Das Kind bedeutet grundsätzlich für viele eine Belastung des sozialen Aufstiegs und eine Einengung der persönlichen Entfaltungsmöglichkeiten. Über den Mangel an hinreichenden Familienwohnungen und geeigneten Kinderspielplätzen wird unentwegt geschrieben, jedoch ohne berechtigte Hoffnung auf eine baldige Abstellung dieses Übelstandes. Erschwerend kommt hinzu, daß in den Massenmedien vom Familienglück und der Freude an Kindern kaum die Rede ist. Es gehört zu den schmerzlichen Erfahrungen der Betroffenen, daß die kinderreiche Familie heute wenig Anerkennung und Förderung erfährt.

---

[10] Keine Änderung der Familienpolitik, in: Deutsche Tagespost Nr. 132/79.

II. Wesen und Aufgaben der Familie

Wer sich trotz der einseitig verengenden Informationspolitik über die Situation von Ehe und Familie — die in Kommissionsbeschlüssen und Massenmedien zu berichten weiß von „Sozialisationsstörungen" der Familie, vom Scheitern der „bürgerlichen Kleinfamilie" und von der notwendig gewordenen Überwindung des traditionellen Familienleitbildes — den Blick nicht verstellen läßt, wird allenthalben die Feststellung bestätigt finden, daß die Familien in ihrer überwiegenden Mehrheit — trotz aller gegenläufigen Ideologien und Zeitströmungen — sich dennoch als Ursprungsgruppen mit hoher Integrationskraft im Dienste der menschlichen Person und der Humanisierung der Leistungsgesellschaft bestätigt und bewährt haben. Kein Realpolitiker wird die Augen vor der zunehmenden Gefährdung der familiären Intimgemeinschaft und dem menschlichen Versagen nicht weniger Familien verschließen wollen und können. Es wäre aber ebenso falsch, dieses partielle Versagen der Familie als Institution anhängen zu wollen, um sie durch mögliche Alternativ-Modelle zu ersetzen. Auch das gehört heute zu unseren Erfahrungen im Bereich der familiären Entwicklung, daß sich derartige Ersatzmodelle durchweg nicht als stabilisierende Faktoren auf Dauer erwiesen haben.

Die öffentliche Wiederaufwertung von Ehe und Familie, von Mutterschaft und Vaterberufung als ursprünglich christlichen Anliegen, ist daher für uns heute und die kommende Generation von grundlegender Bedeutung. Die grundsätzliche Rückbesinnung auf Wesen und Funktion der Familie gemäß dem traditionellen Lehrgut christlichen Familienverständnisses bildet dafür die Voraussetzung.

Die zeitgemäßen Antworten auf die Fragen nach dem Wesen, dem Aufgabenbereich und den Grundrechten der Familie sind die eigentlichen Angelpunkte dieser grundsätzlichen Rückbesinnung.

1. Wesen der Familie als personale Lebensgemeinschaft

Im Gegensatz zur dargestellten Tendenz einer rein soziologischen Funktionalisierung und Relativierung der Familie verlebendigt die ideologiefreie Wesensbetrachtung die überzeitlichen Aussagen über die Familie als unverzichtbaren Ort der Personwerdung und menschlichen Entfaltung im gesellschaftlichen Zusammenleben.

a) Familie als eigenständige, untrennbare Lebensgrundlage

Weil die personale Liebe alles gibt, aber auch alles verlangt, setzt sie die Unauflöslichkeit der ehelichen Liebeseinheit voraus. Gerade der moderne Mensch sucht im schnellebigen Wandel der Zeit nach Beständigkeit und Geborgenheit. Treue bedeutet nicht einen Verlust an Freiheit, sondern personal verantwortete und gefestigte Freiheit.

Nicht weniger einprägsam ist die grundlegende Bedeutung der familiären Gemeinschaft für das Ganze der Gesellschaft und des Staates, über die sowohl die Philosophie wie auch die lehramtlichen Dokumente klare Aussagen machen.

Die Familie ist demnach die „grundlegende Zelle" und „konstitutives Element" der staatlichen Gemeinschaft. In ihrer vorgesellschaftlichen Eigenbedeutung ist die Familie nicht für die Gesellschaft da, sondern umgekehrt. Als seinshaftes Ursprungsverhältnis und gottgewollte Blutsgemeinschaft ist die Familie eine gewachsene Einheit und eine natürliche, unverzichtbare Lebensgemeinschaft der Eltern mit ihren Kindern.

Den tieferen Grund für die Eigenständigkeit der Familie als unverbrüchlicher Lebensgrundlage gibt Pius XI. an:

„In der Tat teilt Gott der Familie in der natürlichen Ordnung unmittelbar die Fruchtbarkeit, das Prinzip des Lebens mit und damit das Prinzip der Erziehung zum Leben samt Autorität, dem Prinzip der Ordnung[11]." Damit wird zum Ausdruck gebracht, daß die Familie als Teil der von Gott gewollten Schöpfungsordnung zugleich natürlicher Quell des Lebens ist, verpflichtet zum Schutz und zur Pflege des Lebens, und darum menschlicher Verfügung entzogen. Durch den Dienst am Leben ist die Sinnbestimmung der Familie vorgegeben. Das besagt die Pflicht zur Erhaltung der familiären Lebensgrundlage auf seiten der unmittelbar Beauftragten: der Eltern und des Staates als dem Sachwalter des Gemeinwohls.

b) Legitimation der elterlichen Autorität

Es gilt heutzutage als verdächtig, mit dem Erziehungsauftrag zugleich Autorität als „Prinzip der Ordnung" verbinden zu wollen. In ideologisch gesteuerter Engführung wird Autorität gleichgesetzt mit „repressiver" Herrschaftsgewalt und Unterdrückung zum Schaden des unterliegenden schwächeren Teils. Aber bereits die Mißerfolge mit „anti-autoritärer" Erziehung in den sozialistischen „Kinderläden", die als „fortschrittliche Sozialisationsanweisung" wesentlich zum Autoritätsverlust der Eltern, zu Fehlentwicklungen bei dem Kind, zur Krise der Familie insgesamt beigetragen hat, haben den wahren Erziehungssachverhalt aufgedeckt und alte Erfahrungen erneut bestätigt.

---

[11] Divini illius Magistri 1929, Nr. 428 (Ausgabe E. Marmy: Mensch und Gemeinschaft in christlicher Schau, Fribourg 1945).

Demnach werden die sittliche Grundgestalt und Selbstentfaltung des Kindes maßgeblich geprägt durch das frühe „Erlebnis der Ordnung", d. h. durch die sinnvolle Verbindung von Einschränkung und Freiheit. Im Lebensraum der Normalfamilie wird Ordnung im wesentlichen durch die elterliche Autorität begründet und geprägt. Sie gibt als rechtlich-sittliche Vollmacht und Befugnis zur selbstverantwortlichen Leitung der familiären Gemeinschaft dem Zusammenleben auf engem Raum den festen Halt und die Ordnung der elterlichen Liebe als Voraussetzung des inneren Friedens.

Die Begründung des elterlichen Gehorsamsanspruchs geht auf eine zweifache Wurzel zurück, auf

— Ursprungsautorität:
    Sie ergibt sich aus der Seinsmitteilung und der damit verbundenen existentiellen Abhängigkeit der Kinder von den Eltern, die vom ersten Augenblick bis zur Selbständigwerdung reicht;

— Verantwortungsautorität:
    Sie richtet sich auf die Gründung, Erhaltung und Ordnung der Familie als Lebens- und Erziehungsgemeinschaft[12].

Zunehmende Vernunfteinsicht des Heranwachsenden erfordert schrittweise Ausweitung seines Entscheidungsspielraumes und entsprechende Zurückhaltung elterlicher Weisungsbefugnis. Verantwortliche Autorität versteht sich daher stets als hilfreiche Ergänzung der sich entfaltenden menschlichen Vernunft und Mündigkeit, mit dem Ziel, eigenpersönliche Verantwortung und verantwortete Lebensgestaltung zu ermöglichen.

Erziehungsautorität ist also zuinnerst Schutz und Halt, ist verbunden mit Einfühlungsvermögen und ohne Liebe nicht möglich, ist überzeugendes Vorbild. Erlebte Autorität im Elternhaus ist zugleich die Grundschule der Demokratie, die auf Autorität nicht verzichten kann, wie umgekehrt anti-autoritäre Erziehung im Grunde anti-demokratische Erziehung ist.

c) Entscheidungsbefugnis und Partnerschaft

Die eindeutige Begriffsbestimmung der elterlichen Autorität in ihrer Bedeutung als Lebenshilfe für die Persönlichkeitsbildung des Kindes ist in der gegenwärtigen Auseinandersetzung um Erziehungsideale und Erziehungsmethoden von aktueller Bedeutung. Nach Auffassung von Emanzipationsideologen steht autoritatives Verhalten als Überbleibsel

---

[12] Vgl. Herder Soz.-kat. Bd. II, Freiburg 1965, 42 f.

konservativ-bürgerlicher Lebenseinstellung von vornherein im Widerspruch zu fortschrittlich-partnerschaftlicher Lebensgestaltung.

Was ist und will eheliche Partnerschaft, die heute unter Berufung auf die Gleichberechtigung von Mann und Frau als Leitidee allenthalben groß herausgestellt wird? Ist sie überhaupt mit der Ehe als Institution vereinbar?

Die Partnerschaftsidee geht zurück auf das gewandelte Selbstverständnis des heutigen Menschen, der in seinem Drang nach Freiheit der zunehmenden Institutionalisierung unserer Lebensumwelt weitmöglichst zu entkommen sucht, auch im ehelichen Intimbereich. Rechtverstandene Partnerschaft als Gestaltungsprinzip des Ehe- und Familienlebens setzt in erster Linie die uneingeschränkte Anerkennung des Partners voraus, sowohl in bezug auf seine Gleichwertigkeit und Gleichrangigkeit, seine Eigenständigkeit und Selbstverwirklichung wie auch seine Mitverantwortung in der Gestaltung des gemeinschaftlichen Lebens. Damit werden z. B. bildungsmäßige und berufliche Ansprüche der Ehefrau, Fragen ihrer eigenständigen sozialen Sicherung, eigentumsrechtlichen Verfügungskompetenzen und der Lastenverteilung im Haushalt angerührt.

Jedenfalls gelten heute überkommene, patriarchalisch geprägte Lebens- und Entscheidungsformen zwischen den Ehepartnern weitgehend als überholt, während das Sprechen miteinander und die Einigung über gemeinsam zu bewältigende Aufgaben in den Mittelpunkt rücken. Die Bereitschaft zum gegenseitigen Sich-ernst-nehmen soll auch das Verhältnis zwischen Eltern und Kindern in dem Sinne prägen, daß Formen der Eigenverantwortung und der Mitverantwortung für das Familienleben zur Weckung der Eigenkräfte gemäß der Reifungsstufe des Kindes bejaht und ermöglicht werden.

Auch darüber scheint — zumindest in den Diskussionen über Partnerschaft — grundsätzlich Klarheit zu bestehen, daß echtes partnerschaftliches Miteinander weder ein einseitig ichbezogenes Emanzipationsdenken noch primitive Gleichmacherei bezüglich des Teilbeitrages im familiären Aufgabenbereich verträgt, und daß partnerschaftliches Füreinander nicht zu einem Fluchtweg in die Selbstversorgungstendenz der isolierten Kleinfamilie entarten darf.

Nicht so spontan läßt sich die Frage beantworten, ob und inwieweit partnerschaftliches Denken mit dem Gedanken der Autorität und Letztentscheidungsbefugnis eines Partners vereinbar ist, womit die Ehe als Institution berührt wird. Ist die kirchliche Lehre der Dreißiger Jahre überholt, die zwar die Gleichwertigkeit und auch Rechtsgleichheit der Ehepartner betont, eine „unterschiedslose" Gleichberechtigung beider jedoch ablehnt? Es geht ihr dabei um die Entscheidungsbefugnis in Konfliktsituationen, die um der familiären Einheit willen dem Mann als dem „Haupt" der Familie zugesprochen wird:

„Jene Rechtsgleichheit ... besteht hinsichtlich der Persönlichkeitsrechte und der Menschenwürde und in dem, was dem Ehevertrag entspringt und der Ehe eigentümlich ist; hierin erfreuen sich in der Tat beide Gatten gleicher Rechte und haben gleiche Pflichten, in den übrigen Dingen aber muß eine gewisse Ungleichheit und Abstufung herrschen, wie sie das Familienwohl und die notwendige Einheit und Festigkeit der häuslichen Gemeinschaft und Ordnung erfordern[13]."

Gleichheit besteht demnach zwischen den Eheleuten hinsichtlich ihrer Menschenwürde, Persönlichkeitsrechte und ehelichen Vertragspartnerschaft; Ungleichheit jedoch in bezug auf die Wahrung der familiären Ordnung und Wohlfahrt, die innerhalb dieser Grenzen und im Gesamtverständnis der ehelichen Liebe den Vorrang der väterlichen Autorität notwendig erscheinen läßt. Dieser traditionellen Auffassung steht als einzig mögliche Gegenlösung die Forderung gegenüber, unüberwindliche innere Meinungsverschiedenheiten des Familienlebens von einer Außenstelle entscheiden zu lassen, um väterliche Willkür auszuschalten.

Hier stellt sich allerdings die ernste Frage, inwieweit durch eine „Veröffentlichung" dieser Art — von unüberwindlichen Krisensituationen einmal abgesehen — die Familiengemeinschaft in ihrem Lebensnerv getroffen wird, verschärft durch die Tatsache, daß die Familie heute ohnehin sich des Zugriffs staatlicher Stellen zu erwehren hat, wie die Ehegesetzgebung, die Entwürfe für das elterliche Sorgerecht und die Jugendhilfe bestätigen, von der liberal-sozialistischen Schulpolitik ganz zu schweigen.

Abschließend ist zu sagen, daß nach den vorliegenden Erfahrungen auch die partnerschaftliche Familie nicht ohne Autorität auskommen kann. Es ist die Frage, ob sich hier eine „neue Form" der Autorität, eine Art „Wir-Autorität" herausbildet, die mehr auf die Interessen aller Familienmitglieder ausgerichtet ist und von ihrer freien Zustimmung getragen wird. „Autorität und Liebe verwirklichen sich in der familialen Partnerschaft wie nirgends sonst in ihrer Spannung wie in ihrer gegenseitigen Unaufhebbarkeit[14]."

---

[13] Casti Connubii 1930, Nr. 77.
[14] F. Böckle, Das Unwandelbare im Wandel. Theologisch-sozialethische Thesen zu Ehe und Familie in unserer Gesellschaft, in: Berichte und Dokumente 22 des ZdK, Bad Godesberg 1974, 70.

2. Aufgaben der Familie als „Keimzelle der Gesellschaft"

Die Feststellung, die gesunde Familie sei innerhalb der anonymen Massengesellschaft der unverzichtbare Ort natürlicher Personwerdung und menschlicher Entfaltung, erklärt sich aus dem Aufgabenbereich der Familie. Gesellschaftswandel und Aufgabenwechsel gesellschaftlicher Institutionen bedingen sich wechselseitig: überlieferte Aufgaben treten zurück, neue kommen hinzu. Das gilt auch für die heutige Familie.

a) Funktionsverluste und Funktionswandel der Familie

Die Funktionserfüllung der Familie heute ist wesentlich bedingt durch die Anforderungen der Leistungsgesellschaft, ihres Bildungssystems, ihres Sozialleistungswesens. Trennung zwischen Wohnung und Arbeitsplatz, Leistungsdruck, Schichtarbeit, Mehrfachbelastung der Hausfrau und Mutter wirken sich ebenso belastend auf die Familie aus wie Konjunkturkrisen, Inflationsrate und Wohnungsenge. Hinzu kommt, daß traditionelle Aufgaben an die Leistungsgesellschaft übergegangen sind: Kindergärten, Ganztagsschule, soziale Sicherung, Altersvorsorge, Alterspflege u. a. m.

Die negativ-kritische Einstellung zur „Normalfamilie" läßt weitgehend außer acht, daß die vielzitierte Krise der Kernfamilie in erster Linie eine Krise der Gesellschaft insgesamt ist, die in bezug auf ihre Grundwertüberzeugungen weitgehend orientierungslos geworden ist. Ein Zeichen dieses Wertzerfalls ist auch die mangelnde Wertschätzung und unzureichende Unterstützung der Familien seitens der Wohlstandsgesellschaft. Sie fühlen sich heute vielfach allein gelassen, verunsichert und überfordert.

Was jedoch bei allem Realismus in der Beurteilung der vielzitierten Krisenanfälligkeit der Kleinfamilie aufmerken läßt, ist die zunehmende Erfahrung, daß sich in der Funktionseinschränkung zugleich die Chance eines Funktionswandels in Richtung auf ein neues Familienerlebnis eröffnet. Wenn nicht verschiedene Anzeichen täuschen, dann war und ist die überwiegende Mehrheit unserer Familien inmitten der Hektik des Berufsalltages, des kollektiven Leistungsdruckes und der gesellschaftlichen Spannungen für jung und alt eine Zuflucht der Privatheit, Menschlichkeit und Nestwärme von stabilisierender Kraft. Von Bundespräsident Theodor Heuss stammt das Wort, daß die Familie wohl die letzte noch einigermaßen intakte „menschliche Reserve gegen die völlige Verstaatlichung und die reine Verberuflichung des Menschen ist, gegen seine Verameisung, die auch Vereinsamung werden kann",

Das Konzil weist ebenfalls auf die mögliche positive Seite des Funktionswandels der Familie hin: „Andererseits zeigen sich Bedeutung und Stärke von Ehe und Familie als Institution gerade dadurch, daß sogar die tiefgreifenden Veränderungen der heutigen Gesellschaft trotz aller daraus entstehenden Schwierigkeiten sehr oft die wahre Eigenart dieser Institution in der verschiedensten Weise deutlich werden lassen[15]."

b) Der Wille zum Kind als unverzichtbare Erhaltungsfunktion für die Gesellschaft

Wer den Wert der Familie begriffen und erlebt hat, für den sind Kinder nicht in erster Linie eine Last und Grund zur Sorge, sondern ein Geschenk der Liebe und anvertraute Aufgabe. Im Ja zum Leben und im Aufziehen der Kinder finden die Eltern die Bestätigung ihrer Liebe und die Sinnerfüllung ihres Arbeitsalltages. Heute gängige Begriffe wie „Wunschkind" und „Familienplanung", die sich praktisch auf die Beschränkung der Kinderzahl beziehen, täuschen den rein privaten Charakter des Willens zum Kind vor. Das Kind gehört zuerst Gott, sich selbst, und dann den Eltern, der Kirche wie auch dem Staat.

Der drastische Geburtenrückgang in den Industrienationen, speziell in der Bundesrepublik, hat vielfältige Auswirkungen auf das Leben des einzelnen ebenso wie auf alle gesellschaftlichen Lebensbereiche. Mit der rapiden zahlenmäßigen Abnahme der Erwerbspersonen schrumpft vordergründig nicht nur das gesamtwirtschaftliche Wachstum, sondern die Leistungsfähigkeit (Humankapital) der Bevölkerung insgesamt. Langfristig gesehen wird die Alterspyramide auf den Kopf gestellt, wenn die Geburtenrate nicht mehr für die Bestandserhaltung der Bevölkerung ausreicht, was in der Bundesrepublik seit 1970 der Fall ist.

Das hat zur Folge, daß die zahlenmäßig schrumpfende Generation der Erwerbstätigen von morgen für die anwachsende Generation von nicht mehr Erwerbstätigen im Rentenalter mit ihrem laufenden Einkommen wird aufkommen müssen. Ab 1990 wird die Rentenbelastung ununterbrochen ansteigen, bis sie im Jahr 2030 rund doppelt so hoch sein wird wie heute[16].

Enorme Spannungen zwischen den beiden Generationen der „jungen Egoisten" von heute, die das Leben nicht weitergeben wollen, und den überlasteten Berufstätigen von morgen im „großen Altersheim" der

---

[15] Gaudium et spes 1965, N. 47.

[16] Vgl. H. Kaltenbach / C. Orsinger, Bevölkerungsentwicklung und Rentenversicherung, in: Die Angestelltenversicherung 1/79; zit. Jaschick, a.a.O., S. 21.

G. Gölter, Wenig Kinder — wenig Kosten? Materialien zu Fragen des Bevölkerungsrückgangs. Sozialministerium Mainz 1978, 22 f.

Jahrhundertwende sind nicht auszuschließen. Der Frauenüberschuß in den älteren Jahrgängen wird wegen der höheren Lebenserwartungen der Frau ebenfalls zunehmen und mit ihm das Altenproblem. Und wie wird die Verfassung der Jugend in einer vergreisenden Gesellschaft sein?

Weitere ordnungspolitische Probleme des Bevölkerungsschwundes, die sich bereits jetzt abzeichnen, kommen hinzu:

— Auslastungsprobleme der Infrastruktur-Investitionen und des Bildungssystems;

— Probleme der Stadtbau- und Raumordnungspolitik;

— Ausdünnung landwirtschaftlicher Problemgebiete ohne zureichende Versorgung;

— Probleme des zunehmenden Bevölkerungsanteils der Gastarbeiter u. a. m.[17].

Zudem bestätigen vorliegende Untersuchungen, daß mit sinkender Kinderzahl nur kurzfristig Kosten einzusparen sind. Nur annähernd abzuschätzende Belastungen reihen sich in naher Zukunft an. Der Geburtenrückgang, durch veränderte Wertvorstellungen der Gesellschaft verursacht, ist um so schwerer rückgängig zu machen, je mehr die veränderte Einstellung zum Kind Allgemeingut geworden ist und je ungünstiger der Altersaufbau wird. Der Slogan der Bundesregierung: „Weniger Kinder — weniger Kosten!", ist irreführend und gefährlich, weil er von einer rechtzeitig gegensteuernden Ordnungspolitik abhält[18].

c) Die familiäre Erziehungsleistung als grundlegende Aufbaufunktion der Gesellschaft

Charakterliche Prägung, gesellschaftliches Verhalten und Lebenschancen des Menschen hängen wesentlich von den Erziehungs- und Sozialisationsleistungen (zur sozialen Eingliederung des einzelnen) ab, die die Familie gerade in den ersten Lebensjahren des Kindes erbringt. In dieser Phase der sog. Frühsozialisation, die nicht beliebig durch andere Personen oder Institutionen geleistet werden kann, wird über die Leitlinien des künftigen Weltbildes des Kindes entschieden. Sie setzt bereits während der Schwangerschaft ein.

In der vorgeburtlichen (pränatalen) Phase bestehen zwischen Mutter und Kind nicht nur physiologische Zusammenhänge, sondern ebenso enge psychische Beziehungen, die die gefühlsmäßigen Anlagen des

---

[17] Vgl. M. G. Jaschik, Familie — Gesellschaft — Wirtschaft. Perspektiven einer menschlichen Entwicklung, BKU Köln 1979, 18 f.

[18] Vgl. G. Gölter, Wenig Kinder — wenig Kosten? Materialien zu Fragen des Bevölkerungsrückganges. Sozialministerium Mainz 1978, 36 f.

Kindes entwickeln und prägen. Sie werden nach der Geburt gefestigt durch das frühe spontane Erlernen und Einüben sittlicher Verhaltensweisen im Erlebnisbereich der von den Eltern gewährten personalen Liebe und beispielhaften Haltung.

Da derartige sittliche Wertüberzeugungen nicht vom pluralistischen Staat übermittelt werden können, ist die spätere staatsbürgerliche Erziehung auf die sittliche Prägung im Vorschulalter durch das Elternhaus angewiesen. Ein staatliches Erziehungs- und Bildungsmonopol ist daher ein Widerspruch in sich. Der Staat lebt von dem durch die Familie begründeten und in der Familie eingeübten sittlichen Pflichtbewußtsein seiner Bürger.

3. Grundrechte der Familie als sittlich-sozialer Ursprungseinheit

Aus der Tatsache, daß der Familie in der natürlichen Ordnung mit dem Lebensprinzip zugleich auch der Schutz, die Förderung und Erziehung des Lebens anvertraut sind, ergeben sich nach christlich-sozialer Auffassung eindeutige vorstaatliche Rechtsbeziehungen und Rechtsansprüche zur Absicherung des erforderlichen freien Entfaltungs- und Betätigungsraumes für die Familie:

„Die Familie hat somit unmittelbar vom Schöpfer den Auftrag und daher auch das Recht, ihre Nachkommenschaft zu erziehen, ein unveräußerliches Recht, weil unzertrennlich verbunden mit der strengen Verpflichtung, ein Recht, das jedwedem Recht der Volksgemeinschaft und des Staates vorausgeht, und darum ein unverletzbares Recht gegenüber jeglicher irdischen Macht[19]."

a) Recht auf Eigenbestand und Eigenleben der Familie

Bekennt man sich mit der christlichen Soziallehre zu der Tatsache, daß Ehe und Familie sich als die beständigsten Formen menschlichen Zusammenlebens erwiesen haben, daß die Familie als erste Lebens- und Erziehungsgemeinschaft dem jungen Menschen individuelle Geborgenheit ebenso vermittelt wie sittliche Grundhaltungen und Sinnausrichtung, und daß sie durch andere gesellschaftliche Lebensformen nicht ausreichend ersetzt werden kann, dann ergibt sich daraus von selbst als zwingende Notwendigkeit der Schutz und die Förderung der Familie seitens staatlicher Institutionen. Dieser Auffassung hat sich auch der Verfassungsgeber in Art. 6 angeschlossen, sie gehört jedoch zu den heftig umkämpften sittlichen Grundpositionen im neomarxistischen Aufwind.

---

[19] Divini illius Magistri, Nr. 429.

Schutz- und förderungswürdig im Einflußbereich der Massengesellschaft sind Selbständigkeit, Unversehrtheit und freie Entfaltung der Familiengemeinschaft ebenso wie der Wille zum Kind, bedenkt man die Gefahren, die mit der elterlichen Berufstätigkeit, der frühen Mutterentbehrung des Kindes (Hospitalismus) und der verbreiteten Kinderfeindlichkeit verbunden sind.

b) Recht auf ungehinderte Eigentätigkeit

Das ursprüngliche und grundlegende Recht im familiären Aufgabenbereich ist das Elternrecht, d. h. das Recht der Eltern auf ihre Kinder und deren Erziehung. Ihm entspricht die elterliche Verpflichtung zur bestmöglichen Erziehung dieser ihrer Kinder.

Erziehung, begründet durch Liebe und Zuneigung als dem Lebensprinzip des familiären Zusammenlebens, ist im Grunde die natürliche Weiterführung der Lebensmitteilung und Weiterentwicklung der Lebensfähigkeit. Als Leben vom Leben der Eltern ist das Kind existentiell der Verantwortung, Pflege und Obhut der Eltern anvertraut. Die Familiengemeinschaft ist erste Erziehungsgemeinschaft, dazu bestimmt aufgrund der absoluten Hilfsbedürftigkeit des Kindes, dazu besonders geeignet aufgrund der Blutsgemeinschaft und seinshaften Übereinstimmung mit dem Kind.

Das Elternrecht ist demnach ein Grundrecht, in der Naturordnung begründet, unverletzlich, unveräußerlich, vorgesellschaftlich und vorstaatlich. Aber es ist nicht absolut, sondern verpflichtet, und zwar dem Naturrecht ebenso wie dem göttlichen Recht in bezug auf religiössittliche Formung und dem Staat in seiner Verantwortung für die staatsbürgerliche Erziehung.

Es gibt ein wirkliches Eigenrecht des Staates auf seinen Anteil an der Erziehung seiner Staatsbürger, begründet durch die staatliche Gemeinwohlsorge. Diese schließt die Verpflichtung des Staates ein, im Falle eines Versagens der Eltern ersatzweise einzuspringen, wobei er allerdings an das Elternrecht, d. h. an die religiös-sittliche Lebensanschauung der Eltern als Erziehungsleitnorm, gebunden bleibt. Außerdem obliegt dem Staat der Schutz und die Förderung der Erziehungskraft der Familie, der Kirche und geeigneter Erziehungsgemeinschaften auf schulischem und kulturellem Gebiet und dies nicht zuletzt im Interesse eines gegliederten Schul- und Bildungswesens.

Eine Gefährdung des elterlichen Rechtes besonderer Art ergibt sich in der Bundesrepublik aus der eingeleiteten Neuregelung des elterlichen Sorgerechtes. Obwohl das Grundgesetz alle staatliche Familienpolitik verpflichtet, die Einheit und Selbstverantwortlichkeit der Familie zu respektieren und zu fördern, ist hinter der Neuregelung die

Tendenz erkennbar, durch familienpolitische Leitentscheidungen die Solidarität im Familienverband zu schwächen. Die personalen Beziehungen zwischen Eltern und Kindern werden faktisch in einzelne Rechtsansprüche aufgelöst und auf Individualrechte der einzelnen Familienmitglieder reduziert, nach der Devise: „Vom Elternrecht zum Kindesrecht."

Innerfamiliäre Auseinandersetzungen werden dadurch verrechtlicht, daß gesetzlich festgelegte pädagogische Leitlinien als Klagegrund emanzipierter Kinder gegen die Eltern gebraucht werden können. Offenbar soll durch die erweiterte staatliche Schlichtung bei Eltern-Kind-Konflikten entsprechend dem 2. Familienbericht der Charakter der Erziehung als spezifische „gesamtgesellschaftliche Aufgabe" unterstrichen werden. Insgesamt geht der Entwurf von einer klassenkämpferischen Gegnerschaft zwischen Eltern und Kindern aus, ermöglicht ein ständiges Hineinregieren des Vormundschaftsgerichtes in die Familien und gibt dem Kind Rechte, die es gar nicht wahrnehmen kann. Konfliktsituationen einer Minderheit von Familien werden zum Anlaß genommen, um die inneren Beziehungen auch der intakten Familie gesetzlich neu zu regeln.

c) Recht auf wirtschaftliche und soziale Absicherung der Familie

Bekennt man sich zu der traditionellen Auffassung, daß das Wohl und Wehe der Familie als der „Keimzelle des Staates" für das Staatsganze ausschlaggebend ist — einer Auffassung, die offenbar auch der Verfassungsgeber der Bundesrepublik teilt, indem er Ehe und Familie unter den besonderen Schutz der staatlichen Ordnung stellt —, dann ist die wirtschaftliche und soziale Absicherung der Familie eine politische Selbstverständlichkeit.

Wie augenscheinlich Verfassungstext und politische Wirklichkeit mitunter auseinanderklaffen können, bestätigen neuere Studien über die wirtschaftlich-soziale Situation der Familie in der Bundesrepublik. Demnach sinkt bei vielen Familien mit unterem und mittlerem Arbeitseinkommen, besonders wenn nur ein Einkommensbezieher da ist, das Netto-Einkommen unter die Regelsätze der Sozialhilfe, von anderen bedrängenden Sorgen ganz abgesehen.

Diese Vernachlässigung und Benachteiligung der Familie mit Kindern hat zu einer Änderung bzw. Einschränkung des generativen Verhaltens geführt mit dem Ergebnis des rapiden Bevölkerungsrückganges. Es ist davon auszugehen, daß der Entschluß zur drastischen Einschränkung der Kinderzahl in erster Linie von jenem Drittel der kinderfreudigen Familien gefaßt wurde, die bisher durch überdurchschnittliche Kinderzahl etwa $^2/_3$ des Kindernachwuchses in der Bundesrepublik aufgezogen haben[20]. Wer diesen Rückgang in seiner verhängnisvollen Bedeutung nicht zu bagatellisieren bereit ist, wird sich grundsätzliche Gedanken über eine dementsprechende Ordnungspolitik machen müssen. Einige der wichtigsten Vorschläge seien hier in Thesenform wiedergegeben.

III. Leitnormen familiengerechter Gesellschaftspolitik

1. Leitnorm einer familiengerechten Ordnungspolitik aus christlich-sozialer Verantwortung ist die Überlegung, daß sozialpolitische Maßnahmen allein nicht genügen, um die Benachteiligungen unserer Familien beseitigen und ihre Vitalsituation wesentlich bessern zu können. Familienpolitik ist in ihrem Kern und Grundanliegen immer Gesellschaftspolitik, die der grundlegenden Erhaltungs- und Aufbaufunktion der Familie auf möglichst breiter Basis gerecht zu werden hat.

2. Unverzichtbare Voraussetzung familiengerechter Politik ist die in aller Öffentlichkeit voranzutragende Aufwertung der Ehe und Familie, der Vaterschaft und des Mutterberufes, der Kinderfreudigkeit und verantwortlichen Sexualität, unterstützt durch gezielte Information in den Schulen, den Kirchen, den Massenmedien und den politischen Parteien. Zu dieser Aufklärung gehört die unausweichliche harte Auseinandersetzung mit den Theorien der Emanzipationsideologen liberal-sozialistischer Prägung in den Schulen, den Gesetzgebungskommissionen und an den ministeriellen Schalthebeln der Politik.

3. Um die viel kritisierte Erziehungs- und Sozialisationsleistung der Familie rehabilitieren und steigern zu können, sind der Familie vermehrt Erziehungs- und Bildungshilfen an die Hand zu geben, durch beratende und ergänzende Erziehungseinrichtungen, neue Formen familialer Zusammenarbeit, spezielle Hilfe für unvollständige Familien, Ausbau der Familien-Ferienstätten.

4. Nach Meinung von Fachleuten ist soziale Gerechtigkeit für die kinderfreudige Familie letzten Endes nur zu erreichen durch einen gesamtgesellschaftlichen Ausgleich der Familienlasten in der Form, daß die wirtschaftlichen Lasten der Kinderaufzucht gerecht auf alle verteilt werden, die aus dem jahrelangen Konsumverzicht der Eltern Nutzen ziehen. Das bedeutet: gesamtgesellschaftlicher Einkommensausgleich zwischen Kinderreichen, Kinderarmen und Kinderlosen in Form einer „grundsätzlichen Neugestaltung der Verteilungsordnung"[21], die schrittweise zu verwirklichen ist.

---

[20] Vgl. W. Dreier, Zur Situation von Ehe und Familie in unserer Gesellschaft. Berichte und Dokumente 22, Bad Godesberg 1974, 52.
[21] G. Mackenroth, Die Reform der Sozialpolitik durch einen deutschen Sozialplan, in: Schriften des Vereins für Sozialpolitik, NF Bd. 4, Berlin 1952.

5. In einer Übergangsphase ist auf dem erprobten Weg des teilweisen Lastenausgleichs durch Kombination von Ausgleichszahlungen (Beihilfen, Zulagen) zur Sicherung des Existenzminimums und steuerlicher Maßnahmen für die Erhaltung des Lebensstandards zurückzugreifen. Die CDU/CSU-regierten Bundesländer sind an erster Stelle aufgerufen, im Alleingang gegenüber der liberal-sozialistischen Koalitionsregierung durch familienfreundliche Politik überzeugende Zeichen sozialer Verantwortung und Weitsicht zu setzen, wie es z. B. Baden-Württemberg durch die Einführung des Familiengeldes für „Hausfrauen-Mütter" praktiziert hat.

WERTWANDEL UND KULTURKRISE

Von Werner Weidenfeld

Der Wechsel der Epochen, die Wendepunkte der Geschichte kündigen sich über den Wandel unserer Sprache an. Die Schlüsselbegriffe unserer Zeit sind weit entfernt vom Aufbruchspathos und vom Fortschrittspathos am Anfang der 70er Jahre. Damals prägten aktive Begriffe die politische Sprache der westlichen Welt: Reform, Entspannung, Lebensqualität, Demokratisierung. Davon ist wenig geblieben. Fast ist man geneigt, sie bloß noch als ferne Signale einer längst vergangenen Ära zu begreifen; nicht nur, daß sich die soziale Dynamik inzwischen umgekehrt hat, daß defensive Haltungen in den Vordergrund treten (die Abschottung des Erreichten, die Wahrung der Besitzstände, die Wahrung des Status quo); vielmehr noch, die Beobachter unserer Zeit sind ratlos, unsicher, verwirrt, und dennoch berichten sie gemeinsam von dramatischen Sachverhalten: von Unregierbarkeit und Vertrauensverlust der Staaten der westlichen Welt, von Sinnkrise, Systemdistanzierung und Staatsverdrossenheit. Die Autoren der Jahresrückblicke und Neujahrskommentare sprechen wie selbstverständlich von Zeitwende und kulturellem Umbruch, vom Zerfall traditioneller Wertsysteme und von Gewißheitsverlust[1]. Der französische Soziologe Raymond Aron fürchtet, der Westen grabe sich sein eigenes Grab[2]; und das achte Salzburger Humanismus-Gespräch stand gar unter der Leitfrage, ob es noch Hoffnung gebe in der Überlebenskrise[3]. In einem merkwürdigen Kontrast dazu steht unsere alltägliche Erfahrung der Stabilität und Normalität unserer Gesellschaft; keine revolutionären Umbrüche, keine Verelendung, keine Bestätigung düsterer Untergangsvisionen. Die Unsicherheit und Ratlosigkeit — sind sie also vielleicht doch nur die Ausgeburt neurotischer Politik-Phantasien?

---

[1] Ausführlich dazu W. Dettling / W. Weidenfeld, Die schleichende Krise der Republik, vollzieht sich in unserem Land unbemerkt ein Epochenwandel?, in: Die Zeit, vom 14. 7. 1978; W. Dettling, Politik, Freiheit und Glück. Über Ursachen und Folgen des Wertwandels, in: Stimmen der Zeit 197 (1979) 363 - 372 u. 457 - 468; P. L. Berger u. a., Das Unbehagen in der Modernität, Frankfurt/M. 1975; G. Kirsch, Der Sturz des Ikarus. Was blieb vom Protest der sechziger Jahre?, München 1980; W. Hennis u. a. (Hrsg.), Regierbarkeit, Stuttgart 1977; H. Glaser (Hrsg.), Fluchtpunkt Jahrhundertwende. Ursprünge und Aspekte einer zukünftigen Gesellschaft, Bonn 1979.

[2] R. Aron, Plädoyer für das dekadente Europa, Berlin 1978.

[3] O. Schatz (Hrsg.), Hoffnung in der Überlebenskrise?, Graz 1979.

Diese Frage ist falsch gestellt, denn sie übersieht einen elementaren Sachverhalt unseres sozialen Lebens. Soziale und politische Umbrüche kündigen sich nicht über spektakuläre, äußere Ereignisse an, nicht über augenfällige Verschiebungen an der Oberfläche politischer Systeme. Krisen bereiten sich in unterirdischen Veränderungen vor; im Wandel der subjektiven Befindlichkeit, in der Veränderung der Haltungen, der Wünsche, Einstellungen und Befürchtungen, der Hoffnungen und Ängste. Die schleichende Krise unserer Gesellschaften vollzieht sich in so mikroskopisch kleinen Einheiten wie das Wachsen einer Pflanze, das Auswandern einer Küstenformation oder das Vorrücken des kleinen Stundenzeigers an der Uhr: er scheint stillzustehen, wenn man ihn fixiert. Erst wenn er in größeren Zeitabständen oder mit feinerem Beobachtungsinstrument geprüft wird, zeigt es sich, daß er vorgerückt ist.

Im Blick auf diese Tiefendimension unseres sozialen Lebens soll im folgenden der Versuch unternommen werden, in Thesen das Profil unserer geistig politischen Situation zu skizzieren:

These 1:

Die westliche Welt befindet sich in einer Orientierungskrise.

These 2:

Der Wertwandel hat noch keine adäquate politische Antwort gefunden.

These 3:

In unseren Gesellschaften gewinnen anti-soziale Einstellungen an Gewicht und Bedeutung.

These 4:

Wir erliegen immer mehr der Gefahr, soziale Beziehungen auf ihre materielle Dimension zu reduzieren.

Zunächst zur These 1 über die Orientierungskrise:

Was unsere Welt im letzten Viertel des 20. Jahrhunderts von allen vorangegangenen Generationen unterscheidet — und es ist durchaus ein tiefgreifender, ja ein dramatischer Wandel —, läßt sich aus wenigen zeichenhaften Andeutungen begreifen[4]. Da ist zunächst die steil anstei-

---

[4] Als Überblick s. D. Bell, Die Zukunft der westlichen Welt. Kultur und Technologie im Widerstreit, Frankfurt/M. 1976; R. Aron, Fortschritt ohne Ende?, Gütersloh 1970; H. Klages, Die unruhige Gesellschaft, München 1975; B. Strümpel, Die Krise des Wohlstands, Stuttgart 1977; E. Eppler u. a., Überleben wir den technischen Fortschritt?, Freiburg 1973; A. Touraine, Die postindustrielle Gesellschaft, Frankfurt/M. 1972; R. Löwenthal, Gesellschaftswandel und Kulturkrise. Zukunftsprobleme der westlichen Demokratien, Frank-

gende Geschwindigkeit, mit der sich um uns herum die menschliche Umwelt verändert, — und hierbei äußert sich mehr als bloß jener Eindruck, mit dem subjektiv jede Generation die Veränderung ihrer Umwelt erfahren haben mag. Nehmen wir einfache Indizien:

— die Geschwindigkeit, mit der sich ein Mensch bewegen kann,

— die Distanz, die er zwischen sich und die Erde legen und zu der er doch zurückkehren kann,

— die Zahl der Menschen, zu denen er zugleich sprechen kann,

— das Ausmaß der Zerstörung, die er mit einem Schlag seiner Waffe anrichten kann.

Eng verflochten mit dieser technologischen Entwicklung hat sich die Welt radikal verändert:

— Einerseits besteht heute die Möglichkeit und die Gefahr der Selbstvernichtung der Menschheit.

— Andererseits sind die Menschen in ihrem Wissen und in ihrer Arbeit immer mehr spezialisiert. Ihre Organisationen sind immer komplizierter und in ihren Funktionen immer dichter miteinander verflochten. Die gegenseitige Abhängigkeit wächst und damit auch die Notwendigkeit gegenseitiger Abstimmung und Koordinierung, die Notwendigkeit zur Zusammenarbeit.

Daneben und in Verbindung damit beobachten wir die Aushöhlung nationaler Souveränität[5], eine Aushöhlung durch die Abhängigkeit der Staaten von ihrer Umwelt, vor allem von den Weltmächten, die sich in den fünf bis sechs weltpolitischen Handlungszentren entwickelt haben, und eine Aushöhlung der Souveränität der hochentwickelten Industriegesellschaften durch die Macht gesellschaftlicher Organisationen, durch Verbände, Banken, multinationale Konzerne. Das klassische Verständnis von der nationalen Souveränität ist weitgehend zur bloßen Fiktion geworden, und gleichzeitig ist Zweifel an der Handlungsfähigkeit internationaler Organisationen angebracht. Ein Blick nach Europa verdeutlicht die hier gemeinte schmale Gratwanderung[6].

Dieses Datum erhält eine zusätzliche aktuelle Brisanz durch das neue politische Selbstbewußtsein der Rohstoffproduzenten. Die Erdölkrise hat zum ersten Mal jedermann deutlich gemacht, daß es nicht länger

---

furt/M. 1979; R. Dahrendorf, Lebenschancen, Frankfurt/M. 1979; W. Bühl, Transnationale Politik. Internationale Beziehungen zwischen Hegemonie und Interdependenz, Stuttgart 1978.

[5] Vgl. u. a. Bühl, a.a.O.

[6] Siehe ausführlich dazu W. Weidenfeld, Europa 2000, Zukunftsfragen der europäischen Einigung, München/Wien 1980.

selbstverständlich ist, jederzeit über einen wichtigen Rohstoff in ausreichender Menge verfügen zu können. Die Dritte Welt hat ihren Anspruch angemeldet, an der Lösung der Verteilungsprobleme gleichberechtigt teilzunehmen. Sie hat die Abhängigkeit hochindustrialisierter Gesellschaften als Mittel politischer Macht entdeckt. Diese harte Konfrontation mit der Beschränktheit unserer augenblicklichen Fähigkeiten traf uns relativ unvorbereitet. Die fast zwangsläufige Konsequenz ist ein immer gefährlicheres Ungleichgewicht von Ansprüchen und Leistungsvermögen. Das System sozialer Sicherheit ist mit Fragezeichen zu versehen, was die Haltbarkeit anbetrifft.

Diese Tendenz erhält ihre zusätzliche Dringlichkeit durch die wachsende Erpreßbarkeit des Staates, etwa durch gewaltsame Zerstörung der Zentren von Energie. Was wird, wenn Terrorkommandos Atomreaktoren zerstören? Wenn viele hundert Kilometer lange Ölleitungen angezündet werden? Wenn Stromblockade durch Sabotage unsere Zivilisationsgewohnheiten kentern läßt? Damit ist der Blick auf das Problem der Kontrolle sozialer Beziehungen freigelegt; ein Blick, der bereits in aphoristischer Weise durch Orwells Vision des Jahres 1984 beschäftigt wird. Die Frage des industriellen Zeitalters lautete noch: ‚Wie ist Freiheit mit den Notwendigkeiten der Daseinsvorsorge zu verbinden?' Die Frage des nuklearen Zeitalters lautet: ‚Wie ist Freiheit mit den Notwendigkeiten intensivierten Schutzes und verdichteter Kontrolle zu verbinden?'

Die Verbindung dieser verschiedenen Problembereiche,

— technologische Entwicklung,

— Verkomplizierung unserer Organisationen,

— Kontrolle sozialer Beziehungen,

führt zu einem entscheidenden weiteren Gesichtspunkt: in der modernen, komplizierten Gesellschaft ist die Summe des verfügbaren Wissens, und auch der Wandel des verfügbaren Wissens, ungleich größer als in einfachen Gesellschaften[7]. Dies beruht nicht auf der Vermehrung individuellen Wissens, sondern auf der arbeitsteiligen Spezialisierung im Wissen. Intensives Ausschnittswissen eines jeden von uns verbindet sich mit breiten Feldern des Nichtwissens. Diese Zunahme und Spezialisierung des Wissens hat für die Gesellschaft eine tiefgreifende Konsequenz: Wissenschaft als der zentrale Ort der Sammlung und Speicherung dieses Wissens erhält damit in komplizierten Gesellschaf-

---

[7] Allgemein dazu R. Eckert, Wissenschaft und Demokratie, Tübingen 1971; H. Maier, Die Gesellschaft der Unwissenden, in: Die Zeit, vom 4. 4. 1975; W. Weidenfeld, Krise oder Herausforderung der Universität? Zur Lage der Hochschulen in Deutschland, in: Dokumente 34 (1978) 231 - 240; A. Gouldner, Die Intelligenz als neue Klasse, Frankfurt/M. 1980.

ten eine Schlüsselstellung, die ihr besondere Verantwortung aufbürdet. Die wissenschaftliche Leistungsfähigkeit eines Landes entscheidet inzwischen nicht zuletzt über seine wirtschaftliche Kraft und seine soziale Sicherheit. Die Gesellschaft ist im Blick auf die Schlüsselstellung der Wissenschaft darüber hinaus darauf angewiesen, daß die Wissenschaft ihre Qualifikationen eindeutig und verläßlich angibt. Der Patient kann beispielsweise nicht selbst prüfen, ob der Arzt sein Fach versteht; der Fluggast kann nicht selbst beurteilen, ob der Elektroniker des Kontrollturms seinen Beruf beherrscht; der Konsument von Umfrageergebnissen kann nicht entscheiden, ob das demoskopische Institut die empirischen Methoden anzuwenden in der Lage ist. Das bedeutet, daß die Wissenslücken einer jeden Person in einer verwissenschaftlichten Gesellschaft ausgeglichen werden müssen durch ein allgemeines Vertrauen gegenüber den Institutionen der Wissenschaft. Dazu aber muß auf das Urteil der Institutionen der Wissenschaft Verlaß sein. Aber gerade an diesem Punkt setzen zunehmende Zweifel und wachsende Kritik an. Sollte die Gesellschaft aber den Institutionen der Wissenschaft zunehmend mit Mißtrauen begegnen oder begegnen müssen, dann würde die Gesellschaft entscheidend an Stabilität einbüßen, weil die arbeitsteilig spezialisierte Informationsverarbeitung mehr und mehr unmöglich wäre.

Insgesamt kann man alle diese skizzenhaften, divergierenden Eindrücke in einer Grundlinie zusammenfassen: viele Daten des sozialen Lebens, mit denen wir bisher wie selbstverständlich umgegangen sind, haben an Verläßlichkeit eingebüßt; es besteht Zweifel, ob man vertrauen kann, und Skepsis, ob soziale, staatliche und internationale Organisationen ihre Handlungsfähigkeit behalten. Wir beobachten als Folge ein Phänomen, das wir als Orientierungskrise bezeichnen. Diese Orientierungskrise besteht darin,

— daß der einzelne die sozialen Zusammenhänge nicht mehr voll durchschauen kann,

— daß die Vielfalt und die Fülle der Informationen die Fähigkeit des Menschen zu bewußter Erlebnisverarbeitung übersteigt,

— daß der einzelne die Veränderung einer kaum noch überschaubaren Gesellschaft zunehmend als Betroffener erlebt, als Opfer, weniger als aktiv Mitentscheidender.

Tiefgreifender Wandel, Aufgabe traditioneller Bindungen, Streben nach Sicherheit, der Eindruck anonymer Institutionen lassen den Wunsch nach Orientierung zum überragenden Verlangen werden. Ohne eine zuverlässige Grundorientierung über seine Welt, kann der Mensch sich als Person nicht voll entfalten und verwirklichen, kann er von den ihm gebotenen Möglichkeiten keinen sinnvollen Gebrauch machen.

22 Festschrift für J. Messner

Und dies ist die existentielle Schwierigkeit, vor der wir stehen, in pluralen, komplexen Gesellschaften, deren Konsens sehr begrenzt ist.

Zur These 2 über den Wertwandel:

Wir erleben in den modernen Wohlfahrtsstaaten eine merkwürdige Paradoxie: trotz objektiver Verbesserung und weiterer Ausgestaltung der Systeme sozialer Sicherheit nehmen die Ängste und Befürchtungen der Menschen zu. Die Schere zwischen den objektiven Leistungen des Staates und dem subjektiven Befinden der Menschen weitet sich aus. Darin liegt gerade *das* sozialpsychologische Mißgeschick des Sozialstaates[8]: ein Staat, der immer mehr macht, erreicht immer weniger!

Dieses Beispiel zeigt, daß sich ein wesentlicher Zugang zu den Problemen unserer Zeit nicht über die Analyse objektiver Systemzusammenhänge eröffnet, sondern über die Erfahrung subjektiver Lebenswirklichkeit, über das Selbstverständnis des einzelnen, seine Konzepte des Wünschbaren, kurz über die Werte und den Wertwandel[9]. Der Wertwandel zeigt in den Staaten der westlichen Welt einige signifikante Züge:

1. — eine Rangreduzierung von Risikobereitschaft und von Leistungsorientierung,

   — eine Rangreduzierung der Bereitschaft zu öffentlichem Engagement,

   — ein wachsender Zweifel an der Möglichkeit, durch eigene Anstrengungen den Status zu verbessern,

   — eine Neigung zur unmittelbaren Bedürfnisbefriedigung statt zur langfristigen Zielorientierung,

   — entsprechend wächst der Trend zu einer privatistischen Haltung, zum Rückzug ins Private, sowie der Wunsch nach materieller Sicherheit.

Zu fragen ist, ob denn nicht die Stabilität der westlichen Gesellschaft auf eben jenen Werten beruht, deren Rang gegenwärtig reduziert wird, auf Risiko- und Engagementbereitschaft, auf Leistungsvermögen und Fähigkeit zu mittel- und langfristigem Kalkül.

---

[8] Vgl. Klages, a.a.O., Strümpel, a.a.O.; Dettling, a.a.O.; Ph. Herder-Dorneich, Soziale Ordnungspolitik, Stuttgart 1979; Ders., Strukturwandel und soziale Ordnungspolitik, Köln 1977.

[9] R. Inglehart, The silent revolution, Princeton 1977; E. Noelle-Neumann, Werden wir alle Proletarier? Wertwandel in unserer Gesellschaft, Zürich 1978; P. *Kmieciak*, Wertstrukturen und Wertwandel in der Bundesrepublik Deutschland, Göttingen 1976; G. Schmidtchen, Was den Deutschen heilig ist. Religiöse und politische Strömungen in der Bundesrepublik Deutschland, München 1979.

2. Eine deutliche Rangsteigerung erfahren postmaterielle Werte und Bedürfnisse:

— die Teilhabe am Leben der unmittelbaren Umwelt,

— die Vertrautheit in der sozialen Gruppe,

— die Harmonie mit der Nachbarschaft,

— die Entfaltung von Phantasie und zweckfrei-schöpferischen Talenten,

— der Wunsch nach einer schönen Umwelt.

Vor dem Hintergrund dieser grundlegenden Tendenzen ist Zweifel angebracht, ob die Politik bisher adäquate Antworten gefunden hat. Wir erleben ja eine Grundwertediskussion, die allerdings die Menschen weitgehend unberührt läßt. Denn die Politik bedient sich dabei einer Wertsprache, statt der Problemsprache[10]; das heißt, daß sie Grundpositionen bezieht, die sich von den politischen Problemen abheben, unangreifbar, immun gegen Kritik und ohne Prioritäten. Im Ideenhimmel politischer Grundwerte gibt es dann weder Widersprüche noch Kontroversen, weder Kosten noch Restriktionen. Es fehlt aber auch die Brücke zu den Erwartungen der Menschen. Die Fähigkeit zu unterscheiden und zu entscheiden verkümmert. So wird sich Politik selbst zum Thema und selbst zum Problem. Auf diesem Wege nähern wir uns in den Grundlagen des politischen Handelns immer mehr dem Niveau von Entwicklungsländern. Das Postulat ersetzt die Analyse, das Plädoyer die Kritik; Suche nach Sündenböcken statt Bereitschaft zur Selbstkritik. Wir wissen nicht mehr, welche Probleme wir in welchen Subsystemen abarbeiten sollen; die Absicht, nicht das Ergebnis zählt.

Zur These 3 über das Anwachsen anti-sozialer Einstellungen:

In der westlichen Gesellschaft mehren sich die Versuche, aus der Komplexität unserer Welt gewissermaßen auszusteigen. Eine breite Literatur des Absurden, die Anziehungskraft von Drogen oder der Hang zum Okkultismus, zu immer neuen romantischen Aufständen gegen die komplizierte Industriegesellschaft sind als Symptome zu werten[11]. Wir kennen inzwischen ja auch extreme Formen der Entsolidarisierung verbunden mit der Bereitschaft zur Selbstzerstörung und dem Pathos der Aufopferung, etwa im Terrorismus oder im wahnhaften Massenmord in Guyana. Viele suchen Zuflucht bei alternativen Hoffnungsangeboten:

---

[10] N. Luhmann, Probleme eines Parteiprogramms, in: H. Baier (Hrsg.), Freiheit und Sachzwang, Beiträge zu Ehren Helmut Schelskys, Opladen 1977, 167 - 181.

[11] R. Löwenthal, Romantischer Rückfall, Stuttgart 1970.

- im Rückzug zur Innerlichkeit,
- in den Ausflügen in Subkulturen,
- im romantischen Rückfall zur Sehnsucht nach der einfachen Gesellschaft.

Im Blick darauf zeigt das Psychogramm unserer Gesellschaft einige bedenkliche Profile:

- Wir beobachten eine Massierung von individuellen und sozialen Ängsten, die man in einer Gesellschaft mit starken Sicherheitsgarantien nicht vermuten möchte.
- Mißtrauen und Neid entwickeln sich zu einem gefährlichen politischen und sozialen Waffenarsenal.

In unseren sozialen Beziehungen existiert ein Labyrinth von Begünstigungen und Belastungen, in dem sich niemand mehr auskennt, aber jeder das Gefühl hat, im Verhältnis zu seinen Nachbarn ‚ungerecht' behandelt zu werden.

- Der einzelne wird kaum fertig mit der wachsenden Tendenz zur Isolation und Anonymität, vielleicht auch, weil er sich überfordert fühlt.

Diese Verweigerung des Sich-Einlassens auf mein Gegenüber, z. B. indem ich mich isoliere, indem ich mich von Mißtrauen leiten lasse, erreicht ganz existentielle Dimensionen, sie hat aber auch ganz konkrete politische Konsequenzen.

Um ein Beispiel zu nennen: viele beklagen eine zunehmende Verbürokratisierung der Gesellschaft. Max Webers Prognose, daß Bürokratisierung unser Schicksal sei, scheint sich zu bestätigen[12]. Eine der Ursachen dieser Verbürokratisierung liegt im Mißtrauen. Es besteht eine Neigung, soziale Beziehungen in Phasen besonderer Belastung und Anspannung durch allgemeinverbindliche Regelungen fixieren zu wollen. Denn wichtige Teile der Gesellschaft mißtrauen dann der individuellen Leistungsbereitschaft, der individuellen Initiative und dem individuellen Engagement. Sie entziehen soziale Sachverhalte diesem Bereich personaler Verantwortung und erzwingen statt dessen die Durchsetzung verpflichtender Regeln. Sie übersehen dabei, daß viele Institutionen ihre Leistungsfähigkeit eben nicht aus einer Stechuhrmentalität der Beteiligten beziehen, sondern aus deren persönlicher Leistungsfreude und Einsatzbereitschaft.

---

[12] H. Klages, Anspruchsdynamik und Bürokratisierung, in: Verwaltete Bürger — Gesellschaft in Fesseln, Frankfurt/M. 1978, 100 - 111.

Zur These 4 von der Blickverengung auf die materielle Dimension sozialer Beziehungen:

Der Gebrauch der Freiheit bedarf der sozialen Voraussetzungen; denn die Freiheit des einzelnen Menschen kann nie isolierte Freiheit, sondern muß immer gemeinsame Freiheit sein. Und es wäre geradezu ein fatales Mißverständnis, würden wir meinen, diese sozialen Voraussetzungen seien ausschließlich eine Frage des Geldes, der finanziellen Ausstattung. Unter dem Eindruck ungewöhnlicher Wachstumsraten haben wir es zugelassen, daß der Gedanke der sozialen Gerechtigkeit vielfach reduziert wurde auf die gerechte Verteilung des Zuwachses des Bruttosozialprodukts. Die Frage der Gerechtigkeit ist damit zu einem Problem materieller Zuweisung verkümmert. Mit dieser Verengung des Gedankens der sozialen Gerechtigkeit auf die Zuteilung materieller Zuwachsraten haben wir den humanen Aspekt der Gerechtigkeit aus den Augen verloren.

— Der Körperbehinderte, der mit seinem Rollstuhl im Postwagen fahren muß, weil es keinen Eisenbahnwagen gibt, in den er gelangen kann, der seine Freunde im zweiten Stockwerk nicht besuchen kann, weil fast kein Wohnhaus auf ihn eingerichtet ist, bleibt ungerecht behandelt, auch wenn er ein hohes Einkommen oder eine höhere Rente erzielt.

— Der Kranke, der zwar eine optimale technische Versorgung erfährt, aber keine humane Pflege, keinen Gesprächspartner, der ihm in Angst und Not beisteht, bleibt schlecht behandelt.

— Der hohe Prozentsatz der Menschen, die die Abendnachrichten der Fernsehanstalten nicht oder nur unvollständig verstehen, bleiben ungerecht behandelt, auch wenn sie in materiellem Wohlstand leben.

Die notwendigen sozialen Voraussetzungen der Freiheit gehen über die bloß materielle Gemeinschaftsleistung weit hinaus.

Was folgt aus diesen vier Thesen?

Welche Konsequenzen sind zu ziehen?

Läßt sich der Wandel friedlich steuern, vor allem, läßt er sich in eine Richtung lenken, die den freiheitlichen und sozialen Idealen des modernen Verfassungsstaates entspricht?

Die Schlußfolgerungen sollen in 6 Grundlinien skizziert werden:

1. Die Politik muß aus ihrem Getto heraustreten, wieder sehen lernen, was die Menschen bewegt — und was sie selbst bei ihnen anrichtet. Sie muß ihre Perspektive aus der alltäglichen Lebenswelt gewinnen und vom Betroffenen und Beteiligten her denken und handeln.

2. Die Politik muß ihre orientierende Funktion neu entdecken, nicht einzelne Fakten und einzelne Probleme noch mehr isolieren, noch stärker aus den Zusammenhängen herausreißen, sondern eben diese Zusammenhänge aufzeigen, die Verbindungen und Wechselwirkungen deutlich machen und so ein Sich-Zurechtfinden ermöglichen bzw. erleichtern.

3. Dazu bedarf es auch des Wandels unserer politischen Sprache. Die Tendenz zur unscharfen, integralistischen Sprache läßt politische Sachverhalte nicht mehr präzise beschreiben. Die Fähigkeit zu unterscheiden verkümmert. Wir brauchen eine Wiederbelebung der Fähigkeit zur präzisen, differenzierenden Sprache.

4. Es geht also primär nicht um neue Strukturen und Systeme, sondern es geht um eine geistig-politische Aufgabe. Die Beantwortung des Wertwandels, der Abbau anti-sozialer Haltungen, der Abschied von einer bloß materiell und bloß quantitativ verkürzten Konzeption menschlichen Glücks, die unpopuläre aber notwendige Investition in Zukunftsgüter, dies sind Aufgaben, die sich nicht durch Gesetze, Anordnungen oder Disziplinierungsmaßnahmen bewältigen lassen.

5. Die Politik muß wieder verstärkt die Kompetenzen der Menschen wecken und auf ihnen aufbauen. Jene große Verheißung der Moderne, nämlich die Gleichung mehr Glück und Zufriedenheit der Menschen durch mehr wirtschaftliche und staatliche Leistung, hat sich nicht erfüllt. Die Politik muß den Menschen die Chance zur Selbständigkeit bieten. Sie muß dem einzelnen wieder mehr zumuten; sie darf ihm nicht alles abnehmen wollen, sonst zerstört sie die Atmosphäre, in der Glück und Zufriedenheit gedeihen. Eine freie Gesellschaft bedarf der Selbstverpflichtung des einzelnen, eine freie Gesellschaft ist aber immer auch eine Gesellschaft, die Unsicherheiten kennt.

Dieser Durchbruch zu mehr Selbständigkeit, der Rechte und Pflichten, Verantwortung und damit den Ernstfall umgreift, müßte in vielen Feldern der Politik zwangsläufig Konsequenzen zeitigen z. B.:

— eine Vereinfachung der Steuerpolitik,

— ein Abbau bürokratischer Vorschriften, die Klein- und Mittelbetriebe zeitmäßig und kostenmäßig erheblich belasten,

— die zusätzliche Einführung von Elementen des Wettbewerbs, wo bisher Monopolorganisationen das Feld beherrschten, etwa durch größere Konkurrenz zwischen Hochschulen in öffentlicher und privater Trägerschaft, insgesamt mehr Wettbewerb und Durchlässigkeit im Bildungssystem, insgesamt mehr Konkurrenz zwischen den Medien der öffentlichen Meinung,

— im Zweifelsfall den Weg über die überschaubare Organisationsform zu wählen, nicht über schwerfällige Großorganisationen voller Reibungsverluste,

— mehr Teilzeitarbeit mit Zeitsouveränität,

— Gewährleistung eines umfassenden Datenschutzes,

— rechtzeitige und wahrhafte Information der Bürger, wodurch Vertrauen erst möglich wird — allein aus den Bereichen soziale Sicherung, Arbeitslosigkeit, Energieversorgung läßt sich eine Fülle politischer Fehlinformationen anführen.

6. Zur Verantwortung der Selbständigkeit gehören auch gewissermaßen als zweite Seite der Medaille die Möglichkeit zur kollektiven Identifikation. Gerade in komplexen Gesellschaften wächst die Notwendigkeit sozialer Räume, in denen eine gewisse emotionale Stabilität gefunden werden kann. Das heißt: wir müssen sorgsamer mit gewachsenen Strukturen, Traditionen und Institutionen umgehen. Nur wenn sich Menschen mit ihnen identifizieren können, werden sie sich selbst finden und deshalb auch frei sein. Ohne diese Bindungen, die Gewißheiten stiften, Vertrauen ermöglichen und sinnvolle Bezüge herstellen, ist der Mensch nicht frei und unabhängig, sondern vereinsamt und isoliert.

Dies alles, meine Thesen und die damit verbundenen Schlußfolgerungen, muß zweifellos ein Torso bleiben, gemessen an der Aufgabe, die geistig-politische Situation unserer Zeit zu umreißen. Aber gewissermaßen verstanden als Analyse des alltäglichen Ernstfalls, hat auch solch Bruchstückhaftes seinen Sinn, denn es harrt der Fortsetzung und Vollendung durch andere. Es sei denn, die These von Max Frisch wäre wirklich zutreffend, in der er sagt: „Wir wollen gar keine Antwort, sondern wir wollen die Frage vergessen, um nicht verantwortlich zu werden[13]." Für eine solche Verdrängung zeigen die Zeichen der Zeit wohl zu dramatische Konturen.

---

[13] M. Frisch, Tagebuch 1946 - 1949, Frankfurt/M. 1962, 141.

GESELLSCHAFTSPOLITIK HEUTE

Von Johannes Schasching SJ

Jede Gesellschaft hat ihre eigenen Strukturen und ihre besonderen Aufgaben. Sie werden bestimmt von ganz konkreten, geschichtlich gewordenen, wirtschaftlichen, sozialen, politischen und kulturellen Gegebenheiten. Diese Gegebenheiten selber sind aber keine festen Größen, sondern stehen unter dem Gesetz des ständigen gesellschaftlichen Wandels. Darum ist es schwierig, allgemein gültige Aussagen gesellschafts- politischer Art zu machen. Wenn in den kommenden Ausführungen trotzdem der Versuch unternommen wird, solche Aussagen zu machen, dann ist immer auch die Grenze mitgemeint, innerhalb derer solche Aussagen Gültigkeit haben.

Eine zweite Vorbemerkung: Wenn hier über „Gesellschaftspolitik heute" gehandelt wird, könnte der Eindruck entstehen, als ob sich die sogenannte „freie Gesellschaft" in einem ausweglosen Dilemma befände und unmittelbar vor dem Zusammenbruch stünde. Ein solcher Gesellschaftspessimismus ist hier nicht vertreten. Es ließen sich genau so gut eine Reihe positiver Aspekte dieser Gesellschaft aufzeigen und begründen. Aber das ist nicht die Aufgabe dieses Beitrages. Es versteht sich von selber, daß jeder Gesellschaftspolitik bestimmte Wertvorstellungen zugrunde liegen[1]. Eine wertfreie Gesellschaftspolitik ist ein Widerspruch in sich.

Die folgenden Ausführungen beschränken sich auf drei Imperative heutiger Gesellschaftspolitik: die Frage der Überlebenschance einer menschenwürdigen Gesellschaft, Gesellschaftspolitik in Verantwortung für die Zukunft und Gesellschaftspolitik im Weltkontext.

I. Gesellschaftspolitik als Politik der Überlebens- chance einer menschenwürdigen Gesellschaft

Vielleicht gibt man sich in manchen Ländern einer Täuschung hin, wie angefochten das ist, was man als die „freiheitliche Gesellschaft" bezeichnet. Überblickt man aber die Gesamtheit der westlichen Welt,

---

[1] J. Messner, Notwendigkeit und Leistungsfähigkeit sozialethischer Normen, in: Ethik und Gesellschaft, Köln 1975, 281 ff.

dann stößt man auf massive Skepsis und offene Ablehnung. Es werden immer wieder zwei Gründe dafür angeführt. Der erste besteht in der Behauptung, daß diese Gesellschaft im Grunde gar nicht freiheitlich ist, sondern von verborgener oder offener Herrschaft und Unterdrückung bestimmt wird. Das heißt mit anderen Worten: Die freiheitliche Gesellschaft ist angeblich auf Grundwerte aufgebaut, die so vorrangig sind, daß sie allen wesentlichen Entscheidungen zugrunde liegen und nie zweitrangigen Zielen geopfert werden dürfen. Zu diesen Grundwerten gehören Freiheit, Gerechtigkeit, Menschenwürde, Solidarität. Die Anklage lautet: Diese Grundwerte gelten nur für einzelne und privilegierte Gruppen innerhalb dieser Gesellschaft. Für viele aber bleiben sie leere Worte oder werden in ihrem Gegenteil erlebt: als Herrschaft, Unrecht, Egoismus. Die freiheitliche Gesellschaft ist also nicht imstande, ihre eigenen Grundwerte zu verwirklichen und steht daher mit sich selber im Widerspruch.

Und der zweite Grund der Skepsis und Ablehnung: Die sogenannte freiheitliche Gesellschaft ist vielleicht lebensfähig in einer „Schönwetterlage" und in Zeiten eines langfristigen Gleichgewichtes. Sie ist aber nicht imstande, gesellschaftliche Großkrisen zu meistern und die dafür notwendigen Entscheidungen zu treffen, weil sie durch den Interessenkonflikt und den Egoismus der verschiedenen Gruppen ständig blockiert wird. Die Gegenwart aber und noch mehr die Zukunft verlangen einschneidende Maßnahmen auf wirtschaftlichem, sozialem und kulturellem Gebiet. Dazu ist die freiheitliche Gesellschaft nicht fähig. Darum braucht es ein anderes Konstruktionsprinzip, das der neuen Situation gewachsen ist und den nötigen Entscheidungsraum sichert.

Man hat auf diese Anklagen eine rasche Antwort bereit: Keine Gesellschaft ist vollkommen, und Mängel gibt es überall. Oder: in nichtfreiheitlichen Gesellschaften gibt es noch weniger Grundrechte, und darum gibt es keine echte Alternative. Das alles mag irgendwo richtig sein, aber es überzeugt nicht, wie die Erfahrung lehrt. Die freiheitliche Gesellschaft bleibt weiterhin angefochten und zwar mehr als manche es wahr haben wollen. Die Überlebenschance einer solchen Gesellschaft besteht einzig in der Reduzierung der Kluft zwischen den tragenden Grundwerten und der gesellschaftspolitischen Praxis. Das verlangt eine ständige Selbstkritik, ein Ausbrechen aus festgefahrenen Verhaltensweisen und eine radikale Kampfansage an Korruption und Schmarotzertum.

Zu dieser Gesellschaftspolitik als Aufgabe der eigenen Überlebenschance gehört noch wesentlich ein weiterer Bereich. Eine Gesellschaft ist nicht nur dadurch gefährdet, daß sie korrumpiert und damit unglaubwürdig wird. Sie kann auch dadurch verfallen, daß sie innerlich schrumpft oder verklumpt. Das will folgendes besagen: Man nennt unsere Gesellschaft gerne eine pluralistische Gesellschaft. Das heißt, sie besteht nicht aus einem Guß, sondern aus einer Vielfalt von zwischenmenschlichen Beziehungen, Gruppen und Organisationen. Man hat versucht, diesen Pluralismus nach Schwerpunkten zu gliedern. Es gibt jenen Bereich, der dem einzelnen das Bewußtsein des Angenommenseins, der Geborgenheit und der Heimat vermittelt. Dazu gehören z. B. Ehe, Familie, Freundschaft, kleine Intimgruppen. Jeder weiß aus eigener Erfahrung, wie bedeutsam dieser Bereich nicht nur für das persönliche Glück, sondern auch für das gesamtgesellschaftliche Verhalten ist[2]. Man hat diesen Bereich in einem Bild als das „gesellschaftliche Unterholz" bezeichnet.

Darüber hinaus gibt es einen zweiten Bereich. Der Mensch lebt in einem bestimmten Siedlungsverband, arbeitet in einem Betrieb mit anderen zusammen, er schickt seine Kinder in die Schule, verbringt seine Freizeit im Freundeskreis. Ist er krank, kommt er in eine Klinik und wird er Rentner, wartet auf ihn ein Heim. Das heißt mit anderen Worten: Der Durchschnittsmensch lebt in einer Fülle von zwischenmenschlichen Beziehungen und Gebilden, die ihn nicht mehr so beheimaten wie Ehe und Familie, die aber für sein persönliches Wohl und seine zwischenmenschliche Erfahrung von großer Bedeutung sind. Man hat für diese Wirklichkeit das Bild vom „gesellschaftlichen Hochwald" gebraucht.

Schließlich gibt es noch einen dritten Bereich, in dem der Mensch lebt und der sein Leben mitbestimmt. Es sind dies die großen Organisationen wirtschaftlicher, sozialer und politischer Art. Sie sind für ihn nur mehr schwer erfahrbar und durchschaubar. Darum ist seine Beziehung zu ihnen meist locker und auf Abstand. Man hat dafür das Bild vom „gesellschaftlichen Großklima" gebraucht, das sowohl das gesellschaftliche Unterholz als auch den Hochwald umgibt und beeinflußt.

Es ist für das Überleben einer pluralistischen Gesellschaft entscheidend, daß die verschiedenen Teilbereiche ihre Aufgabe der sozialen Bindung und Beheimatung erfüllen, sonst kommt es zu der oben erwähnten Schrumpfung und Verklumpung. Solche Gefahren sind in der heutigen Gesellschaft vorhanden. Der Schrumpfungsprozeß der Ehe und Familie hält weiterhin an, obwohl man auch gegenläufige Tendenzen nicht übersehen darf. Die Gründe dafür sind verschiedenartig und man darf die Lösung keineswegs ausschließlich in der materiellen Besserstellung sehen. Aber diese ist wesentlich und darf in einer Reihe von Ländern nicht mehr aufgeschoben werden. Verglichen mit anderen Ländern erbringt Österreich zweifellos beachtliche Leistungen für die Familie, aber es gibt weiterhin eine Reihe offener Fragen, so z. B. die

---

[2] H. J. Helle, Familie als Grundmodell für Werte und Wertvermittlung, in: Werte, Rechte, Normen, hrsg. v. A. Paus, Kevelaer 1979, 255 ff.

Diskriminierung der Hausfrau und Mutter und die Elendsfälle kinderreicher Familien[3]. Immer wieder stellt sich die gleiche Frage: Wie weit ist unsere Gesellschaft bereit, die menschlichen und sozialen Leistungen der Familie so abzugelten, daß diese nicht gezwungen ist, auf familienschädliche Weise ihre materielle und soziale Existenz zu sichern? Schrumpft nämlich die gemeinschaftsstiftende Funktion der Familie im gesellschaftlichen Pluralismus, dann stellen sich Folgen ein, die auf lange Sicht gesehen von der Gesellschaft mit hohen Kosten bezahlt werden müssen.

Es gibt aber nicht nur die Gefahr der Schrumpfung, sondern auch die Gefahr der Verklumpung der Gesellschaft. Der Bereich der Gesellschaft hängt in seiner Existenz anders als der Bereich des Politischen von der gestuften Mitverantwortung der Beteiligten ab. Die Partizipation gehört wesentlich zum Begriff der Gesellschaft. Diese verantwortliche Teilnahme hat verschiedene Formen und Intensitäten je nach der Eigenart der einzelnen Bereiche. Die Beteiligung an der Wohngemeinde ist verschieden, ob es sich um eine Großstadt oder eine dörfliche Siedlung handelt. Das Gleiche gilt auch für die Mitbeteiligung und Mitbestimmung in den Betrieben, in den sozialen Institutionen, in den Verbänden. Natürlich gibt es auch utopische Vorstellungen, die weder von der Natur der gesellschaftlichen Gebilde noch von dem beteiligten Menschen selber auf die Dauer verwirklicht werden können.

Aber wenn man die europäische Gesamtsituation überblickt, hat man den Eindruck, daß trotz ernstzunehmender Versuche die Initiativen in Richtung einer partnerschaftlichen und partizipativen Gesellschaft eher ins Stocken geraten sind. Das ist deshalb bedenklich, weil sich als Folge auf der einen Seite der Rückzug in die Privatsphäre einstellt und auf der anderen Seite die Gefahr der bürokratischen Herrschaft und damit der Entfremdung wächst. Eine solche Gesellschaft wird nicht hinreichend von den Beteiligten getragen und daher in Krisenfällen auch nicht verteidigt. Niemand, der in der gesellschaftlichen Praxis steht, weiß, wie schwierig die Aufgabe einer partizipativen Gesellschaft ist. Wer aber die deutlichen Anzeichen der Verkarstung des gesellschaftlichen Lebens sieht, weiß ebenfalls, daß es keine realistische Alternative gibt.

Bleibt noch ein letzter Problemkreis der Gesellschaftspolitik als Sicherung der eigenen Existenz, der keineswegs unterschätzt werden darf. Eine der Hauptschwierigkeiten der heutigen Gesellschaftspolitik besteht darin, daß es für die konkreten Entscheidungen nur mehr selten gemeinsame Wertüberzeugungen gibt. Die Zielvorstellungen und Grund-

---

[3] H. Danninger, Zur wirtschaftlichen Lage der Familie in Österreich, Schriftenreihe des Katholischen Familienverbandes 5, o. J.

auffassungen gehen oft weit auseinander. Das gilt z. B. in der Frage des Schutzes des menschlichen Lebens, in der Ordnung von Ehe und Familie, in der Gestaltung von Schule und Erziehung, in der Funktion des Eigentums, in der Freiheit der Massenmedien, in der Vorstellung von Solidarität, usw. Das heißt mit anderen Worten: In der Gesellschaft bestehen zunehmend weniger gemeinsame Überzeugungen und Werte, die der Gesellschaftspolitik als eindeutige Ziele vorgegeben sind und an denen sie in den politischen Entscheidungen gehalten ist, weil sie auf dem breiten Konsens des Volkes aufruhen.

Daß in einer solchen Situation der Weg des Kompromisses als Notlösung gegangen werden muß, ist durchaus verständlich und unter Umständen der einzig möglich Ausweg. Es gibt aber auch zunehmend andere Versuche, dieses Dilemma zu lösen, die für die Überlebenschance einer menschenwürdigen Gesellschaft eine Bedrohung darstellen. Man sagt so: Weil sich eine realistische Gesellschaftspolitik heute nicht mehr am Wertkonsens der Menschen orientieren kann, muß sie sich nach objektiveren Kriterien umsehen. Um objektiv zu sein, müssen sie einer wissenschaftlich-rationalen Überprüfung zugänglich sein. Das können sie aber nur, wenn sie quantitativer Art sind, d. h. wenn sie sich als statistische Summen von Massenbedürfnissen erweisen. Worauf es daher ankommt ist, daß ein moderner demokratischer Staat, der sich einem unlösbaren Pluralismus von Wertvorstellungen gegenüber sieht, eine durchgängige Organisationskultur aufbaut, die mit einem Minimum an Interpretation und Deutungsinhalten auskommt. Er darf sich in der Erstellung dieser wissenschaftlich-rationalen Organisationskultur daher auch nicht von Weltanschauungssystemen unter Druck setzen lassen. Das Ergebnis wird dann, natürlich nie im Idealzustand, eine Gesellschaft sein, in der die Sachnotwendigkeiten eine solche Transparenz erreicht haben und die Organisationskultur so umfassend geworden ist, daß sie von der Mehrheit der Menschen bejaht wird, weil sie ein Maximum an materiellen Vorteilen unter Zusicherung der privaten Konsumfreiheit gewährleistet[4].

Nun wird niemand die Notwendigkeit einer solchen wissenschaftlichrationalen Organisation der Gesellschaft leugnen. Aber die Kernfrage bleibt ungelöst und stellt sich verschärft: Ist das, was wir als gesellschaftliche Wohlfahrt bezeichnen, durch die Sicherung des individuellen materiellen Wohlstandes bereits garantiert? Müssen in die Organisation der Gesellschaft und damit in die Entscheidungen der Gesellschaftspolitik selber nicht schon Elemente hineingenommen werden, die das Wissenschaftlich-Rationelle zwar überschreiten, aber doch wesentlich zum Glück des Menschen gehören? Muß bei der Erstellung der

---

[4] G. Schmidtchen, Was den Deutschen heilig ist, München 1979, 11 ff.

Organisationskultur selber nicht schon ein gewisser Konsens darüber bestehen, was Leben, Mensch, Familie, Gerechtigkeit, Freiheit und Solidarität ist, auch wenn die letzten Begründungen dafür verschieden sein mögen? Kann der Staat allein durch seine lückenlose Organisationskultur einfachhin zwingende „Daten des Glückes" setzen, ohne angeben zu können, worin dieses Glück besteht? Man braucht hier keineswegs zu übertreiben. Es gibt in der Gesellschaft durchaus noch solche Werte, die einen breiten Konsens besitzen und deshalb der konkreten Gesellschaftspolitik als Orientierung vorgegeben sind. Das soll ausdrücklich festgehalten werden. Wer aber die internationale Lage überschaut, gibt sich keiner Täuschung hin, daß diese Werte weniger werden und daß ein deutlicher Trend zur individualistischen Organisationskultur sichtbar wird. Aber man soll hier die Verantwortung nicht vorschnell auf den Staat abschieben. Die Verantwortung für den Konsens der Werte und der sittlichen Überzeugungen ist zuerst Aufgabe der Gesellschaft selber und vor allem jener Gebilde und Institutionen, die dafür primär zuständig sind. Dieser Bestand an „gesellschaftlichem Grundwasser" bildet aber eine wesentliche Bedingung für die Überlebenschance einer menschenwürdigen Gesellschaft[5].

Soweit zum ersten Grundthema: Gesellschaftspolitik als Aufgabe der Überlebenschance der Gesellschaft selber: Überlebenschance durch Abbau des inneren Widerspruches und der Entfremdung; Überlebenschance durch Verteidigung des gesellschaftlichen Pluralismus gegen Schrumpfung und Verklumpung; und schließlich Überlebenschance durch das ständige Bemühen um gemeinsame Sinnformeln und Wertüberzeugungen[6].

II. Gesellschaftspolitik als Verantwortung für die Zukunft

Diese Forderung ist zwar bereits im ersten Themenkreis mitgemeint, bedarf aber noch der ausdrücklichen Präzisierung. Wo immer man in früheren Epochen auf Grenzen gestoßen ist, ging man gegen sie vor und beseitigte sie: geographisch durch Entdeckungen, militärisch durch Eroberungen, wissenschaftlich durch Erfindungen. Grenzen wurden immer als Einengung von außen empfunden, die durch Expansion zu überwinden sind. Niemand wird leugnen, daß ein Teil dieser Aufgabe auch in der Zukunft bleiben wird. Man denke hier vor allem an die

---

[5] Fr. Böckle, Grundhaltungen — Grundwerte, Überlegungen zum Verlust von Werten und Normen im weltanschaulichen Pluralismus der Gegenwart, in: Kirche und Gesellschaft heute, hrsg. v. F. Böckle u. F. Stegmann, Paderborn 1979, 171 ff.

[6] A. Auer, Die Bedeutung der christlichen Botschaft für das Verständnis und die Durchsetzung der Grundwerte, in: Werte, Rechte, Normen, a.a.O., 29 ff.

Verschiebung der Grenzen durch die Leistungen der Wissenschaft. Aber man erlebt heute vielleicht in voller Deutlichkeit zum ersten Mal, daß der Menschheit Grenzen gezogen sind, die entweder überhaupt nicht oder nur unter schwerster Verantwortung für die Konsequenzen niedergebrochen werden können. Darum wird man in Zukunft mit manchen Grenzen anders umgehen müssen als in der Vergangenheit und das bedeutet einen neuen Imperativ für die Gesellschaftspolitik[7].

Solche neuen Grenzen gibt es mehrere. Eine davon ist der neue Umgang mit der Welt und ihren begrenzten Rohstoffen und ihrer begrenzten Regenerationsfähigkeit. Es sollen hier nicht Aussagen wiederholt werden, die täglich durch die Presse gehen. P. Oswald v. Nell-Breuning sagte kürzlich: „Wir haben mit dieser Erde so umzugehen, daß auch, nachdem die Menschheit die Erde erfüllt haben wird und für ein weiteres Wachstum der Weltbevölkerung kein Platz mehr ist, die Menschheit weiterleben, die Menschheitsgeschichte weitergehen kann[8]." Dieser neue Umgang mit der Natur und ihren Grenzen wird immer mehr ein Postulat zukunftsorientierter Gesellschaftspolitik. Diese kann sich in Zukunft nicht mehr ausschließlich auf die Steigerung des materiellen Lebensstandards, auf die gerechtere Verteilung des Sozialproduktes und auf die bessere Absicherung gegen die typischen Lebenskrisen beschränken. Sie muß unter Umständen dahin zielen, die Konsumausweitung und die Verbesserung des materiellen Lebensstandards zugunsten lebensgerechterer Umweltbedingungen und langfristiger Daseinssicherung zurückzustellen. Bei dieser lebensgerechten Umweltbedingung geht es keineswegs nur um den materiellen Bereich, sondern sehr wesentlich auch um die Erhaltung und Vermenschlichung der sozialen Umwelt.

Und was bei dieser gesellschaftspolitischen Aufgabe für die Zukunft vielleicht das Schwierigste aber zugleich Notwendigste ist: Diese Entscheidungen sollen nicht nur und nicht primär unter Zwang und Schockwirkung getroffen werden, sondern in einem langfristigen Prozeß der Bewußtseinsbildung und der breit gestreuten Mitverantwortung. Ob das eine Utopie ist? Oder glaubt man ohnehin nicht ernstlich an solche Grenzen, weil sie die Menschen von heute vielleicht nicht mehr in voller Schärfe treffen und die kommenden Generationen mit ihren Problemen selber fertig werden müssen? Niemand kann ernstlich glauben, daß dies eine brauchbare Alternative zu einer zukunftsorientierten Gesellschaftspolitik sein kann.

---

[7] O. von Nell-Breuning, Verantwortung für das Ganze im Kontext der Weltgesellschaft, in: Kirche und Gesellschaft, a.a.O., 115 ff.
[8] A.a.O., 115.

III. Gesellschaftspolitik im Weltkontext

Bleibt noch ein letztes Grundthema der Gesellschaftspolitik von heute. Man könnte es als „Gesellschaftspolitik im Weltkontext" bezeichnen. Dieses Thema ist keineswegs neu. Aber das, was nicht unmittelbar berührt und bedrängt, stellt man meist zurück. Aber vielleicht bedrängt dieser Weltkontext heute bereits mehr als man wahr haben will: z. B. im Problem der Energieversorgung, in der Gefährdung des Friedens. In seinem Rundschreiben über den Fortschritt der Völker sagte Papst Paul VI.: „Die Soziale Frage ist heute weltweit geworden." Darum kann sie auch nur mehr im weltweiten Verbund gelöst werden.

Eines dürfte klar sein: Diese weltweite Lösung kann nicht mehr durch Krieg und Eroberung gefunden werden. Die Gründe dafür sind einleuchtend. Es gehört zu den grotesken Tatsachen dieser Zeit, daß an dieser Lösung weiterhin mit gigantischem Aufwand gearbeitet wird, obwohl sie für den Ernstfall unbrauchbar ist. Aber die Suche nach echten Lösungen wird dadurch unendlich erschwert und verzögert. Es ist nun einmal eine erschütternde Tatsache, daß auf Weltebene die Hälfte aller Forschungskräfte in Kriegsforschung und Abwehrprojekte eingesetzt ist, d. h. in Zahlen eine halbe Million mit einem Kapitalaufwand von 30 Billionen Dollar, also mehr als für die Forschung für Gesundheit, Ernährung, Energie und Bildung zusammen ausgegeben wird. Für die Ausrüstung eines einzigen Soldaten wird nach Angaben des Club of Rome 60mal so viel ausgegeben als für die Erziehung eines Kindes.

Dem steht gegenüber die nicht nur gleichbleibende, sondern sich relativ verschlechternde Situation der Dritten und Vierten Welt. Man weiß heute sehr exakt, daß ein Drittel der Menschheit unter der Armutsgrenze lebt. Man weiß, daß der Norden der Welt über 90 % der Industrie und Dienstleistungen verfügt und über 80 % des Weltreichtums und des Welthandels. Man weiß, daß 115 Länder mit mehr als zwei Drittel der Weltbevölkerung nur über 9 % der Wissenschaftler, Techniker und Ingenieure verfügen. Man weiß schließlich, daß Afrika weiterhin fast 75 % Analphabeten hat, Südostasien 63 % und Lateinamerika 23 %.

Mit diesen Zahlen soll das so komplexe Problem der Dritten Welt nicht simplifiziert werden. Man ist heute allgemein davon überzeugt, daß die Lösungsversuche auf verschiedenen Ebenen ansetzen müssen und daß es sich hier um langfristige Prozesse handelt. Aber das alles ändert nichts an der Grundforderung, daß eine verantwortungsbewußte Gesellschaftspolitik heute nur mehr im Weltkontext geschehen kann. Sicher wird es eine Reihe von Gründen dafür geben, aber man fragt sich trotzdem, warum die meisten Industrieländer noch weit davon entfernt sind, den Vorschlag der Vereinten Nationen zu verwirklichen, 0,7 % des Bruttosozialproduktes für die Entwicklungsländer zu geben.

Als man Teilhard de Chardin einmal fragte, was nach seiner Meinung die entscheidenden Kräfte seien, die die Herausforderungen der Welt von morgen beantworten könnten, nannte er folgende drei: Technik, Altruismus, Kontemplation.

Technik als die Fähigkeit des Menschen zur verantwortlichen Beherrschung und Verwaltung der Welt, vor allem einer Erde, die in wenigen Jahrzehnten eine doppelte Weltbevölkerung aufweisen wird und die nach verschiedenen Seiten hin durch Ausbeutung und Verwüstung bedroht ist.

Altruismus als Grundelement der sozialen Kultur, das in einer Welt der wachsenden wechselseitigen Abhängigkeiten, der zunehmenden Organisiertheit und der breiten Zonen des Elends darüber entscheiden wird, ob die Gesellschaft von morgen noch Räume von Freiheit und damit der Menschenwürde erlauben wird oder ob sie den Egoismus und die Aggression nur mehr durch totale Kontrolle bändigen kann.

Kontemplation als die Fähigkeit des Menschen, seinen Urtrieb zur Transzendenz lebendig zu erhalten und damit nie der Versuchung zu unterliegen, seine eigentliche Größe nur in Raum und Zeit einzugrenzen. Und Kontemplation als die Fähigkeit aus Kräften zu leben, die jenseits von Angebot und Nachfrage liegen.

GEDANKEN ÜBER DIE MÖGLICHKEIT DER ERZIEHERISCHEN SCHAFFUNG NEUER MENSCHEN AUS JAPANISCHER SICHT

Von Kazutoshi Sugano

Prolog

„Wozu Dichter in dürftiger Zeit?" fragt Hölderlin in seiner Elegie „Pan und der Wein". Wenn wir diese Frage auf unsere heutige Situation übertragen und fragen „Wozu Lehrer in dieser dürftigen Zeit?, ja: Wozu ich selbst?", so fühlt sich wohl jeder heute lebende Mensch unmittelbar in gewissem Sinne betroffen.

In ähnlichem Sinne sagt Nikolai Berdyaev: „Der heutige Mensch lebt in einer geschichtlichen Krise. Eine Epoche neigt sich dem Ende zu, und eine neue Epoche, noch ohne Namen, ist im Beginnen[1]." Dieses vielzitierte Wort bedeutet nicht, daß nun das Urteil über eine geschichtliche Epoche gekommen sei, daß nun das Ende aller Zeiten gekommen sei, sondern daß der heutige Mensch, im Sinne einer Entscheidung über die Geschichte als solche, in einer Zeit der Offenbarung lebt.

Für uns Japaner ist es wichtig zu verstehen, daß die Bedeutung solcher Aussagen ebenso wie z. B. die des Ausdrucks ‚dürftig' in bezug auf den Wandel der europäischen Geistesgeschichte nur zu verstehen ist in Rücksicht auf den Zusammenhang mit uralten, traditionellen christlichen Vorstellungen und das Schicksal des europäischen Geistes. D. h., die bisherige Verbindung und Vereinigung der beiden fremden und einander entgegengesetzten Geister des Hellenismus und des Hebraismus ist in Auflösung, Distraktion begriffen. Wir leben in einer Zeit der Polarisierung und Entgegensetzung der beiden, mit den Titeln „Gottmensch" und „Menschengott" zu bezeichnenden, radikal verschiedenen menschlichen Lebensarten, Möglichkeiten menschlichen Seins. Der ‚Wissen' als Lebensgrund sich wählende, ontologisch erfassende Geist einerseits und der ‚Glauben' sich zum Lebensgrund nehmende, subjektiv verstehende Geist anderseits, diese beiden traditionellen europäischen Denkweisen sind, sowohl in ihrem Ursprung als auch in bezug auf ihren Inhalt und ihre Werte und Ziele radikal verschieden,

---

[1] N. Berdyaev, The fate of man in the modern world. The University of Michigan Press 1961, 7 - 8.

und der Streit zwischen ihnen bzw. ihre Spaltung ist in gewissem Sinne notwendig; nicht bloß im Sinne einer notwendigen Zeitströmung, sondern von prinzipiellen Grundkräften im Subjekt.

Aber, haben wir die wahren Inhalte, Werte und Ziele gewählt? Oder gleichen wir dem verlorenen Sohn in der Bibel und füllen uns den leeren Bauch mit Dingen ohne echten Wert...? Mit dieser Frage wollen wir, uns der heutigen Erziehungswirklichkeit zuwendend, über die Erziehung der Zukunft nachdenken. Dazu ist es zunächst notwendig, daß wir die Strömungen, Tendenzen der heutigen Pädagogik und ihre geschichtlichen Hintergründe überdenken.

Durch die Erfahrung der beiden Weltkriege in diesem Jahrhundert sind die traditionellen europäischen Ideale von Grund auf erschüttert worden, und das subjektive Bewußtsein der menschlichen Existenz ist aufgerüttelt worden. Das ist in der Welt der Erziehung nichts Neues, sondern eine Tatsache, ein Prozeß, auf den seit dem 19. Jahrhundert von verschiedenen Seiten aus hingewiesen und der ebenso kritisiert worden ist. Besonders Martin Buber hat auf dieses geistige Charakteristikum der Gegenwart, den kontinuierlichen Zusammenbruch der geistigen Formen und die Zurückgeworfenheit des einzelnen auf sich, die Geworfenheit in den Strudel der Freiheit und das damit verbundene Schicksal des Ertragenmüssens der persönlichen Verantwortung in ihrer ganzen Schwere hingewiesen[2]. In dieser Situation der geistigen Leere und Verwirrung, in dieser Zeit des Fehlens eines allgemeinverbindlichen Menschenbildes müssen wir nach einem neuen Weltbild fragen. Wie kommen wir zu einem neuen, allgemeinverbindlichen Menschenbild, heute, an der Schwelle zum 21. Jahrhundert? Gerade inmitten dieser geschichtlichen Situation der Tragödie eines Humanismus ohne Gott betont Henri de Lubac die immanente Möglichkeit einer Genesung von der Armut und dem Verfall des Glaubens und des menschlichen Geistes[3]. Das Fehlen der Idee eines allgemeinverbindlichen pädagogischen Menschenbildes im Menschen der Gegenwart durch das Freiwerden von traditionellen Autoritäten und Regeln bedeutet nicht die Unmöglichkeit eines auf persönlicher Entscheidung beruhenden neuen Menschenbildes. Gerade, wie M. Buber sagt, die Abgebrochenheit der Beziehung von Gott und Mensch und die dadurch bedingte Ziel- und Richtungslosigkeit des Menschen als solche bedeutet nicht die Unmöglichkeit der Rettung, im Gegenteil, sie birgt die Möglichkeit der Wendung zum Guten in sich[4]. Gerade dort kann die verborgene Möglichkeit der Erziehung gesehen werden. Nach M. Buber

---
[2] M. Buber, Werke, Bd. I, München 1962, 325.

[3] H. de Lubac, Die Tragödie des Humanismus ohne Gott. III. Teil, 3. Kap., Salzburg 1950.

[4] M. Buber, Werke, Bd. I, 648.

liegt die wahre Bedeutung der Befreiung des neuzeitlichen Menschen von der Beschränktheit der Form der im Mittelalter herrschenden Weltanschauung und der menschlichen Beziehungen überhaupt gerade in der Möglichkeit einer auf eigenverantwortlicher Entscheidung beruhenden Beziehung des Menschen zu Gott[5]. Aber wie kann das durch die Zerstörung der Form entstandene Aus-den-Augen-Verlieren der Beziehung und der Richtung, der Abfall der Menschheit in die Sinnlosigkeit verhindert werden, wie kann in dieser Situation dem Menschen eine neue Richtung, ein neuer Sinn gegeben werden?

Sollten wir dem Vorbild der Naturwissenschaft folgen, das lebendige Ganze, die menschliche Lebenswirklichkeit in Teile zerschneiden, in Forschungsbereiche aufteilen, die eng und fast ohne Beziehung zueinander jeder für sich fragmentarisch je ein Teilchen betrachten und dabei zugleich dogmatisch glauben, selbst das Ganze der Natur, der Welt, ja sogar Gott ergriffen oder begriffen zu haben ...? Das notwendige Resultat ist die Verabsolutierung des Standpunkts des einzelnen, und damit verbunden die Isolierung des einzelnen, die Herauslösung aus der konstitutiven Beziehung zum lebendigen Ganzen. H. H. Schreys diesbezügliche Warnung gilt auch für die Forschungseinstellung der Pädagogik selbst[6]. Die einzelnen Forschungsrichtungen und Erkenntnisse haben nach Karl Jaspers erst und nur im Zusammenhang des und Bezug zum Ganzen ihren wirklichen Sinn ... Die einzelnen Spezialfächer haben nur in ihrer Richtung auf das Ganze ihren spezifisch philosophischen Charakter, ihre sinnbildende Bedeutung für den Menschen[7]. Dieser Gedanke K. Jaspers gibt uns in Hinsicht auf das Problem der zukünftigen Erziehung einen wichtigen Hinweis.

Mit Hilfe dieser Grundanschauung wollen wir:

1. versuchen, uns einen Überblick über die geistige Situation und die Wirklichkeit der Pädagogik zu verschaffen;

2. bedenken, daß das Ziel und der Ausgangspunkt der Pädagogik immer eine Veränderung des Menschen ist, zum Inhalt hat;

3. die Aufgabe und die Bedingungen für den schöpferischen Versuch der Schaffung eines neuen Menschen bedenken, und zuletzt,

4. zum Ausgangspunkt und Standpunkt des Erziehers im allgemeinen zurückkehrend, erneut das Verhältnis von Erzieher und Mensch in der pädagogischen Wirklichkeit bedenken.

---

[5] Ders., Werke, Bd. I, 816.
[6] H. H. Schrey, Weltbild und Glaube im 20. Jahrhundert, Göttingen 1961.
[7] K. Jaspers, Die Idee der Universität, Berlin 1923.

I. Die heutige Situation der Pädagogik

Wenn die Menschen über eine neue Zeit, bzw. über das Leben der Menschen in einer neuen Zeit nachdenken, entsteht die Frage nach dem Menschen als solchen. Die Frage nach dem Menschen, diese älteste und zugleich je neueste aller Fragen, entspringt aus der Unklarheit des Begriffs vom Menschen, der Unbestimmtheit seiner wahren Bedeutung. Wenn aber nichts anders als der Mensch selbst das Ziel der Erziehung ist, dann stellt sich damit auch die Frage nach dem Ziel der Erziehung und nach der heutigen Situation der Pädagogik. Mit dieser Frage verbunden ist ein Bewußtsein für den geschichtlichen Wandel der Zeit, ein Gefühl der Unklarheit des Lebensgrundes und der Unsicherheit seiner geistigen Grundlagen. Weil diese Phänomene eine allgemeine Geisteserscheinung unserer Zeit sind, werden sie zugleich wesentlich zu Problemen der pädagogischen Wirklichkeit. Ihre Auswirkungen in der pädagogischen Wirklichkeit lassen sich kurz durch folgende Tendenzen bezeichnen:

1. die Tendenz zur Entfremdung vom wirklichen (wahren) Leben und zum Selbstverlust;
2. die Tendenz zur Verlegung der traditionellen Lebens-Schwerpunkte an die Oberfläche und die Peripherie des Lebens;
3. die Tendenz zur Verdrängung der geistigen Lebensinhalte aus der Lebensmitte;
4. die Tendenz, daß dehumanistische Elemente (solche, die in keiner Beziehung zu irgendwie möglicher Selbstverwirklichung stehen) zu Schwerpunkten des Lebens werden.

Diese Tendenzen werden wiederum zum Grund für mannigfache pädagogische Probleme. Dergleichen sind z. B.

1. das Problem des Egoismus,
2. das Problem des Bösen,
3. die blinde Entwicklung der Naturwissenschaften usw.

Aber die Geschichte ist schon in heftiger Bewegung und Veränderung in Richtung auf eine neue Zeit. Wenn wir in diesen Satz sinngemäß statt ‚Geschichte' ‚die Menschen' einsetzen, dann erhalten wir eine Aussage wie „Die Menschen sind in heftiger Bewegung in der Richtung einer Wiedergeburt als neue Menschen begriffen". Die neue Zeit fordert vom Menschen ein geistiges Erwachen. Sie stellt die Pädagogik vor das Problem und die Aufgabe der Suche nach einem neuen Menschenbild für das 21. Jahrhundert. Wenn wir darüber nachdenken, woher das Leiden unserer Zeit kommt, dann können wir uns nicht mit dem Hinweis auf die Entwicklung von dehumanistischen Tendenzen begnügen, sondern müssen erkennen, daß der tiefere Grund im Verlust der Bindung an eine letzte Realität bezüglich des zu erreichenden Lebenszieles und in der damit verbundenen Erfahrung der Isolierung und dem Gefühl der Abgeschnittenheit von allem Lebenssinn liegt. Wir leben so in einer Zeit der Versuchung und der geistigen Leere, des Fehlens eines allgemeinverbindlichen pädagogischen Menschenbildes ..., aber das bedeutet nicht die Unmöglichkeit und den Verzicht der Hoffnung auf die Bildung eines neuen Menschen.

Die Schule, allgemein als Ort des Verhältnisses und der Beziehung von Lehrer und Schüler aufgefaßt, muß, wie oft gesagt wird, Ort der Antwort auf den Anruf der — Begegnung und Beziehung suchenden — Menschen sein. Der Ort der Erziehung ist der Ort der Begegnung von Person zu Person, im christlichen Sinn ein Ort der Beziehung, die Gott zu ihrem Mittelpunkt hat, die harmonische Einheit und organische Ganzheit einer Gemeinschaft. Das ist die Schicksalsgemeinschaft des durch den von den anderen (z. B. Gott und den Kindern) erhaltenen Auftrag bestimmten Lebensbereichs jedes Menschen, die Einheit und Ganzheit der Gemeinschaft, die durch die und als die Mannigfaltigkeit der persönlichen Verantwortung aller einzelnen entsteht. Dort geschieht auf der Grundlage der ursprünglichen verschiedenen Fähigkeiten und Möglichkeiten der Menschen die innere und äußere Bildung der Persönlichkeit. Als das in der so verstandenen Erziehung zu bildende, zu verwirklichende Menschenbild nennt M. Buber das ‚Ebenbild Gottes'. Das heißt bezüglich der konkreten Wirklichkeit: wenn der Mensch, so wie Gott die gesamte Schöpfung auf göttliche Weise umfaßt, den je ihm angebotenen Teil der Welt auf menschliche Weise umfaßt, dann entspricht er seiner göttlichen Bestimmung, wenn er, soweit es in seiner Kraft steht, die Dinge seiner Umwelt unter Einsatz seiner ganzen Existenz und persönlichen Verantwortung mit ‚Du' anspricht, dann verwirklicht er die göttliche Idee.

Auf dem Grunde solchen Denkens lebt bereits die Hoffnung auf die Bildung eines neuen Menschen. Im II. Kapitel wollen wir daher darüber näher nachdenken.

II. Die Forderung nach einem neuen Menschen

Das Interesse in Erwartung einer Veränderung in Richtung zu einer neuen, noch unbekannten Welt heißt, mit Bedacht auf den Wortursprung des Wortes ‚Interesse', das ‚intus', hinein(-treten) ins ‚esse' Wesen, bedeutet wahrscheinlich den Entwurf auf die auf das Wesen gerichtete Veränderung der Welt selbst. Diese Forderung nach Veränderung findet in verschiedenen Formen Ausdruck, aber im großen und ganzen lassen sich 4 Tendenzen unterscheiden:

1. der Prozeß der Beziehung der Pädagogik auf die gesellschaftliche Entwicklung des ‚ganzen' Menschen ...,
2. das Verständnis für die Erziehung als ein Menschenrecht;
3. der Wunsch nach Erziehung in menschlicher Berührung und
4. der Prozeß der Öffnung der Pädagogik, ein Verständnis der Erziehung als durchs Leben durchgehender Wachstumsprozeß mit dem Ziel der Weisheit (Wissen), Schönheit, Erfahrung und Wahrheit.

Dieses Bildungsideal impliziert natürlich die Idee von einem Leben für die anderen, einer nach außen gewandten Persönlichkeit. Die generellen Forderungen sind Forderungen, die reflexiv aus der Armut des Geistes unserer Zeit und der Unruhe und Besorgnis selbst entspringen. Es ist natürlich, daß sie insgesamt auf ein Erwachen des Geistes hinzielen. Wir wollen sie daher, eingeteilt nach allgemeinen und ethischen und nach pädagogischen Forderungen noch einmal bedenken.

1. Allgemeine ethische Forderungen

Als allgemeine Forderungen für die Selbsterneuerung des Menschen sind zu nennen:

1. das Bewußtsein, daß ‚Ich' es je bin, der in der Mitte des Seins der Welt, als Schöpfer, der dem Sein den Sinn gibt, steht, existiert;
2. das Bewußtsein, daß ‚Ich' es bin, der je das Schicksal, das im Verhältnis und in der Beziehung zu den Dingen und Menschen meiner Umwelt liegt, entscheidet;
3. das Bewußtsein von der immanenten Qual, die in der Notwendigkeit der Entscheidung, mehr noch als im Kampf zwischen Gut und Böse, im Stehen in der Wahl zwischen Gut und Gut liegt, und
4. das tragische Selbstbewußtsein von der Endgültigkeit dieser Dualität.

Was die ethischen und pädagogischen Forderungen betrifft, sind zu nennen:

1. die Wiederherstellung des Vertrauens;
2. ein freies und schöpferisches Menschenbild und
3. eine schicksalsgemeinschaftliche menschliche Existenz, die nicht nur von Egoismus und Isolierung, sondern auch von allem gesellschaftlichen Determinismus prinzipiell verschieden ist.

Diese Forderungen bedeuten eine eindeutige Absetzung von allem dekadenten Formalismus, sie setzen die Suche nach der ewig jugendlichen Kraft des Schöpferischen in unserem Inneren selbst voraus.

2. Die Herausforderung an die junge Generation

Als nächstes wollen wir — als ersten Schritt für die Erstellung eines ‚Gerüstes' für die Herausforderung an die junge Generation und das auf das Morgen gerichtete subjektive Leben des ‚Ich' — realisieren, daß wir je schon am Scheideweg stehen und uns ein schöpferisches Leben aus dem Bewußtsein des je neu aus der Begegnung Geborenwerdens zum Ziel setzen. Darin liegt gleichzeitig die Ausrichtung auf Liebe, Wissen und Phantasie, die Absetzung von der Tendenz zur Verobjektivierung des Menschen, welche die Wissenschaft mit sich bringt, und von den dehumanistischen Tendenzen der Gegenwart.

3. Das Erwachen des Geistes

Wenn auch in der Gegenwart den Wissenschaften die zentrale Stellung in bezug auf alles und jedes eingeräumt wird, so kann das doch nichts an der zentralen Stellung des Menschen in der Natur ändern. Denn es handelt sich dabei um eine Frage, auf die weder die Astronomie noch die Naturwissenschaften als solche ebensowenig wie die Mannigfalt der wissenschaftlichen Entdeckungen seit Kopernikus oder die zukünftige Entwicklung der Wissenschaften einen Einfluß haben.

Das einzige, was über die zentrale Stellung des Menschen im Weltraum entscheidet, ist offenbar nach wie vor der menschliche Geist. Mit diesem Bewußtsein wollen wir noch einmal das Wort Jesu Christi, nach dem der Mensch der Mittelpunkt der Schöpfung ist, und die mit dieser zentralen Stellung des Menschen verbundene unverlierbare Verantwortung gegen sich selbst und die Welt, die ihm seine besondere Würde verleiht, bedenken. Dann werden wir von selbst verstehen, daß eben die lebendige Beziehung der mit solch zentraler Stellung bedachten Persönlichkeiten natürlicherweise der Kern und Mittelpunkt der Erziehung sein muß. Wenn wir das zu einem Ziel der Erziehung selbst machen, dann erhält die mögliche Verwirklichung der Persönlichkeit eine vollkommen neue Bestimmung. Auf diesem Hintergrund gilt es, die geistige Charakteristik unserer Zeit, die auch in Erziehungsphänomenen und im Gefühl einer pädagogischen Krise zum Ausdruck kommt, nämlich die geistige Leere und Verlorenheit und die Auflösung der Beziehungen etc. inhaltlich zu bedenken.

III. Gedanken über die pädagogische Schöpfung eines neuen Menschen

Die Tatsache, daß der Mensch der Gegenwart den Gegenstand der ursprünglichen Beziehung aus den Augen verloren hat, wird oft zum Ausdruck gebracht im Bild vom umherschweifenden Menschen der Gegenwart. Aber wie wir schon vorher betont haben, liegt gerade in der geistigen Armut unserer Zeit und dem damit verbundenen geschichtlichen Pessimismus umgekehrt die Möglichkeit geistigen Erwachens, eines neuen Menschentums. Dazu ist von uns selbst in erster Linie gefordert, daß wir uns selbst und unsere Umgebung mit offenen Augen betrachten. Damit ist notwendig verbunden ein neues Verständnis der Geschichte und des Schicksals der Welt. Wir können vielleicht allgemein die schöpferische Kraft, die jeweilige Begabung und die Welt als 3 dem Menschen gegebene ‚innere Anrufe' unterscheiden; und ebenso das Gebet und das Zwiegespräch (allgemein als freie schöpferische Aktivitäten) als mögliche Antworten auf den Anruf.

Das wollen wir pädagogisch etwas genauer bestimmen. Die erstgenannte schöpferische Kraft ist nichts anderes als das ‚Aus nichts etwas Machen' des Menschen, die ‚Creatio ex nihilo'. Plato nennt diesen Wesenszug des Menschen den Eros, in dem gleichzeitig Mangel (Noch-nicht-Sein) und Überfluß sind. Der Mensch, von Gott als sein Ebenbild geschaffen, ist also Geschöpf und gleichzeitig selbst Schöpfer und zum Schaffen aufgefordert. Die so verstandene Idee der Schöpfung wollen wir als 1. Prinzip der Erziehung hinzufügen.

Die als zweites genannte Begabung ist prinzipiell ein Geschenk der Gnade und pädagogisch aufgefaßt die Kraft des Frei-leben-Könnens in der jeweiligen Liebe zu ... (z. B. Wahrheit oder Schönheit etc.). Man kann vielleicht überhaupt, im Sinne eines freien Mythos, sagen, daß Leben und Liebe im Prinzip das gleiche bedeuten. Ohne diese Liebe gäbe es weder ein Schöpferisch-Sein noch könnte der Mensch seine Sendung verwirklichen.

Die drittgenannte Anrufsmöglichkeit an den Menschen, die Welt, kann allgemein als der Ort des schöpferischen Tuns des Menschen verstanden werden. Pädagogisch gedacht, diese Welt als Erscheinung aufgefaßt, ist das ‚Im-Argen-liegen-der-Welt' als Bewußtsein von einer zu realisierenden ‚besseren' Welt als solches notwendig Voraussetzung des pädagogischen Denkens selbst. Wir wollen verstehen, daß auf dem Grunde des möglichen Erziehens in dieser Welt zusammen mit dem allgemeinen Weltpessimismus, d. h. dem Gefühl des tiefen Leidens, das aus dem Bewußtsein der unüberbrückbaren Kluft zwischen der persönlichen Freiheit des Menschen und der Beschränkung der Welt im allgemeinen entsteht, ein starker schöpferischer Geist vorhanden ist, der, auf die Veränderung dieser Welt mit dem Ziel der Gerechtigkeit gerichtet, hinter der Entfaltung des pädagogischen Lebens selbst steht.

Wenn wir die genannten 3 Anrufsmöglichkeiten an den Menschen als uns ursprünglich gegebene auffassen, dann können wir das menschliche Leben insgesamt als vollständige Versammlung der persönlichen Erwiderungen dieser Anrufe in bezug auf Freiheit verstehen. In diesem Fall muß das pädagogische Bestreben notwendig auf 1) die Verwandlung der tragischen Wirklichkeit des Weltgrundes und des ‚Ich' und 2) die autonome geistige Betätigung für die Selbstrettung des Menschen gerichtet sein. Dann hört der Weltpessimismus auf, geistige Grenze zu sein und wird umgekehrt zur Aufforderung nach erneuter Selbsterkenntnis und selbst zum Wegweiser der Verwandlung der Welt. ..., gleichzeitig damit verwandelt sich überhaupt die geistige Grundhaltung bezüglich der Weltgegebenheit vom bloßen ‚In-der-Welt-Sein' zum ‚In-die-Welt-Treten', dem ursprünglichsten metaphysischen Anruf. Die Existenz des Pessimismus in dieser Welt bedeutet für uns nicht die einzige, letzte Wirklichkeit, sondern vielmehr den Ursprung der pädagogischen Forderung des metaphysischen Denkens und des Erwachens der Freiheit.

Wir haben vorher gesagt, die Antwort als das Sein des neuen Menschen wird zur Triebkraft freien schöpferischen Tuns. Pädagogisch sind bezüglich dieser schöpferischen Aktivität 2 Richtungen denkbar. Als äußere (nach außen gerichtete) Antwort ist in erster Linie das Zwiegespräch zu nennen. Der Ort der Erziehung ist die Beziehung von Persönlichkeit zu Persönlichkeit, die Gott zu ihrem Mittelpunkt hat, die Harmonie in der organischen Einheit und Ganzheit von Einzelnem und Ganzem. Bezüglich der so verstandenen Schicksalsgemeinschaft als pädagogischem Ort sind folgende Bedingungen für die Menschenbildung festzustellen: Jeder einzelne muß seine ihm gegebene Lebenssphäre 1) als ihm von den anderen (z. B. Gott oder den Kindern etc.) aufgetragenes Schicksal, 2) als auf seinem Gewissen gründende Bestimmung, 3) als durch die persönliche Verantwortung der einzelnen zustandekommende Einheit des Mannigfaltigen erkennen. Wenn die Menschenbildung allgemein in der Förderung und im Aufbau des ursprünglichen Wesens des einzelnen und seiner Fähigkeiten besteht, dann wird die Antwort auf den Anruf in der pädagogischen Wirklichkeit, durch das Auffassen des schöpferischen Prinzips des Menschen zu einer ursprünglichen Energiequelle, durch die nicht nur die Kinder, sondern auch Lehrer und Eltern stets neu geboren werden im Sinne der Selbstbildung und der Hoffnung auf Auferstehung. „Ich lebe, doch nicht mehr als Ich, sondern Christus lebt in mir; soweit ich aber jetzt doch noch im Fleische lebe, lebe ich im Glauben an den Sohn Gottes, der mich geliebt und sich selbst für mich ausgeliefert hat[8]." Wenn wir uns als Erzieher in diese Worte hineinversetzen, dann werden wir als einen entscheidenden Zweck der Erziehung (Menschenbildung) die Aufgabe erkennen, in den Kindern die Wiedergeburt Christi vorzubereiten.

Als zweite mögliche schöpferische Tätigkeit, nämlich als innere Antwort, ist das Gebet (im weitesten Sinn) zu nennen. Hier ist besonders zu beachten die innere Umfaßtheit alles schöpferischen Tuns des Menschen von einem tragischen Charakter, wovon die pädagogische Tätigkeit keine Ausnahme macht. Das ist das tragische Prinzip des menschlichen Wesens, seine prinzipielle Endlichkeit, die in der Unaufhebbarkeit der Differenz zwischen Idee und Wirklichkeit besteht. Die mit allem schöpferischen Tun des Menschen verbundene Traurigkeit kommt eben von dieser Endlichkeit, davon, daß alle Geschöpfe insgesamt nichts anderes sind als der bloße Widerschein der Ewigkeit. Pädagogisch wird durch das Gebet, dieses Zwiegespräch mit Gott, je das zu verwirklichende pädagogische Menschenbild geboren. Analog wie in äußerer Aktivität in der Berührung von Menschen und im freien Gespräch der Logos geboren wird, wie im Zwiegespräch der Menschen mit der Welt der Friede geboren wird, und wie im Zwiegespräch mit der Natur der Forschungsgeist entsteht, so entspringt für den Pädagogen durch das Gebet das je neu zu verwirklichende Menschenbild.

So wie der Komponist in seiner Seele eine bisher noch nicht auf Noten geschriebene Sinfonie komponiert oder wie der Maler oder der Dichter in Farben oder in Worten bisher noch nicht zum Ausdruck gebrachte Bilder im Inneren ihres Herzens erblicken, so begegnet dem Erzieher das je zu schöpfende Bild der Persönlichkeit des Kindes in der Vorstellung. Aber hier ist erneut die von der Endlichkeit des Menschen kommende Tragik festzustellen. Das wirkliche Bild, das im Durchgang durch den Akt der Realisierung, die den Schöpfer selbst verzehrende Flamme der Schöpfung, entsteht, weicht zumeist von dem in der Einbildung erschauten Bild ab, ist nichts als die bloße Asche, die zurückbleibt, eine tragische Diskrepanz, die zur Erfahrung jedes Schaffenden gehört, die für das Schaffen des Menschen bezeichnend und grundlegend ist. Auch in der pädagogischen Wirklichkeit gehört dies mit zu den radikalsten Erfahrungen.

Goethe hat diese wesentliche Haltung der Demut und Bescheidenheit in folgenden Zeilen zum Ausdruck gebracht:

> Denn mit Göttern
> Soll sich nicht messen
> Irgendein Mensch.
> Hebt er sich aufwärts

---

[8] Gal. 2, 20.

> Und berührt
> Mit dem Scheitel die Sterne,
> Nirgends haften dann
> Die unsicheren Sohlen,
> Und mit ihm spielen
> Wolken und Winde.
>
> (Grenzen der Menschheit)[9]

Bevor wir aber solcherart bei der Auffassung der Pädagogik als einer bloßen schöpferischen Tätigkeit des Menschen stehenbleiben, wollen wir aus dem Verständnis der auf ihrem Grund liegenden tiefen Endlichkeit menschlicher Schöpfung als Mittel ihrer Überwindung, gleichwohl für Lehrer und Schüler, das Gebet hervorheben. Es ist für den Lehrer sowohl eine Möglichkeit, der absoluten Isolation als Mensch zu entkommen als auch ein schweres Kreuz.

Die wesentliche Aufgabe des Lehrers liegt in der steten eigenen Wiedergeburt, dem subjektiven Selbstbewußtsein, in der auf ein anderes Leben, auf die anderen Menschen und auf die hinter dem Universum stehende absolute Realität gerichteten Nichtbeachtung seiner selbst, in der Selbstverwandlung in einen Menschen der Liebe.

IV. Die Stellung des Pädagogen in der pädagogischen Wirklichkeit

Wir haben bisher in bezug auf die Forderung nach der Schöpfung eines neuen Menschen in dieser sich in radikaler Veränderung und Bewegung befindenden Gesellschaft über die Bedingungen nachgedacht und festgestellt, daß sie je schon durch die Beziehung in Verwirklichung begriffen ist. Ferner haben wir aus dem Bewußtsein des letztnotwendigen tragischen Charakters, der aller menschlichen Schöpfung anhaftet, und als mögliches Mittel der Rettung die Forderung nach Selbstverwandlung des Lehrers durch das Gebet genannt. D. h., der Lehrer als in einem letztgültigen Sinn ‚für andere' lebender Mensch muß selbst Christus als höchstes Ziel der Erziehung erkennen. Das, worauf es hier ankommt, ist, daß, welches Problem der menschlichen Beziehung der Pädagoge auch immer aufgreift, als Grundlage der möglichen Verbindlichkeit des pädagogischen Ideals (Anspruchs) immer schon die letztverbindliche Realität in der Gestalt Christi in den Vordergrund tritt. Dieses Denken ist keineswegs beziehungslos zum jeweiligen geschichtlichen Zeitgeist. Das gegenwartsbezogene Wiederbedenken des pädagogischen Menschenideals und seines Verhältnisses zur Menschlichkeit des Lehrers als dem wirklichen, konkreten Träger der Erziehung ist daher notwendige Voraussetzung und Bedingung für das Verständnis der christlichen Pädagogik selbst.

---

[9] Goethes Werke, Bd. I, 1 „Grenzen der Menschheit", hrsg. von Ch. Christiansen, Wien, 222.

Herder sagt, „reinste und umfassendste Menschlichkeit ist das Göttlichste im Menschen"[10]. Dieses Denken faßt, ausgehend von der Voraussetzung, daß der Mensch das Ebenbild Gottes sei, die letzte Bestimmung des Menschen, entsprechend der göttlichen Vorsehung und seiner tiefen Liebe und Weisheit, in der Verwirklichung seiner ihm ursprünglich gegebenen, göttlichen Gestalt und ebenso die Aufgabe der Erziehung gemäß der Vorstellung von einem solchen Leben. Augustinus sieht, wenn er sagt: „Gott, Du hast uns als auf Dich gerichtet erschaffen, und wir können nicht ruhen, als bis wir in Dir selbst ruhen."[11], den Menschen als homo viator. Weil die Persönlichkeit beider, des Lehrers und des Schülers, ihre notwendige Bestimmung in der Gerichtetheit auf Gott hat, ist die Erziehung selbst notwendig ein Weg zur Vollkommenheit. Das kann auch in der Gegenwart noch als Ideal für eine lebendige Erziehung gelten. Dabei handelt es sich nicht um ein bloßes pädagogisches Zusammenrücken von natürlichem Menschen und philosophischem Menschenbild, sondern um die Idee einer gegenwartsbezogenen neuen Erziehung mit Bezug auf die Frage nach dem ‚ganzen' Menschen und in Übereinstimmung mit dem christlichen Menschenbild, der Vorstellung einer schöpferischen, gewissenhaften Existenz.

In diesem Sinne wollen wir die die Erziehung betreffenden ältesten und zugleich je neuesten Fragen nach dem Wesen des Menschen, der Stellung des Menschen im Weltraum, der Bestimmung des Menschen noch einmal aus der Mitte des Verhältnisses von Lehrer und Mensch heraus fragen. Wenn es so ist, daß im Menschen das religiöse Prinzip herrschend ist, und wenn entsprechend die sittliche Ordnung, das Licht der Erkenntnis und das handelnde Leben ihre Beziehung zur religiösen Ordnung erhalten, dann ist damit zugleich pädagogisch die Möglichkeit der menschlichen Entwicklung vom bloßen ‚Man' zum reifen Menschen vorhanden.

In der katholischen Erziehung ist jede falsche Ablösung der Empfindungssphäre von den geistigen Dingen und ebenso der geistigen Dinge von den göttlichen Dingen, wie auch jede bloße Verobjektivierung und Verzivilisierung des Menschen ‚verboten', vielmehr alles in einem letzten Sinn auf die Bildung zur Einheit eines göttlichen Lebens ausgerichtet. Die wahre persönliche Einheit des Menschen ist keine bloß menschliche Sache, sondern Ausdruck der Beziehung des Menschen zu Gott, der Verschmelzung von göttlicher und menschlicher Sache. Wenn so jeder einzelne sein Leben auf religiöse und sittliche Vollendung ausrichtet, dann ist damit zugleich auch notwendig die Veränderung und Verbesserung des gesellschaftlichen Lebens verbun-

---

[10] Vgl. R. Lehmann, Herders Humanitätsbegriff, in: Lexikon der Pädagogik, Freiburg 1956, 242 - 262.

[11] Augustinus, Confessiones, I. 1.

den, wie umgekehrt der rechtverstandenen Forderung nach Veränderung und Verbesserung der Gesellschaft notwendig die Richtung auf das Ziel der inneren Vollendung des Menschen implizit ist, eine Wechselbeziehung, die für das Verständnis der pädagogischen Wirklichkeit grundlegend ist. Das menschliche Wissen darf nicht bloßes Wissen sein, sondern muß, weil der Mensch immer schon in die persönliche Gewissensentscheidung vor Gott gestellt ist, beitragen zur Lösung der Spannung dieses Verhältnisses, die u. a. im Kampf gegen das Böse und im Kampf für das Gute zum Ausdruck kommt. Die echte Weisheit, welche in der Ausgewogenheit des Verhältnisses von Wissen und Glauben liegt, verleiht 1) allen menschlichen Dingen ihre Schönheit und Würde, und 2) eine Ruhe, die der Vereinigung von Arbeit und Rast in einer edlen Seele entspringt. Sie ist auf die Vertiefung des objektivistischen wissenschaftlichen Wissens gerichtet und bedeutet als existentielles Wissen zugleich eine Vertiefung der menschlichen Existenz. In diesem Sinne sagt Hölderlin: „Wer das Tiefste gedacht, liebt das Lebendigste[12]." Die Erziehung steht notwendig in Beziehung zur ‚ganzen' menschlichen Persönlichkeit. Das wirkliche Prinzip der Menschenbildung, Erziehung, kann nicht ein bloß auf Wissen gegründeter Austausch von Werten sein, sondern muß ein ganzheitlicher lebendiger Austausch sein. Durch die Erziehung soll der Mensch den letzten Lebensgrund erkennen, zur persönlichen Entscheidung bezüglich seines Lebens befähigt werden. Der Lehrer selbst muß, sein Menschsein transzendierend, Gott als dem absoluten Erzieher folgen. Die menschliche Weisheit ist es, die diesen Weg der Erziehung zur Würde wird weisen müssen.

Im Sinne eines Modewortes der Gegenwart, der ‚Begegnung von Ich und Du', ist die menschliche Beziehung in der katholischen Erziehung das A und Ω, die Erziehung keine bloße Wissensvermittlung, sondern lebendige, wechselseitige Beziehung von Personen. Indem der Lehrer im Schüler ein ‚Du' erblickt, wird er selbst aus der menschlichen Isolierung seines ‚Ich' herausgerissen, das ‚Ich' wird zum Teil einer Beziehung, es tritt in einer inneren persönlichen Entscheidung in ein Verhältnis zu einem ‚Du', wodurch sich eine ganz neue Dimension eröffnet. „Nur Liebe weckt Liebe[13]." Die pädagogische Bedeutung dieses Wortes ist: Wenn Lehrer und Kind im Sinne der ‚Ich-Du'-Beziehung verbunden sind, dann ist darin zugleich die bloße isolierte menschliche Einzelheit des Lehrers im Geist der Beziehung aufgehoben. In der persönlichen Begegnung von Lehrer und Kind, die dann entspringt, wenn der Lehrer im Kind ein ‚Du' erblickt, kann man zugleich eine persönliche Begegnung von Mensch und Gott sehen, in welcher immanent, im Sinne einer

---

[12] Vgl. Hölderlin, in: L. Prohaska, Existentialismus und Pädagogik, Wien 1955, 122.
[13] J. M. Sailer, Über Erziehung für Erzieher, Paderborn 1962, 59.

Erwiderung auf einen Anruf, die Entwicklung zu einer neuen Existenz angelegt ist. Die Begegnung bringt mit sich ein persönliches Erwachen. Aufgabe des Lehrers ist so einerseits die harmonische Wissensentwicklung der Kinder, anderseits die Entwicklung ihrer inneren schöpferischen Kraft. Dabei geht es nicht bloß um die rationale Kraft des Verstandes, sondern ebenso um die irrationalen Kräfte des Vertrauens und der Liebe, die im Geiste des Kindes zu wecken der Lehrer beitragen muß. Er muß durch seine pädagogische Intuition die noch unbestimmten Möglichkeiten im Kind erkennen und im vorausblickenden Glauben an sie, diese zu verwirklichen suchen. Der Mensch ist kein fertiges Ding, kein unwandelbares, ein für alle Mal fixiertes Geschöpf, sondern sein Wesen ist die dynamische, schöpferische Existenz, das unaufhörliche Streben, in seinem Inneren liegt verborgen der Zug zur Unendlichkeit. Für die pädagogische Gemeinschaft ergibt sich aus diesem christlichen Menschenbild, daß es eine absolute Macht über dem Menschen gibt, daß der Befehl von Menschen zu Menschen nicht die höchste Instanz sein kann. Aufgabe der Erziehungsgemeinschaft ist daher die Bildung der Urteilskraft und des Gewissens in den Tiefen des Herzens jedes einzelnen Kindes[14]. Der Prozeß der Erziehung ist ein kurzer. Das heranwachsende Kind muß sich selbst fortbilden in der persönlichen, ihm aufgetragenen Entscheidung und Verantwortung vor Gott. Die Erziehung ist Nachahmung Gottes, seiner unendlichen Liebe. Die Gott-Ebenbildlichkeit des Menschen verwirklicht sich in seinem Wesen, dem Streben nach schöpferischer Tätigkeit. Durch diese schöpferische Tätigkeit haben alle Menschen am Wirken Gottes selbst teil. Die Triebkraft des menschlichen Tuns ist der schöpferische Geist. Wenn wir uns recht auf die Worte: „Die Erziehung ist Gottes Nachbild, Nachbild seiner liebenden Vorsorge, Nachbild seiner gerechten Weltregierung."[15] besinnen, dann werden wir langsam auch etwas Klarheit über die Frage nach dem eigentlichen Ziel der Aktivität des schöpferischen Geistes des Menschen gewinnen.

Epilog

Das Bestreben, zum Anfang zurückzukehren!

In der Realität, wie oben schon gesagt, liegt das Gelingen oder Mißlingen der Menschenbildung nur in den Händen dessen, der mit der Erziehung befaßt ist. Vom Erzieher wären hier drei ethische Erkenntnisse zu fordern:

---

[14] J. Messner, Kulturethik, Innsbruck 1954, 286.
[15] J. M. Sailer, Über Erziehung für Erzieher, Paderborn 1962, 94.

1. Die ganz klare Einsicht in die Bedeutsamkeit der Tatsache, daß man als Erzieher Träger der Erziehung der Persönlichkeit des Kindes ist. In diesem Fall bedeutet diese Erkenntnis nicht nur, bloß ein Lehrer für die Kinder zu sein, sondern auch sich selbst als ein Kind dieser Welt und Ebenbild Gottes erziehen zu müssen.

2. Diese Erkenntnis stellt an den Erzieher die ethisch-persönliche Aufgabe, mit seinem ganzen Mensch-Sein und seiner persönlichen Verantwortung nicht nur dem Ruf des Kindes zu folgen, sondern auch den Mut zu haben, dem Kind den richtigen Weg zu weisen.

3. Das Bewußtsein des Lehrers muß tiefer begründet liegen als in seinem Selbstverständnis, demzufolge er nur da ist, um Kindern zu helfen. Das Bewußtsein ist das des schöpferischen Subjekts, das „mit" dem Kind sich auch selbst verwirklicht. In diesem Fall wird das „mit" bedeuten, daß der Lehrer „mit" dem Kind lebt, und außerdem „mit" Gott die Erziehung durch die Beziehung und Begegnung zwischen Kindern und Lehrer verwirklicht.

Durch diese Erziehungsfähigkeit wird eine Schöpfung — etwas Neues — erwartet. Diese Erwartung gilt dem Entstehen der ganzen Einheit der Persönlichkeit, die in dem gesamten Curriculum des ganzen Lebens des Kindes gebildet wird. Darüber hinaus wird der Prozeß dieser Wirkungen für das Kind die Lebensgeschichte und zugleich für den Lehrer selbst dessen Geistesgeschichte bilden. In dieser Realität der Erziehung wird es daher nicht genügen, wenn der Lehrer seine pädagogischen Probleme vom Standpunkt eines abstrakten Prinzips her beurteilt, sondern er muß noch tiefer in sein eigenes Selbst, in die ursprüngliche pädagogische Aufgabe hineintreten, nämlich das persönliche geschichtliche Schicksal des Kindes zu bestimmen.

Daher muß der Lehrer eine noch tiefere Weltanschauung haben, die in der Menschheitsgeschichte eine Perspektive erkennen kann. Der Lehrer wird zuerst sich selbst zu einem neuen Menschen verändern müssen, in dem Bewußtsein, daß diese Wirklichkeit nie das letzte und erwartete „Ende" ist, und er muß sich selbst zu einem Verständnis bringen, dessen Bedeutung darin liegt, nicht nur über die Erziehung zu sprechen, sondern diese Erziehung selbst zu „leben".

> „Der Erzieher, der dazu hilft, den Menschen wieder
> zur eigenen Einheit zu bringen, hilft dazu,
> ihn wieder vor das Angesicht Gottes zu stellen[16]."

---

[16] M. Buber, Werke, Bd. I, München 1962, 832.

ECONOMIC HISTORY AND HISTORY OF ECONOMICS

Some Suggestions Regarding the Instructional Treatment of Their Interrelationship

By Franz H. Mueller

In his *History of Political Economy* (New York 1893) John K. Ingram wrote:

"The history of Political Economy must of course be distinguished from the economic history of mankind... The study of the succession of economic facts themselves is one thing; the study of the succession of theoretical ideas is another... But these two branches of research, though distinct, yet stand in closest relation to each other. The rise and the form of economic doctrines have been largely conditioned by the practical situation, needs, and tendencies of the corresponding epochs. With each important social change new economic questions have presented themselves; and the theories prevailing in each period have owed much of their influence to the fact that they seemed to offer solutions of the urgent problems of the age."[1]

Are we to conclude that Ingram wanted to stress the distinctive subject matter and method of economic history on the one hand, and of the history of economics on the other? His — though qualified — sympathy with the German Historical School, his evolutionary viewpoint, his rejection of what he regarded the abstract, static and absolute approach of the Classical economists, show him to have been a firm believer in a dynamic and comparative approach, which, while distinguishing their respective "formal objects", stresses the interdependence of the two disciplines.

Did Ingram find adherents or even form a "school"? Disciples he has had, among them such outstanding men as Richard T. Ely and William A. Scott. But he, who was one of the first to present an historical account of the various schools of economic doctrine and ideology, left behind no school of his own. The so-called Institutionalists might be said to have adopted Ingram's situational and quasi-epistemo-sociological *(wissenssoziologische)* methodology, but they have never claimed him as their precursor or one of their own.

---

[1] Loc. cit., p. 2 f. Ingram (1823 - 1907), an Irish social scientist, followed in the footsteps of Comte. The first book-edition of his famous treatise appeared in Edingburgh in 1888. Cf. also Guy Routh, The Origin of Economic Ideas, New York 1975, 10 f.

Frederick C. Lane, one of America's leading economic historians, and his one-time collaborator Jelle C. Riemersma, are probably right when they say that "the Anglo-Saxon tradition of economic historians has kept theory and history apart, as separate disciplines," while Arthur Spiethoff and other German historical economists argued in favor of a discipline in which theory and history interpenetrate.[2] But what Lane says of the economic historians can certainly be said also of the economists in English-speaking countries. Economic history seems to be foreign to most of them. Usually they have not been required to study the subject and have, therefore, only a rather perfunctory knowledge of past economic events — even of their own country.[3] The growing interest in economic development and in comparative economic systems, though, may eventually prompt curricular changes and stimulate interest in economic history beyond a mere survey of past business cycles.

Alfred Kruse is undoubtedly right when he states that *"die Geschichte der volkswirtschaftlichen Lehrmeinungen eingebettet (ist) in die Wirtschaftsgeschichte"*.[4] Mercantilist doctrine, he says, corresponds to the economy of absolutism, the teaching of the Classical School to the realities of the Industrial Revolution, Keynesian economics to the problems of the world-economic crisis. The influx of precious metals in the 16th century has, no doubt, given impetus to the quantity theory of money.[5] It is important, however, to keep in mind that factual circumstances do not of themselves determine human thinking or create theoretical superstructures. Neither is thought alone capable of changing economic structures and institutions. Yet, there is a definite need for correlating economic theory and economic history. Hermann Kellenbenz is quite right in stressing that it is one of the most important tasks of the economic historian to point out the reciprocal relations that exist between economic history and economic theory.[6] But he

---

[2] Introduction to Arthur Spiethoff, in: Frederic C. Lane and Jelle C. Riemersma, Enterprise and Secular Change, Homewood, Ill., 1953, 432. Werner Sombart, my esteemed teacher, went so far as to regard economic history as the empirical division of economics; cf. Sombart, Die Drei Nationalökonomien, Munich 1930, 313; Sombart, Economic Theory and Economic History, The Economic History Review, vol. II, No. 1, January 1929, 1 - 19.

[3] Economists like John K. Galbraith, Robert H. Heilbronner, Kenneth E. Boulding and others, who, inspired by the liberal arts tradition, go beyond standard economic theory, and present economics in its historical, behavioral and institutional context, can hardly be looked upon as representative of prevailing economic teaching with its continued emphasis on quantitative analysis.

[4] Kruse, Geschichte der volkswirtschaftlichen Theorien, Munich 1948, 8.

[5] Ibid., 25.

[6] Handwörterbuch der Sozialwissenschaften, vol. XII, Tübingen 1965, 133.

should also have stressed that a similar obligation exists for the economist to draw attention to this relationship.

In his truly scholarly, but curiously enough rarely referred to work, *Economic Thought And Its Institutional Background* (New York 1935) Harvey W. Peck expressed the belief that the history of economics is not or must not ever be "merely the product of speculation by various independent thinkers ..."[7] Rather, he says, it is the rise of another, "new" factor of production to optimum size which "gives us an historic or secular trend in economic development and a parallel trend in the development of economic thought."[8] Whether one should go so far as Peck does, namely to regard historic economic theories as nothing but rationalizations or justifications of dominant industrial (i. e., economic) trends, is open to question. But there can be little doubt that the various schools of economic thought each in some way reflect a prevailing economic trend, attempting, as they do, a theoretical analysis of such a trend and, occasionally, a determination of the potentialities for action it seems to offer.

The question arises whether Peck's thesis becomes untenable if applied to the earliest stages of economic life when there was no such thing as economic doctrine. One has to keep in mind, however, that man is by nature, that is, at any time and under any circumstances, *homo oeconomicus* in the literal and original sense of the term, just as he is — naturally — *animal sociale* and *zoon politikon*.[9] He is economic man exactly in consequence of his rational nature. No attempt will here be made to demonstrate in detail the rational basis of the economic operations of primitive or prehistoric man. The works of Wilhelm Schmidt and Wilhelm Koppers, of B. Malinowski, H. Schurtz, L. Frobenius, H. Cunow — to name only some of the pioneers in the field — have shown convincingly the institutional and, in a broad sense, ideological basis of economic life of earliest and pre-"civilized" man. We know, for instance, that the relationship between small-scale, hoe or horticulture and mother right is by no means a matter of mere chance, that there are good practical reasons for the patriarchal organization of cattle raising tribes, that the craftsmanship of the totemistic hunters is environmentally conditioned, and so on.[10] But we are also

---

[7] Peck. loc. cit., 364.

[8] Ibid.

[9] The term homo oeconomicus is here not used in the sense in which classical economicts used it. In other words, we do not mean the "ideal type" of man who is supposed to act exclusively from egotistic, acquisitive motives, oriented on the principle of maximization of profit. Cf. Robbins Burling, Maximization Theory and the Study of Economic Anthroplogy, American Anthropologist, vol. 64 (1962) 802 - 821.

[10] Cf. Sylvester A. Sieber and Franz H. Mueller, The Social Life of Primitive Man, St. Louis, Mo. 1940, 398 ff.

aware of the fact "civilization springs from a catalysis of culture" (J. Mandaville), that the process and progress of civilization depended largely on culture contacts, and eventual "fusion" of herders, hoers and crafters because of man's early realization that under certain prevailing conditions a specific optimum combination and proportion of such factors of production as land, labor and capital goods would constitute the best possible utilization of the economic means available at the time.[11] It should be a fascinating undertaking to study the economic behavior of primitive man under the aspect of conventions, ritual behavior, ceremonial patterns, forms of marriage, ownership relations, rules of descent and residence, etc.[12] The fact that we have no original written records for prehistoric and pristine economic behavior but only the findings of archaeologists and the observations of ethnologists and cultural anthropologists, may explain the common notion that primitive "economic" behavior is actually void of reason and therefore incapable of logical interpretation. But the research of these scientific discoverers has proved this notion to be erroneous. Granted that such expositions would tend to be somewhat speculative, there are no convincing arguments why historians of economic thought should start their accounts only with the writers of Classical Antiquity.[13]

While going back to the very origins of man and Prelithic Culture may neither be feasible nor of appreciable educational and practical value, studying the mesolithic or neolithic stages of cultural development should prove to be quite illuminating and educationally useful. Here, at the stage of what the older Culture-Historical School has called the stage of Free Patriarchy, we come face to face with the dawn of civilization and the first period of "civilizational" and early urban culture.[14]

---

[11] This "fusion" was originally little more than a form of social stratification of a quasi-symbiotic nature. Cf. Sieber-Mueller, loc. cit., 17; Cf. also Peck, loc. cit., chapter I, Cf. five articles by Jon Mandaville in the Aramco World Magazine, vol. 31 No. 2, New York, N. Y., March - April 1980.

[12] Cf. Melville J. Herskovits, Economic Anthropology / The Economic Life of Primitive Peoples, New York 1965. This unusually interesting and scholarly work, though not historically but systematically or theoretically organized, could easily serve as a basis of an inquiry into the development of the economic thinking of proto-historic and primitive man.

[13] Historians of economic thought who are ready to research the economic "mind" and behavior of proto-civilized man, would profit from the study of Herskovits' above mentioned book. Cf. also Daryll Forde and Mary Douglas, Primitive Economics, in: Harry L. Shapiro, ed., Man, Culture and Society, New York 1956, 330 - 344; George Dalton, Economic Theory and Primitive Society, American Anthropologist, vol. 63 (1961) 1 - 25; Manning Nash, Economic Anthropology, International Encyclopedia of the Social Sciences, vol. 4, New York 1968, pp. 359 - 355; Donald W. McConnell, et al., Economic Behavior, An Institutional Approach, Boston 1939, 4 - 18 and 23.

[14] Sieber-Mueller, loc. cit., 17.

The School of Carl Ritter (anthropogeographer, 1779 - 1859) has supplied us with a very convenient and serviceable frame of reference to deal with the development of civilization. Beginning from the notion that environment, including climate, molds civilization, this school distinguishes three stages of civilization, viz.,

> the *potamic*, which was determined by rivers, the *thalassic*, which grew up around the Mediterranean Sea, and finally the *oceanic*, following the discovery of the New World.[15]

It is puzzling, to say the least, why Karl A. Wittfogel's very instructive and illuminating work *Oriental Despotism* (New Haven 1957) has apparently found little response in the academic community. Wittfogel shows convincingly the far-reaching political and economic influence of major rivers and river valleys in the world, especially in Asia, on the development of early civilization. This potamic type of civilization actually characterized the history of the Far and Near East for thousands of years. Only strong governments were able to manage such irrigation-oriented societies as those of China, Assyria, Babylonia, Egypt, etc. The economic foundation in practically all oriental empires, from proto-historical times, were fertile river valleys. The caravan-directed economy, long-distance exchange, the need for control and a controlling bureaucracy, for record-keeping and, therefore, for money and the visible presentation of language by graphic signs — all this provides a veritable storehouse of information not only for the economic historian but also for the historian of economic thought.

The civilizations of the river valley empires of the Far and Near East were typical inland civilizations that followed and clung to the course of the rivers deep into the interior. Yet, even if their peoples faced the open sea and the ocean and controlled the estuaries of their rivers, they did not become sea-faring peoples. Their maritime commerce, if any, stuck largely to the northern coastline of the Indian Ocean, the Persian Gulf and Red Sea. It was only after Egypt's contact with Greece that the Egyptians felt compelled to turn their sights to the sea. Subsequently to Alexander the Great having reached the Nile, history began, as it were, to turn towards the Mediterranean, that is, from the potamic to thalassic civilizations of Greece, Rome and Carthage or from riparian to littoral culture, and, at the same time, from hydraulic to rainfall-farming. Needless to say, Classical Antiquity developed what might be called economic lore rather than economic science. It was Xenophon, he who had led some 10 000 Greek mer-

---

[15] Cf. J. R. Seeley, The Expansion of England, Boston 1883, 87; Carl Ritter, Comparative Geography, Philadelphia 1865, 17 ff. Ernst C. Kapp (1808 - 1896) developed similar ideas. For a general overview consult Hans C. E. Zacharias, Protohistory, St. Louis, Mo. 1947.

cenaries from Babylonia back to Greece, who wrote the treatise *Oeconomicus* in which he deals not with what we today call economics but with the efficient management of a landed estate. However, his essay does contain significant economic observations. The Phoenician Mago wrote — before Christ — a many-volumed work on farming which was translated into Latin and Greek. But, compared with what moral philosophers and theologians of the Middle Ages and the pre-politologists of the Renaissance had to say about monetary and commodity exchange, it was still somewhat rudimentary and more of a practical than a truly theoretical nature. There is no need here to discuss medieval economic thought and the economic teachings of the Renaissance which are more or less well taken care of in most presentations of the development of economics. But what is missing in many of the current textbooks in this field is reference to the relationship between the ideas presented and the economic environment in which they took root or the economic organization which they are supposed to have inspired. There are, it is true, historians and economists who have researched this relationship between economic doctrine and economic reality, making it evident to their readers. Among them are Edgar Salin, Carl Brinkmann, Ferdinand Zweig, Bernhard Laum, Werner Sombart, Thorstein Veblen, Henry W. Spiegel, Eli F. Heckscher, Richard H. Tawney, Alfred Müller-Armack, Joseph Schumpeter, but few of them have done this research within a systematic historical framework. This is true even of the monumental works of Max Weber. Perhaps the most comprehensive and methodical attempt to present the whole of economic history as a succession of economic systems or institutional "styles", has been undertaken by Boris Ischboldin. Unfortunately, his scholarly presentation does not lend itself very well to classroom application.[16]

It cannot be our task in this brief essay to trace the economic development from the thalassic to the oceanic stage. It must suffice to point out that it was largely the discovery of the New World which initiated the passing of European civilization from the shores of the Mediterranean Sea to those that face the Atlantic.[17] It was indeed Columbus who, unknowingly, began substituting the Atlantic Ocean for the Mediterranean Sea. From that "moment" the reign of Italy was practically over. When commerce was, as it were, swept through the Strait of Gibraltar into the Ocean, economic thought began to emancipate itself, as it were, from the confines of predominantly theological and moral thinking.

---

[16] Boris Ischboldin al Bakri, Genetic Economics, Saint Louis, Mo. 1967; actually, Ischboldin does not attempt to write a general economic history, but to develop a "systematic" framework which is to serve as an heuristic lodestar for such an endeavor.

[17] Cf. C. L. Kingford, The Academy, vol. XXXVI, No. 912, Oct. 26 (1889), 265.

It was "liberated" and now followed secular, temporal thoughtways. Mercantilist economic thinking was largely determined by the *raison d'état*. Mercantilism, in other words, was motivated and directed by the supposed needs of the prince or the principality (*L'état c'est moi*) often with little regard for ethical principles or long-run consequences. The arbitrary despotism of the Mercantilists was followed by the legal or benevolent despotism of the Physiocrats, who were looking for a political order in which power holders are impelled, not indeed for reasons of state but for reasons of self-interest, to promote the general welfare rather than that of the absolute sovereign.[18]

Should the *ordre naturel* of the Physiocrats be understood mainly as a reaction to the (occasionally Machiavellian) *raison d'état* of the Mercantilists? Is the Physiocratic system to be regarded as a first attempt to prove that there is some sort of positive natural law operating in the economic universe which man cannot oppose with impunity but which he should recognize and so utilize that it would serve his physical needs? Or is it the quintessence of Physiocratism to prove that the wealth of nations does not consist in an abundance of money or precious metals gained through favorable trade balances, but in an abundance of natural resources? There are really no hard and fast answers to these questions. If that is so, how is the educator to deal with them in the classroom without confusing his students? This writer's own experience in almost four decades of teaching has convinced him that it is instructionally more effective to develop a framework which attempts to show a probable relationship between the stages of post-thalassic economic developments and the evolution of modern economic thought. The synoptic outline below does not and cannot claim to be free of error. The wish to present a fairly consistent succession of "events" — ideologic as well as economic — may tempt the instructor to squeeze facts and theories to make them fit his preconceived frame of reference. If he would succeed in proving that each of the three major stages of modern economic development (early, nature and late or full capitalism) is closely allied with one of those more or less rapid changes which we have come to call the Commercial, Industrial and the Managerial Revolution, it would, understandably, give him an almost aesthetic satisfaction similar to that supposedly experienced by mathematical economists when they seem to have suc-

---

[18] Cf. Albert O. Hirschmann, The Passions and the Interests, Princeton, N. J. 1977, 97. Mention might be made here of W. Sombart's distinction between the Age of Magic (of the ancient Orient), the Age of Politics (of Classical Antiquity) and the Age of Economy (of the West) which, while striking, seems to make no provision for such intermediary periods as the Age of Discovery, where political and economic motivations seem still to be inseparable. Cf. W. Sombart, Weltanschauung, Science and Economy, New York 1939, 9 ff.

ceeded in expressing significant economic phenomena in geometric terms and symbols. There is indeed something "charming" in dialectical reasoning and exposition. However, there can also be little doubt that much of social reality does indeed proceed and operate — like action and reaction — in a quasi-dialectical fashion and that, therefore, a dialectical approach to historical analysis may, if used with caution, be heuristically productive. The reader, especially the teacher of economic history and of history of economics, is invited to change, correct, improve and reconstruct the chart or synoptic outline offered here merely as a didactic proposition.

Here are some comments and "marginal notes" to this table meant to indicate the author's own uncertainty and indecision with regard to some items of the outline. To ascribe the factor "land" (or nature) to Mercantilism is not only highly unorthodox but, admittedly, open to serious questioning. The Physiocrats have quite clearly stated that in their view land is the most important if not the only source of wealth. Yet, it seems legitimate to ask the question whether this "dogma" of theirs was indeed what characterized them as a specific school of economic thought. It had, no doubt, little if any notable influence on economic policy. The Physiocrats really had no share in the so-called Agrarian Revolution, which was pretty much, at least originally, an English affair.[19] There can be no doubt, however, that the Mercantilists were "geocentrists" in the wider sense of the term, with their emphasis on locational controls, especially on the public regulation of place utilities such as ways and means of transportation (roads, bridges, turnpikes, ships, etc.). Wealth came from the bowels of the earth in the form of precious metals and minerals, and from overseas' plantations in the form of colonial produce. Under Mercantilism, one of the prime concerns of government was to safeguard agriculture by keeping the people on the soil. The domestic or putting-out system was an attempt to promote manufacture without hurting farming.

The Physiocrats believed, as their name indicates, in the rule of nature. But by "nature" they clearly did not mean the land, the soil

---

[19] H. W. Peck (loc. cit., p. 48) thinks that just as the rationalization of the Commercial Revolution produced Mercantilism, so the rationalization of the Agricultural Revolution produced Physiocracy and the rationalization of the Industrial Revolution produced English Classical Economics. The apparent coincidence of doctrine and reality is fascinating indeed as is also the "triad" thus created, but there just is neither historically nor theoretically any relationship between Physiocracy and the Agricultural Revolution. The latter commenced in England during the early 1700s. By the time Quesnay's Economic Table appeared (1758), it had spread through much of Europe, continuing into and becoming part of the Industrial Revolution. But the Physiocrats had really little if anything to do with crop rotation, seed drills, advances in livestock breeding, changes in the conditions of land holding, etc., which characterized the Agricultural Revolution.

or natural resources. As has been indicated above, "nature" was, in the language of the Physiocrats, synonymous with "natural order", which included the area of economic life. It was a concept akin to the deistic notion of an "absentee-landlord"-type of Creator (the *Deus absconditus*) who left his creation to operate automatically, as it were. It was for men to "observe" this order, both in the sense of coming to know and of conforming to it. The Mercantilists had, in a way, played "God", all-wise lawmakers and rulers that they seemed to conceive themselves to be, regulating, arranging, superintending. The teachings of the Physiocrats must, it seems, be looked upon primarily as a reaction to the extreme voluntarism and governmentalism of the Cameralists and Mercantilists. One should not forget that, after all, it was the Physiocrats who coined the phrase *Laissez faire et laissez passer, le monde va de lui même*. quite deïstic in its tenor and very much in keeping with Adam Smith's belief in the "invisible hand" of providence which supposedly sublimates self-interest to serve the wealth of nations. Hence, it does not seem arbitrary to assign the Physiocrats to a position in intellectual history close to that of the Classical economists.[20]

The Classicists, including Karl Marx, certainly tended to reduce all economic value to labor. Lord Lauderdale argued that Smith had not yet given "capital" its due as an independent factor of production. For David Ricardo, "capital" was just stored-up labor as it was for Marx. The Industrial Revolution had not progressed far enough for the classical economists to fully appreciate the role that capital and capital goods were to play in the new era. Smith's emphasis on the importance of the division of labor reflects the state of the economy at the time he began to write on these questions. There is, oddly enough, in the *Wealth of Nations* hardly any reference to the various contemporary efforts to introduce and develop power-driven machinery. Smith does, it is true, speak in the first chapter of Book I of primitive "fire engines" and acknowledges that "much labor is facilitated and abriged by the application of machinery". However, he continues as if he has never heard of men such as Joseph Black, John Robison, Richard Arkwright, Edmund Cartwright, John Wilkinson, and — James Watt, his close friend, who exactly one day before the publication of the first edition of the *Wealth of Nations*, had demonstrated, for the first time in human history, a steam engine ready and able to serve industrial purposes.[21] But, as J. G. Crowther rightly pointed out, "he did not fully grasp the

---

[20] Significantly, Adam Smith is said to have intended to dedicate his Wealth of Nations to François Quesnay, had the founder and chief representative of the Physiocrats not died before its publication.

[21] Franz H. Mueller, A Triad of Revolutions: 1776, The Forum, San Antonio, TX, Spring 1976, 31 - 37.

importance of the development of steam as a source of power".[22] What Smith was mainly interested in was the abolition of monopolistic trade combinations such as the guilds, the reduction of the power of civil government to the protection of private property, and the administration of justice "to cause manufacture and commerce to flourish". In this way he did, no doubt, pave the way for Watt and other up and coming entrepreneurs, who would otherwise never have been able to crash to gates of technological traditionalism and economic monopoly.

Heinrich Pesch and others have called Smith's system an „industrial" one. It is important to be aware of the fact that this is not intended to mean a factory system, that is one in which industrial production is carried on in capital-intensive manufacturing establishments.[23] Smith himself used the term "industry" in the same sense that German-speaking people use the term *"Gewerbefleiß"*. It is not the activity of the workman alone, nor that of the merchant or of the farmer which accounts for the wealth of a nation, but its *industria,* the diligence of all qualified members of economic society. Smith speaks of merchants, master-manufacturers, employers, traders, shopkeepers but not yet of the entrepreneur and his innovative function as the source of all dynamic change. "The Glasgow merchants and businessmen were the 'projectors', the 'enterprisers', the savers and investors. This class, he (Smith) said, was distinguished by its 'acuteness of understanding', while the landlords are often ignorant and 'incapable of ... application of the mind.'"[24] But it is quite evident that Smith, though he does not dwell upon the function of the entrepreneur, was the harbinger of an economic system characterized by enterprise and the enterpriser. Since at his time the "undertaker" owned his business, it is only natural that he does not, as yet, distinguish between the "capitalist" and the entrepreneur. But Smith's gospel of economic freedom and competition paved the way for "good management" which, he says, "can never be universally applied but in consequence of ... free and universal competition ..." (*Wealth of Nations,* Book I, ch. XI, Part 1).

---

[22] J. G. Crowther, Scientists of the Industrial Revolution, London 1962, 64. There are, it is true, several references in Adam Smith's Wealth of Nations to complex and expensive machinery which he acknowledged to facilitate mechanical operations and to be advantageous to society. But they are passing remarks with no indication that Smith was fully aware of the "revolutionary" effect of these labor-saving machines on the economy as a whole.

[23] "Mechanofacturing" establishments would seem to be more correct as products are not manu factus, made by hand, but made by the use of mechanical power and machinery.

[24] Everett J. Burtt, Jr., Social Perspectives in the History of Economic Theory, New York 1972, 47.

The terms "Managerial Revolution" and "Organizational Revolution" have been borrowed from the titles of the well-known books by James Burnham (1941) and Kenneth E. Boulding (1953). Burnham foresaw some kind of managerial corporatism. Boulding considered this very development, leading to a total organization of human existence, as a menace to the dignity of the human person, to freedom and to civilisation itself.[25] In our synoptic outline, these two terms are used simply to indicate a more or less gradual substitution of the salaried executive (non-owning business professional) for the owner entrepreneur, and of collective for "private", inter-individual price-determination. It is this development, especially the separation of economic decision-making from legal ownership which, according to Paul P. Harbrecht, points in the direction of a future "paraproprietal" economic order, that is, from a system of possessory property to one of administered power and administered prices.[26]

Probably the most convincing part of our table is the one which demonstrates the quasi-dialectic movement from monopoly under Early Capitalism and Mercantilism to near perfect competition under full-fledged or Mature Capitalism und Classical Economics to monopolistic or imperfect competition under Declining or Late Capitalism and Neo-Classical Economics.

It cannot be the job of the instructor to predict the future course development, which depends on so many unpredictable non-economic, especially political and ideological factors. But he may, perhaps even should, point out trends and probabilities which may offer opportunities for co-managing and co-determining the future within the framework — if still available — of the democratic process.

---

[25] Cf. Joh. Messner, Der Funktionär, Innsbruck 1961, 53 f.

[26] Paul P. Harbrecht and Adolf A. Berle, Jr., Towards the Paraproprietal Society, New York 1959. The reader's attention should be drawn to the excellent work by Allan G. Gruchy, Modern Economic Thought / The American Contribution, New York 1947. It is a "holistic" approach to the teachings of Thorstein Veblen, John R. Commons, Wesley C. Mitchell, John M. Clark, Rexford G. Tugwell, Gardiner C. Means. Chapter 7 on the "administrative economics" of Means shows Means to be of one mind with Berle with regard to what Berle had called the "corporate revolution" and the "democratization of industry." Cf. also Peter Drucker, Businessmen Must Manage For The World of Tomorrow. EXXON USA, Third Quarter 1978, vol. XVII, No. 3, 30 - 31. A book somewhat similar to that by Gruchy (see above) is Paul T. Homan's Contemporary Economic Thought, New York 1928.

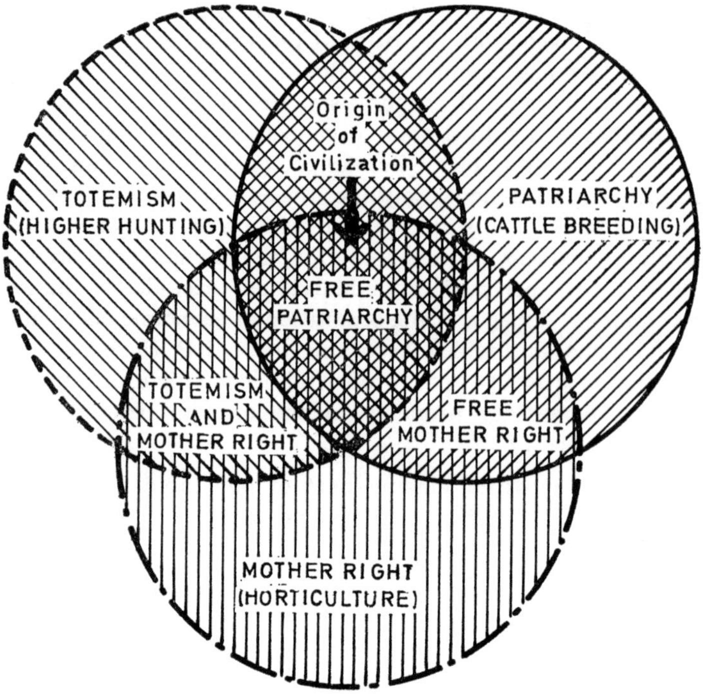
Origin
of
Civilization
TOTEMISM
(HIGHER HUNTING)
PATRIARCHY
(CATTLE BREEDING)
FREE
PATRIARCHY
TOTEMISM
AND
MOTHER RIGHT
FREE
MOTHER RIGHT
MOTHER RIGHT
(HORTICULTURE)

One should bear in mind that contact and crossing of cultures does not always lead to their complete fusion. E.g., free matriarchy does not represent a fusion, but the development of one under the influence or imitation of another primary culture circle. It is important to be aware of the fact that the views of the newer Culture Historical School differ in many respects from those of its founders. The above diagram is based on the teachings of Frs. Wm. Schmidt and Wm. Koppers.

The Pre-Capitalistic Economy characterized by the idea of sustenance and a decent livelihood	Early or dawning Capitalism	High or Mature Capitalism	Late or Waning Capitalism	The Post-Capitalistic Economy: Social Market Economy, Pesch's Social System of Industry with functional cooperation and representation
	The Commercial Revolution	The Industrial Revolution	The Managerial Revolution	
	Mercantilists and Cameralists	Physiocrats and Classicists	Neo-Classical and Keynesian Economists	
	Government Controls Public Monopolies	Laissez-faire/Free Trade/Competition	Monopolitistic Competition, Countervailing Power	
	Prince and Merchant Prince	Entrepreneur	Manager	
	Land	Labor [Industry]	Capital	

FUNKTIONSFÄHIGKEIT DES SYSTEMS UND GEWISSENSENTSCHEIDUNG

Von Alfred Klose

Die politische und soziale Entwicklung in vielen Staaten zeigt eine Fülle von Konflikten und krisenhaften Erscheinungen, die da und dort auch das politische System beeinträchtigen und gefährden. In jenen Ländern, in denen sich wie in Österreich ein hohes Ausmaß von sozialem Frieden durchgesetzt hat und damit auch beachtliche Formen einer Konsensdemokratie realisiert wurden, ist es gelungen, immer neu aufbrechende Konflikte oder ein in jeder Gesellschaft vorhandenes natürliches Konfliktpotential so weit zu reduzieren, daß sich keine Störungen für die Funktionsfähigkeit des politisch-sozialen Systems ergeben haben. Eine Analyse der politischen Wirklichkeit einzelner Staaten macht die enormen Unterschiede deutlich, die sich in diesem Zusammenhang zeigen: Auf jeden Fall wird daraus der hohe Wertrang der Erhaltung der Funktionsfähigkeit einer gegebenen politischen Ordnung deutlich. Die schwerwiegenden Konflikte entstehen in der modernen Gesellschaft vor allem aus den Gegensätzen der Großgruppen; es handelt sich hier um Auseinandersetzungen zwischen mehr oder minder gut organisierten Gruppen, um institutionelle Konflikte also. Daneben und im Zusammenhang damit wirken allerdings auch kleine und zumindestens im Anfangsstadium oft wenig organisierte Gruppen konfliktverursachend; die Auseinandersetzung um das Atomenergieproblem hat in manchen Staaten gezeigt, daß auch härtere Konfliktsituationen aus Entwicklungen entstehen können, die nicht von den Großgruppen und ihren mehr oder minder mächtigen Institutionen her ihren Anfang nehmen.

Die hohe Einschätzung der Funktionsfähigkeit eines Systems als eine Grundvoraussetzung gesellschaftlicher Stabilität führt zur Fragestellung, ob der in Gewissensverantwortung entscheidende Politiker oder Verbandsfunktionär sich nicht nur an ethischen Normen orientieren muß, sondern auch an bestimmten Sachnotwendigkeiten, die sich mehr oder minder zwingend stellen. Gibt es so gesehen Gemeinwohlinteressen, die so deutlich hervortreten, daß der einzelne Entscheidungsträger sich auch zu einem politisch relevanten Handeln veranlaßt sieht, das in mancher Hinsicht seiner Gewissenseinsicht widerspricht?

I. Ein schwieriger Entscheidungsprozeß

Johannes Messner hat mit dem ihm eigenen Sozialrealismus die Komplexität und Kompliziertheit der Entscheidungsproblematik des Funktionärs in der modernen Gesellschaft erkannt. So weist er in seinem gleichnamigen Buch darauf hin, daß der „Funktionär" sich unter den Geboten einer doppelten Moral wisse, der für sein privates Leben und der für seine Verbandstätigkeit; hinsichtlich eben dieser Aktivitäten sehe er sein Handeln an das Gesetz des Erfolges gebunden. Dabei wieder sieht sich der Funktionär dem Gesetz der Erwartungen gegenüber, eben dem Druck der Verbandsangehörigen[1]. Ohne Zweifel wirken dabei vielfach unterschiedliche Rollenerwartungen mit; dies kann den Entscheidungspielraum eines Funktionärs vergrößern. In mancher Hinsicht aber stehen Funktionäre und Politiker der verschiedensten Art tatsächlich unter einem sehr deutlichen Druck mehr oder minder übereinstimmender Rollenerwartungen breiter Wähler- oder Mitgliederschichten. Folgen wir wieder Messner, so sehen wir, daß er diesen Gegebenheiten „Kräfte sachgesetzlicher Art" gegenüberstellt, die den verschiedenen Aktivitäten der Verbände und ihrer Funktionäre gewisse Grenzen setzen. Messner denkt dabei immer wieder von der „Natur der Sache" her, nicht von einer abstrakten Gemeinwohlidee. Forderungen wie die nach optimaler Einkommensgerechtigkeit, nach einer Vorsorge für die Zukunft lassen sich zweifellos von daher leicht begründen. Es stellt sich allerdings die Frage, ob die Entscheidungsprobleme des Funktionärs immer so eindeutig aus sachgesetzlichen Erwägungen her lösbar sind[2].

Die Wirklichkeit der modernen Gesellschaft zeigt eine Fülle von Rollenkonflikten der verschiedensten Art. So sind Parteien und Verbände in der modernen pluralistischen Demokratie vielfach eng miteinander verflochten. Daraus entstehen Intrarollenkonflikte, wenn unterschiedliche Erwartungen von den verschiedenen Gruppen und Organisationen, denen sich die gleiche im öffentlichen Leben stehende Persönlichkeit verbunden fühlt, an sie herangetragen werden. Die Multifunktionäre unserer modernen Wirtschaftsgesellschaft haben aber auf jeden Fall Interrollenkonflikte in dem Sinn, daß sie auch ohne diese unterschiedlichen Erwartungen vielfach in Schwierigkeiten kommen, ihre vielfältigen Aufgaben zu erfüllen[3]. In allen diesen Situationen können sich auch Konflikte zwischen sittlichen Normen und Sachnotwendigkeiten

---

[1] J. Messner, Der Funktionär — seine Schlüsselstellung in der heutigen Gesellschaft, Innsbruck 1961, 80 ff.

[2] Neben der in Anm. 1 genannten Stelle auch J. Messner, Das Naturrecht — Handbuch der Gesellschaftsethik, Staatsethik und Wirtschaftsethik, Innsbruck ⁵1966, 35 ff., 87 ff., 99 ff.

[3] J. Wössner, Soziologie — Einführung und Grundlegung, Wien ⁶1974, 86 ff.

ergeben. Auf einige mögliche Konfliktsituationen sei in der Folge verwiesen.

Die enge Verflechtung von Gewerkschaften und anderen Interessenverbänden mit politischen Parteien bringt es etwa mit sich, daß ein Politiker, der gleichzeitig maßgebende Verbandsfunktionen ausübt, einerseits bei dieser letzteren Funktionsausübung auch parteipolitische Gesichtspunkte bis zu einem gewissen Grad berücksichtigen muß. Ist er doch gezwungen, in einer breiteren politischen Öffentlichkeit nicht ein widersprüchliches Handeln zu zeigen. Auf der anderen Seite wird manche parteipolitisch relevante Entscheidung auch von Rücksichtnahmen auf den Interessenverband bestimmt sein müssen, schon im Hinblick auf die in derartigen Organisationen meist sehr deutlich ausgeprägten Gruppeninteressen und den damit verbundenen Entscheidungsdruck auf den führenden Verbandsfunktionär.

Große Interessenverbände, die sich auf Unterorganisationen mit differenzierten Gruppen stützen, bringen dabei besondere Schwierigkeiten mit sich. Es können immer wieder Fälle auftreten, daß führende Funktionäre — auch ohne parteipolitische Querverbindungen — sich im Interesse der Großgruppe gezwungen sehen, auch berechtigte Forderungen einzelner Teilgruppen zurücktreten zu lassen. Die Durchsetzung der Interessen einer Großgruppe verlangt immer wieder Kompromisse. Dies macht die Entscheidungssituation vieler Politiker und Funktionäre schwierig; darin liegt aber noch nicht das eigentliche Problem einer Konfliktsituation mit dem eigenen Gewissen. Hier mag die Einsicht bestimmend sein, daß im Augenblick zurückgestellte berechtigte Gruppeninteressen später durchsetzbar sein mögen, daß eben das Gemeinwohl der größeren Gemeinschaft zu einer Unterordnung der Sonderinteressen geradezu zwinge.

Die Komplexität und Verflochtenheit der verschiedenen Subsysteme in der modernen pluralistischen Gesellschaft bringt allerdings auch härtere Entscheidungssituationen. Mancher Politiker und Verbandsfunktionär sieht sich auch zur Toleranz da und dort gegebener rechtswidriger Praktiken gezwungen, dies zumindestens für eine gewisse Zeit, weil sonst durch das Aufgreifen gewisser Fehlentwicklungen Nebeneffekte ausgelöst würden, die zumindestens Teilsysteme fühlbar erschüttern könnten. Tatsächlich gibt es so etwas wie eine „Grenzmoral" auch im Bereich der Politik: Dabei wird man freilich von den unterschiedlichen Verhältnissen der einzelnen staatlich organisierten Gesellschaften ausgehen müssen. Es ist aber auch dem einflußreichen Politiker oder Funktionär nicht möglich, alle ihm zur Kenntnis gelangenden Fehlentwicklungen auf einmal — und vielfach auch überhaupt — aufzugreifen und durch bessere Lösungen zu ersetzen. In manchen

Ländern ist es das öffentliche Auftragswesen, in anderen ganz allgemein die Verflechtung von Wirtschaft und Politik, die hier Entscheidungsprobleme schwieriger Art aufwirft.

II. Realismus auch in der Gewissensentscheidung

Hier sei wieder auf Johannes Messner zurückgegriffen, der vom Gemeinwohlprinzip als sittlichem Prinzip, als erstem und letztem Gesetz in der Gesellschaft ausgeht und von hier aus auf die entscheidende Wichtigkeit der Gewissensbildung für die konkreten Aufgaben des Staatsbürgers hinweist. Gewissensbildung müsse dabei auf die Fähigkeit zu einem eigenen Gewissensurteil hinarbeiten. Diese Gewissensbildung müsse aber schon in früher Jugend einsetzen; auch später sei der Mensch immer verpflichtet, sich um eine verbesserte Gewissensbildung zu bemühen, soweit erforderlich auch unter Heranziehung der dafür geeigneten Bildungseinrichtungen[4]. Tatsächlich sieht sich nicht nur der Politiker und Verbandsfunktionär, sondern jeder in der Gesellschaft wirkende Mensch vor der Notwendigkeit, seine eigenen Entscheidungsgrundlagen laufend zu verbessern, sich um den Abbau von Vorurteilen und Fehleinschätzungen gegebener Wirklichkeit immer neu zu bemühen, dabei die ihm zugänglichen Entscheidungshilfen heranzuziehen und immer wieder um Entscheidungen aus der Gewissensverantwortung zu ringen.

Je wichtiger die Entscheidungen sind, um die es in diesem Zusammenhang geht, desto kritischer wird der Politiker oder Verbandsfunktionär sein „Vorwissen" immer neu anreichern müssen, eben jene Kenntnisse, die in der jeweiligen Entscheidungssituation vorhanden sein müssen. Dabei geht es vor allem auch um den Abbau von Vorurteilen und Ressentiments, von jenen subjektiven Einstellungen und Haltungen, durch die eine klare Orientierung am Gemeinwohl und an Sachnotwendigkeiten immer wieder gefährdet wird.

Je mehr es dem einzelnen Politiker oder Funktionär dabei gelingt, sich an den Normen des natürlichen Sittengesetzes zu orientieren, desto eher wird er auch Gemeinwohlerfordernissen in seiner Entscheidungsbildung entsprechen. Dabei geht es sicher auch um eine realistische Einschätzung längerfristiger Perspektiven der politischen, sozialen oder wirtschaftlichen Entwicklung. Rationales Verhalten ist immer auf diese Zukunftsperspektive hin gerichtet; zumindest in der Regel wird durch einen rationellen Entscheidungsprozeß eine bestehende Unsicherheit reduziert. Dennoch weiß gerade der erfahrene Politiker oder

---

[4] J. Messner, Das Gemeinwohl — Idee, Wirklichkeit, Aufgaben, Osnabrück ²1968.

Verbandsfunktionär, daß er viele seiner Entscheidungen aus der Intuition, aus einer mehr gefühlsbedingten Einschätzung einer gegebenen sozialen oder politischen Wirklichkeit heraus treffen muß. In diesem Zusammenhang spielen vielleicht jene Fragen auch eine größere Rolle, die zu einer Entscheidungsbildung führen können, die zumindestens in gewisser Hinsicht aus der Sicht des natürlichen Sittengesetzes problematisch erscheinen mag; dazu einige Beispiele:

Ein gut funktionierendes sozialpartnerschaftliches System verlangt eine hohe Einschätzung des Vollbeschäftigungszieles. Nur unter dieser Voraussetzung werden die Arbeitnehmerorganisationen wie insbesondere die Gewerkschaften bereit sein, im allgemeinen auf härtere Maßnahmen wie Streiks bei der Durchsetzung ihrer Interessen zu verzichten. In der Praxis führt dies zu einer Differenzierung bei der Verwirklichung des Vollbeschäftigungszieles zwischen inländischen und ausländischen Arbeitnehmern. In Österreich haben die Gewerkschaften bei notwendigen Kündigungen immer darauf hingewiesen, daß zunächst die Gastarbeiter ihren Arbeitsplatz verlassen müßten, ehe es zu einer Kündigung von inländischen Arbeitskräften kommen dürfte. Darüber hinaus haben die Gewerkschaften die Gastarbeiterbeschäftigung immer in gewissen Grenzen gehalten. Wenn nun etwa der einzelne Unternehmer sich bei dieser Situation im Interesse der Erhaltung des sozialen Friedens gezwungen sieht, Gastarbeiter mit großen Familien und in einer schwierigen sozialen Situation zu kündigen, gleichzeitig aber für den Betrieb weniger notwendige inländische Arbeitskräfte ohne derartige soziale Belastungen zu behalten, trifft er zweifellos eine aus der Sicht des natürlichen Sittengesetzes problematische Entscheidung. Eine Rechtfertigung kann hier eben aus jenen Überlegungen her erfolgen, die mit der Notwendigkeit der Erhaltung eines bestehenden Systems zu begründen sind. Der einzelne Unternehmer sieht sich außerstande, gegen grundsätzliche Vereinbarungen der Sozialpartner aufzutreten oder in seinem Bereich sich von eingeführten Praktiken zu distanzieren.

Schwerwiegender ist die Gewissensentscheidung, wenn es etwa darum geht, in einem Land mit fragwürdigen Praktiken in der öffentlichen Auftragsvergabe zur Erhaltung der Vollbeschäftigung eines Betriebes sich der gleichen Praktiken zu bedienen, die etwa Konkurrenzfirmen schon vorexerziert haben. Eine an sich klar gegen wesentliche Normen des natürlichen Sittengesetzes verstoßende Handlungsweise läßt sich wohl kaum rechtfertigen. Dennoch zeigen praktische Erfahrungen, daß in manchen Ländern mit einem schlecht funktionierenden Verwaltungswesen bzw. mit problematischen Praktiken einer öffentlichen Auftragsvergabe Unternehmensleitungen in sehr schwerwiegende Gewissenskonflikte kommen können. Hier mag freilich nicht eine Rechtfertigung rechts- und sittenwidriger Handlungsweisen möglich sein, eher eine

Entschuldigung für bestimmte Handlungsweisen in einem korrupten politischen System gefunden werden.

Schwieriger sind die Entscheidungssituationen in jenen Fällen zu beurteilen, in denen Großgruppen ihre Interessen ohne Rücksicht auf sozial schwächere kleinere Bevölkerungsgruppen durchsetzen. So gibt es in manchen Staaten eine „vermachtete" Sozialpolitik in dem Sinn, daß sich auch die politischen Parteien mehr für die sozialen Anliegen der großen Gruppen, vor allem der Arbeiter und Angestellten einsetzen, während „Sondergruppen" wie Körperbehinderte, Bergbauern oder Gastarbeiter keineswegs eine gleichartige Berücksichtigung im Verteilungsprozeß der Sozialpolitik erfahren. Aber auch wenn derartige Fehlentwicklungen nicht in größerem Umfang gegeben sind, zeigen sich gerade in der Sozialpolitik immer wieder Entwicklungen, die zur Kritik des damit verbundenen Entscheidungsprozesses herausfordern. So sagt Hans Reithofer, daß Sozialpolitik vielfach zu sehr als „Verwaltung des Bestehenden" angesehen werde. Die Sozialpolitik erschöpfe sich vielfach in der Beseitigung einzelner Härtefälle; an die Stelle inhaltlicher Anliegen treten formale Formulierungsfragen. Die Sozialgesetze würden dann immer wieder zu sehr kasuistisch. Dadurch käme es zu einer Fülle von Detailregelungen in Gesetzesentwürfen, aber auch zu einer Überforderung der Parlamente. Als weitere Mängel traditionalistischer Sozialpolitik führt Reithofer an, daß das soziale Handeln vielfach zur behördlichen Tätigkeit werde, daß der Einzelne nicht mehr so sehr als Mensch im Rahmen der sozialen Solidargemeinschaft, sondern als „Einschreiter", „Antragsteller" und „Leistungsempfänger" erscheine[5]. Diese Entwicklungen zeigen deutlich, daß gerade die Erhaltung eines bestehenden Systems nicht generell zur Rechtfertigung von Handlungsweisen führen kann, die aus der Sicht des natürlichen Sittengesetzes und den Erfordernissen einer aus der Menschennatur bestimmten sozialen Haltung fragwürdig erscheinen. Realismus in der Gewissensentscheidung verlangt auch die immer neue Orientierung am natürlichen Sittengesetz in der einzelnen Handlung; so ist in der sozialen Verwaltung die persönliche Kontaktnahme mit dem betreuten Personenkreis nicht so sehr als Verwaltungsakt, sondern als persönliche Begegnung anzusehen.

III. Notwendige Vereinfachungen

Der starke Entscheidungsdruck, dem sich Politiker und Verbandsfunktionäre sowie Persönlichkeiten in ähnlicher Funktion gegenübersehen, zwingt freilich dazu, eine gewisse pragmatische Orientierung

---

[5] H. Reithofer, Neuorientierung der Sozialpolitik?, in: Wirtschaft und Gesellschaft, Wien 4/1979, 443 ff.

bei den einzelnen Entscheidungsprozessen anzustreben. Es ist angesichts der komplexen und komplizierten gesellschaftlichen Wirklichkeit nicht immer möglich, alle Zusammenhänge zu überblicken oder sich zu vergegenwärtigen. So gesehen gibt es einen gewissen Zwang zu Vereinfachungen auch in der konkreten Entscheidungssituation. Aber auch hier gilt das, was über die immer neu gegebene Notwendigkeit des Abbaues von Vorurteilen, insbesondere von Stereotypen gesagt wurde. Gerade die Gastarbeiterforschung kennt verbreitete Haltungen in dieser Richtung, so generelle Vorurteile gegen die Angehörigen bestimmter Nationen. Es ist da und dort geradezu verblüffend, wie übereinstimmend bestimmte negative Eigenschaften einer „Außengruppe" zugeschrieben werden[6]. Hier haben die Massenmedien eine besondere Aufgabe einer umfassenden und objektiven Information. Die tatsächlichen Verhältnisse zeigen vielfach das Gegenteil: Manche Großgruppen verstehen es, über gut ausgebildete Informationsdienste nicht nur im eigenen Bereich eine intensive Informations- und Aufklärungstätigkeit auszuüben, sondern auch in einer breiten Öffentlichkeit für ihre Interessen intensiv zu werben. Kleineren Gruppen fehlen weithin diese Möglichkeiten. Gegen ein starkes Informationsoligopol einzelner Gruppen muß sich eine staatliche Medienpolitik wenden, die auf eine möglichst breite Streuung des gesamten Medienwesens bedacht sein muß. Fritz Csoklich hat auf die Gefahren der Abhängigkeit insbesondere weiter Bereiche der Tages- und Wochenzeitungen von politischen Parteien, gesellschaftlichen Großgruppen, aber auch von der Werbung hingewiesen; er sieht eine Sicherstellung eines Pluralismus der Meinungen nur dann gewährleistet, wenn auch innerhalb der einzelnen Massenmedien in einem gewissen Umfang ein Pluralismus der Meinungsbildung sichergestellt ist[7].

Die angeführten Beispiele zeigen, daß der Zwang zu Vereinfachungen nicht bedeutet, sich nur in eingefahrenen Denkschemen zu bewegen. Ganz im Gegenteil geht es auch hier um den Abbau von Vorurteilen. Der enorme Entscheidungsdruck in Politik und Wirtschaft zwingt allerdings dazu, sich bei der „täglich neuen Entscheidung" auf möglichst verläßliche, bereits vorhandene und erarbeitete Entscheidungsgrundlagen zu stützen. Diese müssen aber gerade deshalb möglichst nach objektiven Grundlagen erstellt sein. Die Praxis vor allem großer Organisationen zeigt vielfach das gegenteilige Bild. Gremien, die sich einem enormen Entscheidungsdruck durch eine Fülle von in Routinesitzungen zu behandelnden Agenden gegenübersehen, treffen allzuoft

---

[6] Gastarbeiter — Wirtschaftliche und soziale Herausforderung, hrsg. v. Arbeitskreis für Ökonomische und Soziologische Studien Wien, Wien 1973, 97 ff., 137 ff.

[7] F. Csoklich, Presse — Pluralismus der Meinungen, in: Demokratiereform — Die Existenzfrage Österreichs, hrsg. v. K. H. Ritschel, Wien 1969, 315 ff.

schnelle und vorschnelle Entscheidungen, die sich an überkommenen Werthaltungen und Zielsetzungen orientieren. Dabei besteht wenig Chance, neu auftretende Gesichtspunkte und Veränderungen im politisch-sozialen System mitzuberücksichtigen.

IV. Entscheidungsbildung unter Sachzwang

Johannes Messner hat immer wieder darauf hingewiesen, daß das Eigeninteresse ein „unnachgiebiger Lehrmeister des Menschen" sei. Der Mensch sei eben das Lebewesen, „das seine eigene Zukunft überlegen kann". Der Mensch würde daher nicht an Zielen festhalten, von denen er wisse oder annehmen müsse, daß sie nicht bestehen können[8]. So gesehen ergibt sich immer auch ein gewisser Sachzwang an den objektiven Gegebenheiten in Gesellschaft und Umwelt. Das Sittengesetz zwingt in der Normalsituation nie zu einem Handeln, das die Kräfte des einzelnen überfordert und sein Scheitern geradezu erzwingt. Freilich kann es Ausnahmesituationen geben, in denen Heroismus verlangt wird. Dies gilt aber gewiß nicht für die normale Entscheidungssituation des Menschen, auch nicht die des Politikers oder Funktionärs. So stellen die verschiedenen Daten der Wirtschaftsstruktur, des politisch-sozialen Systems und der Bevölkerungsentwicklung gewisse objektive Fakten dar, die kurzfristig nicht veränderbar sind und Sachzwänge besonderer Art im Entscheidungsprozeß mit sich bringen. Bei einzelnen Entscheidungen wird er aber auch, wie das oben angeführte Beispiel aus der Gastarbeiterpolitik gezeigt hat, in mancher Hinsicht auf einen innerhalb der Gesellschaft erzielten Konsens wichtiger Gruppen Rücksicht zu nehmen haben. Oswald von Nell-Breuning hat darauf hingewiesen, daß über einige für das Zusammenleben grundlegend wichtige Werte allgemeine Übereinstimmung in jedem Staat ungeachtet weltanschaulicher Verschiedenheiten und Gegensätze bestehe; es handle sich hier auch um ein Mindestmaß von Konsens über Werte[9]. Dieser „Minimalkonsens" etwa im Bereich der Sozialpartnerschaft führt zu einer hohen Einschätzung des Friedens als Wert für das gesellschaftliche Ordnungssystem. Valentin Zsifkovits hat auf den hohen Wertrang des Friedens in der modernen Gesellschaftspolitik nachdrücklich aufmerksam gemacht[10]. Dennoch darf sich daraus keine negative Beurteilung jeder einzelnen Konfliktsituation ergeben. Ganz im Gegenteil: Konflikte entstehen in jeder freien Gesellschaft; das Fehlen

---

[8] J. Messner, Welt- und Heilshistorisches in der Evolution des sittlich-rechtlichen Bewußtseins, in: Jus Humanitatis, Festschrift für Alfred Verdross, hrsg. v. H. Miehsler u. a., Berlin 1980, 173.

[9] O. v. Nell-Breuning, Gerechtigkeit und Freiheit — Grundzüge katholischer Soziallehre, Wien 1980, 81.

[10] V. Zsifkovits, Der Friede als Wert, München 1973, 41 ff.

von Konflikten kann so gesehen auch auf einen Mangel an Freiheit hindeuten. Es kommt nur darauf an, daß diese Konflikte nicht das bestehende System gefährden. So gesehen sind Einrichtungen zur Konfliktregelung wie die Sozialpartnerschaft von großer gesellschaftspolitischer Bedeutung. So wird etwa der einzelne Unternehmer bzw. Gewerkschafter oder werden einzelne Gruppen in der Wirtschaftsgesellschaft auch in einem Staat mit gut funktionierendem Sozialpartnersystem durchaus auch gelegentlich zu härteren Formen einer Auseinandersetzung greifen können, wenn sich dies als notwendig erweist. Hier geht es darum, das Interesse an der Erhaltung des Systems wohl zu beachten, dennoch aber die sich aus der konkreten Interessenlage ergebenden Sachzwänge mitzuberücksichtigen.

Konfliktsituationen ergeben sich auch immer wieder in der Gastarbeiterfrage. Dazu ein praktisches Beispiel: Gewerkschaftsfunktionäre neigen vielfach dazu, die Gastarbeiterbeschäftigung so weit flexibel zu halten, daß sie bei Konjunkturrückschlägen auch kurzfristig vermindert werden kann. Aus dieser Haltung heraus stehen sie da und dort etwa einer Lehrlingsausbildung von Jugendlichen aus Gastarbeiterfamilien skeptisch gegenüber, weil sich daraus längerfristige Beschäftigungsbindungen ergeben. Eine solche Haltung ist sozial- und gesellschaftspolitisch überaus fragwürdig; tritt doch dadurch eine Diskriminierung jugendlicher Arbeitnehmer ein, die schon aus humanitären Gründen problematisch erscheint. Unternehmer, die sich unter solchen Umständen nachhaltig für die Lehrlingsausbildung von jugendlichen Gastarbeitern einsetzen, handeln zweifellos aus einer gesellschaftlichen Verantwortung heraus. Hier stehen die Interessen des jugendlichen Gastarbeiters bzw. auch des in Frage kommenden Unternehmens eindeutig vor jenen Formen eines Konsenses, die zwischen den Sozialpartnern in dieser Frage allenfalls erzielt wurden. Die weltweiten Dimensionen der Gastarbeiterfrage zwingen zu weitreichenden Integrationsmaßnahmen. Hier können sich immer wieder Konfliktsituationen zwischen Persönlichkeiten ergeben, die sich hier an wirtschaftlichen und sozialen Sachnotwendigkeiten orientieren und dabei sich auch auf das natürliche Sittengesetz berufen und staatlichen Vorschriften bzw. Vereinbarungen der Sozialpartner. Siegfried Pflegerl hat die Zusammenhänge von Integration und Sozialisation eingehend untersucht und aus der österreichischen Situation heraus wertvolle Anregungen für eine Gastarbeiterpolitik als Gesellschaftspolitik erarbeitet[11].

---

[11] S. Pflegerl, Gastarbeiter zwischen Integration und Abstoßung, Wien 1977, 147 ff.

V. Zukunftsorientierung im Entscheidungsprozeß

Rationales Handeln schließt immer Zukunftsperspektiven mit ein. Die Rationalisierung des Entscheidungsprozesses bedeutet letztlich Verringerung jener Unsicherheiten, die mit jeder in eine weitere Zukunft wirkenden Entscheidung verbunden sind. Immer wieder sieht sich aber der im Entscheidungsprozeß stehende Politiker, Funktionär oder Unternehmer auch einem „Noch nicht" gegenüber: Viele Fakten sind im Zeitpunkt, in dem die konkrete Entscheidung zu treffen ist, nicht bekannt und auch durch eine noch so exakte Prognose nicht voll kalkulierbar. Die Erfahrungen etwa mit Wirtschaftsprognosen zeigen die Unsicherheit vieler wirtschaftspolitischer Entscheidungsprozesse. Das „Noch nicht" als Begrenzungsprinzip von Entscheidungen zwingt aber letztlich zur Bescheidenheit in dem Sinn, daß dem Entscheidungsträger bewußt sein muß, daß vieles im politischen, sozialen oder wirtschaftlichen Bereich nur für einige Zeit fixiert werden kann, daß zukünftige Entwicklungen abzuwarten sind und daher Entscheidungen vielfach auch jene Offenheit aufweisen müssen, die spätere Korrekturen ermöglicht. All dies hängt letztlich mit dem Wesen des Menschen zusammen. Entscheidungen, die sich im Sinne von Johannes Messner an den existentiellen Zwecken des Menschen orientieren und sich der immer wieder gegebenen Begrenzungen und Unvollkommenheiten jeder gesellschaftlichen Ordnung bewußt sind, erscheinen in dem Sinn realistisch. Sie müssen sich aber, soweit es möglich ist, an der Natur der Sache, an den Realitäten des gesellschaftlichen Lebens orientieren. Manches spricht dafür, daß der Wert vieler Prognosen im Aufzeigen von Entscheidungsalternativen besteht. Helmut Friedrichsmeier hat in einer umfangreichen, nach Delphi-Methode erstellten umfassenden Prognose versucht, zukunftsweisende Probleme der Verwaltung und der Mitwirkungsmöglichkeiten der Staatsbürger für die nächsten beiden Jahrzehnte zu analysieren[12]. Heinrich Neisser und Fritz Windhager haben kurz vor der Entscheidung über das Kernkraftwerk Zwentendorf Argumente, Dokumente und Perspektiven der Kernenergie in Österreich zusammengetragen und eine beachtliche Entscheidungshilfe erstellt[13]. Bernd Marin hat die Problematik der Wachstumskrisen in Österreich an Hand von Szenarios mit einer Anzahl von Wissenschaftern und Experten analysiert und Alternativen für Entscheidungsprozesse aufgezeigt[14]. Diese und andere Arbeiten mögen als Beispiel dafür dienen, daß es wohl möglich ist, Entscheidungshilfen in der Richtung

---

[12] H. Friedrichsmeier, 1999 — Staatsbürger — Verwaltung — Verfassung — eine Prognose, Wien 1979.

[13] H. Neisser / F. Windhager, Atomkraft für Österreich? Wien 1978.

[14] B. Marin (Hrsg.), Wachstumskrisen in Österreich? Bd. II, Szenarios, Studienreihe des Instituts für Konfliktforschung, Wien 1979.

zu erstellen, daß das Problembewußtsein der Entscheidungsträger wesentlich bereichert wird. Die Fakten aus der „Welt der Wirklichkeit" stellen aber immer nur die eine Komponente für den Entscheidungsprozeß dar; dieser muß sich letztlich immer an jenen Werten und Normen orientieren, die im natürlichen Sittengesetz begründet sind. Unter dieser Voraussetzung ergibt sich auch die Möglichkeit und die Notwendigkeit, das gemeinwohlbedingte Interesse an der Erhaltung und Sicherung der Funktionsfähigkeit des politisch-sozialen Systems bei der Entscheidungsbildung entsprechend zu berücksichtigen. In dieser Zeit immer neu aufbrechender weltweiter und innerstaatlicher Unruhen und Konflikte vielfältigster Art tritt der hohe Wertrang der Stabilität des Systems deutlicher hervor.

WAFFENDIENST UND ZIVILDIENST
IN DER SICHT CHRISTLICHER ETHIK

Von Valentin Zsifkovits

Johannes Messner hat uns als Lehrer an der Wiener Universität in seinen Vorlesungen immer wieder in überzeugender Weise das Phänomen und die Bedeutung des Gewissens vor Augen geführt.

Folgender Beitrag sowie die ganze Festgabe sollen ihm als Dank für seinen Dienst gewidmet sein.

Das hier zur Diskussion gestellte Thema ist ein sehr heikles, und zwar aus verschiedenen Gründen:

1. Beim Thema Krieg und Frieden samt den damit zusammenhängenden Problemen handelt es sich um Dinge, welche die Menschen und die Menschheit gerade heutzutage zutiefst berühren. Aus solcher Betroffenheit heraus erklärt sich manche Emotionsgeladenheit in der Diskussion über Frieden und Krieg. Bei solchen Diskussionsveranstaltungen geht es oft sehr konfliktreich zu, was übrigens gar nicht so tragisch ist, da ja auch Friede nicht einfachhin Konfliktlosigkeit besagt, sondern möglichste Konfliktverhinderung und humane, d. h. vor allem gewaltlose Konfliktaustragung.

2. Waffendienst und Zivildienst sind Themen, die in besonderer Weise von einer partiellen öffentlichen Meinung überstrahlt werden, so daß in Kreisen, wo der Waffendienst die richtige Verhaltensmaxime darstellt, allzuleicht die Zivildiener diskriminiert und pauschal als Drückeberger abgestempelt werden, während umgekehrt in Kreisen, wo der Zivildienst als richtige Verhaltensmaxime gilt, die Soldaten allzuleicht pauschal diskriminiert und wenn schon nicht als „Berufskiller", so doch als Menschen angesehen werden, die ihre Gewissensentscheidung auf die leichte Schulter genommen haben bzw. nehmen.

3. Außer diesen mehr „atmosphärischen" Gründen ist unser Thema aus tieferen, in der Natur der Sache gelegenen Ursachen heikel. Was den Waffendienst betrifft, liegt die gemeinte Schwierigkeit in folgendem: Das Verteidigungsrecht des Staates nach außen und damit zusammenhängend der soldatische Waffendienst werden meist als kollektives

Notwehrrecht verstanden, die Notwehr wiederum wird gerechtfertigt nach dem Vorrang des unschuldigen vor dem schuldigen menschlichen Leben in der strengen Konkurrenzsituation. Was bei der individuellen Notwehr keine besondere Schwierigkeit bereitet, erweist sich bei der kollektiven Notwehr als problematisch: nämlich die Frage der Schuld, bezogen auf den einzelnen. Konkret gefragt: Welche Soldaten waren im zweiten Weltkrieg schuldiger, die deutschen oder die russischen, die italienischen oder die amerikanischen? Die ganze Schwierigkeit kommt noch deutlicher zum Vorschein, wenn man bedenkt, daß man es bei einem Streit meist mit subjektiv Unschuldigen zu tun hat und deshalb alle Kriege der Geschichte einseitig subjektiv gerechte Kriege waren. Diese Problematik der Schuld bzw. der Schuldfeststellung würde sich sicherlich entschärfen, wenn es ein geltendes Weltbürgerrecht und eine effektive Weltautorität gäbe, Institutionen also, die von der Loyalität der Weltbürger getragen in Analogie zu nationalstaatlichen Verhältnissen als Beziehungs- und Entscheidungsinstanz für Schuld gelten könnten.

4. Ein weiterer ernster Grund für die genannte Heikelkeit unseres Themas betrifft den Zivildienst. Wenn etwa bei prinzipieller Aufrechterhaltung der allgemeinen Wehrpflicht ein großer Teil der Jugendlichen aus Gewissensgründen den Wehrdienst verweigern würde und die zum Waffendienst Bereiten unter dem Druck der öffentlichen Meinung verunsichert würden, dann gerieten z. B. in Österreich die für den Staat Verantwortlichen in ein Dilemma: Einerseits sollen sie die von demokratisch bestellten Volksvertretern mit qualifizierter Mehrheit beschlossene umfassende, also wesentlich auch militärische Landesverteidigung und die als völkerrechtliche Verpflichtung übernommene bewaffnete Neutralität glaubwürdig garantieren, andererseits sollen sie aber auch die verfassungsrechtlich ebenfalls relevante Gewissensentscheidung der Wehrdienstverweigerer respektieren.

Soweit einige Bemerkungen zur grundsätzlichen Problematik unseres Themas. Nun Näheres zum Thema selbst.

I. Gewaltlosigkeit als christlicher Auftrag

Auf der Suche nach Orientierung in der Frage nach der Gewalt und Gewaltlosigkeit drängt sich dem Christen in erster Linie die neutestamentliche Botschaft als die Botschaft des menschgewordenen Gottessohnes mit ihrem zentralen Gedanken der Verkündigung des Reiches Gottes auf. Zum Neuen dieser Botschaft gehört auch das Nein Jesu zur Gewalt. Er schließt sich nicht der zelotischen Bewegung an, geht ohne Gegenwehr ins Leiden und bewirkt gerade durch sein Leiden, seinen Tod und die darauf folgende Auferstehung Erlösung und Heil. Er fordert gegenüber dem herkömmlichen „Aug um Aug" und „Zahn um Zahn", das selbst schon eine Eindämmung blinder Rache darstellte, das: „Ich aber sage euch: Widersteht dem Bösen nicht, sondern wer dich auf die rechte Wange schlägt, dem halte auch die andere hin[1]." Auch preist er nicht die Gewalttätigen, sondern die Sanftmütigen, die Barmherzigen, die Friedensstifter und die um der Gerechtigkeit willen Verfolgten selig[2]. So ist Christus wahrhaft „das Urbild der Gewaltlosigkeit"[3] und der bewußte Gewaltverzicht ein Kernanliegen des Evangeliums. Auch sein Apostel fordert zu solch wagender Liebe auf, wenn er im Römerbrief schreibt: „Vergeltet niemandem Böses mit Bösem; seid vor allen Menschen auf das Gute bedacht. Soweit es möglich ist und es an euch liegt, lebt mit allen Menschen in Frieden. Rächet euch nicht selbst, Geliebte, sondern gebt dem Zorn (Gottes) Raum. Es steht ja geschrieben: ‚Mein ist die Rache, ich will vergelten, spricht der Herr.' Vielmehr, wenn dein Feind hungert, speise ihn, wenn er dürstet, tränke ihn. Denn wenn du dies tust, wirst du feurige Kohlen auf sein Haupt sammeln. Laß dich nicht vom Bösen überwinden, sondern überwinde das Böse durch das Gute[4]."

Ohne weitere Stellen und Aussagen des NTs zu strapazieren, etwa das auch in der eben zitierten Römerbriefstelle enthaltene Gebot der Feindesliebe[5] oder das auch im NT in seiner Gültigkeit ausdrücklich anerkannte Gebot: „Du sollst nicht töten"[6], für den unvoreingenommenen Leser des NTs steht fest: Das Nein zur Gewalt und das Ja zu einer die Gewaltlosigkeit beinhaltenden wagenden Liebe zählt zu den zentralen Anliegen neutestamentlicher Botschaft. Damit ist aber für die Christen aller Zeiten die dringende Verpflichtung gegeben, etwaige Gewalt und Gewaltanwendung im Spiegel dieses neutestamentlichen Auftrages zu rechtfertigen. Es stellt sich die Frage, ob dies überhaupt möglich ist und wenn ja, wie dies geschehen kann.

II. Gewalt und Gewaltanwendung
als das alles in allem gesehen geringere Übel

Zunächst sei daran erinnert, daß bereits die Urkirche und die Kirchenväter ihre liebe Not mit dem Militärdienst als Teilnahme an zumindest potentieller kollektiver und organisierter Gewaltanwendung

---

[1] Mt 5, 38 f.

[2] Vgl. Mt 5, 5 ff.

[3] B. Häring, Gewaltlosigkeit — die Revolution des Evangeliums, in: Stimmen der Zeit 183 (1969) 107 - 116, 114.

[4] Röm 12, 17 - 21.

[5] Vgl. Mt 5, 44.

[6] Ex 20, 13; Dt 5, 17; Mk 10, 19; Röm 13, 9.

hatten, bis dann mit Konstantin auch diesbezüglich eine Wende eintrat. Zwar ist manche Schwierigkeit und Skepsis hinsichtlich des Militärdienstes aus den damit verbundenen Gefahren für den Glauben und die Sittlichkeit zu erklären, so z. B. infolge der Pflicht zum Kaiserkult, aber die gemeinte Problematik des Militärdienstes hatte breitere Wurzeln: und zwar die Frage der Vereinbarkeit bzw. Unvereinbarkeit einer Gewaltanwendung mit dem Auftrag Jesu[7].

Heute dringt der ntl. Auftrag der Gewaltlosigkeit angesichts der Tatsache, daß mit den Nuklearwaffen die Sinnlosigkeit des Krieges besonders augenscheinlich wird, wiederum stärker ins Bewußtsein vor allem auch vieler junger Christen. Wie steht es nun mit der Rechtfertigung der Gewalt angesichts der Forderungen des NTs? Dazu ist folgendes festzuhalten:

1. Das NT ist der gelegenheitsmäßig erfolgte schriftliche Niederschlag der Verkündigung der Urkirche. Es ist kein Handbuch für Dogmatik oder für Moral, in welchem auf alle konkreten Fragen wenn schon nicht aller Zeiten, so doch jener Zeit systematisch geordnete und nach allen Seiten hin ab- und ausgewogene Antworten zu finden wären. Zur Beantwortung konkreter Fragen ist somit neben den neutestamentlichen Weisungen unbedingt auch der Sachverstand heranzuziehen.

2. Neben Stellen, welche die radikale Forderung des Gewaltverzichtes enthalten, finden sich im NT auch Aussagen, welche Gewalt zumindest dulden. In der Predigt Johannes des Täufers an die Soldaten ist kein Aufgeben des Berufes, sondern eine ehrenhafte Ausübung desselben gefordert[8]. Jesus erwähnt den Krieg, ohne ihn ausdrücklich zu verurteilen[9]. In Röm 13, 1 - 7, also jener Stelle, die sich an die von uns zitierte Römerbriefstelle über die wagende Liebe unmittelbar anschließt, wird die staatliche Gewalt ausdrücklich legitimiert, sie wird Gottes Dienerin genannt, die nicht umsonst das Schwert trägt als „Richterin zur Vollstreckung des Zornes an dem Übeltäter". Gerade das 12. und 13. Kapitel des Römerbriefes geben uns einen Hinweis zur Lösung unseres Problems. Paulus weiß offenbar um die Begrenztheit und Fragwürdigkeit menschlicher Friedensbemühungen, darum macht er in seiner Friedensforderung von Röm 12 eine doppelte Einschränkung, nämlich: „... soweit es möglich ist und es an euch liegt." Es stellt sich für ihn dann offenbar die Frage, was denn geschehen soll, wenn bei bestem Willen der in Röm 12, 18 geforderte Friede nicht zu erreichen

---

[7] Vgl. K. Hörmann, Der „gerechte Krieg" im christlichen Denken, in R. Weiler / V. Zsifkovits (Hrsg.), Unterwegs zum Frieden, Wien 1973, 335 - 367; 341 ff. J. B. Bauer, Friede in der biblischen und frühchristlichen Überlieferung, in: R. Weiler / V. Zsifkovits (Hrsg.), a.a.O., 187 - 203, 198 ff.

[8] Vgl. Lk 3, 14.

[9] z. B. Lk 14, 31.

ist, wo also die wagende Liebe erfolglos bleibt und sich das Böse durch das Gute nicht überwinden läßt. Soll das Böse hemmungslos sein Spiel treiben können, oder gibt es Mächte und Institutionen, die zur Bändigung des Chaos und zur Sicherung des Friedens eingesetzt sind? Die Blutrache, die nach mosaischem Gesetz ein Rechtsinstitut war und auf die Röm 12, 18 anspielt, wird als vergeltende und sichernde Macht abgelehnt. Für Paulus, der als Apostel vom neuen Gesetz[10] seines Meisters weiß und als römischer Bürger die segensreichen Einrichtungen eines geordneten Staatslebens kennt, scheint nur die Idee des Rechtsstaates mit der in Rechtsformen gegossenen Gewalt in Frage zu kommen. Deshalb wird in Röm 13, 1 - 7 dieser Gedanke des Staates diskutiert. Röm 12 und 13 macht auch auf einen anderen Gesichtspunkt aufmerksam: daß sich nämlich auf der institutionellen Ebene das Problem der Gewalt und der Gewaltlosigkeit anders stellt als auf der individuellen Ebene. In diesem Zusammenhang muß überhaupt festgehalten werden, daß die Forderung Jesu, dem Bösewicht keinen gewaltsamen Widerstand zu leisten und zum radikalen Verzicht auf sein Recht und auf Gewaltanwendung bereit zu sein, sich in erster Linie auf das Verhalten von Mensch zu Mensch, also auf jeweils direkt betroffene einzelne bezieht. Eine andere Problemlage ist gegeben, wenn durch einen solchen Verzicht das Wohl Dritter, für die man eine Schutz- und Notwehrpflicht trägt, gefährdet wird. Auch ist das Problem nicht nur, wie oben bemerkt wurde, auf der institutionellen Ebene, sondern auch auf der Ebene von Systemen wiederum ein anderes. Institutionen erfüllen nämlich eine andere Aufgabe als Individuen, und Systeme reagieren anders als Individuen. Wohl muß auch auf der Ebene der Institutionen und der Systeme ein weitmöglichster Gewaltverzicht angestrebt werden, weil auch hier letztlich Menschen tätig sind und vor allem Menschen von den negativen Folgen der Gewalt betroffen sind. Aber der mögliche Spielraum, innerhalb dessen das in Kauf zu nehmende geringere Übel zu finden ist, wird auf der Ebene der Institutionen und der Systeme vielfach ein anderer sein als auf der bloß individuellen Ebene.

3. Bei aller Betonung, daß die dringlichste und wichtigste Forderung des NTs das Gebot der Liebe inklusive der wagenden Liebe ist, darf nicht übersehen werden, daß der Sinn dieses liebenden, geduldigen und verzeihenden Ertragens des Bösen nicht die Gutheißung und Billigung des Bösen, sondern die Überwindung des Bösen durch das Gute ist[11]. Dies erhellt übrigens auch aus dem Beispiel Christi: Als ihm der Knecht des Hohenpriesters einen Backenstreich gibt, hält er ihm nicht die zweite Backe hin, sondern stellt ihn wegen seiner unrechten Tat zur

---

[10] Vgl. Mt 5, 38 - 42.
[11] Vgl. Röm 12, 21.

Rede[12]. Das heißt doch, daß man das Unrecht nicht kritiklos hinnehmen soll, wenn das widerstandslose Ertragen des Unrechts die Frechheit des Übeltäters nur noch steigerte.

4. Die wagende Liebe mit dem Gewaltverzicht zählt zu jenen Radikalforderungen des NTs, welche das Kommen des Reiches Gottes verkündigen und welche dem Menschen auf seiner irdischen Wanderschaft als immer wieder anzuvisierendes hohes Fernziel Orientierung geben sollen, welche aber in dieser Zeit der Spannung zwischen dem Schon und dem Noch nicht bereits in der Bibel teilweise von jenen kompromißhaften Annäherungs- bzw. Stufenimperativen begleitet sind, welche den in einer unvollkommenen Welt lebenden und hinter dem Ziel immer wieder zurückbleibenden Menschen den Weg zu diesem Ziel erleichtern sollen, anstatt sie durch absolutes Festlegen auf absolute Imperative in die Resignation zu treiben und dadurch das Gesamtübel zu vergrößern, anstatt es zu verringern.

5. Aus dem Sinnhorizont des NTs und aus Sachverstandsüberlegungen läßt sich zur Frage der Rechtfertigung etwaiger Gewalt sagen: Da die aktualisierte Gewalt gegen die Person mit deren konstituierenden Merkmalen der Freiheit und der Vernunft gerichtet ist, stellt sie immer ein Übel dar, auch dann, wenn sie als geringeres Übel in Kauf genommen wird. In sich betrachtet kann Gewalt nie etwas Gerechtes sein. Bei der Frage der Rechtfertigung und Legitimierung der Gewalt kann es ethisch sinnvollerweise nur darum gehen, welche Gewalt in einer umfassenden Wertbilanz als das geringere Übel zwecks Vermeidung und Überwindung eines größeren Übels in Kauf genommen werden darf. Bei solchen Wertabwägungen spielen verschiedene Faktoren eine wichtige Rolle, u. a. Annahmen über den Menschen und seine Handlungs- bzw. Reaktionsweisen, Erfahrungen der Vergangenheit und Schätzungen der Zukunft. Aus solcher Verschiedenartigkeit der Ausgangspositionen und der Annahmen bzw. Bewertungen ergibt sich auch die weiter unten noch zu erwähnende Verschiedenartigkeit der Ergebnisse trotz gleicher Gewissenhaftigkeit.

Generell kann man an Bewertungen bzgl. der Gewalt folgendes festhalten: Gewalt, die von der Mehrheit der Rechtsgenossen bejaht und getragen, in ihrer Ausübung in klar abgegrenzte Rechtsformen mit spezieller Kompetenz der Autorität gefaßt ist, stellt gegenüber der anarchisch waltenden und bei Fehlen von Widerstand sich oft lawinenhaft ausbreitenden, skrupellosen Gewalt zweifelsohne das geringere Übel dar, zumal erstere letztere zu hemmen und zu zähmen vermag. Zwar kann unter bestimmten Voraussetzungen und Bedingungen Gewaltlosigkeit Gewalt überwinden und so die Spirale der Gewalt stop-

---

[12] Vgl. Jo 18, 23.

pen, so daß das Wort Ciceros, „Denn was könnnte gegen Gewalt ohne Gewalt getan werden?"[13], generell nicht gilt. Doch wäre es eine falsche Beurteilung der Wirklichkeit, nur von einer Spirale der Gewalt, die durch Gegengewalt erzeugt wird, zu reden, ohne jene Spirale der Gewalt im Auge zu behalten, welche sich infolge Fehlens eines wirksamen und effektiv überlegenen Widerstandes entwickelt. Dabei darf Gewalt in der berechtigten Notwehr nur als ultima ratio zum Einsatz kommen, es müssen alle milderen Formen der kurzfristigen und langfristigen Gewaltverhinderung und Gewaltüberwindung als Strategie beachtet werden. In solcher Strategie sind die verschiedenen Chancenfaktoren der Macht als gewaltverhindernd und gewaltüberwindend einzusetzen, nicht zuletzt die Kraft der Vernunftargumente und die „Macht" der Liebe. Der Gewalt ist vor allem ihr Nährboden zu entziehen durch Verwirklichung der Gerechtigkeit, durch Erziehung zum integralen Humanismus, durch Kanalisierung des plastischen Aggressionspotentials in positiv-konstruktive Richtung, durch Ausbau von Plattformen und Mechanismen zur humanen, d. h. gewaltfreien Konfliktregelung, durch Bindung notwehrnotwendiger Gewalt an das Recht und last not least durch Machtstreuung und -teilung zwecks Verhütung von Machtkonzentrationen, welche leicht zu Machtmißbrauch im Sinne der Gewalt entarten.

III. Nähere Anwendungen auf den Waffendienst und den Zivildienst

Die Worte, die Fr. v. Weizsäcker anläßlich der Verleihung des Friedenspreises des deutschen Buchhandels im Oktober 1963 formulierte, sind immer noch aktuell. Er sagte damals: „Der Weltfriede ist notwendig. Man darf fast sagen: der Weltfriede ist unvermeidlich. Er ist Lebensbedingung des technischen Zeitalters. Soweit unsere menschliche Voraussicht reicht, werden wir sagen müssen: Wir werden in einem Zustand leben, der den Namen Weltfrieden verdient, oder wir werden nicht leben[14]."

Der Friede zählt zweifelsohne zu den zentralen Werten der Menschheit, seine Sicherung zu den wichtigsten Aufgaben der Menschheit von heute und morgen. Zu dieser Sicherung sind grundsätzlich alle nach dem Ausmaß ihrer Kräfte verpflichtet, da auf Grund der Gemeinverstrickung eine Gemeinhaftung akut wird. Waffendienst und Zivildienst erhalten ihre einzig stichhaltige Rechtfertigung als Friedensdienste, als Teilhabe und Teilnahme an einer umfassenden Friedensstrategie.

---

[13] Ep. ad familiares XII, 3.
[14] C. F. v. Weizsäcker, Bedingungen des Friedens, Göttingen ³1964, 7.

IV. Der Waffendienst als Dienst am Frieden

Das II. Vatikanische Konzil, das den totalen Krieg ächtet[15] und die absolute Ächtung jeden Krieges als Fernziel artikuliert[16], wozu Nahziele formuliert werden wie etwa Ausbau des Völkerrechts, Aufbau einer von allen anerkannten öffentlichen Weltautorität und Beendigung des Rüstungswettlaufs, dieses Konzil hat vor der Realität des Krieges die Augen nicht verschlossen und formuliert: „Solange die Gefahr von Krieg besteht und solange es noch keine zuständige internationale Autorität gibt, die mit entsprechenden Mitteln ausgestattet ist, kann man, wenn alle Möglichkeiten einer friedlichen Regelung erschöpft sind, einer Regierung das Recht auf sittlich erlaubte Verteidigung nicht absprechen. Die Regierenden und alle, die Verantwortung für den Staat tragen, sind verpflichtet, das Wohl der ihnen anvertrauten Völker zu schützen, und sie sollen diese ernste Sache ernst nehmen[17]." Im gleichen Artikel heißt es dann an die Adresse des Soldaten: „Wer als Soldat im Dienst des Vaterlandes steht, betrachte sich als Diener der Sicherheit und Freiheit der Völker. Indem er diese Aufgabe recht erfüllt, trägt er wahrhaft zur Festigung des Friedens bei[18]."

Will der Soldat in seinem Dienst sittlich gerechtfertigt bleiben und als Diener des Friedens gelten, muß er folgende Bedingungen erfüllen:

1. Er muß Wehrdienst aus Gewissensgründen sein, d. h. er muß nach bestem Wissen und Gewissen zur Überzeugung gelangt sein, daß der von ihm verlangte Dienst alles in allem gesehen ein Beitrag zur Verringerung der Übel ist.

2. Der Soldat darf seine Kraft keinem Angriffskrieg zur Verfügung stellen.

3. Der Soldat darf im Kriegsfall nicht jedes Kampfmittel anwenden, sondern muß dabei die Regeln des Völkerrechts und des natürlichen Sittengesetzes beachten; er darf keinen blinden Gehorsam leisten, sondern muß bereit sein, rechtswidrigen Befehlen zu widerstehen[19].

4. Wer als Soldat im Kriegsfall gerecht bleiben will, muß auch sonst in seinem Leben seinen Beitrag leisten, um den Frieden auf breiter Basis aufbauen zu helfen und dem Krieg sozusagen den Boden unter den Füßen zu entziehen. Dazu gehört neben Förderung von Toleranz und Kompromißbereitschaft vor allem ein Beitrag zur Verwirklichung der Menschenrechte.

---

[15] Vgl. Gaudium et Spes 80.
[16] Vgl. Gaudium et Spes 82.
[17] Gaudium et Spes 79.
[18] Gaudium et Spes 79.
[19] Vgl. Gaudium et Spes 79.

V. Wehrdienstverweigerung und Zivildienst als Dienst am Frieden

Das II. Vatikanische Konzil sagt bzgl. der Wehrdienstverweigerer: „Ferner scheint es angebracht, daß Gesetze für die in humaner Weise Vorsorge treffen, die aus Gewissensgründen den Wehrdienst verweigern, vorausgesetzt, daß sie zu einer anderen Form des Dienstes an der menschlichen Gemeinschaft bereit sind[20]." Pius XII. hatte noch in der Weihnachtsbotschaft 1956 die These vertreten, Kriegsdienstverweigerung in einem demokratischen Staat setze ein irrendes Gewissen voraus und gesagt: „Wenn also eine Volksvertretung und eine durch freie Wahl zustande gekommene Regierung in äußerster Not mit den legitimen Mitteln der Außen- und Innenpolitik Verteidigungsmaßnahmen beschließen und die ihrem Urteil nach notwendigen Vorkehrungen dazu treffen, so handeln auch sie nicht unmoralisch, so daß ein katholischer Bürger sich nicht auf sein Gewissen berufen kann, um den Kriegsdienst zu verweigern und die vom Gesetz festgelegten Pflichten nicht zu erfüllen[21]." Das Konzil sagt nichts vom irrigen Gewissen. Vielmehr dürfte das Konzil der Ansicht sein, daß auch hier einer jener Fälle vorliegen kann, von denen es in Art. 43 derselben Pastoralkonstitution spricht, wo es heißt, daß Christen wegen der Komplexität des modernen gesellschaftlichen Lebens bei gleicher Gewissenhaftigkeit in der gleichen Frage zu einem unterschiedlichen Urteil kommen können. Wie es auch immer sei: nach christlicher Lehre muß der Mensch, um sein Heil zu erlangen, seinem Gewissen unbedingt Folge leisten, auch wenn es sich dabei um ein irrendes Gewissen handeln sollte. Wegen der Folgeschwere des Gewissensspruches ist aber der Mensch auch streng verpflichtet, sein Gewissen nach besten Kräften zu bilden und zu informieren.

Um der Personwürde des einzelnen in seiner Gewissensrespektierung einerseits und dem wohlverstandenen Gemeinwohl andererseits gerecht zu werden, sind sowohl an die Wehrdienstverweigerer bzw. Zivildiener wie auch an die staatlichen Stellen gewisse Forderungen zu richten.

Auf seiten des Wehrdienstverweigerers ist erfordert:

1. Es muß sich um eine echte Gewissensentscheidung handeln. Der Wehrdienstverweigerer muß sich speziell fragen, ob er nicht aus Bequemlichkeit oder anderen unlauteren Motiven den Wehrdienst ver-

---

[20] Gaudium et Spes 79.
[21] Pius XII., Das christliche Menschenbild als Richtweiser in den sozialen und politischen Fragen der Gegenwart. Weihnachtsbotschaft 23. Dezember 1956, in: A.-F. Utz / J.-F. Groner (Hrsg.), Aufbau und Entfaltung des gesellschaftlichen Lebens. Soziale Summe Pius XII., Bd. 3, Freiburg/Schw. 1961, Nr. 4377 - 4420; 4413.

weigert. Er muß sich weiters mit der Frage konfrontieren, was geschehen würde, wenn alle den Wehrdienst verweigerten, speziell wodurch die Sicherheit und der Schutz der Menschen bewerkstelligt würden, ob gewaltlose Formen der Verteidigung ohne militärische Gewalt wirklich ausreichen, den Eintrittspreis und den Aufenthaltspreis für potentielle Aggressoren entsprechend hochzuhalten, wobei auch zu bedenken ist, daß es sich bei solchen Aggressoren um ideologisch fixierte Machthaber mit einer ganz anderen Wertskala als der der Wehrdienstverweigerer handeln kann und zumeist auch handeln wird.

2. Der Wehrdienstverweigerer muß nicht nur sich selbst über seine Entscheidung Rechenschaft geben, er muß grundsätzlich auch bereit sein, gegenüber den Mitmenschen und dem Staat seine Entscheidung zu begründen. „Wer seine Gewissensentscheidung gegen eine rational-kritische Überprüfung immunisiert, indem er die Darlegung seiner Gründe verweigert, der verkürzt sein Recht auf sittliche Selbstbestimmung zu seinem Privileg persönlicher Willkür", sagt ganz richtig das Zentralkomitee der deutschen Katholiken in einer Erklärung über die Brauchbarkeit von Gewissensentscheidungen[22]. Übrigens kann eine solche Darlegung von Gründen ein Dienst am Frieden sein, wenn nämlich überzeugend auf die Sinnlosigkeit von Krieg und Gewaltanwendung hingewiesen wird.

3. Der Wehrdienstverweigerer muß zu einem entsprechenden Ersatzdienst an der Gemeinschaft bereit sein.

4. Der Wehrdienstverweigerer muß auch in seinem sonstigen Leben konsequent für Gewaltlosigkeit und Frieden arbeiten.

Auf seiten des Staates ist erfordert:

1. Der Staat muß die Gewissensentscheidung der Wehrdienstverweigerer respektieren und darf sie keinen Schikanen aussetzen.

2. Der Staat ist berechtigt, durch ein Prüfungsverfahren und durch einen anspruchsvollen, nicht schikanösen Ersatzdienst die Wahrscheinlichkeit unechter Berufung auf das Gewissen zu verhindern. Bleibt der Wehrdienstverweigerer trotzdem bei seiner Entscheidung und ist die „Unseriosität der vorgebrachten Gewissensentscheidung nicht durch gerichtlich nachprüfbare Tatsache bewiesen"[23], darf ihn der Staat nicht zum Waffendienst zwingen. Das mag für die Repräsentanten des Staa-

---

[22] Erklärung des Zentralkomitees der deutschen Katholiken über die Begründbarkeit von Gewissensentscheidungen 15. Dezember 1978, in: Berichte und Dokumente Nr. 38, Februar 1979, hrsg. v. Generalsekretariat des Zentralkomitees der deutschen Katholiken, 30 - 36; 34.

[23] Formulierung von F. Böckle, Wehrdienst und Gewissensprüfung, in: Herder Korrespondenz 34 (1980) 261 - 263, 263.

tes, die von der Notwendigkeit des Waffendienstes zur Sicherung des Gemeinwohls überzeugt sind, manche Probleme mit sich bringen. Doch ist bei der Sorge um das Gemeinwohl nicht zu übersehen, daß dieses in der Gewissensentscheidung der Bürger eine wesentliche Grundlage besitzt.

3. Der Staat soll eine entsprechende Anzahl von Zivildienstplätzen mit hohen Dienstanforderungen schaffen, welche als sinnvoll, als echte Friedensdienste gelten können, damit sich die Zivildiener nicht in sinnlosen Wald- und Wiesendiensten fern jeder echten Friedensarbeit langweilen müssen.

4. Der Staat hat durch eine umfassende Friedens- und Sicherheitspolitik dahingehend zu wirken, daß Gewaltanwendung wirklich als ultima ratio rangiert und die Verteidigungsentschlossenheit und -geschlossenheit nicht nur potentiellen Aggressoren glaubwürdig erscheint, sondern auch der Jugend seines Staatsgebietes. Neben vielem anderen wäre dazu auch die Aufnahme der sogenannten sozialen Verteidigung in ein umfassend organisiertes Verteidigungssystem anzuraten.

5. Das staatliche Gemeinwesen soll sich durch Pflege und Festigung humaner Grundwerte im sittlichen und rechtlichen Bewußtsein der Bürger als ein Gut darstellen, zu dessen Verteidigung im Ernstfall auch der Einsatz des Lebens riskierbar ist.

VI. Waffendienst und Zivildienst — mit zweierlei ethischem Maß gemessen?

Wer die an die Zivildiener gestellten Forderungen mit den an die Waffendiener erhobenen vergleicht, kann bei oberflächlicher Betrachtung den Eindruck gewinnen, die Zivildiener würden hier strenger behandelt. Vor allem könnte die Frage auftauchen, warum nicht ein Prüfungsverfahren zur Hebung der Wahrscheinlichkeit echter Gewissensentscheidungen auch bei Waffendienern gefordert wird. Dazu ist zu bemerken:

1. Die Forderung nach der Echtheit der Gewissensentscheidung ist in erster Linie an die jeweils betroffenen einzelnen gerichtet, und zwar mit der gleichen Dringlichkeit für Zivildiener wie für Waffendiener, und mit der gleichen Dringlichkeit, ob es ein Prüfungsverfahren gibt oder nicht.

2. Das Recht auf ein Prüfungsverfahren ist dem Staat im Interesse der Wahrung seiner Aufgaben bei der ihm anvertrauten Sorge um das Gemeinwohl gegeben. Wenn der Staat in seinen Repräsentanten nun überzeugt ist, daß zur Sicherung dieses Gemeinwohls auch der

Waffendienst unumgänglich ist, dann ist er für eine ethisch vertretbare Sicherstellung dieses Waffendienstes verantwortlich. Da nun unechte Gewissensentscheidungen bei der Wehrdienstverweigerung weder im Interesse der prinzipiellen Gewissensrespektierung noch im Interesse des Staates gelegen sind, wird der Staat in der Wahrnehmung seiner Verantwortung ein Verfahren zur Senkung der Wahrscheinlichkeit unechter Berufungen anwenden. Eine Unechtheit der Gewissensentscheidung bei Waffendienern berührt den Staat zwar indirekt, betrifft ihn aber nicht in der gleichen Weise, da ja der Staat im Interesse der Autonomie der Sittlichkeit nicht als „oberster Wächter der Sittlichkeit" fungieren soll.

3. Wer sich etwa eine Befehlsverweigerung in der Wirklichkeit des Kriegsdienstes mit all ihren Folgen vor Augen führt, wird keineswegs zur Ansicht kommen, vom Zivildiener werde ethisch mehr verlangt als vom Waffendiener. Vielmehr erweisen sich so gesehen beide Forderungskataloge als sehr anspruchsvoll. Die Höhe der Anforderungen mag ein Hinweis darauf sein, daß der Friede, durch den beide Dienste zu rechtfertigen sind, einen hohen Zentralwert der Menschheit darstellt.

VII. Schlußbemerkung

Wer die vielfache Bedrohung der Menschheit und ihre oft so wenig erfolgreichen Bemühungen um wahren Frieden bedenkt, der könnte leicht in Resignation verfallen. Des Menschen Grundhaltung ist aber nicht die Angst und die Resignation, sondern die wahre Hoffnung nach Überwindung einer falschen Hoffnung. Es gilt, was das II. Vatikanische Konzil in der Nr. 82 von Gaudium et Spes formuliert: „Täuschen wir uns nicht durch eine falsche Hoffnung! Wenn Feindschaft und Haß nicht aufgegeben werden, wenn es nicht zum Abschluß fester und ehrenhafter Verträge kommt, die für die Zukunft einen allgemeinen Frieden sichern, dann geht die Menschheit, die jetzt schon in Gefahr schwebt, trotz all ihrer bewunderungswürdigen Wissenschaft jener dunklen Stunde entgegen, wo sie keinen andern Frieden mehr spürt als die schaurige Ruhe des Todes. Aber während die Kirche Christi mitten in den Ängsten dieser Zeit lebt und diese Worte ausspricht, hört sie nicht auf, zuversichtlich zu hoffen."

BIBLIOGRAPHIE

Zusammengestellt von A. Anzenbacher und L. Neuhold

Die Bibliographie für die Zeit bis 1961 ist zusammengestellt in: Naturordnung in Gesellschaft, Staat, Wirtschaft. Festschrift zur Vollendung des 70. Lebensjahres von Johannes Messner, hrsg. v. J. Höffner / A. Verdross / F. Vito, Innsbruck 1961, 691- 700.

Die Bibliographie für die Zeit von 1961 bis 1970 ist zusammengestellt in: A. Klose / R. Weiler, Menschen im Entscheidungsprozeß (zugleich Festschrift für Johannes Messner, Reihe: Sozialethik und Gesellschaftspolitik) Wien 1971, 397 - 402.

Die Bibliographie für die Zeit von 1970 bis 1975 ist zusammengefaßt in: Ordnung im sozialen Wandel. Festschrift für Johannnes Messner zum 85. Geburtstag, hrsg. v. A. Klose / H. Schambeck / R. Weiler / V. Zsifkovits, Berlin 1976, 607 - 608.

A. Nachtrag zur bisherigen Bibliographie bis 1975

Rezensionen in: ‚Das Neue Reich'

Jg. VIII, 1925/26

Pesch, H., Lehrbuch der Nationalökonomie, Freiburg i. Br. 2-41926, 30 (1. 5. 1926) S. 636

Jg. IX, 1926/27

Honecker, M., Das Denken, F. Dümmlers Verl., 11 (11. 12. 1926) S. 223

Hessen, J., Die Erkenntnis-Theorie, F. Dümmlers Verl., 11 (11. 12. 1926) S. 223

Feldmann, E. u. *Honecker*, M. (Hrsg.), Synthesen in der Philosophie der Gegenwart, Festgabe f. A. Dyroff, Bonn, 11 (11. 12. 1926) S. 224

Dierkes, J., Kultur und Religion, Paderborn, 11 (11. 12. 1926) S. 224

Rosenmöller, B. (Hrsg.), Das katholische Bildungsideal und die Bildungskrise, München 11 (11. 12. 1926) S. 224

Klug, J., Die Tiefen der Seele, Paderborn 11 (11. 12. 1926) S. 231

Sailer, J. M., Glückseligkeitslehre, neu herausgegeben v. J. M. Nielen, Frankfurt 1926, 12 (18. 12. 1926) S. 252

Schreiber, G. (Hrsg.), Politisches Jahrbuch 1925, Mönchen-Gladbach, 12 (18. 12. 1926) S. 253

Schilling, O., Christliche Gesellschaftslehre, Heft 11 und 12 der Schriften zur deutschen Politik, Freiburg i. Br., 13/14 (25. 12. 1926) S. 271

Steffes, J. P., Die Staatsauffassung der Moderne, Heft 8 und 9 der Schriften zur deutschen Politik, Freiburg i. Br., 13/14 (25. 12. 1926) S. 271

Tischleder, P., Der Staat, Mönchen-Gladbach, 13/14 (25. 12. 1926) S. 271

Schilling, O., Die Staats- und Soziallehre des Papstes Leos XIII., Köln, 13/14 (25. 12. 1926) S. 271

Bischof *Haffner*, Sozialer Katechismus, überarbeitet v. F. Kirschbesch, Mayen, 13/14 (25. 12. 1926) S. 271

Bonn, M. J. (Hrsg.), Die Wirtschaftswissenschaft nach dem Kriege. Festgabe f. Brentano, 2 Bd., München u. a. 1926, 13/14 (25. 12. 1926) S. 271 f.

Jentsch, C., Volkswirtschaftslehre, Leipzig, 13/14 (25. 12. 1926) S. 272

Keller, F., Karitaswissenschaft, Freiburg i. Br., 13/14 (25. 12. 1926) S. 272; — ders., Grundzüge der Dorfkaritas, Freiburg i. Br., 13/14 (25. 12. 1926) S. 272

Weber, A., Fürsorge und Wohlfahrtspflege, Sammlung Göschen Nr. 345, 2. Aufl., 13/14 (25. 12. 1926) S. 272

Beeking, J., Das Reichsgesetz für Jugendwohlfahrt und die Karitas, Freiburg i. Br., 13/14 (25. 12. 1926) S. 272 f.

Goyau, G., Friedrich Ozanam, München, 13/14 (25. 12. 1926) S. 273

Pieper, A., Was muß dem Geistlichen seine Volksgemeinschaft wert sein?, Mönchen-Gladbach, 13/14 (25. 12. 1926) S. 273

Heinen, A., Feierabend, Mönchen-Gladbach; — ders., Jungbauer erwache!; — ders., Von Mutterleid und Mutterfreude; — ders., Das Schwalbenbüchlein; — ders., Die Bergpredigt Christi, 13/14 (25. 12. 1926) S. 273

Brauer, Th., Der Gemeinschaft Werden, Gepag, Nr. 13/14 (25. 12. 1926) S. 273

Pieper, A., Berufsgedanke und Berufsstände im Wirtschaftsleben, Mönchen-Gladbach, 13/14 (25. 12. 1926) S. 273

Spann, O. (Hrsg.), Reihe: Die Herdflamme, Jena: Bd. V: Platons Staatsschriften, Bd. VI: Platons Staat, Bd. IV: Augustinus, Gottesstaat (ausgewählte Teile), Bd. III: Ausgewählte Schriften zur Staats- und Wirtschaftslehre des Thomas v. Aquin, Bd. I: Müller, A., Die Elemente der Staatskunst (2 Bd.), Bd. XVIII: Adam Müllers handschriftliche Zusätze zu den Elementen der Staatskunst, Bd. II: Müller, A., Versuche einer neuen Theorie des Geldes, Bd. XIV: Franz v. Baaders Schriften zur Gesellschaftsphilosophie, Bd. VIII: Gesellschaft und Staat im Spiegel der deutschen Romantik, Bd. XII: Schellings Schriften zur Gesellschaftsphilosophie, Bd. X: Friedrich Lists kleinere Schriften zur Staatswissenschaft und politischen Ökonomie, 13/14 (25. 12. 1926) S. 273 f.

Grundprobleme der Sozialversicherung, hrsg. v. Internationalen Arbeitsamt Genf, 13/14 (25. 12. 1926) S. 274

Grundfragen der neuen deutschen Handelspolitik (Referate d. Stuttgarter Tagung d. Vereins für Sozialpolitik), München u. a. 13/14 (25. 12. 1926) S. 274

Eulenburg, F., Neue Grundlagen der Handelspolitik, München u. a., 13/14 (25. 12. 1926) S. 274

Göhres, P., Deutschlands weltpolitische Zukunft, Verl. K. Vowinkel, 13/14 (25. 12. 1926) S. 274

Coepens, F., Das wirtschaftliche Europa, Leipzig, 13/14 (25. 12. 1926) S. 274

Hertz, F., Zahlungsbilanz und Lebensfähigkeit Österreichs, München u. a., 13/14 (25. 12. 1926) S. 274

Schilderer, S., Der Streit um die Lebensfähigkeit Österreichs, Stuttgart, 13/14 (25. 12. 1926) S. 274

Kallbrunner, H., Der Wiederaufbau der Landwirtschaft Österreichs, Wien, 13/14 (25. 12. 1926) S. 274

Kern, F., Die Hebung der landwirtschaftlichen Produktion in Österreich, Wien, 13/14 (25. 12. 1926) S. 274

Forcher, H., Die österreichische Volkswirtschaft, Wien, 13/14 (25. 12. 1926) S. 274

Streeruwitz, E., Wirtschaft und Handelspolitik, Wien, 13/14 (25. 12. 1926) S. 274

Scheeben, J. M., Die Mysterien des Christentums, unveränderter Nachdruck, Mainz, 20 (12. 2. 1927) S. 403 f.

Schreiber, G. (Hrsg.), Politisches Jahrbuch 1926, Mönchen-Gladbach, 20 (12. 2. 1927) S. 404

Spann, O., Die Haupttheorien der Volkswirtschaftslehre, Leipzig ^{16}1926, 21 (19. 2. 1927) S. 423

Schumpeter, J., Theorie der wirtschaftlichen Entwicklung, München u. a. 1926, 22 (26. 2. 1927) S. 444

Kautz, H., Im Schatten der Schlote, Einsiedeln ^{2}1926, 23 (5. 3. 1927) S. 463

Ross, E. A., Das Buch der Gesellschaft. Bibliographie der Soziologie und Politik, Bd. II, 23 (5. 3. 1927) S. 463

Jg. X 1927/28

Karrer, O., Gott in uns. Die Mystik der Neuzeit, München 1923, 9 (26. 11. 1927) S. 163 f.

Grunwald, G., Die Pädagogik des zwanzigsten Jahrhunderts, Freiburg i. Br. 1927, 10 (3. 12. 1927) S. 201

Halm, E. (Hrsg.), Die Pädagogik der Gegenwart in Selbstdarstellungen, Leipzig 1927, 10 (3. 12. 1927) S. 201

Kardinal *Newman*, Kirche und Wissenschaft, Ausgew. Werke Bd. IV, Mainz, 11 (10. 12. 1927) S. 222

Bachem, K., Vorgeschichte, Geschichte und Politik der deutschen Zentrumspartei, Bd. II u. III, Köln, 11 (10. 12. 1927) S. 222

Kerschagl, R., Volkswirtschaftslehre, Wien u. a. 1927, 13/14 (24. 12. 1927) S. 271 f.

Surányi-Unger, Th., Philosophie in der Volkswirtschaftslehre, Jena, 13/14 (24. 12. 1927) S. 272

Degenfeld-Schonburg, F. Graf v., Geist und Wirtschaft, Tübingen 1927, 13/14 (24. 12. 1927) S. 272

Wunderlich, F., Produktivität, Jena 1926, 13/14 (24. 12. 1927) S. 272

Chase, St., Tragödie der Verschwendung, München, 13/14 (24. 12. 1927) S. 272

Weber, A., Arbeitskämpfe oder Arbeitsgemeinschaft, Tübingen, 13/14 (24. 12. 1927) S. 272 f.

Horn, P., Die Arbeitsgemeinschaft der deutschen Wirtschaft, Essen, 13/14 (24. 12. 1927) S. 273

zur Megede, W., Volkswirtschaftliche und soziale Auswirkungen des Betriebsrätegesetzes, München u. a., 13/14 (24. 12. 1927) S. 273

Mitscherlich, W., Moderne Arbeiterpolitik, Leipzig 1927, 13/14 (24. 12. 1927) S. 273

Sombart, W., Das Wirtschaftsleben im Zeitalter des Hochkapitalismus (Der moderne Kapitalismus, Bd. III, 2 Halbbände), München 1926/27, 13/14 (24. 12. 1927) S. 273

Mises, L., Liberalismus, Jena 1927, 13/14 (24. 12. 1927) S. 273

Rosebusch, J. G., Was die Moral vom Kapitalismus fordern kann, Stuttgart 1925, 13/14 (24. 12. 1927) S. 274

Benn, E. J. P., Bekenntnisse eines Kapitalisten, München, 13/14 (24. 12. 1927) S. 274; — ders., Wenn ich Arbeiterführer wäre, Stuttgart, 13/14 (24. 12. 1927) S. 274

v. Totominaz, Einführung in das Genossenschaftswesen, Halberstadt, 13/14 (24. 12. 1927) S. 274

Deumer, R., Das deutsche Genossenschaftswesen, Bd. I u. II, Berlin, 13/14 (24. 12. 1927) S. 274

Wiedenfeld, K., Kartelle und Konzerne, Berlin 1927, 13/14 (24. 12. 1927) S. 274

Meffert, F., Karitas und Krankenwesen bis zum Ausgang des Mittelalters, Freiburg i. Br., 13/14 (24. 12. 1927) S. 274 f.

Keller, F., Jahrbuch der Karitaswissenschaften, Freiburg i. Br., 13/14 (24. 12. 1927), S. 275

Schilling, O., Die christlichen Soziallehren, Oratoriumsverl., 13/14 (24. 12. 1927) S. 275

Landmesser, F. X., Die Eigengesetzlichkeit der Kultursachgebiete, Oratoriumsverl., 13/14 (24. 12. 1927) S. 275

Rommen, H., Die Staatslehre des Franz Suarez S. J., Mönchen-Gladbach, 13/14 (24. 12. 1927) S. 275

Holder, H., Die Grundlagen der Gemeinschaftslehre Schleiermachers, Langensalza, 13/14 (24. 12. 1927) S. 275

Breitinger, M., Das Gemeinschaftsproblem in der Philosophie Kants, Langensalza, 13/14 (24. 12. 1927) S. 275

Adler, M., Neue Menschen, Berlin, 2. Aufl., 13/14 (24. 12. 1927) S. 275; — ders., Die Aufgabe der Jugend in unserer Zeit, Berlin, 13/14 (24. 12. 1927) S. 275

Lepinski, F., Die jungsozialistische Bewegung, ihre Geschichte und ihre Aufgabe, Berlin, 13/14 (24. 12. 1927) S. 275

Judet, E., Le Vatican et la Paix, Paris 1927, 17 (21. 1. 1928) S. 341

Frodl, F., Neubau einer christlichen Gesellschaft, 19 (4. 2. 1928) S. 384

Hofmannsthal, H. v. (Hrsg.), Deutsches Lesebuch, München ²1926, 26 (24. 3. 1928) S. 538

Dvorak, M., Geschichte der italienischen Kunst im Zeitalter der Renaissance, Bd. I u. II, München, 28 (7. 4. 1928) S. 585

Sonnenschein, C., Madonnen, Berlin 1928, 34 (19. 5. 1928) S. 717

Donders, A. (Hrsg.), Meister der Predigt aus dem 19. und 20. Jahrhundert, Münster 1928, 35 (26. 5. 1928) S. 738

Wust, P., Die Dialektik des Geistes, Augsburg, 35 (26. 5. 1928) S. 738

Jg. XI 1928/29

Keller, F. (Hrsg.), Jahrbuch der Caritaswissenschaften 1928, Freiburg i. Br. 1928, 2 (13. 10. 1928) S. 38 f.

Weber, A., Ideen zur Staats- und Kultursoziologie, Bd. I, Karlsruhe 1927, 4 (27. 10. 1928) S. 76

Erhelenz, A., Moderne Sozialpolitik, Berlin, 4 (27, 10. 1928) S. 76; — ders., Amerika von heute, Berlin, 4 (27. 10. 1928) S. 76

Waiz, S., Die Botschaft von Konnersreuth, Feldkirch, 4 (27. 10. 1928) S. 76

Sinzheimer, H., Grundzüge des Arbeitsrechts, Jena ²1927, 5 (3. 11. 1928) S. 93 f.

Waltershausen, A. S. v., Weltwirtschaft und Weltanschauung, Jena 1927, 6 (10. 11. 1928) S. 111

Adam, A., Arbeit und Besitz nach Ratherius von Verona, Freiburg i. Br., 6 (10. 11. 1928) S. 111

Michels, R., Sittlichkeit in Ziffern, München 1928, 6 (10. 11. 1928) S. 111

Brauer, Th., Ketteler, Hamburg, 7 (17. 11. 1928) S. 130

Borchardt, J., Weltkapital und Weltpolitik, 9 (1. 12. 1928) S. 171

Bierbaum, A., Pusillum, Werl 1928, 11 (17. 12. 1928) S. 208 f.

Klein, J., Caritaslehre des Johannes Duns Scotus, Münster, Beiheft 11 d. Franzisk. Studien, 11 (17. 12. 1928) S. 209

Dobretsberger, J., Konkurrenz und Monopol in der gegenwärtigen Wirtschaft, Leipzig 1928, 17 (26. 1. 1929), S. 314

Hahn, L. A., Aufgaben und Grenzen der Währungspolitik, Jena 1928, Heft 27 der Kieler Vorträge, 24 (16. 3. 1929) S. 433

Jg. XII 1929/30

Molina, Th., Das Leiden im Weltplan, Innsbruck, 4 (26. 10. 1929) S. 85

Beyerle, K., Zehn Jahre Reichsverfassung, München 1929, 4 (26. 10. 1929) S. 85

Weber, A., Reparationen, Youngplan, Volkswirtschaft (Wirtschaftsprobleme der Gegenwart Nr. 1), Berlin 1929, 8 (23. 11. 1929) S. 174

Schilling, O., Katholische Sozialethik, München 1929, 10 (7. 12. 1929) S. 218

Weber, A., Der Kampf zwischen Kapital und Arbeit, Tübingen 1930, 43 (6. 7. 1930) S. 919 f.

Molitor, E., Arbeitnehmer u. Betrieb, Marburg 1929, 48 (30. 8. 1930) S. 1023

Jg. XIII 1930/31

Schilling, O., Der kirchliche Eigentumsbegriff, Freiburg i. Br. 1930, 5 (1. 11. 1930) S. 107 f.

Bonn, M. J., Das Schicksal des deutschen Kapitalismus, Berlin ²1930, 18 (31. 1. 1931) S. 380

Iljin, I., Welt vor dem Abgrund, Berlin, 18 (31. 1. 1931) S. 380 f.

Schilling, O., Die soziale Frage, München 1931, 23 (7. 3. 1931) S. 488

Lederer, E., Wege aus der Krise, Tübingen 1931, 27 (4. 4. 1931) S. 578

Pintschovius, K., Volkswirte als Führer oder als Fachbeamte, München 1930, 34 (23. 5. 1931) S. 279

Hagenauer, S., Das „iustum pretium" bei Thomas von Aquino (Beiheft 24 zur Vierteljahrsschrift f. Sozial- und Wirtschaftsgeschichte), Stuttgart 1931, 43 (25. 7. 1931) S. 913

Westphalen, Fr. A., Die theoretischen Grundlagen der Sozialpolitik, Jena 1931, 44 (8. 8. 1931) S. 933

Carell, E., Wirtschaftswissenschaft als Kulturwissenschaft, Tübingen 1931, 48 (30. 8. 1931) S. 1012

Jg. XIV 1931/32

Marmion, Abt D. Col., Christus das Leben der Seele, Paderborn; — ders., Christus unser Ideal, Paderborn; — ders., Christus in seinen Geheimnissen, Paderborn, 22 (27. 2. 1932) S. 433

Tanquerey, A., Grundriß der asketischen und mystischen Theologie, Tourai 1931, 22 (27. 2. 1932) S. 433

Joret, P. F. D., Die mystische Beschauung nach dem Hl. Thomas v. Aquin, Dühnen 1931, 22 (27. 2. 1932) S. 557

Linhardt, R., Die Sozialprinzipien des Hl. Thomas v. Aquin, Freiburg i. Br. 1932, 28 (9. 4. 1932) S. 557

Schwer, W. u. *Müller,* F., Der deutsche Katholizismus im Zeitalter des Kapitalismus, Augsburg 1931, 28 (9. 4. 1932) S. 557

Karrenberg, F., Christentum, Kapitalismus, Sozialismus, Berlin 1931, 28 (9. 4. 1932) S. 557 f.

Weber, A., Volkswirtschaftslehre, 2 Bd., München ⁴1932, 28 (9. 4. 1932) S. 558

Vermeersch, A., Litterae Encyclicae „Quadragesimo anno", Roma 1931, 36 (4. 6. 1932) S. 719

Gundlach, G., Papst Pius XI. zur heutigen Wirtschafts- und Gesellschaftsnot, Berlin 1932, 36 (4. 6. 1932) S. 719

Gerigk, H., Quadragesimo anno, Neisse, 36 (4. 6. 1932) S. 719

Nell-Breuning, O. v., Die soziale Enzyklika, Köln 1932, 36 (4. 6. 1932) S. 719

Gundlach, G., Die sozialen Rundschreiben Leos XIII. und Pius XI., Paderborn 1931, 36 (4. 6. 1932) S. 719 f.

Elster, L. (Hrsg.), Wörterbuch der Volkswirtschaft, Bd. I u. II, Jena 1931, 52 (24. 9. 1932) S. 1037

Vierkandt, A. (Hrsg.), Handwörterbuch der Soziologie, Berlin 1931, 52 (24. 9. 1932) S. 1037

Zwiedineck-Südenhorst, O. v., Allgemeine Volkswirtschaftslehre (Bd. XXXIII d. Enzyklop. d. Rechts- u. Staatswissenschaften), Berlin 1932, 52 (24. 9. 1932) S. 1037

Kardorff / Briefs / Kroner (Hrsg.), Der internationale Kapitalismus und die Krise, Festschrift f. Julius Wolf, Stuttgart 1932, 52 (24. 9. 1932) S. 1037

Brentano, L., Mein Leben im Kampf um die soziale Entwicklung Deutschlands, Jena 1931, 52 (24. 9. 1932) S. 1037

Lipman, O., Lehrbuch der Arbeitswissenschaft, Jena 1932, 52 (24. 9. 1932) S. 1037

Ehrt, A. / *Schweichert,* J., Entfesselung der Unterwelt, Berlin 1931, 52 (24. 9. 1932) S. 1038

Rühle, O., Illustrierte Kultur- und Sittengeschichte des Proletariats, Berlin 1930, 52 (24. 9. 1932) S. 1038

De Viti De Marco, A., Grundlehren der Finanzwirtschaft, Tübingen 1932, 52 (24. 9. 1932) S. 1038

Laum, B., Allgemeine Geschichte der Wirtschaft, Berlin 1932, 52 (24. 9. 1932) S. 1038

Hantos, E., Die Rationalisierung der Weltwirtschaft, Tübingen 1930, 52 (24. 9. 1932) S. 1038

Artikel in: ‚Das Neue Reich'

Jg. IX 1926/27

Kulturpolitik und Finanzpolitik, 2 (9. 10. 1926) S. 31 - 33

Unsere Aufgabe im heutigen Staate, 3 (16. 10. 1926) S. 45 - 46

Das erste und letzte Gesetz im Staate, 8 (20. 11. 1926) S. 149 - 150

Idee und Gestalt des Zentrums einst und jetzt, 11 (11. 12. 1926) S. 211 - 212

Zu den „Lehren und Weisungen der österreichischen Bischöfe über soziale Fragen der Gegenwart" I 19 (13. 2. 1927) S. 413 - 415, II20 (20. 2. 1927) 434 - 436, III 21 (27. 2. 1927) S. 451 - 452, IV 22 (6. 3. 1927) S. 471 - 472, V 23 (13. 3. 1927) S. 494 - 495, VI 24 (20. 3. 1927) S. 515 - 516, VII 25 (27. 3. 1927) S. 535 - 536, VIII 26 (3. 4. 1927) S. 554 - 555, IX 27 (10. 4. 1927) S. 574 - 575

Heinrich Pesch †, 28 (17. 4. 1927) S. 585 - 586

Das Werden des Kapitalismus, 31 (8. 5. 1927) S. 646 - 650

Der Arme von Assisi und die moderne Gesellschaft, 33 (22. 5. 1927) S. 681 - 684

„Fröhliche Wissenschaft", Wissenschaftskrise, katholische Wissenschaft (Jubiläumsversammlung d. Görres-Gesell. in Koblenz), 49 (11. 9. 1927) S. 1003 - 1004

Jg. X 1927/28

Wien, die europäische Stadt — Der deutsche Besuch in Wien — Der „Anschluß", 9 (26. 11. 1927) S. 163 - 164

Der Priester als Sozialist?, 12 (17. 12. 1927) S. 230 - 231

Die innere Bewegtheit des deutschen Katholizismus, 15 (5. 1. 1928) S. 277 - 280

Vom Sinne der Politik, 17 (21. 1. 1928) S. 323 - 324

Johann Christian Günther (Das neue Werk E. v. Handel-Mazzettis), 18 (28. 1. 1928) S. 354 - 355

Ein Fest im Burgtheater, 19 (4. 2. 1928) S. 370 - 371

Jonny spielt auf (Kulturdämmerung), 21 (18. 2. 1929) S. 409 - 411

Soziale Fastenbetrachtung, I 22 (25. 2. 1928) S. 431 - 432, II 23 (3. 3. 1928) S. 453 - 454, III 24 (10. 3. 1938) S. 475 - 476, IV 25 (17. 3. 1928) S. 497 - 498, V 26 (24. 3. 1938) S. 519 - 520, VI 27 (31. 3. 1928) S. 541 - 543

Soziale Osterbetrachtung, 28 (7. 4. 1928) S. 563 - 566

Der Ausgang des Kapitalismus, 30 (21. 4. 1928) S. 609 - 612

Katholizismus und Sozialwissenschaft, I 31 (25. 4. 1928) S. 634 - 636, II 32 (5. 5. 1928) S. 657 - 659

Katholische Pressefragen, 33 (12. 5. 1928) S. 675 - 677

Antisemitismus, 34 (19. 5. 1928) S. 697 - 698

Um die Mündigkeit der katholischen Laien, 37 (9. 6. 1928) S. 763 - 765

Schlußwort zu Kritik und Antikritik, 38 (16. 6. 1928) S. 796 - 797

Einbrüche in die katholische Kulturfront, 39 (23. 6. 1928) S. 807 - 809

Christus der Arbeiter, 40 (30. 6. 1928) S. 829 - 831

Die Spaltung im sozialen Katholizismus, 42 (14. 7. 1928) S. 871 - 873

Die Entscheidung im Schicksal Rußlands und Europas, 49 (1. 9. 1928) S. 1023 - 1024

Um den Weltfrieden, 53 (29. 9. 1928) S. 1103 - 1104

Jg. XI 1928/29

Der deutsche Katholizismus an der Wende, 1 (6. 10. 1928) S. 1 - 2
Bedrohte Kulturfront, 4 (27. 10. 1928) S. 59 - 60
Der Ausgangspunkt der Katholischen Aktion, 7 (17. 11. 1928) S. 116 - 118
Agonie des Christentums?, 14 (5. 1. 1929) S. 235 - 236
Der Weg des Katholizismus im 20. Jahrhundert, 20 (16. 2. 1929) S. 355 - 357
Der Geist der Katholischen Aktion, 21 (23. 2. 1929) S. 377 - 378
Die Katholische Aktion im öffentlichen Leben, 22 (2. 3. 1929) S. 397 - 399
Die Katholische Aktion als Aktion der Laien, 23 (9. 3. 1929) S. 417 - 418
Der Klerus in der Katholischen Aktion, 24 (16. 3. 1929) S. 435 - 437
Die Organisation der Katholischen Aktion, 25 (23. 3. 1929) S. 458 - 459
Weltostern, 26 (30. 3. 1929) S. 477 - 478
Staatskrise und Katholizismus, 27 (6. 4. 1929) S. 501 - 502
Der Akademiker in der Katholischen Aktion, 28 (13. 4. 1929) S. 519 - 521
Dein Körper gehört Dir!, 32 (11. 5. 1929) S. 605 - 607
Jahrhundert des Kindes oder — des Kindermordes?, 35 (1. 6. 1929) S. 671 - 673
Katholische Aktion und soziale Frage, 39 (29. 6. 1929) S. 762 - 764
Eigentumsrecht und Arbeitsrecht in der christlichen Sozialreform, 42 (20. 7. 1929) S. 827 - 829
Das Königsproblem der Bevölkerungspolitik, 47 (24. 8. 1929) S. 925 - 927
Geburtenbeschränkung — das Hauptmittel des Klassenkampfes?, 48 (31. 8. 1929) S. 946 - 949
Die Erklärung der religiösen Sozialisten, 52 (28. 9. 1929) S. 1029 - 1032

Jg. XII 1929/30

Naivität der liberalen Wirtschaft (Bevölkerungsfrage als wirtschaftliche Frage), 1 (5. 10. 1929) S. 1 - 4
Antwort auf den offenen Brief der Frau Dr. Klara Faßbinder, 7 (16. 11. 1929) S. 137 - 139
Klassenkämpferischer Katholizismus, 16 (18. 1. 1930) S. 311 - 314
Um die katholisch-soziale Einheitslinie, I 22 (1. 3. 1930) S. 443 - 445, II 23 (8. 3. 1930) S. 468 - 469, III 24 (15. 3. 1930) S. 487 - 488, IV 25 (22. 3. 1930) S. 509 - 511, V 26 (29. 3. 1930) S. 529 - 531, VI 27 (5. 4. 1930) S. 553 - 555, VII 28 (12. 4. 1930) S. 573 - 575, VIII 29 (12. 4. 1930) S. 597 - 598
Auf vorgeschobenem Posten der katholischen Kulturfront, 32 (10. 5. 1930) S. 663 - 664
Rationalisierung der Menschenvermehrung? 35 (31. 5. 1930) S. 727 - 728

Jg. XIII 1930/31

Christentum, Bürgertum und Sozialismus, 3 (18. 10. 1930) S. 45 - 47
Des Priesters Selbstheiligung in der Katholischen Aktion, 3 (18. 10. 1930) S. 56
Katholische Aktion auf dem Wege, 9 (29. 11. 1930) S. 180 - 181
Unweihnachtliche Weihnachtsgedanken, 12/13 (20. 12. 1930) S. 247 - 248
Der russische Fünfjahrplan wird gelingen? 23 (7. 3. 1931) S. 478 - 479

Endlich das Handbuch der Wirtschaftsethik für den Katholiken, 24 (14. 3. 1931) S. 498 - 499
Die soziale Frage und der Katholizismus (Festgabe der deutschen kath. Wissenschaft zur Gedenkfeier d. Arbeiter-Enzyklika), 31 (2. 5. 1931) S. 649 - 650
Vierzig Jahre Arbeiter-Enzyklika, 32 (9. 5. 1931) S. 669 - 671
Im schärfsten Affront gegen die „Rerum novarum", 33 (15. 5. 1931) S. 691 - 692
Die soziale Pfingstbotschaft Pius XI., 36 (6. 6. 1931) S. 755 - 757
Katholisch-soziale Einheitslinie?, 38 (20. 6. 1931) S. 797 - 799
„Quadragesimo anno" und Wirtschaftskatastrophe, 44 (1. 8. 1931) S. 917 - 918
Die Kapitalisten werden wach?, 48 (29. 8. 1931) S. 997 - 998

Jg. XIV 1931/32
Götterdämmerung in der kapitalistischen Weltfinanz, 1 (3. 10. 1931) S. 3 - 4
„Im Sinne der Lehre des hl. Thomas von Aquin", 10 (5. 12. 1931) S. 192 - 193
Zins ist Wucher, sagt Professor Ude, 11 (12. 12. 1931) S. 211 - 213
Jahreswende — Schicksalswende? 14 (2. 1. 1932) S. 257 - 258
Freie oder gebundene, Verkehrs- oder Planwirtschaft?, 17 (23. 1. 1932) S. 324 - 326
Die Lösung der sozialen Frage, 20 (13. 2. 1932) S. 383 - 385
„Einzuschlagender Weg" (Zum Hirtenschreiben des österreichischen Episkopats), 21 (20. 2. 1932) S. 398 - 399
„Deutsche Ostern", 26 (26. 3. 1932) S. 499 - 500
Wie steuern wir die Wirtschaft?, 30 (23. 4. 1932) S. 581
Ungewisses Deutschland, 41 (9. 7. 1932) S. 803 - 804

Artikel in: ‚Die schönere Zukunft'

Jg. VIII 1932/33
Das Bekenntnis zum christlichen Staate, 1 (2. 10. 1932) S. 3 - 4
Der deutsche Katholikentag 1933 in Wien, 2 (9. 10. 1932) S. 28
Wege zur berufsständischen Ordnung, 5 (30. 10. 1932) S. 106 - 107
Der freiwillige Arbeitsdienst, 7 (13. 11. 1932) S. 161 - 163
Der Aufstieg eines katholischen Verlagsunternehmens, 8 (20. 11. 1932) S. 185 - 186
Faschismus und Bolschewismus jubilieren, 10 (4. 12. 1932) S. 227 - 228
Immer neue Finanzdiktaturen, 13 (25. 12. 1932) S. 300 - 301
Zur Kundgebung der österreichischen Bischöfe über Zins- und Preiswucher, 14/15 (4. 1. 1933) S. 325 - 326
Weltschuldenproblem und Moraltheologie, 19 (5. 2. 1933) S. 428 - 429
Bedrohung der geistigen Schlagkraft der Katholiken, 23 (5. 3. 1933) S. 532 - 533

Jg. IX 1933/34
Amerikanische Wirtschaftsexperimente, 1 (1. 10. 193) S. 10 - 12
Österreichs Katholizismus von heute, 5 (29. 10. 1933) S. 115 - 117
Die Gegenwartsaufgaben des Katholizismus in Österreich, 6 (5. 11. 1933) S. 144 - 145

Kunst, Literatur und Presse im Zeitalter des Kapitalismus, 9 (26. 11. 1933) S. 219 - 220

Die Grundzüge der neuen österreichischen Verfassung, 28 (8. 4. 1934) S. 709 - 710

Österreichs neue Verfassung, 33 (13. 5. 1934) S. 839 - 841

Das österreichische Konkordat, 34 (20. 5. 1934) S. 872 - 874

Nationalität und Katholizität, 40 (1. 7. 1934) S. 1031 - 1032

Wiederum vor der Christusfrage, 43 (22. 7. 1934) S. 1121 - 1123

Die neue Betriebsverfassung in Österreich, 47 (19. 8. 1934) S. 1231 - 1232

Jg. X 1934/35

Dollfuß, 18 (27. 1. 1935) S. 449 - 450

Politik und Erdöl, 24 (10. 3. 1935) S. 611 - 613

Stand der Bankreform in den wichtigsten Ländern, 31 (28. 4. 1935) S. 811 - 813 und 32 (5. 5. 1935) S. 838 - 839

Die berufsständischen Bestrebungen in den einzelnen Ländern, 39 (23. 6. 1935) S. 1024 - 1026

Österreichische Musikfeste, 47 (18. 8. 1935) S. 1243 - 1244

Sinn und Ende der Arbeitslosigkeit, 48 (25. 8. 1935) S. 1272 - 1273

Der Arbeiter in der berufsständischen Ordnung, 49 (1. 9. 1935) S. 1311 - 1312

Jg. XI 1935/36

Der Staat in christlicher Schau, 3 (20. 10. 1935) S. 57 - 59

Neue Literatur über berufsständische Ordnung, 8 (24. 11. 1935) S. 189 - 191

Rezensionen in: ‚Zeit im Buch'

Jg. VIII 1954

Weber, A., Allgemeine Volkswirtschaftslehre, Berlin ⁶1953, Heft 5 S. 13

Jg. IX 1955

Evangelischches Soziallexikon, hrsg. v. F. *Karrenberg*, Stuttgart 1954, Heft 7/8 S. 43

Weber, W., Wirtschaftswissenschaft von heute, Wien 1953; — ders., Theorie und Politik der Vollbeschäftigung, Wien 1954, Heft 7/8 S. 43 f.

Weber, A., Der Kampf zwischen Kapital und Arbeit. Gewerkschaften und Arbeitgeberverbände in Deutschland, Tübingen ⁶1954; — ders., Geld, Banken, Börsen, München ⁵1955, Heft 9 S. 21 f.

Jg. X 1956

Fuchs, J., Lex naturae. Zur Theologie des Naturrechts, Düsseldorf 1955, Heft 7/8 S. 15

Weber, A., Kapitalbildung und Lohnkämpfe, Berlin 1955; — ders., Stand und Aufgaben der Volkswirtschaftslehre in der Gegenwart, Berlin 1956; — ders., Kurzgefaßte Volkswirtschaftslehre, Berlin ⁷1956, Heft 7/8 S. 16 f.

Blaha, O., Logische Wirklichkeitsstruktur und personaler Seinsgrund. Zur Ontologie der Universalien, Sachverhalte und Seinsschichten, Graz u. a. 1955, Heft 7/8 S. 22

Jg. XII 1958

Prutscher, P. M., Das Gewerbe und seine Organisationen. Funktionsergänzung des gewerblichen Betriebes, Wien 1957, Heft 3 S. 18

Weber, M., Soziologie. Weltgeschichtliche Analysen. Politik, hrsg. v. J. Winckelmann, Stuttgart 1956, Heft 5 S. 18

Strachey, J., Kapitalismus heute und morgen, Düsseldorf 1957, Heft 6 S. 22

Corte, M. de, Das Ende einer Kultur, München 1957, Heft 7/8 S. 32

Weber, A., Kapitalbildung als Voraussetzung für den volkswirtschaftlichen Fortschritt, München 1957; — ders., Hochkonjunktur und Produktivität in weltwirtschaftlicher Sicht, Berlin 1957; — ders., Drei Phasen der industriellen Revolution, München 1957, Heft 11/12 S. 36 f.

Jg. XIII 1959

König, R., Soziologie (Fischer-Lexikon Bd. X), Frankfurt u. a. 1958, Heft 3 S. 20 f.

Welty, E., Herders Sozialkatechismus Bd. III. Die Ordnung des Wirtschaftslebens: Arbeit und Eigentum, Heft 3 S. 21

Hommes, J., Krise der Freiheit. Hegel - Marx - Heidegger, Regensburg 1958, Heft 4 S. 15

Renz, W., Newmans Idee einer Universität. Probleme höherer Bildung, Fribourg 1957, Heft 4 S. 20 f.

Schöpf, B., Das Tötungsrecht bei den frühchristlichen Schriftstellern bis zur Zeit Konstantins, Regensburg 1958, Heft 5 S. 24 f.

Schmitz, H., Gerechtigkeit für die Familie, Wien 1959, Heft 11/12 S. 31

Jg. XIV 1960

Wetter, G., Der dialektische Materialismus. Seine Geschichte und sein System in der Sowjetunion, Wien ⁴1958, Heft 1 S. 22 f.

Galen, B. Gräfin v., Die Kultur- und Gesellschaftsethik José Ortega y Gassets, Sammlung Politeia Bd. XIII, Heidelberg - Löwen 1959, Heft 2 S. 22

Bielschowsky, R., Die Relativität in der Wirtschaft, Nürnberg o. J., Heft 3 S. 13

Jostock, P., Die katholisch-soziale Bewegung der letzten hundert Jahre in Deutschland, Köln 1959, Heft 3 S. 13

Jg. XV 1961

Das Wohnungsproblem in Österreich. Ein Diskussionsbeitrag, hrsg. v. d. Katholischen Sozialakademie, Wien 1960, Heft 1 S. 13 f.

Corman, G., Mensch in der Gesellschaft. Kleine Katholische Soziallehre, 2 Bd., Essen 1959, Heft 11/12 S. 34

Bennholt-Thomsen, C. u. a., Der Mensch in der Großstadt, Stuttgart 1960, Heft 11/12 S. 34

Schasching, J., Kirche und industrielle Gesellschaft, Wien 1960, Heft 11/12 S. 34 f.

Jg. XVI 1962

Utz, A. F., Grundsatzfragen des öffentlichen Lebens. Bibliographie, Freiburg u. a. 1960, Heft 1 S. 21; — ders., Die philosophischen Grundlagen der Wirtschafts- und Sozialpolitik, Fribourg 1961 S. 22

Schmitz, W., Die österreichische Wirtschafts- und Sozialpolitik, Schriftenreihe d. Kath. Sozialakademie, Wien 1961, Heft 2 S. 21

Kolakowski, L., Der Mensch ohne Alternative, München 1960, Heft 4 S. 19

Beckel, A., Christliche Staatslehre, Osnabrück 1960; — ders., Christliche Staatslehre. Dokumente, Osnabrück 1961; — ders., Die Freizeitfamilie, Osnabrück 1960; — ders., Die heutige Demokratie, Münster 1960, Heft 7/8 S. 33

Dahrendorf, R., Gesellschaft und Freiheit, München 1961, Heft 7/8 S. 34

Schroers, R., Der Partisan. Ein Beitrag zur politischen Anthropologie, Köln u. a. 1961, Heft 7/8 S. 34

Bloch, E., Naturrecht und menschliche Würde, Frankfurt 1961, Heft 9 S. 17

Schasching, J., Die soziale Botschaft der Kirche. Von Leo XIII. bis Johannes XXIII., Innsbruck u. a. 1962, Heft 9 S. 18

Jg. XVIII 1964

Die Friedensenzyklika Papst Johannes XXIII. Pacem in terris, Einführung v. A. F. Utz, Freiburg u. a. 1963, Heft 1 S. 17

Marx, A., Zur Theologie der Wirtschaft, Wien 1962, Heft 1 S. 17 f.

Berkenkopf, G., Welterlösung, ein geschichtlicher Traum Rußlands, München 1962, Heft 2 S. 17

Plattel, M. G., Der Mensch und das Mitmenschliche. Sozialphilosophie I, Köln 1962, Heft 2 S. 17

Friedrich, C. J., Die politische Wissenschaft, Freiburg u. a. 1961, Heft 8/9 S. 28 f.

Ven, F. v. d., Soziale Grundrechte, Köln 1963, Heft 8/9 S. 29

Wildmann, G., Personalismus, Solidarismus u. Gesellschaft, Wien 1961, Heft 8/9 S. 30

Jg. XX 1966

Kelsen, H., Aufsätze zur Ideologiekritik, Neuwied u. a. 1964 (Soziologische Texte Bd. 16), Heft 1 S. 18

Weil, E., Philosophie der Politik, Neuwied u. a. 1964 (Politica Bd. 15), Heft 1 S. 19

Mills, C. W., Kritik der soziologischen Denkweise, Neuwied u. a. 1963 (Soziologische Texte Bd. 8) Heft 2 S. 21

Möbus, G. G., Europäische Humanität als politische Formkraft, Osnabrück 1963, Heft 3 S. 12

Thomas, W. J., Person und Sozialverhalten, Neuwied u. a. 1965, Heft 9 S. 21

Beckel, A. (Hrsg.), Freiheitlicher Sozialismus in Europa, Osnabrück 1964, Heft 10 S. 29

Benjamin, W., Zur Kritik der Gewalt und andere Aufsätze, Frankfurt 1965, Heft 10 S. 30

Hürten, H. (Hrsg.), Christliche Parteien in Europa, Osnabrück 1964, Heft 10 S. 31 f.

Marcuse, H., Kultur und Gesellschaft I, Frankfurt 1965, Heft 10 S. 32

Jg. XXI 1967

Berglar, P., Die gesellschaftliche Evolution der Menschheit, Bonn 1965, Heft 1 S. 20

Monzel, N., Katholische Soziallehre I., Köln 1965, Heft 1 S. 21
Lefèbvre, H., Probleme des Marxismus heute, Frankfurt 1965, Heft 2 S. 17
Oldendorff, A., Grundzüge der Sozialpsychologie, Köln 1965, Heft 2 S. 18
Macht und Recht im kommunistischen Herrschaftssystem, Köln 1965, Heft 4 S. 16 f.
Wendland, H.-D., Person und Gesellschaft in evangelischer Sicht, Köln 1965, Heft 4 S. 17 f.

Jg. XXIII 1969

Peschke, K., Naturrecht in der Kontroverse, Salzburg 1967, Heft 1 S. 30
Zulehner, P. M., Kirche und Austromarxismus, Freiburg u. a. 1967, Heft 1 S. 31
Budde, H., Handbuch der christlich-sozialen Bewegung, Recklinghausen 1967, Heft 2 S. 94
Kettler, D., Marxismus und Kultur, Neuwied u. a. 1967, Heft 2 S. 98
Nell-Breuning, O. v. und *Lutz*, H., Katholische und evangelische Soziallehre, Recklinghausen 1967, Heft 2 S. 99
Buber, M., Der utopische Sozialismus, Köln 1967, Heft 3 S. 157
Monzel, N., Katholische Soziallehre II, Köln 1967, Heft 3 S. 157

Jg. XXIV 1970

Berg, L., Das theologische Menschenbild, Köln 1969, Heft 1 S. 33 f.
Coser, L. A., Theorie sozialer Konflikte, Neuwied u. a. 1969, Heft 1 S. 34
Langner, A., Die politische Gemeinschaft, Köln 1968, Heft 1 S. 34 f.
Rauscher, A., Die soziale Rechtsidee und die Überwindung des wirtschaftsliberalen Denkens. Hermann Roesler, Paderborn 1969, Heft 1 S. 35
Wendland, H.-D., Grundzüge der evangelischen Sozialethik, Köln 1968, Heft 1 S. 35 f.
Geck, L. H. A., Aufbruch zur sozialen Pastoral, 2 Bd., Essen 1969, Heft 3 S. 162
Roos, L., Demokratie als Lebensform, Bd. I, Paderborn 1969, Heft 3 S. 164
Klose, A., Ein Weg zur Sozialpartnerschaft, Wien 1970, Heft 4 S. 221
Höffner, J., Christliche Gesellschaftslehre, Kevelaer ⁵1968, Heft 4 S. 229
Leeuwen, A. Th. van, Des Christen Zukunft im technokratischen Zeitalter, Stuttgart u. a. 1969, Heft 4 S. 229 f.
Winter, G., Grundlegung einer Ethik der Gesellschaft, München u. a. 1970, Heft 4 S. 230

Jg. XXV 1971

Bosse, H., Marx - Weber - Troeltsch, München u. a. 1970, Heft 1 S. 40
Eigentumsordnung und Katholische Soziallehre, hrsg. v. Kath.-sozialen Inst. d. Erzdiöz. Köln, Köln 1970, Heft 4 S. 224 f.
Harris, N., Die Ideologien in der Gesellschaft, München 1970, Heft 4 S. 226
Görlitz, A. (Hrsg.), Handlexikon zur Politikwissenschaft, München 1970, Heft 4 S. 226
Neue Ansätze der Kath. Soziallehre. Festschrift f. Prälat Dr. Franz Müller, Köln 1970, Heft 4 S. 227
Edmaier, A., Dialogische Ethik, Kevelaer 1970, Heft 4 S. 227

Jg. XXVI 1972

Dessauer, F., Kooperative Wirtschaft, Frankfurt 1970, Heft 2 S. 89

Eigentum — Wirtschaft — Fortschritt, Köln 1970, Heft 2 S. 90

Preiser, E., Politische Ökonomie im 20. Jahrhundert, München 1970, Heft 2 S. 90 f.

Seger, I., Knauers Buch der modernen Soziologie, München u. a. 1970, Heft 2 S. 90

Jg. XXVII 1973

Klose, A. und Weiler, R. (Hrsg.), Menschen im Entscheidungsprozeß, Wien u. a. 1971, Heft 4 S. 229 f.

Weber, W., Der Unternehmer, Köln 1973, Heft 4 S. 230

Jg. XXVIII 1974

Schmitz, Ph., Die Armut in der Welt als Frage an die christliche Sozialethik, Frankfurt 1973, Heft 2 S. 94

Langner, A. (Hrsg.), Theologie und Sozialethik im Spannungsfeld der Gesellschaft, München u. a. 1974, Heft 3 S. 156 f.

Mitscherlich, A., Auf dem Weg zur vaterlosen Gesellschaft, München 1973, Heft 3 S. 157 ff.

B. Weiterführende Bibliographie seit 1975

1975

Ethik und Gesellschaft. Gesammelte Aufsätze 1965 - 1974, Köln 1975

Marx in kirchlicher Soziallehre? Zur aktuellen Diskussion über die vermeintliche Nähe von Marxismus und christlicher Soziallehre, in: Gesellschaftspolitische Kommentare, Nr. 20/21, 1975, 235 - 237

Marxismus, Neomarxismus und der Christ, Köln 1975 (Kirche und Gesellschaft, hrsg. v. d. Kath. Sozialwissenschaftlichen Zentralstelle Mönchengladbach, Nr. 22)

Naturwissenschaft und Religion. Der Organismus: das ungelöste Problem, in: Die Furche, Nr. 13, 29. März 1975, 3

Selbstverwirklichung des Menschen möglich, in: Kathpress, Nr. 31, 7. Feber 1975, 2

Selbstverwirklichung in Selbstverpflichtung. Das Naturrecht besteht nicht aus inhaltsleeren Sätzen. Zur katholischen Soziallehre, in: Rheinischer Merkur, Nr. 6, 7. Feber 1975, 20

Betriebliche Sozialbeziehungen und christlicher Unternehmer, in: Uniapac (Köln), Nr. 4, 1975

Thomas v. Aquin in Geistesgeschichte und Gegenwart, in: Roczniki Nauk Społecznych, Tom. 3, Lublin 1975, 85 - 97

Zur aktuellen Diskussion über die Nähe von Marxismus und christlicher Soziallehre. Karl Marx wie Pius XI.?, in: Die Furche, Nr. 40, 4. Oktober 1975, 10

Zur ethischen Grundlagen- und Normenforschung, in: Viert, G. (Hrsg.), Spiritualität in Moral. FS für K. Hörmann, Wien 1975, 17 - 31

Rezensionen in: ‚Zeit im Buch' Jg. XXIX:

Berger, P. L., Zur Dialektik von Religion und Gesellschaft, Frankfurt 1973, Heft 2 S. 85 f.

Kaufmann, F. X., Theologie in soziologischer Sicht, Freiburg u. a. 1973, Heft 2 S. 86

Spieker, M., Neomarxismus und Christentum, München 1974, Heft 2 S. 87

Utz, A. F. / *Galen,* B. v. / *Müller-Schmid,* P. P., Bibliographie der Sozialethik, Freiburg u. a. 1974, Heft 4 S. 226

Utz, A. F., Zwischen Neoliberalismus und Neomarxismus, Bonn 1975, Heft 4 S. 226 f.

Drimmel, H., Die Häuser meines Lebens, Wien u. a. 1975, Heft 4 S. 228

1976

Aktualität des Naturrechts, in: Österr. Zeitschrift für öffentliches Recht 27 (1976) 43 - 66

Christliche Demokratie — Sozialistischer Demokratismus, in: Gesellschaftspolitische Kommentare, Nr. 14, 1976

Grenzen der staatlichen Sozialpolitik. Zur aktuellen Diskussion über die Leistungsfähigkeit des Systems der sozialen Sicherung in der Bundesrepublik, in: Gesellschaftspolitische Kommentare, Nr. 1/2, 1976, 9 - 13

Klassenkampf oder Sozialpartnerschaft? Köln 1976 (Kirche und Gesellschaft, hrsg. v. d. Kath. Sozialwissenschaftlichen Zentralstelle Mönchengladbach, Nr. 32)

Artikel „Kultur", „Naturrecht", „Soziale Frage", „Sozialkritik", „Sozialreform", in: Hörmann, K. (Hrsg.), Lexikon der Christlichen Moral, Innsbruck 1976

Der gerechte Lohn, in: Persona y Derecho, Vol. 3, Fac. de Derecho, Universidad de Navarra 1976, 111 - 127

Marx in der kirchlichen Soziallehre?, in: Schambeck, H. (Hrsg.), Kirche und Staat. FS für F. Eckert, Berlin 1976, 403 - 417

Rede Prof. Messners beim Festakt zum 85. Geburtstag an der Universität Wien am 16. 2. 1976, in: Wiener Blätter zur Friedensforschung, Nr. 11, 1976, 2

Was bedeutet „christlich-demokratisch heute?, in: Khol, A. / Prantner, R. / Stirnemann, A. (Hrsg.), Um Parlament und Partei. A. Maleta zum 70. Geburtstag, Graz 1976, 1 - 12

Fifty years after the death of Heinrich Pesch, in: Review of social economy 34 (1976) 117 - 123

Wie unterscheidet sich christliches und Marxsches Menschenbild?, in: Internationale Katholische Zeitschrift 5 (1976) 365 - 373

Zur Begründung der Menschenrechte, in: Scheuermann, A. / Weiler, R. / Winkler, G. (Hrsg.), Convivium Utriusque Iuris. FS für A. Dordett, Wien 1976, 41 - 54

Rezensionen in: ‚Zeit im Buch' Jg. XXX:

Mayer, F., Vorurteil — Geißel der Menschheit, Wien u. a. 1975, Heft 3 S. 162

Messner, R. O., Die Entdeckung der wahren Menschlichkeit, Innsbruck 1975, Heft 3 S. 168

Simson, W. v., Die Verteidigung des Friedens, München 1975, Heft 3 S. 176 f.

1977

Die Ablösung des Bürgers durch den Funktionär, in: Kaltenbrunner, G.-K. (Hrsg.), Kapitulation des Bürgers. Vom Nutzen und Nachteil der versorgten Gesellschaft, München 1977, 59 - 74

Die Bedeutung der Katholischen Soziallehre für die Ausbildung der künftigen Priester und Laienpastoralkräfte, in: Jahrbuch für Christliche Sozialwissenschaften 18 (1977) 205 - 231

Grundsatzfragen der Wirtschaftsordnung, in: Actio catholica. Zeitschrift für Akademiker, Nr. 2, 1977

Grundwertediskussion — Hoffnung der Wertrelativisten, in: Gesellschaftspolitische Kommentare, Nr. 3/4, 1977, 33 - 36

Der gerechte Lohn, in: Gesellschaftspolitische Kommentare, Nr. 18, 1977, 219 - 228

Menschenwürde und Menschenrechte, in: Europäische Rundschau 5 (1977) H. 3, 67 - 78

Umdenken notwendig, in: Gesellschaftspolitische Kommentare, Nr. 6/7, 1977

Was ist Menschenwürde, in: Internationale Katholische Zeitschrift 6 (1977) 233 - 240

Die Wirtschaft in den Lehr- und Hirtenäußerungen von Pius XII., in: Schambeck, H. (Hrsg.), Pius XII. zum Gedächtnis, Berlin 1977, 361 - 380

Rezensionen in: ‚Zeit im Buch' Jg. XXXI:

Katholische Soziallehre heute. Beiträge aus dem Rheinischen Merkur. Festgabe für Josephus Kardinal Höffner, Düsseldorf 1976, Heft 2 S. 81 f.

Schmitz, W., Die antizyklische Konjunkturpolitik — eine Illusion, Frankfurt 1976, Heft 2 S. 82 f.

Fetscher, I. (Hrsg.), Grundbegriffe des Marxismus, Hamburg 1976, Heft 3 S. 153 f.

Grössl, F. (Hrsg.), Die christlichen Gewerkschaften in Österreich, Wien 1975, Heft 3 S. 158

Die Kirche und die Menschenrechte. Ein Arbeitspapier der Päpstlichen Kommission Justitia et Pax, München u. a. 1976, Heft 3 S. 169

Anzenbacher, A., Menschenwürde zwischen Freiheit und Gleichheit, St. Pölten u. a. 1977, Heft 4 S. 230 f.

Schmitz, W., Die antizyklische Konjunkturpolitik — eine Illusion, Frankfurt 1976, Heft 4 S. 233

1978

Entwicklungshilfe und Neue Weltwirtschaftsordnung, Köln 1978 (Katholische Soziallehre in Text und Kommentar, Nr. 10)

Fundamentalmoral, in: Theologie und Glaube 168 (1978) 321 - 329

Recht und Gerechtigkeit, in: Internationale Katholische Zeitschrift 7 (1978) 97 - 107

Das Gemeinwohl in der freiheitlich demokratischen Gesellschaft, in: Bossle, L. / Bonkosch, K. (Hrsg.), Kreativität des Handelns. Vom Ingenium des Unternehmers. FS für L. Eckes, Würzburg 1978, 30 - 46

1979

Die Evolution des Gerechtigkeitsbewußtseins, in: Squicciarini, D. (Hrsg.), Die Weltfriedensbotschaften Papst Pauls VI., Berlin 1979, 100 - 109

Moderne christliche Ethik, in: Die Furche, Nr. 3, 17. Jänner 1979, 4

Macht der Verbände. Interessengruppen zwischen Freiheit und Verantwortung, in: Die Furche, Nr. 20, 16. Mai 1979, 5

Kurz gefaßte christliche Soziallehre, hrsg. v. Erzbischöflichen Ordinariat, Wien 1979

1980

Die Familie der Zukunft, in: Schambeck, H. (Hrsg.) Apostolat und Familie. FS für O. Kardinal Rossi, Berlin 1980, 351 - 366

Sozialpartnerschaft statt Klassenkampf, in: Präsent, Nr. 7, 14. Feber 1980, 2

Welt- und Heilshistorisches in der Evolution des sittlich-rechtlichen Bewußtseins, in: Miehsler, H. u. a. (Hrsg.), Ius Humanitatis. FS für A. Verdross, Berlin 1980, 171 - 179

Artikel „Interesse", „Kulturethik", „Selbstverwirklichung", „Sozialethik", in: Klose, A. / Mantl, W. / Zsifkovits, V. (Hrsg.), Katholisches Soziallexikon, Graz ²1980

Brusatti, A. / Fürstenberg, F. / Messner, J. / Mikl-Horke, G. / Leuker, H. (Hrsg.), Soziologie und Sozialpolitik. Ausgewählte Schriften von Anton Burghardt aus Anlaß seines 70. Geburtstages, Berlin 1980

C. Schriften über Johannes Messner

Ambrosetti, G., Johannes Messner: Vitam impendere vero, in: Doctor Communis 29 (1976) 347 - 352

Weiler, R., Johannes Messner: Im Dienste der Kirche und des sozialen Friedens Österreichs, in: Gesellschaft und Politik 12 (1976) H. 1, 6 - 12

VERZEICHNIS DER HERAUSGEBER UND MITARBEITER

Anzenbacher, Arno, Dr., Doz. der Philosophie, Assistent am Institut für Ethik und Sozialwissenschaften an der Universität Wien

Burghardt, Anton †, Dipl.-Kfm., Mag., Dr., Prof. für Allgemeine Soziologie und Wirtschaftssoziologie an der Wirtschaftsuniversität Wien

Ermecke, Gustav, DDDr., em. Prof. für Christliche Gesellschaftslehre an der Ruhr-Universität Bochum

Heintel, Erich, Dr., Prof. für Philosophie an der Universität Wien

Höver, Gerhard, Dr., Ass. am Moraltheologischen Seminar an der Universität Bonn

Inhoffen, Peter, Dr., Prof. für Moraltheologie an der Hochschule Fulda

Kaulbach, Christian, Dr., Prof. für Philosophie an der Universität Münster

Klose, Alfred, DDDr., Prof., Leiter der Wirtschaftspolitischen Abteilung der Bundeswirtschaftskammer Wien

Messner, Johannes, DDr., Dr. h. c. mult., em. Prof. für Ethik und Sozialwissenschaften an der Universität Wien

Mizunami, Akira, Dr., Prof. an der Universität von Kyushu, Fukuoka

Montada, Leo, Dr., Prof. für Psychologie an der Universität Trier

Mueller, Franz H., Dr., em. Prof. of Economics, College of St. Thomas, Saint Paul, Minnesota, USA

Müller-Schmid, Dr., Privatdozent, Kath. Sozialwissenschaftliche Zentralstelle Mönchengladbach

Nawroth, Edgar OP, Dr., Prof. für Sozialethik an der Hochschule Walberberg

Nell-Breuning, Oswald v. SJ, Dr., Dr. h. c. mult., em. Prof. der Philosophisch-theologischen Hochschule St. Georgen und Hon.-Prof. im Fachbereich Wirtschaftswissenschaften an der Universität Frankfurt

Schasching, Johann, SJ, Dr., Prof. für Soziologie an der Gregoriana in Rom

Schild, Wolfgang, Dr., Prof. für Strafrecht — Strafprozeßrecht — Rechtsphilosophie an der Universität Bielefeld

Sugano, Johannes Kazutoshi, Dr., Dr. h. c., Prof. für Philosophie, Ethik und Pädagogik an der University of the Sacred Heart, Tokio

Utz, Arthur F. OP, Dr. Prof., Vorstand des Internationalen Instituts für Sozialwissenschaft und Politik an der Katholischen Universität Fribourg/Schweiz

Weidenfeld, Werner, Dr., Prof. für Politikwissenschaft an der Universität Mainz

Weiler, Rudolf, DDr., Prof. für Ethik und Sozialwissenschaften an der Universität Wien

Zsifkovits, Valentin, DDr., Prof. für Ethik und Sozialwissenschaft an der Universität Graz

VERZEICHNIS DER TEILNEHMER AM SYMPOSIUM

Doz. Dr. *Arno Anzenbacher*, Philosoph, Wien

Prof. Dr. *Anton Burghardt*, Soziologe, Wien

Prof. DDDr. *Gustav Ermecke*, Sozialethiker, Witten

Prof. Dr. *Erich Heintel*, Philosoph, Wien

Prof. Dr. *Heimo Hofmeister*, Philosoph, Wien

Prof. Dr. *Karl Hörmann*, Moraltheologe, Wien

Ass. Dr. *Gerhard Höver*, Moraltheologe, Bonn

Prof. Dr. *Peter Inhoffen*, Sozialethiker, Fulda

Prof. Dr. *Peter Kampits*, Philosoph, Wien

Prof. Dr. *Friedrich Christian Kaulbach*, Philosoph, Münster

Prof. DDDr. *Alfred Klose*, Politologe, Wien

Ass. P. Dr. *Andreas Laun*, Moraltheologe, Wien

Präs. Prof. Dr. *Alfred Maleta*, Wien

Prof. Dr. *Gerhard Merk*, Ökonom, Siegen

Prof. Dr. *Leo Montada*, Psychologe, Trier

Prof. Dr. *J. Heinz Müller*, Nationalökonom, Freiburg/Br.

Doz. Dr. *Peter Paul Müller-Schmid*, Philosoph, Fribourg

Prof. P. Dr. *Edgar E. Nawroth*, Sozialethiker, Walberberg

Ass. Mag. *Leopold Neuhold*, Sozialethiker, Graz

Gesandter Doz. DDr. *Robert Prantner*, Sozialethiker, Wien

Prof. DDr. *Johannes Reikerstorfer*, Fundamentaltheologe, St. Pölten

Prof. Dr. *Wolfgang Schild*, Jurist, Bielefeld

Prof. Dr. *Johannes Schwartländer*, Philosoph, Tübingen

Doz. Dr. *Rudolf Sieg*, Delegierter der Stiftung Humanum, Köniz/Bern

Prof. P. Dr. *Arthur Fridolin Utz*, Sozialethiker, Fribourg

Prof. DDr. *Rudolf Weiler*, Sozialethiker, Wien

Prof. DDr. *Valentin Zsifkovits*, Sozialethiker, Graz

Ordnung im sozialen Wandel

Festschrift für Johannes Messner zum 85. Geburtstag

herausgegeben von

Alfred Klose, Herbert Schambeck
Rudolf Weiler, Valentin Zsifkovits

610 S. 1976. Lw. DM 148,—

„Die vorliegende Festschrift, Johannes Messner, dem großen Meister der Sozialethik und katholischen Soziallehre, zu seinem 85. Geburtstag von zahlreichen seiner Freunde und Schüler, insbesondere aus der österreichischen Geisteswelt, dargebracht, vereinigt in systematischer Anordnung neben einer größeren Anzahl von Beiträgen zu Grundsatzfragen der Rechts- und Sozialphilosophie Abhandlungen zu Fragen der gesellschaftlichen, wirtschaftlichen und politischen Ordnung ... In vielfacher Hinsicht besitzt diese gehaltvolle Festschrift, die eine weitere würdige Ehrengabe für Johannes Messner darstellt, auch Bedeutung für das Verständnis der Grundlagen der kirchlichen Rechtsordnung und für die neueste kirchliche Rechtsgeschichte."

Zeitschrift der Savigny Stiftung für Rechtsgeschichte; Kanonistische Abteilung

„Ohne Übertreibung darf man diese Festschrift zu den gewichtigsten Veröffentlichungen dieses Jahres zählen. In eindrucksvoller Dichte äußern sich führende Vertreter der katholischen Soziallehre zu Grundproblemen der Sozialethik, zu Fragen des sozio-ökonomischen Systems und zum Gestaltungsauftrag in der politischen Ordnung. Ausnahmslos hat jeder der 33 Autoren eine abgerundete, bündige, in sich geschlossene Beigabe zu seinem Thema geliefert. So entstand mit diesem Band ein moderner Abriß von Aussagen der katholischen Soziallehre, der seinesgleichen suchen kann."

Literaturreport

DUNCKER & HUMBLOT / BERLIN

Pius XII. zum Gedächtnis. Hrsg. von H. Schambeck. XV, 768 S. mit 17 Bildtafeln. 1977. Lw. DM 88,—

Apostolat und Familie. Festschrift für Opilio Kardinal Rossi zum 70. Geburtstag. Hrsg. von H. Schambeck. XX, 577 S. 1980. Lw. DM 158,—

Soziale Verantwortung. Festschrift für Goetz Briefs zum 80. Geburtstag. In Verbindung mit F. A. Hermens, F. K. Mann und W. Schreiber. Hrsg. von J. Broermann und Ph. Herder-Dorneich. XV, 698 S. 1968. Lw. DM 98,—

Soziologie und Sozialpolitik. Ausgewählte Schriften von Anton Burghardt aus Anlaß seines 70. Geburtstages. Hrsg. von A. Brusatti, F. Fürstenberg, J. Messner, G. Mikl-Horke, H. Leuker. 326 S. 1980. Lw. DM 98,—

Der Mensch im sozio-ökonomischen Prozeß. Festschrift für Wilfrid Schreiber zum 65. Geburtstag. Hrsg. von F. Greiß, Ph. Herder-Dorneich, W. Weber. XI, 437 S. 1969. Lw. DM 68,60

Beiträge zur Wirtschafts- und Gesellschaftspolitik. Festschrift für Theodor Pütz. Hrsg. von E. Dürr, W. A. Jöhr und K. W. Rothschild. 309 S. 1975. Lw. DM 68,—

Empirische Wirtschaftsforschung und monetäre Ökonomik. Festschrift für Stephan Koren zum 60. Geburtstag. Hrsg. von W. Clement und K. Socher. XIII, 290 S. 1979. Lw. DM 98,—

Ius Humanitatis. Festschrift für Alfred Verdross zum 90. Geburtstag. Hrsg. von H. Miehsler, E. Mock, B. Simma, I. Tammelo. X, 755 S. 1980. Lw. DM 198,—

Völkerrecht und Rechtsphilosophie. Internationale Festschrift für Stephan Verosta zum 70. Geburtstag. Hrsg. von P. Fischer, H. F. Köck, A. Verdross VIII, 523 S. 1980. Lw. DM 168,—

Dimensionen des Rechts. Gedächtnisschrift für René Marcic. Hrsg. von M. Fischer, R. Jakob, E. Mock und H. Schreiner. 2 Bde. I: XII, S. 1 - 720; II: VIII, 721 - 1232. 1974. Lw. DM 196,—

Im Dienste von Freiheit und Recht. Gedenkschrift für Hans Weiler. Hrsg. von H. R. Klecatsky und F. Kohl. 159 S. 1976. DM 28,—

Verwaltung im Dienste von Wirtschaft und Gesellschaft. Festschrift für Ludwig Fröhler zum 60. Geburtstag. Hrsg. von P. Oberndorfer und H. Schambeck. 548 S. 1980. Lw. DM 148,—

DUNCKER & HUMBLOT / BERLIN